기독교문서선교회(Christian Literature Center: 약칭 CLC)는 1941년 영국 콜체스터에서 켄 아담스에 의해 시작되었으며 국제 본부는 미국 필라델피아에 있습니다.
국제 CLC는 59개 나라에서 180개의 본부를 두고, 약 650여 명의 선교사들이 이동도서차량 40대를 이용하여 문서 보급에 힘쓰고 있으며 이메일 주문을 통해 130여 국으로 책을 공급하고 있습니다. 한국 CLC는 청교도적 복음주의 신학과 신앙 서적을 출판하는 문서선교기관으로서, 한 영혼이라도 구원되길 소망하면서 주님이 오시는 그날까지 최선을 다할 것입니다.

추천사

최 동 규 박사
서울신학대학교 실천신학 교수, 전 한국선교신학회 회장

기다리던 훌륭한 선교학 교과서가 나왔다. 지금까지 사용된 여러 선교학 교재는 각기 우수하고 특별한 장점이 있지만, 두 가지 점에서 한계가 있었다.

첫째, 빠르게 변하는 세계 선교 현장에 관한 정보를 충분히 전달하지 못하는 문제가 있었다. 세계의 정치와 경제 질서는 하루가 다르게 빠르게 재편되고 있으며, 문화적 패턴 역시 급변하고 있지만 이런 경향을 정확하게 분석하고 반영한 책이 별로 없었다. 그것은 어쩌면 기존의 교재들이 출간된 지 꽤 시간이 흐른 탓일 것이다.

둘째, 선교에 관한 책 중 누구나 쉽게 읽을 수 있는 대중적인 책이 많지 않다는 문제가 있었다. 매년 선교에 관한 책이 쏟아져 나오지만 대부분 지나치게 학문적이어서 일반 목회자나 평신도가 읽기 어려운 경우가 많았다.

그런데 이 책은 이 두 가지 문제를 정확하게 해결해 주고 있다. 저자 마이클 W. 고힌(Michael W. Goheen)은 학문적으로 탁월한 학자이면서 현장 사역에도 능한 실천가다. 세계적으로 널리 알려진 학자들 중에 교회를 개척하여 크게 성장시킨 경험을 가진 사람이 몇이나 있을까 싶다. 이런 점에서 그는 사역 현장에 대한 이해가 높은 선교적 복음주의 학자라고 말할 수 있다. 선교적 교회론이 이 책의 배경을 이루고 있지만 선교적 교회에 관한 그의 이해는 결코 추상적이지 않으며, 오히려 구체적인 현장 속에서 그것을 어떻게 구현해야 할지를 고민한 흔적을 여기저기서 발견할 수 있다.

이 책은 저자가 그동안 가르치며 실천해 온 내용을 집대성한 것이다. 선교적 교회론과 기독교 세계관에 대한 저자의 깊은 이해가 이 책에 반영되어 있다. 성경 전체에 흐르는 하나님의 선교, 그 안에서 작동하는 교회의 선교에 관한 내용이 잘 분석되어 있을 뿐만 아니라 지금까지 전개된 기독교 선교의 역사, 세계의 현실과 기독교의 변화를 잘 정리해 주고 있다.

저자는 이 책에서 전통적인 선교 개념을 극복하려고 한다. 기독교 선교의 역사를 날카롭게 분석하며, 오늘의 그리스도인들이 극복해야 할 선교적 과제를 날카롭게 지적한다. 이미 서구 중심의 기독교 세계가 몰락한 지 오래며, 포스트모던 문화의 거센 도전은 선교 패러다임을 다시 모색하도록 요구하고 있다. 고힌은 모더니즘에 의해 왜곡되거나 축소된 복음과 선교를 재검토하면서 총체적 선교를 지향해야 한다고 주장한다. 또한, 다원주의 사회에서 부상하고 있는 세계 종교를 분석하고, 새롭게 일어나고 있는 도시 선교의 이슈들, 타문화권에서의 선교에 관해서도 깊이 있게 다루고 있다.

선교학적으로 매우 탁월할 뿐만 아니라 복음주의적 관점을 견지하고 있다는 점에서 나는 이 책을 적극 추천한다. 물론 '복음주의'의 개념이 무엇이냐는 문제가 좀 더 해명되어야 하겠지만, 적어도 이 책이 성경적이면서 동시에 현실에서 하나님의 선교가 이루어지는 것을 구체적으로 파악할 수 있게 한다는 점에서 그렇다.

나는 이 책을 목회자, 신학생, 평신도에게 추천한다. 이 책은 선교에 관한 쉬운 안내서, 곧 교과서라고 말할 수 있다. 내용이 어렵지 않지만 깊이 있다. 독자들은 이 책을 통해 오늘날 한국교회의 선교 이해와 실천을 돌아보게 될 것이며, 성경적으로 그리고 신학적으로 어느 방향으로 나아가야 하는지 분명하게 깨달을 수 있을 것이다.

이 책을 이대헌 박사가 번역했다는 점은 더욱 신뢰감을 준다. 나는 이 박사를 오래전부터 알고 지냈다. 그는 학문적으로도 탁월할 뿐만 아니라 번역에도 능통한 학자다. 그의 수고에 고마움을 표하며, 이 책을 기쁘게 추천한다.

21세기 선교학 개론

Introducing Christian Mission Today: Scripture, History and Issues
Written by Michael W. Goheen
Translated by DaeHyoun Lee

Copyright ⓒ 2014 by Michael W. Goheen
Originally published in English under the title
Introducing Christian Mission Today: Scripture, History and Issues
by InterVarsity Press P.O. Box 1400 Downers Grove, IL 60515, USA.
All rights reserved.

Translated and printed by permission of InterVarsity Press
Korean Edition Copyright ⓒ 2021 by Christian Literature Center, Seoul, Korea.

21세기 선교학 개론

2021년 3월 31일 초판 발행

지 은 이	마이클 W. 고힌
옮 긴 이	이대헌
편 집	박경순
디 자 인	서보원, 박성준, 김현진
펴 낸 곳	(사)기독교문서선교회
등 록	제16-25호(1980.1.18.)
주 소	서울특별시 서초구 방배로 68
전 화	02-586-8761~3(본사) 031-942-8761(영업부)
팩 스	02-523-0131(본사) 031-942-8763(영업부)
이 메 일	clckor@gmail.com
홈페이지	www.clcbook.com
일련번호	2021-26

ISBN 978-89-341-2256-2 (93230)

이 한국어판 저작권은 InterVarsity Press와 독점 계약한 (사)기독교문서선교회가 소유합니다. 신저작권법에 의하여 한국 내에서 보호를 받는 저작물이므로 무단 전재와 무단 복제를 금합니다.

21세기 선교학 개론

Introducing Christian Mission Today

마이클 W. 고힌 지음
이 대 헌 옮김

CLC

차례

추천사   1
최 동 규 박사 | 서울신학대학교 실천신학 교수, 전 한국선교신학회 회장

저자 서문   8
역자 서문   12

서론 – 현대 선교 연구의 패러다임 전환   14

제1부 선교에 대한 성경적·신학적 숙고   33

  제1장 하나님의 선교에 대한 서술적 기록으로서의 성경   34
  제2장 선교 신학(Theology of Mission)과 선교적 신학(Missional Theology)   78

제2부 선교에 대한 역사적 숙고와 현대적 숙고   125

  제3장 선교에 대한 역사적 패러다임들   126
  제4장 선교에 대한 에큐메니컬 패러다임   165
  제5장 세계교회에 대한 조망   206

제3부 현대 선교의 이슈들   **251**

   제6장 총체적 선교: 삶, 말, 행위를 통한 증거   252
   제7장 신실한 상황화: 교회, 복음, 문화(들)   298
   제8장 서구 문화에 대한 선교학을 향하여   337
   제9장 세계 종교와의 선교적 대면   379
   제10장 도시 선교: 새로운 개척지   426
   제11장 선교 사역들: 복음이 없는 곳에 복음에 대해 증거하기   464

저자 서문

마이클 W. 고힌 박사
Covenant Theological Seminary 선교학 교수

이 책은 필자가 지난 25년간 여러 대학과 대학원에서 가르친 과목에 기초해 저술한 것이다. 선교학 개론이라는 과목을 처음 가르친 1988년, 필자는 20세기 동안 세계교회와 선교에 발생한 중대한 변화들에 부합하는 과목을 만들기 위해 노력하고 있었다.

필자는 선교학을 가르치는 특정 방식을 있게 한 식민주의적 패러다임이 갖는 부절적성을 절실하게 인지하고 있었다. 그러나 20세기의 변화에 부합하는 선교학 개론 개발을 진행하기 위한 더 나은 대안에 대해 아는 것이 없었다.

선교학 개론을 개설하고 몇 학기에 걸쳐 가르치고 난 어느 날, 발간된 지 불과 며칠밖에 안 된 데이비드 J. 보쉬의 『변화하는 선교』(*Transforming Mission*, CLC 역간)를 우연히 발견했다. 필자는 말 그대로 그 책을 집어삼키듯 소화했다. 필자는 그 책을 통해 선교 연구를 위한 새로운 여로(旅路)와 선교학 개론 과목을 구축하는 데 대한 새로운 방식을 발견할 수 있었다.

물론 『변화하는 선교』가 발간된 지 20여 년이 지난 오늘날, 이제 우리는 그 책이 갖는 중요성에 대해 잘 알고 있다. 전 세계 구석구석에 교회가 존재하는 오늘날, 많은 사람이 이 책의 도움을 받아 선교학을 가르치는 방식을 변경하고 재구성해 왔다. 필자는 선교학 과목들을 가르칠 때 보쉬의 책을 자주 사용해 왔다.

그러나 그 책의 분량과 깊이의 방대함은 선교학을 배우기 시작한 학생들이 접근하기에 무리가 따른다는 사실을 발견하게 됐다. 필자는 누군가 보쉬의 기본 논의 구조를 차용하면서도 좀 더 대중적인 책을 저술하기를 바랐고, 그래서 필자가 선교학 개론 교과서로 사용할 수 있기를 바랐다. 비록 그 이후 선교에 관한 좋은 책이 많이 출간되기는 했으나, 보쉬의 작업을 좀 더 대중화시킨 선교 연구를 충족시킬 만한 시도는 없었다.

그리고 이 책의 거의 모든 장을 기술할 때, 방대한 자료를 짧은 장으로 요약하려 할 때 느낄 수밖에 없는 어려움이 어느 정도인지 이해할 수 있었다. 그럼에도 필자는 인내를 가지고 이 작업을 진행했으며, 이제 이 책을 선교학을 공부하는 학생들과 선교에 대해 알고자 하는 일반 목회자들을 위한 좀 더 대중적인 개론서로 제공하는 바이다.

필자는 성경의 이야기에 기술되어 있는 것으로서 '하나님의 선교'(Missio Dei)로 시작한다. 그리고 교회의 선교는 바로 그 하나님의 선교라는 이야기의 맥락에 위치시킨다. 선교란 하나님의 선교 이야기에 참여하는 것이다. 하나님의 백성이 하나님의 선교라는 이야기의 맥락 안에서 감당해야 하는 역할이 하나님의 백성이 갖는 선교적 정체성을 제공한다. 따라서 교회는 본질상 선교적이며, 교회가 진행하는 모든 선교 사역은 바로 그 정체성에서 비롯된다.

그러므로 이 책은 선교의 근거를 교회론에 두고 있다. 놀라울 정도로 드문 일이기는 하나, 선교학은 교회를 매우 중요하게 여긴다. 그리고 선교학은 역사를 신중하게 취급한다. 따라서 다양한 역사적 그리고 문화적 상황 속에서 교회가 수행한 선교를 이해하고 배우려 시도한다. 더욱이 선교학은 전 지구적 상황(the global context)을 신중하게 취급하기 때문에, 전 세계 모든 곳에 실재하며, 그 모든 곳에서 유래하고 그리고 그 모든 곳을 향한 선교를 이해하는 선교학을 세심하게 조성한다. 오늘날 다양한 상황 속에 존재하는 전 세계교회가 직면하고 있는 다양한 과업이 선교의 의제를 설정한다.

물론 그 어느 누구도 중립적일 수 없다. 그러므로 필자의 신앙적 고백과 필자가 속한 지리적 상황이 이 책을 구성하는 데 많은 영향을 끼쳤음을 인정한다. 비록 범세계적 관점(a global perspective)을 고려하고 있다 하더라도, 기본적으로 필자는 복음주의적 전통에 뿌리내리고 있는 사람이다. 좀 더 구체적으로 말하자면, 필자의 사상을 형성하는 데 직접적 영향을 끼친 저자들은 헤르만 바빙크(J. H. Bavink), 하비 콘(Harvie Conn), 레슬리 뉴비긴(Lesslie Newbigin), 데이비드 보쉬(David Bosch)이다. 그렇기 때문에 이 개론서는 개혁파 전통(the Reformed tradition)으로부터 유래했다고 말할 수 있다.

바빙크와 콘의 사상은 필자의 초기 사고를 구축하는 데 구조적 들보 역할을 했는데, 그들의 영향으로 형성된 기본 사고는 현재까지도 여전히 남아 있다. 그리고 선교학에 대한 필자의 접근 방법은, 비록 다른 전통들에 대한 긍정적 평가가 분명하게 드러나 있다 하더라도, 좀 더 협소하게는 네덜란드 신칼빈주의적 전통에 근거하고 있다.

필자가 많은 점에서 뉴비긴과 보쉬에게 빚을 지고 있음은 명백하다. 필자는 그 두 사람이 20세기 후반부를 주도한 선교 사상가라고 믿는다. 물론 이외에도 필자는 많은 선교 사상가의 영향을 받기도 했다. 그들 중 몇몇을 언급하자면 헨드릭 크래이머(Hendrik Kraemer), 윌버트 셍크(Wilbert Shenk), 제럴드 앤더슨(Gerald Anderson), 대럴 구더(Darrell Guder), 크리스토퍼 라이트(Christopher Wright), 앤드루 월스(Andrew Walls), 조지 반더벨드(George Vandervelde), 얀 용엔일(Jan Jongeneel) 등이다.

필자는 캐나다인이다. 이 또한 분명한 사실이다. 필자가 학문을 연구한 곳이 서구이기는 하지만, 서구 밖 형제들과 자매들의 목소리에 귀 기울이려 노력해 왔다. 필자는 전 세계 곳곳에서 온 형제들과 자매들과 교제할 수 있는 많은 기회를 가져 왔다. 그리고 오랫동안 '상황화 신학'(contextual theology)에 관한 과목을 가르쳐 왔다.

그중 가장 최근에 가르친 곳이 벤쿠버에 위치한 리젠트칼리지(Regent College)인데, 전 세계 다양한 지역 출신자의 목소리를 들을 수 있는 기회를 누렸다. 필자가 진행한 독서와 개인적으로 나눈 많은 교제도 필자의 시야를 좀 더 범세계적 관점으로 확장하는 데 기여했다. 물론 그들의 의견을 직접적으로 인용한 것은 아니지만, 그들이 필자에게 제공한 통찰은 필자가 각주를 통해 드러낸 것보다 더 많이 이 책의 형성에 기여했다.

필자는 이 책의 초벌 일부를 읽어 준 마이크 윌리엄스(Mike Williams)와 크리스 곤잘레스(Chris Gonzalez), 팀 세라든(Tim Sheridan), 윌버트 셍크(Wilbert Shenk), 앤드루 벙크(Andrew Beunk)뿐만 아니라, 초벌 전체를 읽어 주는 성의를 보여 준 딘 플레밍(Daen Flemming)과 마크 그랜빌(Mark Glanville) 그리고 알버트 스트라이드호스트(Albert Strydhorst)에게 진심으로 감사를 표한다.

이들 모두는 도움이 되는 논평과 비평을 제공해 주었다. 그러나 일반적 경우와 마찬가지로, 필자는 이들이 제한한 좋은 내용 모두를 이 책의 내용에 포함시킬 수는 없었다. 경우에 따라서는 필자의 능력 부족 때문에 그리고 시간의 부족 때문에 그렇게 할 수 없었다.

필자는 또한 이 책에 담겨 있는 내용들을 함께 실천했을 뿐만 아니라 그 내용에 대해 함께 토론을 나누었던 가족들에게도 감사를 표하고 싶다. 아내 마르니(Marnie)와 이미 성장한 자녀들 그리고 자녀들의 배우자들 중 몇몇은 이 책의 기초가 되었던 과목을 수강했다. 그들 모두는 하나님의 선교에 각자의 역할을 감당해 왔고, 이 책이 다루는 주제들 중 많은 부분이 현재도 계속되는 가족 토론의 자양분이 되어 줄 것이다.

또한, 필자는 필자가 속한 회중의 많은 형제와 자매로부터 많은 것을 배웠다. 현재 필자가 속해 있는 브리티시 콜롬비아주(British Columbia) 버나비(Burnaby) 소재 '서부 새기독개혁교회'(New West Christian Reformed Church)와 아리조나주 템피(Tempe) 소재 '하나님의선교 공동체들'(Missio Dei Communities)은, 선교에 대한 필자의 이해가 풍성해지는 데 기여한 원천이다.

제네바협회(the Geneva Society)는 지난 7년간 필자가 세계관 연구(worldview studies)를 진행할 수 있는 연구 교수직(a chair)을 허락해 주었다. 오히코도메 재단(the Oikodome foundation)과 피터와 그랜 반더폴(Pieter and Fran Vanderpol)은 이를 위한 자금을 지원해 주었다. 이들 모두는 필자가 학자로서의 소명을 수행할 수 있도록 해 주었다. 그리고 이 책은 그 열매의 일부이다.

필자는 피닉스 소재 선교훈련센터(the Missional Training Center)와 필자를 재이크 베지 툴스 선교학 석좌 교수(the Jake and Betsy Tuls Chair of Missiology)로 청했던 칼빈신학교 그리고 학자로서 필자의 다음 경력인 선교 신학 교수로 청해 준 뉴비긴연구소(the Newbigin House of Studies)의 따뜻한 환대를 받았다. 그러나 필자는 제네바협회의 재정 후원과 지원에 참여했던 많은 분의 희생과 노고에 진심으로 깊이 감사하는 마음을 갖고 있다.

마지막으로 저술 과정 초기부터 여러 가지 많은 제약으로 인해 제때 원고를 제출하지 못했음에도 지원을 아끼지 않은 IVP 출판사의 다니엘 레이드(Daniel Reid)에게도 감사를 표한다.

필자가 이전에 쓴 다른 책들과 이 책을 이해하는 데 도움을 제공하는 웹사이트가 있다. 거기에는 성경 이야기와 세계관 그리고 선교 영역에 관해 무료로 제공되는 수많은 자료가 있다. 자료는 학술적 가치가 있는 논문뿐 아니라 대중적으로 활용할 수 있는 자료 그리고 파워포인트로 작성된 자료 등 다양하다. 이 책을 교과서로 사용하는 교수들은 강의와 강의안을 작성하는 데 도움이 되는 파워포인트 자료들도 발견할 수 있을 것이다. 이 자료들은 선교 개론 과목을 작성할 때 사용할 수 있다. 그 웹사이트 주소는 www.missionworldview.com이다.

필자는 뉴비긴과 그의 사상적 과정에 영향을 준 선교학적 발전을 연구하며 박사 학위 논문을 작성하는 데 10여 년의 세월을 보냈다. 논문을 작성하는 동안, 레슬리 뉴비긴의 생애와 저술들뿐만 아니라 얀 용엔일 교수와 조지 반더벨드 교수의 전문적 지도는 선교학에 대한 필자의 사고를 정련하는 데 도움이 되었다. 조지와 레슬리는 지금 주님의 품에 안겼다. 그러나 얀은 은퇴한 지금도 학술 자료들을 생산해 내고 있다. 필자는 이 책을 그 세 사람에게 헌정한다.

역자 서문

이 대 헌 박사
미래문화연구원 원장

　이미 국내외 선교학자들이 저술한 좋은 선교학 서적이 많이 있는데 또 다른 선교학 서적을 번역할 필요가 있을까?
　이 질문이 갖는 타당성에도 불구하고 이 책을 번역하기로 결심한 데는 그만한 이유가 있다. 일찌감치 국내에도 소개되었을 뿐만 아니라 이미 다양한 방식으로 운동이 진행되고 있는 선교적 교회론에 대한 관심은, 한국교회의 미래를 염려하며 연구하는 선교학자들뿐 아니라 현장에서 사역하는 목회자들도 갖고 있다. 나도 한국교회가 처한 현재 상황에서 선교적 교회론이 갖는 신학적·실천적 중요성에 대해 오래전부터 주목하고 있었다. 선교적 교회론에 관심을 갖고 있는 독자라면 이미 잘 알고 있듯이, 선교적 교회론에 관한 좋은 책도 이미 상당 정도 번역되어 회자되고 있다.
　그럼에도 아쉽게 생각했던 것은, 선교학에 대한 좋은 개론서도 많고 선교적 교회론에 대한 좋은 책도 많지만, 이 둘의 관계를 견고하게 연결지어 주는 선교학 서적을 발견하기가 쉽지 않다는 점이다. 앞서 언급했듯, 선교적 교회론에 관한 좋은 책이 이미 많이 출간돼 있다. 하지만 이들 책은 선교적 교회론을 그 자체로 한정하여 이론적·실천적으로 다루기 때문에, 선교학이라는 좀 더 큰 이론적 틀 안에서 선교적 교회론을 정교하게 이해하는 데는 직접적인 도움이 되지 못한다. 마찬가지로, 좋은 선교학 서적이 많지만 선교적 교회론이 담고 있는 논의를 선교학이라는 좀 더 포괄적인 학문의 틀로 조명해 주는 책을 발견하기 어려운 것이 사실이다.
　물론 여기에는 다양한 이유가 있을 수 있을 것이나, 무엇보다 그간의 선교학 서적들은 선교적 교회론이 사역 전면으로 부상하기 전에 저술되었거나 그 이후에 저술되었다 하더라도 전통적 선교학 개론서의 틀 안에서 책의 내용으로 구성되었기 때문일 것이라 추론할 수 있겠다.

이런 아쉬움을 갖고 있던 차에 4-5년 전쯤 마이클 고힌이 2014년에 저술한 이 책, 『21세기 선교학 개론』(Introducing Christian Mission Today)을 우연히 발견하고 깊은 호감을 갖고 살펴보았다. 마이클 고힌은 북미 선교적 교회 운동에 초기부터 깊이 관여해 온 선교학자이자 기독교 세계관을 성경적 관점에서 정교하게 풀어내는 학자이기 때문에, 그가 저술한 선교학 개론서가 담고 있을 통찰에 대한 기대감을 가질 수밖에 없었다. 그리고 고맙게도 그러한 바람은 틀림이 없었다.

이 책은 저자 자신이 밝히고 있듯, 데이비드 보쉬가 저술한 『변화하는 선교』가 담고 있는 선교 신학적 통찰을, 선교학에 대한 이해를 갖고자 하는 사람이라면 누구나 쉽게 접근할 수 있도록 새롭게 구성한 책이다. 보쉬의 『변화하는 선교』는 20세기 최고의 선교학 서적으로 꼽히는 책이지만, 선교학에 대한 웬만한 이해가 없는 사람이라면 읽고 소화해 내기 쉽지 않기에, 저자의 이런 시도는 대단히 시의적절한 것이라 말할 수 있다.

물론 저자는 보쉬의 논의를 요약하기 위해 이 책을 저술한 것은 아니다. 저자는 이 책에서 보쉬의 선교학적 논의가 갖는 핵심 논리를 정확히 관통하며 한결 쉽게 설명하고 있을 뿐만 아니라, 시대적 한계로 인해 보쉬가 담을 수 없었던 새로운 선교학적 담론들까지 동일한 선교학적 논리에 비춰 정교하게 다루고 있기 때문이다. 내가 이 책을 번역할 수밖에 없도록 추동했던 것이 바로 이 점이었다. 물론 저자가 선교적 교회론에 대한 내용을 직접적으로 다루고 있지는 않다. 하지만 이 책이 담고 있는 선교학적 논리는 선교적 교회론을 위한 견고한 선교 신학적 토대를 제공해 줄 것이라 확신한다.

이 책은 그 깊이에 비해 쉽게 읽을 수 있을 뿐만 아니라, 앞서 설명한 대로 선교적 교회론을 포함한 현대의 선교적 상황을 이해하는 데 필요한 선교학적 토대를 견고하게 제공한다. 물론 이 책 한 권으로 선교학 전반을 두루 포괄할 수는 없을 것이다. 그럼에도 21세기라는 시대 상황을 선교학적으로 관통하는 데 더할 나위 없이 적합한 개론서라는 점은 의심의 여지가 없다. 선교학 개론을 가르칠 때 한결 가벼운 마음으로 교과서로 선택하고 학생들에게 추천할 수 있는 한 권의 책이 나옴을 감사하게 생각한다.

포항 미래문화연구원 연구실에서

서론

현대 선교 연구의 패러다임 전환

오늘날 수많은 기독교 진영이 "선교"(mission), "선교 사역들"(missions), "선교사"(missionary), "선교지"(mission field), "선교학"(missiology) 등과 같은 단어를 여전히 지리적 확장(geographical expansion)이라는 전통적 개념에 기초해 사용하고 있다. 선교는 서구로부터 비서구 세계의 여러 지역, 예컨대 아프리카, 아시아, 또는 라틴 아메리카 특정 지역으로 진행되는 일방향적인(unidirectional) 활동으로 인식되고 있다.

선교 기관이나 교단 선교부는 특정 임무를 수행하는 선교사를 파송하는 대리 기관(agent)이다. 이들 파송 기관들이 자리 잡고 있는 파송 본부(the home base)는 서구의 기독교 국가들에 자리하고 있으며, 선교지는 서구 지역을 제외한 외부의 모든 비기독교 지역이다.

이와 같은 전통적인 이해에 따르면, 선교학은 서구의 기독교가 다른 문화들 속에 지리적으로 확장해 들어가는 것에서 파생되는 다양한 이슈를 연구하는 학문 분야가 된다.

이와 같은 의미를 담고 있는 "선교"라는 단어의 사용은 지난 두 세기 동안 진행되었던 전통적인 근대 선교 운동을 공명해 준다. 그러나 이 단어는 복음을 들을 필요가 있는 종족들에게 복음을 전달하는 것에 대한 신학적 관심을 표현하는 것이기도 하다.

20세기 동안 "선교"라는 단어는 다양한 기독교 진영 내에서 그 사용의 빈도가 점차 증가하기 시작했고, 논의 진행 과정에서 그 의미도 확대되었다. 그럼에도 이 단어는, 적어도 복음주의 전통 내에서는, 여전히 근대 선교 운동이 내재하고 있던 신학적·전통적 의미의 상당 부분을 그대로 담지하고 있다.

"선교"라는 단어는 "보내다"를 의미하는 라틴어 '미테레'(mittere)에서 유래했다. 따라서 선교라는 단어는 보내는 자, 즉 파송하는 자와 메신저가 보냄 받을 장소나 종족 그리고 이런 일련의 과정을 통해 성취할 직무를 가정한다. 이 단어는 예수회에서 최초로 사용했는데, 예수회는 네 번째 서약을 통해 교회의 교제 밖에 있는 족속—개신교도를 포함한—을 어머니 교회로 불러 모으는 선교를 수행하는 일과 관련하여 교황에게 복종할 것을 맹세했다.

이런 유래에 비추어 볼 때 개신교가 이 단어를 재빨리 차용해 복음을 들어 보지 못한 사람들에게 복음을 전파하는 직무를 설명하는 데 사용했다는 것은 상당히 놀랄 만한 일이다. 참으로 19세기 말엽에 이르러 선교는 새로운 정통이 되었고, 오늘날에 이르기까지 대다수 기독교 진영 내에서, 최소한 복음주의 전통 내에서 선교라는 단어는 긍정적인 의미를 함축하는 것으로 이해되고 있다.

적어도 18세기가 시작될 무렵까지만 하더라도 전 세계 기독교인의 90%는 서구 세계에서 살아가고 있었다. 따라서 지난 200여 년 동안 선교의 확장이 갖는 하나의 중요한 동기는, 예수 그리스도에 대한 복된 소식을 전하는 증인이 부재한 종족 혹은 장소로 복음을 전하러 가라는 성경적 동기에서 비롯되었다. 그러나 이 같은 동기에서 시작된 선교 활동의 발생 시기는 서구 식민주의의 팽창과 시기적으로 그 맥락을 같이하기도 했다. 따라서 서구 기독교의 지리적 확장이 실현되는 과정은 식민주의의 확장 과정과 중첩되었다.

> 식민주의와 선교는 당연히 상호 의존적이었다. 식민지를 확보할 권리는 식민지를 기독교화해야 하는 의무와 더불어 주어졌다.
>
> David J. Bosch. *Transforming Mission*, 225.
> (『변화하는 선교』, CLC 역간)

지난 반세기를 넘기는 세월 동안 다양한 요인이 발생하면서 선교에 대한 전통적인 이해가 더 이상 유용하지 않음이 드러났다. 이렇게 말한다고 해서 19세기와 20세기에 걸쳐 발생한 선교 활동이 실수였다고 말하려는 것이 아니다.

필자가 강조하고자 하는 것은 성경적인 추동력이 선교의 동기와 실천을 새로운 방향으로 몰고 가고 있다는 점이다. 또한, 필자는 타문화 선교 사역들이 석양 너머로 저물어 가고 있다고 말하고 싶지도 않다. 복음에 대한 증인이 없는 곳으로 복음을 전하러 가려는 것에 대한 관심은 교회의 선교가 지속적으로 유지해 나가야 할 선교가 갖는 중요한 측면이기 때문이다. 20세기에서 21세기에 걸쳐 발생한 극적인 변화들 때문에, 선교에 대한 전통적 패러다임이 현대라는 시대적 맥락에 더 이상 적절하지 않게 되었다고 말하려는 것뿐이다.

1. 변화하는 세계교회

지난 세기 동안 세계교회 내의 인구 지형에 극적인 변화가 발생했다. 불과 25년 전까지만 하더라도 기독교인의 다수는 서구 세계, 특히 유럽과 북미에 거주하고 있었다. 그러나 지난 세기 동안, 중력의 중심이 남쪽과 동쪽, 즉 아시아와 남아메리카로 이동해 갔다. 근대 선교 운동이 시작했을 때만 하더라도 기독교인의 압도적 다수가 서구에서 살고 있었던 반면, 오늘날에는 아마도 3분의 2에 이르는 기독교인이 서구 외 지역에서 살고 있다. 필립 젠킨스(Philip Jenkins)가 다음과 같이 요약했듯이, 서구 기독교 시대는 우리 생전에 사라질 것이다. 그리고 남반구 기독교(Southern Christianity) 시대의 동이 터 오고 있다.

> 20세기가 지나는 동안 나무 아래서 잠들어 있다 지난주 교회 종소리(또는 드럼과 함께 연주되는 신디사이저 소리) 때문에 깨어난 기독교인 립 밴 윙클(Rip Van Winkle)은, 그가 잠들어 있는 동안 세계 기독교 지형에 발생한 변화를 인지하지 못할 것이다. 이것은 마치 세상이 뒤집어진 것과도 같을 것이다. 불과 수십 년 전까지만 하더라도 기독교인들은 북반구과 서구에 집중되어 있었으나, 이제는 급속히 증가하는 다수가 남반구과 동쪽에 거주하고 있다. 립 밴 윙클이 반세기 동안의 잠에서 눈을 부비며 깨어나 동료 기독교인을 찾으려 할 때, 아마도 그는 놀랄 만한 장소에서 놀랄 만한 조건하에서 자신들의 신앙을 놀라운 방식을 통해 표현하는 그리고 놀라운 방식으로 문화와 정치 부문과의 관계를 맺고 있으면서 그가 잠들기 전에는 제기하는 것이 가능하지조차 않아 보였던 놀라운 신학적 질문들을 제기하는 기독교인들을 발견하게 될 것이다.
>
> Mark A. Noll, *The New Shape of World Christianity*, 19-20.
> (『복음주의와 세계 기독교의 형성』, IVP 역간)

단순한 수적 증가가 이와 같은 혁명적 변화의 모든 것을 설명해 주는 것은 아니다. 남반구과 동방에 세워진 교회들에 여전히 많은 필요가 남아 있고 그들 지역에 세워진 교회들이 항상 복음에 충실한 것은 아니지만, 기도와 예배를 통해 그리고 그들의 교리적·도덕적 신실함을 통해 드러나고 있듯이, 남반구 교회들이 엄청난 활력을 갖고 있다는 것 또한 사실이다. 더욱이 이제 남반구과 동방의 교회들은 타문화 선교 사역의 가장 큰 몫(lion's share)에 대한 책임을 감당하기 시작했다.

남반구와 동반구에서의 극적인 교회 성장은 서구교회의 급격한 감소와 중첩되고 있다.

오늘날 유럽의 교회와 유럽의 영향을 받은 서구화된 문화들 안에 세워진 교회의 비율은 전체 기독교 인구 중 15% 정도만을 구성하고 있을 뿐이다.

불과 30여 년 전, 데이비드 배럿(David Barrett)은 서구교회가 매일 7,600명 정도에 해당하는 기독교 인구를 잃고 있다고 평가했다. 10여 년 전 이에 대한 라민 사네의 평가는 하루 4,300명으로 낮춰졌다. 그러나 그럼에도 서구의 교회가 줄어들고 있다는 것은 명백한 사실이다. 다수 세계에 속한 교회들이 타문화권 선교 사역에 참여하는 비중이 높아지고 있는 현상과 함께, 서구의 교회는 그에 상응하는 쇠락을 경험하고 있다.

이와 같은 간략한 분석을 가지고 남반구과 동방의 교회에 대해서 낭만적이고 핑크빛 그림을 그리고, 서구교회에 대한 침울하고 어두운 그림을 그리려는 의도는 없다. 참으로 아프리카와 아시아와 라틴 아메리카의 교회에 대해 우려할 점이 많은 것도 사실이다. 그리고 이들 교회가 서구교회에 의해 격려를 받아야 할 부분이 많다는 것도 사실이다.

이와 같은 일반화는, 세계 기독교 내의 중대한 변화로 인해 선교에 대한 전통적인 관점이 더 이상 오늘날의 맥락에서 적절하지 않다는 것을 보여 주려는 목적에서 소개할 뿐이다. 앞에서 제시된 통계에 비추어 볼 때, 세상을 기독교인들의 본거지인 파송지와 비기독교인들이 살아가는 선교지로 구분하는 것 그리고 남반구과 동방의 성장하는 교회들을 선교지로 분류하고 쇠락하고 있는 서구교회를 기독교 선교를 위한 본거지로 구분하는 것은 더 이상 타당성이 없다.

성장하고 있는 남반구 교회와 쇠락하고 있는 서구교회 이외에, 지구촌 교회에서 발생하는 세 번째 요인이 오늘날 선교를 변화시키고 있다. 세 번째 요인은 오순절교회의 폭발적인 성장이다. 1980년은 기독교 역사에서 분수령이 되는 해이다. 그 이유는 다음의 두 가지 일이 발생했기 때문이다.

첫째, 비백인(nonwhite) 기독교인의 수가 백인 기독교인 수를 넘어섰다는 것이다.

둘째, 오순절 기독교인의 수가 기독교 인구 중 가장 많은 수를 구성하기 시작했다는 것이다.

아마도 "오순절"이라는 용어는 남반구와 동방에서 성장하고 있는 교회들에 부과한 서구식 범주일 것이다. 왜냐하면 이들 교회가 서구의 오순절교회와 유관한 것으로 여겨지는 표식들을 표현하곤 하기 때문이다. 그러나 이들 교회는 상호 간 상당한 차이를 보이는 토착교회들이다. 이 교회들을 범주화하는 것이 쉽지 않기 때문에, 이들 교회를 범주화할 좀 더 적절한 방식이 있길 소망하면서, 지금은 "오순절"이라는 용어를 그대로 사용할 것이다.

> 오늘날 지구상에서 가장 큰 기독교 공동체는 아프리카와 라틴 아메리카에서 발견되고 있다. 만일 현대의 '전형적인' 기독교인을 마음에 그려 보려 한다면, 우리는 나이지리아의 마을에서 살아가는 여성이나 브라질 빈민 지역(favela)에 거주하고 있는 여성을 생각해야 할 것이다.
> 이제 얼마 지나지 않아, '스웨덴인 불교 신자'라는 말이 살짝 놀랍게 들리는 것처럼, '백인 기독교인'이라는 어구가 뭔가 모순적인 말로 들릴 수 있을 것이다. 그런 사람들은 이미 존재할 수 있다. 그러나 약간 별나다는 느낌이 포함되어 있다.
>
> Philip Jenkins, *The Next Christendom*, pp. 2-3.

출현한 지 아직 반세기도 안 된 1980년, 오순절교회는 가장 규모가 큰 세 개 개신교 공동체 중 하나로 성장했다. 이들 교회는 성공회와 침례교회에 속해 있었는데, 당시 이들 교파에 속한 총 기독교인 수는 5천만 명에 달하고 있었다. 그런데 2000년까지 성공회 교인 수는 7천 6백만 명으로 늘어났고, 침례교인 수는 1억 1천만 명으로 늘어난 반면, 오순절 교인 수는 4억 명으로 성장했다.

현재 오순절교회 교인 수는 5억 명에 이를 것으로 추정하고 있다. 오순절 교인 수는 놀랍게도 매일 55,000명씩 늘어나고 있고, 이를 연으로 환산하면 매년 대략 2천만 명가량 증가하고 있는 추세이다. 오순절 교인 수 중 가장 높은 비율을 차지하고 있는 교회는 남반구와 동방에 있는 교회들이다. 오순절교회의 짧은 역사와 놀라운 성장 때문에 "오순절-은사 운동은 21세기 기독교 역사 가운데 가장 중요한 한 가지 요인일 것"이라고 말하는 것이 정확한 주장일 것이다.

지난 다섯 세기 동안 가장 큰 세 개의 기독교 전통—로마 가톨릭교회, 복음주의적 개신교, 에큐메니컬 개신교—이 교회의 선교를 수행해 왔다. 그러나 현재, 그중에서도 특히 3분의 2 세계에서는 오순절교회가 동방 정교회와 로마 가톨릭 그리고 복음주의적 개신교와 에큐메니컬 개신교를 넘어서는 다섯 번째 전통으로 부상하고 있다. 오순절교회는 선교에 대한 신선한 접근 방법을 보여 주고 있으며, 순전히 숫자와 활력 면에서 현대 선교의 면모가 변화하는 데 역할하고 있다.

2. 전 세계적 실재들의 변화

선교의 새로운 패러다임을 이끄는 요인들이 전 세계적 규모로 진행되고 있는 교회 지형의 변화와만 연관되어 있는 것은 아니다. 현대 교회의 선교 상황을 결정짓는 중요한 세계적 실재들과 대세적 흐름들이 있다.

첫째, 20세기 동안 진행된 식민주의의 붕괴이다.
1878년부터 1914년에 이르는 25년 동안, 유럽 국가들은 천만 제곱마일이 넘는 땅을 확보하고 아시아와 아프리카에서 살아가는 5억 명 이상의 사람들—전 세계 비유럽인의 절반에 해당하는 정도—을 종속시켰다.

19세기 후반부터 20세기 초반에 이르는 기간 동안 서구의 전 세계 지배 양상은 선교 사역의 양상을 형성했다. 선교사들은 식민주의적 지배의 경로를 따라 유동해 갔다. 1947년 인도에서 시작되어 이후 20여 년 동안 유럽 국가들의 식민 지배를 받던 사실상 모든 나라가 독립을 쟁취했다.

타문화권 선교 사역에 대한 기본 자세와 전략 그리고 실천 방식이 서구 식민주의 환경 안에서 형성되었던 만큼, 서구 식민주의의 붕괴는 선교에 대한 그간의 접근 방식을 총체적으로 재고하도록 도전했다.

둘째, 세계화(globalization)이다.
온 세상에 대한 서구 문명의 지배는 지난 수 세기 동안 세상의 특징을 규정해 왔다. 그러나 20세기 말엽을 향해 가면서, "세계화"라는 용어가 새로운 세계적 실재를 규정하는 대중적인 용어가 되었다. 세계화는 전 세계 곳곳에서 발생하는 경제적 진보에 대한 근대 서구의 이야기가 확산되고 있음을 의미한다. 서구의 이야기는 특히 새로운 정보 기술의 발전과 더불어 확산되고 있다.

세계화는 "오늘날 우리가 일하고 있는 상황을 묘사하는 가장 적절한 방법이다." 세계화는 잠재적인 유익을 주기도 하지만 소비 사회의 근간이 되기도 하는데, 이로 인해 부자와 가난한 자의 격차가 더욱 벌어지고, 환경의 파괴가 가속화되고, 사람들의 대량 이주를 가중할 뿐만 아니라, 서구 문화의 정신(spirit)을 세계의 다른 문화들에 부과하여 문화를 균질하게 하는 현상 등이 증가했다.

르네 파딜랴(René Padilla)는 이와 같은 현상을 "기독교 선교가 직면하고 있는 가장 큰 도전"이 될 것이라고 믿었는데, 리처드 보컴(Richard Bauckham)도 세계화된 세계에서의 기독교 선교에 대한 그의 저서 『성경과 선교』(Bible and Mission) 마지막 장에서 이 부분에 대해 논의하며 르네 파딜랴의 의견에 동의했다.

셋째, 세계화의 결과인 도시화이다.

1800년에는 세계 인구 중 겨우 5%만이 도시에 거주했다. 백 년 후 도시 거주민의 비율은 14%로 다소 완만하게 성장했다. 그러나 2000년이 지나기 전에 세계 인구의 절반 이상이 도시에 거주하고 있는 것으로 밝혀졌고, 21세기 중반까지 도시 거주민의 인구 비율은 80%에 육박할 것으로 예측되고 있다. 전 세계에서 도시는 문화적, 경제적 그리고 정치적 지배의 강력한 중심지를 대표한다.

또한, 도시 환경은 오늘날 도시가 직면하고 있는 엄청난 사회적 그리고 경제적 문제의 배경이기도 하다. 2010년 세계 재난 보고서(World Disasters Report)는 도시 인구가 직면하고 있는 폭력, 건강 문제 그리고 그 외 다른 여러 이슈에 집중했다. 도시도 사람들이 살아가는 장소다. 우리는 도시의 미래에 직면하고 있는데, 도시는 선교의 "새로운 전방"(new frontier)을 대표한다.

넷째, 우리가 살아가는 세계를 위태롭게 하는 가히 충격적인 사회 문제와 경제 문제이다.

오늘날 우리가 살아가는 세상에서 발생하는 가난과 기아의 정도는 우려할 수준이다. 세계 인구의 거의 절반에 이르는 30억 명의 사람들이 하루 2.5달러 미만의 돈으로 생계를 유지하고 있으며, 세계 인구의 80%가 하루 10달러 미만의 돈으로 살아간다.

가난으로 인해 매일 3만여 명의 어린아이들이 죽어 가고 있으며, 15억 명의 사람들이 국제 빈곤선 이하의 생활을 유지하고 있다. 모든 사람을 먹여 살릴 수 있을 정도의 식량이 생산되고 있음에도 불구하고 8억 5천 4백만 명의 사람이 충분한 음식을 섭취하고 있지 못하고 있으며, 그 숫자는 날마다 증가하는 형편이다. 비극적인 사실은, 기아에 허덕이는 대다수 사람이 여성과 어린아이라는 사실이다. 그리고 이런 문제들이 개선되지 않고 있지 않다는 사실이다.

사실, 부자와 가난한 사람들 간의 격차는 더욱 벌어지고 있다. 1960년대 가장 부유했던 10억 명의 사람이 가장 가난했던 10억 명의 사람보다 30배 더 부유했다. 반면 1990년대에 이르러 그 격차는 그 두 배인 60배로 벌어졌고, 오늘날 그 격차는 거의 90배까지 벌어진 상황이다. 가장 부유한 사람들과 가장 가난한 사람들 간의 소득 비율은 1973년에 44 대 1이었지만, 금세기 말까지 그 격차는 74 대 1로 벌어질 것으로 예상하고 있다.

세계 인구 중 가장 부유한 20%의 사람이 세계 자원의 76%를 소비하는 것으로 추산되고 있는 반면, 가장 가난한 20%의 사람은 겨우 1.5%만 소비하는 것으로 추산되고 있다. 미국인들은 매년 화장품을 구매하는 데 80억 달러, 애완동물의 사료값으로 170억 달러를 사용하고 있다.

반면, 세상 모든 사람을 교육하는 데 필요한 자금이 60억 달러이고, 그 사람들을 위한 위생 시설과 마실 물을 공급하는 데 90억 달러가 필요하다. 그리고 세계 전 인구를 대상으로 적절한 영양을 공급하는 데는 130억 달러가 필요하다. 빈곤과 기아를 촉발하고 부자와 가난한 자의 격차를 벌리는 가장 큰 문제는 불공정한 구조들―부패한 정부 관료, 불평등한 세계 시장, 전 세계적인 군비 경쟁, 구조적 소비주의, 제3세계의 막대한 부채 등이다.

이와 같은 문제 외에 우리의 마음을 괴롭히는 다른 사회 문제와 경제 문제에 대한 긴 명단을 거론할 수 있다. 이 명단에는 "인류 역사상 가장 긴급한 응급"이라고 불리는 후천성면역결핍증(HIV-AIDS), 인간의 삶을 망가뜨리며 연 1조 달러에 달하는 돈을 긁어모으고 있는 인신매매와 매춘과 성 "산업" 그리고 마약 밀매 등 조직화한 범죄, 희생자의 75%가 일반 시민인 인종과 종족 그리고 종교와 이념 간 반목으로 인해 발생하는 전쟁의 급격한 증가, 분쟁과 박해, 자연재해, 빈곤으로 인해 삶의 근거지를 잃고 내몰리고 있는 사람들과 대량 이주, 문맹과 빈곤, 점차 격화되고 있는 폭력, 테러리즘, 식량 생산 지역들에 닥친 위기들, 교육과 건강 관리 등에 관한 위기의 증대 등이 포함될 수 있다.

핵무기와 환경 위기라는 두 가지 위기가 지구의 생존에 위협을 가하고 있다. 현재 세계에는 4만 기에서 5만 기에 달하는 핵미사일이 존재하는데, 이 정도의 핵무기는 지구를 6번 파괴할 정도의 분량이다. 현재는 9개 국가가 핵무장을 하고 있고, 향후 10여 년 내 핵무장을 할 수 있는 잠재력을 가지고 있는 나라가 20여 개 국가에 이른다. 매년 1조 달러 정도가 군비를 위해 쓰이고 있는데, 이는 전 세계에서 기아로 죽어 가는 사람들을 수년에 걸쳐 구제할 수 있는 돈에 해당하는 비용이다.

10여 년 전 UN이 주관한 한 환경 연구는 다음과 같이 말했다.

> 지구는 깎아지른 절벽 끝에 내몰려 있는 위기 상황을 맞고 있다. 이러한 재앙에서 벗어날 수 있는 어려운 경제적 결정들과 정치적 결정들을 내릴 수 있는 시간이 점차 사라지고 있다.

우리는 지구 온난화, 지구를 보호하는 오존층의 고갈, 산성비, 생물학적 다양성의 소실, 유독 화학 물질의 소비, 산림의 파괴, 공기와 물의 오염, 에너지 공급의 고갈, 암울한 물 고갈, 해저 자원에 대한 무절제한 채굴 등의 문제에 직면해 있다. 수많은 문제가 경제 성장에 대한 신조와 함께 무절제한 낭비를 부추기는 소비문화의 확산으로 인해 발생하고 있다. 만일 전 세계가 북미 수준으로 자원을 소비한다면, 전 세계의 자원은 10년 이내에 모두 고갈되고 말 것이다.

만일 선교를 수행하시는 예수께서 "모든 형태로 드러나는 악을 향해 총공격을 감행하신다면," 교회도 같은 일에 부르심을 받았다는 사실에는 의심의 여지가 없다.

다섯째, 지난 세기에 진행된 도무지 진정의 기미가 보이지 않고 치솟는 인구 증가인데, 이는 선교에 새로운 도전을 일으키고 있다.

비록 서구와 일본 등 일부 지역에서 인구가 감소하고 있기는 하지만, 그 외 모든 지역에서 진행되고 있는 전 지구적 현상은 인구수의 급격한 상승(escalating growth)이다. 19세기 후반 윌리엄 캐리가 인도를 향한 항해를 시작했을 때, 전 세계 인구는 10억 명 미만에 그치고 있었다. 1830년이 되어서야 전 세계 인구가 10억 명에 도달했다. 그리고 다시 10억의 인구가 늘어나 20억 명이 되는 1930년까지 한 세기가량의 시간이 필요했다. 그리고 30억 명으로 인구가 불어나기까지는 30년 미만의 세월밖에 걸리지 않았다(1960). 그리고 1974년에는 세계 인구가 40억 명까지 성장했다. 2000년에 세계 인구는 60억 명을 넘어섰고, 2011년에 인구 70억 명을 넘어섰다.

전 세계적으로 진행되고 있는 폭발적 인구 증가는 제한된 지구의 자원에 관한 문제를 일으킬 수밖에 없고, 따라서 빈곤 인구의 상승을 초래할 수밖에 없다. 그리고 이러한 인구의 급성장은 이들에게 복음을 전하는 것에 관한 전도의 어려움을 고조시킨다.

여섯째, 우리는 전 세계에서 다양한 종교의 재등장 현상을 목격하고 있다.

20세기가 막 시작할 때만 하더라도 "근대성이 갖는 산성의 기운"(the acids of modernity)—과학, 기술, 새롭게 등장하는 소비문화—이 종교적 신앙을 부식시킬 것이고, 따라서 모든 종교는 시들어 사라져 버릴 것으로 예측했다. 그리고 "세속적인 60년대"에는 마치 이 예측이 성취되는 것처럼 보이기도 했다. 그러나 종교의 소멸 대신 오늘날 우리는 종교 부흥기를 목도하고 있다. 기독교는 1900년 2천 3백만 명에서 오늘날에는 23억 명으로 성장했는데, 이는 매년 1.3%가량의 성장률을 보인 것이다. 20세기 초엽 무슬림과 힌두교인 모두를 합친 수는 2억여 명에 달했다.

21세기 초엽 무슬림의 수는 16억 명에 달하고 있으며, 이는 연 성장률 1.8%에 해당하는 것이다. 그리고 같은 시기 힌두교도의 수는 10억 명에 달하고 있는데, 이는 연 1.4%의 성장을 보인 것이다. 더욱이 서구에서는 전통적 종교를 포기했던 사람들 사이에서 영성에 관한 관심이 재등장하고 있다. 우리는 단지 종교에 대한 헌신의 증가뿐 아니라, 종교 집단 간 벌어지고 있는 긴장 관계의 증가와 모든 종교 전통 내 근본주의 성향이 전면에 등장하고 있음을 목도하고 있다. 전 세계 많은 국가에서 나타나고 있는 사실은 종교 다원성의 증가이다.

이뿐만 아니라, 진리 탐구를 포기한 이념적 다원주의의 성장 또한 전 세계적으로 나타나고 있는 현상이기도 하다. 이 모든 현상이 기독교 교회가 다른 신앙을 따르는 사람들을 향한 선교적 접근을 계획하는 데 어려움을 주고 있다.

일곱째, 오늘날 서구 문화 내에서 발생하고 있는 구조적 문화 전환(tectonic cultural shifts)은 선교를 진행하기 위한 새로운 상황으로 확립되고 있다.

이러한 변화들은 서구의 교회와 서구교회가 참여하고 있는 선교에만 영향을 미칠 뿐 아니라 세계교회에도 영향을 미친다. 왜냐하면 서구교회의 세계화(globalization), 특히 도시 지역에서 발생한 서구교회 세계화 현상이 전 세계 모든 지역에 영향을 끼치고 있기 때문이다.

18세기부터 지배 세력으로 부상하기 시작한 서구 문화의 경제 영역은 오늘날 우리가 문화를 형성해 갈 때 다른 모든 분야를 압도했고, 결과적으로 경제가 문화의 정신을 주도하는 기초를 형성했다. 이윤 획득에 대한 동기와 시장이 서구 문화의 다른 모든 영역을 주도하고 있다. 삶의 모든 면을 지배하는 소비 사회가 등장한 것이다.

기술적 변화들은 현기증 나는 변화를 초래하고 있다. 디지털 혁명, 정보와 미디어 기술, 의료 기술, 나노 기술 등은 엄청난 논쟁거리를 불러일으키고 있고 많은 점에서 서구 문화 면면에 변화를 불러일으키고 있다. 엄청난 기술이 경제 흐름 속으로 밀려들고 있다. 예를 들면, 컴퓨터가 세계 금융을 가능하게 하고 있고, 미디어를 통한 광고가 소비주의를 부추기고 있다.

그러나 지금까지 발생한 일보다 더 많은 일들이 발생할 것이다. 과도한 정보의 공급은 혼란과 무관심, 만성적 무기력과 지혜의 감소를 초래한다. 우리는 또한 진리에 관한 주장과 권위를 의심하고, 관계를 열망하고, 주관적 경험을 가치 있게 여기고, 특정 지역이라는 상황에 뿌리내리고, 확실성에 대하여 회의적인 시각을 드러내는 새로운 포스트모던 정신을 보고 있다. 이러한 것들을 포함하여 서구 문화에서 발생하고 있는 다른 변화들은 우리가 살아가는 상황을 새로운 시각을 조망할 것과 그런 상황이 서구와 서구 이외의 지역에서 선교에 어떤 영향을 끼치고 있는지 주목할 것을 요구한다.

3. 선교에 대한 새로운 이해

이 책은 현대 선교에 대해 탐구할 것이지만, 현재 새롭게 부상하고 있는 선교에 대한 이해를 네 가지 방식으로 정의하는 것으로 시작하려 한다.

첫째, 1963년 멕시코시티에서 세계교회협의회가 주관한 에큐메니컬선교사대회에서 유래한 것이다. 당시 이 대회가 밝힌 주제는 "육대주에서의 증거"(witness in six continents)였다. 만일 지리적 관점에서 선교를 생각한다면, 선교는 두 개의 대륙(유럽과 북미)에서 세 개의 대륙(아시아, 아프리카, 라틴 아메리카)으로 향하는 것이 된다. 그러나 이 대회가 밝힌 선교 개념에 비춰 본다면, 선교는 아프리카와 아시아를 포함하는 여섯 대륙 모두로부터 유럽과 북미를 포함한 모든 대륙을 향하는 것이 된다. 선교는 육대주 모두에서 발생하는 것이다. 세계 전체가 하나님의 선교지다. 그리고 세상 모든 곳에 존재하는 모든 회중이 선교를 위한 "근거지"가 된다.

이 정의는 선교가 의미하는 것이 무엇인지에 아무것도 말하지 않는다. 다만 과거에 회자했던 지리에 대한 언급들에 대해 의문을 제기하고 좀 더 광범위한 지평에 대해 문호를 개방할 뿐이다. 우리는 다음에 따르는 정의들에 대해 진지하게 고려해 보는 것으로 선교에 대한 의미 탐구의 경로를 확장해 나갈 수 있을 것이다.

둘째, 크리스토퍼 라이트(Christopher Wright)는 선교에 대한 정의로, "하나님의 초대와 명령에 따라, 하나님의 창조 세계를 구속하기 위해 역사 안에서 작동하는 하나님의 선교에 하나님의 백성으로 참여하는 우리의 헌신"을 제시한다. 이 정의는 다른 무엇보다 교회가 하는 일과 관련하여 선교에 대한 오해에서 벗어나게 한다.

교회는 교회의 선교를 성삼위 하나님의 선교에 참여하는 것으로 이해해야 한다. 그리고 이 선교는 공동체적 성격을 띤다. 즉 선교는 하나님 백성의 선교이다.

전도와 타문화권 선교를 상호 구별되는 개별 사역으로 이해하는 경향이 있다. 그러나 선교는 하나님의 백성이 품어야 할 소명이다. 마지막으로, 선교의 범위는 창조만큼이나 넓다. 왜냐하면 하나님의 선교는 당신이 창조하신 모든 세계의 구속을 대상으로 하는 것이기 때문이다.

셋째, "'확장' 패러다임을 '소통'(communication) 패러다임으로 대체하고자 하는 네 명의 화란 출신 선교학자들이 주도하는 정의"를 기초로 한다. 선교는 복음을 소통하는 것이다. 더 이상 선교는 기독교의 지리적 확장으로 이해되지 않는다.

그보다 선교는 모든 곳에 존재하는 하나님의 백성에게 주어진 사역으로, 그들의 말뿐만 아니라 그들의 삶과 행위를 통해 복음을 소통하는 것이다. 선교는 삶, 말, 행위로 증거하는 것이다. "말"과 "행위" 앞에 삶을 위치시킨 것은 의도적인 것이다. 복음은 무엇보다 성도들의 삶을 통해 소통된다. 성도들의 공동체적 삶을 통해 그리고 그들이 세상 안으로 흩어져 들어감을 통해 소통된다. 그들의 삶을 변화시키기 위해 역사하는 새로운 능력으로부터 흘러나오는 것은 복음을 더욱 원활하게 소통시키는 말과 행위가 될 것이다.

넷째, 역시 유사한 경로를 따르는 정의로, 선교는 총체적(whole) 복음을 취한 전체(whole) 교회가 전(whole) 세계 안에서 살아가는 전인적(whole) 인간에게 총체적 복음을 전하는 것이다. 이 정의는 에큐메니컬 전통과 복음주의 전통에서 발행한 공식 문서들에서 발견되는 언급들에 약간의 변화를 준 것이다.

1963년 멕시코시티에서 개최된 에큐메니컬선교사대회가 채택한 성명을 보면, 선교는 "총체적 복음을 전 세계에 전달하는 전체 교회의 공통된 증거"이다. 1974년 복음주의자들이 채택한 로잔 언약도 이 성명의 내용과 일치한다. 로잔 언약은 "세계 복음화는 전체 교회가 총체적 복음을 전 세계에 전달할 것을 요청한다"(6절)라고 밝히고 있다. 이 진술은 2010년 케이프타운에서 열린 제3차 로잔회의의 결과물인 "케이프타운 서약"의 서문에서 다시 한번 확증되었다.

> 로잔 언약은 전도를 "전 교회가 총체적 복음을 전 세계에 전하는 것"으로 정의했다. 그것이 우리가 품고 있는 열정의 모든 것이다.

선교를 감당하는 주체는 선교사들이나 복음 전도자들뿐만이 아니라 전체 교회이다. 영혼만을 위한 "영적" 복음이나 육신을 위한 "사회적" 복음만이 아닌 총체적 인간을 위한 총체적 복음이다. 선교는 "선교지"라고 분류되는 이 세상의 일부 지역들이 아닌 전 세계 안에서 진행되는 것이다.

4. 현대 선교 연구의 지형

교회의 선교는 항상 상황적이다. 교회는 항상 현재 회자되는 논쟁거리들과 그러한 논쟁거리들을 다루는 방식들을 파악하고 있어야 한다.

선교학은 복음과 하나님의 말씀에 뿌리는 내리고 있어야 한다. 또한, 교회가 살아가는 시대와 장소에 대해서도 파악하고 있어야 한다.

따라서 선교학은 장소에 따라 그리고 시대에 따라 다양하다. 만일 우리가 서론에서 대략 소개했던 상황을 신중하게 취급한다면, 선교학 연구와 관련하여 어떤 중요한 주제들이 발생하고 있는지 질문할 수 있어야 한다.

만일 우리가 원하는 것이 상관성 있고 상황적인 선교학이라면, 오늘날 선교 연구의 일부가 되어야 하는 화급한 논쟁거리들은 무엇일까?

첫째, 성경과 선교에 대한 신선한 숙고가 있어야 할 것이다.

오늘날 교회에 제시해야 하는 것은 성경으로 돌아가 선교에 대한 우리의 이해를 성경 텍스트에 비춰 판단하는 것이다. 교회가 스스로 진행하고 있는 선교 사역에 대해 의구심을 제기하지 않는다면, 성경을 볼 때 그 사역을 지지하는 다양한 성경 텍스트를 찾아보려 할 것이다. 불확실성이 성경 텍스트로 돌아가도록 추동할 수 있다.

이런 경우, 본질적으로, 선교를 추동하는 것은 상황(그 자체도 못지않게 중요한 요소이긴 하지만) 그 자체라기보다 그 상황을 성경에 비춰 보는 것이 되어야 한다. 과거에는 선교 대위임령(마 28:19-20) 등과 같은 몇 개의 텍스트가 교회의 선교를 지주하곤 했으나, 오늘날에는 성경 이야기 속에 나타나는 하나님의 선교의 중심성과 교회가 감당하는 선교적 역할에 대해 살펴볼 필요가 있다.

다행히 오늘날 성경을 해석할 때 선교의 핵심적 중요성에 주목하는 선교적 해석학(missional hermeneutics)이 발전하고 있다. 과거에는 계몽주의적 방법론의 보편화가 성경에 대한 서구의 해석학적 접근 방법이 가지는 지역적 특성을 덮고, 마치 서구의 해석학적 접근 방법이 보편적인 것인 양 강요했다. 이런 경향은 서구 외 타 지역들에서 발전할 수 있는 상황적 접근 방법들을 억누르고 선교를 주변화하는 결과를 초래했다. 오늘날에는 제3세계 신학들에 대한 점증적 관심이 발생하고 있고, 이러한 관심으로 인해 선교를 성경 이야기의 핵심으로 보는 상황화 신학들(contextual theologies)로부터 여러 가지 유익을 취할 수 있게 되었다.

따라서 성경 이야기로의 회기는 교회의 선교에 힘을 더해 줄 깊은 신학적 숙고를 요구할 것이다. 너무 오랜 세월 동안 추상적인 신학적 숙고가 교회의 선교 방식을 제시하는 기초가 되어 왔다. 확실히 우리는 하나님의 선교와 교회의 선교에 대한 새로운 신학적 작업이 필요할 것이다. 그러나 그 작업은 또한 "모든 신학의 선교적 본질"을 회복하는 것이 핵심이 되어야 할 것이다. 그리고 그렇게 함으로써 심층적 차원에서 교회의 선교를 형성하는 다른 신학적 주제들—복음, 기독론, 하나님의 나라와 종말론, 성령론(성령에 대한 교리), 교회론(교회에 대한 교리), 인간론(인간에 대한 교리), 구원론(구원에 대한 교리)과 문화의 본질과 같은 성경적 주제들—을 다루게 될 것이다.

둘째, 선교 역사를 이해하는 우리의 방식을 재평가하는 것이다.

아프리카 격언 중에 '사자들이 자신들에 대해 기록하는 역사학자들을 갖지 못하는 한 이야기의 영웅은 항상 사냥꾼이 될 수밖에 없을 것'이라는 말이 있다. 역사는 항상 어떤 특정한 시각에서 기록될 수밖에 없는데, 결과적으로 우리는 바로 그렇게 기록된 이야기에 참여하도록 초대받게 된다.

과거의 선교 역사는 대부분 서구의 관점에서 서술되었다. 더욱이 선교 역사는 복음의 지리적 확장이라는 관점에서 이야기되어 왔다. 그리고 이런 견해가 선교 이야기의 선택, 조직 그리고 해석을 지배해 왔다. 오늘날 선교학이 직면하고 있는 질문은, "만일 전 세계 모든 교회의 삶이 선교적이라면 선교 역사를 어떻게 기록할 것인가?"라는 것이다.

셋째, 선교의 본질에 대한 신선한 숙고이다.

선교는 무엇인가?

20세기에 진행된 선교 관련 연구들은 선교의 출발점을 성삼위 하나님의 선교로 보는 관점으로 회귀했다. 하나님의 백성이 하나님의 선교에 참여할 때, 교회는 "교회의 본질이 선교가 되어야 함"을 이해하게 된다. 따라서 교회의 모든 삶은 그 삶의 말과 행위를 통해 복음이 알려지게 해야 한다.

우리는 선교에 대한 이처럼 광범위한 이해를 과거에 연구했던 전도, 자비롭고 정의로운 행위 그리고 타문화권 선교와 같이 선교에 대한 좀 더 협소한 이해와 어떻게 연관시킬 수 있을까?

우리가 전해 받은 말과 행위를 분리하는 이원론적 유산을 어떻게 극복할 수 있을까?

우리가 살아가는 이 세상에서 발생하는 충격적인 사회 관련 문제들과 경제 관련 문제들을 직시할 때, 하나님의 공의와 샬롬이 지배하는 새로운 세상에서 살아가는 하나님의 백성이 이런 문제들을 감지하지 못할 수 없다. 오히려 복음에 부합되는 정의와 연민(compassion)을 구체적으로 현실화하는 방법들을 모색할 것이다. 정의에 대한 복된 소식을 전하는 세상에서, 하나님의 백성은 하나님의 나라의 복된 소식을 제공할 수 있다.

어떻게 전도, 자비 그리고 정의가 특정 문화 내에 현존하는 교회의 삶과 신자들의 소명에 연관될 수 있을까?

선교에 대한 이런 논의의 한가운데서, 타문화권을 향한 선교가 차지할 자리가 여전히 있을 수 있을까?

그리고 세계 곳곳에 교회가 존재하는 현재와 같은 세상에서 타문화권 선교가 어떻게 보일까?

사실, 이런 질문은 중요한 논쟁거리가 될 수밖에 없다. 그러나 선교에 대한 광범위한 이해를 기초로 생각할 때, 세상의 어느 곳이 되었든 복음을 듣지 못한 사람들에게 복음을 전달하는 일이 선교의 본질적인 부분이라는 점은 두말할 나위가 없다. 이러한 문제는 선교학이 선교에 대한 성경적 비전을 위해 씨름할 때 끊임없이 고찰할 필요가 있는 다양한 질문과 쟁점의 일부에 해당한다.

넷째, 세상 모든 문화 가운데서 발생하는 교회 성장은 상황화—복음과 교회와 교회가 속한 문화적 상황과의 관계—와 관련된 논점을 중요한 고려 대상으로 부상시킨다.

세상 곳곳에 교회가 산재해 있는 오늘날, 복음이 다양한 문화 속으로 성육신화해 들어갈 때 수많은 다양한 표현들과 신학들이 발생하는 것을 목도한다. 이러한 현상이 두 가지 중요한 질문군(sets of questions)을 중심으로 다양한 논쟁거리들을 발생시키고 있다.

첫 번째 질문군은 복음과 문화들(복수) 간의 관계이다. 복음은 하나뿐이다. 그러나 그 하나뿐인 복음이 세상의 다양한 문화들 내에서 다양한 방식으로 구체화된다.

어떻게 하면 우리가 속한 특정 문화의 표현들에 특혜를 부여하지 않으면서 하나의 복음에 신실할 수 있을까?

어떻게 하면 상대주의의 함정에 빠지지 않으면서 다양한 표현들을 존중할 수 있을까?

두 번째 질문군은 복음과 문화(단수)의 관계에 대한 것이다. 어떻게 하면 복음을 특정한 문화와 연결할 수 있을까?

어떻게 하면 복음이 창조적 선함을 확정하는 동시에 각 문화가 가지고 있는 우상들을 대적할 수 있을까?

이러한 문제들과 씨름하는 상황화는 오늘날 선교학 연구의 본질적 분야 중 하나이다.

> 교회는 선교의 자리로 부르시는 하나님의 부르심에 응답할 때라야 비로소 교회가 된다. 그리고 선교에 임한다는 것은 복음이 새롭고 다양한 상황들에 직면할 때마다 지속적으로 변화할 것임을 의미한다. 그러나 그와 같은 변화는 임의적 변화가 아니다. 오히려 변화에 상관없이 항속성을 갖는 면들(constants)도 있다. 그러한 것들은 내용적으로는 다르게 표현될 수 있지만 일종의 골조로 제시되는데, 그 골조에 의해 교회는 자신의 정체성을 규정하고, 그 골조를 중심으로 복음 메시지가 형성된다.
>
> Stephen Bevans & Roger Schroeder, *Constants in Context*, p. 72.

다섯째, 상황화 연구의 하위 연구 분야 중 하나인 복음과 서구 문화에 대한 논쟁거리는 대단히 중요한 연구 분야 중 하나이다.

서구의 오래된 복음 역사 때문에 복음과 우리가 속한 문화(서구 문화) 간 거리를 떠우기가 쉽지 않다. 선교 사역을 포함하는 교회 생활의 많은 부분이 복음과 일치하지 않는 서구의 문화적 가정들(assumptions)에 의해 형성되었다.

그렇다면 어떻게 우리가 기독교 문화 혹은 중립적 문화 속에서 살고 있다고 간주하는 잘못된 가정으로 인해 훼손된 선교 의식을 회복할 수 있을까?

서구 기독교인들은 자신들의 문화를 형성하는 우상을 발견하는 새로운 관점이라는 선물을 어디에서 얻을 수 있을까?

더 나아가, 우리는 우리 자신들이 "선교지"(mission field, 만일 이 용어가 의미하는 것이 복음을 필요로 하는 문화와 사람들을 의미하는 것이라면)에서 살아가고 있음을 더욱 진지하게 인식하고 있다.

어떻게 하면 교회는 서구 문화 안에서 복음을 구체화할 수 있을까?

이 점에 긴박성을 더하는 것은, 서구 문화가 스스로 초래한 모든 유익한 것들뿐만 아니라 왜곡된 것들도 세계화의 흐름 속에서 세계 전역으로 전달하고 있다는 사실 때문이다. 서구 문화의 영적인 뿌리를 이해하는 것은 오늘날 교회에 대단히 중요한 일이다.

여섯째, 세계의 다른 종교들과 선교사의 조우가 어떻게 보일 것인가를 이해하는 것이다.

과거의 경우, 교회는 세계의 다양한 종교들로부터 고립돼 있었다. 그러나 오늘날에는 모든 교회가 다원주의라는 현실에 직면해 있다. 다른 신앙을 가진 사람들과 끊임없는 상호 작용을 할 수밖에 없는 삶을 살아가고 있으므로, 타종교에 대해 더는 무덤덤한 태도로 일관하기가 점점 더 어려워지고 있는 상황이다.

더욱이 전 세계 공동체 안에서 서구가 과거에 누리던 특권과 힘을 소실하고 있는 오늘날과 같은 현실에서, 문화적 우월성에 근거한 잘난 체하는 자세는 말 그대로 과거의 유물이 되어 버렸다. 더욱이 종교가 삶의 개인적인 부분이라는 서구 문화의 주장도 세계 주류 종교들의 포괄적 세계관에 의해 도전받고 있다. 이 모든 상황이 복잡한 논쟁거리들을 산출하고 있다.

어떻게 그리스도와 복음이 다른 종교에 대한 헌신들이 실존하는 한가운데서 유일무이한 진리를 주장할 수 있을까?

복음의 관점에 비춰서, 다른 종교들을 어떻게 이해해야 할까?

다른 종교 공동체 구성원들에 대한 우리의 선교는 무엇이어야 할까?

일곱째, 도시의 폭발적 성장과 도시가 가진 문화 권력 그리고 도시를 괴로운 지경으로 몰고 가는 점증하는 사회경제적 문제는 오늘날 도시 선교를 선교 연구가 다루어야 할 중요한 주제로 부상시키고 있다.

선교는 더 이상 농촌 지역에 한정해 발생하는 현상이 아니다. 점차 정교해지고 있는 서구와 서구화된 전 세계 도시에서 선교적 교회는 어떤 모습으로 보여야 하는가?

여덟째, 세계 모든 곳에 교회(a global church)가 존재하는 세상에서 세계교회(the world church)에 대한 우리의 이해를 심화시키는 것 또한 중요할 것이다. 오늘날 신학교들이 "선교와 세계 기독교"를 약간 변형시킨 다음, 그것을 선교학과로 분류하고 있다.

세계 기독교(World Christianity)란 과목이 선교학 과정의 일부가 돼야 하는 것일까?

한편으로, 우리는 아니라고 말할 수 있을 것이다. 결국, 이런 식의 주장이 "해외"와 "기독교인"이라는 단어와 관련된 것이라면, 그것이 뭐가 되었든 선교라는 잘못된 가정을 지속해서 확대해 왔기 때문이다. 다른 한편, 지금까지 다른 모든 신학 연구 분야는 이 점과 관련된 주제를 다루지 않았다.

아쉬운 사실은, 지금까지 제3세계 교회에 관한 쟁점들은 주로 이국적인 내용으로 채워 있었기 때문에, 이와 관련한 쟁점은 선교학 교실에서나 배울 수 있는 것이라 여기는 일이 흔했다는 점이다. 결과적으로 이런 경향은 선교를 해외 기독교에 대해 말하는 것이라는 인상을 고착시켰다. 두말할 나위 없이 전체 신학 교육 과정은 제3세계 기독교에 대해 가르칠 필요가 있다.

그렇다면 선교의 맥락 안에서 세계 기독교에 대해 다룰 수 있는 정확한 방식은 무엇일까? 그것은 오늘날과 같은 선교 상황에서 직면하는 다양한 쟁점에 비춰 다양한 문화 상황 가운데 있는 교회에 대해 조사하는 것이다.

이 책에서 필자는 이같이 다양한 선교 연구 분야를 소개할 것이다.

제1부에서 필자는 성경 이야기에 진술되어 있는바 하나님의 선교를 반영하는 교회의 선교(mission of church)에 대한 기초를 제시하고, 교회의 선교(church's mission)에 관해 신학적으로 숙고할 것이다.

제2부에서 필자는 오늘날의 교회를 현재 부상하고 있는 에큐메니컬 패러다임, 즉 작금의 신학 전통들과 세계교회에 대한 조망에 비춰 고려할 것이다.

제3부에서 필자는 오늘날 교회가 직면하고 있는 중요한 몇 가지 쟁점—총체적 선교, 상황화, 서구 문화권 내에서의 선교, 세계 종교, 도시 선교 그리고 타문화권 선교—에 대해 논의할 것이다.

심화를 위한 독서 자료

Escobar, Samuel. *The New Global Mission: The Gospel from Everywhere to Everyone*. Dowers Grove, IL: InterVarsity Press, 2003.

Myers, Bryant L. *Exploring World Mission: Context and Challenges*. Monrovia, CA: World Vision, 2003.

Pocock, Michael, Gailyn Van Rheenen and Douglas McConnell. *The Changing Face of World Missions: Engaging Contemporary Issues and Trends*. Grand Rapids: Baker, 2005. (『변화하는 내일의 세계선교』, 바울 역간)

Tennent, Timothy C. *Invitation to World Missions: A Trinitarian Missiology for the Twenty-first Century*. Grand Rapids: Kregel, 2010, pp. 18-50.

토론을 위한 질문

1. 독자가 출석하고 있는 교회에 선교에 대한 좀 더 전통적인 시각이 만연하다고 생각하는가?
   독자가 출석하고 있는 교회에서는 선교라는 단어는 어떻게 이해하고 있는가?
2. 선교에 대한 전통적인 견해에서 옳다고 여겨지는 부분은 무엇인가? 그 견해는 어떤 면에서 현대 선교 환경에 부적절하다 볼 수 있는가?
3. 선교에 대한 전통적인 견해가 부적절하다는 이해를 뒷받침한 가장 중요한 요소들은 무엇인가?

에세이를 위한 주제

1. 선교에 대한 전통적인 견해의 특징들을 설명해 보라.
   당시 선교에 대한 그와 같은 이해와 실천이 왜 중요했을까?
2. 선교에 대한 전통적인 접근 방식을 부적절한 것으로 이해하게 하는 요인들에 관해 토론해 보자.
   가장 중요한 것은 어떤 것들인가, 그 외 다른 것들도 있는가?
3. 선교에 대한 네 가지 예비적 정의가 도움이 되는가?
   왜 그렇다고 생각하는가, 혹은 왜 그렇지 않다고 생각하는가?
   네 가지 예비적 정의 각각은 변환하고 있는 선교의 어떤 특징들을 포착했는가?

제1부

선교에 대한 성경적·신학적 숙고

제1장 하나님의 선교에 대한 서술적
  기록으로서의 성경
제2장 선교 신학(Theology of Mission)과
  선교적 신학(Missional Theology)

제1장

하나님의 선교에 대한 서술적 기록으로서의 성경

필자는 30여 년 전에 개설했던 "선교의 성경적 기초"(biblical foundations for mission)라는 과목에 대해 생생하게 기억하고 있다. 당시 강의를 진행하던 필자는 구약성경 전체를 상당히 빨리 속도로 훑어 지나갔다. 왜냐하면 당시 구약에는 선교와 관련해 채굴해 낼 수 있는 선교적 교훈(missionary gold)들이 거의 없었다고,[1] 혹은 없다고 믿고 있었기 때문이다. 가나안 족속들을 멸절시키는 것은 어떤 식으로든 선교에 대한 우리의 관점에 부합하지 않았다.

우리는 요나서와 룻기 그리고 이사야 40-66장을 좀 더 폭넓게 다루었는데, 왜냐하면 이들 성경이 타문화적 증거에 대한 우리의 견해에 한층 더 부합했기 때문이다. 구약성경과 비교해 볼 때, 우리는 신약성경에서 선교에 대한 훨씬 많은 교훈을 얻을 수 있었다. 그러나 신약성경 중에서도 여전히 우리가 선호하는 성구들이 있었다. "가서 제자 삼으라"와 "땅끝까지 이르러 내 증인이 될지라" 등이 그와 같은 것이었다.

문제는 신학교(Bible Collage) 안에 자리 잡고 복음주의 전통에 안주해 있던 우리는 선교가 무엇인지 이미 알고 있다고 생각하고 있었고, 따라서 이미 알고 있던 지식에 헌신하는 것 외에 다른 어떤 것에 대해서는 상상조차 할 수 없었다는 점이다.

선교에 대한 여정의 출발지는 항상 기존하는 선교 사업이었고, 우리는 모두 전심전력을 다해 기쁜 마음으로 그 사업을 지원했다. 우리는 선교에 관한 관련 성구들을 찾을 때 이 렌즈를 통해 찾아보았고, 선교에 대한 기존의 패러다임—특정

---

1 필자는 선교적 교훈(missionary gold)을 채굴해 내는 것에 대한 이미지를 보쉬의 글로부터 차용했다. David J. Bosch, "Reflections on Biblical Models of Mission," in *Toward the Twenty-First Century in Christian Mission: Essays in Honor of Gerald H. Aderson*, ed. James M. Phillips and Robert T. Coote (Grand Rapids: Eerdermans, 1993), p. 176.

지역(서구 기독교 지역)에서 다른 지역(비서구 이교도 지역)으로 선교사를 파송하는 것을 강조하는, 지리적 확장 주의에 기초한 선교 이해—에 부합하는 성구들을 발견했다. 그러나 조금만 상세히 살펴보면, 요나서가 바다를 건너 외국 땅으로 가는 것에 부합하지 않았다는 것과, "가라"가 대위임령의 최우선적 명령이 아니라는 것을 알 수 있었을 터이다.[2]

이 같은 언급은 전통적인 선교 개념을 폄하하려는 의도에서 하는 것이 아니다. 필자는 진실로 그 전통과 복음을 들어 보지 못한 사람들에게 복음을 전하는 데 헌신한 그 열정에 감사한 마음을 갖고 있다. 필자가 말하고자 하는 핵심은, 우리가 선교에 대한 성경의 가르침을 검토해 볼 때 선교에 대해 우리가 가지고 있는 기존의 이해가 우리가 실제로 목도하는 것에 영향을 미쳤다는 것이다.

우리는 선교에 대한 우리의 경험을 성경에 비춰 세심하게 살펴보려 하지 않았다. 그러기보다 신적 권위(divine authority)를 가지고 우리에게 익숙한 노력을 정당화시켰다. 필자는 근대 선교 운동에 대한 비방에 동조하는 일에 일고의 관심도 없다. 필자는 근대 선교 운동이 성취한 일에 감사한 마음을 가지고 있다. 그리고 근대 선교 운동이 많은 점에서 성경적 가르침에 신실했다고 믿는다. 본 장을 시작하며 필자가 마음에 품고 있는 목적은, 성경의 가르침에 비춰 선교를 다뤄 가는 방법에 질문을 제기하는 것이다.

1. 성경과 새로운 시대의 선교

오늘날 선교 지형이 극심하게 변하고 있고, 이로 인해 선교에 대한 우리의 태도를 확보하기 위해 성경으로 돌아가는 일이야말로 대단히 중요한 일이다. 데이비드 보쉬는 오늘날처럼 새로운 시대에 "만일 선교 사업이 참되고 선교에 대한 우리의 숙고가 상관성 있는 것이 되려면, 지금까지 그래왔던 것보다 선교학에 대해 좀 더 신중한 자세로 주목해야 할 것"[3]을 말했다.

한 걸음 더 나아가서, 과거에는 선교 사업을 뒷받침하기 위한 선교의 성경적 기초를 신약성경과 구약성경 이곳저곳에서 모은 "선교 관련 본문들"에 근거했었다는 점 또한 관찰했다. 선교는 먼저 서구에서 비서구 지역으로 움직이는 지리적

---

2 마 28:19의 헬라어 "가라"는 명령형이라기보다는 분사형이다. "가라"가 본문에서 명령형으로 이해될 수 있는 여지가 있기는 하지만, 본문의 주 명령어는 "제자 삼으라"다.
3 Bosch, "Biblical Models of Mission," p. 175.

이동으로 이해되었다.

따라서 비록 이 같은 이해에 부합하는 구약성경 구절들을 발견하는 것은 더욱 어려울 수밖에 없었으나, 신약성경에서는 좀 더 많은 성구를 발견할 수 있었다. 게다가 지리적 확장에 근거한 선교 실천은 선교 관련 성경 구절들을 이러한 이해에 부합하는 구절들로 제한시켰다.

선교는 성경의 일부 고립된 구절들이 아닌 "성경이 증거하는 핵심적 메시지의 요지에 근거해야 한다. 다른 말로 하자면, 선교—적절하게 이해된—는 성경적 메시지의 핵심에 근거해야 한다. 그렇지 않을 경우, 선교는 성경적 메시지에 부수적 위치를 차지하게 되고 결과적으로 우리는 선교에 관한 관심을 묵과하게 될 것이다."[4]

보쉬는 성경 이야기가 갖는 선교의 핵심성을 인식하게 하는 선교적 성경 읽기를 주창했다. 따라서 일부 고립된 선교 관련 구절들에 집착하는 것이 아니라 성경을 총체적으로 읽을 필요가 있다.[5]

성경을 "총체적으로" 읽는 것과 관련하여 두 가지 중요한 감각이 있다. 이 두 가지 모두 진실을 내포하고 있다.

첫째, 성경은 총체적인 구속적-역사(redemptive-historical whole)로 읽어야 한다. 선교는 성경 이야기의 전체 플롯의 핵심으로 이해되어야 한다.

> 우리가 성경이 내포하는 선교 방향과 부합할 수 있게 하는 해석학은 어떤 유의 해석학일까?
>
> ① 아마도 정경적 해석학임에 틀림이 없다.
>   정경적 해석학은 성경을 총체적으로 읽는 것이다.
> ② 내러티브 해석학일 것이다.
>   내러티브 해석학은 총체로서의 성경을 하나의 이야기(a single story)로 보게 해 주는 관점이다. 하나의 이야기로서 성경은 그 총체적 방향 면에서 메타내러티브를 구성하는데, 총체적 실재에 대한 이 내러티브는 실재의 총체성이 갖는 의미에 관해 설명한다.
>
> Richard Bauckham, *Bible and Mission*, pp. 11-12.

4　Ibid., p. 177.
5　Ibid., pp. 175-78.

둘째, 성경은 문학적으로 총체적(a literary whole)이다. 다양한 성경 구절들은 성경이 갖는 총체적인 문학구조에 비춰 읽어야 한다. 예를 들면, 소위 대위임령은 마태복음의 전체 문학구조 내에서 이해되어야 한다. 이 점이 본 장에서 필자가 관심을 기울일 첫 번째 "총체성"이다.

성경은 세상을 구원하기 위해 당신의 백성 안에서 그리고 그 백성을 통해 진행되는 하나님의 선교에 대한 내러티브 기록이다. 이 내러티브는 한 가지 이야기에 대해 말하는데, 그 이야기의 핵심 줄기는 선교-하나님의 선교, 이스라엘의 선교, 그리스도의 선교, 성령의 선교, 교회의 선교이다.

> 참으로 전체 성경은 그 자체로 '선교적' 현상이다. 현재 성경을 구성하고 있는 기록들은 그 자체로 하나님의 선교가 산출한 궁극적인 산출물이며, 동시에 하나님의 선교에 대해 증거하는 궁극적인 기록들이다. 선교는 성경이 말씀하고자 하는 여러 가지 일들 가운데 단지 한 가지가 아니다. 선교는 단지 다른 일보다 좀 더 긴급한 일이 아니다. 선교는 '성경이 말씀하고자 하는 모든 것이다.'[6]

따라서 성경에 대한 신실한 독서는 선교적 해석학(missional hermeneutics)을 신중하게 취급할 수밖에 없다.

선교적 해석학은 "선교를 해석을 위한 열쇠로 간주하는 성경 읽기 방식이다. 이 같은 선교적 해석은 단지 성경 기록들에 드러난 선교에 대한 주제를 연구하는 것이 아니라, 성경 전체를 읽어 나갈 때 선교를 핵심적 관심이자 목적으로 전제하고 성경을 읽어 나가는 방식이다."[7] 본 장에서 필자는 선교를 핵심 주제로 삼는 성경 이야기를 간략하게 추적해 갈 것이다.

---

[6] Christopher J. H. Wright, *The Mission of God: Unlocking the Bibles' Grand Narrative* (Downers Grove, IL: InterVarisity Press, 2006), p. 22. (『하나님의 선교』, IVP 역간)
[7] Richard Bauckham, "Mission as Hermeneutic for Scriptural Interpretation" (richardbauckham.co.uk/uploads/Accessible/Mission%20as%20Hermeneutic.pdf).

2. 온 세상을 회복하는 하나님의 선교

성경이 하나의 이야기를 말씀한다고 주장하는 것은 논쟁거리가 아니다.⁸ 그보다는, 성경을 보편타당성을 갖는 하나의 이야기—시공간을 초월하여 전 세계 모든 사람이 각자의 자리를 찾아야 하는 참된 이야기—라 주장하는 것이 좀 더 논쟁적이다. 그러나 바로 이 주장이 필자가 본 장에서 주장하고자 하는 내용이다. 최근의 용어를 사용하자면, 성경은 우주 역사의 의미와 운명에 대한 "메타내러티브"이다.⁹ N. T. 라이트가 언급했듯이, 성경은 "온 세상의 이야기인 하나의 이야기를 제공한다. 이 이야기는 공적 진리이다."¹⁰

세상과 그 백성을 회복하려는 하나님의 선교는 성경적 내러티브의 핵심 주제다. 크리스토퍼 라이트는 "하나님의 선교(그리고 그 선교에 대한 하나님 백성의 참여)를 하나의 뼈대로 제시하는데, 우리는 그 뼈대를 기초로 성경 전체를 읽어 나갈 수 있다"¹¹는 접근식을 제공한다. 하나님의 선교(the missio Dei)에 대한 전통적인 해석이 "파송"—아버지가 아들을 보내시고, 그 두 분이 함께 성령과 교회를 보내시는 것—을 중심으로 전개되었다면, 라이트는 모든 나라와 전체 피조 세계로부터 사람들을 회복하시려는 하나님의 장기적 목적에 비춰 하나님의 선교에 대해 말한다.

따라서 성경은 당신이 창조하신 세상을 죄의 파괴적인 권세로부터 해방시키려는 하나님의 오랜 역사적 여정에 관한 이야기를 우리에게 말씀하신다.

> 구약성경은 구약의 이야기를 유일무이한 이야기(the story) 또는, 좀 더 정확히 말하자면, 궁극적으로 피조 세계와 시간 그리고 그 지경 내에 존재하는 인류를 아우를 궁극적이고 보편적인 이야기 일부로 이야기한다. 다른 말로 하자면, 구약성경의 텍스트들

---

8 하나의 이야기로서 성경에 대한 좀 더 상세한 설명은 Michael W. Goheen, "The Urgency of Reading the Bible as One Story," *Theology Today* 64, no. 4 (2008), 469-83; Richard Bauckham, "Reading Scripture as a Coherent Story," in *The Art of Reading Scripture*, ed. Ellen F. Davis and Richard H. Hays (Grand Rapids: Eerdermans, 2003), pp. 40-47을 보라.
9 "메타내러티브"는 포스트모던 철학자인 장프랑수아 리오타르(Jean-Francois Lyotard)가 고안한 용어이다. 이 용어는, "실재의 총체적 의미에 대한 이야기와 관련 있다. … 메타내러티브는 하나의 총체로서 인간 역사가 갖는 의미와 운명을 하나의 이야기에 담아 말하는 것으로 이해하려는 시도이다. 메타내러티브는 인간의 수많은 이야기가 담고 있는 모든 다양성을 하나의 종합적인 이야기로 아울러 하나의 의미로 통합하고자 한다"(Richard Bauckham, *Bible and Mission: Christian Witness in a Postmodern World* [Grand Rapids: Baker Academics, 2003], p. 4. [『성경과 선교』, 새물결플러스 역간]).
10 N. T. Wright, *The New Testament and the People of God* (Londson: SPCK, 1992), pp. 41-42.
11 Wright, *Mission of God*, p. 17.

을 읽을 때 우리는 하나의 거대 담론인 메타내러티브를 아우르는 자리로 초대받는다.
Christopher J. H. Wright, *The Mission of God*, pp. 54-55.

하나님은 아담과 하와가 반역 행위를 범한 바로 그 직후 피조 세계를 회복시킬 당신의 의도를 선언하셨다(창 3:15). 복음을 최초로 선포하신 하나님이 "하와의 후손 중 한 인물을 통해, 너의 어리석은 허물이 촉발한 악의 세력을 내가 으스러뜨릴 것"이라고 선포하셨다. 하나님의 선교 이야기는 하나님 나라의 복음을 땅끝까지 알리시기 위해 하나님이 행하시는 행로에 관한 이야기다. 하나님의 백성 선교는 그 드라마 속에서 자신들에게 주어진 역할을 감당하는 것이다.

하나님의 선교 지평은 이 세상 끝이다. 하나님의 의도는 모든 민족과 모든 문화, 그러니까 모든 피조물을 인간의 원죄와 그로 인한 죄의 영향으로부터 회복시키려는 것이다. 그러므로 하나님의 목적은 모든 피조 세계의 회복을 지향한다는 점에서 포괄적이며, 따라서 하나님의 피조 세계를 오염시키는 타락과 우상 숭배를 대적하는 것을 포함한다.

3. 전 세계에 구원을 전하기 위해 이스라엘을 선택하신 하나님

1) 모든 민족을 구원하고자 한 민족을 선택하심

구약성경에서 하나님은 세상 끝까지 구원을 전하시기 위한 목적에서 이스라엘이라는 한 민족을 택하시고 조성하신다. 당신의 선교를 수행하기 위한 하나의 방편은, 특정한 민족을 선택하신 후 모든 인류를 그 공동체로 모으시는 것이었다. 하나님의 선교에 대해 말하는 한 가지 방식은 특수한 것으로부터 보편적인 것으로 유동하는 것, 혹은 하나로부터 다수로 유동해 나가는 것이다.

우리는 "성경이 내포하는 선교적 방향을 신중하게 취급하면서 성경을 읽는 방법"을 배워야 한다. 성경 이야기는 "특수한 것으로부터 보편적으로 유동해 가는 일련의 움직임을 구현하는데, 성경을 읽어 나가는 우리는 바로 그 이야기 속에서 우리의 자리를 발견할 필요가 있다. 성경은 하나님 나라의 성취를 목적하는 일종의 계획에 대한 기록이다. 성경은 모든 피조 세계 속에서 당신의 선을 이루고자 하는 하나님의 목적에 대한 계획을 기록한 것이다."[12]

하나님은 당신이 계획하신 범우주적 목적에 이르시기 위해, 이스라엘, 예수 그리고 교회라는 특정한 길을 따라 진행하신다.

여기에서 우리는 선택에 대한 성경적 교리를 만나게 된다. 도대체 하나님은 왜 특정한 민족을 택하셨을까?

첫째, 선택은 예외 없이 하나님의 범우주적 의도하심에 비쳐 이해되어야 한다. 선택은 당신의 복을 많은 민족에게 확대하고자 하시는 하나님의 의도와 관련 있다.

둘째, 선택은 특권이자 의무, 선물이자 사명, 은혜이자 책임이라는 언약의 맥락 안에서 이해되어야 한다.

선택이 오직 특권에 따라 표현되는 경우가 종종 있다. 그리고 그에 대한 반동으로, 어떤 사람들은 특권을 오직 의무의 관점에 따라 강조하는 경우가 발생하곤 한다. 그러나 성경에서 선택은 특권이자 책무의 문제로 다루어지고 있다. 하나님의 백성이 자신들을 선택하신 목적을 잊어버렸을 때, 항상 하나님의 심판대 아래에 섰다.

> 내가 땅의 모든 족속 가운데 너희만을 알았나니 그러므로 내가 너희 모든 죄악을 너희에게 보응하리라(암 3:2).

하나님이 선택하신 특정한 공동체는 우선 하나님의 선교가 발생하는 자리가 되고, 그다음에는 하나님의 선교를 전달하는 통로가 된다. 하나님은 당신의 구속 목적을 위해 먼저는 그 공동체 안에서 역사하시고, 그러고는 그 공동체를 통해 전 세계를 구속하고자 하신다. 하나님이 당신의 백성을 은혜로 구원하실 때, 그것은 오직 그 백성만을 위한 것이 아니라 다른 모든 백성을 구원하고자 하심이다.

---

[12] Bauckham, *Bible and Mission*, p. 11.

2) 창세기 12:1-3: 복이 될지라

택하신 백성에 관한 이야기는 아브라함의 선택과 하나님이 그에게 주신 약속으로 시작된다(창 12:1-3). 그러나 성경 이야기는 아브라함으로 시작되지 않는다. 창세기 1-11장은 아브라함의 선택과 대비되는 보편적 배경에 관한 이야기를 제공한다. 이 보편적 배경의 맥락에 아브라함의 이야기를 설정한 것은 "전 인류와 모든 피조 세계를 포괄하는 신적 계획이 갖는 보편적 차원"[13]을 강조하는 것이다. 그리고 성경 이야기를 통해 지속하는 일련의 중요한 주제들이 소개되는데, 다음과 같다.

아브라함과 이스라엘의 하나님은 하늘과 땅의 창조주이시다. 오직 한 분 참된 하나님만이 계신다. 하나님 외에 다른 신은 없다. 하나님은 이스라엘만의 하나님이 아니시라 모든 민족의 하나님이시다. 하나님은 온 우주와 역사의 통치자이시다. 모든 민족은 하나님을 사랑하고, 예배하고, 섬기기 위해 하나님의 형상으로 지음 받은 한 사람의 후손이다. 모든 민족은 하나님에 대한 반역의 삶을 살아간다. 모든 민족은 반역 가운데 그들의 문화와 사회를 형성하지만, 그분을 의존하며 그분의 심판 아래 있다. 구속을 위한 하나님의 의도의 범주는 온 피조 세계를 포괄하며, 그분의 약속은 인간의 죄로 인해 모든 피조계와 모든 민족 그리고 인간의 모든 삶에 미친 해로운 영향들을 회복시키신다.

이 같은 보편적 배경과 대비하여, 하나님은 세상 모든 민족을 위한 구속적 축복의 통로로 아브라함을 선택하셨다. 하나님이 모든 민족을 거부하신 것이 아니다. 오히려 하나님은 바로 그들 모든 민족의 구원을 위해 아브라함을 선택하신 것이다(창 12:1-3). 바울이 "아브라함에게 먼저 전해진 복음"(갈 3:8)이라고 언급한 창세기 12:2-3의 약속은 창세기 18:18에서 이중적 약속의 형태로 요약하고 있다.

> 아브라함은 강대한 나라가 되고 천하 만민은 그로 말미암아 복을 받게 될 것이 아니냐(창 18:18).

하나님은 아브라함을 선택하셨다. 하나님은 이스라엘을 하나의 민족으로 조성하시고 그들을 축복하실 것이다. 그러나 궁극적인 목적은 "그렇게 함으로써 세상 모든 민족이 복을 받게 하려는 것"이다.[14]

---

[13] Lucien Legrand, *Unity and Plurality: Mission in the Bible*, trans. Robert R. Barr (Maryknoll, NY: Orbis Books, 1990), p. 4.
[14] 나는 여기서 창 12:3에 대한 월터 카이저의 번역을 따랐다. Walter C. Kaiser, *Mission in the Old*

하나님이 선택하신 민족은 그 시작부터 "무언가를 위한 민족"이다. 그들은 선택을 받았고 놀라운 복을 받았다. 그들이 그런 은혜를 받은 것은 세상 모든 민족으로 하여금 하나님의 자비로운 복을 알게 하려는 이유에서였다.

위에서 언급된 구약의 언급이 갖는 핵심적 중요성을 이해하는 것은 필수적이다. 이들 구절을 통해 제공된 내용은 이 세상의 구속 역사를 위한 신학적 청사진이다.[15]

창세기 12:2-3은 하나님이 당신의 구속 목적을 실행하시기 위해 준비하신 이 단계 계획을 제공하고 있다. 비록 이 약속이 이후 족장들에 관한 내러티브에서 핵심 내용으로 작동하는 것은 분명한 사실이지만, 하나님이 이 구속적 복을 정확히 어떤 방식으로 이루어 가실 것인지에 대한 정확한 언급은 발견할 수 없다. 그러한 창세기 18:19 말씀을 통해 이에 대한 약간의 암시를 얻을 수 있다.

> 내가 그로 그 자식과 권속에게 명하여 여호와의 도를 지켜 의와 공도를 행하게 하려고 그를 택하였나니 이는 나 여호와가 아브라함에게 대하여 말한 일을 이루려 함이니라(창 18:19).

모든 민족으로 복을 받게 하겠다는 약속의 성취는 아브라함과 그 족속이 살아가는 방식과 어떤 식으로든 엮여 있다. 이스라엘 족속은 여호와의 도를 지키고 바른 것과 의로운 일을 행해야 한다.

3) 출애굽기 19:3-6: 모든 민족을 위한 실례

하나님이 모든 민족을 축복하실 방법은 출애굽기 19:3-6에 보다 분명하게 드러나 있다. 출애굽기 전권은 구속 역사 안에서 이스라엘이 감당해야 하는 역할과 정체성을 정의하는 이 구절과 통한다. 출애굽기 저자가 이스라엘을 위해 일하시는 하나님을 묘사하기 위해 사용하는 이미지는 구속에 대한 이미지다(출 6:6; 15:13). 구속은 가족의 일원이었으나 가족과 멀리 떨어져 있던 아들의 회복과 관련 있다. 구속은 아들로서 이스라엘이 아버지와의 적절한 관계로 돌아오는 것이다.

Testament: Israel as a Light to the Nations (Grand Rapids: Baker Books, 2000), p. 18. (『구약성경과 선교』, CLC 역간)
15 William Dumbell, *Creation and Covenant: An Old Testament Covenantal Theology* (Nashville: Nelson, 1984), p. 66.

하나님의 아들인 이스라엘이 한때 노예로 사로잡혀 있었으나(출 4:22), 하나님의 가족 내 적절한 자리로 돌아오게 회복시키는 것이 구속이다. 이스라엘은 이집트의 신들과 우상들에 메여 있던 노예의 상태에서 그리고 파라오의 억압으로부터 살아 계신 하나님을 섬기도록 해방되었다. 하나님이 이스라엘 백성을 이집트로부터 인도해 내셨고, 광야에서 그들을 돌보셨으며, 이제 시내 반도에서 그들을 당신께로 인도하신다.

하나님은 이스라엘을 위해 도대체 왜 이 같은 일을 하셨을까?

하나님은 이스라엘이 어떤 역할을 감당하게 하시려는 것일까?

이 질문들에 대한 답변을 출애굽기 19:4-6이라는 중요한 구절을 통해 말씀하신다. 하나님은 이스라엘을 당신의 특별한 소유로 선택하셨다. 이스라엘은 언약관계를 통해 하나님께 메일 것이고, 하나님의 구원 목적에서 특별한 자리를 차지하게 될 것이다. 그러나 다시 한번 강조하건대, 구속에 대한 하나님의 보편적 의도의 지평은 분명하다.[16]

> 세계가 다 내게 속하였나니(출 19:5).

이스라엘은 온 세상을 구원하기 위한 목적에서 하나님이 소유하신 소중한 백성이다. 좀 더 구체적으로 말하자면, 하나님은 이스라엘이 제사장 나라가 되게 하시려고, 거룩한 백성이 되게 하시려고 이스라엘을 부르신 것이다. 거룩함은 하나님이 사용하시기 위해 전적으로 구별해 놓은 상태와 관련이 있다. 따라서 이스라엘은 하나님의 구속 사역을 위해 따로 구별해 놓으신 민족이다.

이스라엘이 감당해야 하는 역할은 제사장의 역할이다. 제사장이 한 민족 안에서 특별한 역할을 하는 것과 같이, 이스라엘은 모든 민족 가운데서 제사장 역할을 하는 것이다. 하나님을 섬기기 위한 목적으로 성별하는 헌신의 모델로서, 제사장은 나머지 민족 구성원들과 구별된다. 그리고 나머지 민족 모두를 하나님의 복과 연결하기 위한 중재자가 된다(민 6:22-26).

이 부르심을 통해 이스라엘은 인류를 위한 하나님의 의도하심에 대한 모델로 소환된다. 이스라엘은 모든 민족을 향하신 하나님의 창조적 목적에 대한 모델이 되어야 한다. 존 더럼(John Durham)의 말처럼, 하나님은 이스라엘에게 "모델로 제시될 민족의 책임, 즉 야훼와 언약 관계를 맺음이 한 민족을 어떻게 변화시키는지

---

16 Ibid., p. 89를 보라.

온 세상에게 보여 줄 사례로서의 책임"¹⁷을 맡기셨다.

이스라엘은, 역사가 시작되는 창조의 때에 하나님이 의도하셨고 역사의 끝자락에 당신의 구속 사역을 통해 성취하실 것을 역사 속으로 성육신시켜야 한다. 만일 이스라엘이 신실하다면, 그들의 삶은 세상 모든 민족의 관심을 끌어 주님과의 언약의 관계 안으로 들어오게 할 것이다. 이사야가 그의 후기 언어를 통해 밝혔듯이, 이스라엘은 "열방의 빛"('이방의 빛', 사 49:6; '세상의 빛', 마 5:14)으로 부르심을 받게 될 것이다.

> 이스라엘만이 하나님께 속하고 다른 민족들은 그렇지 않다는 의미가 아니다. 또는 이스라엘에 대한 하나님의 소유권이 여타 다른 민족들에 대한 하나님의 소유권보다 더 하다는 의미도 아니다. 왜냐하면 본문은 세상(모든 민족을 암시)이 하나님의 소유라고 표현하고 있는데, 이는 이스라엘이 하나님의 소유라 하는 것과 같은 표현 방식이기 때문이다. 모든 민족은 하나님께 속해 있다. 그러나 이스라엘이 하나님께 속하는 것은 독특한 방식으로 성취될 것이다. 그리고 이러한 이유로, 한편으로는 언약에 기초한 복종을 요구받을 것이고, 다른 한편으로는 이 세상 안에서 거룩한 제사장 나라로서의 정체성과 역할을 감당할 것을 요구받을 것이다. 다른 말로 하자면, 이스라엘의 특수성은 세상에 대한 하나님의 관심이라는 보편성을 섬기도록 의도된 것이다. 이스라엘의 선택은 하나님의 선교를 수종한다.
>
> Christopher J. H. Wright, *The Mission of God*, pp. 256-57.

이처럼 중대한 소명의 자리로 부르신 후, 하나님은 이스라엘 민족에게 토라(율법)를 허락하신다(출 20-23). 토라는 이스라엘에게 삶에 대한 지침을 제공하고 열방 가운데서 거룩한 나라로 살아가는 데 필요한 다양한 패턴을 제공한다. 모세의 율법은 하나님이 직접 주재하신 생활 방식이다. 이 생활 방식은 "창조에 대한 보편적이고 영구한 원리들 그리고 특별한 민족(이스라엘)이 처해 있는 특정한 시간(모세의 때와 그리스도의 초림 사이)과 특정한 장소(팔레스타인)라는 역사적 상황 모두를 드러내 보인다."¹⁸

---

17 John I. Durham, *Exodus* (Word Biblical Commentary 3; Waco, TX: Word Books, 1987), p. 263.
18 Albert M. Wolters, *Creation Regained: Biblical Basics for a Reformational Worldview; with a Postscript co-authored by Michael W. Goheen* (Grand Rapids: Eerdermans, 2005), p. 40. (『창조 타락 구속』, IVP 역간)

율법은 가난하고 약한 사람들을 특별한 관심으로 돌보는 사랑과 정의에 기반한 공동생활을 요구한다. "고대 근동 지방에서 정의에 대한 이스라엘의 뚜렷한 실천은 마치 신호등을 비추는 것을 의미했다. 정의의 실천을 통해 이스라엘은 그런 정의의 실천을 강하게 원하시는 하나님께 다른 민족들을 이끌어야 했다."[19]

이스라엘은 "사람됨이 무엇인가에 대한 모든 것을 나머지 인류에게 보여 주는 민족으로 기능해야!"[20] 했다. 이스라엘은 "인간 존재가 참으로 무엇인지에 대한 모델"[21]로 부르심을 받았다.

율법을 통해 이스라엘이 받은 명령은 세 가지 지향성을 보여 준다. 이 지향성은 세상 모든 민족이 가시적으로 확인할 수 있는 그런 지향성이다. 이스라엘은 창조라는 과거(backward)를 지향해야 했다.

이스라엘은 하나님이 창조의 때에 인간의 삶을 위해 의도하셨던 것을 예시해야 했다. 이스라엘의 모든 사회문화적 삶은 하나님이 창조의 때에 디자인하신 것에 부합해야 했다. 이스라엘은 미래(forward)를 지향해야 했다. 역사의 끝자락에서, 이스라엘은 하나님이 모든 인류와 피조 세계를 위해 디자인하셨던 목적에 대한 표지와 시사가 되어야 했다.

이스라엘은 외부(outward)를 지향해야 했다. 이스라엘은 그 시대의 다른 이방 문화에 대항하고 대적해야 했다. 그들은 이방 문화 가운데 선한 것은 포용하고 우상 숭배적인 것은 거부해야 했다. 그렇게 함으로써 이스라엘은 하나님을 알지 못하는 열방들에 대한 대조 사회로 살아야 했다.

구약성경의 나머지 이야기와 관련해 볼 때, 출애굽기 19장에 나타난 이스라엘의 부르심이 갖는 중요성은 과소평가될 수 없다. "이 부분에서 시작하여 이어지는 이스라엘의 나머지 역사는 이스라엘이 시내 반도에서 받은 소명에 이스라엘이 얼마나 충실했는지 측정하는 실질적인 해설에 지나지 않는다."[22] 구약성경 역사의 나머지는 이스라엘이 자신의 소명에 얼마나 충실했느냐에 대해 말한다.

출애굽기는 당신의 백성 가운데 임재하셔서 거하시는 하나님에 관한 이야기로 마친다(출 25-40).

---

[19] J. Richard Middleton and Brian J. Walsh, *Truth Is Stranger Than It Used to Be: Biblical Faith in a Postmodern Age* (Downers Grove, IL: InterVarsity Press, 1995), p. 98. (『여전히 우리는 진리를 말할 수 있는가』, IVP 역간)
[20] Tom Wright, *Bringing the Church to the World: Renewing the Church to Confront the Paganism Entrenched in Western Culture* (Minneapolis: Bethany House, 1992), p. 59.
[21] N. T. Wright, *Scripture and the Authority of God: How to Read the Bible Today* (New York: HarperCollins, 2011), p. 51. (『성경과 하나님의 권위』, 새물결플러스 역간)
[22] Dumbrell, *Creation and Covenant*, p. 80.

로버트 마틴 아샤르(Robert Martin Achard)는 선교란 "현존의 문제—즉, 인류 가운데 존재하는 하나님 백성의 현존과 당신의 백성 가운데 거하시는 하나님의 현존하심"[23]이라는 점을 상기시켜 준다.

얼마 후, 모세는 이제 막 약속의 땅으로 들어가려 하는 이스라엘 백성에게 그들의 선교적 소명을 다시 한번 상기시킨다. 그들의 독특한 삶은 모든 민족이 "이 큰 나라 사람은 과연 지혜와 지식이 있는 백성이로다"(신 4:6)라는 말을 고백하는 자리로 이끌 것이다.

이것은 이스라엘 백성 가운데 거하시는 하나님과 그들의 삶을 인도하시는 율법의 공의(righteousness)에 대한 질문을 일으킬 것이다(신 4:5-8). 따라서 하나님은 당신이 이스라엘 백성 가운데 거하실 때 모든 민족에게 하나님 자신을 드러내 보이실 것이며, 그들의 삶을 율법을 통해 변모시키실 것이다.

이스라엘 백성이 그들의 선교가 갖는 보편적 지평을 명확하게 유지하는 것은 어려운 일이다. 요나서가 보여 주듯이, 배타적인 민족주의적 사고가 선택과 언약에 대한 그들의 이해를 지속해서 변질시켰다. 그래서 하나님이 선교에 대한 이스라엘 백성의 생각을 배양하시기 위해 시편의 말씀들을 허락하셨다.[24] 예배 중에 이스라엘 백성이 부르는 노래들은 그들이 복 받은 백성이기 때문에 세상 모든 민족을 위한 복의 통로가 될 수 있음을 상기시켜 주었다.

> 하나님은 우리에게 은혜를 베푸사 복을 주시고
> 그의 얼굴 빛을 우리에게 비추사 (셀라)
> 주의 도를 땅 위에,
> 주의 구원을 모든 나라에게 알리소서
> 하나님이여 민족들이 주를 찬송하게 하시며
> 모든 민족들이 주를 찬송하게 하소서
> 하나님이 우리에게 복을 주시리니
> 땅의 모든 끝이 하나님을 경외하리로다(시 67:1-3, 7).

---

[23] Robert Martin-Achard, *A Light to the Nations: A Study of the Old Testament Conception of Israel's Mission to the World*, trans. John Penney Smith (London: Oliver & Boyd, 1962), p. 79.
[24] Theodore Mascarenhas, *The Missionary Function of Israel in Psalms 67, 96, and 117* (Lanham, MD: University Press of America, 2005)을 보라.

4) 열방의 시야에 노출된 땅에서

우리가 구약성경을 읽어 나갈 때, 창세기 12:2-3과 출애굽기 19:3-6에 설정된 내러티브의 궤적(the narrative trajectory)을 마음속에 그리는 것이 중요하다. 여호수아서에서 이스라엘 백성은 약속의 땅을 받는다. 그들은 열방이 교차하는 곳, 곧 우주의 중심[25]에 자리를 잡았는데, 그들은 스스로를 열방이 지켜볼 수 있는 전시적 백성[26]으로 여겼다. 이런 관점을 유지하고 있었기 때문에 "이스라엘 백성은 자신들이 살아가는 시대 주변 모든 나라의 지속적인 감시하에 있음을 알고 있었다."[27] 이것이 하나님의 선교가 실현되는 방식이다. 하나님의 선교는 열방의 감시 하에서 하나님의 방식에 따라 살아가는 하나님의 백성을 포함한다.[28]

> 이스라엘은 나머지 다른 세계와 완전히 고립된 진공 상태에서 살지 않았다. 반대로, 이스라엘 백성은 상당히 복잡한 국제 무대 위에서 살아갈 수밖에 없었다. 세 개의 대륙이 서로 연결되는 가나안 땅은 여러 민족이 서로 마주하는 진정한 의미에서의 중앙 홀과 같은 지역이었다. 이스라엘 백성의 현존은 국제적인 시야에 노출된 상태였다.
>
> Christopher J. H. Wright, *The Mission of God*, p. 467.

따라서 열방은 이스라엘 역사의 다양한 역사적 내러티브들 속에서 증인들로 등장한다.[29] 하나님이 이스라엘 백성을 이집트에서 구원하신 후 광야에서 그들에 대해 진노하사 멸하시겠다고 말씀하셨을 때, 모세는 탄원했다.

> 어찌하여 이집트 사람들이 이르기를, 여호와가 자기의 백성을 산에서 죽이고 지면에서 진멸하려는 악한 의도로 인도해 내었다고 말하게 하시려 하나이까 주의 맹렬한 노를 그치시고 뜻을 돌이키사, 주의 백성에게 이 화를 내리지 마옵소서(출 32:12).

---

25 다양한 유대교 문서와 랍비 문서는 이스라엘 백성을 우주의 중심, 곧 세상의 중심에 위치시킨다.
26 Wright, *Mission of God*, p. 467; Richard R. De Ridder, *Discipling the Nations* (Grand Rapids: Baker books, 1971), pp. 43-44.
27 J. H. Bavinck, *An Introduction to the Science of Mission*, trans. David Hugh Freeman (Philadelphia: Presbyterian & Reformed, 1960), p. 14.
28 Wright, *Mission of God*, p. 470.
29 열방은 이스라엘이 하나님과 맺은 언약의 의무에 대한 증인이었고, 이스라엘에 대한 하나님 심판의 증인이었다. 그리고 열방은 이스라엘을 회복시키시는 하나님에 대한 증인이기도 했다(Ibid., pp.467-74).

이스라엘 백성이 하나님께 불평을 제기한 후, 다시 한번 하나님이 그들을 재앙으로 징계하시자, 모세가 다시 탄원했다. 모세는 가나안 족속들과 이집트인들이 그 소식을 듣고 하나님이 자신의 백성을 당신이 그들에게 주시겠노라고 약속하신 땅으로 이끄실 능력이 없다는 결론을 내릴 것에 대해 우려했다(민 14:13-16; 참조. 신 9:28). 이 이야기는 이후로 지속하지만, 이제 이스라엘의 역사는 열방의 감시하에 놓이게 된다. 사사기를 보면, 이스라엘 역사가 늘 그랬던 것처럼, 이스라엘 백성은 그들이 빛을 비추어 주어야 할 이방 민족들이 섬기는 우상 숭배라는 암흑에 집어삼킴을 당한다.

이스라엘 백성이 반복적으로 저지르는 언약에 대한 배신 행위는 하나님의 선교에 위험 요소였다. 이제 이러한 상황으로 인해 이스라엘이 신실한 백성으로 살아갈 수 있게 할 수 있는 왕을 요구했다(삿 21:25). 사무엘서에서, 하나님은 그들과 하나님 사이를 중재할 왕을 그들에게 허락하신다. 왕에 대한 이스라엘 백성의 요구는 배교의 행위였다.

이러한 요구는 모든 민족을 구원하시기 위해 다른 민족들과 구별되어야 할 이스라엘을 향하신 하나님의 선교적 목적과 날카롭게 충돌하는 것이었다. 그러나 이스라엘 백성은 "그들이 다른 나라들과 같아지기 위해" 왕을 원했다(삼상 8:20; 참조. 삼상 8:6). 하나님이 마침내 그들에게 왕을 허락하신다.

그러나 하나님은 왕권을 당신의 언약과 선교적 목적에 포함하셨다. 하나님은 다윗과 그 자손에게 영원한 왕국을 주시기로 약속하셨다(삼하 7:11b-16). 이제 이 왕국—모든 민족이 모여들 영원한 왕국—은 하나님의 구속 목적의 보편적 지평이 된다.

시편과 선지서들은 이 주제를 더 강화한다. 시편은 이스라엘의 선택이 갖는 보편적 목적을 강화한다. 그러나 이제 그 선택을 왕과 왕국의 이미지를 통해 강화한다. 특히, 이제 오실 이스라엘의 왕의 보편적 다스림을 묘사하기 위해 시편 여러 편과 선지서에 사용하는 "땅끝까지"라는 구절(예를 들면, 시 2:8; 미 5:4; 슥 9:10)이 특히 중요하다. 언젠가 하나님의 신실한 왕의 다스림이 땅끝까지 알려질 것이다(시 72:8-11).

열왕기서는 왕들의 실패와 그 결과 자신들에게 맡겨진 사명에 대한 이스라엘의 실패에 대해 말씀한다. 열왕기서의 내러티브는 이스라엘 백성이 신실하지 못한 왕들을 따를 때 그들이 어떻게 배신의 자리로 미끄러져 내려갔으며, 또 그 결과가 어떻게 하나님의 심판으로 그 정점에 이르렀는지—첫 번째로 북왕국 이스라엘이 앗시리아에 의해 흩어졌으며 그리고 이후 남왕국 유다가 바빌론에 유수되어 갔다—에 대해 이야기한다. 이는 마치 하나님의 구속적 선교가 서서히 멈춰져 가는 것처럼 보인다.

5) 선지자들의 메시지: 미래에 성취될 하나님의 선교

이제 이야기는 선지자들이 등장하고 모든 피조 세계와 모든 민족을 위한 이스라엘의 선교가 성취될 시간을 가리키는 순간으로 접어든다. 선지자들은 하나님이 온 세상을 통치하시고 열방에 구원을 도래케 하시는 종말의 사건에 대해 말한다(사 2:2-5; 52:10). 이 같은 일이 발생하기 위해서는, 먼저 이스라엘 백성이 회심해야 한다. 이는 오직 이스라엘이 그들의 소명, 즉 세상의 빛이 되어야 하는 소명을 성취하기 위해 다시 모이고, 정화되고, 새로운 마음을 부여받을 때 이루어질 수 있다(겔 36:22-32).

이 절정의 순간은 메시아, 즉 권위와 영광 가운데 이 세상의 통치자로 오실 기름 부음 받으신 신실한 왕에 의해 시작될 것이다(겔 9:13-13). 그러나 역설적이게도 이 왕은 또한 고난 받는 하찮은 종으로 오기도 하신다(사 53; 참조. 눅 24:25-26). 하나님이 당신의 종을 "이방의 빛으로 삼아 나의 구원을 베풀어서 땅끝까지 이르게"(사 49:6) 하실 것이다. 하나님의 나라는 성령이 메시아에 부어질 때 성령의 능력 안에서(사 61:1) 이스라엘에(겔 36:26) 그리고 세상 모든 민족 위에(욜 2:28-32) 임하게 될 것이다. 메시아는 온 세상에 심판과 멸망에 임하게 하실 것이다(사 63:1-6; 욜 1:15; 말 3:2). 그러나 이날은 이스라엘 백성에게뿐만 아니라 세상 모든 민족에게도 구원의 날이 될 것이다. 이사야 선지자는 선포한다.

> 말일에 여호와의 전의 산이 모든 산꼭대기에 굳게 설 것이요, 모든 작은 산 위에 뛰어나리니, 만방이 그리로 모여들 것이라. 많은 백성이 가며 이르기를, '오라 우리가 여호와의 산에 오르며 야곱의 하나님 전에 이르자! 그가 그의 길을 우리에게 가르치실 것이라! 우리가 그 길로 행하리라!' 하리니, 이는 율법이 시온에서부터 나올 것이요, 여호와의 말씀이 예루살렘에서부터 나올 것임이니(사 2:2-3).

그리고 구약의 선지서에 두드러지게 드러나는 것은 열방에 대한 이 구원이 그들의 자발적인 나옴에서 기인한 것으로 본다는 점이다.

> 만군의 여호와가 이와 같이 말하노라 그 날에는 말이 '다른 이방 백성 열 명이 유다 사람 하나의 옷자락을 잡을 것이라. 곧 잡고 말하기를 하나님이 너희와 함께하심을 들었나니 우리가 너희와 함께 가려 하노라' 하리라 하시니라(슥 8:23).[30]

그러므로 "이스라엘은 열방이 이스라엘의 하나님 구원의 빛으로 나오도록 하는 수단으로서의 살아 있는 능력이 되어야 한다. 이제 이스라엘은 끌어당기는 빛을 방출하여 세상 모든 민족이 이스라엘에게 모여들게 해야 한다."[31]

이제 이스라엘은 그들이 조상 아브라함을 통해 부여받은 열방의 복이 되라는 소명을 마침내 완성하게 될 것이다.

> 유다 족속아, 이스라엘 족속아, 너희가 이방인 가운데에서 저주가 되었었으나 이제는 내가 너희를 구원하여 너희가 복이 되게 하리니 두려워하지 말지니라 손을 견고히 할지니라(슥 8:13).

이스라엘을 통해 이루시는 하나님의 선교는 세 가지 용어—보편적, 구심적 그리고 종말론적—로 묘사될 수 있다.

이스라엘을 통해 이루시는 하나님의 선교는 보편적이다. 비록 이스라엘이 하나님의 언약의 백성으로 선택을 받았으나, 전 세계와 그 안에 거하는 모든 민족이 그 선교 안에 포함되어 있다. 이스라엘을 통해 이루시는 하나님의 선교는 구심적이다. 이스라엘의 역할은 열방의 빛이 되는 것이고, 그들의 삶을 통해 열방이 참되시며 살아 계신 하나님을 보게 하는 것이고, 그래서 열방이 그들의 삶에 이끌리고 마침내 그들이 섬기는 하나님께 이끌리도록 하는 것이다.

이스라엘을 통해 이루시는 하나님의 선교는 종말론적이다. 비록 이스라엘의 삶을 통해 열방이 야훼를 인지하는 것이 "이스라엘의 역사가 갖는 의미요, 그들의 의식에 담겨 있는 내용물이기는 하지만", "이스라엘의 전 역사를 통해 전부는 아니라 할지라도 일부라도 인식하게 된다는 것" 또한 사실이다. 따라서 이 목적의 성취는 장래에 이루어질 것이다. 이스라엘의 역사는 종말론적으로 규정되어 있다.[32] 열방의 최종 모임은 하나님이 당신의 특별하신 능력 안에서 메시아를 통해

---

30 Albert M. Wolters, "Mission and the Interpretation of Zechariah 8:20-23," in *That the World May Believe: Essays on Mission and Unity in Honour of George Vandervelde*, ed. Michael W. Goheen and Margaret O'Gara (Lanham, MD: University Press of America, 2006), pp. 1-13.
31 Bavinck, *Science of Missions*, pp. 21, 23.
32 Johannes Blauw, *The Missionary Nature of the Church: A Survey of the Biblical Theology of Mission* (New

역사 안으로 들어오시고, 성령으로 종말론적 민족으로서 이스라엘을 모으시고 그들을 정결케 하시고 이 세상 모든 민족을 위한 포괄적인 구원을 도래케 하시는 미래의 때까지 기다린다.

4. 하나님이 이스라엘을 선교로 모으시고 회복시키기 위해 예수를 파송하시다

1) 모으는 시기로서 하나님 나라의 "이미와 아직" 시대

이스라엘과 열방이 함께 모이는 종말론적 시대는 예수의 하나님 나라 선교로 시작된다. 선지자들은 하나님이 당신의 나라를 시작하신 위대한 종말론적 미래에 메시아를 통해 도래할 포괄적 구원과 최후의 심판을 약속했다. 하나의 제국에 이어 다른 제국이 이스라엘을 억압했을 때, 선지자들에 의해 점화된 희망의 불꽃은 종말론적 기대라는 맹렬하게 타오르는 불길로 타올랐다. 이처럼 기대가 집약된 상황에서, 예수께서는 복음을 선언하신다.

> 하나님의 나라가 가까이 왔다(참조. 막 1:14-15, 새번역).

구약 선지자들의 예언에 고무된 모든 유대인은 하나님의 나라가 충만 가운데 즉각적으로 도래할 것을 기대했다. 옛 시대는 종결을 향해 나아가고 있고, 새 시대의 여명이 밝아오고 있다(그림 1을 보라). 세례 요한은 심판과 구원을 위해 메시아의 손에 이미 도끼와 키가 들려 있다고 믿었다(눅 3:9, 17). 그러나 다른 사람들과 마찬가지로, 요한도 하나님의 심판이 임하지 않았을 때 혼란을 느꼈다. 그래서 제자들을 보내 예수께 예수가 구약성경에서 약속한 메시아라는 것이 사실인지에 대해 질문하도록 했다(눅 7:18-23).

예수께서는 당신이 메시아이며, 당신이 하고 계신 여러 사역이야말로 피조 세계를 새롭게 하시려는 하나님의 능력이 역사 안으로 들어온 것을 보여 주는 것임을 확인시켜 주셨다. 예수의 제자들 또한 이해하는 데 어려움을 겪고 있었기 때문에, 예수께서 하나님 나라의 여명이 이미 밝았지만, 아직 충만하게 임한 것이 아님을 이해시키기 위해 비유들을 말씀하셨다. 앞으로 도래할 나라의 능력이 이미 역사 안

York: McGraw-Hill, 1962), p. 21.

으로 흘러들어 오고 있지만, 옛 시대의 반동 세력은 아직도 여전히 실재하고 있다. 옛 시대와 새 시대가 중첩되고 있다(그림 2를 보라).

이 두 시대의 중첩이 선교의 이유가 된다.

> 이처럼 우리가 살아가는 "중첩된 시대", 즉 그리스도의 초림과 그의 재림 사이의 시간이 내포하는 의미는, 바로 이 시기가 사도적 교회가 땅끝까지 이르러 증인의 사명을 감당해야 할 시기라는 것이다. 그리스도 안에서 드러난 만물의 종국은, 그리스도 안에서 드러난 심판과 구원에 관한 소식이 온 세상에 증거되기까지 유보되었다. 참된 종말론적 관점이 암시하는 것은 선교적 순종이 될 것이다. 선교에 대한 순종이 핵심 이슈가 되지 않는 종말론은 거짓 종말론이다.[33]

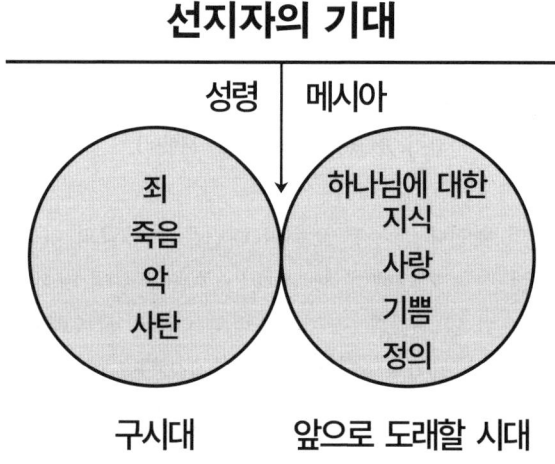

그림 1. 선지자의 기대

---

33 Lesslie Newbigin, *Household of God: Lectures on the Nature of the Church* (New York: Friendship Press, 1954), p. 153. (『교회란 무엇인가?』, IVP 역간)

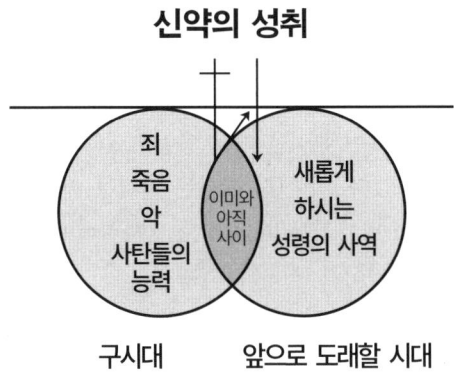

그림 2. 신약의 성취

강력한 언급: 선교 명령과 분리된 종말론은 잘못된 것이다!
성경적 증언은 다음과 같이 증거한다.
즉 "이미 그러나 아직"이라는 시기(time period)는 열방을 모으는 것과 밀접한 관계가 있다. "이미 그러나 아직"은 이스라엘을 향하신 예수의 선교로 이미 시작되었고, 이스라엘의 남은 양들과 열방을 향한 당신의 선교에 참여시키기 위해 회복된 이스라엘을 초청함을 통해 여전히 지속하고 있다.

> 따라서 현대 신약학자들은 조직 신학자 마틴 캘러(Martin Kähler)가 80여 년 전 언급한 내용, 즉 '신학의 어머니'라는 말을 확정해 주고 있다. 캘러는 신학이 '세계를 지배하는 교회가 가지고 있는 호사스러움'이 아닌 '기독교 선교에 대한 표현'으로 시작한다고 말했다. 신약성경의 저자들은 신약성경을 기록하기 전에 증거를 조사할 수 있는 여유를 가진 학자들이 아니었다. 그들은 교회가 '등장하고 있는 상황'이라는 긴박한 현장 속에서 신약성경을 기록했다. 당시 세상과 선교적으로 조우하고 있던 교회는 이를 신학화할 수밖에 없었다.
>
> David J. Bosch, *Transforming Mission*, p.16.

모은다는 말이 '이미 그러나 아직'이라는 시간적 중간기에 의미를 부여해 준다. 게르하르트 로핑크(Gerhard Lohfink)는 "'흩어져 있는 하나님의 백성을 모으는 것'이 이스라엘 신학의 근본적 진술 중 하나였음에 반해, 구약성경 신학은 이 점에 거의 관심을 기울이지 않는다"³⁴라고 한탄한다.

선교와 관련하여, 이 같은 종말론적 모음에 관한 주제는 중요하다. "모든 열방을 하나로 모으시는 것은 하나님의 종말론적 행위 중 하나다. 구약성경이 그렇게 말씀하고 있고, 예수께서도 이 관점에 매우 충실하셨다. 신적 행위는. 사람들에게 위임되었음을 발견할 수 있다. 이 신적 행위는 먼저는 인간으로 성육신하신 예수께 위임되었고, 이제 그의 발자취를 따르는 모든 사람에게 위임되었으며, 이제 그들은 추수를 위해 파송될 것이다."³⁵

복음서 저자들은 선지서들과 신구약 중간기 자료들을 통해 모으는 것에 대한 세 가지 이미지—추수한 곡식을 창고에 모으는 비유, 양들을 우리로 모으는 비유 그리고 잔치에 손님들을 청하는 비유—를 차용하고 있다.

첫째, 이사야서는 종말의 때에 구원의 잔치에 모든 사람을 시온산으로 불러 모으는 것에 대해 예언한다(사 25:6-9).

이 예언은 이제 예수 안에서 성취되었다(예. 마 8:11). 큰 잔치에 대한 비유에서 예수께서는 준비한 잔치의 연기에 대해 묘사하신다(눅 14:15-24). J. H. 바빙크는 이 비유에 대해 다음과 같이 주석한다.

> 하나님 나라는 준비되었다. 어떤 의미에서 성취를 위한 모든 상황이 조성되었다. 그러나 거기에는 주의 종들이 일해야 하는 시기가 먼저 있어야 한다. 이 중간기(intervening time)는 종들의 활동으로 특징지어진다. 위의 비유들에 따르면, 그러한 활동은 특히 큰 거리와 골목길로 나가 모든 사람을 왕의 잔치에 초대하는 것으로 특징지어진다. 따라서 중간기는 선교에 대한 명령으로 가득 차 있다고 말할 수 있겠다. 그리고 이 중간기에 의미를 주는 것은 선교에 대한 명령이다.³⁶

둘째, 농업, 즉 추수한 곡식을 모으는 것과 관련 있다.

예수께서는 제자들을 청해 눈을 열어 들판에서 익어 추수할 때를 기다리는 곡식들을 보라고 말씀하셨다(요 4:35; 막 4:3-8, 26-29). 예수께서는 다음과 같이 말씀하셨다.

---

34 Gerhard Lohfink, *Does God Need the Church? Toward a Theology of the People of God*, trans. Linda M. Maloney (Collegeville, MN: Liturgical Press, 1999), pp. 51-52.
35 Legrand, *Unity and Plurality*, p. 153.
36 Bavink, *Science of Missions*, p. 32.

추수할 것은 많되 일꾼이 적으니 그러므로 추수하는 주인에게 청하여 추수할 일꾼들을 보내 주소서 하라(눅 10:2).

이것은 "종말의 추수할 때가 이르렀고, 바로 그 시기가 인간의 역사 안으로 들어오고 있다는" 확신에 기반한 "선교적 기도"이다. 추수는 인간의 손으로 하는데, 특히 예수와 그와 함께 하는 제자들이 이 일을 위해 부르심을 받았다.[37]

셋째, 잃어버린 양을 모으는 것에 대한 것이다.

에스겔과 예레미야는 마지막 날에 흩어진 양들을 모아 우리에 들이는 종말론적 목자 이미지를 채택한다(렘 23:2-3; 31:10; 겔 34:12, 23-31). 예수께서는 오직 이스라엘의 잃어버린 양들을 위해 보내심 받았다고 선언하셨다(마 15:24). 그리고 그들을 자그마한 우리로 모으시는 일을 시작하셨다(눅 12:32). 그러나 선한 목자 되신 예수께서는 열방이 당신의 우리로 모일 날도 예언하셨다.

또 이 우리에 들지 아니한 다른 양들이 내게 있어 내가 인도하여야 할 터이니 그들도 내 음성을 듣고 한 무리가 되어 한 목자에게 있으리라(요 10:16).

2) 예수께서는 먼저는 이스라엘을 선교로 부르시기 위해 보내심을 받으셨다

선교(mission)는 "파송하시는 하나님"에 비추어 해석됐다. 요한복음은 하나님을 예수를 보내시는 분으로 그리고 예수를 보내심 받은 분으로 묘사한다. 파송 개념을 예수의 정체성과 얼마나 깊이 연관시킬 것이냐의 문제는 아무리 강조해도 지나칠 수 없다. 예수께서는 요한복음의 거의 모든 페이지에서 당신의 선교에 대한 인식을 당신이 파송받으셨다는 점에 비추어 설명하셨다.[38]

예수는 성령의 능력 안에서 당신의 선교를 위해 보내심 받은 분이시다(눅 4:18). 예수의 초림과 재림 사이라 일컬어지는 지금이라는 시점은 성령의 시대이다. 참으로 선지자들은 이스라엘을 새롭게 하고 열방을 모으기 위해 하나님의 영이 메시아에게 부어질 것을 예언했다. 따라서 복음서는 당신의 선교를 수행하실 예수께 성령이 부어지시는 것으로 시작한다(막 1:10; 눅 3:21-22; 행 10:38).

---

37 Legrand, *Unity and Plurality*, p. 61.
38 Francis M. DuBose, *God Who Sends: A Fresh Quest for Biblical Mission* (Nashville: Broadman, 1983), pp. 49-50.

성부 하나님이 성자 예수를 파송하심으로 성취하고자 하셨던 선교는 무엇이었을까?

우선, 선지자들에게 주어진 언약에 따라 이스라엘을 종말 공동체(an end-time community)로 불러 모으시기 위함이었다. 요하킴 예레미아스(Joachim Jeremias)는 "예수의 모든 행위가 갖는 유일한 중요성은 하나님의 종말론적 백성을 모으는 것이다"[39]라는 깜짝 놀랄 만한 말을 했다. 종말에 모아질 하나님의 백성 공동체는 이스라엘로 시작한다.

마태는 예수의 선교가 이스라엘로 한정되었음을 명확하게 보여 준다. 예수께서는 가나안 여인에게, "나는 이스라엘 집의 잃어버린 양 외에는 다른 데로 보내심을 받지 아니하였노라"(마 15:24)라고 말씀하셨다. 예수께서는 당신의 제자들을 오직 이스라엘의 잃어버린 양들에게만 보내셨다(마 10:6). 오직 유대인에게만 보내심을 받은 예수의 선교가 갖는 명백한 협소함은 해석자들을 당혹스럽게 만들어 왔다.

이러한 예수 선교의 협소함이 어떻게 구약성경이 보여 주는 명백한 보편적 지평, 즉 예수께서 명백히 공유하시는 선교의 보편적 지평(마 8:11; 24:14)에 부합할 수 있는 것일까?

구약의 보편적 지평에 부합하지 않아 보이는 예수의 협의적 지평은 구약성경 선지자들의 예언에 비추어 읽혀야 한다. "예수께서는 하나님의 성산을 향해 종말론적 순례를 행하는 이방인들에 대한 개념이 성경에 기록되어 있음을 알고 계셨다(예. 사 2:2-4)."[40]

하나님은 이스라엘 안에서 그리고 이스라엘을 통해 당신의 영광을 이방인들에게 드러내실 것이다. 먼저, 이스라엘이 주의 성산에서 벌어질 메시아적 잔치에 모여들 것이다. 오직 그 후에라야 열방들이 모여들 것이다. 예수께서 이방인들이 아브라함과 이삭 그리고 야곱과 더불어 잔치상에 모여들 것에 대해 말씀하실 때, 바로 이와 같은 예언적 언약을 마음에 품고 계셨음에 틀림이 없다. 따라서 선지자들은 "두 가지 성공적인 사건들, 즉 먼저는 이스라엘의 부르심 그리고 하나님의 나라에서 뒤이어 발생할 이방인들의 구속적 연합"[41]을 고대하고 있었다.

예수의 사역은 첫 번째 사건을 지향하고 있었다. 이스라엘이 열방을 이끌어 들이는 그들의 역할을 실행하게 하기 위해서는, 두 가지 일이 발생해야 한다.

---

[39] Joachim Jeremias, *New Testament Theology*, trans. John Bowden (New York: Scribner, 1971), p. 170.
[40] Joachim Jeremias, *Jesus' Promise to the Nations*, trans. S. H. Hooke (Studies in Biblical Theology 24; London: SCM Press, 1958), pp. 56-57.
[41] Jeremias, *Jesus' Promise to the Nations*, p. 71.

첫째, 이스라엘이 모여야 한다.
둘째, 이스라엘이 새롭게 되어야 한다.

그럼으로써 하나님의 토라에 순종하는 삶을 살 수 있고 또한 열방에 빛으로 비출 수 있다.

에스겔서는 하나님의 종말론적 미래에 발생할 이들 두 가지 내용—모임과 정결케 됨—이 갖는 특징들에 대한 일별을 제공한다. 이스라엘은 그들의 선교적 사명(mission)에 실패했다. 그리고 결과적으로 열방 가운데서 주의 이름을 욕되게 했다(겔 36:16-21). 그러나 하나님은 이스라엘에게 당신께서 움직이실 것과 그 결과 "열방의 눈앞에서 **이스라엘을 통해** 당신의 거룩하심이 증명될 때"(겔 36:23, 강조 추가) 열방은 하나님의 주 되심을 알게 될 것이라 말씀하셨다. 따라서 하나님은 당신의 선교를 완수하시기 위해 이스라엘을 통해 역사하실 것이다.

> 내가 너희를 여러 나라 가운데에서 인도하여 내고 여러 민족 가운데에서 모아 데리고 고국 땅에 들어가서, 맑은 물을 너희에게 뿌려서 너희로 정결하게 하되 곧 너희 모든 더러운 것에서와 모든 우상 숭배에서 너희를 정결하게 할 것이며, 또 새 영을 너희 속에 두고 새 마음을 너희에게 주되 너희 육신에서 굳은 마음을 제거하고 부드러운 마음을 줄 것이며, 또 내 영을 너희 속에 두어 너희로 내 율례를 행하게 하리니 너희가 내 규례를 지켜 행할지라(겔 36:24-27).

따라서 구약성경의 선지자들에 따르면, 메시아의 사역은 먼저 이스라엘을 모으는 것이고, 그 이후 그들에게 부여된 선교적 소명을 위해 이스라엘을 정결케 하고 그들에게 능력을 부어 주시는 것이다.

복음서는 이것이 성취되는 방식을 보여 준다. 구원은 먼저 이스라엘에게 제공되어 공동체로 모으고, 그다음에 십자가의 핵심적 사건과 부활 그리고 성령의 강림을 통해 구원을 성취하고, 그 결과 모아진 이스라엘이 새롭게 되고 능력을 부여받아 열방을 위한 그들의 선교를 수행할 준비를 하게 되는 것이다.

3) 선교적 소명을 감당하기 위해 모이고 형성된 이스라엘

예수께서는 공동체를 모으시며 그들로 하여금 선교적 정체성을 지속케 하시기 위해 부르신다. 산상수훈에서, 예수께서는 이스라엘의 사명을 묘사하는 구약성경의 이미지를 그렇게 불러 모으신 공동체에 적용하신다.

> 너희는 세상의 빛이라 산 위에 있는 동네가 숨겨지지 못할 것이요. 사람이 등불을 켜서 말 아래에 두지 아니하고 등경 위에 두나니 이러므로 집 안 모든 사람에게 비치느니라. 이같이 너희 빛이 사람 앞에 비치게 하여 그들로 너희 착한 행실을 보고 하늘에 계신 너희 아버지께 영광을 돌리게 하라(마 5:14-16).

빛과 동네에 대한 이미지들은 모두 "언젠가 모든 산 위로 솟아나게 될 것이며 그 빛으로 열방을 비춰게 될 것이라고 선지자들이 예언했던 종말론적 예루살렘"을 언급하는 것이다(참조. 사 2:2-5).[42] 예수의 선교에서 이스라엘은 열방의 빛이 되기 위해 회복되고 있다. 예수께서 당신의 백성을 부르시는 데 대한 선교적 소명에는 두 가지 요소가 있다.

첫째, 독특하고 매력적인 삶을 구체화하는 것이다.

예수께서는 하나님의 나라가 가까이 왔다고 선언하신다. 하나님 나라는 하나님의 통치에 대항하여 일어선 모든 세력을 패퇴시키는 하나님의 역동적 능력의 침입(in breaking)과 세상에 대한 포괄적인 구원의 도래(arrival)로 특징지을 수 있다.

이 선언은 급진적 충성이라는 응답을 요구한다. 복음은 믿음과 회개로 응답한 사람들에게 회복(renewal)의 선물—성부 하나님과의 회복된 관계, 용서, 성령, 그들의 삶 전체를 새롭게 할 새로운 마음—을 약속한다. 그들이 예수를 믿고 따르게 될 때, 그들에게 주어진 약속은 그들이 온 피조 세계를 회복하는 데 참여하게 될 것이다.

> 우리는 전체 그리스도(*totus Christus*)—그분의 성육신, 육신의 삶, 죽음, 구원 그리고 다시 오심(parousia)—를 교회와 신학의 필수 불가결한 요소로 삼는 포괄적인 기독론적 틀 안에서 작동하는, 구원에 대한 해석이 필요하다. 이 모든 기독론적 요소들이 구원을 이루시고(inaugurated) 우리가 모방해야 할 모델을 제공하신 한 분 예수의 실천을 구성한다.
>
> David J. Bosch, *Transforming Mission*, p. 309.

---

[42] Gerhard Lohfink, *Jesus and Community: The Social Dimension of the Christian Faith*, trans. John P. Galvin (Philadelphia: Fortress, 1982), p. 65.

하나님 나라의 선물을 받은 사람들은 성령으로 인해 부여받은 새로운 피조물의 삶을 구체화해야 한다. 그들은 창조 시 인간의 삶에 대한 하나님의 창조적 의도를 구체화하는 독특한 삶을 살아야 하는데, 이러한 삶은 새로운 창조의 도래를 표지로 작동하며, 그러한 삶에 대항하여 일어서는 우상의 문화에 도전한다. 이 때문에 예수께서는 지상에서 당신이 수행하신 선교의 많은 부분을 이들 공동체에게 대안 공동체로 살아갈 독특한 생활 방식을 가르치는 데 사용하셨다(예. 마 5-7장; 요 13장).

그러한 삶은 오직 성부 하나님과 성자 하나님과의 교제 안에서 오직 성령의 은사로만 가능할 수 있다. 그래서 하나님의 백성이 유지하는 독특한 삶은 오직 기도로만 알려질 수 있다. 하나님 나라는 기도에 대한 응답으로 성령께서 역사하실 때 도래한다.[43]

> 신약의 문서들(the documents)이 담고 있는 선교적 성격을 인식할 때, 우리는 그 문서들을 참된 관점에서 바라보고 본래의 의도에 비추어 그 문서들을 해석할 수 있게 될 것이다. 이들 모든 신약 문서는 전도와 양육이라는 역동적 과정이 낳은 산물이며, 동시에 그 과정을 성취하는 도구이기도 하다. 우리들로 하여금 신약 문서들에 대한 일관된 이해를 할 수 있게 하는 것은 이와 같은 신약의 조직 원리(organizing principle)에 대한 인식이다. 본질에서 신약성경은 기독교 선교에서 선포된 복음 또는 복된 소식을 표현하는 책들을 모아 놓은 것이다. 신약성경의 선교적 지향성에 대한 인식은 우리가 종종 그래 왔던 것처럼 교회를 정적인 관점에서 보게 하는 대신, 교회를 선교의 도구(the agent)로 바라보게 함으로써 교회를 좀 더 역동적 관점으로 조망하도록 경각시킨다.
>
> I. Howard Marshall, *New Testament Theology*, pp. 35-36.

둘째, 회복된 이스라엘의 선교적 소명의 요소는 말과 행동으로 열방을 모으시는 예수의 선교에 참여하는 것이다.

이 공동체는 대안적 공동체로 모이고 형성되는 것뿐만 아니라, 예수께서 시작하신 열방을 모으는 사역에 좀 더 의도적으로 참여하도록 초대받기도 한다. 예수께서는 시몬과 안드레에게 다음과 같이 말씀하셨다.

> 나를 따라오라 내가 너희로 사람을 낚는 어부가 되게 하리라(막 1:17).

---

43 Stephen S. Smalley, "Spirit, Kingdom, and Prayer in Luke-Acts," *Novum Testamentum* 15, no. 1 (1973): 59-71.

제자들에 대한 부르심은 예수를 따르라는 부르심이며 선교적 활동들을 위해 구별되는(set aside) 자리로의 부르심이다. 소명, 제자도 그리고 선교는 같은 사역으로의 부르심이다(belong together).[44]

예수께서는 하나님 나라의 도래를 선포하고 하나님 나라의 도래를 삶의 행위를 통해 입증하도록 하기 위해 제자들을 보내셨다(막 10; 눅 9:1-6; 10:1-16). 제자들의 말과 행위를 통해 다른 사람들도 하나님 나라의 구원에 참여하도록 초대받게 된다. 만일 그러한 제자들의 말과 행위가 구원에 이르게 하는 하나님의 능력이 되려면, 그들의 말과 행위에 기도가 수반되어야만 한다(막 9:29).

4) 예수의 하나님 나라 선교의 요소들

따라서 예수의 하나님 나라 선교는 이스라엘을 모으시고 회복시켜 선교적 소명을 감당하게 하시는 것이었다. 그러나 예수의 선교가 누구를 향했느냐를 보는 것만이 중요한 것이 아니다. 예수께서 그것을 실천하신 방식—즉, 예수의 하나님 나라 선교를 구성하는 요소들—을 이해하는 것 또한 중요하다.

> 만일 우리가 '초대 기독교 선교의 시작'에 대해 상세히 설명하고 싶다면, 지상에서 예수께서 하신 일을 조심스럽게 살펴보아야 한다. 바로 그 부분에서 우리는 원시 기독교 선교의 실질적 시초와 대면하게 된다. 원시 기독교 선교의 시초는 예수 자신의 행위 안에서 발견할 수 있다. 만일 누군가를 '최초의 선교사'라 부른다면, 그것은 다름 아닌 예수 자신이어야 한다.[45]

이것은 매우 중요하다. 왜냐하면 예수께서 이스라엘을 향한 선교에 당신의 제자들을 합류시키셨기 때문이다. 그리고 십자가의 구속 사건들과 부활 그리고 승귀와 성령 강림 후, 예수께서는 그 작은 공동체를 보내 세상에서 당신의 사역을 지속하게 하셨기 때문이다.

---

44 Rudolf Pesch, "Berufung und Sendung, Nachfolge und Mission: Eine Studie zu Mk 1, 16-20," *Zeitschrift für katholische Tehologie* 91 (1969): 15, quoted in David Bosch, *Transforming Mission: Paradigm Shifts in Theology of Mission* (Maryknoll, NY: Orbis Books, 1991), p. 36.
45 Martin Hengel, "The Origins of the Christian Mission." in Between *Jesus and Paul: Studies in the Earliest History of Christianity*, trans. John Bowden (London: SCM Press, 1983), pp. 62-63, quoted in Bosch, *Transforming Mission*, p. 31.

아버지께서 나를 보내신 것 같이 나도 너희를 보내노라(요 20:21).

예수의 선교는 우리의 선교를 위한 패턴과 모델이다.

예수의 선교는 하나님의 나라에 초점을 맞추고 있다. 그는 하나님 나라의 도래를 선언하셨다.

> 복음이다! 하나님이 모든 피조 세계를 회복시키고 다시금 모든 인간의 삶을 은혜로우신 하나님의 통치 아래서 살아갈 수 있게 하려고, 당신의 권세와 나 메시아의 사랑과 성령의 능력으로 역사 안으로 침노해 들어오셨다.

이 메시지를 위해, 그분은 초청하시고 전적인 헌신이라는 반응—회개하고, 믿고, 그분을 따를 것—을 명하신다. 요한의 제자들이 나아와 그가 진짜 메시아인지 아닌지를 물어왔을 때, 예수께서는 요한에게 가서 당신의 행위가 치유하고 자유롭게 하는 하나님의 능력이 그를 통해 제시되었음을 증명했다고 전하라 말씀하셨다(눅 7:22-23). 참으로 예수께서는 당신의 행위를 통해 "악과 모든 악의 표현들에 대한 전면적 공격을 시작하셨다."

> 하나님의 통치는 예수께서 악의 권세를 극복하시는 모든 곳에 임했다. 그 당시에도 지금처럼 악은 많은 형태—고통, 병 죽음, 악령에 사로잡힘, 개인적인 죄와 비도덕성, 하나님을 안다는 자들이 보여 주는 사랑 없는 자기 의, 특권층의 특권을 유지하는 것, 인간관계의 단절—를 띠고 있었다. 그러나 예수께서는 다음과 같이 말씀하셨다. 만일 인간의 고통이 다양한 형태를 취하고 있다면, 하나님의 능력도 그와 같이 다양한 형태를 취할 것이다.[46]

따라서 하나님 나라의 구원을 선언한 예수의 말씀은 그의 행위로 그 진실성을 증명했다.

그러나 그분은 또한 당신의 삶—성령에 의지하심(눅 3:22; 행 10:38), 성부 하나님과 사랑 안에서 교제를 나누심(요 14-17), 아버지를 영화롭게 하심(요 14:13), 헌신적인 기도의 삶을 사심(눅 5:16), 가난한 자들, 병든 자들 그리고 소외된 자들을 향한 그분의 연민, 자비 그리고 정의(눅 4:18-19), 자신의 생명을 산 제물로 내어

---

46 Bosch, *Transforming Mission*, p. 33.

주심(요 13:1-17), 성부 하나님에 대한 그분의 복종과 순종, 그분의 사랑, 온화함 그리고 기쁨(마 11:29; 요 15:11), 하나님 나라를 대적하는 적대적 세력들에 반대하실 때 하나님 나라를 위해 고통을 감내하심(요 15:18)—을 통해 하나님의 나라를 증언하셨다.

이 모든 것을 통해 그리고 그 외 다른 것들을 통해 성령의 능력을 힘입고 성령의 인도하심을 받은 삶을 증거하셨다.

우리는 예수의 선교를 구성하는 요소들을 다음과 같이 정리할 수 있다.

① 예수는 당신의 말로 하나님 나라를 선언하셨다.
② 예수는 당신의 행위로 하나님 나라를 제시하셨다.
③ 예수는 사람들 개개인의 삶과 사회적 삶을 통해 보이는 모든 종류의 악을 "사랑으로 공격하셨다"(lovingly attacks).
④ 예수는 당신의 삶으로 하나님 나라를 구체화시키셨다.
⑤ 예수는 하나님 나라 공동체를 형성하셨다.
⑥ 예수는 제자 공동체에게 하나님 나라와 하나님 나라의 삶에 대해 가르치셨다.
⑦ 예수는 죄인들과 추방된 자들, 가난한 자들과 소외된 자들과 함셨다. 그리고 그들을 하나님 나라로 받아들이셨다.
⑧ 예수는 하나님 나라의 도래를 위해 기도하셨다.
⑨ 예수는 하나님 나라에 반대하는 세력들을 견뎌내시며 고통을 겪으셨다.

예수의 선교는 한 가지 모델을 제공한다. 선교는 그리스도의 방식으로 이루어져야 한다는 것이다. 선교는 병든 자들을 치유하시고, 소외된 자들과 관계를 맺으셨고, 자기 의로 채워진 사람들을 꾸짖으셨고, 나라의 절대 권력을 소유한 거머쥐고 있는 사람들에게 도전하셨고, 사람들의 존엄을 회복시키셨고, 율법주의적이고 부패한 종교 행위들에 반대하셨고, 궁극적으로는 원수들조차 당신의 사랑의 범주 안에 포함됨을 보여 주시기 위해 당신의 생명까지 내어 주신 예수의 방식을 따르고자 하는 열망으로부터 흘러나온다.[47]

---

[47] Andrew Kirk, *The Mission of Theology and Theology as Mission* (Valley Forge, PA: Trinity Press International, 1997), p. 52.

> 구원의 총체적 성격은 교회가 그동안 수행해야 할 선교의 범주가 전통적으로 고수해 오던 것보다 더 포괄적이어야 할 것을 요구한다. 구원은 인간 존재가 필요로 하는 것들과 인간 존재가 처한 위급한 상황들만큼이나 세밀하고(coherent), 광범위하고, 깊이가 있다. … 하나님의 통치의 '이미'와 '아직' 사이의 긴장으로부터, 직설적(indicative) 구원(구원은 이미 하나의 실재이다!)과 가정적(subjunctive) 구원(포괄적 구원은 아직 임하지 않았다!) 사이의 긴장으로부터 반드시 이루어져야 할(imperative) 구원이 발생한다.
> 이 구원의 사역에 참여하라! 하나님이 언젠가 모든 눈물을 사라지게 하실 것임을 아는 사람들은 지금 고통 받고 억압받고 있는 사람들의 눈물을 체념으로 수용하지 않을 것이다. 언젠가 더 이상의 질병이 존재하지 않을 날이 올 것임을 아는 사람이라면, 개인적인 차원에서든 사회적인 차원에서든 지금 존재하는 질병의 정복을 적극적으로 고대할 것이다. 그리고 하나님과 인류의 원수가 완파될 것이라고 믿는 사람이라면, 지금 가족과 사회 안에서 준동하는 원수의 교묘한 책략에 이미 반대하고 있을 것이다. 이 모든 것이 구원과 상관이 있다.
>
> David J. Bosch, *Transforming Mission*, p. 400.

이제 교회가 열방으로 나가서 새로운 상황에 부닥친 자신의 모습을 볼 때, 교회는 상상력과 창의성을 발휘해 예수의 패턴을 따라야 한다.

예수께서는 행동을 위한 엄격한 모델을 세우지는 않으셨다. 그러나 예수께서는 제자 공동체가 말과 행위를 통해 하나님 나라의 복음을 선포해야 하는 새롭고 다양한 역사적 환경들에 처했을 때, 당신이 하신 행위의 논리를 창조적 방식으로 지속해 나가도록 영감을 더해 주셨다.[48]

5) 십자가의 고난, 부활 그리고 위임

예수의 하나님 나라 선교는 십자가 도상에서의 그의 죽으심과 그분의 육신이 죽음에서 부활하심으로 절정에 이르렀다. 토라는 이스라엘에게 주어졌는데, 이는 그들로 하여금 열방에게 빛을 비추는 신실한 백성이 되게 하려는 목적에서 주어진 것이었다.

---

[48] Hugo Echegaray, *The Practice of Jesus*, trans. Matthew J. O'Connell (Maryknoll, NY: Orbis Books, 1984), p. 94.

그러나 죄의 권세 때문에 율법은 이스라엘을 대조 공동체로 형성할 수 없었다. 그래서 신실한 공동체만 있었더라면, 죄는 십자가에 패배했을 것이 틀림없다.

> 율법이 육신으로 말미암아 연약하여서 할 수 없는 그것을 하나님은 하시나니, 곧 죄로 말미암아 자기 아들을 죄 있는 육신의 모양으로 보내어 육신에 죄를 정하사 육신을 따르지 않고 그 영을 따라 행하는 우리에게 율법의 요구가 이루어지게 하려 하심이니라(롬 8:3-4).

"이는 율법이 시온에서부터 나올 것이요, 여호와의 말씀이 예루살렘에서부터 나올 것임"(사 2:3, 개역개정)이라는 예언은 오직 죄의 유죄와 능력을 자각하시고 그의 백성이 순종 가운데서 걸어갈 수 있도록 해방하신 예수의 죽음 이후라야 가능했다.

육신의 부활은 도래할 시대에 여명을 비춘다. 예수는 죽은 자 가운데서 부활한 첫 번째 열매이시며(골 1:18; 계 1:5), 부활한 생명의 첫 열매가 되신다(고전 15:20). 하나님의 백성이 그리스도에 대하여 믿음으로 하나가 될 때, 그들은 이미 부활의 생명을 공유하기 시작한 것이다(롬 6:1-14). 그리스도께서 다시 오실 때 하나님의 백성은 부활한 그들의 육신 안에서 충만한 기쁨을 누리게 될 것이다(고전 15:23).

이 두 가지 사건(십자가 사건과 부활 사건―역주)은 우주의 역사에 전환점을 구성한다. 원수들은 패배했고 원수들이 지배하던 옛 시대―죄, 죽음, 사탄―는 지나갔다. 그리고 생명의 시대가 왔다. 이제 도래할 하나님 나라의 세상(the future world of the kingdom)이 갖는 힘이 현실로 흘러나오고 있다. 이제 새롭게 모인 이스라엘은 이제 도래할 생명의 시대에 대한 참여를 시작할 수 있다.

그러나 이러한 사건들의 중요성은 이스라엘 너머로 움직인다. 예수의 죽으심과 부활하심은 우주적(cosmic) 범주와 보편적(universal) 중요성이 있다. 십자가는 모든 피조 세계와 열방의 구원을 성취한다. 부활은 새로운 피조물의 여명이다. 이런 사건들의 기초 위에서, 예수께서 당신의 제자들을 모으셨고 그들에게 열방을 향해 나아가 복된 소식을 전할 것을 위임하셨다. 이 위임령은 세상 끝까지 미치는 것이다. 열방의 종말론적 모임은 이제 진행될 수 있다.

복음서는 전 세계를 향한 선교의 위임에 대한 다양한 모습을 보여 준다.[49] 마태복음에서, 예수께서는 세례를 받아 새롭게 성립된 공동체를 형성하시고, 당신께서 명하신 모든 것에 순종함으로 하늘과 땅의 모든 권세를 지니신 예수의 절대적이고 포괄적인 권위를 인지하는 법을 배울 제자들을 양육할 것을 새롭게 구성된 이스라엘인 제자들에게 명령하셨다(마 28:18-20). 누가복음에서, 예수께서는 세계 역사의 핵심적 사건들—십자가 사건과 부활 사건—에 반응하여 성령의 능력 안에서 회개와 용서를 세상 모든 민족에게 선포할 책무를 맡기셨다(눅 24:45-49).

요한복음에서, 예수께서는 당신이 해 오신 그 일을 지속하게 하려고 당신의 백성을 세상으로 파송하셨다(요 20:21). 바로 이 지점이 성경 이야기가 움직여 가는 목표—하나님이 모든 것을 회복하시는 하나님 나라로 모든 사람을 불러 모으는 것—이 시작되는 문지방에 해당하는 부분이다.

6. 땅끝까지 향해야 할 교회의 선교

교회는 땅끝까지 이르러 이스라엘의 선교와 예수의 선교를 지속하는 하나님의 선교를 위해 부르심을 받았다. 사도행전은 교회가 예루살렘으로부터 유다와 사마리아 그리고 로마 제국의 지경을 관통하여 마침내 로마에 이를 때까지 유동한 초대교회 선교에 관해 기록한 책이다. 누가복음과 관련해서, 사도행전의 기자는 그 이야기를 다음과 같이 시작한다.

> 데오빌로여 내가 먼저 쓴 글에는 무릇 예수께서 행하시며 가르치시기를 시작하심부터 일을 기록하였노라(행 1:1-2. 원문에는 1절만 언급했으나, 한글 성경의 흐름을 보면 2절까지 넣는 것이 적절하기 때문에 번역에는 2절까지를 기재했다—역주).

이 언급은 이어 등장하는 사도행전의 내러티브가 승귀하신 그리스도께서 시작하신 일을 이제 성령에 의해 그리고 교회의 가르침을 통해 계속하시고 가르치실 것을 암시한다.

---

49 사복음서에 드러나는 다양한 "대위임령"에 대한 짧지만 상세한 설명은, Mortimer Arias and Alan Johnson, *The Great Commission: Biblical Models for Evangelism* (Nashville: Abingdon, 1992).

죽음에서 부활하신 예수께서는 제자들에게 나타나셔서 40여 일 동안 그들에게 하나님의 나라와 성령의 임재에 대해 말씀해 주셨다. 그 당시 모든 유대인과 마찬가지로, 제자들에게 있어서 이 세 가지—부활, 하나님 나라, 성령—는 오직 한 가지만을 의미했다. 종말의 나라(the end-time kingdom)가 동터 오고 있다는 한 가지 사실을 의미했다. 그래서 그들은 다음과 같은 선명한 질문을 했다.

주께서 이스라엘 나라를 회복하심이 이때니이까?(행 1:6)

선교와 관련하여 이 질문에 대한 예수의 사중 답변(행 1:7-8)이 중요하다.

첫째, 하나님 나라의 정점은 아직 이 땅에 이르지 않았다. 열방을 모으는 시간으로서 중간기는 당분간 지속할 것이다("때와 시기는 … 너희의 알 바 아니요").

둘째, 종말이 임할 때까지, 너희 임무는 증언하는 공동체가 되는 것이다. "성령이 그들에게 임하시고 그들에게 권능의 선물을 허락하실 때, 그들의 정체성은 증인의 정체성으로 변화될 것이다"("너희는 … 나의 증인이 되리라").[50]

셋째, 오직 성령이 너희에게 임하셔서 너희에게 자격을 부여하실 때라야, 좀 더 중요하게는 성령이 너희에게 하나님 나라의 생명을 허락하실 때라야 비로소 이 일을 실천할 수 있을 것이다("오직 성령이 너희에게 임하시면 너희가 권능을 받고…").

넷째, 마지막으로, 증인은 "땅끝까지" 갈 것이다. 예루살렘에서 시작할 것이나, 유대 전역으로 퍼져 나갈 것이고, 그런 다음에는 사마리아로 움직여 갈 것이다. 그러나 너희가 감당할 선교의 궁극적 지평은 땅끝이 될 것이다.

"땅끝"은 구약성경 특히 시편과 이사야에서 하나님의 구속 목적의 궁극적 지평(예. 시 72:8; 사 49:6; 슥 9:10)을 표명하기 위해 흔히 사용되던 구절이다. 하나님의 위대한 종말론적 미래에 대해 구약성경이 그린 우주적 지평은 사도행전에서 진술되고 있는 바로 그 내용이다.

종말이 다가왔다!

세상의 중앙에서 시작된(겔 5:5 참조) 하나님의 말씀은 예루살렘에서 시작되어 유대와 사마리아를 거쳐 땅끝까지 이르게 될 것이다. 사도행전의 문학적 구조를

---

50 Darrell L. Guder, *Be My Witness: The Church's Mission, Message, and Messengers* (Grand Rapids: Eerdermans, 1985), p. 40.

형성하는 것은 이와 같은 지리적 구조이다. 이 구조는 종말론적 언약이 성취되고 있다는 신학적 진리를 표명하고 있다.

그러나 전 세계를 향한 선교가 땅끝을 향해 급부상하기 이전에, 두 가지 중요한 일들이 발생해야 한다. 그 하나는 예수의 승천(행 1:9-11)이고 다른 하나는 성령의 부어지심(행 2:1-13)이다. 승귀하신 예수께서는 하나님의 오른편에 계신다. 예수께서는 하나님의 오른손에 붙들려 우주적 권위의 좌를 부여받으셨다(마 28:18-20; 참조. 단 7:13-14). 교회의 선교는 만물에 대한 예수의 통치를 선포하고 구체화하는 것이며, 다른 이들을 소환하여 그분의 통치에 굴복하게 하는 것이다. "특히 예수의 승천이 교회의 선교를 시작하게 했다. 승천으로 인해 모든 세계 위에 예수의 주권적 다스림을 선언하고 취임시키는 교회의 사역이 시작되었다."[51]

그리고 예수께서는 당신의 선교를 실현하시기 위해 성령을 통해 권세로 당신의 백성과 함께하실 것이다. 성령은 "거룩한 능력인데, 이 능력으로 승귀하신 주께서. 당신의 교회 안[그리고 교회를 통해서]에 현존하시며 역사하신다."[52] 새롭게 형성된 당신의 백성을 파송하실 때, 승귀하신 그리스도는 그들 머리 위에 당신이 선교를 수행할 수 있도록 능력을 부여하신 동일한 성령을 부어 주신다. 사도행전은 성령께서 주도하시는 선교에 대한 기록이다.

브라이언 로스너(Brian Rosner)는 이렇게 보았다.

> 사도행전은 복음의 진보가 예수께서 이 땅에 계실 때 구성하신 예루살렘의 소규모 제자 공동체로부터 시작해서 엄청난 종교적, 인종적, 관계적 그리고 지리적 경계들을 넘어, 바울이 로마의 이방인들에게 부활하시고 승천하신 예수에 대한 담대한 설교를 전하는 것에 이르기까지의 이야기다. 사도행전은 명확히 선교적 확장에 관한 이야기다.[53]

이와 유사하게, 하워드 마셜(Howard Marshall)은 다음과 같이 말했다.

> 사도행전은 선교에 관한 이야기다. 이 이야기를 통해 우리는 복음의 신학적 내용과 유대인과 이방인들에 대한 선교의 기초를 형성하는 신학을 배운다.[54]

---

51 Wright, *Bringing the Church to the World*, p. 195.
52 Hendrikus Berkhof, *The Doctrine of the Holy Spirit* (Atlanta: John Knox, 1964), p. 25.
53 Brian Rosner, "The Progress of the Word," in *Witness to the Gospel: The Theology of Acts*, ed. I. Howard Marshall and David Peterson (Grand Rapids: Eerdmans, 1998), p. 216.
54 I. Howard Marshall, *New Testament Theology: Many Witnesses, One Gospel* (Downers Grove: InterVarsity

이들의 주장은 참으로 옳다. 그러나 우리는 선교에 대한 19세기식 관점을 사도행전에 적용하는 것에 대해 신중해야 한다.

사도행전의 핵심 주제는 하나님의 종말론적 계획에 대한 구약성경의 비전을 온전히 성취하는 방식과 관련 있다. 우선 유대인들이 모여 신실한 언약 공동체로 세워져야 한다. 그러면 하나님 말씀은 예루살렘의 새 공동체를 통해 확산할 것이다.

사도행전의 이야기는 흩어진 이스라엘이 하나님의 종말론적 백성과 연합하여 열방의 빛이 되는 선교적 소명을 이어가라는 부름을 받을 때까지 예루살렘 안에 정체돼 있었다. "적절하게 구성된 대안 사회로서 이스라엘이 이 세상 다른 모든 사회 한복판에 등장하게 될 때, 이방 사회는 하나님을 찾고 발견할 수 있게 될 것이다. 이스라엘은 거룩한 모델 사회이다."[55]

오직 성령의 강림하심으로 이와 같은 공동체가 형성될 수 있고 하나님이 당신의 백성을 부르신 선교가 발생하게 된다(겔 36:24-27). 성령강림절에 성령이 부어졌을 때, 예루살렘에 있던 하나님의 백성은 하나님 나라의 구원 맛을 볼 수 있었다. 하나님 나라의 잔치는 그리스도의 사역으로 인해 준비되었으나, 그 잔치는 미래, 즉 모든 손님이 모일 때까지 유보된다. 그러나 그리스도로 인해 모인 사람들은 이미 도래할 시대의 능력을 맛보기 시작했다(히 6:5). 예루살렘의 종말론적 공동체는 미래 구원에 대한 계약 조로 성령을 받았다(고후 1:22; 5:5; 엡 1:14). 그렇게 함으로서 종말론적 추수의 첫 열매가 되었다(롬 8:23; 약 1:18).

따라서 성령강림절의 공동체는 앞으로 도래하게 될 하나님 나라가 어떠할지에 대한 최상의 예시가 된다. 이 공동체는 마치 완성된 영화가 개봉되기 전에 영화의 실재 장면 중 몇 분 분량을 편집해 보여 주는 예고편과도 같다.

이 예고편이 공개됨으로써 잠재적 관람자들은 영화 전편에 대한 감을 잡을 수 있다. 이것은 마치 그들의 삶이 인류(human life)를 위한 하나님의 의도를 비치는 것과도 같은데, 이스라엘이 먼저 모일 수 있을 것이고 그다음에는 열방이 모일 것이다. 성령의 강림으로, 예루살렘에 있던 하나님의 백성은 미래 하나님 나라가 어떠할지에 대한 예고가 될 수 있었다. 성령이 부어지고(행 2:1-13) 베드로가 이 같은 하나님의 전능하신 역사에 관해 설명했기 때문에(행 2:14-39), 우리는 이스라엘을 모으는 것에 대한 소명을 부여받은 예루살렘의 새롭게 형성되고 성령으로 충만한 공동체에 대해 일견을 할 수 있다. 그들은 하나님이 처음부터 당신의 백성이

Press, 2004), p. 157.
55 Lohfink, *Jesus and Community*, p. 140.

라 어떠해야 함을 의미했던 그런 공동체였다.

이 공동체는 사람들을 끌어들이는 매력적인 공동체였다. 그들이 사도들의 가르침과 교제, 빵을 나눔 그리고 기도에 헌신했을 때 그들은 하나님 나라의 삶을 받아들였고(행 2:42), 성령께서 그들의 삶을 매력적이게 하셨으며(행 2:43-47) 그리고 주께서 날마다 구원받는 사람들의 수를 더하셨다(행 2:47). 예루살렘 공동체 안에서 구약성경 선지자들의 예언들이 실제가 되기 시작했다.

예루살렘교회의 선교는 믿을 수 없을 정도로 성공적이었다. 그러나 비록 급속한 성장이 발생했다 하더라도, 이스라엘 가운데 많은 사람이 모이기를 거부했고, 결과적으로 하나님의 백성으로부터 단절되었다. 사도행전은 복음을 거부하고 언약에서 끊어진 이스라엘 가운데 많은 사람에 대한 말씀하고 있다. 그러나 사도행전은 또한 복음을 믿은 이방인들이 야생 가지처럼 접붙는 때가 임한 것에 대해서도 말씀한다(롬 11:17-21).[56]

사도행전에서 베드로는 복음이 사마리아까지 확장(행 8:14-17)된 것을 확증했고 이방인 고넬료와의 만남(행 10-11:19, 특히 10:34-35; 11:18을 보라)을 통해 보편적 선교의 기초를 놓았다. 그러나 예루살렘 밖으로 진행하는 첫 번째 대규모 움직임은 예측하지 않은 가운데 발생했는데, 복음이 유대, 사마리아와 일부 이방 지역으로 확장된 일이었다(행 6:8-12:25).

이 확장은 특히 예루살렘교회가 박해받는 상황에서 발생했는데, 이 박해로 인해 복음이 사마리아와 일부 이방 지역으로 확장되었다. 그리고 이 확장은 알려지지 않은 증인들(행 8:1, 4)의 복음 전도에 대한 열정으로 인해 발생했으며, 마침내 안디옥에 이를 때까지 지속됐다(행 11:19-20). 우리가 알려지지 않은 다양한 장소로 복음을 전하려는 의도적인 시도를 볼 수 있는 첫 번째 장소가 바로 안디옥이다.

> 교회의 성립과 선교의 시작은 동시에 발생했다(행 2장). 선교는 교회의 선교(mission-of-the-Church)였고 교회는 선교하는 교회(missionary Church)였다. 그러나 시간이 흐르면서, 교구에서 발생하는 문제들에 집중하고 교회와 세상과의 관계는 무시하는 경향이 생겨났다.
>
> David J. Bosch, *Witness to the World*, p. 95

---

56 "사도행전과 로마서 11장을 병행해 읽으면 양자 간의 많은 유사성 때문에 충격을 받게 된다. 흥미로운 점은 사도행전은 좀 더 원시적으로 표현하는데, 바울은 사도행전 이야기로부터 유대인들과 이방인들에 대해 그가 생성한 특별한 신학을 설정했다는 것이다"(David Seccombe, "The New People of God," in Marshall and Peterson, *Witness to the Gospel*, p. 371).

안디옥교회는 교회가 설립된 바로 그 장소에서 안디옥교회 자체의 선교를 감행했다. 예루살렘교회를 상기시키는 말 속에서 안디옥 공동체에서 발생한 하나님의 역사에 대한 증거가 드러난다. 실재로 수많은 사람이 안디옥교회를 통해 주께로 돌아왔다(행 11:21-24).

그러나 안디옥에서는 예루살렘에서와 무언가가 다른 일이 발생했다. 즉, 안디옥 공동체는 그들이 속한 지경을 벗어나 땅끝으로 나아갔다. 성령의 인도하에 그들은 바울과 바나바를 소아시아 지역에 복음을 전하는 선교사로 임명했다(행 12:1-3). 사도행전의 나머지 부분은 안디옥에서 소아시아 지역으로 조직적인 방식을 통해 복음이 확장된 것에 관해 이야기한다.

선교를 위한 바울의 패턴은 중요하다.[57] 바울은 복음이 전혀 전달되지 않은 소아시아 전역에 복음을 전하는 최초의 교회 개척가였다. 그는 교회가 없는 지역으로 들어간 후, 복음을 증거하는 공동체들을 세웠다(롬 15:20). 바울은 한 장소에 2년 이상을 머물지 않았다. 그가 교회를 개척하고 난 후, 개척된 교회를 떠나면서 "이제 당신들은 그 자체로 이곳의 선교적 증인(the mission)입니다"라고 말했다.

하나님의 선교 이야기에서 이전에 없던 새로운 모습이 등장하는 지점이 바로 이 지점이다. 교회가 설립되지 않은 지역에 복음을 증거하는 증거 공동체를 세우려는 의도적인 노력이 등장한 것이 바로 시점이다. 개척된 교회를 떠났다고 해서, 바울이 그가 세운 공동체를 포기한 것은 아니다. 바울을 그들 지역을 재방문하기도 했고, 그들이 교회가 세워진 바로 그곳에서 그들이 감당해야 할 선교에 신실할 수 있도록 격려하는 서신들을 보내기도 했다.

성경 전체를 통틀어 이 시점에 이를 때까지 당신의 백성을 통한 하나님의 선교는 구심적이었다. 즉 하나님의 백성은 매력적이어야 했고, 그 결과 이스라엘 외 사람들이 이스라엘 가운데 보이는 구원에 이끌려 하나님께로 나올 것이 기대되었다.[58]

누가는 이러한 예언이 예루살렘 공동체를 통해(행 2:42-47; 4:32-35) 그리고 지금은 안디옥 공동체(행 11:21-23)를 통해 성취되었음을 보여 준다. 그러나 안디옥 공동체의 경우, 이제 당신의 백성을 통한 하나님 선교의 방향이 원심적 방향으로 전환되었다. 여기에는 "뚜렷한 전환점, 즉 복음이 전달되는 방향에 관한 엄청난 변

---

[57] 바울의 선교에 관해서는 Eckhard Schnabel, *Early Christian Mission*, vol. 2, *Paul and the Early Church* (Downers Grove, IL: InterVarsity Press, 2004), pp. 923-1485의 중요한 연구를 보라.

[58] "이들 선지서에 등장하는 구절 모두는 열방으로 나아가는 이스라엘이 아니라 이스라엘로 나아오는 열방을 예견하고 있다. 여기에서 반복되는 동사는 '나아오다'라는 동사이다" (Charles Scobie, "Israel and Nations: An Essay in Biblical Theology," *Tyndale Bulletin* 43, no. 2 [1992]: 292).

화"⁵⁹가 있었음을 의미한다.

리처드 보컴은 "움직임의 두 가지 방향—구심적 그리고 원심적—에 대한 이미지가 갖는 영원한 가치"에 대해 말한다. 계속해서 보컴은 이렇게 말한다.

> 교회의 선교는 하나님의 메시지를 전달하기 위해 하나님으로부터 권위를 부여받은 개인과 집단 모두를 요청한다. 이들은 신앙 공동체에서 가까운 거리에 있든 아니면 원거리에 있든 상관하지 말고, 그곳에 실존하고 있는 비신앙 공동체들로 갈 것을 요청받는다. 그리고 교회의 선교는 함께 거하는 그들의 삶을 통해 그리고 다른 사람들과 맺는 다양한 관계를 통해, 하나님의 현존이 고백 되는 공동체가 될 것을 요구한다.⁶⁰

또 다른 차원의 바울 사역은 쉽게 간과할 수 있다. 그것은 다름 아니라 가난한 사람들에 대한 바울의 깊은 관심이다. 사도들이 바울과 바나바가 이방인들에게 가는 것에 동의했을 때, 그들은 바울과 바나바에게 가난한 자들을 기억할 것을 요청했다.

바울은 사역 기간 내내 가난한 자들을 위해 뭔가를 하고자 하는 열망을 품고 있었다(갈 2:9-10). 바울 "선교 여행"의 핵심 요소 중 하나는 예루살렘과 유대의 가난한 성도들을 돕기 위한 자금을 모금하는 것이었다. 이 일은 "바울이 거의 20여 년 동안 집착했던 일"이었고, "성도들을 위한 모금에 관한 관심에 견줄 만큼 바울의 시선을 끈 프로젝트가 있었다고 상상하기 어렵다."⁶¹

실제로 바울은 믿음으로 구원에 이른다는 이신칭의 사상에 관한 관심보다 가난한 이들에 관한 관심을 더 많이 표명했다!(롬 15:25-31; 고전 16:1-4; 고후 8-9)⁶²

바울은 가난한 자들에 관한 관심 표명을 관용이 갖는 중요성에 관해 그가 개척한 교회(들)에 이야기하는 발판으로 사용했다(고후 9:6-15). 바울의 활동은 복음 전도에 대한 그의 노력과 더불어 자비와 정의에 대한 사역에 그가 얼마나 헌신했는지 보여 준다. 복음 전도와 자비와 정의에 대한 바울의 헌신은 그가 개척한 교회

---

59 Blauw, *Missionary Nature of the Church*, p. 85.
60 Bauckham, *Bible and Mission*, p. 77.
61 Scot McKnight, "Collection for the Saints," in *Dictionary of Paul and His Letters*, ed Gerald F. Hawthorne and Ralph P. Martin (Downers Grove, IL: InterVarsity Press, 1993), pp. 143-44.
62 Jason Hood, "Theology in Action: Paul, the Poor, and Christian Mission," *Southeastern Theological Review* 2, no. 2 (2011): 127-42. 또한, Jason Hood, "Theology in Action: Paul and Christian Social Care," in *Transforming the World? The Gospel and Social Responsibility*, ed. Jamie A. Grant and Dewi A. Hughes (Nottingham: Apollos, 2009), pp. 129-45을 보라. 후자의 책은 사회적 책임에 대한 성경적 소명에 관한 에세이들을 모아 놓은 책이다.

들이 본받아야 했던 하나의 모범이기도 했다.

바울은 자신의 선교 활동을 통해 소아시아 지역에 있는 다양한 도시에 많은 이방인 교회를 세웠다. 그러나 바울의 사역은 유대인들 사이에서의 논쟁을 불러일으키는 것으로 시작했다. 2천 년이 넘는 세월 동안 하나님의 백성을 위해 세워진 거룩에 대한 패턴은 유대인의 율법이었다.

안디옥교회는 그 구성원 대다수가 유대인이 아니라 이방인이었다는 점에서 아주 독특했다. 바나바는 처음에는 예루살렘에서 오는 두려움을 가라앉혔다. 이제, 바울의 선교를 통해 동일한 패턴이 반복되었고, 하나님의 백성은 교회가 세워지는 곳에 존재하는 새로운 문화 형식들을 취하기 시작했다.

많은 유대 기독교인은 이렇게 일어난 새로운 경향, 즉 수 세기 동안 지켜 온 전통에 불일치하는 이방인 형식의 복음에 반대했다. 점증하는 논쟁의 파고를 막기 위해 예루살렘 공의회가 소집되었다(행 15장). 예루살렘 공의회의 결론은 교회 선교의 계속을 위해 엄청나게 중요했다. 예루살렘 공의회는 모든 종류의 상황적 다양성을 허용했다.

> 심지어 하나님이 택하신 나라인 이스라엘의 율법에서 유래한 다양한 신적 금기 사항을 포함하여 이스라엘 문화가 형성한 기독교 신앙에 대한 표현조차 보편화시킬 권리가 없었다.[63]

이제 하나님의 백성이 수행하는 선교가 새로운 상황, 즉 세상의 다양한 문화들 한가운데서 살아가는 법을 배우는 상황에 직면하게 되었다. 이제부터는 하나님의 백성이 행하는 선교는 모든 문화와 선교사적(missionary) 대면을 포함하게 될 것이다. 모든 문화가 포함하고 있는 값을 매길 수 없는 가치의 보화들을 포용해야 하지만, 그들 문화가 내포하고 있는 파괴적인 우상들에 대해서는 배척해야 했다. 이와 같은 선교사적 대면은 구약성경에서 이미 이스라엘과 그 주변 나라 사이에서 발생하고 있던 것이었다.

우상과 대면은 바로의 신적 권위에 관한 주장과의 대면에서, 고대 근동 문화를 형성시킨 우상적 신화들과의 대면에서, 가나안 지역의 우상들과의 대면에서 그리고 유배기 이후 시대에 발생했던 이스라엘과 대제국들과의 대면에서 명백하게 발견할

---

[63] Dean Flemming, *Contextualization in the New Testament: Patterns for Theology and Mission* (Downers Grove, IL: InterVarsity Press, 2005), p. 52.

수 있다. 그러나 바로 그러한 대면들에서, 율법과 지혜문학에서 보이는 것처럼, 주변 나라들이 소유하고 있던 문화적 통찰들을 이미 수용했던 경우도 발견할 수 있다.

댄 비비(Dan Beeby)는 "변혁된 차용"(transformed borrowing)[64]에 대해 말한다. 크리스토퍼 라이트는 "확고한 일신론적 살균제"(staunch monotheistic disinfectant)[65]를 채용한 주변 나라들로부터 유래한 지혜에 대해 말한다. 즉, 비록 우상 숭배적 배경을 가지고 있기는 하지만 주변 이교 문화들로부터 추출되어야 했던 통찰들이 있었다.

이스라엘은 하나님의 율법하에 하나의 정치적 공동체로 존재하고 있었다. 그리고 이스라엘을 둘러싸고 있던 주변 이교 국가들은 외부인들이었다. 그러나 신약성경에 등장하는 선교사적 대면은 더 큰 문제를 야기했다. 하나님의 백성은 이제 지리적 경계에 상관없이 존재하게 되었고, 그 구성원도 단일 종족이 아닌 다종족(mutiethnic)으로 구성되었다. 하나님의 백성은 전 세계의 모든 민족에게 보내심을 받아 그들 내부에서 그들과 더불어 살아가야 했다.

복음은 본질상 번역이 가능하기(translatable) 때문에, 다양한 문화의 형식을 입을 수 있다. 번역 과정에서, 복음은 다양한 문화에 존재하는 창조적 선함을 확증해 주고, 동시에 모든 문화 형식 안에 존재하는 우상 숭배적 뒤틀림을 판단한다.

> 신약성경의 복음서는 기독교 운동에 대한 원본 성경(the original Scripture)이지만, 동시에 예수께서 전하신 메시지의 다양한 면모를 전달하기 위해 기록된 번역된 형태(version)의 성경들이다. 그리고 이들 복음서가 특정한 계시 언어(revealed language, 신적 메시지를 전달하기 위해 인정되는 특정 언어를 의미한다. 예를 들면, 이슬람교에서 오직 아랍어만이 신적 계시를 전달하는 유일한 언어라 주장하는 것과 같다―역주)를 통해 전달된 것이 아니라는 의미에서, 기독교는 번역된 종교(translated religion)라 할 수 있다.
>
> 번역이 없이는 기독교도 없고 기독교인도 존재할 수 없다. 번역은 교회의 선교사적 기준일 뿐만 아니라 교회의 모반(birthmark)이기도 하다. 번역 과정을 거치지 않은 교회는 인식되지 않거나 존재가 가능하지 않을 것이다. 설립자가 사용한 특정한 계시 언어 또는 원 문화(original culture) 없이 전달된 유일한 세계 종교라는 점에서 기독교의 독특성이 엿보인다.
>
> Lamin Sanneh, *Whose Religions Is Christianity?* pp. 97-98.

---

[64] Harry Daniel Beeby, "A Missional Approach to Renewed Interpretation," in *Renewing Biblical Interpretation*, ed. Craig Bartholomew, Colin Greene and Karl Müller (Grand Raoids: Zondervan, 2000), p. 280.

[65] Wright, *Mission of God*, p. 50.

선교사적 대면은 또한 고통을 초래한다. 교회가 복음에 신실할 때, 교회의 삶과 증거는 "세상의 가장 근본적인 신념들을 뒤집어 놓는다." 그렇게 함으로써 "지배 세력들에 대해 말과 행동을 수반한 도전이 발생한다. 그 결과 교회는 분쟁과 고통을 겪게 된다."[66]

이와 같은 역동적인 현상은 사도행전 전체에 걸쳐 뚜렷하게 드러난다. 이미 예루살렘교회 초기에 하나님의 백성에 반대하여 발생한 핍박이 있었다(행 3:4; 8:1). 예수께서는 바울이 그리스도의 이름을 위해 얼마나 큰 고통을 감내해야 하는지 배울 것이라 말씀하셨다(행 9:16). 그리고 참으로 복음을 위해 고난을 당한 후, 바울과 바나바는 안디옥에 있는 교회에 다음과 같이 말했다.

> 우리가 하나님 나라에 들어가려면 많은 환난을 겪어야 할 것이라(행 14:22).

7. 하나님의 선교는 사도행전을 넘어 계속된다

당신의 백성을 통해 이루어 가시는 하나님의 선교에 관한 이야기는 끝나지 않은 이야기다. 우리도 그 이야기에 초대되었고, 우리가 감당할 자리에 참여한다. 사도행전은 로마에 있는 바울로 그 이야기가 종결되었는데, 그 종결부로 인해 다소 혼란스럽다.

도대체 사도행전은 왜 그와 같이 갑작스럽게 종결된 것일까?

그 이유는, 누가가 우리를 세상 끝까지 이르러야 할 선교의 자리로 초대하려 했기 때문이다. 예수께서는 복음의 확산이 예루살렘으로부터 시작하여 세상 끝까지 이르러야 할 것이라 가르치셨다(행 1:8). 그러나 "'세상 끝'은 사실 로마를 언급하는 것이 아니다. 사도행전 1:8은 사도행전의 지경을 통해 그리고 그 이상으로 광활한 선교의 확장을 기대한다. 복음은 전 세계로 퍼져나가야 한다."[67]

사도행전은 복음의 지속적 진행에 대해 묘사한다. 그리고 로마에서의 급작스러운 종결은 우리를 사도행전의 이야기 속으로 초대해 아직 완성되지 않은 사역을 완수하도록 한다. 로스너는 다음과 같이 말한다.

---

66 Lesslie Newbigin, *The Gospel in a Pluralistic Society* (Grand Rapids: Eerdmans, 1989), pp. 107, 136. (『다원주의 사회에서의 복음』, IVP 역간)
67 Rosner, "Progress of the Word," pp. 218-19.

사실, 누가는 '다음 편에 계속'(to be continued)이라 암시하는 메시지로 자신의 이야기를 끝맺는다.⁶⁸

따라서 우리는 "사도행전을 읽고 있는 여러분이 이 사역의 참여자로 부르심을 받았다"라는 말을 첨부할 수 있을 것이다. 우리는 하나님의 선교에서 우리의 몫을 감당하라고 초대를 받았다. 교회의 선교 역사인 사도행전은 다시 오시겠다는 예수의 약속이 성취되기 전까지 종결되지 않는다.⁶⁹

> 선교사들을 위해 선교사들이 기록한, 처음부터 마지막에 이르기까지 선교에 관한 책인 성경에 대한 정의가 완전히 성취되었다면, 성경 연구에 어떤 차이를 발생시켰을까?
> 만일 성경의 의도와 내용을 줬다면, 누가 성경을 다른 방식으로 연구할 수 있겠는가?
> Andrew Kirk, *What is Mission?* p. 20. (『선교란 무엇인가?』, CLC 역간)

N. T. 라이트는 성경이 우리를 성경의 선교 이야기로 초대하는 방식을 이해하는 데 도움이 될 예를 제공한다.⁷⁰ 그는 셰익스피어가 만들었으나 "잃어버렸던" 연극 대본이 발견되었다고 상상한다. 연극의 원작은 6장으로 구성되었으나, 발견된 것은 다섯 장과 나머지 한 장의 약간 부분뿐이다. 즉 처음 네 장과 5장의 1막 그리고 마지막 장이다. 나머지 부분은 발견하지 못했다.

연극 원고는 셰익스피어 연극 전문 배우들에게 건네졌는데, 그들은 발견된 부분만 가지고 연극을 구성해 보라는 요청을 받았다. 그들은 셰익스피어의 문화와 언어 그리고 그들이 받은 발견된 불완전한 대본에 스스로를 깊이 침잠시켰다.

그리고 그들은 발견되지 않은 다섯 번째 장의 일부 대본 내용을 즉흥적으로 연기했다. 그러나 그들의 즉흥 연기는 그들이 이해하고 있는바 셰익스피어 이야기의 궤도와 요지에 부합하는 것이었다. 그런 방식으로 그들은 그 연극을 원저자가 최종본에서 제공한 결론에 부합하게 끌고 나갔다.

여기에서 라이트는 성경 이야기 그리고 특별히 사도행전이 성도로 구성된 공동체의 삶을 형성하는 데 권위 있게 기여하는 것에 대한 특별한 비유를 제공한다.

---

68 Ibid., p. 231.
69 Schnabel, *Paul and the Early Church*, p. 1588.
70 N.T. Wright, "Can the Bible Be Authoritative?" *Vox evangelica* 21 (1991): 7-32; idem, *New Testament and the People of God* (London: SPCK, 1992), pp. 139-43.

성경 이야기는 네 가지 장―창조, 타락, 이스라엘의 선교, 예수의 선교―과 다섯 번째 장의 첫 번째 막, 즉 사도행전에 등장하는 교회의 선교가 시작되는 장면으로 구성되어 있다. 그에 더하여, 우리는 그 이야기가 어떻게 종결될 것―여섯 번째 장―을 안다.

오늘날 교회는 첫 번째 장 이래로 전체 이야기를 추동하는 맥락에 부합하는 동시에, 이미 고대하는 의도된 결말을 향해 진행되고 있는 이야기의 흐름에 부합하도록 자신에게 맡겨진 선교를 수행해야 한다.

성경 이야기 전체의 지배적 줄거리는 이스라엘과 예수 그리고 교회를 통해 역사하시는 하나님의 선교이다. 이스라엘과 예수 그리고 교회를 통해 역사하는 하나님의 선교 모두가 중요하다. 왜냐하면 지금 우리는 이스라엘의 선교와 예수의 선교 그리고 초대교회의 선교를 지속하도록 부르심을 받았기 때문이다. 우리는 세상의 빛이 되는 방식으로 이스라엘의 선교를 지속한다. 우리는 하나님 나라를 전하는 것으로 예수의 선교를 지속한다. 그리고 우리는 예수에 대한 신실한 증인이 되는 것으로 초대교회의 선교를 지속한다.

우리는 그 무엇보다 성경 이야기 속으로 침잠해야 한다. 그렇게 할 때 우리의 증언이 하나님의 선교에 부합하고 하나님의 선교에 대하여 신실하게 될 것이기 때문이다. 우리는 하나님의 선교를 수행함에서, 오늘 우리가 처한 문화적 상황들 속에서 임기응변을 발휘하기 위해 창의적이 돼야 하고 상상력을 발휘할 수 있어야 한다.

심화를 위한 독서 자료

Bauckham, Richard. *The Bible and Mission: Christian Witness in a Postmodern World*. Grand Rapids: Baker Academic, 2003. (『성경과 선교』, 새물결플러스 역간)

Bosch, David J. *Transforming Mission: Paradigm Shift in Theology of Mission*. Maryknoll, Ny: Orbis, 1991, pp. 15-178. (『변화하는 선교』, CLC 역간)

Flemming, Dean. *Recovering the Full Mission of God: A Biblical Perspective on Being, Doing and Telling*. Downers Grove, IL: IVP Academic, 2013.

Goheen, Michael. *A Light to the Nations: The Missional Church and the Biblical Story*. Grand Rapids: Baker, 2011. (『열방에 빛을』, 복있는사람 역간)

Wright, Christopher J. K. *The Mission of God: Unlocking the Bible's Grand Narrative*. Downers Grove, IL: IVP Academic, 2006. (『하나님의 선교』, IVP 역간)

토론을 위한 질문

1. 한스 프레이(Hans Frei)는 18세기 이래로 성경을 읽는 것과 관련하여 "성경 내러티브의 퇴색"에 대해 말한다.
   독자는 교회가 성경을 펼쳐내는 하나의 이야기로 읽는 데 방해가 되는 최우선적 요소들이 무엇이라고 생각하는가?
2. 본 장은 성경 이야기를 펼치는 열쇠인 하나님의 선교에 대한 참여를 조망하는 선교적 성경 해석(missional Hermeneutic)을 모색한다.
   독자는 본 장이 성경 이야기를 읽는 데 도움이 된다고 생각하는가?
   왜 그렇게 생각하는가?
   만일 아니라면, 왜 그렇지 않다고 생각하는가?
   성경을 선교적으로 읽는 것이 어떤 점에서 이스라엘 이야기에 대한 신선한 통찰을 제공하는가?
   예수의 사역에 대해서는 어떤 신선한 통찰을 제공하는가?
   초대교회 역사에 대해서는 어떤 신선한 통찰을 제공하는가?

에세이를 위한 주제

1. 본 장은 창세기 12:1-3과 출애굽기 19:3-6을 구약성경의 전체 이야기를 조망하는 렌즈로 차용하고 있다.
   이 접근이 가지는 강점들과 약점들은 무엇인가?
2. 요한복음 20:21("아버지께서 나를 보내신 것 같이 나도 너희를 보내노라")의 관점에서 예수의 선교에 관해 토론해 보라.
3. 어떻게 하면 초대교회의 선교를 지속하면서도 선교에 대한 우리의 이해를 텍스트에 부과하는 행위를 피할 수 있도록 선교적으로 사도행전을 읽을 수 있을까?

제2장

선교 신학(Theology of Mission)과 선교적 신학(Missional Theology)

본 장에서는 선교에 대한 이해를 심화시키기 위해 성경 이야기에서 신학적 설명으로 논의를 옮길 것이다. 처음에는 선교에 관한 신학적 설명을 시도할 것이다. 선교란 무엇인가?

나는 세 가지 중요한 구별들—하나님의 선교와 교회의 선교적 본질(nature), 선교의 범위(missional dimension)와 의도 그리고 선교(mission)와 선교 사역들(missions)—을 살펴보는 것으로 이 질문에 대해 살펴보려 한다. 그러나 선교 그 자체에 대해 신학적으로 설명하는 것뿐만 아니라 선교에 관한 우리의 이해를 형성하는 데 영향을 끼치는 다른 신학 주제들에 대해 설명하는 것도 중요하다.

1. 선교에 관한 신학적 숙고

겨우 지난 반세기 동안, 선교에 대한 지리적 이해가 붕괴하고 있을 때, 존경받는 선교계 지도자 중 한 명이었던 존 맥캐이(John Mackay)는 다음 질문을 던졌다.

> 오늘날 기독교 선교는 무엇인가?
> 바야흐로 이제 선교 신학(the theology of mission)에 대해 심층적으로 탐구할 때가 되었다. 근본적인 질문이 우리 앞에 직면해 있다.
> 선교—어떤 종류의 선교가 되었든—가 의미하는 것이 무엇인가?
> 선교에 대한 감각을 갖고 있음을 표기하는 것은 무엇인가?[1]

---

1   John Mackay, "The Christian Mission at This Hour," in *The Ghana Assembly of the International Council:*

선교의 본질에 대한 질문은 이 책 전체를 통해 이런저런 방식으로 우리의 주의를 끌 것이다. 그러나 본 장의 첫 부분에서는 20세기 선교 신학 분야에서 부상한 세 가지 주요 구별에 대해 숙고하는 것으로 선교의 본질에 대한 질문을 다루고자 한다. 세 가지 구별은 다음과 같다.

① 하나님의 선교와 교회의 선교적 본질의 구별
② 선교의 범위와 선교적 의도의 구별
③ 선교와 선교 사역들에 대한 구별

이 세 가지 신학적 구별은 중요하다. 왜냐하면 이 질문들이 이 책의 나머지 부분들에서 우리가 지향해야 할 선교에 대한 항속적인 틀을 제공하기 때문이다.

1) 하나님의 선교와 교회의 선교적 본질의 구별

선교를 이해하기 위해서는, 두 가지 본질적인 신학적 관점들—하나님의 선교와 교회의 선교적 본질—로부터 시작해야 한다. 지난 20세기 내내, 상호 밀접한 관련을 하는 이 두 가지 신학적 주제들이 선교 신학계의 시선을 끌며 부상했다.

19세기 내내 선교는 교회가 수행해야 할 한 가지 사역(일반적으로는 대단히 중요한)으로 이해되었다. 20세기에 이르러서야, 선교에 대한 새로운 이해가 서서히 부상하기 시작했다. 그것은 선교가 단순히 교회의 사역 중 하나가 아니라 교회의 본질과 존재에 핵심적인 것이라는 생각이었다. 선교는 단지 교회가 행하는 특정 활동들이 아니라, 교회의 정체성을 규정하는 것이다.

20세기가 동터 오는 무렵까지 선교를 특징짓는 일부 근본적인 가정은 다음과 같은 것들이었다. 선교는 최우선으로 서구의 기독교 지역으로부터 비서구 비기독교 지역으로 기독교 복음을 지리적으로 확장하는 것에 대한 것이다.

이러한 이해라면, 선교는 해외에서만 발생하는 것이 되고, 교회는 이런 선교 사역을 감당함에서 교회가 맡은 역할을 하라고 부르심을 받은 것이 된다. 서구의 교회들에게 이것은 타문화권 선교를 위해 선교사들이 세운 프로젝트들을 제도적으로 그리고 재정적으로 지원하는 것을 의미했다. 비서구 지역의 교회들에게 이것은

28th December, 1957 to 8th January, 1958, ed. Ronald K. Orchard (London: Edingurgh House Press, 1958), p. 104.

선교 사역을 통해 얻은 개종자들을 모아 놓는 장소를 제공하는 선교 단체들과 유사한 기관으로 기능하는 것을 의미했다.

선교에 대한 이런 관점은 다양한 문제를 불러일으킨다. 무엇보다 선교는 복음이 아직 알려지지 않는 곳들로 복음을 전달하는 사역으로 축소된다. 더욱이 선교와 교회가 서로 분리된다. 두 가지 제도적 기관이 공존한다. 하나는 선교 단체들로, 이들 단체는 선교 사업에 헌신한다. 그리고 다른 하나는 지역 회중으로, 이들 회중은 선교 단체들이 진행하는 사역을 지원하는 공동체들이다. 더 나아가서, 이러한 이해는 교회들이 선교 없는 교회들이 되게 하고, 선교 조직들도 교회로 인정받지 못하게 하는 결과를 초래한다.

교회의 역할은 목회적 역할로 축소되고, 결국 내향화 된다. 선교 조직들은 교회 구조 바깥에서 사역을 수행하는 기관들이 된다. 마침내, 선교는 다양한 비서구 문화 안에서 실행되는 활동이 된다. 만일 교회가 교회의 본질인 선교적 특성을 회복하고자 한다면, 이런 가정들부터 붕괴해야 한다. 이 같은 일이 20세기에 초에 발생하기 시작했다. 1930년대 헨드릭 크래머(Hendrik Kraemer)는 다음과 같은 어조의 질문들을 제기했다.

> 교회와 모든 기독교인은 '교회의 본질적 성격이 무엇인가?'
> 그리고 '세상에 대한 교회의 책임은 무엇인가?'
> 이에 대한 질문에 직면해 있다.[2]

윌리엄 리치 호그(William Richey Hogg)는 "선교는 교회 생활의 일부가 아니다. 반대로, 교회는 신적 명령인 선교를 완수하기 위해 존재한다"[3]는 것을 강조하는 선교 신학의 답변에 주목했다. 선교는 교회로부터 분리될 수 없다. 교회는 선교사적(missionary, 저자는 선교사적이라는 용어와 선교적이라는 용어를 때로는 의미 구별 없이, 때로는 구별하여 사용하고 있다. 따라서 역자는 문맥에 맞게 두 가지 용어로 번역했음을 밝힌다—역주)이어야 하며, 선교는 교회적(ecclesial)이어야 함이 틀림없다. 그러나 확고한 선교사적 교회론(missionary ecclesiology)이 즉각적으로 수립된 것은 아니다. 왜냐하면 당시에는 점차 대두되고 있던 교회와 선교에 대한 신학적 성찰을 통합할 수

2　Tom Stransky, "Missio Dei," in *Dictionary of the Ecumenical Movement*, ed. Nicholas Lossky et at. (Grand Rapids: Eerdmans, 1991), p. 688에서 인용.

3　Alfred Richey Hogg, *Ecumenical Foundatins: A History of the International Missionary Council and Its Nineteenth-Century Background* (New York: Harper, 1952), pp. 297-98.

있는 신학적 틀이 없었기 때문이다.

이런 어려움은 "하나님의 선교," 즉 미시오 데이(the missio Dei)라는 언급이 등장함으로 해결될 수 있었다. 선교는 우선적으로 그리고 무엇보다 삼위 하나님의 선교이다. 그리고 교회의 선교는 삼위 하나님의 선교에 참여하는 것으로 이해되어야 한다. 하나님의 선교에 대한 개념은 점차 20세기 선교 신학의 중심부로 부상했다. 그 후 "미시오 데이로서의 선교에 대한 이해가 사실상 모든 기독교 진영들—주요 개신교단, 동방 정교회, 로마 가톨릭, 복음주의적 개신교—에 의해 수용되었다."[4]

하나님의 선교에 대한 개념은 1952년 독일의 빌링겐에서 열린 국제선교사협의회(International Missionary Council) 국제 컨퍼런스에서 선교 사상의 혈류 속으로 주입되었다. 빌링겐 회의의 임무는 교회의 선교에 대한 새로운 신학적 틀의 초안을 작성하는 것이었다. "교회의 선교사적 소명"(The Missionary Calling of the Church)이라는 제목이 붙은 빌링겐 회의의 최종 선언문은 다음과 같은 언급으로 시작한다.

> 우리가 참여하고 있는 선교 운동(the missionary movement)은 삼위 하나님의 사역에 그 근거를 두고 있다.[5]

하나님의 선교에 대한 개념은 20세기 전반기 동안 발전되어 온 수많은 신학적, 선교학적 통찰들을 하나로 모아 하나로 묶어 선교를 위한 하나의 신학적 틀을 정립할 수 있는 틀을 제공했다.

> 우리가 참여하고 있는 선교 운동은 삼위 하나님의 사역에 그 근거를 두고 있다. 우리를 향하신 그분의 깊은 사랑에 기인하여 성부 하나님은 모든 피조물(all things)을 당신과 화해시키기 위해 당신의 독생 성자를 파송하셨으며, 그 결과 우리와 모든 사람들(all men)은 성령을 통해 한 분 성자 안에서 하나님의 본질인 완전한 사랑 안에서 성부 하나님과 하나가 될 수 있게 되었다.
>
> "A Statement on the Missionary Calling of the Church," p. 189.

---

4 David Bosch, *Transforming Mission: Paradigm Shifts in Theology of Mission* (Maryknoll, NY: Orbis, 1991), p. 390.
5 Norman Goodall, ed. *Missions under the Cross: Addresses Delivered at the Enlarged Meeting of the Committee of the International Missionary Council at Willingen, in Germanry, 1952; with Statements Issued by the Meeting* (London: Edinburgh, 1953), p. 190.

성경 신학(biblical studies)과 조직 신학 분야에서 발생한 다수의 새로운 신학적 발전이 하나님의 선교를 구성하는 데 기여했다.

① **성경**: 성경을 인류 역사 안에서 사역하시는 하나님의 구원 행위들에 대한 통일된 내러티브(united narrative)로 이해하는 성경 신학적 접근이 이 시기에 큐메니컬 운동을 지배했다.[6] 삼위일체적 하나님의 선교가 하나의 내러티브로 이해되었다. 하나님의 삼위일체적 선교는 예수 그리스도 안에서 그리고 성령과 교회를 파송하심을 통해 절정에 이르는 하나님의 전능하신 구속 행위들이 펼쳐지는 역사를 통해 드러난다. 교회의 선교는 이 이야기의 일부다.
② **종말론**: 예수께서는 하나님 나라의 복음을 선언하셨다. 우주 역사의 궁극적 목적인 하나님 나라는 예수 안에서 역사 안으로 들어왔다. 하나님 나라는 이미 여기에 있다. 그러나 완전히 도래한 것은 아니다. 이러한 사실은 교회가 자신의 선교를 이해할 때 온 피조계를 포괄하는 하나님 나라의 범위(the creation-wide scope of the kingdom)라는 관점에서 그리스도의 선교에 참여하는 것으로 이해해야 함을 의미한다. 더욱이 선교는 "이미와 아직"이라는 하나님 나라의 이중적인 시간 간격이 의미하는 것과 상관이 있다.
③ **기독론**: 교회의 선교는 예수의 선교를 지속하는 것이기 때문에, 예수의 사역 중 그동안 잊혔던 많은 영역에 관한 새로운 강조를 해야 한다. 그러나 이러한 강조는 예수의 죽으심과 부활하심을 통해 성취하고 시작하신 하나님 나라의 우주적 중요성을 퇴색시키거나 예수의 승천을 통해 주어진 우주적 권위 또는 예수의 신적 본질을 약화하지 않는다.
④ **구원론**: 그리스도에 의해 성취된 구원은 피조 세계를 회복시키는 것이므로 그 범주는 피조 세계 전체를 포괄한다. 따라서 교회는 이 범주만큼이나 포괄적인 구원을 구체화하고 선언하라고 보내심을 받은 것이다.
⑤ **성령론**: 성령은 종말론과 선교라는 관점에서 이해되어야 한다. 성령은 이제 도래할 시대의 능력을 역사 안으로 도래케 하시는 마지막 때에 주어진 선물이다. 성령은 교회에 새로운 창조의 생명을 허락하시고 교회에 능력을 부어 주사 교회의 삶과 말씀과 행위를 통해 증인이 되도록 하신다.

---

6 Ellen Flessemen-van Leer, *The Bible: Its Authority and Interpretation in the Ecumenical Movement* (Faith and Order Paper 99; Geneva: World Council of Churches, 1980), 1.

교회의 선교는 삼위 하나님의 선교에 그 뿌리를 내리고 있다. 이 새로운 강조에는 두 가지 측면이 존재한다.

첫째, 선교는 최우선으로 하나님의 선교이다.
첫 번째 강조는 세상의 회복을 위해 하나님이 하고 계신 일에 대한 것이다. 첫 번째 강조에 대해 말하고 나서야 비로소 하나님의 구속 사역에 참여하는 것으로서의 교회의 선교에 대해 고려할 수 있다.

둘째, 선교는 삼위 하나님의 사역이라는 점에 비추어 정의할 수 있다.
교회에 하나님의 구속 이야기에서 교회가 감당해야 할 역할을 부여하는 것, 다른 말로 하자면 교회에 선교적 정체성을 부여하는 것은 이와 같은 삼위 하나님의 선교에 참여하는 것이다. 교회는 피조 세계를 회복시키시는 성부의 선교 안에서 그 역할을 취할 수 있다. 그 역할은 성자께서 수행하신 하나님 나라의 선교를 통해 성취될 것이고 성령의 능력 안에서 세상 끝까지 이르러 현실화될 것이다.

> 만일 현대교회가 진실로 선교가 신학의 어머니요 신학은 선교의 어머니라는 진리를 거머쥐고 그 진리에 부합한 삶을 살아 낸다면, 즉 교회가 삼위 하나님으로 말미암아 취해 있다면, 교회는 변혁될 것이고, 또한 강력한 문화의 변혁자가 될 것이다.
> Ross Hastings, *Missional God, Missional Church*, p. 250.

선교는 먼저 하나님의 활동이다. 선교적 충동은 소외된 당신의 피조 세계를 회복하시려는 하나님의 사랑으로부터 흘러나온다. 성부 하나님은 모든 피조물을 당신과 화해시키시려 성자 예수를 보내셨다. 예수께서는 당신의 생명과 죽음 그리고 부활을 통해 보내심을 받은 세상을 위한 선교를 성취하셨다.

그리스도께서 완수하신 사역에 기초하여, 성부와 성자는 세상 끝까지 이르러 하나님의 새롭게 하시는 사역을 지속하기 위해 성령을 보내셨다. 선교하시는 예수의 영인 성령은 구원의 자리 또는 발생지로서의 교회 안에서 그리고 다른 이들에게 당신의 구원을 전달하는 통로이자 도구인 교회를 통해 일하신다. 당신의 구원 사역에 당신의 백성을 모으심으로, 성령은 그들을 증거 공동체로 세우신다. 성부는 또한 성령의 능역 안에서 교회를 파송하신다.

아버지께서 나를 보내신 것처럼, 나도 너희를 보내노라(요 20:21).

따라서 교회는 하나님의 선교, 즉 하나님의 구원 사역에 참여하게 된다.

"보내심"이라는 용어가 핵심이다. 성부는 당신의 구속 사역을 성취하시려고 성자를 보내셨다. 성부와 성자는 당신의 백성을 그 구속 사역에 참여시키기 위해 성령을 보내셨다. 성자는 당신의 선교를 지속하시기 위해 성령의 능력 안에서 그의 백성을 보내신다. 교회의 선교는 보내시는 하나님의 선교에 참여하는 것이다. 예수처럼, 하나님의 백성은 보내심을 받은 백성으로 구성된다.

하나님의 선교가 보내심이라는 은유로 전적으로 축소될 때 발생할 수 있는 잠재적 오해를 피하는 것이 중요하다. 왜냐하면 자칫 구약성경을 간과할 수 있기 때문이다. 만일 첫 번째 움직임이 성자를 보내시는 성부라면, 우리는 이미 복음서 안에 있는 것이다! 그러므로 하나님의 선교는 하나님의 선교가 성경 이야기 속에서 펼쳐지는 내러티브 방식으로 이해될 필요가 있다.

성부 하나님의 사역은 이스라엘 안에서 시작되었는데, 이 사역은 결코 소멸될 수 없다. 보내심은 중요한 성경적 은유인데, 이는 특히 요한복음에서 중요하다. 그러나 이 은유는 여러 은유 중 하나일 뿐이다. 동일하게 중요한 은유는 하나님의 백성으로서 하나님의 선교에 참여하는 은유이다. 물론, 하나님의 선교에 대해 말한 사람들은 이 점을 잘 이해하고 있었다. 그러나 삼위 하나님의 선교가 보내심의 은유에 기초한 단순한 신학적 공식으로 축소될 때, 구약성경과 미시오 데이의 내러티브가 갖는 질적 가치가 경시될 수 있다.

하나님의 선교에 대한 이런 주장들로 인해, 20세기 초반에 이르러 선교에 대한 사고를 지배했던 식민주의적 가정들이 무너지고 새로운 신학적 틀로 대체되었다. 교회의 본질을 하나님의 선교에 참여하는 것이라 표현함으로써, 교회는 다른 비선교적인 잘못된 개념들(nonmissionary misconcepts)로부터 벗어날 수 있게 되었다. 또한, 교회는 지리적 용어들로 표현된 선교에 대한 정의로부터 자유롭게 되었다. 교회는 복음의 내용을 구체화하고 알려지게 하기 위해 세상에 존재하는(inhabited) 모든 분야로 보내심을 받았다.

선교는 교회의 정체성과 존재를 규정한다. 교회는 선교적이고, 선교는 교회적이다.

헨드리쿠스 벌코프(Hendrikus Berkhof)는 위에서 논한 교회에 관한 많은 공식을 조직적으로 통합하고 그 내용을 교회사를 통해 존재했던 교회에 대한 신학적 숙고들과 연결한 선교적 교회론(missional ecclesiology)에 대한 통찰로 가득 찬 신학적 사고를 제공한다(비록 벌코프 본인은 선교적 교회론이란 용어를 사용하진 않았지만). 벌코

프는 교회를 세 가지 특성에 비추어 분석한다.[7]

첫째, 교회는 하나의 기관(institution)으로 이해된다.

교회는 다양한 활동들과 사역들을 통해 사람들에게 그리스도를 전달하는(minister) 특별한 사회적 기관이다. 이 사역은 설교와 가르침, 성례와 교제, 지도자와 집사 등 다양한 양상을 띠고 있다. 이 모든 사역의 내용은 한 가지 목적을 위해 존재하는데, 그리스도의 새로운 생명을 사람들에게 전달하는 것이다.

둘째, 교회는 하나의 공동체로 이해될 수 있다.

교회는 우리가 서로에 대한 책무를 지는 관계 네트워크이다. 몸을 섬기고 세우기 위해 다양한 은사들이 주어진다. 교회는 그리스도 안에서 함께 성취한 새로운 생명을 고백하고 양육하는 공동의 교제 안에서 함께 묶여진 공동체이다. 그러나 벌코프는 "교회의 성격에 대해 이 두 가지 특성만을 말하는 것으로는 충분하지 않다."[8]고 말했다.

셋째, 교회의 특성은 세상을 향한 교회의 지향성에 관한 것이다.

교회의 최종 목표는 기관으로서 또는 심지어 교회 공동체(ecclesial community)로서 교회가 개별 성도를 세우는 것이 될 수 없다. 교회의 최종 목표는 모든 인류와 모든 인간의 삶 그리고 모든 피조물을 새롭게 하는 것이어야 한다. 이것이야말로 그리스도 안에서 하나님이 이루신 구속 사역의 목표이다. 따라서 그리스도와 모든 피조 세계의 구원 사이에 위치한 교회는 복음의 좋은 소식을 세상에 전달하라는 부르심을 받았다.

이처럼 세상을 지향해야 하는 교회의 세 번째 특성은 단지 부가적으로 첨부된 특성 또는 교회의 여러 가지 중요한 사역들 중 하나가 아니다. 그보다 훨씬 중요하다. 벌코프는 그리스도로부터 시작하여 세상을 향해 움직여 가는 체인에 대해 말한다. 그리스도께서는 회중을 모으시는 분으로 회중을 중재하신다. 그리고 회중은 그리스도를 세상에 중재한다. "이 체인에서 세상은 체인의 마지막 부분에 위치한다. 그러나 세상은 이전에 존재하는 연결점들에 의미와 목적을 제공하는 목표이다. 이전에 존재하는 모든 것들은 이 목표에 기여한다. 심지어 그 내용이 의도적으로 적시되지 않았을 때조차도 그러하다."[9]

---

7 Hendrikus Berkhof, *Christian Faith: An Introduction to the Study of the Faith*, trans. Sierd Woudstra (Grand Rapids: Eerdmans, 1979), pp. 339-422.
8 Ibid., p. 344.
9 Ibid., p. 410.

만일 교회가 교회론이 갖는 이 점을 간과한다면 참으로 교회를 오해하고 있다. 이와 같은 통찰의 중요성은 교회와 세상의 관계라는 관점에서 교회론에 대해 제고할 것을 요구한다는 점에 있다.

> 그 본질과 소명에 비추어 볼 때, 교회는 그 처음부터 마지막에 이르기까지 사도적 조직체(apostolic body)이다. '사도적 조직체'라는 말을 통해 우리가 의미하고자 하는 바는 교회가 세상으로 '보내심을 받았다'는 것이고, 따라서 교회에는 구체적인 '사명'(mission)이 있다는 것이다. 교회는 온 세상이 들어야 할 메시지를 가지고 있다. 비록 이 말이 참아줄 수 없는 교만으로 느껴지기도 하고 사실무근의 허세로 생각되기도 하지만, 그것은 분명한 사실이고, 그 사실에 대한 참된 이해를 가질 때 기독교 교회에 대해 진실한 이해를 할 수 있다. 사도적 조직체로서 교회는 하나님이 세상과 인류를 다루고 계신다는 것과 세상과 인류를 위한 목적을 갖고 계시다는 것에 대한 메시지를 선포—그리스도 안에서 이루신 하나님의 구원 사역에 대한 선포(케리그마, *kerygma*)함으로써, 새로운 공동체로서 교제(코이노니아, *koynonia*)를 통해 그리고 평화와 관용으로 묶인 삶을 살아 내는 것으로—해야 할 책무를 위임받았다. 이 메시지는 모든 땅에 거하며, 모든 상황과 문명 속에서, 삶의 모든 조건과 영역과 환경 속에서 살아가는 모든 사람에게 전달되어야 한다. 이 메시지는 말과 행위를 통해 전달되는 예수 안에서 이루어진 하나님의 구속 사역에 대한 증거다.
>
> Hendrik Kraemer, *Religion and the Christian Faith*, pp. 17-18.

따라서 교회는 교회가 가지는 삼중적 특성에 비춰 이해되어야 한다.

첫째, 교회는 하나의 기관으로, 다양한 구조와 활동을 갖춘 총체적 특성이 있다.
둘째, 교회는 함께 구원을 나누는 인격적 관계라는 총체적 특성을 갖는 공동체이다.
셋째, 교회는 소금과 누룩으로 세상에 총체적 영향을 끼치는 특성이 있다.

벌코프는 교회론의 역사적 발전에 대해 말한다. 교회의 제도적 측면이 서구교회의 역사를 지배해 왔다. 반면 공동체에 대한 강조는 종교개혁 이후부터 발전되어 왔다. 오늘날 선교사 운동과 서구의 세속화는 세상을 향한 교회의 지향성을 회복하는 것이 갖는 중요성을 강조한다. 교회론이 갖는 외향성에 대한 신학적 숙고는 20세기 전체를 통해 선교 진영 내에서 발전되었다.

그러나 칼 바르트를 제외하고는 공식적인 신학에 편입해 들어가지 않았다. 과거에 종교개혁가들이 이와 같은 선교적 차원을 인식하지 못했던 것은 변명의 여지가 있을 것이다. 그러나 "신학적이든 실천적이든, 오늘날에도 여전히 교회의 선교적 차원을 교회의 핵심으로 인지하지 못하는 것은 누가 되었든 변명의 여지가 없다."[10]

교회가 교회의 선교사적 본질을 포용하기를 거부하게 하는 것에는 신성화(sacralization, 교회를 세상으로부터 분리하는 성향—역주)와 세속화(securalization, 교회를 세속적 가치로 변질시키는 성향—역주) 두 가지가 있다. 두 가지 중 어느 길도 불순종과 배반의 길이다.[11]

첫째, 신성화(churchism, 교회주의)에 빠진 하나님의 백성은 제도적 교회의 경계 안에 머물러 있다. 그들은 그들의 의례와 언어 그리고 제도적 형식에만 집중한다. 그들은 오직 그들이 물려받은 제도적 삶에만 관심을 가진다. 이에 빠진 교회는 내향적이 되고 오직 자신들에게만 관심이 있다.

둘째, 세속화(worldliness, 속화)에 빠지게 되면, 하나님의 백성은 세상에 흠뻑 잠겨 우상적 문화의 조류에 동화되거나 부합하게 된다. 이런 경우, 문화와의 일체가 교회의 선교적 본질을 압도한다.

두 가지 중 어느 하나에 빠지게 되더라도, 교회는 세상과의 충돌과 변증 그리고 선교적 대면이 초래하는 고난을 회피하게 된다. 두 번째—세속화 혹은 속화—는 교회의 선교적 본질에 대한 공개적 배신이기 때문에 멀지 않아 반발을 초래한다. 그러나 첫 번째—교회주의 혹은 신성화—는 훨씬 더 경건해 보이고 존중할 만해 보이기 때문에, 은밀하게 숨겨질 수 있다. 그래서 두 번째 경우와 같은 반발은 나타나지 않는다. 따라서 교회주의 또는 신성화의 유혹이 훨씬 강하다. 그러나 교회주의 또는 신성화는 세속화만큼이나 위험하고 비신앙적(unfaithful)인 태도이다.

하나님의 선교와 교회의 선교적 본질에 비추어 이해하는 선교는 이 책에서 전개하는 나머지 부분을 위한 초석이 될 것이다. 선교는 무엇보다 하나님의 사역이다. 따라서 선교는 하나님의 선교이다. 교회는 하나님의 선교에 참여하며, 따라서 교회는 본질에서 선교적이다. 이와 같은 신학적 기반 위에 세워진 다른 많은 활동을 통

---

10 Ibid., p. 418.
11 Ibid., p. 421.

해 이 세상에서 하나님의 선교를 실행하게 되는 것이다. 이 책에서 나는 이러한 활동 중 많은 것—전도, 자비와 정의를 위한 행동, 공적 영역에서의 성도의 소명, 문화와 다른 종교들과의 선교사적 조우, 도시 선교, 교회 개척 그리고 복음이 알려지지 않은 곳에 복음을 전하는 타문화 선교 사역들—에 대해 토론할 것이다.

이 모든 활동은 세상을 향하신 하나님의 선교에 그 뿌리를 내리고 있다. 이 모든 활동은 하나님의 백성이라는 새로운 존재 안에 그 근거를 둠으로써 그들로 하여금 하나님의 선교적 백성이 되도록 한다. 이 책의 나머지 부분은 선교에 대한 이러한 신학적 확신들을 항상 전제로 할 것이고 그 확신들에 따라 그 내용을 형성해 나갈 것이다.

2) 선교적 영역과 선교적 의도의 구별

선교적(missional) 영역과 선교사적(missionary) 의도 사이의 두 번째 구별이 선교의 특성을 한층 더 이해하는 데 도움을 준다. 20세기 중반까지, 선교가 포괄하는 범위가 교회가 수행하는 모든 활동을 포함하는 데까지 확대되었다. 선교를 주창하는 사람 중에는 교회가 수행하는 좀 더 구체적인 전도와 선교사적 사역들이 선교에 대한 이처럼 광범위한 관점에 매몰될 수 있을 것이라는 점을 염려했다.

스티븐 닐(Stephen Neill)은, "만일 모든 것이 선교이면, 그렇다면 아무것도 선교가 아니다"라는 유명한 경고를 하기도 했다.

한편으로, 당시 부상하고 있던 선교의 영역 대한 포괄적 관점에 대한 긍정적인 평가가 있다. 참으로 이러한 관점은 복음의 우주적 영역에 대한 성경적 가르침을 반영하고 있기 때문이다. 다른 한편, 선교에 대한 광범위한 관점은 아직까지 그리스도에 대해 들어 보지 못한 사람들에게 그리스도를 증거하는 의도적인 증거 활동들을 간과할 잠재적 위험이 있기도 하다.

선교적 영역(dimension)과 선교적 의도(intention) 사이의 중요한 차이가 부상했다. 레슬리 뉴비긴은 이 구별은 "그리스도의 온 삶(whole life)이라는 영역으로서의 선교와 특정한 행위들이 내포하는 우선적 의도로서의 선교" 사이의 구별이라 말했다. 교회가 선교이기 때문에 교회가 하는 모든 것에는 선교사적 영역이 존재한다. 그러나 교회가 하는 모든 것이 선교사적 의도를 내포하는 것은 아니다. 만일 어떤 교회의 행동이 "그리스도를 모르는 사람들에게 그리스도가 주 되심을 증거하기 위해 교회의 경계들을 넘어갈 때 그리고 그 행동의 전반적 의도가 그 사람들을 비신앙의 영역에서 신앙의 영역으로 옮기려는 것일 때" 선교적 의도를 내포

하고 있다고 생각될 수 있다.[12]

모인 공동체로서 교회의 온 삶(the whole life of the church)과 전 세계로 흩어진 공동체로서 교회의 온 삶이 가시적이라는 말이 의미하는 바는 성령께서 세상 안에서 당신의 선교를 수행하고 계신다는 것을 의미한다. 따라서 교회의 온 삶은 증인의 특성을 띤다. 성도의 그리고 성도의 공동체의 삶의 모든 측면은 선교적 영역을 내포한다.

그러나 교회의 삶 모두가 선교적 의도를 가지고 있는 것은 아니다. 모든 활동이 복음을 믿는 자리로 사람들을 의도적으로 초대하여 예수 그리스도의 주 되심에 순복하도록 하는 것은 아니다. 예배는 선교적 의도를 띠지 않는다. 물론 예배가 비신자들에게 증거가 될 수는 있다(고전 14:23-25을 보라).

그러므로 예배를 통해 당신의 백성과 함께하시는 하나님의 현존을 알렸다면 예배 자체가 선교적 의도를 내포하고 있다고 말할 수 있다. 그러나 예배의 의도는 하나님께 영광을 돌리는 것이다. 예를 들어, 우리의 일상 중에서 결혼생활의 초점이 전도에 맞추어져 있지는 않다. 결혼은 한 남성과 여성이 서로를 향한 희생과 사랑으로 연합하는 것이다. 그러나 기독교인 커플이 결혼을 통해 하나님의 창조적 계획을 구체화할 때 새롭게 하시는 그리스도의 사역을 지향하는 선교적 영역을 내포하게 된다.

따라서 공론장(public square)에서의 우리의 소명도, 여가를 사용하는 우리의 방식에도, 이웃들과 친구들 간에서 살아가는 우리의 삶도, 우리가 비인간적 피조 세계를 대하는 방식에도, 기술을 다루는 우리의 방식 등의 경우도 마찬가지다. 만일 그리스도께서 모든 인류의 삶의 주인이 되신다면, 우리의 온 삶도 다른 사람들을 향해 그리스도의 주권적 다스림과 새롭게 하시는 능력에 대해 증거하는 하나님의 선교 일부가 될 것이다. 그런 면에서, 기독교인 삶의 모든 측면은 선교적 영역을 내포하고 있다.

CRC교단(the Christian Reformed Church, 화란계의 다소 보수적인 복음주의 개혁교단—역주)의 고백인 "우리의 세상은 하나님께 속해 있습니다"(Our World Belongs to God)의 구조는 이 문제를 생각하는 데 도움이 된다. 고백의 기본 구조는 성경 이야기를 주제별로 펼치는 내러티브 구조이다. 고백의 여러 장 중 가장 긴 장(section)은 "하나님 백성의 선교"(The Mission of God's People)라는 제목이 붙은 마지막에서 두 번

---

[12] Lesslie Newbigin, *One Body, One Gospel, One World: The Christian Mission Today* (London: International Missionary Council, 1958), pp. 43-44.

째 장이다.[13]

이 장은 "하나님의 선교에 참여하는 교회는 하나님 나라의 복음을 전하기 위해 보내심을 받는다"로 시작하며, "하나님의 선교는 교회 존재의 핵심이다"라는 사실을 분명히 한다. 이 장은 "예수 그리스도는 모든 것을 다스리신다"라는 고백을 통해, 예수의 우주적 주권에 근거해 교회가 수행하는 선교의 포괄적 범주를 확정한다. 우주적 주권을 가지신 주를 따른다는 것은, 어느 곳에 있든지 간에 그곳에 맞춰 들어가지 않고, 오히려 그곳에서 어둠 속에 빛나는 빛으로, 타락한 세상에서 소금으로 존재함으로 주님을 섬긴다는 것이다.

다음 단락들은 사람의 삶의 다양한 측면—삶의 신성함, 현대 사회 내에 존대하는 삶에 대한 위협들, 젠더와 성, 싱글, 결혼과 가정, 교육, 일과 휴식, 전 세계 경제와 사업, 과학과 기술, 환경에 대한 청지기 의식, 정치, 전쟁과 화해—에 관해 언급한다. 각각의 단락을 통해 교회가 예수 그리스도의 다스림에 대해 증거할 때 치유하는 실존으로 참여하도록 부르심을 받았음을 고백한다. 그러나 다른 사람들을 신앙의 자리로 인도하는 예수에 대한 증거가 가장 우선적인 의도는 아닐 것이다.

오히려 사람들의 삶을 포괄하는 이와 같이 다양한 분야를 향하신 하나님의 창조적 의도에 대해 신실하는 것이야말로 새롭게 하시는 하나님의 능력에 대한 표적으로서 선교적 의도를 가질 것이다.

그러나 교회는 예수 그리스도를 의도적으로 증거하고자 하는 일련의 활동들 또한 착수한다. 자신의 선교사적 영역에 대해 알고 있는 교회로부터 흘러나오는 것은, 예수 그리스도를 가리키며 다른 사람들을 그분을 따르는 자리로 초대하는 의식적인 말과 행위일 것이다.

예를 들면, 복음을 말로 선포하는 전도는 예수 그리스도를 증거하고 그 증거를 청취하는 사람들을 신앙으로 초대하려는 의도라 정의되는 활동이다. 더욱이 땅끝까지 선교사적 비전을 확장하는 교회는 그 가운데 증인이 존재하지 않는 사람들 사이에 복음에 대한 증인을 세우는 프로젝트들에 대한 계획을 지속할 것이다. 이러한 활동들은 의식적이고 의도적이며, 복음을 증거하고 신앙에 대한 반응을 요청하는 데 그 목적이 맞춰질 것이다. 그렇게 된다면, 일련의 행동이 선교적 의도를 품게 된다.

---

[13] Christian Reformed Church, *Our World Belongs to God: A Contemporary Testimony* (Grand Rapids: CRC Publications, 2008), paragraphs 41-52 (www.crcna.org/selcome/beliefs/contemporary-testimony/our-world-belongs-god).

> 선교는 교회가 다른 사람들 사이에서 하는 일련의 행동 이상의 것이다. 우리는 교회의 선교를 전도적 구제 활동 프로그램(evangelistic outreach program)을 야기하거나, 해외 선교사들을 지원하거나, 도시 안에서 무료 급식소(soup kitchen)를 운영하거나, 또는 인신매매와 싸우는 것 등과 동일시할 수 없다. 물론 그런 활동들은 그 자체로 가치가 있는 것이다. 그럼에도 그런 일련의 활동을 교회의 선교와 동일시할 수 없다. 그러한 활동들은 그보다 훨씬 심층적인 어떤 것의 구체적 표현들에 지나지 않는다. 우리는 단순히 선교를 하는 것이 아니다. '선교'는 우리가 누구인가와 관련이 있다. 우리는 세상을 위해 하나님의 부르심을 받은 백성이다. 교회의 존재는 교회에게 주어진 선교와 분리불가분하다. 이와 같이 선교적 정체성의 기본은 교회로서 우리가 말하고 행동하는 모든 것을 통합시킨다.
>
> Dean Flemming, *Recovering the Full Mission of God*, p. 258.

이와 같은 선교의 두 가지 측면 모두는 본질적이다. 사실, 다른 한 가지 측면이 없이 나머지 측면만 고수하는 것은 교회의 선교에 심각한 손상을 입힌다. 복음 전도를 하지 않는 교회는 복음을 결코 들어 본 적이 없는 사람들에 대한 선교 사역들(missions)을 무시하는(unconscious) 것이고, 그것은 복음을 배신하는 것과 다름없다. 선교를 복음 전도 활동들로만 환원시키는 교회는 복음의 범주를 협소하게 하는 것이다. 그리고 동시에 말로 증거되는 복음이 실제로 드러나야 할 전체 상황을 제거하는 것에 불과하다.

3) 선교(Mission)와 선교 사역들(missions)에 대한 구별

이와 관련된 또 다른 구별은 적절하게 선교를 설명하는 데 엄청난 도움이 된다. 19세기 전체와 20세기 초반에 이르기까지, 선교는 타문화권에 대한 선교 사역들(cross-cultural missions)로 환원되었다.

그러나 그 이후 사정이 변했다. 전 세계 비서구 지역에 있는 교회가 성장했고, 서구의 교회는 감소했다. 선교에 대한 광범위한 해석(broader vision)이 타문화권에 대한 교회의 선교 사역을 위협했다. 성경 이야기에 등장하는 교회의 역할에 비춰 선교의 범주를 넓히는 것이 참으로 중요했다. 그러나 동시에 "교회의 총체적 선교(the total Mission of the Church)의 일부로서 해외에 대한 선교사적 사역을 규정하고 구별하는 것"¹⁴도 매우 중요하게 되었다.

뉴비긴은 선교(mission)와 선교 사역들(missions, 선교에 해당하는 영어 단어에 복수형 s를 첨부한)을 구별했다.¹⁵

선교는 하나님의 선교에 참여하는 교회가 복음을 알리는 총체적 소명(total calling)을 의미하는 것임에 반해, 선교 사역은 교회가 감당하는 총체적 선교(이전에 기독교인이 존재하지 않았던 혹은 존재했더라도 그 존재감이 미미했던 환경 속으로 기독교인의 현존을 실재하게 하는 것이 갖는 최우선적 의도¹⁶)를 구성하는 개별적인 특정 사업을 의미한다.

따라서 선교 사역은 교회의 선교가 갖는 본질적 부분으로 남아 있다. 교회의 선교가 땅끝까지 이르는 사역을 포함하고 있으므로, 복음의 좋은 소식을 들어 본 적이 없는 지역에서 살아가는 사람들을 파악하고 그들이 살아가는 곳에서 복음을 증거하는 일의 중요성은 지속해서 유지될 것이다.

선교의 확장적 성격이 다양한 선교 사역을 퇴색시키지 않는다. 사실, 교회의 모든 삶이 내포하는 선교적 영역을 유지하기 위해서는 다양한 선교 사역의 실행이 중요하다. 교회가 선교이기는(the church is mission) 하지만, 그럼에도 교회가 진정으로 선교이기 위해서는 다양한 '선교 사역들'이 여전히 필요하다. 선교 사역은 교회가 감당하는 나머지 부분들에 대한 선교사적 책무를 경감시켜 주기 위해서가 아니라 교회의 삶 전체가 선교사적임을 확증하기 위해 필요하다.¹⁷

전 세계에 편재하는 필요들이 무엇인지 밝히는 것과 은사를 갖추고 소명을 받은 개인들이 그러한 필요들이 있는 다양한 장소에 복음을 들고 가는 것은 여전히 중요하다.

만일 선교를 "선교 사역"으로 환원시켰던 근대 선교 운동에 대한 우리의 반응이 선교 사역을 퇴색시키는 것으로 종결된다면, "땅끝"이라는 성경적 지평에 대한 시각을 상실하게 될 것이다. 선교 사역에 대해서는 언급해야 할 것이 훨씬 더 많다. 그래서 이 책의 마지막 장에서 교회의 선교적 소명과 관련하여 이 부분에 대해 다시 다루게 될 것이다.

---

14 Lesslie Newbigin, "Mission and Missions," *Christianity Today* 4, no. 2 (August 1, 1960): 911.
15 데이비드 보쉬도 선교와 선교 사역을 구별했다. 그러나 뉴비긴이 한 방식과는 다른 방식으로 구별했다. 보쉬에게 선교는 하나님의 선교인 반면에, 선교 사역은 하나님의 선교에 참여하는 교회의 인간적 활동을 의미했다. Bosch, *Transforming Mission*, p. 391을 보라.
16 Lesslie Newbigin, "Crosscurrents in Ecumenical and Evangelical Understanding of Mission," *International Bulletin of Missionary Research* 6, no. 4 (1982): 149.
17 Ibid., p. 179.

2. 신학에 대한 선교적 숙고

선교 그 자체에 대해 숙고하는 것만이 중요한 것이 아니라 선교에 대한 우리의 이해를 형성하는 신학의 다른 주제들을 들여다보는 것도 중요하다. 선교에 대한 우리의 이해와 실천은 근본적으로 우리가 소유하는 기초적인 신학적 헌신들 때문에 형성된다. 예를 들면, 복음과 그리스도 그리고 구원, 성령, 교회, 죄, 인류, 성경의 본질과 해석 그리고 그 외 다른 신학적 가정들에 대한 우리의 이해가 선교에 관하여 우리가 심층적 차원에 가지고 있는 관점들을 형성할 것이다. 이러한 관점들은 일반적으로 무의식적인 차원에 내재해 있다.

> 우리는 단지 선교를 위한 신학적 의제가 아니라 신학을 위한 선교학적 의제가 필요하다. 왜냐하면 올바로 이해된 신학은 하나님의 선교(Missio Dei)와 그 맥락을 같이하여 존재할 수밖에 없기 때문이다. 따라서 선교는 모든 신학의 주제가 되어야 한다.
>
> David J. Bosch, *Transforming Mission*, p. 494.

본 장 앞부분에서 우리는 20세기 중반 즈음에 선교 신학 분야에서 발생한 근본적 변화에 대해 주목했다. 선교에 대한 새로운 관점은 하나님의 선교와 하나님의 선교와 불가분의 관계가 있는 교회의 선교적 본질에 그 근거를 두고 있다. 우리가 살펴보았듯이, 그 변화는 신학의 다른 분야들—성경, 종말론, 기독론, 구원론과 성령론—에서 관찰된 새로운 통찰들 때문에 발생한 것이다.

이와 같은 역사적 실례는 선교를 신학적으로 숙고하는 것뿐만 아니라 신학을 선교적으로 숙고하는 것도 필수적이라는 사실을 보여 준다. 하비 콘(Harvie Conn)은 다음과 같이 말한다.

> 문제는 단순하게, 또는 유일하게, 또는 주로 선교 사역들과 그것이 무엇이냐는 것만이 아니다. 문제는 신학과 신학이 무엇을 하고 있느냐는 것이기도 하다.[18]

본 장에서 나는 오늘날 참된 선교를 지주하는 성경으로부터 시작하는 다양한 신학적 주제들을 짤막하게 살펴보는 것으로 선교적 신학(missional theology)을 향한

---

18 Harvie Conn, "The Missionary Task of Theology: A Love/Hate Relationship?" *Westminster Theological Journal* 45 (1983): 7.

걸음을 몇 걸음 뗄 것이다.

1) 선교 신학으로부터 선교적 신학으로

데이비드 보쉬는 이것을 선교 신학에서 선교적 신학으로의 이동이라는 관점으로 표현했다. 이것은 성경에 등장하는 선교 그 자체에 대한 신학적 숙고일 뿐만 아니라 교회의 선교적 소명에 대한 우리의 비전에 영향을 미칠 신학 영역의 전체 범위(the whole range of theological loci)에 대한 숙고이기도 하다.

선교에 대한 환원주의적 이해를 좀 더 심층적으로 살펴보면, 비록 일반적으로는 거의 잠재의식적인 차원에서 고수되고 있는 것이기는 하지만, 거의 대부분 경우 빈약한 기독론 또는 복음에 대한 오해, 아니면 인류와 죄 그리고 구원에 대한 개인주의적 이해, 또는 선교에 대한 우리의 시각에 정보를 제공하는 다른 신학적 신념들이 존재하고 있음을 발견하게 된다.

만일 신학의 선교적 성격에 대한 적절한 이해가 있다면, 이런 실상이 그리 놀랄 만한 일이 아님을 알 수 있다. "선교를 위한 교회의 형성은, 우리가 진행하는 신학적 작업들의 모든 다양성과 특이성에도 불구하고 신학적 작업들을 형성하고 그 작업들에 활력을 불어넣는 동기를 부여하는 힘이 되어야 한다."[19]

교회의 선교로부터 신학을 떼어내려는 시도는 신학의 본질을 왜곡시킨다. 그래서 "신학은 본질적으로 선교사적이다"[20]라고 말한 앤드루 커크(J. Andrew Kirk)의 언급은 정확한 지적이다. 이와 유사하게 보쉬는 다음과 같이 말했다.

> 만일 교회가 선교사적이지 않으면 교회의 교회 됨을 그만두는 것과 같고, 만일 신학이 선교사적 성격을 상실한다면 그것은 신학이 신학이기를 그만두는 것과 같다.[21]

제3세계 교회들은 직관적인 발견을 한 가지를 하고 있다. 조직 신학이 진행하는 일은 단순히 초문화적으로 적용될 수 있는 보편적 내용들(supra-cultural universals)을 일관성 있게 정리하는 것이 아니다. 조직 신학은 서구의 교리사로부터 축적된 것이다. 그리고 그 역사는, 교리를 축적하는 과정에서 선교학적 추진력을 상실했다. 서구교회에서

---

19 Darrell Guder, "*From Mission and Theology* to Missional Theology." *Princeton Seminary Bulletin* 24, no.1 (2003): 48.
20 J. Andrew Kirk, *The Mission of Theology and Theology as Mission* (Valley Forge, PA: Trinity Press International, 1997), p. 49.
21 Bosch, *Transforming Mission*, p. 494.

> 발생한 이러한 신학 형성 과정이 선교에 끼친 영향은 상당히 파괴적이다.
> Harvie Conn, "The Missionary Task of Theology," p. 19.

제3세계 교회의 선교적 신학(missional theology)이 서구의 비선교적 신학에 도전을 제기하고 있다. 1908년, 초대교회에 선교가 신학의 어머니였다고 역설한 조직신학자 마르틴 켈러(Martin Kahler)를 따라, 보쉬는 초대교회 신학자들은 "선교를 위해 신학을 기록했으며", "오늘날 아프리카에서 발생하고 있는 일이 바로 이와 같은 현상이다"[22]라고 주장했다.

이처럼 요하네스 아가드(Johaness Aagaard)도 다음과 같이 말했다.

> 어느 정도에 이르기까지 신학은 선교학이 된다. 동시에 선교학은 신학이 된다. 아마도 이것이 아시아 교회에서 발생한 일 중 가장 중요한 일일 것이다.[23]

라틴 아메리카의 신학자들—가톨릭 신학자들, 복음주의 신학자들, 해방 신학자들—은 교회는 그들이 처한 상황에서 드러나는 불의와 억압에 대항해 복음으로 말하는 방식을 모색하는 과정에서 나온 선교적 산출물이라고 주장했다.

이 점과 관련해서, 보쉬는 정확히 "제3세계 신학들은 선교사적인(missionary) 신학들이다. 반면에 제1세계(서구 세계—역주) 신학들은 그렇지 못하다"고 결론지으며, 그런 이유로 "제3세계 신학들이 서구를 새롭게 하는 힘이 되었으면 좋겠다"고 소망했다.[24] 새롭게 회복된 신학에 대한 선교적 숙고가 갖는 중요성은, 보쉬의 "우리가 단지 선교 신학이 아니라 선교사적 신학을 개발하지 않는다면, 교회를 대충 수습하는 것 이상의 것을 달성하지 못할 것이다"[25]라는 언급 속에서 분명하게 드러난다.

이 책의 마지막 부분에서 나는 몇 가지 신학적 동기들에 대해 간단하게 살펴볼 것이다. 내가 제기하려 하는 선별적이고 간결한 질문들은 다음과 같은 것들이다. 오늘날 특히 서구에서 교회의 선교를 위해 중요한 신학적 이슈들은 무엇인가?

---

22 David Bosch, "Missionary Theology in Africa," *Journal of Theology for South Africa* 49 (December 1984): 16.
23 Johannes Aagaard, "The Soft Age Has Gone," *Missiology* 10, no.3 (192): 266.
24 David Bosch, *Believing in the Future: Toward a Missiology of Western Culture* (Valley Forge, PA: Trinity Press International, 1995), 36
25 Bosch, *Believing in the Future*, p. 32.

서구의 문화 이야기로 인해 이렇게 중요한 이슈들이 어떻게 왜곡되거나 무시되었는가?

나는 구원에 대한 신학적 숙고로 시작할 것인데, 이 이슈가 선교에서 차지하는 명백한 중요성 때문이다. 그러나 내가 구원의 교리(구원론)에 관해 토론할 때 그와 밀접한 다른 신학적 이슈들—종말론, 기독론, 성령, 교회, 인류, 죄, 성경—도 드러나게 될 것이고, 따라서 간단하게나마 다루게 될 것이다.

2) 구원

구원에 대해서는 인류가 열망하는 보편적 종교적 바람이 있다. 기독교 신앙의 핵심에는 우주적 구원—창조와 인간의 타락을 배경으로, 성경은 피조 세계의 구원을 목표로 하는 그리고 예수 그리스도 안에서 그 핵심이 발견되는 하나님의 전능하신 행위들에 관한 이야기를 말한다—에 대한 이야기가 존재한다.

하나님의 백성이 자신들의 정체성과 역할을 발견하는 곳은 구세주이신 예수 안에서 절정을 이루는 구원의 이야기 안에서다. 하나님의 백성으로서 그들은 하나님의 사역으로 부르심을 받은 자들이기 때문에, 하나님의 구원을 경험하고 그 경험을 다른 사람들에게 중재할 수 있다. 그러므로 만일 구원이 "인류가 소유한 가장 심층적이고 근본적인 것"이라는 것이 놀랄 만한 사실이 아니라면, "구원론적 주제는 선교학의 요동치는 심장과 같은 위치"를 차지해 왔다.[26]

그렇다면 구원은 무엇인가?

그리고 구원의 범주는 어디부터 어디까지일까?

"기독교인들은 구원을 개념화하는 나름의 다양한 방식들을 가지고 있다. 어떤 방식을 가지고 있느냐가 선교에 대한 접근 방법을 결정한다."[27] 구원에 대한 우리의 이해가 우리가 선교를 생각하고 실천하는 방식에 큰 영향을 미친다는 것은 분명한 사실이다.

이에 대해 P. R. 파루셰프(P. R. Parushev)는 "사실, 구원에 대한 우리의 시각이야 말로 선교 사역들에 대한 우리의 접근 방식을 결정하는 가장 중요한 결정 요인일

---

26 Jerald Gort, "Heil, onheil en beliddeling," *Oecumenische inleiding in de missiologie: Teksten en kontekttsten van het wereldchristendom*, ed F. J. Verstraelen et at. (Kampen: Kok, 1988), p. 203, David Bosch, *Transforming Mission*, p. 393에서 재인용.

27 R. P. Parushev, "Salvation," in *Dictionary of Mission Theology: Evangelical Foundations*, ed. John Corrie (Downers Grove, IL: InterVarsity Press, 2007), p. 353.

것"²⁸이라 말했다. 구원의 범주와 본질에 대한 이해 모두가 교회의 선교에 강력한 영향을 끼친다.

구원의 본질과 범주에 대한 네 가지 상호 연관된 오해들이 교회의 선교에 결정적 영향을 끼치는 경우가 있었다.

첫째, 구원이 개별적 인간에 대한 구원으로 축소되어 왔다. 심지어 구원의 대상이 사람의 영적인 부분으로만 인식되어 개인의 영혼으로 구원의 범주가 축소하는 경우도 있었을 정도다.²⁹

둘째, 구원이 내세적인 용어들로 이해되었다. 구원은 당신이 임종을 맞을 때 이 세상에서 도피하여 천국으로 가는 것이다.

셋째, 무엇보다 구원에 대해 언급할 때 미래를 예시하는 용어들로 설명되었다. 구원은 당신이 죽을 때, 즉 삶이 종결되는 순간에 발생하는 어떤 것이다.

넷째, 구원은 우리 안에서 그리고 우리를 위해 하나님이 하신 어떤 것으로 인식되었다. 그러나 이 세상을 위해 우리를 통해 일하시는 어떤 것으로는 인식되지 않았다. 다른 말로 표현하자면, 하나님의 백성은 구원의 수용자들이기는 하지만 통로는 아니다. N. T. 라이트가 말했듯이, 우리가 구원에 대한 이러한 오해들을 교정할 때라야 비로소 "교회의 선교가 내포하는 충만한 의미의 역사적 기초를 발견하게 될 것이다."³⁰

신약성경에서 구원은 종말론적 틀 안에서 이해되었다. 구원은 하나님 나라의 도래, 즉 모든 인류와 피조 세계에 대한 하나님의 통치 회복과 밀접한 관계가 있다. 예를 들면, 누가복음의 구원은 예수 안에서 도래하는 하나님 나라와 함께 온다.

누가는 "구원"이라는 단어를 인간 삶의 총체적 회복—경제적, 사회적, 정치적, 육체적, 종교적 회복—을 의미하는 것으로 사용한다.

바울이 볼 때 새로운 창조가 현재라는 시간 안으로 진입해 들어왔다. 따라서 구원은 인간의 생명뿐 아니라 심지어 인간 외 모든 피조물에게까지 확장된다. 종말론적 기대가 축소되어 (점차) 구원이 개별 영혼들이 내세로 구원받는 것이 되고,

---

28 Ibid.
29 Soong-Chan Rah, *The Next Evangelicalism: Freeing the Church from Western Cultural Captivity* (Downers Grove, IL: InterVarsity Press, 2009), pp. 27-45.
30 N. T. Wright, *Surprised by Hope: Rethinking Heaven, the Resurrection, and the Mission of the Church* (New York: HaperCollins, 2008), pp. 200-201. (『마침내 드러난 하나님 나라』, IVP 역간)

성도 개인이 죽음에 임박하거나 미니 종말이 올 때라야 비로소 그 영향을 발휘하는 것이 된 것은 교회의 성립 초기 몇 세기 동안 헬라 철학과 대면하는 과정에서 생겨난 것이다.[31]

이와 같은 구원에 대한 개인적 그리고 타계적 관점은 17세기 경건주의자들에 의해 어느 정도 수용되었고, 오늘날 대중적 복음주의 진영 내에 여전히 존재하고 있다. 그리고 그렇기 때문에 이러한 관점이 선교의 이해와 실천을 정의하고 형성하는 데 강력한 영향을 끼쳐 왔다. 그러나 심지어 이처럼 짧은 요약에서조차 구원 교리가 홀로 존재하는 것이 아님이 명백하다. 여러 가지 교리적 귀결들이 구원에 대한 관점들과 함께 짜여 있다.

우리는 구원—복음서에 드러난 하나님 나라—에 대한 종말론적 설정이 어떻게 왜곡되었는지 살펴보았다. 하나님의 나라가 미래에 갈 천국(a future heaven)으로 재설정되거나 사람의 내면적 요소에 관한 것으로 제한되었다. 기독론 또한 이 같은 개인주의적 그리고 타계적 구원론에 영합되어 버렸다.

그리스도에 관한 토론은 그리스도의 신성과 인성(humanity)을 규정하는 것에만 초점을 맞춰졌다. 그리스도의 인성이 그리스도께서 성육신 이후 지상에서 성취하신 사역으로부터 분리된 것이다. 전적으로까지는 아닐지라도, 십자가는 다른 것에 우선하여 그리스도께서 죄를 담당하신 결과 개별 인간들에게 구원을 제공했다는 것에 초점을 맞추는 대속적 속죄(substitutionary atonement)에 비춰 해석되었다.

더욱이 이런 맥락에서 성령의 역할은 그리스도의 사역을 개인에게 적용하는 것으로 이해되었다. 교회는 말과 성례를 통해 개별 구성원에게 구원을 제공함으로써, 신자들(the faithful)에게 구원을 중재하는 기관으로 축소되었다. 인류는 다른 것에 우선하여 별개의 개인들로 이해되었고 죄는 개인의 불순종과 죄책으로 이해되었다. 그리고 윤리는 개인의 도덕적 선택들과 행위들로 이해되었다.

이러한 관점은 공동의 세계관과 종교적 신앙을 중심으로 문화적 그리고 공동체적 결속을 맺고 있는 인류에 대한 참된 이해를 무색하게 했다. 또한, 이 관점은 문화 안에서 작동하는 사악한 구조들과 권세들이 공동체적 삶을 전복시키는 방식에 대해서도 무관심한 태도를 보였다.

앞에서 설명한 내용이 전체를 훑어보는 정도에 불과한 것임에도 불구하고 이런 종류의 신학이 복음주의 진영에 속한 우리가 가진 선교에 대한 이해를 형성하는 데 어떤 영향을 끼쳤는지 조망하는 데 도움이 된다. 문제는 이러한 강조들이

---

31 Bosch, *Transforming Mission*, p. 394.

비성경적이라는 데 있는 것이 아니다.

사실, 오늘날 예수의 신성과 인성에 대한 변증을 유지하는 것은 대단히 중요한 일이다. 대속적 속죄는 성경적 신앙의 핵심이다. 성령께서 개별 인간들에게 구원을 가져오신다. 인류는 도덕적 책무를 지는 대리인들이다. 그리고 죄란 개별적 불순종을 의미한다. 이 모든 교리적 확신들은 확실히 성경이 강조하는 주제들을 드러낸다. 문제는 성경적 가르침의 더 광범위한 내용이 무시되고 있다는 점이다.

심지어, 구원이 개인적인 차원으로 환원되고 당신이 임종을 맞이했을 때 천국이 보장되었다는 식으로만 이해될 때, 성경의 가르침들이 왜곡되기까지 한다는 점이다. 이것을 다른 식으로 표현하자면, 진리에 대한 이처럼 잘못된 이야기—예수께서 인간들을 천국에서 살게 하려고 구원하셨다는 이야기—의 맥락 안에 배치되고 만다는 것이다.

G. C. 베르카우어 성경 이야기의 우주적 범주를 주변부로 밀어낸 "구원론적 자기 중심성"(soteriological self-centeredness)에 대해 말한다. 그는 계속해서 주장했다.

> 그러한 접근 방식은 새 하늘에 대해 성경이 말씀하고 있는 바를 거부한다. 그저 단순히 무시해 버린다. 우주적 관점이 더 큰 기대라는 틀 안에서 이해되지 않는다. 이것은 마치 창조에 대한 관점(the creation-perspective)이 종말론에 대한 논의의 틀에 갇혀 그 흔적이 지워지고, [개인] 구원에 대한 강조 때문에 더 이상 논의할 가치가 없는 것이 되는 것에 불과하다.[32]

이와 비슷하게, N. T. 라이트는, 지난 200여 년 동안 우리는 "하나님의 창조 세계에 대한 더 확장된 그림을 희생시키면서 개인만을 지나치게 강조해 왔다"고 말한다. 그는 문제가 다음과 같다고 주장한다.

> 우리가 이런 식으로 미래에 대한 개인의 소망을 말하기 시작할 때, 최소한 암시적으로라도 개인에 대한 미래의 소망을 모든 것의 핵심으로 이해하고 창조에 대한 소망은 그 핵심의 사방 면을 꾸며 주는 문양 정도로 이해하는 불가피한 위기를 초

---

32 G. C. Berkouwer, *The Return of Christ, Studies in Dogmatics* (Grand Rapids: Eerdmans, 1972), pp. 211-12. "이와 같이 구속에 대한 우주적 측면이 계몽주의 시대 이래로 서구 기독교 세계에서 점차 그 자리를 상실했다. 그리고 오늘날까지 우리는 그렇게 잃어버린 것을 명징하게 제자리로 돌려놓지 못했다"(Adolf Koberle, *Der Gerr über alles: Beiträge zum Universalismus der Christlichen Botschaft* [Hamburg: Furche-Verlag, 1957], p. 103).

래하게 된다는 것이다.³³

이 같은 주장에 기초하여, 라이트는 성경의 가르침에 부합하는, "전 우주에 대한 광범위한 소망, 즉 우리 각자의 인생 드라마라는 소규모 연극들이 그 각각의 위치를 잡은 대하 드라마라는 우주적 연극"에 대한 자신의 주장을 구조화하며, "전체로서 세상에 대한 하나님의 목적이 무엇인가?"³⁴

이런 질문을 제기한다. 이와 같은 맥락에서, 보쉬는 구원이 "개인의 죽음 이후 발생하는 어떤 것에 관한 언급이기만 할 때, 그 자체로 구원에 대한 비역사적(ahistorical)이고 타계적인 인식을 드러낸다"³⁵라고 주장했다.

성경 이야기가 갖는 신학적 논리에 좀 더 충실한 접근 방법, 즉 건실한 선교를 생성하는 접근 방식은 우주적이고, 공동체적이며, 개인적이다. 하나님의 목적은 모든 피조 세계를 포괄하고 모든 문화를 새롭게 하는 우주적 목적이다. 하나님은 당신의 목적을 구체화하고 그 계획이 미래에 달성될 것을 알리시기 위해 공동체를 선택하셨고, 그 공동체에 합류하여 책무를 지고, 더 큰 이야기 속에서 자신들이 감당해야 할 역할을 하도록 하시기 위해 개인들을 부르신다.

개신교 신학이 가진 개인주의적 성향은 종교개혁 당시 발생한 "기독교 신앙의 심화한 개인화"의 결과이다. "하나님의 말씀과 개인을 한데 묶은" 신앙의 개인화는 기독교 역사에서도 독특한 것이었으며, "결코 다시 복구할 수 없는" 것이었다.³⁶ 그러나 성경적 증거를 왜곡시키는 것으로부터 복음의 개인화를 방지하기 위해서는, 신앙의 개인화를 성경 내러티브가 갖는 우주적이고 공동체적 맥락 안에 적절히 위치시켜야 한다. 개인의 신앙은 성경 내러티브의 우주적이고 공동체적 맥락 안에 정치해야 하며, 사실 그렇게 될 때 개인이 가진 신앙의 진가를 발휘하게 된다.

신앙에 대한 개인적이고 내세적인 고백에 대한 헌신이 교회의 선교에 막대한 영향을 끼친다는 사실을 인식하는 것이 중요하다. 우주적이고 공동체적인 맥락을 벗어난 개인적이고 내세적인 신앙 고백은 인간의 삶 전체를 포함하는 선교의 포괄적 범주—우리 삶 전체를 통해 정의를 실천하는 다양한 행위와 말로 증거되는—를 복음 전도로 축소해 버렸다. 더욱이 그나마 예수를 소개하는 전도는 그리

---

33 Wright, *Surprised by Hope*, p. 80.
34 Ibid.
35 Bosch, *Transforming Mission*, p. 488.
36 Hendirikus Berkhof, *The Doctrine of the Holy Spirit* (Atlanta: John Knox, 1964), p. 66.

스도의 대속적 죽으심 안에서 죄 용서를 발견하고 죽음 이후 천국으로 가 하나님과 더불어 영원히 살 것을 소원하는 개별 인간의 구세주로 제한적으로 소개하는 데 머물렀다.

그러나 이러한 관점에도 필수적이고 강력한 진리가 존재한다. 참으로, 개별 인간에 대한 전도는 교회 선교의 본질적인 부분이다. 우리는 죄의 유죄성에 대한 용서를 발견한다. 왜냐하면 그리스도께서 우리를 대신하여 죽으셨기 때문이다. 우리는 죽을 때 천국에 갈 것이다(중간 상태로 일시적으로, 그러나 언젠가 우리의 육신이 죽음으로부터 새로운 피조물로 부활할 것이다. 그것이 우리가 품고 있는 소망이다). 이생에서 회복된 하나님과 우리의 관계는 이제 도래할 시대에 더 완전하게 실현될 것이다. 그러나 다시 한번 강조하건대, 문제는 이 관점을 통해 우리가 무엇인가를 확정하는 데 있는 것이 아니라 이렇게 확정된 진리들에 의미를 부여하는 상황으로 인해 무시되는 것이다.

필요한 것은 구원에 대한 더욱 견고하고 성경적인 이해이다. 그러나 구원에 대한 견고하고 성경적인 이해는 단순한 개인 구원 이상의 것에 대한 점검을 수반한다. 많은 신학적 요소들이 구원에 대한 이러한 이해와 불가분하게 뒤엉켜 있다. 따라서 선교에 대한 좀 더 포괄적이고 실질적인 관점을 지주할 수 있는 신학에 대한 선교적 회복이 필요하다. 여기에서는 이러한 접근 방법에 대한 일부 구도에 대해 간단한 개요만을 제공할 것이다.

3) 복음

교회의 선교는 복음을 구체화하고 선언하는 것이다. "복음"이라는 단어는 "좋은 소식"을 의미하는 헬라어인 '유앙겔리온'(*euangelion*)에 해당하는 단어이다.

그러나 무엇이 좋은 소식인가?

바로 정확히 이 부분이 선교에 대한 우리의 이해를 변형시킬 수 있는 오해가 발생하는 지점이다. 대중적인 복음주의(popular evangelicalism) 진영 안에는 선교 이해에 해로운 영향을 끼친 복음에 대한 환원주의적 주장들이 존재하고 있다. 우리는 이미 이들 중 몇 가지 주장에 주목했다.

예를 들어 복음을 제시할 때 어떻게 하면 개인이 천국에 갈 수 있느냐에 대한 메시지로 축소하여 제시하는 경우가 그것이다. 더 나쁜 것은, 이 메시지가 내포하는 내세성과 개인주의 모두 복음을 잘못 전달한다는 것이다. 복음은 그리스도 안에서 모든 피조 세계와 인간의 모든 삶이 회복되는 것에 대한 것이다.

다른 방식들도 있다. 복음이 십자가로 축소되는 방식이다. 심지어 십자가가 대리 속죄로 한층 더 협소하게 축소되기도 한다. 복음은 이신칭의와 죄 용서를 통해 받은 유익들로 제한된다. 이들 내용은 분명히 참된 것이고 복음의 본질적 요소들이다.

그러나 복음은 단지 그리스도의 죽음만이 아니라 그분의 전체 사역―그분의 삶, 죽음, 부활, 승천, 재림―에 초점을 맞추고 있다. 더욱이 단순히 대리 속죄만이 아니라, 예수의 십자가 사역을 통해 하나님이 성취하신 것을 해석하는 많은 성경의 이미지들이 있다. 마지막으로, 단지 칭의와 죄 용서뿐만이 아니라 그리스도의 사역을 통해 우리에게 부어진 많은 은사도 있다.

이와 같은 복음에 대한 협소한 이해는 복음 전도를 위한 공식으로 집약될 필요가 있었기 때문에 생겨나기도 했다.

> 당신은 죄인입니다. 그러나 여기에 복된 좋은 소식이 있습니다. 그리스도께서 당신의 죄를 위해 죽으셨습니다. 만일 당신이 그분을 믿기만 한다면, 당신의 죄는 용서받을 것이고, 의로움을 덧입을 것입니다.

이 말은 전적으로 참되다! 그러나 복음은 훨씬 그 이상의 것이다.

복음을 이해하기 위한 출발점은 예수 그 자신이 "좋은 소식"을 선포하신 첫 번째 분이셨음을 인지하는 것이다.

"복음"이라고 했을 때 예수께서 의미하신 것은 무엇이었을까?

예수께서 의미하신 복음은 하나님 나라의 복음(막 1:14-15)이었다. 예수의 선언은 절정의 순간, 즉 성경 전체 이야기기의 성취와 핵심으로 이해되어야 한다. 이 용어의 배경은 좋은 소식(good news)과 하나님의 통치를 언급하는 이사야 52:7-10에서 발견된다. 모든 피조물과 인간의 모든 삶 위에 역사하는 하나님의 통치가 회복되고 있다. 이것이 태초로부터 지향해 움직여 가는 하나님의 선교에 대한 전체 이야기다. 하나님의 통치는 지금 여기에 있다. 하나님의 통치는 그리스도의 인격과 사역 안에서 드러났고 성취되었다.

따라서 복음은 예수 그리스도의 인격 안에 있고, 그분의 삶과 죽음, 하나님이 부활과 승천을 통해 드러내셨고, 구약성경에서 풀어낸 구속 역사의 목적―모든 피조 세계와 총체적인 인간의 삶을 회복하여 다시금 하나님의 통치하에 살아가게 하심―을 성취하셨다. 이 설명이 내포하는 네 가지―예수 그리스도의 인격과 사역이 그 중심부에 존재하는 복음, 특히 중요하지만, 그것으로 전부가 아닌 그분의 죽으심과 부활하심(고전 15:1-8; 참조. 롬 1:1-4; 딤후 1:10; 2:8), 구약 이야기를 성취하신 그분의 사역, 인류를 포함한 모든 피조 세계를 회복하시는 하나님의 통치—에 주목하자. 따라서 복음은 모든 피조 세계와 인간 삶의 모든 측면을 포괄하는 총체적인 것이다.

4) 종말론

따라서 구원과 복음은 그 본래의 종말론적 문맥 안에서 이해되어야 한다. 만일 우리가 우주적 범위에서 공동체적 범주로 그리고 또다시 개인적 범주로 이동하는 성경 이야기의 논리를 따라가고자 한다면, 모든 피조 세계에 대한 하나님의 우주적 통치의 재생으로서 하나님 나라의 복음이 그 시작점이 될 것이다.

"종말론"이라는 단어가 그리스도의 재림을 둘러싼 마지막 때 나타날 사건들에 관한 이야기로만 사용되는 경우가 왕왕 있다. 그러나 예수의 선언을 통해, 종말에 나타날 하나님 나라가 예수 안에서 그리고 성령의 역사로 인해 지금 현재 역사 속으로 침노하고 있음을 확언할 수 있다.

우리는 당대의 유대인 사회로부터 시작해야 한다. 그래서 그때 당시 사람들이 이 선언을 어떻게 알아 들었는지로부터 시작해야 한다. 유대인들은 역사의 종국에 도래할 모든 피조 세계와, 모든 민족 그리고 모든 살아 있는 인간을 다스리시는 하나님 통치의 포괄적이고 궁극적인 회복을 기대하고 있었다.

한편으로 예수께서는 당신의 우주적 통치가 이미 도래했다고 말씀하셨다. 다른 한편으로, 예수께서는 하나님의 우주적 통치가 어떠할 것인가에 대한 유대인들의 생각에 도전하시며 하나님의 통치가 당신을 통해 지금 현재 구현되고 있음을 말씀하셨다. 이제 하나님의 나라는 인간의 형상을 한 예수라는 이름을 내포하게 된 것이다.

> 하나님 나라 중심의 신학이라는 이름이 갖는 가치는, 우리의 삶과 사회의 모든 면에 관심을 기울인다. 교회와 신학의 역사를 보면, 하나님 나라에 대한 언급 없이 예수에 대해서만 선포했던 경우가 왕왕 있었다—일부 경우, 이런 식의 복음 선포가 현재에도 여전히 지속되고 있다. 그런 종류의 복음이 선포되는 와중에서, 그리스도가 존재하지 않는 하나님 나라와 구원을 발견하려 시도하는 사람들을 발견하는 것은 놀랄 만한 일이 아니다.
>
> Johannes Verkuyl, "The Biblical Notion of the Kingdom," p. 72.

이처럼 간단한 관찰으로부터 시작하여 선교 역사에서 발생했던 일부 왜곡들이 교정되기 시작한다. 다른 무엇보다 우선적으로, 예수는 하나님 나라와 분리될 수 없다. 하나님 나라의 구원은 본질상 회복적이며 범위상 우주적이다. 창조에 대한 강력한 견해는 하나님 나라에 대한 유대인들의(그러므로 예수의) 접근 방식을 지주한다. 그것은 온 피조 세계에 대한 하나님의 통치 회복이다.

예수를 하나님 나라로부터 분리하는 것과 그분을 오로지 개인의 구원자로만 제시하는 것은 선교를 오직 개인 구원을 위한 복음 전도적 선언으로 협소하게 이해하게 한다. 그렇게 함으로써, 모든 문화가 소유하고 있는 공적인 삶 속에서 발생해야 할 선교에 대한 시각을 잃게 된다. 이러한 견해는 하나님 나라의 관점을 통해 조망하는 구원을 위험하게 한다.

그러나 만일 하나님 나라의 맥락과 상관없이 예수를 소개한다면, 그것은 하나님 나라에 초점을 맞추기는 하되 예수의 인격을 사라지게 하는 것에 불과하다. 이럴 때 하나님의 나라는 예수로부터 분리된다. 따라서 하나님 나라는 더 이상 예수의 인격과 사역—그분의 십자가, 부활, 승귀—안에 정초하지 않는 이데올로기적 프로그램이나 사회적 발전에 대한 승리주의적 운동이 되고 만다. 예수로부터 분리된 주류 교회의 선교가 인간의 추구해야 할 가장 우선적 과제로서 구조를 변화시키고 사회정의를 추구하는 것이 되고 마는 경우가 있다.

헤르만 리델보스(Herman Ridderbos)는 사복음서의 메시지가 예수의 인격과 하나님 나라, 복음의 개인적이고 종말론적인 맥락을 한데 묶는 방식을 보여 주었다. 공관복음—마태복음, 마가복음, 누가복음—에서는 "하나님 나라의 도래인가 엄청난 ('종말론적') 이슈로 구성되어 있고, 예수께서 가르치신 내용의 핵심적이었다." 그러나 요한복음에서는 "모든 것을 아우르는 '종말론적' 배경이 존재하지 않는다."[37]

요한복음의 전체 배경을 제공하는 것은 예수의 인격이다. "인격적 개념."[38] 그러나 요한복음이 강조하는 것이 단지 개인적 관계에 대한 협소한 구원이 아니다. 요한복음은 "모든 것을 포괄하는 '종말론적' 중요성을 통해 예수 안에서 드러난 하나님의 구원을 드러내는" 예수의 정체성을 다루고 있다.[39] 따라서 예수의 인격과 하나님의 나라는 복음이 설명하는 바를 규정한다. 구원은 인격적 대면이기는 하지만, 종말론적이고 전 피조 세계를 아우르는 중요성이 있다.

---

37 Herman Ridderbos, *The Gospel of John: A Theological Commentary*, trans. John Vriend (Grand Rapids: Eerdmans, 1997), p. 8.
38 Ibid., p. 125.
39 Ibid.; p. 9 또한 보라.

그리고 예수의 인격을 통해 드러난 복음에는 하나님 나라가 이미 존재한다. 죄로 인해 훼손된 파괴적 영향으로부터 인간의 전 인격과 모든 피조 세계를 회복시키시는 하나님의 능력이 이제 이 세상에 현존한다. 미래의 종말론적 세계가 예수의 사역을 통해 역사 안으로 흘러들어 왔다. 바울 신학에서, 옛 시대에 속한 권세들이 패배하고 새로운 창조가 시작되는 것은 예수의 죽으심과 부활 안에서다. 그리고 성령 안에서 새로운 창조의 구원이 지금 현존하게 된다.

바울과 복음서 저자들에게, 최후의 승리와 완전한 구원의 도래는 그리스도의 재림을 기다린다. 그러므로 구원은 단순히 미래에 이루어질 실재일 뿐만 아니라 지금 현존하기도 하는 것이다. 그리고 교회의 선교는 예수께서 재림하실 때까지 이 세상 안에서 현존하는 구원을 구체화하고 중재하는 것이다.

4) 기독론

우리는 방금 그리스도 예수의 인격과 사역 안에서 세상으로 침노해 들어 온 하나님 나라가 성령의 사역을 통해 현존하게 된다는 사실에 주목했다. 따라서 종말론은 기독론과 성령론을 형성한다. 구원의 종말론적 맥락은 기독론을 위한 일단의 함의를 내포한다. N.T. 라이트는 다음과 같이 언급했다.

> 교회는 끊임없이 교회가 따르는 '예수'를 다른 내러티브, 즉 삼위일체의 이위(the second person of the Trinity)께서 어떻게 자신의 신성을 드러내시고 사람들을 죄로부터 구원하여 천국에 들어가게 하셨는지에 대한 이야기에 끼워 맞추려 시도해 왔다.[40]

기독론의 초점이 그리스도의 신성과 인성 그리고 개별적 죄인들을 위한 속죄에 맞추어질 때(두 가지 측면 모두 성경적인 개념이다), 기독론의 다른 차원들이 설 자리를 잃게 된다. 예를 들면, 예수의 생애가 갖는 중요성이 무시된다. 복음서가 서론 없이 바로 예수의 수난을 말하는 이야기들로 읽히는 경우가 있다. 때에 따라서는, 예수의 생애를 어떻게 다뤄야 할지조차 모르는 예도 있다. 그러나 요한복음 20:21 말씀을 통해 예수께서 한 가지 단서를 제공해 주신다.

---

[40] N. T. Wright, "Whence and Whither Historical Jesus Studies in the Life of the Church?" in *Jesus, Paul and the People of God: A Theological Dialogue with N.T. Wright*, ed. Nicholas Perrin and Richard B. Hays (Downers Grove, IL: InterVarsity Press, 2011), p. 132. (『예수, 바울, 하나님의 백성』, 에클레시아북스 역간)

아버지께서 나를 보내신 것 같이, 나도 너희를 보내노라(요 20:21).

예수의 하나님 나라 선교는 오늘날 우리가 수행해야 할 선교의 모델이 된다. 따라서 우리는 복음서를 심층적으로 연구하여 예수께서 당신의 삶과 말씀 그리고 행위를 통해 하나님 나라를 드러내신 방식을 이해해야 한다.

예수의 삶에 대한 강조가 축소될 때, 우리는 선교의 두 가지 중요 측면을 소실하게 된다. 한편으로, 우리는 예수께서 행하신 선교의 중심이었던 함께 모인 공동체의 중요성을 놓치게 된다. 게르하르트 로핑크(Gerhard Lohfink)는 열방 한가운데서 거룩한 백성을 회복시키는 것은 "예수께서 하신 모든 행동의 이면에 존재하는 자명한 배경이었다"[41]고 주장한다.

다른 한편으로, 우리는 가난한 사람들과 사회의 주변부로 밀려난 사람들에 대한 예수의 깊은 관심을 포착하는 데 실패할 수 있다. 라틴 아메리카 출신의 복음적이면서 가톨릭교회 소속인 해방 신학자들은 예수께서 가난한 사람들과 사회의 주변부로 밀려난 소외된 사람들을 위해 어떤 관심을 보이셨는지에 대해 우리를 경각시켰다.[42]

만일 사람들을 모으시고 주변부로 밀려난 사람들을 위한 정의를 추구하는 것이 예수께서 행하신 선교의 핵심적인 부분인데도 불구하고 기독론을 볼 때 우리가 이 부분을 간과해 버린다면, 우리가 선교를 수행하면서 이 점들을 무시하게 되리라는 것은 너무나도 자명한 사실이다.

예수의 생애를 무시하는 것과 함께 정당한 주목을 받지 못하는 기독론에 대한 두 번째 이슈가 있다. 십자가와 부활이 예수의 삶과 하나님 나라 선교와 분리되는 때도 있다는 것이다. 복음서는 십자가 내러티브와 부활 내러티브를 후대에 발생한 신학적 범주들 혹은 복음 전도 메시지가 해석하듯 서로 분리된 이야기들로 다루고 있지 않다. 오히려 십자가는 예수의 하나님 나라 선교가 완성되고 실제화되는 지점으로 진술된다.

복음서가 진술하는 하나님의 통치에 반대하는 모든 권세는 예수의 죽음을 통해 철저하게 패배를 당하게 된다. 부활은 말세에 하나님 나라가 시작되었음을 알리는 예수의 선언이다. 이들 사건은 예수께서 당신의 사역 초기에 선언하셨던 하

---

41 Gerhard Lohfink, *Jesus and Community: The Social Dimension of the Christian Faith*, trans. John P. Galvin (Philadelphia: Fortress, 1982), p. 123.
42 예를 들어, Hugo Echegaray, *The Practice of Jesus*, trans. Matthew J. O'Connell (Maryknoll, NY: Orbis Books, 1984)을 보라.

나님 나라의 도래에 관한 계속 진행되고 있는 진술 일부임이 틀림없다. 따라서 십자가와 부활은 예수의 사역에서 분명하게 드러나는 같은 우주적이고 공동체적인 차원들이다.[43]

르네 파딜랴(René Padilla)는 속죄에 대한 고전적 이론들이 "개별 영혼의 구원에만 초점을 맞추는 것은, 종종 가난한 사람들을 위한 희생적 사랑과 공의로 특징지어지는 새로운 인류를 창조하시려는 하나님이 목적을 무시하곤 한다"[44]는 데 주목했다. 십자가와 부활은 우주적 사건들이다. 옛 시대는 결정적으로 패배했고, 하나님의 나라가 시작되었다. 십자가와 부활은 공동체적 사건들이다. 예수로 인해 모인 공동체는 하나님 나라의 우주적 구원을 공유한다.

그러나 우리는 복음서에 등장하는 십자가와 부활 사건을 분명히 할 필요가 있을 뿐만 아니라, 이들 사건을 올바로 이해하기 위해 신약 서신서들에 기록되어 있는 속죄와 부활에 대한 신약성경의 다양한 이미지가 필요하기도 하다. 대속적 속죄와 같은 단일 이미지들이 성경적인 개념이라는 데는 의심의 여지가 없으나, 본래의 성경적 맥락과 구속사적 맥락으로부터 분리되어 이해될 때, 쉽사리 개인화되고 영화된 구원에 관한 이야기로 읽히게 된다.

십자가를 통해 성취된 구원의 광범위한 범주를 이해하기 위해, 우리는 그리스도의 승리—하나님의 나라에 대항하는 모든 세력을 패배시킴—에 대한 속죄 이미지가 필요하다. 우리는 예수의 죽으심과 부활하심을 복음서의 결론으로 볼 필요가 있다. 복음서가 기록하는 예수의 죽으심과 부활하심이 갖는 핵심적 주제는 하나님 나라의 도래다. 우리는 예수의 죽으심과 부활하심은 우주적 회복이라는 구속사의 핵심으로 볼 필요가 있다. 예수의 죽으심과 부활하심 안에서 죄와 권세들이 패배했고 새로운 창조가 시작되었기 때문이다.

종종 무시되고 있기는 하지만, 기독론의 다른 두 가지 측면도 교회의 선교를 위해 중요하다.

첫째, 복음서가 증거하는 역사적이고 인간적인 예수는 사도행전과 서신서들이 증거하는 승귀하신 그리스도와 동일한 분이시다. 그리스도의 신성과 주권을 강조하는 "위로부터의" 기독론이 예수의 인간성을 강조하는 "아래로부터의"의 기독

---

43 Michael W. Goheen, *A Light to the Nations: The Missional Church and the Biblical Story* (Grand Rapids: Baker Academic, 2011), pp. 101-14. (『열방에 빛을』, 복있는사람 역간)
44 C. René Padilla, foreward to *Understanding the Atonement for the Mission of the Church*, by John Driver (Scottdale, Pa: Herald Press, 1986), p. 9.

론에 반하는 것으로 설정되는 경우들이 종종 있다.

그러나 이러한 태도는 성경이 증거하는 바를 왜곡시키는 것에 불과할 따름이다.[45] 역사적 예수께서 행하신 선교는 승귀하신 그리스도의 사역을 통해, 성령에 의해, 교회 안에서 그리고 교회를 통해 지속하고 확장된다.

따라서 교회는 두 가지 방식으로 예수 그리스도와 연결돼 있다. 교회는 교회가 이 세상에서 구원하시는 예수의 사역을 지속하라고 부르심을 받았을 때 역사적 예수와 연결된다. 또한, 교회는 교회가 성령의 역사를 통해 구원하시는 예수의 사역 장소와 대리 공동체가 될 때 예수와 연결된다. 2천 년 전에 당신의 백성에게 대위임령을 허락하신 그 예수가 지금도 그의 백성 공동체를 통해 능력과 사랑으로 역사하고 계신다.

둘째, 기독론의 다른 측면—예수는 또한 창조주이시다—도 동일하게 중요하다. 지금은 하나님 오른편에 승귀하셔서 모든 역사를 다스리시는 예수는 우주의 창조주이기도 하시다. 창조와 구원은 동일하신 예수께서 이루신 동등한 사역이다(골 1:15-20). 예수께서는 당신께서 창조하신 것들을 화목하게 하시며 회복시키신다.

구속 중심의 신학이 역동적인 창조 신학을 부차적인 것으로 취급하는 경우가 너무 자주 발생하고 있다. 이런 현상이 교회의 선교에 결정적 영향을 끼친다. 그러나 성경적 증거는 창조의 회복에 대해 증거한다. 구원은 창조의 온전한 회복이지, 그로부터 탈출하는 것이 아니다.

5) 성령론

구원에 대한 더욱 역동적이고 성경적인 이해는 종말론과 기독론뿐만 아니라 성령론에도 주목해야 한다. 성령의 사역이 개인을 구원하시는 그리스도의 사역에 지나치게 한정되어 적용되어 왔다. 벌코프는 개신교 신학에서 성령이 칭의와 성화 과정에서 개인의 영적 생활을 일깨우시는 분으로 한정되어 있다는 데 주목했다. 벌코프에게 이 문제는 "선교에 대한 신학적 무시"[46]와 관련해서 부상했다.

---

[45] 코나드 래이저(Konard Raiser)는 그리스도의 신성과 피조 세계에 대한 그분의 주권에 초점을 맞추는 고전적인 "위로부터의" 기독론이 그리스도의 지상사역에 주목하는 "아래로부터의" 기독론을 무시했다고 믿는다. 이에 대한 래이저의 해결 방법은 판을 뒤집는 것이다. 그는 예수의 인간성을 강하게 강조함으로써 고전적 기독론의 강조를 사라지게 한다. 이러한 시도는 래이저가 갖고 있는 다원주의적 관점에 부합한다(*Ecumenism in Transition: Paradigm Shift in the Ecumenical Movement*? [Geneva: WCC Punlications, 1991], p. 59).

[46] Berkhof, *Doctrine of the Holy Spirit*, p. 32.

> 바울은 선교 사역의 '성공'을 수사적 전략과 기술이 갖추는 능력에 의존하지 않았다. 그리고 사회적 혹은 심리적 요인들에 의존하지 않았다는 것 또한 확실하다. 그는 십자가에 달려 돌아가시고 부활하신 예수 그리스도에 대한 복음을 선포할 때 현존하시는 하나님의 능력에 의존했다. 예수 그리스도의 복음이 갖는 타당성에 대한 '증거'는 논리적 추론이나 연역의 적용을 통해, 혹은 단순한 수사적 탁월함을 통해 발견되지 않는다. 복음이 내포하는 진리에 대한 '증거'는 성령의 능력 안에서 발견된다. 바울이 복음을 선포했을 때, 그는 '설득력 있는 지혜의 말들'이 아니라 '성령의 나타나심과 능력'에 의존했다(고전 2:4). 복음의 선포는 성령과 하나님의 현존하심이 갖추는 능력을 나타내는 것이다.
>
> Eckhard Schnabel, *Paul and the Missionary*, p. 371

만일 우리가 건전한 성령론을 소유하려 한다면, 우리는 먼저 성령을 종말론과 선교의 맥락에 위치시켜야 한다.[47]

그리스도께서는 부활하심으로 구원의 종말론적 시대를 출발시키셨다. 그분은 오순절에 성령을 부어 주셨고, 성령을 부어 주심과 함께 종말의 시대가 동터왔다. 성령은 미래에 속해 계시며, 따라서 종말에 완성될 구원의 맛을 현존케 하신다.

그러나 성령은 종말론적이실 뿐만 아니라 선교적이기도 하시다. 성령의 사역은 많은 이들을 향해 지금도 움직이시는 한 분에게서 나오는 것이며, 한 분 그리스도에게서 온 세상을 향해 움직이고 있다. 이 말세적 구원은 그리스도에게서 나와 교회로 이어지고 세상을 향해 진행되고 있다. 그러므로 먼저 선교는 교회를 일으켜 세워 교회가 그리스도로부터 세상을 향해 움직여 갈 때 역사하시는 성령의 사역이다. 성령은 그 근원이신 예수의 사역으로부터 흘러나와 세상 끝까지 흘러가는 하나님 나라의 구원이라는 강력한 강과도 같다.

이 강은 교회가 그 종말론적인 흐름에 따라 움직이도록 한다. 이것이 의미하는 것은 특히 교회가 두 가지 방식—하나는, 앞으로 도래할 구원의 시대를 살짝 맛보이는 잠정적 결실로서 그리고 또 하나는, 세상에서 일하시는 성령의 선교 도구로서—으로 성령의 선교적 사역으로 부르심을 받았다는 것이다.

따라서 성령의 선교는 성육신과 속죄 그리고 부활과 더불어 하나님의 전능하신 행위 중 하나이다. 성령의 사역은 하나님의 전능하신 행위인데, 바로 이 성령의 사역을 통해 하나님의 구원이 다음 세대와 세상 끝까지 전달된다.

---

47 Ibid., pp. 30-31.

"우리는 다른 전능한 행동들이 하나님이 하신 일이지만, 선교 사역은 단지 하나님이 행하신 그와 같은 일들에 대한 인간의 반응으로 발생하는 사람의 행동"이라 말할 수 없다. 오히려 "선교는 그 자체로 속죄와 부활처럼 전능하신 역사이다." 사실, "이 모든 다른 행동들은 이 마지막 행동 즉 성령의 선교적 역사가 없다면 결코 하나님의 전능하신 행동들로 알려질 수 없을 것이다."[48]

6) 교회론

교회론에 대한 선교적 갱신의 필요 또한 요구된다. 보쉬는 종교개혁 시대 이후부터 지속되어 온 교회에 대한 개신교 이해에는, "교회는 세상에 대한 교회의 소명이 아니라 교회의 사면 벽 안에서 발생하는 것에 준거하여 정의되어 왔다. 교회는 무엇인가를 하고 있는 살아 있는 생물이 아니라 무엇인가가 완료된 장소다."[49] 교회의 역사를 통해 하나님의 구원 사역은 교회 안에서 교회를 위해 일하시는 그분의 사역으로 축소되곤 했다.

그러므로 하나님의 구원 사역이 하나님의 백성을 통해 발생한다는 사실이 무시되어 왔다. 따라서 하나님의 백성은 하나님의 구원의 통로가 아니라 구원이라는 혜택을 수혜한 수혜자로 보아 왔다. 결과적으로, 교회는 전적으로 하나님의 백성에게 구원을 나누어 주는 기관으로 이해되고 있다.

따라서 교회론에서 교회의 제도적 측면이 강조되어 왔다. 초점은 개별 인간들에게 그리스도를 사역하는 사회적 기관으로서 교회가 갖는 다양한 행동들과 사역들—예를 들면, 설교와 성찬 그리고 기도 등—에 맞춰졌다. 벨직 신앙 고백서(Belgic Confession)가 고백하는 참된 교회의 표지는 복음에 대한 순전한 설교와 성찬과 제자 훈련의 순전한 집행이다. 그러므로 교회는 교회의 선교적 소명이 아니라, 제도적 교회의 사면 벽 안에서 발생하는 일에 준거하여 이해되었다.

이와 같은 교회의 제도적 차원들이 중요한 것은 분명한 사실이다. 사도행전 2:42을 통해, 우리는 예루살렘교회가 생명력 넘치는 선교적 공동체가 되도록 자양분을 공급한 것이 가르침과 성찬, 기도, 교제의 실천에 대한 교회 공동체의 헌신이었음을 볼 수 있다. 그러나 그리스도 안에서 생성된 우리의 새로운 삶이 복된 소식으로 보내심을 받은 백성이라는 우리의 정체성과 분리될 때, 제도적 차원들

---

[48] Ibid., p. 35.
[49] Bosch, *Transforming Mission*, p. 249.

제1부 제2장 선교 신학(Theology of Mission)과 선교적 신학(Missional Theology) 111

이 왜곡될 수 있음을 기억할 필요가 있다.

다른 모든 것에 우선하여 목회적 역할과 제도적 역할에 비춰 이해되는 교회에 대한 신학적 이해는 교회의 개별 구성원들의 개인적 구원에만 관심을 두는 내향적 교회로 인도할 것이다. 그러나 은혜의 수단을 통해 회중에 중재 되는 그리스도의 종말론적 구원에 대한 필요—역사적으로 교회론의 지배적 주제였던—는 교회의 선교적 맥락에서 이해할 때 비로소 그 올바른 자리를 찾을 수 있다.

> 교회(colony)는 교두보이며, 전초기지이고, 다른 문화 가운데 존재하는 하나의 문화로 형성된 섬이다. 그곳은 가정(home)의 가치들이 회자하고 다음 세대에게 전수되는 곳이며, 나그네로 거주하는 사람들(resident aliens, 합법적으로 거주하는 외국인—역주)이 소유하는 독특한 언어와 생활 양식이 양육되고 강화되는 곳이다. 우리는 하나의 영적인 집단으로서 교회와 나그네로 거주하는 사람들로서의 기독교인들이라는 명칭이 현대 미국교회에서 그리 강력하게 드러나지 않고 있다고 믿는다. 참으로, 영적인 집단이 되는 것이야말로 시간과 장소를 막론하고 교회의 본질을 구성해야 한다고 믿는다.
>
> Stanley Hauerwas and William Willimon, *Resident Aliens*, p. 12.

이 점에 대해 윈스턴 크럼(Winston Crum)은 도움이 될 만한 이미지를 제공한다.

> 교회는 두 개의 초점(foci)을 갖고 있는 타원과 같다고 할 수 있다. 첫 번째 초점을 통해, 교회는 교회의 삶과 선교의 근원(the Source)을 인식하고 즐긴다. 이 초점은 함께 모여 재충전하는 것에 중점을 기울이는 초점이다. 이 초점에서는 예배와 기도가 강조된다. 다른 초점으로부터 그리고 그 초점을 통해서 교회는 세상에 참여하고 세상에 도전한다. 이 초점은 앞으로 나아가서 자신을 소모하는 것에 중점을 기울이는 초점이다. 여기에서는 봉사와 전도가 강조된다. 이상적으로 말하자면, 기독교인들은 이 두 가지 방식을 동시에 기능할 수 있도록 배운다.[50]

---

[50] Winston F. Crum, "The Missio Dei and the Church: An Anglican Perspective," *St. Vladimir's Theological Quarterly* 17, no. 4 (1973): 288.

이와 유사하게, 칼 바르트는 교회의 "선교는 교회의 본질에 부가되는 요소가 아니다. 교회는 그 자체로 선교에 적극적으로 참여하도록 보내심을 받았다. 교회는 교회의 선교를 위해 그리고 선교에 관계하도록 스스로를 세워 나간다"라고 말했다.[51]

두 저자 모두 교회의 선교적 본질과 교회가 선교적인 교회가 되는 데 힘을 더해 줄 수 있는 교회의 공동체적 삶이 갖는 중요성을 강조하고 있다. 교회의 제도적 삶에 초점을 맞추는 역사적 교회론이 갖는 다양한 측면들과 통찰들은 교회의 선교적 정체성이 공고하게 설 때라야 비로소 자리할 적절한 맥락을 찾게 된다.

교회론의 두 번째 측면이 중요하다. 누군가 "교회"라고 말할 때, 대중적 이해는 제도적 교회 혹은 일정한 종교 활동들을 중심으로 모여 조직된 공동체를 의미한다. 이중적 가정이 서구 문화의 중심에 자리하고 있는데, 이 가정은 사적 종교를 공적인 삶으로부터 분리한다.

그리고 이러한 이해는 썩은 교회라는 열매(rotten ecclesial fruit), 즉 교회는 사적 영역에 속한다는 잘못된 이해를 양산한다. 사적 종교 활동들에 관여하는 것이 제도이다. 그러나 성경이 교회에 대해 말할 때, 일련의 양육 활동들에 헌신하여 모인 공동체("종교적"이라는 용어로 설명될 수 있는)에 비춰 설명하고 있는 것만은 아니다.

오히려, 다른 무엇보다 가장 우선하여 강조하는 것은, 교회가 새로운 인류(new humankind)라는 점이다. 교회는 전체 구성원들이 갖는 다양한 삶의 스펙트럼을 새롭게 하시는 성령의 종말론적 능력을 경험하는 사람들이 모인 곳이다. 그 공동체는 구성원들이 예배로 모였을 때만큼이나 한 주간 각기 받은 다양한 소명들을 감당할 때도 교회로서 존재한다.

모든 삶이 그리스도 안에서 새롭게 된 사람들이 모여 구성된 교회에 대한 성경적 이해는 선교에 대한 적절한 이해에 필수적이다. 예를 들어, 교회가 정치나 교육에 참여해야 한다고(또는 반대로, 교회는 그런 일에 참여하지 말아야 한다고) 말할 때, 여기에서 의미하는 교회를 제도적 교회로 짐작하는 경우가 왕왕 있다. 교회가 삶의 다양한 자리에서 일하고 있는 하나님의 백성을 통해 이미 교육과 정치―그리고 문화의 다른 모든 측면―에 깊이 참여하고 있다는 점을 잊어버린다. 이렇듯 교회에 대한 오해는 선교의 범주를 축소한다.

---

51 Karl Barth, *Church Dogmatics* IV.1.62.2 (Peabody, MA: Hendrickson, 2010), p. 725. (『교회 교의학 4/1』, 대한기독교서회 역간)

7) 인간

인간과 죄에 대한 우리의 교리는 선교를 좀 더 신실하게 형성하는 방향으로 새롭게 되어야 한다. 이 부분에 관해 몇 가지 점들을 언급할 필요가 있다. 특히, 인간의 종교적 본성이 세속주의에 따라 약화했고, 인간의 삶이 갖는 공동체적 본성도 개인주의에 따라 약화했다. 그러나 인간의 종교적 그리고 공동체적 본성이 갖는 특성은 성경의 처음 몇 장들에서 확연하게 드러난다. 이 장들은 창세기 12장에 등장하는 하나님의 백성 선교를 위한 배경이 된다.

창세기 1장(창 1:26-28)은 창조의 과정에서 하나님이 인간의 삶을 위해 설정하신 본래 계획에 관해 설명하고 있다. 인간이 피조 세계를 형성하고 채워가는 것으로 그리고 문화와 사회를 개발하는 것으로 피조 세계에 대한 통치 사역을 지속해 갔을 때, 하나님의 형상을 반영하고 있었다.

인간은 청지기로서 하나님이 만드신 피조 세계를 위탁받았다. 그리고 역사 안에서 하나님의 목적을 전진시키는 자리로 초대받았다. 인간은 "복을 받았다"(창 1:28). 그러나 그들이 받은 복은, 하나님의 계획이 언제나 그러하듯, 다른 이들의 복이 되기 위한 것이었다. 자신들을 지으신 창조주의 형상을 반영하기 위해, 인간은 그들에게 주어진 역사적 능력을 사용해서 다른 이들을 섬기고 유익을 더하여 주기 위해 다스려야 했다. 인간에게 주어진 소명은 자기를 내어 주시는 하나님의 사랑과 통치를 반영하는 문화 공동체 혹은 문명을 형성하라는 것이었다. 하나님이 설정하신 원래의 계획이 내포했던 두 가지 측면에 주목하는 것이 중요하다.

첫째, 사람은 그 존재의 가장 깊은 차원에서부터 종교적이다.

즉, 사람은 하나님을 섬기고 세상 안에서 그분의 형상을 드러내기 위해 창조되었다. 이것이야말로 사람이 지어진 방식이며, 종교적 피조물로서 사람이 창조된 본래의 목적은 그들이 조성하는 문화적 그리고 사회적 임무를 하나님의 영광을 위해 그분을 지향하게 하는 것이다. 사람들의 삶—공적인 삶과 사적인 삶, 사회적 삶과 문화적 삶, 개인적 삶과 공동체적 삶—이 하나님을 정향하기를 멈추면, 그들이 기울이는 노력이 하나님을 대체하는 대체물을 지향하도록 재정향될 것이다.

성경은 이를 우상 숭배라 부른다. 오랫동안 이 점에 관심을 기울이게 한 것은 타문화권에서 사역하는 선교사들이었다. 세속화되지 않은 다른 문화들 안에서 했던 경험들을 통해, 타문화권 선교사들은 모든 문화의 사회적, 문화적 그리고 공적인 삶은 해당 문화가 섬기는 신들에 의해 형성되었다는 사실에 민감하다.

둘째, 측면은 사람의 삶이 근본적으로 공동체적이라는 것이다.

인간의 역사와 문화적 과제는 본질에서 공동체적이고 사회적 현상이다. 공동체적이고 사회적 현상 속에서 모든 사람은 끊임없이 반복되는 사회, 의 형성과 문화의 형성이라는 과제에 공헌한다. 그리고 문화 형성의 방향은 문화 공동체 구성원들의 공유하는 삶에 대한 비전 때문에 정해진다. 참된 공동체는 삶에 대해 구성원들이 함께 공유하는 비전에 뿌리내린 공동의 방식으로 서로 하나가 된다.[52]

사람들이 자신들이 공유하는 공동체적 본성을 종교적인 본성에 연결시킬 때, 사회 구성원 모두 같은 신 혹은 신들을 섬기는 문화 공동체를 형성하고, 이렇게 형성된 문화 공동체 사회가 역사적으로 발전해 가는 것을 확인할 수 있다. 로마서 1:18-32을 보면, 바울이 로마 제국의 문화에 대해 비판하면서 제국 문화의 중심을 차지하고 있던 우상들에 대해 지적하고 있음을 볼 수 있다(롬 1:22-23, 25).

창세기 1장에서 11장까지 이야기를 구성하는 핵심 가닥(the central thread)은 하나님이 세우신 역사적 목적이 인간의 반역으로 인해 어떻게 빗나가게 되었는가에 대한 것이다. 사람은 자신에게 부여된 문화 능력(cultural power)을 이기적이고 파괴적인 목적을 달성하기 위해 오용했다. 사람들은 자신들에게 부여된 창조의 법칙 그리고 문화적 삶과 사회적 삶을 창조해 갈 수 있도록 자신을 내어 주시는 하나님의 사랑(the self-giving love of God)을 투영하지 않았다.

인간의 반역이라는 추악한 이야기는 바벨 이야기에서 그 정점에 달했다. 바벨 이야기에서, 하나님은 하나로 똘똘 뭉쳐 자신들이 세운 목적을 위해 하나님이 세우신 본래의 목적을 심각하게 왜곡시키는 문명을 세우고자 하는 인간들의 의도를 좌절시키신다. 이제 우상을 섬기게 된 인간의 문화 능력은 이 세상에 거주하는 모든 인류와 그 외 모든 피조물을 축복하는 것이 아니라 억압하고 있다.

하나님이 아브라함을 선택하시고 부르신 까닭은 이 땅의 모든 족속을 다시 한번 복 주고자 하시는 하나님의 더 크고 보편적인 목적에서 기인한 것이다(창 12:2-3). 그런데 아브라함을 선택하시고 부르신 사건의 배경이 되는 것이 바로 바벨 사건이 초래한 결과였다. 따라서 아브라함의 선택은 창조를 위해 하나님이 계획하셨던 본래의 의도를 실제화하시기 위한 것이었다. 사회 내에 거주하는 모든 사람이 하나님을 섬기게 되면, 그 결과 이 세상에 거주하는 모든 피조물이 복을 받게 되고, 그 모든 과정의 결과로 하나님이 영광을 받으신다.

---

52 Brian J. Walsh and J. Richard Middleton, *The Transforming Vision: Shaping a Christian Worldview* (Downers Grove, IL: InterVarsity Press, 1984), p. 32.

하나님의 선교는 그 구성원들의 삶을 통해 인류를 위해 계획하신 하나님의 의도를 드러내는 공동체를 선택하고 형성한다. 따라서 이스라엘은 그들의 문화적 삶과 사회적 삶을 통해 하나님과 서로를 사랑하고 섬기는 데 집중하는 공동체가 되어야 했다. 교회로 모이고 새롭게 되어 열방 가운데서 살아가는 공동체로 부르심을 받을 때, 교회의 소명도 이스라엘의 그것과 동일하다.

그러나 한편으로는, 교회의 소명은 이스라엘의 소명보다 훨씬 복잡한 양상을 띤다. 이제 교회 공동체의 구성원들로 모인 사람들은 이 소명과 사역을 수행해야 한다. 이들 교회 공동체가 감당해야 하는 선교의 핵심은 "이 세대를 본받지 말아야 하는" 것이다(롬 12:2).

> 바울의 이해에서, 교회는 '하나님께 복종하는 세상'이며, '새롭게 된 피조물'이다. 세상에서 교회가 감당해야 하는 가장 우선적 선교는 이처럼 새로운 피조물이 되는 것이다. 교회의 존재는 하나님의 영광을 위한 것이어야 한다. 그러나 바로 정확히 이 점이 '외부인들'에게 영향을 끼친다. 교회에 속한 구성원들은 자신들의 행위를 통해, 외부인들로 하여금 매력을 느끼게 하거나 거부감을 갖고 밀어내게 한다. 그들의 행위는 매력적이거나 방어적이다. 그들의 행위가 매력적일 때, 심지어는 교회가 '밖으로 나가 사람들을 전도하려는' 적극적인 노력을 기울이지 않는다 하더라도, 사람들이 교회로 이끌려 오게 된다.
>
> David J. Bosch, *Transforming Mission*, p.168.

이처럼 성경에 등장하는 첫 장면에 대한 간략한 소개는, 인류와 죄에 대한 적절한 이해를 위해 요구되는 중요한 신학적 이슈들을 다시 한번 되새기게 하는데, 이러한 신학적 이슈들이 교회의 선교를 형성한다. 인간이라는 존재는 구조적으로 종교적이고 공동체적 특성을 간직하고 있는 피조물이다. 인류는 스스로를 내어 주시는 하나님이 정하신 규칙을 반영하는 문화를 형성할 수 있는 역사적 능력을 소유한 존재들로 피조 되었다. 바로 이 점이 인간 존재가 의미하는 것이 무엇인지 형성하는 구성 요소가 된다.

인간의 배신과 죄는 단지 인간 개개인의 윤리적 문제로만 한정되지 않는다. 인간의 배신과 죄는 죄로 얼룩진 구조들과 제도들, 공동의 우상 숭배, 인류가 함께 공유하는 실천적 행위들과 풍습들 등도 포함한다. 하나님을 신앙하는 공동체는 문화 공동체의 일원으로 피조되었으며, 그 공동체를 회복시키는 데 참여함을 통해 발전하는 치유 사역에 기여하는 것으로 하나님을 섬기도록 피조되었다.

사회 윤리는 그리스도의 법도 아래 살아가는 하나님의 백성이 수행하는 선교의 핵심적인 부분이 될 것이다. 그리고 선교를 수행하는 하나님의 백성 공동체가 세상의 다양한 문화를 통치하며 비인간화를 주도하는 우상들과 대면하는 것은 필연적인 조건이 될 것이다.

8) 성경

> 성경은 하나님의 말씀이며, 하나님의 구속 사역에 대한 기록이자 도구이다.[53]

"기록"이라는 단어와 "도구"라는 단어가 중요하다. 기록으로서 성경은 이스라엘, 예수와 교회의 선교를 통해 세상에 구원을 전달하는 하나님의 선교에 관한 이야기를 들려준다.

그러나 성경은 단지 하나님의 선교에 대한 기록인 것만이 아니다. 성경은 또한 하나님의 선교를 효과적으로 구현하는 도구이기도 하다. 성경은 우리는 하나님의 선교에 관한 이야기를 들려줄 뿐 아니라 우리가 하나님의 선교 일부분을 적극적으로 담당할 수 있도록 우리를 형성하기도 한다. "사도들의 기록은 단순히 이 세상에 도래하는 하나님의 나라에 대한 기록들이 아니다. 그렇기도 하지만, 사도들의 기록은 또한 하나님 나라를 도래하게 하는 도구로 작동하도록 고안된 것이기도 하다."[54] 기록이자 도구로서 성경은 성경의 권위가 갖는 성격을 적절히 이해하는 데 본질적이다. 성경의 권위에 대한 N. T. 라이트의 숙고는 성경을 선교적 방식으로 표현할 수 있게 하는 데 도움을 주는 모델이다.[55]

모든 만물을 새롭게 하시려는 하나님의 목적에 관한 이야기가 성경 안에서 펼쳐진다. 성경의 권위는 하나님의 목적에 관한 이야기에 관해 성경이 차지하는 역할, 즉 "만물을 새롭게 하시는 하나님의 사역에서 성경이 하는 역할이 무엇인가?"라는 질문에 비추어 이해되어야 한다. 수많은 후기 계몽주의적(post Enlightenment) 선택들에 반대하여, 하나님의 "자기 계시는 항상 세상을 향하신 하나님의 선교라는 범주, 즉 예수와 성령을 통해 전달되었고 모든 피조 세계의 치유와 회복을 목적으로 하는 하나님의 주권적 구원 행위라는 범주 안에서 이해되어야 한다."[56]

---

[53] Christian Reformed Church, *Our World Belongs to God*, Paragraph 32.
[54] N. T. Wright. *Scripture and the Authority of God: How to Read the Bible Today* (New York: HaperCollins, 2011), p. 51.
[55] Ibid., 2-4장.
[56] Ibid., p. 29.

따라서 성경의 권위는 "교회의 선교가 내포하는 더 큰 신학적 의미 안에서 이해해야 하는 하나의 분기(sub-branch)이다."[57]

그렇다면 성경의 권위를 이해하는 것은 성경이 감당하는 구체적 역할, 즉 세상의 구원이라는 목적에 따라 성경이 선교적 백성을 형성하기 위해 감당한 강력한 방식을 이해하는 것이어야 한다. 이러한 성경의 목적을 상실하게 되면 성경을 오해하게 된다.

첫째, 구약성경은 하나님의 백성이 구별된 백성이라는 그들의 선교적 소명에 합당하게 "구비"(equip)되도록 하려는 목적에서 기록되었다.

> 이스라엘 백성의 삶에서 성경이 차지하는 역할에 대한 완전한 설명은, 하나님이 세상을 구원하시기 위해 선택하신 이스라엘의 선택이 내포하는 기능으로 이해될 수 있다. 성경 전체를 통해 하나님은 당신의 목적을 섬길 당신의 백성을 구비시키신다.[58]

"구비시키다"라는 단어는 성경이 성취한 수많은 임무를 가리키는 약어이다. 이스라엘 백성에게 율법을 허락하신 정확한 이유는, 율법을 통해 그들의 민족적, 예배적, 도덕적 삶에 질서를 세우고 그를 통하여 열방의 빛이 되게 하려는 것이었다. 그들에게 지혜서 말씀들을 더하여 주신 정확한 까닭은, 하나님의 창조 질서에 부합하는 매일의 행위를 형성할 수 있도록 돕기 위함이었다. 이스라엘 백성에게 예언서를 주신 정확한 까닭은, 그들이 율법에 순종할 때는 축복을 약속하고 불순종할 때는 경계하고 경고하기 위함이었다.

이스라엘 백성에게 시편을 허락하신 까닭은, 이스라엘 백성의 삶을 하나님의 존전에 있게 하고 열방이 그 백성을 지켜보도록 하시기 위함이었다. 이스라엘 백성에게 역사서를 허락하신 까닭은, 이스라엘 백성이 하나님의 선교 이야기 안에 위치한 그들의 선교적 자리를 상기하면서 다양한 관점에서 그들의 이야기를 지속해 나가게 하시기 위함이었다.

둘째, 신약성경은 예수 안에서 정점에 달한 이스라엘의 이야기를 통해 하나님의 선교 이야기에 대해 말한다.

---

[57] Ibid., pp. 27-28.
[58] Ibid., p. 35.

다양한 방식을 통해 이 이야기의 영향을 받은 초대교회 성도들이 부르심을 받은 자리에서 각자의 선교적 소명을 형성하고 구비하도록 했다. 우리는 신약성경을 통해 세 가지 움직임을 관찰한다.

첫 번째 움직임은 예수께서 구약성경의 목적을 성취하시는 것이다.

여기에서 "성취하다"라는 단어는 우리가 일상적으로 생각하는 것보다 포괄적인 의미를 내포한다. 이 말이 의미하는 것은 단지 선지자들의 예언을 성취하는 것 이상의 의미가 있다. 여기에서 "성취하다"라는 말이 의미하는 것은, 예수께서 구약성경이 성취하고자 했던 모든 것을 이루셨을 뿐만 아니라 하나님의 백성을 구원하셨으며 그 백성을 통해 온 세상에 구원하셨다는 것을 포함한다.

구약성경은 하나님의 백성을 신실한 선교적 백성으로 형성하는 도구로서 허락되었으나, 그 중심의 죄성으로 인해 이스라엘 백성은 실패했다. 그러나 구약을 통해 이루지 못한 것을 이제 그리스도께서 성취하셨다. 바울은 로마서에서 다음과 같이 말했다.

> 율법이 육신으로 말미암아 연약하여 할 수 없는 그것을 하나님은 하시나니, 곧 죄로 말미암아 자기 아들을 죄 있는 육신의 모양으로 보내어 육신에 죄를 정하사 육신을 따르지 않고 그 영을 따라 행하는 우리에게 율법의 요구가 이루어지게 하려 하심이니라(롬 8:3-4).

우리는 바울이 언급한 "율법"을 "지혜" 또는 "예언" 또는 "역사"라는 단어들로 대체해서 읽을 수 있을 것이다. 예수께서는 토라와 구약성경 전체가 할 수 없었던 것을 이루셨다. "하나님이 구약성경을 통해 이루려 하신 일이 예수의 공적 사역과 그분의 죽으심, 부활하심 그리고 성령을 보내심으로 이루셨다. 따라서 예수께서는 어떤 의미에서 성경이 이루고자 했던 것을 결정적으로 그리고 최종적으로 이루셨다. 예수께서는 하나님의 나라의 질서를 하나님의 백성 그리고 세상에 도래케 하셨다."[59]

두 번째 움직임은 사도들의 가르침과 설교가 변혁적 능력으로 임하시는 그리스도를 현존하게 했다는 것이다.

---

[59] Ibid., p. 42.

복음 또는 하나님의 말씀은 예수 안에서 이루어진 이스라엘 이야기의 성취에 대한 선포였다. 그 자체로, 복음은 구원을 이루어 가시는 당신의 모든 능력을 통해 예수께서 실존하고 계심을 증거했다. 처음에, 예수께서는 구원을 이루시는 당신의 능력 안에 실존하셨다. 그러나 이제 그분은 세상에서 자신들에게 맡겨진 선교를 감당하기 위해 존재하는 하나님의 백성을 형성시킬 복음의 선포를 통해 존재하실 것이다.

따라서 교회가 세상을 위한 신실한 백성이 되게 하려고 그리스도와 그리스도의 구원하시는 능력을 실존케 하려면 성령의 도구로서 삶을 변화시키는 능력을 수반해야 한다. 바울이 복음을 언급할 때, 복음이 단지 말로 선포되는 메시지가 아닌 "구원에 이르게 하는 하나님의 능력"(롬 1:6, KJV; 참조. 고전 1:18; 2:4-5:1; 살전 1:5)이라 말한 것이 이런 까닭에서다. 사도행전은 복음이 선포되었을 때 복음의 능력이 선교적 공동체를 현존케 하고 그 공동체가 신실하고 매력적인 백성이 되게 하신다는 사실을 우리에게 보여 준다.

우리는 다음과 같은 방식으로 요약할 수 있다.

하나님의 능력 있는 복음의 말씀이 한 백성을 실존케 하고, 그 백성을 신실한 공동체로 형성시키신다. 그리고 그들 공동체를 사용하여 다른 사람들을 신앙으로 이끄시는 사역을 하신다. 성령께서 구원의 도구로 사용하실 때 복음은 종말론적 능력을 수반한다.

신약성경은 이 선포를 사도들이 가르치고 선포한 것이라 말씀한다. 또한, 복음과 하나님의 말씀이라 말씀한다. 사도들에게 하나님의 말씀은 "예수에 대한 이야기(특별히 그분의 죽으심과 부활하심)였다." 사도들에게 예수에 대한 이야기는 하나님과 이스라엘에 관한 이야기의 정점이었고, 따라서 그들은 이 이야기를 세상에 대한 참된 이야기와 교회의 선교를 위한 기반과 활력을 불어넣는 힘으로 제시했다.[60] 복음은 그 자체로 "교회를 실존케 하고 교회의 선교와 삶을 형성했다."[61]

> 어떤 언어가 되었든지 간에, 기독교인들은 메시지를 번역하고 전달하기 위해 매진하는 자신들을 발견한다. 자신들이 배우고 있는 것을 이해할 권리가 사람들에게 있다는 일반적인 법칙은, 하나님이 우리가 일상에서 사용하는 단순한 언어로 언급할 수 없는 말을 통해 말씀하길 원치 않으신다는 견해와 부합한다. 하나님은 사람들로 하여금 진리에 대해 어리둥절하게 하는 분이 아니시다. 이런 사실 때문에, 종교 언어는 일반인

---

60 Ibid., pp. 48-49.
61 Ibid., p. 47.

들의 이해 능력에 부합해야 하는 것이다. 복음 선포는 진실을 호도하는 간교한 말장난과 같은 종교적 담론을 벗겨내 버리고 민중(the Volk)의 목소리를 고양시킨다.

Lamin Sanneh, *Whose Religion Is Christianity?* p. 98.

세 번째 움직임은 신약성경의 저자들이 사도적 선포와 가르침을 그들의 저술 형식에 적용시켰다는 것이다.

신약성경의 정경은 교회가 세상 안에서 그들에게 맡겨진 선교를 감당할 수 있게 형성하고, 갖추고, 새롭게 하기 위한 목적에서 기록된 문학적으로 표현된 하나님의 말씀이다. 자신들의 권위에 대해 의식하고 있었고 성령의 감동을 받은 신약성경의 저자들이 사도적 증거를 글로 표현한 책들이 신약성경의 정경들인 것이다. 사도적 선포와 가르침과 마찬가지로, 이들 정경의 목적도 교회로 하여금 그들에게 부여된 선교를 감당할 수 있게 형성하기 위한 것이다.

하워드 마셜은 신약성경의 책들을 "선교에 대한 문서들"로 보라고 촉구한다. 이 촉구에 뒤이어 그는 말한다.

> 신약 신학은 본질에서 선교적 신학(missionary theology)이다. 선교적 신학이라는 말을 통해 내가 의미하고자 하는 것은, 신약성경의 문서들이 선교의 두 가지 부분, 즉 예수의 선교와 예수의 사역을 지속하도록 부르심을 받은 그분의 제자들이 행한 선교의 결과들이라는 것이다. 신학은 바로 이 같은 움직임으로부터 솟아 나온 것이고, 바로 그 움직임으로 인해 형성된 것이다. 그리고 이제는 신학이 교회의 지속적 선교를 형성한다.[62]

신약성경의 책들이 담고 있는 메시지가 교회를 실존하게 하고, 교회가 하나님의 신실한 백성으로 유지할 수 있게 하며, 그들에게 부여된 선교를 감당할 수 있도록 구비시킨다. 그것은 마셜이 다음과 같이 주장하는 것과 같다.

> 신약성경은 교회가 감당할 선교를 위해 어떻게 형성되어야 하는지 그리고 선교의 진전에 방해가 되는 문제들을 어떻게 다루어야 하는지 보여 준다. 요약하자면, 선교 사역을 위해 하나님께 부르심을 받은 백성은 복음서와 서신서들 그리고 그와

---

[62] I. Howard Marshall. *New Testament Theology: Many Witnesses, One Gospel* (Downers Grove, IL: InterVarsity Press, 2004), pp. 34-35.

관련된 자료들을 저술하는 것으로 자신들의 소명을 실천했다. 그들은 개종자들을 일으키고, 그들을 양육하는 데 관심을 기울였다. 그들은 새로운 신자들을 태동시키고 성숙에 이르게 하는 데 관심을 기울였다.[63]

신약성경의 저자들은 자신들이 성령의 인도와 능력 안에서 교회를 보전하고, 활력을 더하고, 형성하고, 판단하고 새롭게 하려고 책과 서신을 기록할 권위를 부여받은 교사들이라 믿었다. 따라서 이들 신약성경의 책들은, 성령께서 그리스도의 구원하시는 능력을 현존케 하셨던 것처럼 사도들이 기록한 선포의 말씀이 갖는 특징을 규정하는 바로 그 동일한 성령의 능력을 수반한다.

종교개혁의 두 거인은 이러한 관점에서 성경에 대한 그들의 이해를 숙고했다. 마르틴 루터는 다음과 같이 말했다.

> 성령은 우리 주 그리스도께서 입으시고 자신을 드러내시고 보이게 하신 의복과도 같다.[64]

이와 유사하게 칼빈도 다음과 같이 말했다.

> 그렇다면, 만일 우리가 성부께서 보내신 그분을 수용했다면, 그리스도에 대한 참된 지식이신 그분에 대해 기록한 복음으로 옷 입어야 할 것이다.[65]

사도적(apostolic) 증거의 구속적 - 역사적 형식이 신약 정경이 담고 있는 문학 장르들을 통해 표현됨을 발견한다. 우리는 복음서를 통해 사도적 선포와 증언들을 발견한다. 그리고 서신서들을 통해 사도들의 가르침을 발견한다. 따라서 "신약성경의 정경에 포함된 모든 문서는 이들 공동체가 자신들에게 주어진 선교적 소명을 신실하게 성취하기 위해 자신을 지속해서 형성하게 하는 사역을 위한 도구로 작용한다."[66]

그렇다고 한다면, 적절한 성경 해석은 선교의 핵심적 내용(central mission)이 선교의 형성과 목적에 얼마나 중요한 것인가를 인식하는 데 달려 있을 것이다. "성경의

---

63 Ibid., p. 35.
64 Karl Barth, *Church Dogmatics* I.2 (Peabody, MA: Hendrickson, 2010), p. 484에서 재인용.
65 John Calvin, *Institutes of the Christian Religion* 3.2.6, trans. Frod Lewis Battles, ed. John T. McNeill (Philadelphia: Westminster, 1960), p. 548. 참조를 위해, 2.9.3, p. 426 또한 보라. (『기독교 강요』, CH북스 역간)
66 Guder, "From Mission and Theology," p. 48.

문서들이 갖는 이 같은 선교적 성격에 대한 인식은, 정확한 관점에 기초하여 성경 문서들을 조망해 보고 그 문서들이 내포하는 의도에 비쳐 성경을 해석하는 데 도움이 될 것이다. 모든 신약 문서들은 전도와 양육이라는 역동적 과정의 산물들이며, 그 과정을 성취하기 위한 도구들이다."[67]

따라서 우리가 성경을 해석할 때 질문해야 할 적절한 질문들은 다음과 같다.

'기록된 성경 문서들을 통해 하나님의 백성이 선교적 소명을 형성하고 구비시켰는가?'

'그 문서들이 오늘날 동일한 교회의 선교적 역할을 위해 어떻게 작동하고 있는가?'

이어서 데럴 구더(Darrell Guder)는 다음과 같이 주장한다.

> 성경적 증거에 대한 역사적, 비평적 그리고 문학적 연구는 이 같은 근본적 질문이 갖는 모든 차원을 명확히 밝혀냄으로써 교회의 형성에 기여할 수 있고 또 기여해야 한다.[68]

3. 결론

만일 교회의 선교가 참되고 신실한 것이고자 한다면, 각 세대는 성경으로 돌아가 선교의 본질과 영역에 대해 그리고 다른 핵심적인 신학적 주제들에 대해 굳건하고 신선한 신학적 고찰을 실행해야 한다. 필요한 것은 지금 세상에 실존하고 있는 교회의 선교적 소명을 육성하고 지원하는 선교 신학(theology of mission)과 선교적 신학(missional theology)인데, 이러한 선교 신학과 선교적 신학은 성경 이야기가 내포하고 있는 선교의 중심성을 유념한다.

---

67 Marshall, *New Testament Theology*, pp. 35-36.
68 Guder, "From Mission and Theology," p. 48.

심화를 위한 독서 자료

Bosch, David J. *Transforming Mission: Paradigm Shifts in Theology of Mission*. Maryknoll, NY: Orbis, 1991, pp. 489-98. (『변화하는 선교』, CLC 역간)

Conn, Harvie M. "The Missionary Task of Theology: A Love/Hate Relationship," *Westminster Theological Journal* 45 (1983): 1-21.

Guder, Darrell. *Be My Witnesses: The Church's Mission, Message, and Messengers*. Grand Rapids: Eerdmans, 1985.

Guder, Darrell, "*From Mission and Theology* to Missional Theology," *The Princeton Seminary Bulletin* 24, no. 1 (2003): 36-54.

Newbigin, Lesslie. *The Open Secret: An Introduction to the Theology of Mission*. Grand Rapids: Eerdmans, 1995. (『오픈 시크릿』, 복있는사람 역간)

Ott, Craig, and Stephen J. Strauss, with Timothy Tennent. *Encountering Theology of Mission: Biblical Foundations, Historical Developments, and Contemporary Issues*. Grand Rapids: Baker, 2010. (『선교 신학의 도전』, CLC 역간)

Tennent, Timothy C. *Invitation to World Missions: A Trinitarian Missiology for the Twenty-first Century*. Grand Rapids: Kregel, 2010.

토론을 위한 질문

1. 오늘날 선교를 위해 교회를 구비시키는 데 선교 신학과 선교적 신학 양자가 필요한 이유는 무엇인가?
2. 독자는 어떤 점에서 선교적 의도와 선교적 차원 그리고 선교와 선교 간의 차이를 구별하는 것이 선교에 대한 성경적 관점을 밝혀내는 데 도움이 된다고 생각하는가?
3. 본 장에서 주목했던 다양한 신학적 주제들이 선교적으로 다루어질 때 그리고 선교적으로 다루어지지 않을 때 드러나는 차이들을 생각해 보라. 어떤 점에서 신학에 대한 선교적 고찰이 신학을 풍성하게 해 주는가?

에세이를 위한 주제

1. 선교적 의도와 선교적 차원 간의 차이가 어떤 점에서 선교에 관한 성경적 언급을 명확히 해 주는가?
2. 본 장에서 논의한 신학적 주제 중 하나를 선정해 보라. 동일한 교리에 대한 좀 더 전통적인 신학적 경향을 선교적 숙고와 비교해 보라.
   논의에서 선교를 제외하는 것이 신학적 노력을 왜곡하는가?
3. 보쉬는 "만일 우리가 선교 신학만이 아니라 선교적 신학(a missionary theology)을 개발하지 않는다면, 교회가 현재 대면하고 있는 문제를 대략적으로 수습하는 것 이상 성취할 수 있는 것이 없다"라고 말했다. 보쉬가 이런 말을 언급한 이유에 관해 토론하고 평가해 보라.
   20세기의 설명(the illustration from the twenties century)이 이 점을 명확히 하는 데 도움이 되는가?

제2부

선교에 대한 역사적 숙고와 현대적 숙고

제3장 선교에 대한 역사적 패러다임들
제4장 선교에 대한 에큐메니컬 패러다임
제5장 세계교회에 대한 조망

제3장

선교에 대한 역사적 패러다임들

선교는 온 피조 세계와 모든 열방과 문화에 속한 모든 사람을 새롭게 하는 하나님의 선교에 대한 하나님 백성의 참여를 의미한다. 그러나 선교는 선교가 발생하는 역사적 그리고 문화적 상황에 따라 다양한 형식을 취한다. 우리는 이미 성경에서 상황에 따라 발생한 다양한 형식과 강조가 있음을 발견할 수 있다.

예를 들면, 요한계시록은 적대적인 제국이라는 환경에서 발생한 박해와 압력의 한가운데서 타협과 배교의 위기로 고통받는 교회가 그런 와중에서도 예수 그리스도의 주 되심을 신실하게 증거하도록 구비시키기 위해 기록되었다.

고린도전서는 회중을 다양한 방식으로 분열시키고 교회의 증언을 타협하게 하는 헬레니즘의 문화적 세계관이 갖추는 능력을 이겨 내도록 교회를 준비시키기 위해 기록되었다. 이처럼, 하나님의 백성이 감당하는 선교는 언제나 특정한 역사적 시기와 상황 안에서 발생하게 될 것이다.

21세기를 시작하는 오늘날 선교는 어떻게 보아야 할까?

우리가 살아가는 현재라는 시점이 우리의 선교를 어떻게 형성할까?

성경의 상황으로부터 우리가 살아가는 현대의 상황으로 바로 이동하고자 하는 유혹이 있을 것이다. 그러나 그런 식의 접근 방식은 비역사적인 접근 방식에 불과하다. 그렇게 되면, 선교에 대한 우리의 관점이 2천 년이라는 장구한 역사를 통해 형성된 선교의 방식을 조망하는 것으로부터 차단될 수 있다. 더욱이 우리는 역사를 통해 교회의 성공과 신실함 그리고 실패와 약점에 대해 배울 기회를 놓칠 수 있다. 우리는 우리 시대와 다른 역사적 시대와 문화적 상황 속에 처해 있던 교회의 선교를 통해 교정되고 풍성해질 가능성을 잃을 수도 있다.

따라서 오늘날 신실해지기 위해서 교회가 지난 2천 년의 역사 속에서 다양한 환경과 형편 가운데 선교를 수행해 온 방식을 추적하는 것은 중요하고도 참으로 본질적인 일이 될 것이다.

1. 우리가 말하고 싶은 이야기는 무엇인가?

만일 우리가 선교에 관한 이야기에 대해 언급하고 싶다면, 우리는 먼저 "선교란 무엇인가?"라는 질문에 답변해야 한다. 물론 선교가 무엇이냐는 물음에 대한 답변은, 우리가 강조하는 사건들과 우리가 하고자 하는 이야기를 형성하는 방식을 포함하여, 우리가 전달하고 싶은 이야기에 영향을 끼칠 것이다. 이제 이 부분에서 나는 선교(mission)와 선교 사역(missions) 간의 중요한 차이로 회귀하고자 한다.

선교는 전 세계(whole world)에서 총체적 복음(whole gospel)을 증거하는 교회의 총체적 삶(whole life)이다.

선교 사역은 복음이 전달되지 않았거나, 전달되었다 하더라도 여전히 미약한 지역에 복음을 증거하는 선교의 한 부분이다.

이러한 선교 사역은 일반적으로 타문화권 사역을 의미할 것이다. 왜냐하면 지난 200여 년 동안 타문화권으로의 교회 팽창이 선교 사역에 대한 교회의 상상력을 지배해 왔기 때문이다. 만일 우리가 전적으로 타문화적이고 지리적인 확장으로 선교 이야기를 시작한다면, 그것이 우리가 말하는 이야기가 될 것이다.

선교 역사는 일반적으로 이 같은 관점에서 이야기됐다. 아마도 이런 각도에서 조망할 때 가장 잘 알려지고 가장 감동을 주는 선교 사역의 역사는 스티븐 닐(Stephen Neill)과 케네스 스콧 라토레트(Kenneth Scott Latourette)[1]의 저술들이다. 선교 사역의 관점 또는 기독교의 지리적 확장의 관점에서 선교 역사를 말한다면, 다음과 같은 이야기가 등장할 것이다.

① 로마 제국을 통한 확장
    핍박받는 종교로서(100-313)
    국가 종교로서(313-500)
② 유럽의 기독교화
    독일, 프랑스, 앵글로 색슨 계열의 종족들(500-800)
    슬라브 계통의 종족들(800-1000)
    스칸디나비아 유역의 종족들(1000-1200)

---

[1] Stephen Neill, *A History of Christian Missions* (rev. ed.; New York: Penguin Books, 1986); Kenneth Scott Lauourette, *A History of the Expansion of Christianity* (7 vols.,; New York: Harper, 1937-1948).

③ 유럽에서 전 세계로
　　로마 가톨릭의 유럽 선교 사역들(1500-1700)
　　유럽의 경건주의 선교 사역들(1700-1800)
　　유럽/북미의 개신교 선교 사역들(1800-1950)
④ 세계교회의 연합적 협력: 미전도 종족들

이런 식의 역사가 바로 선교 사역의 역사, 즉 하나의 문화나 지역에서 다른 문화나 지역으로 기독교 신앙이 확장되는 역사이다. 라토레트와 닐에게 확장은 단순히 경계들을 넘는 것 이상이었다. 라토레트와 닐은 다양한 문화라는 토양에 복음이 뿌리내리는 방식에도 관심을 기울였다. 기독교 선교 사역에서 확장은, 무슬림의 확장과 같은 지속적인 영역의 확장, 혹은 후기 계몽주의(post-Enlightenment) 범주에서 언급되는 것처럼 예루살렘에서 시작되어 땅끝까지 확장되는 점증적 진보에 대한 역사 같은 단순한 언급이 아니다. 참으로 라토레트에게 이것은 확장과 후퇴를 의미하는 것이었는데, 확장은 교회의 성장과 활력뿐만 아니라 사회에 대한 교회의 영향력을 포괄하는 풍성한 의미를 내포하는 것이었다.[2]

이런 의미가 있었기 때문에, 라토레트는 선교 사역의 역사라는 범주를 넘어서기 시작했다. 그런데도 여전히 확장은 역사를 구축하는 라토레트식 역사 내러티브의 핵심적인 렌즈로 머물러 있었다. 이러한 방식(복음이 지리적으로 확산하고 선교라는 더 큰 이야기의 중요한 일부로 뿌리내려 온 방식을 이해하는 것)은 우리가 언급해야 할 타당하고 중요한 이야기임이 틀림없다. 그러나 이것을 넘어서는 좀 더 폭넓게 시각을 잡아 주는 렌즈가 필요하다.

> 그러므로, 원리적으로 볼 때, 내겐 선교 사역의 역사에 대해 전혀 다른 측면으로부터 우리가 가지고 있는 분열(our divisions)을 추론해 내는 것이 더 정확할 것으로 보인다. 선교 사역 역사에 대한 중요한 질문은, 교회가 지난 수십 세기 동안 진행되어 온 교회의 사역을 어떻게 보았고 성취했는가를 질문하는 것이다. 우리가 판단하기로는, 시대 구분의 기준이 아닌 선교 사역을 수행하는 데 교회가 선택한 원리들이 한 문화에서 다른 문화로 복음을 전달하는 것에 대한 기준이 되어야 한다.
>
> J. H. Bavinck, *The Science of Missions*, p. 287

2　Andrew F. Walls, "A History of the Expansion of Christianity Reconsidered: Assessing Christian Progress and Decline," in *The Cross-Cultural Process in Christian History: Studies in the Transmission and Appropriation of Faith* (Maryknoll, NY: Orbis Books, 2002), pp. 3026.

다양한 문화 안에서 그리고 역사의 흐름을 통한 복음의 문화적 확산이 기독교 신앙을 심화시키고 풍성하게 한 방식에 주목한 앤드루 월스(Andrew Walls)에 의해 이 방식보다 더 풍성한 접근 방식이 제공되었다.[3]

앤드루 월스는 사무엘 에스코바(Samuel Escobar)의 방식을 따랐다. 이들 저자가 주목한 핵심은, 특정 문화의 중심부에서 다른 문화의 중심부로 복음이 이동하고 번역되는 방식이었다. 기독교 역사는 여섯 가지 시대로 구분될 수 있다(에스코바는 다섯 가지 시대로 구분). 각 시대의 기독교 신앙은 신앙이 구체화된 문화에 의해 형성되었다.

먼저, 복음은 유대의 문화적 상황 속에서 형성되었다. 이미 신약성경 안에서 그리고 이후 수 세기를 거치면서 복음은 점차 로마 제국 전체로 확산되었고, 헬라 문화라는 문화적 토양 속에 그 뿌리를 내렸다. 야만인들의 침공으로 새로운 부족 문화가 도입되었는데, 이로 인해 복음은 또 다른 문화적 상황 속에서 형성되었다. 이후 다양한 문화적 흐름이 흘러들어 가 서부 유럽의 문화를 형성했는데, 이후 오랜 세월 동안 복음은 이 문화적 상황 속에서 형성되었다.

이후 시대에는 유럽으로부터 세계의 다른 문화로 문화가 전달되는 타문화적 이식(cross-cultural transplantation)을 통한 확장이 진행되었다. 그러나 동시에 복음은 세상의 다른 문화 안에 그 뿌리를 내리고 있었는데, 바로 이 시기 동안 유럽에서는 복음의 가치가 공격당하는 처지에 놓여 있었다.

오늘날 복음은 전 세계 모든 문화 안에서 존재하고 있는데, 남반부(the Southern hemisphere)에 확산한 기독교 신앙의 표현들이 지배적 형식이 되고 있다. 따라서 월스와 에스코바는 선교 이야기에 대해 다음과 같은 방식으로 말한다.

---

[3] Andrew F. Walls, "Culture and Coherence in Christian History," in *The Missionary Movement in Christian History: Studies in the Transmission of Faith* (Maryknoll, NY: Orbis Books, 2002), pp. 16-25 (『세계 기독교와 선교 운동』, IVP 역간); Samuel Escobar, *The New Global Mission: The Gospel from Everywhere to Everyone* (Downers Grove, IL: InterVarsity Press, 2003), pp. 28-53.

앤드루 월스	사무엘 에스코바
유대문화	유대인 교회의 선교
헬라-로마 문화	그레코-로만 세계로의 선교적 확장
야만인 문화	야만인의 복음화와 유럽의 형성
서부 유럽 문화	
유럽의 확장과 기독교의 쇠락	유럽의 확장으로 인한 제국과 선교
타문화적 전이	기독교 신앙의 남반구로의 이동

표 3.1

이 방식도 선교에 관한 이야기를 설명하는 가치 있는 방식이다. 이것은 기독교 신앙의 지리적 확장에 좀 더 집중하는 이야기 방식인데, 다양한 문화에 대해서뿐만 아니라 그런 문화들 안에서 발생한 다양한 상황화가 초래한 복음에 대한 유익에 좀 더 주의를 기울이는 방식이다.

그러나 그 이야기의 최우선적 목적은 교회가 교회의 선교를 어떻게 이해하고 실행했는가에 있지 않다. 좀 더 구체적으로 말하면, 이 이야기의 최우선적 목적은 교회가 위치한 지역에서 그 교회가 어떻게 선교를 이해하고 실행했는가를 명확히 하려는 데 있지 않다.

선교 역사에 대해 이야기하는 좀 더 광범위한 세 번째 방식은 데이비드 보쉬(David Bosch)가 제공했고 브라이언트 마이어스(Bryant Myers)도 취한 방식이다.[4] 이 접근 방식은 패러다임에 대한 개념을 활용한다. 대럴 구더는 이와 같이 패러다임을 활용한 접근 방식이 "사실상 교회 역사를 선교 역사로 변화시켰다는 데" 주목한다.[5] 간단하게 말하자면, 하나의 패러다임은 특정한 역사적 상황 속에서 이해되고 실천되는 선교 방식이라고 설명할 수 있다.

선교에 대한 이러한 이해는 교회가 처한 문화적 상황에서 교회가 차지하는 위치와 역할에 의해 형성될 뿐만 아니라, 문화적 가정과 신학적 가정에 의해서도 형성된다. 이 접근 방식은 역사를 다양한 문화 환경 속에서 교회가 자신의 선교적 소명(선교 사역들을 포함하는)을 이해하고 실행에 옮기는 방식들에 비춰 추적한다.

여러 가지 중요한 사건이 대규모 변화의 가능성에 대한 신호를 보내면, 그 이후로부터 교회의 선교적 삶에 새로운 방식이 시작된다. 유대적 상황에서 헬라적 상

---

[4] David Bosch, *Transforming Mission: Paradigm Shift in Theology of Mission* (Maryknoll, NY: Orbis Books, 1991), pp. 181-510; Bryant L. Myers, *Exploring World Mission: Context and Challenge*s (Monrovia, CA: World Vision International, 2003), pp. 16-17. 본 장은 위에 소개한 데이비드 보쉬의 저서 중 역사를 다루는 부분에서 많은 부분을 사용하고 있다.

[5] Darrell Guder, "Missional Theology for a Missionary Church," *Journal for Preachers* 22, no. 1 (1998): 6.

황으로 복음에 대한 번역이 발생했고, 콘스탄티누스 대제의 회심으로 교회는 강력하고 부유한 기관으로서 새로운 자리를 차지했고, 종교개혁의 발생으로 획기적 변화가 발생했으며, 18세기 계몽주의의 등장으로 유럽이 합리주의적 인본주의로 전환되는 중대한 계기가 발생했다.

그리고 전 세계 전역에서, 특히 남반구 지역에서 전 세계적 교회의 성장으로 인한 변화가 발생하고 있다. 이런 사건들로 인해 엄청난 변화가 야기되었고, 결과적으로 교회 됨과 교회의 선교에 대한 교회의 이해가 근본적으로 전환되었다. 보쉬와 마이어는 (부분적으로 중복되는) 선교 패러다임의 성공적인 변화로서 선교 이야기에 대해 말한다.

데이비드 보쉬	브라이언트 마이어
33-313: 초대교회 패러다임	33-200: 묵시적-초대교회 패러다임
150-1453: 동방 정교회 패러다임	200-500: 헬라-정통 교부 패러다임
313-1800: 로마 가톨릭/중세 패러다임	600-1400: 기독교왕국-중세 로마 가톨릭
1517-1800: 종교개혁 패러다임	1500-1750: 종교개혁-개신교
1800-1918: 계몽주의 시대의 선교	1750-1950: 근대 선교 시대
1918-현재: 에큐메니컬 혹은 포스트모던 패러다임	1950-현재: 세 번째 밀레니엄 시대에 부상하는 선교 패러다임

표 3.2

앨런 크라이더(Alan Kreider)는 패러다임을 통해 선교 역사를 설명하는 보쉬의 방식에 동의하지만, 약간의 수정을 제시한다.[6] 앨런 크라이더는 동방 정교회, 로마 가톨릭, 종교개혁과 계몽주의 패러다임 간에는 놀랄 만한 상호 유사성들이 있으므로 이들을 기독교왕국(Christendom)이라 호칭할 수 있다고 주장한다. 이들 네 개의 패러다임은 기본적으로 동일한 패러다임의 변이를 드러내는 것이다. 따라서 그는 기독교왕국 이전, 기독교왕국 그리고 후기 기독교왕국이라는 세 개의 선교 패러다임을 제시한다.

---

6 Alan Kreider, "Beyond Bosch: The Early Church and the Christendom Shift," *International Bulletin of Missionary Research* 29, no. 2 (2005): 59-68.

크라이더가 주장하는 핵심은 교회와 정치적 그리고 문화적 상황의 관계, 특히, 교회가 처한 상황에서 교회가 행사하는 권력의 정도에 대한 아나뱁티스트적(Anabaptist, 재침례파의) 이해에서 기인한 것이다.

라민 사네(Lamin Sanneh)는 동방 정교회와 로마 가톨릭이 본질적으로 하나라는 크라이더의 주장에 동의하지만, 종교개혁과 후기 계몽주의 자유주의는 서로 다른 접근 방식을 제공한다고 본다. 사네는 선교에 대한 교회의 이해를 유대적 국면, 헬레니즘 문화 안에서 발생한 이방인들의 돌파, 종교개혁, 19세기 자유방임적 자유주의 그리고 복음이 아프리카와 아시아 문화 안으로 좀 더 충실하게 번역된 에큐메니컬 국면이라는 다섯 가지 국면으로 구분한다. 사네가 강조했던 핵심은 새로운 환경 안에서 발생하는 복음의 번역이다.[7]

선교 이야기를 말하는 이와 같은 방식(다른 방식도 언급될 수 있다) 각각은 교회의 선교가 갖는 다양한 측면에 대한 통찰을 제공해 준다. 다음 두 장에서는 네 개의 패러다임, 즉 초대교회 패러다임, 기독교왕국 패러다임, 계몽주의 패러다임 그리고 에큐메니컬 패러다임에 근거한 선교 역사의 짧은 내러티브를 제공한 것이다.

2. 초대교회 패러다임

초대교회 패러다임은 초대교회가 탄생했던 유대적 상황에서 발생했다. 이미 1세기에 복음은 그 주된 문화적 형식이 유대적인 고대 문화 내에서 새롭게 번역되기 시작했다. 복음은 예수 그리스도 안에서 우주적 역사의 종말이 드러났고 성취되었다는 것에 기초한 복된 소식이다. 그 승리의 능력은 이제 교회를 통해 맛보기를 경험할 수 있다. 그리고 교회의 선교는 교회 구성원의 삶과 행위 그리고 말을 통해 역사의 종말을 알리는 것이다. 선교는 이 같은 종말론적 그리고 역사적 상황에 따라 형성된다.

초기 3세기 동안 초대교회 선교의 가장 큰 특징적 요소는 지역 회중이 발휘한 매력적인 능력(the attractive power)이었다. "초기 3세기 동안, 개별 기독 공동체들의 단순한 존재와 지속적인 활동이 다른 모든 것에 우선하여 기독교라는 종교의 확장을 실현하는 데 기여했음을 당연한 사실로 여길 수 있다. 이들 공동체는 수많은 사람에

---

[7] Lamin Sanneh, *Translating the Message: The Missionary Impact on Culture* (Maryknoll, NY: Orbis Books, 1990), p. 6.

게 자석과도 같은 힘을 발휘했고, 따라서 기독교 선교에서 특별한 역할을 한 것으로 증명되었다."[8]

예수께서 지상에서 사역하신 때와 근접한 시대에 살았던 초대교회 성도들은, 자신들을 예수의 선교를 지속하며 새로이 시작된 하나님의 나라에서 살아가는 사람들로 보았다. 따라서 하나님 나라의 시민으로서, 그들은 자신들을 이 땅에 거주하나 이 땅에 속하지 않은 거주민(resident alien, paroikoi, 시민권은 타국에 속했으나 현재의 나라 안에서 합법적으로 거주하는 외국인들—역주) 또는 로마 제국 내 "제3의 인종"(third race)으로 보았다.

비록 그들은 자신들이 속한 문화 공동체 안에서 살아가는 거주민들이었지만, 자신들의 최우선적 정체성은 하나님 나라의 주민으로 여겼다. 따라서 그들은 자신들과 동시대를 살아가는 사람들이 누리는 생활 방식과 아주 다른 방식으로 살아가야 함을 발견했다. 그들은 다음의 사실을 인지하고 있었다.

> 예수 그리스도의 복음을 수용하는 것이 기독교인이 소유한 가치과 행위와 이교도가 소유한 가치과 행위 간에 차이를 만들어 내며, 복음을 수용한 사람은 '이 세상'에 동화되어서는 안 된다(롬 12:2)는 훈계를 매우 중요하게 수용해야 한다.[9]

이것은 다름에 대한 강조이며, 문화 내에서 선지자적 비판자의 위치에 서는 것에 대한 강조이다. 이 강조가 복음을 수용한 사람들을 구별하는데, 이것이야말로 초대교회의 선교적 삶이 갖는 가장 두드러진 특징 중 하나였다.

초대교회가 교회가 처해 있던 문화적 상황에 만연했던 우상 숭배에 비판적 입장을 견지하고 있었다는 것은, 초대교회가 이교 종교들과 철학들, 황제 숭배 행위 그리고 극장과 각종 경기를 통해 표현되었던 당시의 문화적 행위들에 반대했음을 통해 명백하게 드러난다. 특별히 흥미로운 한 사례로, 2세기 초반 기독교인들이 우상 숭배에 오염되지 않으면서도 다양한 직업에 종사하려면 무엇을 어떻게 해야 하는지 당시 교회가 보여 준 분투를 통해 확인할 수 있다.[10]

물론 우상 숭배에 대한 다양한 의견(differences)이 있었던 것이 사실이다. 그러나 갈등을 겪었다는 것 자체가 초대교회가 속해 있던 이교적 환경에 대해 비판적 견

8　Adolf Harnack, *The Mission and Expansion of Christianity in the First Three Centuries*, trans. and ed. James Moffatt (New York: Harper, 1962), pp. 434, 439.
9　Eckhard Schnabel, *Early Christian Mission*, vol. 2, *Paul and the Early Church* (Downers Grove, IL: InterVarsity Press, 2004), p. 1537.
10　Harnack, *Mission and Expansion of Christianity*, pp. 303-11.

해를 밝히고 있었다는 것을 보여 준다. 우상 제작은 금지되어 있었다. 그러나 더 어려운 점은 우상 숭배에 간접적으로 기여할 수밖에 없는 거래 행위(목공, 페인팅, 조각, 회반죽 치장 등)에 대한 것이었다.

어떤 이들은 학교 교사 또는 교수직과 더불어 이러한 거래 행위를 일절 금지했는데, 이는 그런 직업 역시 우상 숭배 때문에 오염될 수 있는 직업이었기 때문이다. 어떤 이들은 황제 숭배에 따른 희생 제사에 참여하는 것에 대한 미혹 또는 복음에 반하는 다른 문화적 기대에 부응하고자 하는 미혹에 빠질 수 있다는 이유로 공직과 군 복무를 금했고, 탐욕과 우상 숭배에 빠질 수 있다는 이유로 무역업에 종사하는 것을 금지하는 경향을 보이기까지 했다. 이러한 염려는 3세기에 접어들면서 다소 완화되기 시작했다.

그러나 이런 예들은 초대교회가 당시 만연했던 이교 우상 숭배의 영향을 어떻게 보고 있었는지에 대한 교훈을 제공해 준다. 우상 숭배에 대한 글에서 테르툴리아누스는 이렇게 주장했다.

> 우상 숭배는 인류가 지을 수 있는 최고의 범죄이며, 이 세상에 존재하는 가장 극악한 죄이다. 비록 모든 죄가 그 독자적 특징을 띠고 있다고 하지만 그리고 그 각각의 죄가 그 자체로 심판의 대상이 될 것이기는 하지만, 그런 죄들은 우상 숭배라는 죄의 범주 아래에 존재하고 있을 따름이다.[11]

비기독교인들의 "강력한 호기심을 불러일으킨 초대교회의 매력"은 자신들이 속한 문화에 맞춰 들어가지 않는 구별된 사람들이 보여 준 행실의 결과였다. 그러나 이와 같은 반동문화적(counter-cultural) 입장이 자연스럽게 초래된 것은 아니었다.[12] 이 같은 반동문화적 입장은 오히려 선교적 정체성(a missional identity)을 형성하려는 목적에 따라 진행되었던 교리문답 교육 과정을 철저히 이수한 결과였다.

적어도 3년 이상이 걸렸던 힘든 교리문답 교육 과정은, 회심자의 행실을 예수

---

[11] Turtullian, *On Idolatry* 1.1, in J. H. Waszink and J. C. M. Van Winden, Tertullinus, *De Idololatria: Critical Text, Translation and Commentary* (Supplements to Vigiliae Christianae 1: Leiden: Crill, 1987), p. 23.
[12] Alan Kreider, *The Change of Conversion and the Origin of Christendom* (Harrisburg, Pa: Trinity Press International, 1999), pp. 10-20. (『회심의 변질』, 대장간 역간) 이후 전개되는 문장의 상당 부분은 이 책과 크라이더의 다른 책 *Worship and Evangelism in Pre-Christendom* (Cambridge: Grove Books, 1995)에 많은 빚을 지고 있다.

그리스도의 가르침과 삶에 부합하도록 재형성하고, 대안 이야기를 소유하게 된 회심자의 믿음이 새로운 문화 이야기를 지향하게 하고, 교회 공동체에 대한 회심자의 소속감을 심화시키도록 고안되어 있었다. 따라서 교회 공동체는 로마 제국의 우상 숭배에 대항하여 예수 그리스도의 매력적인 삶을 고백하는 구별된 백성으로 조심스럽게 형성되었다. 2세기 또는 3세기 기독교인은 복음에 적대적인 사람에게 다음과 같이 반응했다.

> (우리가 보여 준) 삶의 아름다움이 이방인을 권면하여 우리가 속한 공동체에 속하도록 했다. … 우리는 위대한 일들에 대해 설교하지 않았다. 우리는 그 일들을 삶으로 살아 냈다.[13]

심지어 기독교의 적들—배교자 율리아누스 황제(the emperor Julian the Apostate), 켈수스(Celsus), 루키아노스(Lucian), 플리니우스(Pliny)와 카이킬리우스(Caecilius) 등—도 초대교회의 구별된 공동체적 삶에는 매력적인 힘이 있었다는 데 동의했다. 이렇게 모범이 되는 삶의 내용은 무엇이었을까?[14]

초대교회는 "사회학적 불가능성"을 뒤흔들며 기존의 문화적 기반을 당혹하게 하며, 로마 제국 안에 존재했던 가난한 사람과 부유한 사람, 남성과 여성, 노예와 자유민, 헬라인과 야만인 간의 장벽을 무너뜨렸다.[15] 강력한 "사랑과 긍휼의 복음"은 가난한 사람, 고아, 과부, 병든 자, 소수자, 갇힌 자, 노예과 여행자 들을 향해 실천되었다.[16]

이같이 일반 기독교인들이 모범적으로 보여 준 도덕적 삶은 로마 제국 내에 만연했던 비도덕적 삶에 대항 대척점을 형성했다. 기독교인들이 소유하고 있던 소

---

13 Kreider, *Change of Conversion*, p. 18.
14 Schnabel, *Paul and the Early Church*, pp. 1555-61; Rodney Stark, *The Rise of Christianity: How the Obscure, Marginal Jesus Movement Became the Dominant Religious Force in the Western World in a Few Centuries* (Can Francisco: HarperSanFrancisco, 1997) (『기독교의 발흥』, 좋은씨앗 역간)을 보라; Harnack, *Mission and Expansion of Christianity*, pp. 147-98; Michael Green, *Evangelism in the Early Church* (Grand Rapids: Eerdmans, 1970), pp. 178-93 (『초대교회의 복음 전도』, 복있는사람 역간) 또한 보라.
15 Johannes Hoekendijk, *Kirche und Volk in der deutschen Missionswissenschaft* (Munich: Kaiser, 1967), p. 245. Bosch, *Transforming Mission*, p. 48에서 재인용; Danny Praet, "Explaining the Christianization of the Roman Empire: Older Theories and Recent Developments," *Sacris Eruditi* 33 (1992-1993): 45-49도 참조하라.
16 "기독교인 작가들뿐만 아니라 이교도 작가들조차, 오로지 기독교 성경만이 사랑과 긍휼을 신앙의 핵심적 의무로 강조했으며, 이는 가르침에만 그친 것이 아니라 기독교인들의 일상적 삶과 행위를 통해 표현되고 유지되었다"는 데 이구동성으로 동의한다(Rodeny Stark, "Epidemics, Networks, and the Rise of Christianity," *Semeia* 56 [1991]: 169[pp. 166-170도 보라]).

망, 기쁨, 신뢰가 그 기반이 붕괴되고 있던 로마 제국의 특징인 절망, 염려, 불확실성의 한가운데 밝은 빛을 비추었다. 기독교인들의 하나 됨은 로마 제국 내의 분열성과 다원주의와 날카로운 대척점을 형성했다.

기독교인들은 퇴폐적이고 성적인 타락으로 팽창해 있던 제국의 한복판에서 긍휼, 결혼 생활에 대한 충실 그리고 절제를 보여 주었다. 검소한 생활과 더불어 소유물과 자원에 대한 자비로운 태도는 축적과 소비가 지배적인 세상 한가운데서 기독교인의 삶을 특징지었다. 서로를 향해 그리고 그들의 적들을 향해 기독교인들이 보여 준 용서와 사랑은 복음의 능력을 증거했다.

신자들의 공동체가 보여 주는 삶의 모습은 성경 이야기에 의해 양육되고 형성되었다. 성경 이야기는 기독교인들이 이 땅에 거주하나 이 땅에 속하지 않은 거주민으로 살아가는 것이 가능하게 했고, 어두운 세상에서 빛으로 살아가는 것이 가능하게 했다.

로마 제국이라는 문화적 상황 속에서, 기독교인들이 소유한 "반동적 가치"는 절망 속에서 살아가고 있던 사람들에게 매력적일 수밖에 없는 "대조적인 이미지를 가진 공동체"를 만들어 냈다.[17]

히폴리투스의 주요 작품집(the Canon of Hippolytus)은 기독교인의 삶이 "서로를 향해서뿐만 아니라 이방인을 향해서도 덕을 비추어 그들로 하여금 기독교인의 삶을 모방하고 궁극적으로는 기독교인이 되게 하는" 선교적 목적(the missional goal)을 표현한다.[18]

이 부분에서 우리는 초대교회가 공적인 삶에서 물러났다는 일반적인 오해를 묵인해서는 안 된다. 사실 초대교회는 거의 대부분 영역에서 공적으로 전복적(publicly subversive)이었다. 초대교회는 로마 사회에서 모호한 태도를 보이던 종교적 자리의 한구석이라는 사적인 영역으로 자신을 몰아넣기를 용납하지 않았다.

초대교회는 로마 제국의 공적 교리에 부합되기를 거부했다. "예수는 주시다"라는 교회의 고백은 당시 로마 제국을 하나로 묶어 주던 "시저는 주시다"라는 고백과 날카로운 대립각을 세우는 고백이었다. 로마 제국의 황제 숭배에 자신을 종속시키지 않겠다는 초대교회의 용감한 거부는 공적인 결과를 초래할 수밖에 없는 정치적 입장이었다.

더욱이 초대교회는 스스로를 에클레시아(*ekklēsia*)—새로운 인류의 선봉으로 하나님이 불러내신 공적인 모임—라 불렀는데, 이는 오직 미래나 내세의 구원에만

---

17 Robin Lane Fox, *Pagans and Christians* (San Francisco: Harper & Row, 1986), p. 323.
18 Kreider, *Worship and Evangelism*, p. 19.

관심을 가지는 사적인 종교 공동체(초대교회의 적들이 호칭한 것처럼, 티아소스[thiasos] 또는 헤라노스[heranos])로만 존재하겠다는 언급을 분명하게 거부한 것이었다.

1세기 동안 교회는 삶과 행위로만이 아니라 선포(words)를 통해서도 성장했다. 역사가 유세비우스(Eusebius, 260-340)는 2세기가 시작될 무렵 많은 기독교인이 자신의 소유를 팔고 전도자의 사역을 완수하기 위해 집을 떠났다고 말한다. 이들 기독교인은 아직 복음을 들어 보지 못한 사람들에게 말씀을 선포하고 새로운 지역으로 떠나기 전 교회를 세우는 일을 수종 들었다.[19]

따라서 사도들이 행했던 방식으로, 순회 설교자들이 의도적으로 수행했던 선교 활동으로 인해 복음은 새로운 지역들로 확산되어 나갔다. 이들 순회 설교자들의 사역은 얼마 지나지 않아 수도사들에 의해 계승되었다.

그러나 수적인 면에서 가장 많았을 뿐만 아니라 성공적이기도 했던 전도자는 자신의 집으로부터 먼 지역으로 가서 선교 사역에 헌신한 사람들이 아니라, 일상을 영위하는 상황 속에서 제국의 일반 대중들에게 복음을 전달한 일반 기독교인들이었다. 이들이 벌였던 상당히 광범위하고 성공적인 전도 활동은 2세기 헬라 철학자인 켈수스의 주목을 끌었고 그로부터 분노에 찬 비난을 받기도 했다.[20]

초대교회의 선교적 삶의 또 다른 측면은 간단하게 언급될 수 있다. 핍박의 와중에 다른 사람들을 복음으로 이끌기 위해 기꺼이 자신의 피를 흘렸던 순교자들은 용감하고도 희생적으로 복음을 증거했다.[21] 기적과 축사를 통해 복음의 능력과 진리가 제시되었다.[22] 교육받은 변증가들과 초대교회 교리문답 교사들은 좀 더 교육받은 이교도들에게 복음을 전했다. 이들은 다양한 방식으로 복음의 진리 됨을 증거 했는데 이교 문화에 대항하여 설교와 저술을 통해 복음의 진리 됨을 설명했다.[23] 그들의 저술은 교회가 복음을 어떻게 상황화했는지 그리고 그들이 살아가고 있던 헬라 문화에 어떻게 관여했는지에 대해 설명한다.

그러나 초대교회는 헬라 철학(복음을 플라톤 철학의 형식을 빌려 제시하기 시작했다)보다는 로마 문화에 속한 이방 종교에 도전하는 데 더 성공적이었다.

---

19 Neil, *History of Christian Missions*, p. 35.
20 Origen, *Against Celsus* 3.49-55. (『켈수스를 논박함』, 새물결 역간)
21 Danny Praet, "Explaining the Christianization of the Roman Empire: Older Theories and Recent Developments," *Sacris Erudiri* 33 (1992-1993): 29-35.
22 Ramsey MacMullen, *Paganism in the Roman Empire* (New Gaven: Yale University Press, 1981), pp. 49-112; idem, *Christianizing the Roman Empire* (A.D. 100-400) (New Haven: Yale University Press, 1984), pp. 17-42.
23 Harnack, *Missions and Expansion of Christianity*, pp. 354-66.

그런데도 이들 초대교회의 지식인들은 문화에 관여했고, 복음을 철저히 학문적인 방식을 통해 제시하기 위해 그들이 속한 문화의 형식과 사고방식(thought patterns)을 사용했다.

물론 우리는 당시 오직 신실함만이 있었다고 생각해서는 안 된다. 여기서 나는 오직 칭찬할 만한 것만 강조했다. 그러나 초대교회 생활의 다른 차원들은 그리 매력적이지 못했다. 2세기 설교에 대한 질책은 교회가 교회의 이상에 부합해 살아가는 데 실패하는 경우가 종종 있었음을 보여 준다.

> 이교도가 우리의 입술을 통해 나오는 하나님의 신탁(oracles)을 들었을 때 그들은 신탁의 아름다움과 위대함을 경이로워했다. 그러나 신탁이 주어지고 난 후 우리의 행동이 우리의 입술을 통해 드러난 말에 미치지 못했을 때, 그들은 돌이켜 우리를 조롱하며 우리의 입술을 통해 전달된 말이 신화와 환상에 불과하다고 말했다.[24]

초대교회는 많은 점에서 실패했다. 나는 몇 가지만 언급할 것이다. 초대교회는 역사의 중요성과 물질세계의 중요성을 감소시킨 헬라의 세계관에 점차 굴복했다. 따라서 하늘의 본향에서 누릴 영혼의 불멸과 세상으로부터의 구원이, 너무도 많은 경우에 역사 안으로 침노해 들어오는 하나님 나라의 도래를 대체했다.

영화된(spiritualized) 종말은 이 세상 안에서 변혁하는 능력으로 작동하는 복음을 보려는 열망에 관한 관심을 약화했다. 교회론은 점차 교회의 내적인 삶에 관한 관심을 점증시켰다. 교회의 질서와 직분, 정통과 제도가 세상으로 부르심받은 공동체의 소명에 우선하게 되었다. 세상에 대한 선교를 수행하는 초대교회의 역동적이고 유연한 형식들은 이단에 대항하는 정통 교리의 수호자를 자처하는 제도로 대체되었다.

성령에 대한 이해가 선교와 갖는 연관성을 상실하고, 대신 개인의 구원, 성경에 대한 감동 그리고 다양한 "초자연적" 표현들과 연결되었다. 그러나 아마도 초대교회가 겪은 가장 비참한 실패는 유대인들에 대한 교회의 악독한 처우였다. 이러한 교회의 태도가 훗날 유럽 전역을 휩쓸게 되는 반유대주의의 씨앗을 뿌리는 결과를 초래했다.

---

[24] 2 Clement 13:4, Kreider, *Change of Conversion*, p. 18에서 재인용.

3. 기독교왕국 패러다임

새로운 선교 패러다임으로의 이동은 적어도 두 가지 근본적인 요인으로부터 유래했다.

첫째, 유대적 세계관 속에서 발생했던 기독교 신앙이 로마 제국의 고전 문화 속으로 상황화되었다. 이 과정에서 기독교 신앙이 변형되었다. 그리고 이러한 변형이 복음과 구원의 본질, 하나님 나라와 역사에 대한 교회의 관점 그리고 심지어 그리스도에 대한 교회의 이해에 강력한 영향을 끼쳤다. 이러한 신학적 변화는 선교에 대한 교회의 이해를 변화시킬 수밖에 없었다.

둘째, 4세기 로마 제국의 황제 콘스탄티누스의 회심은 교회의 자기 이해와 교회를 둘러싸고 있는 정치-문화적 상황과 교회가 맺는 관계를 변화시켰다.

이 모든 요인은 이후 천 년 동안 복잡한 상호 관계 속에서 결합했고, 결과적으로 선교에 대한 다른 이해와 실천을 형성시켰다. 이 짧은 장에서 이처럼 복잡한 역사적 흐름을 탐구할 수 없다. 따라서 나는 기독교왕국 패러다임에 대한 몇 가지 주요 흐름에 관한 토론으로 제한해 다룰 것이다.

A.D. 312년 로마의 황제 콘스탄티누스가 기독교로 회심했다. 그리고 다음 해 황제는 기독교 신앙을 합법화했다. 4세기 말까지 기독교는 제국의 종교가 되었고, 교회의 수적인 규모는 같은 기간 여섯 배나 성장했다. 이러한 변화들이 교회가 문화적 상황에서 새로운 위치를 발견하게 하는 길을 열었다. 이 변화들은 선교에 대한 이전과는 매우 다른 패러다임에 이르게 했다.

2세기에서 4세기에 이르는 동안 로마 제국 내 교회의 지위에 변화가 있었다.[25] 무엇보다 교회는 제국의 변경에 머물러 있던 약하고 가난한 공동체에 불과했지만, 이제 교회는 권력의 핵심부를 차지하는 부유하고 지배적인 기관이 되었다. 교회는 불법 종교의 지위에서 제국의 종교가 되었다.

교회 구성원들의 지위는 세상에 있으나 세상에 속하지 않는 거류민의 지위에서 "기독교" 제국의 완전한 시민의 지위로 변화되었다.

---

25 에크하르트 슈나벨(Eckhard Schnabel)은 다음과 같이 말한다. "로마 제국을 연구하는 역사가들은 기독교가 '소수 종교'에서 '세계 종교'로 변화되는데 기독교 운동이 A.D. 312년(또는 더 일찍) 콘스탄티누스 대제의 회심을 필요로 했는지 여부에 대해 논쟁하고 있다. 그리고 교회가 급속히 성장하고 더 광범위한 대중을 수용하는 결정적인 시기가 3세기인지 여부에 대한 논쟁이 있다"(*Paul and the Early Church*, pp. 1560-61).

콘스탄티누스 대제의 교회(the Constantine church)는 이제 정치 권력과 문화 권력을 누리는 기성 교회가 되었다. 새로운 교회론적 정체성과 선교적 정체성의 등장은 불가피했다.

1) 선교에 대한 기독교왕국 패러다임의 모호성

기독교왕국 또는 콘스탄티아니즘(Constantianism) 또는 코푸스 크리스티아눔(*Corpus Christianum*, 교회[교권]와 국가[왕권]의 통합을 주장한 중세 시대의 개념—역주)이라 불리곤 하는 새로운 환경은, 교회가 새로이 차지한 권력 지위 때문에 타협하게 된 선교 방식들로 인해 통렬한 비판의 대상이 되어 왔다.[26] 그런데도 기독교왕국의 등장을 정확히 선교에서 찾는다는 점을 지적한 올리버 오도너번(Oliver O'Donovan)의 주장은 옳다.[27]

그리스도의 우주적 통치가 복음을 통해 드러났고, 교회의 선교는 그리스도의 주 되심을 선언하고 구체화하는 것이다. 처음 몇 세기 동안 교회의 선교에 대해 이러한 견해를 유지하고 있던 교회가 로마의 권력에 도전했을 때 순교라는 결과를 낳았다.

그러나 마침내 정치 권력과 문화 권력이 순교자들의 주님을 인지하게 되었을 때, 교회는 그들이 바치는 경의를 환영하고 품을 수 있는 준비가 되어 있었다. 그들은 주어진 기회를 잡아 그리스도의 주 되심 아래서 문화적 실천 행위와 기관을 재건하는 데 활용했다.

문제는 4세기에 교회가 획득한 새로운 권력에 있는 것이 아니라, 그들이 확립한 지위로 인해 선교적 초점을 잃어버렸다는 사실에 있었다. 제국의 이야기와 교회의 이야기 사이에 존재하는 대척점이 무너져 내린 것이다. 주 되신 그리스도의

---

26 이와 같은 입장에 대한 과도한 주장에 반대하고, 교정하고, 균형을 잡아 주는 주장의 흐름이 있다. 예를 들면, Peter Leithart, *Defending Constantine: The Twilight of an Empire and the Dawn of Christendom* (Downers Grove, IL: InterVarsity Press, 2010). 그러나 이 분야는 여전히 논쟁적 분야이다. 그러나 모두가 리하르트와 다른 사람들의 주장에 납득하는 것은 아니다. 예를 들면, 앨런 크라이더의 분석을 보라. "'Converted' But Not Baptized: Leithart's Constantine Project," in *Mennonite Quarterly Review*, 84, no. 4 (October 2011): 575-617. 그리고 이후 리하르트의 답변도 함께 보라. 문제는 기독교왕국이 모호하다는 것이였다. 이처럼 짧은 글을 통해 이해하기 어려운 뉘앙스에 대해서는 신중해야 할 필요가 있다. 좀 더 신중한 뉘앙스에 대해서는, Dale Irvin and Scott Qunquist, *History of the World Christian Movement* Vol. 1 (maryknoll, NY: Orbis, 2013), Part 4, "The Age of the Imperial Church"을 보라.

27 Oliver O'Donovan, *The Desire of the Nations: Rediscovering the Roots of Political Theology* (Cambridge: Cambridge University Press, 1996), pp. 212-17. 참조. Lesslie Newbigin, *Foolishness to the Greeks: The Gospel and Western Culture* (Grand Rapids: Eerdmans, 1986), pp. 100-101. (『헬라인에게는 미련한 것이요』, IVP 역간)

이름으로 정치 권력과 문화 권력에 도전하는 이슈라는 필요성이 점차 줄어들었다. 교회의 선교라는 지점에 대해 생각할 때, 바로 이 점으로 인해 기독교왕국 시대의 모호성들이 나타나기 시작했다.

> 역사적 복음주의(historical evangelicalism)는 충분히 기독교적이지 않은 기독교 사회에 대해 항의하는 종교(a religions of protest)이다.
> 복음주의적 기독교(evangelical Christianity)는 기독교왕국은 로마 제국 북쪽과 서쪽을 차지하고 있던 야만인들의 개종으로 시작된 왕좌와 제단의 통합이 초래한 기독교 신앙에 대한 영토적 개념을 가정한다. 아마도 우리는 이후 서구 기독교가 북유럽인들이 기독교를 수용한 환경들—개인, 가족, 또는 집단 단위로 수용한 것이 아닌, 통치자를 중심으로 정치적 그리고 사회적으로 통합된 시스템으로 작동하던 하나의 온전한 사회적 시스템으로 수용한—에 의해 형성되었다는 점조차 온전히 직면하지 못하고 있는 것 같다.
>
> Andrew F. Walls, *The Missionary Movement in Christian History*, p. 81.

기독교왕국의 모호성(ambiguity)은 교회가 속한 문화적 상황에 참여하라고 받은 부르심의 방식에 비춰 볼 수 있다. 여기에는 긍정적인 측면이 있다. 교회는 교회가 속한 문화와의 연대적 관계(a posture of solidarity)를 가정해야 한다. 교회는 문화 발전에 참여하는 것에서 스스로 물러나 고립된 게토가 되어서는 안 된다.

그러므로 언급해야 할 두 가지 단어를 꼽는다면, 문화 과정과의 연대성(solidarity)과 문화 과정에의 참여(participation)이다. 교회는 교회가 처한 문화 환경 안에서 "집"이 되어야만 한다. 그러나 문화와의 관계에서 연대성과 참여라는 단어만 언급하는 것은 우상 숭배적인 문화 경향들에 교회가 순응하는 것이 될 수 있고, 결과적으로 문화 속에서 카멜레온과 같은 존재로 인식될 수 있다.

그러므로 부정적인 측면 또한 언급해야 한다. 긍정적인 측면과 동일한 정도로 문화로부터의 구별(separation)과 거부(rejection)도 언급해야 한다. 우상 숭배적인 종교적 믿음이 문화의 모든 측면을 형성하기 때문에(여기에는 중세 문화를 형성한 고전적이고 게르만적인 흐름이 포함된다), 교회는 문화에 대해 단순히 긍정하고 문화적 발전 과정에 무비판적으로 빠져들어 가서는 안 될 것이다. 오히려 타락한 문화의 발전의 발흥에 대해서는 부정하고 거부도 해야 한다.

교회는 교회가 속한 문화적 분위기에 "불화하는"(at odds) 입장을 견지하기도 해야 한다. 왜냐하면 교회는 다른 주인(Lord)의 권위하에 살아가고 있기 때문이다.

기독교왕국에서 교회는 문화 권력의 지렛대를 그리스도의 주 되심 아래 복속시키려 시도했다. 그러나 그 와중에 교회는 문화에 대한 참여가 견지해야 하는 비판적이고 반정합적인(antithetical) 측면을 너무 자주 희생시켜 왔다.

칼 바르트는 기독교왕국의 유산이 가지고 있는 부정적인 측면과 긍정적인 측면에 대해 평가했다. 부정적인 평가는 세상에 부합하려는 기독교왕국의 경향이었고, 긍정적인 것은 세상을 그리스도께 복속시키고자 했던 교회의 기대였다. 그렇다면 선교와 관련하여 기독교왕국 패러다임이 견지했던 긍정적인 요소는, 교회가 새롭게 발견한 문화 권력을 활용함을 통해 복음으로 문화의 많은 부분을 형성하려 한 방식이었다.[28]

레슬리 뉴비긴은 기독교왕국 시대를 "그리스도에 대한 우주적 선포를 정치적 방식으로 해석하려 한 첫 번째 위대한 시도"[29]라고 묘사하고 있다. 그리고 비록 교회와 문화 권력 간의 합의로 인해 복음과 교회의 선교에 위해를 끼치기도 했으나, 복음이 유럽 전체의 문화적 삶을 형성하고 우리도 바로 그 유산에 여전히 빚진 바가 있다는 것 또한 사실이다.

회심 이후 콘스탄티누스는 폭력적인 검투사 경기를 종결시켰고, 성적 범죄들을 더욱 가혹하게 처벌했고, 여성의 지위를 상당히 향상시켰고, 약자를 보호했고, 노예와 어린아이의 삶을 개선했고, 동물에 대한 비인간적 취급을 불법화했고, 사법 체계를 개선했다.[30]

피너 리하르트는 이렇게 말했다.

> 교회는 모범과 훈계를 통해 복음을 시민 질서(civil order) 구조 안으로 스며들게 할 수 있었고, 그렇게 함으로써 시민 질서 구조를 더욱 공정하고 약자에 대해 동정적인 구조가 되게 만들었다. 그러한 추수를 위한 씨앗을 뿌린 사람으로, 우리는 콘스탄티누스에게 감사해야 한다.[31]

---

28 Karl Barth, "Das Evangelium in der Gegenwart," *Theologicisch Existenz heute* 25 (1935): 30, Darrell Guder, "*From Mission and Theology* to Missional Theology," *Princeton Seminary Bulletin* 24, no. 1 (2003): 50.의 내용을 참조했다.
29 Lesslie Newbigin, *Sign of the Kingdom* (Grand Rapids: Eerdmans, 1980), p. 47.
30 Leithart, *Defending Constantine*, pp. 196-232.
31 Ibid., p. 232.

그리스도에 대해 신앙 고백을 하지 않은 리처드 타나스(Richard Tarnas)는 기독교왕국 후기에 "인간 활동의 모든 측면에 교회와 기독교라는 종교가 편재하고 있었다는 점"에 주목했고, 계속해서 "이로 인해 문화에 보편적으로 적용되는 기독교적 매트릭스를 세우고 교회가 품은 지상 선교를 완수하는 것과 관련하여 교회가 이뤄 낸 성공의 엄청난 규모에 대해 일정 정도 감탄을 자아내지 않을 수 없다"라고 말했다. 그는 "기독교가 가진 실재에 대한 형이상학적(metaphysical) 타당성이 무엇이었든 간에," 기독교가 끼친 강력한 문화적 영향만큼은 긍정적인 시각으로 조명해야 한다고 말했다. "서구의 문명화된 문화 그 자체가 지닌 생생한 연속성은 중세 유럽 내내 존재했던 기독교의 역동성과 편재성에 그 빚을 지고 있다."[32]

이후 그는 기독교왕국 시대의 결과로 서구 문화에 끼친 기독교 신앙의 강력한 영향이 초래한 수많은 유익을 리스트로 작성했다. 그 리스트에는 기독교의 윤리적 가치들, 이성에 대한 높은 평가, 세상에 대한 명료한 이해(intelligibility), 통치 행위에 대한 인간의 소명, 인간의 내재적 존엄성과 양도할 수 없는 권리들, 개인의 도덕적 책무, 도움이 필요한 사람과 가난한 사람을 돌볼 것에 대한 명령 그리고 역사의 진행 과정에서 미래와 신념을 향한 지향성 등이 포함되어 있다.[33]

기독교왕국 패러다임이 갖는 부정적인 측면도 존재한다. 이 점에 대해서는 오늘날 많은 비판이 제기되었다. 문화에 대해 교회가 갖는 예언자적 비판과 반정합적인 관계가 감소했다. 교회는 제국 내부에 존재하던 정치적, 경제적, 군사적, 사회적 그리고 지성적 권력의 반열에 자신을 정치시켰다. 교회의 정체성이 하나님의 선교(missio Dei)가 아니라 사회의 이야기에 의해 형성되는 경우가 잦아졌다.

교회는 하나님의 구속적 목적을 위한 도구가 아니라 국가 정책에 대한 무비판적 참여자(arm)가 되었다. 교회의 임무는 기존의 정치 질서를 유지하는 데 기여하고 국가의 현재 상황(status quo)에 대해 예언적으로 도전하기보다 그 상황을 고양하는 데 기여하는 것이 되었다. 교회는 기독교 문화가 되기 위해서 마땅히 있어야 할 비판적 참여를 배제한 채 기성의 상황에 길들여진 교회가 되었다. 이러한 기독교왕국의 불행한 유산은 심지어 오늘날 교회에도 그 심각한 흔적을 지속적으로 남겨 놓았다.

국가와의 밀접한 동맹은 "기독교" 제국 내에서뿐만 아니라 제국의 경계 밖에 대한 교회의 선교에 영향을 끼쳤다. 제국 내 교회의 공동체적 삶 안에서 이루어

---

32 Richard Tarnas, *The Passion of the Western Mind: Understanding the Ideas That Have Shaped Our World View* (New York: Ballantine Books, 1991), p. 169.
33 Ibid., 321.

지는 목회적 활동이 외부를 향한 선교적 지향을 능가했다. 건강한 교회라면 두 가지 상호 의존적인 핵심점—내부적 목회 활동과 외부적 선교 활동—에 의존한다 (revolve around).

기독교왕국의 교회에서는 두 가지 중 후자가 경감되었다. 이것은 기독교 사회라는 현 상황과 화평을 이룬 결과였다. 기독교왕국 내라면, 더 이상 실행에 옮길 선교적 사역이 없었다. 이것은 또한 구원과 교회에 대한 변화된 관점의 결과이기도 했다. 제도적 교회의 사역은 타계적인 그리고 미래의 구원을 위한 것으로, 무엇보다 성례를 통해 개인들에게 확산시키는 것이었다. 로마 가톨릭 신학자인 로저 해이트(Roger Haight)은 기독교왕국 내 기성 교회를 다음과 같이 묘사했다.

> 확립된 말씀은 선교를 멈춘 교회를 특징짓는 신학적 범주를 가리킨다. 기성의 확립된 교회는 사회와 평화로운 관계를 유지했고 교회의 기존 형식들과 내적인 삶에 만족했다. 선교란 용어는 부정적이었다. 왜냐하면 선교적 사역은 완수되었고 따라서 교회는 더 이상 선교를 하지 않고 이제 단순히 공동체에 집중하면 된다는 추정을 암시하기 때문이었다. 선교 사역과 목회 사역에 관하여 기성의 확립된 교회는 오직 목회적 의무들만을 가정했다.[34]

제국 밖에서(그리고 가끔은 제국 내에서) 교회의 선교는 권력의 오용에 의해 오염되었다. 폭력과 강압적 억제가 선교적 노력을 제공하는 데에도 사용되곤 했다. 기독교왕국 시대의 "선교 전쟁"(missionary wars)에 대한 이야기는 슬픈 기억이다.[35] 이교도와 세례받은 배교자들을 어머니 교회의 품으로 돌아오게 하려고 "설득하거나" "강제하기" 위해(이를 위해 눅 14:23이 언급되었다) 제국이 처음으로 강압과 정치권력을 사용한 것이 5세기였다. 6세기에 교황 대(大)그레고리오(540-604)는 이교도뿐만 아니라 불신자에게도 강압을 사용할 것을 승인했다. 이것이 강압적 개종의 시작이었는데, 4세기에서 11세기에 걸쳐 전 유럽을 휩쓸었다.

어거스틴은 기독교 황제가 자위적 차원에서 전쟁을 사용하는 것을 정당화했다. 그러나 여전히 기독교를 확장하기 위한 전쟁을 마음에 그리지는 않았다. 그레고리오 교황은 "간접적인 선교 전쟁"이 기독교 제국을 위해 적절하다고 믿었다. 정치적으로 굴복한 이교도들은 국가의 보호 아래서 비강압적인 방식으로 복음화될

---

34 Roger Haight, "The Established Church as Mission: The Relation of the Church to the Modern World," *The Jurist* (1980): 10.
35 Bosch, *Transforming Mission*, pp. 222-26.

수 있었다.

간접적인 선교 전쟁은 "직접적 선교 전쟁"을 유발했다. 그 전쟁을 통해 기독교 권력은 사람을 굴복시켰고 폭력적으로 강제하여 세례를 받게 했다. 샤를마뉴(Charlemagne)가 이런 경우이다. 그는 이교도들을 다스리는 기독교인 지배자에 대해 상상할 수 없었다. 그래서 그가 색슨족들(Saxons)을 굴복시킬 때, 칼끝으로 그들을 강요해 강제로 세례받게 했다. 슬프게도 유럽을 "기독교화"하는 과정에서 이런 현상이 너무도 자주 반복되었다.

2) 수도원의 선교

기독교왕국 시대에 진행된 선교 이야기의 좀 더 교훈적인 측면은 수도원 운동 이야기에서 발견된다. 수도회들은 5세기와 6세기, 아이오나(Iona)의 켈틱(Celtic) 또는 아이리시(Irish) 수도사들과 베네딕트(Benedict, 480-543)가 세운 베네딕트 수도회의 창립으로 시작되었다. 이 두 집단의 결합이 또 다른 집단의 형성을 가져왔는데, 앵글로 색슨(Anglo-Saxon) 수도사들이 그것이다.

이들 수도원 집단은 5세기에서 12세기를 거치는 동안 교회의 선교 사역을 주도했다. 13세기 이후 선교 사역은 세 개의 더 큰 규모의 수도원, 즉 13세기에 설립된 프란체스코 수도회(the Franciscans)와 도미니크 수도회(the Dominicans) 그리고 16세기에 설립된 예수회(the Jesuits)에 의해 실천되었다.

수도사들의 선교는 국내외 해외 모두에서 진행되었는데, 기독교 지역에서는 그리스도에 대한 포괄적인 증거로 진행되었고, 기독교 지역을 넘어서는 이교도 부족 사이에서는 선교적 혹은 복음 전도 사역으로 진행되었다. 복음은 유럽의 다양한 야만 부족들, 즉 게르만 종족, 프랑크 종족, 앵글로 색슨 종족(500-800)에게, 동부 유럽의 슬라브 종족(800-1000), 북유럽의 스칸디나비아 종족(1000-1200)에게로 확산되었다. 수도사들은 복음을 전파하고 야만 민족을 회심시키는 데 가장 공헌한 대리인이었다.

예를 들면, 우리는 고트족(Goths)에게 복음을 전한 울필라스(Ulfilas, 311-388), 골족(Gauls)에게 복음을 전한 투르의 마르티누스(Martin of Tours, 316-396), 아일랜드에 가서 복음을 전한 패트릭(Patrick, 396-493), 스코틀랜드에 복음을 전한 콜롬바(Columba, 521-596), 영국으로 가서 복음을 전한 아우구스티누스(Augustine, 505-605), 네덜란드로 가서 복음을 전한 윌리브로드(Willibrord, 657-739), 독일로 가서 복음을 전한 보니파스(Boniface, 680-755) 그리고 슬라브족에게 가서 복음을 전한 키릴루스

와과 메토디우스(Cyril and Methodius, 815-885) 등이 있다.

스티븐 닐에 따르면, 회심의 패턴이 매우 유사한 때도 있었다.[36] 야만 부족에게 복음을 전한 최초의 수도사는 적대감에 직면했고, 그 결과 순교하는 일도 발생했다. 이 순교가 약간의 성공을 가져왔고, 최초의 회심자들에게 대한 이교도들의 폭력적인 반응으로 이어졌다. 이런 과정을 거쳐 복음의 발판이 마련되었고, 마침내 한 통치자가 신앙으로 회심하는 데로 이어졌다.

그 결과, 전체 부족이 회심하는 때도 발생했고, 이에 교회는 주교들을 보내 교회를 세울 기회를 가질 수 있었다. 비록 최초의 기독교화가 피상적이긴 했으나, 수도사들과 주교들의 인고하는 사역을 통해 민족들이 제자화되었고, 기독교 신앙이 민족들의 생을 직조하는 삶의 일부를 차지하게 되었다.

> 수도원 운동의 중요성은, 그런데도 지나치게 강조될 수 없다. A.D. 450년경, 유럽은 큰 혼란에 빠져들었고, 이후로 오랜 세월 동안 혼란에 휩싸여 있었다. 부족 간의 충돌과 이주는 사회의 기본 구조를 실질적으로 파괴했다. 시대의 도전에 교회가 보인 가장 창조적인 반응은 수도원 운동의 형식이었다. 수도사들의 훈련되고 지침 없는 삶은 서부 유럽에서 몰려오는 야만족의 물결을 바꾸었다. 물론, 아마도 가장 유명한 사람은 보니파스로 더 많이 알려진 윈프리스(Winfrith)였을 것이다. 크리스토퍼 도슨(Christopher Dawson)을 인용하자면, 그는 '그곳에서 살아왔던 영국인들보다 유럽의 역사에 더 심층적인 영향을 끼친 사람'이었다.
>
> David J. Bosch, *Witness to the World*, p. 112.

따라서 수도사들의 선교 사역은 초기 복음 전도 사역을 넘어서 지속했다. 수도사들은 복음으로 유럽 문화를 재형성하는 데 중요한 역할을 했다. 우리가 전형적인 수도원—사회에서 분리되어 세속과는 격리된 존재로 살아가는 사람들—에 대해 생각할 때 우선은 타당해 보이지 않는다. 그러나 이것이 수도원에 관한 이야기의 전부는 아니다. 보쉬는 수도사들이 복음으로 문화를 형성하는 데 중요한 역할을 할 수 있었던 원인에 대해 네 가지 이유를 제시했다.[37]

---

[36] Neil, *History of Christian Missions*, pp. 77-78.
[37] Bosch, *Transforming Mission*, pp. 231-33.

첫째, 일반 대중이 수도사들을 높이 존경했다.

일반 농민들의 마음에는, 수도사들은 권력과 부와 타협한 교회가 있는 세상에서 헌신적이고 타협을 몰랐던 기독교인인 순교자를 대체하는 진실한 사람들이었다.

둘째, 수도사들이 보였던 모범적인 삶은 사람들, 특히 농민들에게 강력하고 근본적인 인상을 끼쳤다.

수도사들은 가난을 선택했고 매우 열심히 일했으며, 그들이 하는 다양한 일은 대중들에게 큰 혜택을 끼쳤다. 수도사들은 농지를 경작하고 울타리를 쳤으며, 습지에서 물을 빼고, 숲을 개간하고, 건물을 짓고 짚으로 지붕을 엮고, 도로와 다리를 건설했다. 그들은 유럽에서 농업을 진흥시키는 데 가장 큰 역할(lion's share)을 했다.

셋째, 수도원들은 문화와 교육의 중심지였다.

교육 기관이 야만인들의 침략으로 사라졌을 때, 수도원은 교육의 중심지가 되었다. 더욱이 각 "수도원은 건물과 교회, 일터, 가게, 빈민 구호소 들로 이루어진 복합 단지였다. 게다가 수도원은 수도원을 둘러싸고 있는 전체 공동체에 혜택을 제공하는 활동의 근거지였다."[38]

넷째, 수도사들은 폭력과 파괴의 파고가 몰아치는 한가운데서 불굴의 강인함, 인내와 끈기를 보여 주었다.

수도사들이 이룬 것들이 파괴될 때마다, 그들은 다시 시작했다. 수도사들은 일에는 시간이 필요함을 알았다. 그래서 일시적인 만족과 미봉책의 정신은 환상이었고, 한 세대에서 시작된 노력은 미래 세대에 의해 실현되어야 했다. 왜냐하면 수도사들이 가지고 있던 것은 일시적 성공이 아니라 "많은 시간을 들여 성취하는 영성"에 대한 것이었기 때문이다.[39]

13세기에는 유명한 두 수도회인 프란체스코 수도회와 도미니크 수도회의 형성으로 선교 사역의 새로운 전기를 맞았다. 두 수도회는 처음부터 선교적 영성에 물들어 있었다. 두 수도회는 불신자들의 회심을 위해 형성되었다. 아시시의 프란체스코(Francis of Assisi)는 언어도 모르는 상태에서 이집트의 술탄에게 가서 그를 설득해 기독교인이 되게 하려 했다.

---

[38] Ibid., p. 232.
[39] Ibid., pp. 232-33.

이 시대의 가장 유명한 사람이라고 한다면 라몬 율(Raymond Lull, 1235-1315)을 들 수 있다. 그는 소위 세속인 혹은 프란체스코 수도회의 제3회원으로 알려져 있다. 그는 해외 선교 사역에 대해 당대에 가장 진보적인 이해를 하고 있었다. 그는 복음을 전하기 위해 가장 효과적인 수단으로서 설교와 순교에 대한 필요뿐 아니라, 무슬림의 문화와 언어에 대한 온전한 지식까지 갖출 것을 주장했다. 그 자신도 북아프리카 지역을 향한 그의 네 번째 선교 여행 중에 순교를 당했다.

> 어떤 식으로든 일반화하는 일은 쉬운 일이 아니다. 세계에 대한 서구의 정치 권력과 문화적 침략(penetration)은 파괴 외에는 아무것도 생산하지 않았다. 그리고 기독교 선교 사역들은 예외 없이 그러한 파괴에 대한 유죄로부터 자유로울 수 없었고, 따라서 진지한 역사적 탐구에 대해 변명의 여지가 없을 것이다. 다른 한편, 백인들이 져야 할 짐이란 명목으로 진행된 식민주의적 확장이었든, 항상 문명적으로 뒤쳐진(simple) 아시아인이나 아프리카인의 친구로 등장하는 선한 선교사들로 대표되는 선교적 과정이었든, 서구의 확장을 이상화하는 모든 시도는 서구화에 대한 신화적 맹신(mythological importations)에 의해 심하게 왜곡된 것에 불과하다.
>
> Stephen Neill, *Colonialism and Christian Missions*, p. 412

3) 식민주의와 선교 사역들

"발견의 시대"는 기독교왕국 시대에 새로운 시대를 가져왔다. "발견의 시대"는 기독교왕국 시대에 새로운 전기를 가져왔다. 7세기까지 유럽은 남쪽과 동쪽이 이슬람에 의해 둘러싸여 세상의 다른 세계로부터 고립되어 있었다. 15세기에 이르러서야 포르투갈과 스페인은 항해술의 발달로 아프리카 남단을 돌아 아시아로 그리고 대서양을 건너 아메리카로 항해해 갈 수 있었다. 유럽은 새로운 확장의 단계에 접어들었다. 화약의 발달로 인해 유럽은 우세한 군사력을 보유하게 되었고, 유럽은 정복과 굴복, 식민주의라는 방식을 통해 확장했다. 유럽이 맞이한 이러한 전기는 교회의 선교에 중요한 함의들을 주었다.

교회와 국가의 동맹이 손상되지 않은 채로 남아 있었기 때문에, 선교는 식민주의적 확장의 종교적 측면으로 이해되곤 했다. 확장이란 단어는 선교가 새롭게 재정의되었음을 의미했다. 이 지점까지 선교는 유럽으로 제한되어 있었다. 그러나 15세기에 이르러 유럽의 모든 민족이 세례를 받았다. 이제 선교는 유럽인의 확장과 식민주의에 의해 굴복된 민족들을 기독교화하는 문제가 되었다. 선교 사역은 식민주의적 확장 전선을 따라 흘러갔다.

이 시대의 가장 강력했던 나라는 해안을 접하고 있던 로마 가톨릭 국가인 포르투갈과 스페인이었다. 1493년 교황 알렉산데르 6세는 세계를 나누어 스페인과 포르투갈에 각각 영토로 분할해 주면서 각 국가의 군주들은 그들이 새롭게 얻은 영토를 복음화할 것을 요구했다. 이러한 책무와 권리를 일컬어 "후원권"(the right of patronage)라 불렀다.

종교와 정치가 매우 밀접하게 융합되어 있었다. 그렇게 함으로써 식민주의적 확장의 초기에 선교사들은 그들이 하는 활동에 관해 왕에 대한 책무를 져야 했다. 슬프게도 식민주의적 확장 때문에 굴종한 사람들은 정치 권력과 선교사들의 활동을 같은 제국주의적 동전의 양면으로 보았다. 예를 들면, 중앙아메리카와 남아메리카에 대한 잔혹한 정복은 선교사들의 사역과 정치적 복속 전쟁이 동반한 사례로 본다.

그런데도 식민주의적 권력에 대해 도전했던 안토니오 데 몬테시노스(Antonio de Montesinos)와 바르톨로메 데 라 카사스(Bartholomew de las Casas)와 같이 헌신되고 용감한 선교사들이 상당수 있었다는 것을 인지하는 것도 중요하다.

16세기에 포르투갈과 스페인의 왕들은 선교를 통제하고 있었다. 17세기에 이르러 교황 그레고리오는 가톨릭교회가 수행하는 모든 선교 사역을 관장하는 기구인 포교성성(布教聖省, Sacra Congregatio de Propagande Fide)을 건립함으로써, 선교 사업에 대한 통제가 교황으로 이관되었다. 이 시기, 예수회(the Jesuits)는 선교를 위한 가장 우선적인 도구 집단이 되었다.

1534년, 이그나티우스 로욜라(Ignatius Loyola)는 개신교 지역을 다시 회복하고 로마 가톨릭교회의 새로운 영역을 개척하기 위해 예수회를 설립했다. 예수회 출신 인사 중 유명한 선교사로는 인도 선교사로 사역한 프란시스코 사비에르(Francis Xavier, 1506-1552), 중국 선교사로 사역한 마테오 리치(Matteo Ricci, 1583-1610), 인도 선교사로 사역한 로베르토 데 노빌리(Roberto de Nobili, 1577-1656) 등이 있다.

이들 예수회 출신 선교사가 사용한 새로운 선교 전략 중 하나는 신앙을 새로운 문화에 적응시키는 것이었다. 예를 들면, 예수회 출신 선교사들은 조상을 숭배하고 황제에게 제물을 받치는 중국인들의 의례는 종교적 의식이 아니라 사회적 의식이기 때문에, 기독교인도 참여할 수 있다고 주장했다. 그들은 하나님을 번역하기 위해 유교 용어인 상제(High God, Shangti)를 채용했고 유교 사원에서 하나님을 예배하는 것이 허용 가능한 일이라 믿었다.

이와 같은 문화 적응(cultural adaptation) 방식은 도미니크 수도회로부터 엄청난 비판을 받았는데, 도미니크 수도회는 이와 같은 방식을 유교에 대한 혼합주의적 타협으로 보았다. 이는 소위 중국 의례 논쟁(Chinese Rites controversy)에 도화선을 당겼다. 이 논쟁은 몇몇 교황이 1715년과 1742년에 이러한 실험을 정죄할 때까지 거의 백 년이 넘게 맹위를 떨치면서 진행되었다. 마침내 1773년 교황 클레멘스 14세가 예수회(the Society of Jesus)를 해산하고 3,500명에 달하는 예수회 선교사를 소환했다.

4) 종교개혁과 그 이후

이런 일들이 진행되던 와중에, 새로운 바람이 종교개혁 내에서 일고 있었다. 그러나 이러한 바람도 선교에 대한 기독교왕국 시대의 사고에 머물러 있었다. 교회와 국가 간의 밀접한 관계는 여전히 유지되고 있었으나, 이제 유럽은 로마 가톨릭 국가들, 루터파 국가들, 칼빈파 국가들로 분열되었다.

다른 방식으로 신앙을 고백하던 국가 간 발생했던 끔찍한 종교 전쟁은 마침내 아우크스부르크 화의(the Peace of Augsburg, 1555)와 베스트팔렌 조약(the Peace of Westphalia, 1648)으로 종결되었다. 이들 평화 조약의 체결을 통해 각 지역은 그 지역의 통치자가 고백하는 신앙 전통에 따를 것이 의무화되었다. 그래서 기독교왕국 패러다임의 주요한 특징들은 여전히 지속되었다.

그런데도 기독교왕국 시대 가정을 깨뜨리기 시작한 최소 두 가지 발전이 있었다. 이 발전으로 인해 점차 교회는 새로운 선교 패러다임으로 전환되어 갔다.

첫 번째 발전은 주요 종교개혁자들에 의해 재발견된 일부 성경적 주제들이 선교에 대한 새로운 관점을 제공하기 위한 신학적 기초 작업(groundwork)—믿음을 통해 은혜로 받는 구원, 오직 성경으로(sola Scriptura), 만인제사장설, 세상 안에서 신자들의 소명, 그리스도의 왕권 그리고 좀 더 역사적인 창조-타락-구속 구조—을 설정했다. 그러나 이것은 중요성을 입증한 것은 특히 두 번째 발전이었다.

하나님과 개인이 맺는 관계에 대한 새로운 종교개혁 의식은 중세 공동체들이 공유했던 부족 정체성(tribal identity)에 도전을 제기했고, 선교에 대한 새로운 관점에 대한 문호를 개방했다.

비록 이처럼 다시 회복된 성경적 주제들이 미래의 선교에 영향을 끼칠 것이기는 했으나, 종교개혁가들의 실천은 좀 더 논쟁적이었다. 물론, 이것은 누가 선교를 어떻게 정의하느냐에 달려 있었다. 만일 선교를 전적으로 해외에서 발생하는 타문화권 선교 사역의 견지에서 본다면, 종교개혁가들이 수행한 모든 실천은 실패한 것으로 보일 것이다. 반동 종교개혁가인 벨라르미노 주교(Cardinal Bellarmine)는 개신교도들에게 다음과 같이 말했다.

이교도들이든 유대인들이든 이단자들이 참된 신앙으로 회심하라는 말을 들어 본 적이 결코 없었다. 오직 왜곡된(perverted) 기독교인들로 회심하라는 말을 들었을 뿐이다.[40]

종교개혁가들이 타문화권 선교 사역에 참여하지 않은 다양한 이유—사도들이 이미 복음을 땅끝까지 전달했다는 신학, 종교개혁가들의 에너지를 소진하게 만든 로마 가톨릭교도과 다른 개신교도와의 지속적인 분쟁, 타문화권 선교 사역의 최우선적 기관인 수도원 생활에 대한 거부, 정부 지원의 부족, 해양 시대에 대양을 건널 수 있는 능력 그리고 그에 따른 식민 세력의 부족 등—이 있다.[41]

그러나 이러한 비판은 근대 선교 운동뿐만 아니라 로마 가톨릭 식민주의 선교의 심판석 앞에 종교개혁가들을 소환하여 자신들의 선교 패턴에 일치하지 않았다는 이유로 그들에 대한 유죄를 선고하는 것에 불과하다.[42]

만일 우리가 종교개혁가들이 의도한 것에 따라 교회의 선교에 관하여 다른 차원들을 고려해 본다면, 종교개혁가들이 유럽 내부에서 선교 사역을 진행—교회를 새롭게 하고 문화의 공적인 삶을 복음으로 형성하는 것(특히 칼빈의 경우) 등이 그들의 관심을 끌었을 것이다—한 것으로 정의했다고 볼 수 있다.[43]

두 번째 발전은 기독교왕국 개념에 대한 아나뱁티스트들(the Anabaptists)의 도전이었다. 그들은 교회와 국가 간의 공생적 관계를 거부하고 교회를 순례자의, 선교의 그리고 순교자의 교회로 정의했다. 결과적으로 선교에 대한 기독교왕국의 다른 가정들도 의문의 대상이 되었다. 유럽은 기독교 지역이 아니라 선교지였다. 선교를 시작하는 것에 대한 책임은 통치자에게 있는 것도 아니고 교황에게 있는 것도 아니다. 왜냐하면 선교에 대한 책무는 모든 신자가 지는 의무이기 때문이다.

---

40 Robertus Bellarminus, Controversiae book 4, Neill, *History of Christian Missions*, p. 188에서 재인용.
41 Justice Anderson, "Medieval and Renaissance Missions (500-1792)," in *Missiology: An Introduction to the Foundations, History, and Strategies of World Missions*, ed. John Mark Terry, Ebbie Smith and Justice Anderson (Nashville: Broadman & Holman), pp. 194-95; Bosch, *Transforming Mission*, pp. 243-48를 참조하라.
42 Bosch, *Transforming Missions*, p. 244를 보라.
43 예를 들면, 마르틴 루터의 선교 신학에 대한 제임스 쉘러(James Scherer)의 연구인, *Gospel, Church, and Kingdom: Comparative Studies in World Mission Theology* (Minneapolis: Augsburg, 1987), pp. 54-56.

선교 대위임령은 사도들에 의해 완수된 것이 아니었다. 따라서 선교는 여전히 유효하다. 이 모든 일이 경건주의 운동을 통해 드러났고, 훗날 계몽주의 시대 이후 복음주의 선교 사역을 형성하는 데 중요한 기여를 했다.

> 하나의 교회가 갖는 선교에 대한 다양한 **항수**(constants)는 역사-문화적 상황 그리고 특정 시대와 장소에 상응하는 신학적 사고를 형성했다. 선교 역사는 문화와 신학의 역사가 상호 작용하는 다양한 움직임들의 역사인 것이고, 그렇게 상호 작용하는 방식에 기댐으로써 선교에 대한 다양한 '모델들'이 고려될 수 있다.
>
> Bevans and Schroeder, *Constants in Context*, p. 73.

경건주의는 종교개혁 이후 한 세기 동안 발전했던 개신교 냉담하고 지적인 학문적 정통성에 대한 반작용이었다. 루터파 정통주의와 칼빈파 정통주의는 내부를 지향했고, 따라서 선교적 열정의 많은 부분을 상실했다.[44] 경건주의는 개인의 회심에 대한 중대한 경험 그리고 이후에 따르는 새로운 탄생과 성화를 가능하게 하는 개인의 경건을 강조했다. 그리스도께 대한 이와 같은 헌신으로부터 전도에 대한 열정과 선교적 비전이 흘러나왔다.[45]

따라서 모든 개별 기독교인은 국가나 교회에 대한 책무가 아니라, 선교에 대한 책무가 있다. 선교는 선교 사업을 위해 서로를 지원하는 신중한 개인들을 함께 모으는 것으로 실천되었다. 개별 인간의 회심이 선교의 목적이었다. 그리고 교회 개척 혹은 사회를 변화시키는 것은 기껏해야 최소한의 중요성만 가질 뿐이었다. 가장 잘 알려진 초기 경건주의 집단으로는 감리교도와 데니쉬-할레 선교회(the Danish-Halle mission) 그리고 니콜라우스 폰 친첸도르프(Nikolasus von Zinzendorf)와 연관된 모라비안(Moravian) 운동 등이 있다.

선교에 대한 경건주의적 접근 방식을 이해하는 데 핵심적인 것은 경건주의적 접근 방식의 강력한 개인주의였다. J. H. 바빙크(J. H. Bavink)는 다음과 같이 말했다.

---

[44] 네덜란드와 앵글로 색슨 계열의 칼빈주의는 예외적인 경우이다. 보쉬는 선교 신학을 발전시킨 첫 번째 개신교도로 알려진 히스베르투스 푸티우스(Gisbert Voetius)와 더불어 진행된 네덜란드의 두 번째 종교개혁과, 아메리카(the Americas)에서 발생한 선교와 사역에 대한 청교도 신학에 대해 지적한다(*Transforming Mission*, pp. 256-60).

[45] 이러한 입장에 대한 한 가지 탁월한 실례에 대해서는 Leona F. Choy가 현대화한 Andrew Murray, *Key to the Missionary Problem* (Fort Washington, PA: Christian Literature Crusade, 1979)을 보라.

모든 노력이 매우 비좁은 전선에 집중되었다. 전체 사역이 개인의 영혼을 구원하는 것에 대한 강력하고도 집중적인 관심을 견인하는 사고에 의해 지배되었다.[46]

경건주의에서 나타나는 이와 같은 개인주의적 전환은 경건주의 운동의 강점이자 약점이었다. 개인주의의 강점을 언급하자면, 모든 개별 기독교인의 의무가 경건주의로 하여금 선교 사역이 사제들 혹은 지배자들의 의무라는 아이디어를 깨뜨렸다는 것이다. 경건주의의 가장 놀라운 특징은 선교 사역을 정치적 동맹과 문화적 동맹으로부터 자유롭게 떼어 놓았다는 것이다.[47]

경건주의는 개인에게 동기를 제공하여 선교 사업에 참여하도록 했다. 참으로 경건주의는 독일인들이 18세기 최초로 선교사를 파견하도록 했다. 모라비안 운동이 불과 20여 년 동안 파송한 선교사들의 수가 그전 2세기 동안 개신교가 파송한 모든 선교사의 수를 합친 것보다 더 많았다.[48] 개인의 경건에 대한 강조는 복음 전도, 사랑, 기도 그리고 그리스도를 위해 자신을 기꺼이 희생하려는 자세에 대한 열정으로 이어졌다.

그러나 개인주의는 또한 약점을 가지고 있었다. 개인주의는 선교의 목적을 개인의 최초 회심으로 축소했다. 정치적, 문화적, 사회적 이슈에 대한 중요성이 감소되었다. 구원의 창조적 넓이(the creational breadth of salvation)는 경건주의 신학의 좁은 범주를 넘어서는 것이었다. 초기 경건주의자들은 자비 사역(mercy ministry)에 깊이 참여했다. 그러나 경건주의가 계몽주의의 세계관의 강력한 영향 아래 자신들의 비전을 축소하기 시작했을 때 이러한 초기의 경향에 변화가 일기 시작했다. 교회의 중요성도 평가 절하되었다.

니콜라우스 폰 친첸도르프 "교회"를 활력 없고 형식적인 루터파 정통주의(Lutheran scholasticism) 기관과 연결시켰고, 따라서 그를 따르는 사람들은 하나의 교회를 구성하거나 선교를 수행하는 중에 교회를 개척하는 것에 관심을 기울이지 않았다. 선교에 책무를 느끼는 개인에 대한 강조는, 선교를 이 사역에 특별히 관심을 기울이는 집단들이 수행하는 일로 여기는 일종의 자원주의(a voluntarism)로 이끌었다.

---

46 J. H. Bavink, *An Introduction to the Science of Missions,* trans. David Hugh Freeman (Philadephia: Presbyterian & Reformed, 1960), p. 285.
47 Ibid., p. 294.
48 Gustav Warneck, *Abrib einer Geschichte der protestantischen Missionen von der Reformation bis auf die Gegenwart: Ein Beitrag zur neueren Kirchengeschichte* (8th ed.; Berlin: Warneck, 1905), p. 65.

4. 계몽주의 패러다임

선교에 대한 새로운 패러다임으로 인도하는 가장 우선되는 요인은 유럽의 문화가 강력한 동력으로 모든 것을 포괄하는 18세기 계몽주의 세계관인 세속적 인본주의(humanism) 세계관으로 전환하는 것이었다. 중세 시대를 거치는 동안, 고전 문화에 뿌리를 두고 있는 인본주의는 기독교와 조화로운 통합—그러나 아마도 기독교에 종속적인 가운데 조화로운 관계를 유지했다고 보는 것이 정확할 것이다—을 유지하고 있었다.

그러나 인본주의는 14세기부터 15세기에 걸쳐 발생한 르네상스 시대를 거치는 동안 인본주의에 대한 확고한 주장을 다시 제기하기 시작했다. 이후 수 세기가 흐르는 동안, 인본주의는 18세기와 19세기에 이르러 마침내 승리를 이룰 때까지 새로운 전기를 마련해 갔다.

18세기와 19세기까지 세속적이고 합리주의적인 인본주의 세계에 대한 포괄적 비전으로 등장했는데, 이는 복음과 성경 이야기에 뿌리를 둔 세계관과 대립하는 것이었다. 18세기 계몽주의 시대에 유럽 문화는 모든 것을 포괄하는 세속적이고 합리주의적인 인본주의에 대한 믿음으로 전환했다. 그리고 인본주의는 19세기와 20세기를 거치면서 서구 문명의 모든 국면을 변형시켰다.

계몽주의 신앙은 기독교 신앙의 세속판(version)이었다. 중세 유럽을 지배했던 하나님의 섭리적 통치 아래 하나님의 도성을 향해 유동해 가는 역사에 대한 아우구스티누스식 비전은 해체되었고, 인간의 노력에 의해 건설되리라 믿는 파라다이스를 향한 진보에 대한 세속적 이해로 재구성되었다. 구원은 인간의 노력을 통해 발견될 수 있었다. 서구인들이 이와 같은 유토피아적 목표를 향해 역사를 움직여 가는 데 필요한 통제와 지배력을 제공하는 것은 특히 과학과 기술이었다.

이러한 세계관은 여러 가지 면에서 기독교 신앙과 불화할 수밖에 없다. 인본주의는 세속적이고 자연주의적인 지향성을 가지고 있으며, 따라서 역사 속에 실존하시며 역사하시는 하나님을 위한 공간이 없다. 진리를 향한 유일한 대로는 합리주의적이고 인간의 이성과 과학적 방법론을 통해서만 발견된다. 인류는 하나님과 그분의 권위에 종속된 의존적 피조물이 아니다. 또한, 인류는 죄인이 아니다.

오히려 인본주의는 자율성과 개인의 자유를 높이 평가하고, 인간의 선과 능력을 순진하게 신뢰하는 대단히 낙관적인 인간 이해 위에 세워진 것이다. 세계에 대한 이러한 관점은 단지 좀 더 나은 세상을 위한 꿈에 머물러 있지 않았다. 19세기와 20세기를 지나고 일련의 혁명을 겪어 나가는 동안, 인간 사회에 대한 이런 비전은 인간 사회에 존재하는 더 다양한 분야 안으로 제도적으로 새겨져 갔다.

1) 서구 문화에서의 선교

천 년이 넘는 기간 동안 지배적이었던 세계에 대한 광범위한 기독교적 비전이 쇠퇴하기 시작했을 때, 교회는 새로운 환경 가운데 처해 있는 자신의 모습을 봤다. 인류와 세계에 대한 심대하게 다른 관점을 제공하는 지배적인 문화적 세계관에 대해, 기독교 공동체는 자신을 둘러싼 종교-문화 환경과의 관계를 재정립해야 했다. 불행하게도 기독교왕국의 유산은 선교적 대면이라는 측면에서 대응해야 할 교회의 능력에 장애가 되었다.

교회는 너무 오랜 세월 교회가 처한 문화 환경 속에서 무비판적인 삶을 살아왔기 때문에, 서구 문화를 지배하는 새로운 신념들과 제도들에 대항하여 도전하기가 어려운 상황에 부닥쳐 있었다. 기독교 신앙은 점증적으로 지배적 위치를 다지는 인본주의라는 세속적 믿음에 의해 판단을 받는 처지가 되었고, 많은 이에 의해 부적절한 것으로 이해되는 처지에 이르렀다. 많은 사람이 점차 복음을 포기했다. 그리고 이에 수반하는 일반적 동향은 기독교 신앙을 사적으로, 내향적인 것으로, 개인적인 것으로, 인간의 도덕적 생활로 분류하는 것이었다. 이러한 경향은 신학적 정통성과 복음의 역사적 사실성(facticity)을 포기한 자유주의적 전통 안에서 분명하게 드러난다.

자유주의적 전통에서 기독교 신앙은 윤리와 종교적 감정으로 제한되었다. 그러나 비록 성경적 복음이 갖는 우주적 영역에서 볼 때 협소해 보이기는 해도, 더 정통적이고 활력 넘치는 기독교 신앙이 여전히 생생하게 살아 있던 독일의 경건주의, 영국의 감리교, 미국의 대각성 운동(the Great Awakening)과 같은 초기 운동들이 있었다는 것도 명백한 사실이다. 자유주의 전통뿐만 아니라 복음주의 전통 역시도 계몽주의 신앙의 강력한 영향 아래 복음이 갖는 영향력의 범주를 어느 정도 축소했다.

상황이 이런 지경에 이르렀다 해서 서구교회가 복음을 도매금으로 매각한 것으로 평가 절하해서는 안 된다. 물론 지난 2세기 동안 다양한 수준의 신앙이 존재했다. 그리고 그런 현상은 항상 있었던 것이기도 하다. 다양한 종교 운동과 기독교 전통을 통해 명백히 드러난 기독교 신앙에 대한 활력도 존재했다. 그리고 비록 세속적 인본주의의 전 포괄적인 능력과 점증하는 세속적 인본주의의 고양에 대한 일반적인 순응을 보고 있기는 하지만, 복음에 대한 충성은 기독교 신앙을 사적인 영역으로 제한하는 모든 경계를 차고 넘치고 있다는 것도 사실이다.

교회가 교회의 선교를 삶과 양립 불가능하고 모든 것을 포괄하는 비전 간의 충돌에 따라 설명한 적은 거의 없다. 일반적으로 문화 안에서 수행하는 교회의 선교를 언급할 때, 전도 이상의 선교 개념을 생각하지 않았다. 그러나 그랬음에도 불구하고 의도하지는 않았다 하더라도, 기독교 신앙이 가진 활력은 서구 문화를 형성하는 데 매우 실질적인 영향을 끼치기도 했다. 20세기가 시작되고 수십 년의 세월이 지나는 동안, 인본주의가 끼친 침식적인 영향력으로 인해 기독교 신앙은 그 활력, 성도의 수 그리고 영향력도 감소했다.

2) 서구 밖에서의 선교 사역들: 근대 선교 운동

서구의 후기 계몽주의(post-Enlightenment) 시대 교회는 선교가 교회가 속한 문화 내부에서 진행되는 것이며 교회가 속한 문화를 지향하는 것이라는 점을 충분히 이해하지 못했지만, 선교가 타문화권 사역과 해외 사역에 대한 것이라는 점에 대해서는 충분히 이해하고 있었다.

참으로 19세기와 20세기는 전례 없는 재정 자원과 인적 자원을 타문화권 선교 사업을 위해 쏟아부은 시기였다.

이전의 모든 시대처럼, 근대 선교 운동은 모호함이 특징이다. 근대 선교 운동에는 감사해야 할 일도 많고, 불편함을 느껴야 할 일도 많다. 근대 선교 운동에는 "이루 말로 다 할 수 없이 경악스러운 일들(horrors)"과 "위대한 성취들"이 공존한다.[49]

16세기와 17세기에 로마 가톨릭교회와 18세기 경건주의자들이 해외에 쏟아부은 노력에도 불구하고 19세기를 시작할 즈음 기독교는 유럽과 서구 식민지에 국한된 "백인들의" 종교였다. 교회 내 많은 사람은 교회의 선교 지평이 땅끝이 되어야 하는 것으로 바르게 이해했고, 따라서 알려지지 않은 지역으로 복음을 가지고 가야 할 필요성에 근거하여 행동했다.

---

[49] Lesslie Newbigin, "Report of the Division of World Mission and Evangelism to the Central Committee," *Ecumenical Review* 15 (1962): 90; Lesslie Newbigin, "Mission to Six Continents," in *The Ecumenical Advance: A History of the Ecumenical Movement*, vol. 2, 1948-1968, ed. Harold Fey (London: SPCK, 1970), p. 173; Lesslie Newbigin, "The Future of Missions and Missionaries," in *Review and Expositor* 74, no. 2 (1977): 210; Lesslie Newbigin, preface to *Toward the 21st Century in Christian Mission*, ed. Jaemes M. Phillips and Robert C. Coote (Grand Rapids: Eerdmans, 1993), pp. 1-6 또한 보라.

19세기와 20세기 동안, 제3세계 지역에서 믿기 어려울 정도로 풍성한 개신교 선교 활동이 이루어졌다. 계몽주의 시대가 깨어날 즈음에 발전된 근대 선교 운동은 우선적으로 "기독교 서구에서 비기독교 비서구 지역으로의" 지리적 확장에 대한 것이었다. 신학적으로 말하자면, 근대 선교 운동의 선교 패러다임은 우선적으로 타문화권 선교 사역에 대한 것이었다. 오늘날까지도 일부 기독교 진영에서 이해하는 선교는 우선적으로 이런 방식이다. 해외에서 발생하는 것—"소금물 신화"(the salt water myth)—이라면 그것이 무엇이 되었던 선교이다.

선교는 서구에서 세상의 다른 지역으로 가는 것이다. 따라서 세상의 나머지 지역에 전달된 복음은 서구의 옷을 입을 수밖에 없었다. 이런 일은 놀랄 만한 일이 아니다. 왜냐하면 복음은 항상 특정 문화의 형식을 통해 표현되기 때문이다. 누가 되었든, 선교사가 다른 문화권에서 그리스도를 소개할 때 선교사 자신이 속한 문화의 형식을 통해 소개할 수밖에 없는 것은 불가피한 일이다. 문제는 그러한 불가피성이 아니라 다음의 두 가지 점들로 인해 발생한다.

첫째, 계몽주의가 발흥할 때 발생한 과학적 그리고 기술적 진보 때문에, 유럽은 세계 문명의 지배 세력이 되었다. 이는 서구 문화의 우월성에 대한 엄청난 신뢰로 귀결되었다.

둘째, 복음은 아주 오랫동안 서구 문화의 옷을 입고 있었다. 그 결과 복음과 서구의 문화 형식 간 구별성이 거의 없어졌다. "기독교와 서구 문화가 상호 강력하게 결합했고, 기독교가 서구 문화에 길들었기 때문에, 기독교의 문화화 과정은 서구에서 매우 성공적으로 진행되었다."[50]

이런 결과, 기독교 신앙은 유럽인의 삶과 사상의 범주로부터 분리 불가결한 것으로 여겨지게 되었다. 선교 활동은 서구의 문화 형식을 덧입은 기독교를 아프리카인과 아시아인에게 부과하는 것이 되었다. 예를 들면, 아프리카의 북들과 산고만(sangoma, 주술 치료사)은 이방 종교와 관련된 것으로 여겨졌고, 따라서 정죄의 대상이었다.

서구 문화에 대한 무비판적 수용에 대한 한층 해로운 표현은 19세기 말에 진행된 선교 사역이 식민주의와 제국주의와 밀접하게 뒤엉켜 있었을 때 등장했다. 1878-1914년 기간에 유럽 국가들은 적어도 천만 제곱마일의 땅을 점령하고 있었

---

50 Walls, *Cross-Cultural Process*, p. 49.

고, 아시아와 아프리카에 살고 있던 사람 중 5억 명 이상의 사람들을 복속시켰다. 15세기에는 정치와 종교의 기독교왕국식 연결로 조성된 신정국가에 대한 충동이 초래한 로마 가톨릭 국가들의 식민주의가 지배적이었다. 그러나 19세기와 20세기에 식민주의를 형성한 것은 계몽주의에서 부상한 상업적, 경제적 세계관이었다. 19세기 후반 서구 문화에서 진보와 경제 성장이 고점(a high point)에 달했다.

경제적 이익에 대한 열망 때문에 발동 걸린 서구 유럽과 서구 유럽 국가들이 정복한 해외 식민지들은, 유럽을 제외한 모든 인류에게 서구의 정치적 통치, 경제적 이상, 특히 상업적 지배를 부과했다. 슬프게도 일반적으로 볼 때, 해외 선교 사역은 식민주의가 파놓은 수로들을 따라 흘러갔다. 그래서 식민주의에는 데이비드 리빙스턴(David Livingston)의 세 가지 C, 즉 세 가지 위협—기독교(Christianity), 상업(Commerce), 문명(Civilization)—이 상호 뒤엉켜 있었다.

근대 선교는 식민주의와 연동되었던 선교 활동 때문에 손쉽게 준열한 비판의 대상이 되었다. 그런 비판 중에서 일부의 비판은 정당한 비판이다. 어쩔 수 없이 서구 선교사들은 그 시대의 아이들이었다. 선교사들은 당시의 문화적 가정과 시대의 사회적, 경제적 그리고 정치적 행위를 수용했다.

그러나 그것만이 근대 선교 운동 이야기의 모든 것은 아니다. 노예 제도처럼 아프리카인의 상황을 악화시키는 문화 행위(문명)와 가난으로부터 해방하는 것(상업)에 대한 리빙스턴의 관심은 추앙받아 마땅한 목표였다. 선교사들의 활동을 통해 많은 선한 것이 비서구 나라로 흘러 들어갔다. 그뿐만 아니라, 수많은 선교사는 식민주의에 대해 비판적 태도를 견지하고 있었다. 심지어 때로 선교사들은 그들이 사랑한 사람들을 위해 싸우기도 했다.

식민주의 시대에 대한 균형 잡힌 평가는 선교사들이 처한 애매모호한 상황을 인지하는 것으로부터 시작되어야 한다. 선교사들도 그 시대의 소산이기 때문에, 선교사들도 어쩔 수 없이 식민주의에 연루되었을 수밖에 없었다. 그러나 대부분은 선교사들이 품은 우선적인 관심은 그들이 섬긴 사람들의 안녕이었다.[51]

식민주의적 동기만이 작동했던 것도 아니다. 강력한 성경적 동기도 작동했다. 요하네스 버르카일(Johaness Verkuyl)은 근대 선교 운동을 돌아보며 여기에서 언급한 여

---

51 이처럼 균형 잡힌 평가는 Stephen Neill의 *Colonialism and Christian Missions* (New York: McGraw-Hill, 1966), pp. 412-25에서 찾아볼 수 있다. 이외에도, Andrew Porter, *Religion versus Empire? British Protestant Missionaries and Overseas Expansion*, 1700-1914 (Studies in the *History of Christian Missions*; Manchester: Manchester University Press, 2004); Andrew Porter, ed. *The Imperial Horizons of British Protestant Missions*, 1880-1914 (Gramd Rapids: Eerdemans, 2003), 특히 Brian Stanley이 저술한 장인, "Church, State, and the Hierarchy of 'Civilization.'" 또한 보라.

러 가지 순수하지 못한 동기—사람들을 지배하고자 하는 제국주의적 동기, 자신의 문화를 다른 사람들에게 전이시키려는 문화적 동기, 더 큰 경제적 이득을 노린 상업적 동기 그리고 교회에 대한 특정 모델을 다른 사람들에게 전가하는 것이 동기가 된 교회론적 식민주의—을 관찰했다. 그러나 그는 그 기간 작동했던 순결한 혹은 성경적인 동기의 리스트—순종, 사랑, 송영, 종말론적 소망, 서두름, 개인적 축복—도 제시했다.[52]

보쉬는 근대 선교 운동 기간 작동했던 다양한 동기에 관해 상세히 연구했다.[53] 여기에서 나는 보쉬의 연구를 간단하게 세 가지로 언급할 것이다.

첫째, 선교 대명령에 대한 복종이라는 동기가 많은 이들을 도전하여 그들이 복음을 들고 열방으로 가게 했다.

마태복음 28:18-20은 재침례파들이 사용하기 전까지 교회사 전체를 통해 사용된 적이 없다. 그러나 이 구절을 실재로 선교를 위한 성경적 근거로 내세우며 핵심적으로 사용한 것은, 윌리엄 캐리가 저술한 『이교도들의 회심을 위해 수단을 사용할 기독교인들의 의무에 대한 연구』(*An Enquiry into the Obligations of Christians to Use Means for the Conversion of the Heathen*, 1792)라는 작은 책자가 처음이었다.

이 구절이 마태복음의 문학적 맥락에서 제거되었던 것은 불행한 일이었다. 그리고 선교를 타문화권에 대한 것으로 축소하면서, 이 구절의 강조점을 "가라"에 둔 것도 불행한 일이다. 헬라어 원문에서 "가라"는 우선적 명령어가 아니다. "가라"를 우선시한 것으로 이 구절을 이해하는 것이 선교의 합법적 근거를 제시하는 근거로 사용되고 있기도 하다.

그러나 이 구절이 선교를 명령하고 있음은 분명한 사실이고, 근대 선교 운동 당시, 교회는 이 명령을 복종해야 할 확실하고 명백한 명령으로 들었다.

둘째, 많은 사람에게 그리스도에 대한 사랑과 사람들에 대한 사랑이 동기가 되었다.

18세기와 19세기 초에 선교에 관해 다룬 어떤 저자는 자신이 저술한 책 제목을 『예수의 사랑에 사로잡혀』(*Constrained by Jesus' Love*)라고 붙였다.[54] 그 책은 그리스도에 대한 사랑과 하나님과의 영적 관계를 잃어버렸을 뿐 아니라 물리적으로 심각한

---

52 Johannes Verkuyl, *Comtemporary Missiology: An Introduction*, trans. Dale Cooper (Grand Rapids Eerdmans, 1978), pp. 163-75 (『현대 선교 신학 개론』, CLC 역간).
53 Bosch, *Transforming Mission*, pp. 284-345.
54 Johan van den Berg, *Constrained by Jesus' Love: An Inquiry into the Motives of the Missionary Awakening in Great Britain in the Period between 1698 and 1815* (Kampen: Kok, 1956).

필요에 직면한 사람들에 대한 사랑에 대한 풍성한 증거로 차 있다. 이 사랑이 동기가 되어 많은 사람이 말과 행위를 통해 영혼과 육신의 결핍에 직면해 있는 사람들에게 복음을 전하는 데 스스로를 희생하고 헌신했다.

19세기가 지나는 동안, 점차 증가하는 서구 우월성에 대한 감정과 관련된 미묘한 변화가 있었다는 것은 불행한 일이었다. 사랑의 동기는 어려움에 처한 사람들에 대한 연민과 연대감이 계기가 되어 시작되었다. 그러나 처음의 이런 마음은 시간이 지남에 따라 무력하기 짝이 없는 이교도들에 대한 우월감과 온정주의적 자비로 오염되었다.

"와서 우리를 도우라"(행 16:9)라고 애원하는 마케도니아 사람은, 그리스도의 전달자들을 간청하여 자신들을 도우러 오라고 애원하는 비기독교인의 전형이 되었다. 그러자 선교는 핸드릭 크래이머(Hendrik Kreamer)가 묘사한 것처럼, "자비를 갈구하는 수용자들에게 주어질 수혜를 통제하는" 문제가 되었다.[55] 그러나 여전히 사랑은 선교 사역을 위한 강력한 동기로 남아 있었다.

셋째, 동기는 천년왕국(millennial)에 대한 기대였다.

존 칼빈과 청교도들은 삼중의 시대 구분, 즉 사도 시대, 적그리스도 시대 그리고 하나님 나라가 땅끝까지 확장되는 시대라는 구분에 기초하여 사역했다. 청교도들은 자신들이 세 번째 시대의 여명기에 살고 있다고 믿었다. 그리고 자신들에게는 하나님에 대한 지식을 땅끝까지 전파해야 할 사명이 주어졌다고 믿고 있었다. 그들은 마지막 때에 추수할 곡식을 거둘 일꾼들이었다.

불행하게도, 하나님 나라의 도래에 대한 진행적(progressive) 이해는 진보(progress)에 대한 계몽주의적 관점에 의해 감염되었다. 황금 시대는 인간의 노력 안에서 그리고 인간의 노력에 의해서 시작될 것이다. 선교 사역에 이 관점이 투영되었다.

복잡하게 돌아가는 역사의 진행 과정 안에서, 복음을 전하는 일에 좀 더 헌신적인 진영에 속한 사람들은 후천년설(postmilleialism, 예수께서 재림하시기 전에 천년왕국이 도래할 것이라고 보는 시각으로, 계몽주의적 진보관과 맞물려 선교 사역은 정치, 사회, 경제적인 모순들을 해결하는 데 맞춰져야 한다고 보았다—역주)에 도전하며 좀 더 비관적인 전천년설(premillenialism, 재림 이후 천년왕국이 도래할 것이라고 보는 시각으로, 예수 재림 이전에 모든 영혼을 구원해야 하며 그 외 다른 것은 예수의 재림으로 풀어져 사라질 것이기 때문에 상관할 필요가 없다고 보았다—역주)을 제시했다.

---

55 Hendrik Kraemer, *The Christian Message in the Non-Christian World* (London: Edinburgh House Press, 1938), p. 426. (『기독교 선교와 타종교』, CLC 역간)

이러한 시각은 선교 사역을 침몰하는 창조의 배에서 영혼들을 구하기를 지향하는 전도로 축소시켰다. 따라서 20세기를 지나는 동안, 주류 교회가 주장하는 후천년설의 낙관주의와 복음주의에 속한 교회들이 주장하는 전천년설의 비관주의가 다른 방식으로 선교에 영향을 끼쳤다. 좀 더 자유주의적인 교회는 사회적 행동과 정치적 행동에 헌신했던 반면, 좀 더 보수적인 교회는 영혼을 구원하는 전도에 몰입했다. 그러나 양자 모두 하나님 나라에 대한 특정한 이해—한편은 "이미"를 전적으로 강조했고, 다른 한편은 전적으로 "아직"을 강조했다—에 의해 동력을 공급받았다.

기독교왕국 시대에는 선교의 주도권을 정치 지도자 혹은 교황이 차지했다. 그러나 종교개혁으로 기독교 교회는 파편화되었고 선교를 주도하고 조정할 중앙집권적인 교회 권위를 상실했다. 선교 사역을 어깨에 짊어질 정치 권력도 없었다. 계몽주의의 도래로 인해 교회-국가 동맹이 깨졌다. 그리고 1,500년간 지속되었던 콘스탄티누스식 안정은 공식적으로 해체되었다. 그리고 선교 사역을 위한 기반 시설을 제공하게 될 선교 단체들(missionary societies)이 등장했다. 보쉬는 이러한 선교회들의 등장을 "깜짝 놀랄 만한 현상"이라 언급했다.[56]

그러나 오늘날 선교회는 수많은 기독교인에게 아주 일상적인 장소로 인식되고 있고, 선교 사역에서 선교회들이 감당하고 있는 역할도 그대로 수용되고 있기 때문에, 더 이상 놀랄 만한 현상이 아니다. 최초의 선교회는 1972년에 등장했다(윌리엄 캐리의 '이교도에게 복음을 전파하는 특별침례회'[Particular Baptist Society for Propagating the Gospel among the Heathen]가 그것이다). 새로운 선교회 현상은 선교에 대한 수세적인 입장에서 시작되었으나, 19세기를 통해 새롭게 도약할 전기를 마련했다. 그리고 선교회의 숫자도 늘어 갔고 20세기 초반 동안 그 영향력도 최고조에 달했다.

이들 선교회가 등장한 데는 몇 가지 요인들이 있다. 아마도 가장 중요한 요인은 선교에 대한 의무를 지기를 고집스럽게 거부했던 교회일 것이다. 많은 교회가 교회의 선교적 의무에 대해 눈이 멀어 있었다. 심지어는 선교적 의무를 지는 것에 대해 적대적인 태도를 보이기까지 했다. 그래서 선교를 교회가 져야 할 의무라 믿는 사람들이 모여 선교회를 조직했고, 복음을 들어 보지 못한 지역들로 복음을 전하는 일에 헌신했다.

이들 선교회의 타당성에 대한 지속적인 논쟁이 여전히 존재한다. 선교회들에 우호적인 사람들(advocates)은 선교 사역을 실제로 감당한 교회들이 거의 없었다는

---

[56] Bosch, *Transforming Mission*, p. 327.

사실을 지적했는데, 마침내 교회들이 선교에 대한 의무를 수용하기 시작했을 때 본국에(at home) 엄격한 권위주의가 등장하여 서구교회의 복제형 교회들을 세계의 다른 지역에 세우고자 했다.

더욱이 선교회들은 규모가 작았기 때문에 좀 더 창의적이고 유연성을 갖출 수 있었다. 좀 더 에큐메니컬한 비전을 반영하고 있기도 했다. 반대자들은 선교회들이 성경을 중요하게 여기지 않고 교회의 선교적 본질을 손상시키고 있다고 지적했다. 물론 교회의 실패로 야기된 역사적 필요성 때문에 선교회들이 존재할 권리가 있었을 때가 있었다. 그러나 그것은 이미 과거의 일이 되었다. 교회와 분리된 선교회의 성립에 대해 언급하면서, 뉴비긴은 이러한 균열이 "선교 역사가 갖는 가장 큰 재앙 중 하나이며, 이러한 균열의 치유는 우리 시대가 감당해야 하는 가장 큰 임무 중 하나"라고 말했다.[57] J. H. 바빙크는 다음과 같이 믿었다.

> 선교 사역이라는 어려운 책무는 교회에 달려 있어야 한다. 그러나 교회가 구속하시는 그리스도의 사랑을 실천하는 기관으로 더 이상 작동할 수 없는 지경에 이를 때마다, 교회 구성원들은 선교 사역이라는 교회의 과업을 더 이상 인식하지 못하게 된다. 그러나 교회는 개혁되어야 하고, 그 결과로 교회는 마땅히 감당해야 할 사역을 감당하는 자리로 회복될 것이다.[58]

이들 선교회가 미래에 감당하게 될 역할과 더불어, 교회와 선교회 간의 분열이 회복될 수 있을지와 어떻게 회복될 것인가는 앞으로 보게 될 것이다. 그렇게 되기까지 선교 기관은 현대 선교 사업의 핵심적 기관으로 남아 있을 것이다. 그리고 그 기관들이 진실한 방식으로 하나님의 선교를 실현할 것인가에 대한 질문은 중요한 토론 제목으로 여전히 계속될 것이다.

오늘날 계몽주의 선교 패러다임은 더 이상 적절하지 않다. 다른 많은 이유 중에서, 비서구교회의 증가와 서구교회의 쇠퇴 그리고 식민주의의 붕괴는 교회를 새로운 환경에 처하게 했다. 교회가 교회에게 맡겨진 선교적 소명을 재고하는 것은 본질적인 일이다. 우리는 다음 장에서 새로운 시대로 우리의 관심을 돌릴 것이다.

---

[57] Lesslie Newbigin, *One Body, One Gospel, One World: The Christian Mission Today* (London: International Missionary Council, 1958), p. 26.
[58] Bavink, *Science of Missions*, p. 61.

심화를 위한 독서 자료

Bevans, Stephen B., and Roger P. Schroeder. *Constants in Context: A Theology of Mission for Today*. Maryknoll, NY: Orbis, 2004, pp. 73-280.

Bosch, David J. *Transforming Mission: Paradigm Shifts in Theology of Mission*. Maryknoll, NY: Orbis, 1991, pp. 181-345. (『변화하는 선교』, CLC 역간)

Neill, Stephen. *A History of Christian Missions*. Revised edition. New York: Penguin, 1986.

Sunquist, Scott W. *Understanding Christian Mission: Participation in Suffering and Glory*. Grand Rapids: Baker, 2013, pp. 23-175.

Walls, Andrew F. *The Missionary Movement in Christian History: Studies in the Transmission of Faith*. Maryknoll, NY: Orbis, 1996. (『세계 기독교와 선교 운동』, IVP 역간)

토론을 위한 질문

1. 모든 역사적 설명은 하나의 이야기를 말하기 위해 과거로부터 사실들을 선별하고, 해석하고, 정리한다.
"선교 역사"라는 일반적인 제목에서 언급될 수 있는 다양한 이야기에는 어떤 것들이 있겠는가?
2. 선교에 대한 초대교회와 기독교왕국 간, 기독교왕국과 계몽주의 간 그리고 계몽주의와 에큐메니컬 패러다임 간 패러다임 이동을 야기한 역사적 변화들에 관해 토론해 보라.
3. 선교에 대해 우리가 초대교회로부터 배울 수 있는 것은 무엇인가?
기독교왕국 시대로부터 배울 수 있는 것은 무엇인가?
계몽주의로부터 배울 수 있는 것은 무엇인가?

에세이를 위한 주제

1. 선교 이야기를 말할 때 선교와 선교 사역들을 구별하는 것이 중요한 이유를 설명하고 실증해 보라.
2. 기독교왕국 교회의 선교 패러다임은 무엇이었는가?
   그로부터 우리가 배울 수 있는 것은 무엇인가?
3. 근대 선교 운동에 대해서는 강력한 비판자뿐만 아니라 열정적인 옹호자도 존재한다. 근대 선교 운동의 강점과 약점을 평가해 보라.

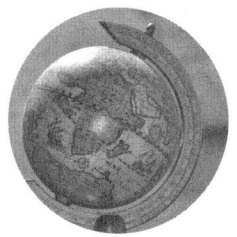

제4장

선교에 대한 에큐메니컬 패러다임

『세계기독교사전』(*World Christian Encyclopedia*)의 가장 최근 판에서 저자들은 다음과 같이 언급했다.

> 20세기 동안 기독교는 역사에서 가장 광범위하고 보편적인 종교가 되었다. 오늘날 사람이 거주하고 있는 세상 모든 나라에 기독교인들과 조직적인 기독교 교회들이 존재하고 있다. 따라서 이제 교회는 역사상 처음으로 단어 그 자체가 갖는 문자적 의미 그대로 에큐메니컬하다. 교회의 경계는 사람이 거주하는 온 세상을 의미하는 '오이쿠메네'(*oikoumene*)의 경계와 같다.[1]

이제 교회는 전 세계적인 몸으로 존재한다는 이 사실이 오늘날 선교에 대한 새로운 패러다임을 형성하고 있다.

우리는 서론에서 오늘날 선교에 대한 패러다임을 변화시키는 다양한 이슈에 대해 간략하게 살펴보았다. 식민주의의 붕괴로 인해 수 세기 동안 선교가 유동하는 여러 경로를 제공했던 기본적인 체계 구조가 사라졌다. 더욱이 서구교회가 인본주의라는 종교적인 대중 교리에 혼합적으로 순응하고 있다는 인식의 증가와 함께, 서구교회 자체의 퇴조는 서구교회가 세계교회와 교회 선교 사업의 중심부를 차지하고 있다는 주장도 타당성이 없는 것으로 만들어 버렸다.

마지막으로, 아프리카와 아시아 그리고 라틴 아메리카 지역 교회가 보여 주는 성장과 활력은, 이들 지역을 서구교회가 선교를 수행하는 선교지로 이해되는 것을 거부한다. 이러한 변화는 선교에 대한 계몽주의적 패러다임이 더 이상 유용하

---

[1] David B. Barrett. George Kurian and Todd M. Johnson, *World Christian Encyclopedia: A Comparative Survey of Churches and Religions in the Modern World* (2nd ed.; New York: Oxford University Press, 2001), p. 3.

지 않음을 드러내는 것으로 이해된다. 이제 요구되는 것은 선교에 대한 이론과 실천을 재고하는 것이다. 이제는 선교에 대한 새로운 패러다임인 에큐메니컬 패러다임이 요구된다.

본 장에서는 새롭게 부상하고 있는 에큐메니컬 패러다임에 대한 대략적인 그림을 두 가지 면으로 설명할 것이다.

첫째, 우리는 선교에 대한 계몽주의 시대 사고에 대한 20세기 선교의 반작용과 반응들의 일부에 대해 주목할 것이다.

둘째, 에큐메니컬 패러다임의 발전에 기여하고 있는 선교에 대한 다섯 가지 전통에 대해 살펴볼 것이다.

1. 근대 선교 운동에 대한 반응들: 새로운 패러다임을 향하여

20세기가 흐르는 동안, 지난 한 세기가 넘는 시간 동안 선교에 대한 교회의 이해와 실천의 본이 되었던 패러다임이 부적절한 것이라는 사실이 점차 명백하게 드러났다. 이 기간 과거 근대 선교 운동 시기에 형성되고 선교 이해의 주류를 형성했던 교회의 사고와 실천에 흠집을 내는 것으로 이해되는 일과 관련한 다양한 신학적 반응이 있었다.

물론 이런 반응들이 발생했다고 해서 작금의 교회가 그런 신학적 반응들을 모두 실천에 적용하고 있음을 의미하는 것은 아니다.

오히려 현실은 그것과 상당히 차이가 있다!

우리가 본 장의 이 부분에서 주목해야 하는 것은 실천으로까지 적용된 반응들에 대한 논의가 아니라, 지난 두 세기 동안 진행된 선교 행위에 대한 선교 사상가들의 신학적 혹은 선교학적 반응이다.

1) 일방향적 선교에 대한 응답으로서, 육대주 모든 곳에서, 모든 곳으로부터, 모든 곳을 향하는 선교

19세기 초엽, 기독교인의 대다수는 유럽과 북미에 거주하고 있었다. 따라서 복음을 듣고 복음이 아직까지 전달되지 않은 남방과 동방의 나라로 가야 한다는 선교사적 충동은 적절한 것이었다. 선교는 서구의 파송지로부터 제3세계의 선교지를 향해 가는 일방적 사역이라는 생각에 의해 정의되었다. 그러나 20세기를 지나는 동안, 서구가 더 이상 예전에 지레짐작했듯 기독교 지역이 아니라는 사실과 세계의 다른 지역에서 교회가 성장하고 있다는 사실이 점차 명백해지기 시작했다.

따라서 선교에 대한 개념이 정비될 필요가 있었다. 이러한 필요는 한편으로는 육대주 전체에서(in) 그리고 육대주으로부터(from), 육대주을 향한(to) 선교라는 말로 표현되었다. 또한, 이 표현에 대한 대안으로, 마이클 나지르 알리(Michael Nazir-Ali) 주교가 저술한 책의 제목에서 표현되고 있듯이, 선교는 "모든 곳에서 모든 곳으로"[2]라는 말로 표현되었다.

2) 철저하게 타문화적인 선교에 대한 반응으로서의 서구 문화의 선교학

선교를 전적으로 타문화적 사역이라고 생각하는 인식은, 그리스도가 전 세계 많은 지역에 알려지지 않았던 시절에는 합당한 것이었다. 이런 인식은 오늘날에도 선교의 본질적 요소로 여전히 남아 있다.

그러나 선교를 타문화 사역으로 축소하는 것은, 서구에는 더 이상 수행해야 할 선교가 남아 있지 않다는 환상으로 귀결될 수밖에 없었다.

따라서 서구 문화에 대한 교회의 선교사적 의식이 상실되었고, 서구 문화에 대한 선교사적 대면도 사라졌다. 서구 문화가 기독교적이거나, 최악의 경우 세속적이지만 중립적이라는 가정은, 서구 세계관이라는 우상에 대한 맹목적 수용으로 귀결되었다.

20세기 후반, 특히 레슬리 뉴비긴(Lesslie Newbigin)과 윌버트 셍크(Wilbert Shenk)와 같은 사람들의 선도적 연구의 결과로, 서구 문화에 관한 선교학적 연구가 현대 선교 연구 분야의 주요 부분으로 부상했다.

그러나 서구 문화에 관한 선교학적 연구는 서구교회만을 위해 중요한 것은 아닙니다. 세계 다른 지역들에 존재하는 교회들, 특히 확장일로의 도시 교회들도 세계화(globalization)의 지속적인 진행 때문에 "최소한 도시 지역에서만큼은 지배적인 영향력을 행사하고 있는 서구 문화"[3]에 직면하고 있기 때문이다. 많은 나라에서 교회는 그들 교회가 속해 있는 전통문화와 세계화된 서구 문화가 교차하는 현장

---

2 Michael Nazir-Ali, *From Everywhere to Everywhere: A World View of Christian Mission* (London: Collins, 1990).
3 Lesslie Newbigin, "The *Christian Message* versus 'Modern' Culture," in *Mission in the 1990s*, ed. Gerald H. Anderson, James M. Philips and Robert T. Coote (Grand Rapids: Eerdmans; New Haven: Overseas Ministries Study Center, 1991), p. 24.

에서 복음을 신실하게 구체화할 방안을 모색해야 한다.

> 데이비드 보쉬는 선교에 대해 부상하고 있는 에큐메니컬 패러다임의 여러 가지 요소를 다음과 같이 정리했다.
>
> - 다른 이들과 함께하는 교회로서의 선교
> - 하나님의 선교(missio Dei)로서의 선교
> - 구원을 중재하는 것으로서의 선교
> - 정의를 탐구하는 것으로서의 선교
> - 전도로서의 선교
> - 상황화로서의 선교
> - 해방으로서의 선교
> - 문화화(inculturation)로서의 선교
> - 공동의 증거로서의 선교
> - 하나님의 전 백성에 의한 사역으로서의 선교
> - 다른 신앙을 가진 사람들에 대한 증인으로서의 선교
> - 신학으로서의 선교
> - 소망 가운데 행동하는 선교
> - 서구 문화 안에서의 선교
>
> Bosch, *Transforming Mission*, pp. 368-510;
> *Believing in the Future: Toward a Missiology of Western Culture.*

3) 선교와 교회를 분리하는 것에 대한 반응으로서의 선교사적 교회론

선교사적 소임을 감당하는 데 실패한 교회 때문에, 선교의 과업을 실천에 옮길 선교 단체들이 형성되는 데 이르렀다. 결과적으로 이로 인해 선교는 교회로부터 분리되었다. 그 결과 서구에서 교회는 고상하게 선교 프로젝트를 후원하는 하나의 기관으로 이해됐고, 다수 세계에서 선교와 병행하며 개종자들을 담아내는 그릇 역할을 하는 기관으로 이해됐다. 더욱이 기독교왕국의 유산으로 인해 교회는 선교사적 정체성(missinary identity)에 대한 감각마저 부족한 상황에 이르게 되었다.

20세기를 지나는 동안 선교 사상가들 사이에서 교회는 본질에서 선교적이라는 사고를 성장시키고 정착시키는 다양한 발전이 있었다. 수많은(pervasive) 선교 단체가 감당해야 할 역할에 대한 논란은 지금도 여전히 지속되고 있다.

4) 전적으로 서구적 복음에 대한 반응으로서의 상황화

20세기 이전까지만 하더라도 실재로 압도적 다수의 교회가 서구 문화권에 위치하고 있었기 때문에, 복음이 서구 형식을 덧입고 있었음은 불가피한 일이었다. 대안으로 제시될 수 있는 문화적 구현(cultural embodiment)에 대한 도전이 없었기 때문에, 복음이 특정한 문화 안에서 상황화될 수 있다는 대안적 인식은 사실상 거의 존재하지 않았다.

선교사들이 세계의 어타 다른 지역을 여행하면서 나눈 복음이 서구적 형식을 통해 전달되는 것은 피할 수 없는 일이었다. 간혹 선교사들 가운데 이 문제에 관한 이슈를 인지하고 있는 경우가 없던 것은 아니지만, 대다수 선교사는 자신들의 문화적 가정에 매몰되어 있었다. 20세기를 지나는 동안, 서구교회가 복음 이해에 대한 단 한 가지 형식만을 구현해 냈을 뿐이라는 생각이 점차 분명해져 갔다.

서구가 아닌 다른 상황에 서구의 형식을 입은 복음은 낯선 것일 수밖에 없다. 따라서 복음은 교회가 존재하는 다른 모든 문화 안에서 진정성 있게(authentically) 번역될 필요가 있었다. 이런 인식의 발아와 확산을 계기로, 복음과 타문화와의 관계 문제들에 대한 감수성이 성장하기 시작했다.

라민 사네(Lamin Sanneh)가 관찰했던 것처럼, 확산(diffusion)으로서의 선교 이해가 점차 번역으로서의 선교 이해로 전환되어 갔다.

확산은 복음에 대한 하나의 문화적 표현이 그 독특한 문화적 형식을 통해 복음을 확장하고 펼쳐 나가는 과정에서 다른 문화들을 그 형식에 수용시켜 나가는 과정에서 발생한다. 번역은 복음을 특정한 문화적 틀과 구분하고, 새로운 문화적 상황 안으로 들어갈 때 그 문화와 상호 작용하는 과정에서 해당 문화에 맞는 새로운 형식을 산출할 때 발생하게 된다.[4] 오늘날에는 상황화 문제에 대해 고심하는 문서들이 홍수처럼 쏟아져 나오고 있다.

---

4   Lamin Sanneh, *Translating the Message: the Missionary Impact of Culture* (Maryknoll, NY: Orbis Books, 1999), p. 31.

각각의 문화 안에서 신실하게 구체화된 복음은 어떤 모습이어야 할까?

어떻게 하면 여전히 하나의 복음이면서 문화적으로 다양한 그러면서도 신실한 표현들이 있을 수 있을까?

> 현존하는 문화들과 비교적 편안하게 접촉한다는 점에서, 기독교 신앙은 놀라움을 자아낸다. 기독교 신앙은 접촉하는 모든 문화와 양립 가능하도록 번역할 수 있는 번역 가능한 종교(translatable religion)이다. 기독교 신앙의 서구적 형식은 그대로 부과될 수도 있지만, 그런 경우 수용자 문화의 저항을 받을 수 있다. 그러나 기독교 신앙이 모든 문화의 형식에 그대로 부합되는 것은 아니다. 기독교 신앙은 과거 배타적인 유대적 틀에서 자유롭게 벗어나 헬레니즘적 문화에 적응해 완전하게 동화(assimilation)되었다. 기독교 사상은 헬라적 사상이었다. 그러나 로마와 비잔틴의 경계를 넘어 뻗어 나가는 선교적 확장 과정 안에서, 우리는 문화에 사로잡혔던 기독교 신앙이 어떤 도전을 받았는지에 대한 증거를 발견할 수 있다.
>
> Lamin Sanneh, *Translating the Message*, p. 56.

5) 인간 중심주의적 선교에 대한 반응으로서의 하나님의 선교

18세기 계몽주의로부터 시작된 진보에 대한 이야기는 서구 국가들 가운데 일종의 신앙 선언문이 되었다. 19세기 후천년설에 기초한 종말론이 진보에 대한 신앙에 오염된 선교 사업의 틀을 형성했다는 것을 확인하는 것은 놀랄 일도 아니다. 진보에 대한 이데올로기는 본질적으로 역사의 방향을 설정하는 인간의 능력과 힘을 대단히 신뢰하는 인본주의적 이데올로기다. 이는 계획과 전략, 인간의 노력과 서구문명이 초래한 혜택들이 19세기와 20세기 선교에서 상당한 역할을 했다는 것을 의미한다.

그와 같은 인간 중심주의(anthropocentrism)에 대한 신학적 반응이 하나님의 선교(*missio Dei*)의 견지에서 선교를 이해하려는 움직임이었다. 하나님의 선교는 하나님의 사역들 중 가장 우선하는 것이다. 이에 비해, 교회의 선교는 하나님이 하시는 일에 참여하는 것이다.

6) 발전에 대한 반응으로서의 해방

근대 선교 운동의 상당 부분에는 식민주의적 틀이 견고하게 자리 잡고 있다. 식민지국들이 점진적으로 서구 국가들로부터 정치적인 독립을 성취해 갈 때, 정치적 독립에도 불구하고 남반구에 있는 수많은 식민지국이 새로운 형태의 경제적 식민주의로 인해 여전히 서구 국가들에 종속되어 있음이 명확해졌다. 여전히 회자하고 있던 진보에 대한 계몽주의적 이야기는, 그 이야기에 늘 수반되어 등장하던 발전에 대한 언급과 더불어 제국주의적인 본성을 드러냈다.

해외 선교지에 대한 교회의 사회적 참여 중 상당 부분은 발전과 진보에 대한 인본주의적 문화 이야기에 대한 맹목적이거나 무비판적이었다. 문제는 발전이나 발전에 대한 필요가 아니었다. 문제는 불공정한 세상의 경제 구조들로 인해 생겨난 지배와 의존 관계의 성립이었다. 따라서 필요한 것은 "가장 근본적인 문제로서 의존과 구조적 불의"를 인지하는 해방에 대한 인식이었다.[5] 이것이 20세기 중반 이후 발전되어 온 해방운동의 부상을 초래한 요인 중 하나였다.

해방은 라틴 아메리카와 아프리카 그리고 아시아 지역에서 다양한 지역의 상황 신학들을 형성했고, 이는 선교 신학의 수행과 선교를 실천하는 것에 대한 새로운 방식을 촉진했다. 비록 어떤 이들이 이 운동의 가치에 대해 이러저러한 판단을 내리기도 했지만, 해방은 현대 선교에서 중요한 역할을 감당했다.

7) 약함의 선교(mission in weakness)와 강함을 기반한 선교(mission from strength)에 대한 반응으로서의 고난

서구 식민주의 사업을 자주 했던 경제적, 기술적 그리고 군사적 우위가 의미하는 바는, 서구 국가가 시도한 다양한 선교 사역이 부유함과 강함의 입장에서 다른 문화들에 접근했다는 점이다. 고수케 고야마(Kosuke Koyama)는 서구 선교사들이 비서구교회와 맺은 관계들이 서구 선교사들의 '십자군 정신'(crusading mind)과 '교사 콤플렉스'로 인해 상처를 입었다고 믿는다.[6]

---

5 José Míguez Bonino, *Doing Theology in a Revolutionary Situation* (Philadelphia: Fortress, 1975), p. 57.
6 Kosuke Koyama, "What Makes a Missionary? Toward Crucified Mind, Not Crusading Mind," in *Crucial Issues in Missionary Today*, ed. Gerald H. Anderson and Thomas F. Stransky (Mission Trends 1; Grand Rapids: Eerdmans, 1974), pp. 117-32; idem, "Christianity Suffers from 'Teacher Complex,'" in *Evangelization*, ed. Gerald H. Anderson and Thomas F. Stransky (Mission Trends 2; Grand Rapids: Eerdmans, 1975), pp. 70-75.

롤랜드 알렌(Roland Allen)은 이미 20세기 초반에 근대 서구의 선교 실천을 바울의 선교 실천 방식에 비교한 후, 다음과 같이 주장한다.

> 우리는 우리가 소유한 부를 극빈 상태에서 멸망해 가고 있는 영혼들에 나눠 주고자 하는, 피선교자들에 대한 동정심이 동기가 된 우월 의식으로 접근했다. 우리는 거지의 무릎 위로 약간의 돈을 던지는 부유한 사람의 관점에서 복음을 선포했다.[7]

데이비드 보쉬는 선교 주창자들에게 주인의식을 가진 선교 사역(being missionary master)으로부터 돌이켜 십자가를 지고 고난을 감내하기 위해 연약하고 상처받기 쉬운 사역자들로 돌이키라고 촉구했다.[8] 훗날 인도의 도르나칼(Dornakal) 지역의 주교가 된 V. S. 아자리아(V. S. Azariah, 1874-1945)는 1910년 에든버러 선교회의에서 연설하도록 초대된 극소수의 비서구인들 중 한 명이었다.

> 아자리아는 선교에 대한 새로운 접근 방식을 호소하고 세계 기독교에 대한 새로운 개념을 제안했다.
> "그리스도의 영광이 갖는 그 차고 넘치는 부함은 영국인, 미국인 그리고 유럽 대륙에 의해서도 아니고 일본인이나 중국인 그리고 인도인들에 의해서만이 아니라, 모두가 함께 협력하고, 모두가 함께 예배드리며, 우리 주 그리스도의 완전하신 형상을 함께 배워 나갈 때라야 비로소 온전히 인식될 수 있습니다. 이것은 두 종족 간 나누는 영적인 교제를 통해서만 가능해질 수 있을 것입니다. 우리는 서로로부터 기꺼이 배우고자 해야 하고 서로를 도우려고 노력해야 합니다."
> 개신교 선교사들이 모인 역사상 최대의 회의 석상에서 연설하고 난 후, 아자리아는 먼지와 가난으로 얼룩진 도르나칼로 돌아와 달구지를 타고 복음을 전하는 그의 사역을 다시 시작했다.
>
> Mark A. Noll and Carolyn Nystro, *Clouds of Witnesses*, p. 149.

---

[7] Roland Allen, *Missionary Methods: St. Paul's or Ours?* (Grand Rapids: Eerdmans, 1962), pp. 142-43.
[8] David Bosch, *The Vulnerability of Mission* (Birmingham: Selly Oak Colleges, 1991), pp. 10-11.

8) 서구교회 사역으로서의 선교에 대한 응답, 파트너십 선교

비서구 세계에서 교회가 성장함으로써, 타문화 선교가 더 이상 서구교회만의 사역이 아니라는 것이 분명해졌다.
서구 선교 사역을 지배했던 '일방향적 선교 이해'(one-way street mentality)는 변화되어야만 했다.[9]
휘트비(Whitby, 1947)에서 열린 국제선교사협의회(the International Missionary Council)에서 "세상 모든 곳에 존재하는 교회가 직면하고 있는 임무는 동일하다. 세상 어느 곳에 있든지, 각 교회는 복음 전도 사역에 동반자로서 참여할 자격이 있다"라는 사실을 표현하기 위한 기념비적 문구인 "순종 안에서의 동반 관계"가 만들어졌다.[10]
신생 교회(younger churches)와 서구교회(older churches) 간의 구별은, 기독교 서구 세계와 비기독교 비서구 세계 간의 구별은 더 이상 쓸모없는 것이 되었다. 모든 교회는 타문화권 선교 사역에 대한 교회의 소명에 온전히 참여할 것이고, 또 그 일을 감당하기 위해 함께 부르심을 받은 동반자들이다.
그러나 여전히 지속되고 있는 서구교회의 영적, 재정적 그리고 행정적 지배 때문에 신생 교회들이 그들 교회가 속한 지역들에 대한 선교적 소임과 전 세계에 대한 선교적 소임에 대한 책임감을 느끼는 데 지속적인 장애가 되고 있다.
스리랑카의 선교학자인 비노스 라마찬드라(Vinoth Ramachandra)는 "전 세계 모든 전통과 문화 출신 기독교인들 사이에서, 서로에 대해 사려 깊은 마음과 서로에게 귀를 기울이는 태도를 포함하는 동반자 관계의 형성은 그리스도에 대한 연합되고 충성스러운 증거를 위해 필수 불가결하게 요구되는 조건"이라고 믿는다. 그러나 그는 이런 일이 조만간 발생할 것이라는 것에 대해서는 회의적이다.[11] 그런데도 서구교회는 그 필요를 점차 인식하고 있고, 신실한 방법을 발전시키기 위해 분투하고 있다.

---

9   Orlando Costas, "Unchartered Waters: The Evolotion of Mission." in *The Story of the Community of Latin American Ministries*, ed. Paul E. Pretiz and W. Dayton Roberts (San Jose, Costa Rica: CLAME, 1997), 35. James F. Engel and William A. Dyrness, *Changing the Mind of Missions: Where Have We Gone Wrong?* (Downers Grove, IL: InterVarsity Press, 2000), p. 51에서 재인용.
10   Charles W. Ranson, ed., *Renewal and Advance: Christian Witness in a Revolutionary World* (London: Edinburgh House Press, 1948), p. 174.
11   Vinoth Ramachandra, *Gods That Fail: Modern Idolatry and Christian Mission* (Downers Grove, IL: InterVarsity Press, 1996), p. 219.

9) 영적인 혹은 인본적인 구원에 대한 응답으로서 총체적 구원

기독교왕국(Christendom) 시대의 구원은 우선적으로 영적이고 미래적인 것으로 여겨졌다. 교회의 선교를 수행하는 과정에서 현세의 물질을 필요를 갈구하는 사람들에 대한 연민 자체가 부족한 경우는 결단코 없었다. 그러나 그런 연민에 기반을 둔 태도 자체는 구원과 상관없는 어떤 것으로 여겨졌다. 그런 연민은 구원의 결과로 주어지는 부산물이거나 구원으로 인도하는 복음으로 이어지는 다리 정도로만 여겨졌을 뿐이다.

계몽주의는 내세의 삶으로서의 구원에 대한 아이디어에 도전을 가했다. 계몽주의는 인간의 상태가 나아지는 것은 인간의 능력으로 성취되는 것이라 주장했다. 진보는 과학과 기술로 생성될 것으로 여겨졌다. 미래의 영원한 영적인 삶이라는 전통적인 관점과 인간의 독창적인 능력으로 성취하는 물질적 구원의 결합은 국제선교사협의회가 예루살렘 회의(1928)에서 소개한 '포괄적인 접근'(comprehensive approach)이라는 표현 속에서 볼 수 있다.

이 포괄적인 접근이 표현하는 것은 구원이 사회의 물리적, 정신적, 사회적 그리고 정치적 삶을 포함하는 것으로까지 확장되고 있다는 것을 드러내는 것이었다. 이제 선교는 설교와 교육, 의료적 돌봄과 사회정치적 지원을 포함한다.

J. H. 바빙크는 이 점에 대해 언급하면서 실제 작동하고 있는 이원론에 대해 폭로했다. 사실, 설교와 영적 구원은 진보에 대한 계몽주의적 언급들과 나란히 서 있는 것이며, 교육, 의료와 사회정치적 지원에 대한 접근 방법들에 대한 정보를 제공해 준다.[12] 우리는 다음 장에서 이런 식의 분열이 어떻게 하나는 이원론의 이편(근대적 진보에 대한 불충분한 비평으로 사회적, 정치적, 경제적 행동을 옹호한 에큐메니컬 전통)을 그리고 다른 하나는 이원론의 다른 편(복음 전도와 구원에 대한 전통적인 견해를 지지하지만 영화되고 개인화된 복음에 대한 주장으로 동일하게 근대성의 포로가 된 복음주의 전통)을 지지하는 두 개의 전통들로의 분화를 촉진하게 되었는지에 대해 관찰할 것이다.

오늘날 다양한 선교 진영들에 속한 많은 사람이 보여 주는 행보는 현재와 미래의 구원, 복음 전도와 사회적 관심, 정치적이고 경제적인 행동 모두가 어떻게 복음으로부터 흘러나오는지 이해하려는 노력이다. 에큐메니컬 패러다임은 포괄적인 기독론

---

12 J. H. Bavinck, *An Introduction to the Science of Missions,* trans. David Hugh Freeman (Philadelphia: Presbyterian & Reformed, 1960), pp. 107-16.

에 뿌리를 내린 포괄적인 구원을 지향하려고 분투하고 있다.

선교학 내부에서 '포괄적인'(comprehensive), '온전한'(integral), '총체적인'(holistic), '전체적인'(total)이라는 단어들에 대한 사용 빈도가 확산하고 있는 것은 과거에 존재했던 내재적 이원론—개인과 사회, 영혼과 육신, 현재와 미래, 수직적인 것과 수평적인 것, 복음 전도와 정의를 추구하는 것, 말과 행동—을 극복하고자 하는 열망을 드러내는 것임을 나타내는 지표가 된다.[13] 이러한 열망은 오직 교회 그 자체가 "우리 문화 안에 내재하며 생명력을 이어 가고 있는 이원론을 정복할" 때라야 비로소 현실적으로 발생하게 될 것이다.

바빙크는 다음과 같이 주장한다.

> 결국 다른 어떤 것보다 우리의 전 삶이 근본적으로 하나의 연합된 삶으로 제시되어야 할 필요가 있다. 그러한 삶 안에서는 하나님에 대한 신앙과 하나님에 대한 사랑 그리고 하나님에 대한 순종이 우리의 모든 행동을 통제해야 한다.

교회 자신이 "한쪽 발은 복음을 딛고 있고 다른 한쪽 발은 근대 문화를 딛고 있는" 대신 "예수 그리스도 안에서 드러난 하나님과의 교제 가운데 삶의 모든 것을 경험할 때"라야 비로소 오늘날 우리의 선교를 훼손하는 이원론을 극복할 수 있다.[14] 확실히 불의, 억압, 사회적 필요와 고통이 편만한 시대에, 이것이야말로 오늘날 교회가 감당해야 할 긴급한 과제이다.

10) 교단 전통의 확산에 대한 답변으로서의 연합

아마도 연합에 관한 관심이 에큐메니컬 패러다임이 갖는 요소 중 하나로 확인하는 것은 어느 정도 낙관적인 태도이다. 20세기 초엽부터 등장하기 시작한 에큐메니컬 에너지의 등장이 다양한 이유로 지난 수십 년간 서서히 약화하여 온 것으로 보인다. 그러나 지난 세기를 되돌아볼 때, 선교에 대한 견해로 분열된 첨예한 대립과 전 세계적인 현상으로 나타난 교회의 성장은 교회가 지난 두 세기 동안 발아된 교단주의(denominationalism)에 반응하는 데 이르게 했다.

---

13 David Bosch, *Transforming Mission: Paradigm Shifts in Theology of Mission* (Maryknoll, NY: Orbis Books, 1991), p. 399.
14 Bavinck, *Science of Missions*, pp. 112, 115.

지난 세기 동안 연합과 선교가 함께 융합되었다는 것이 명확해졌다. 지난 19세기 이전에는 연합에 대한 어떤 관심도 교회 내부의 교리적 화합에 관한 문제로 여겨졌다. 그러나 19세기를 벗어나면서 선교 사역들로부터 그리고 20세기 초반에 최초로 열린 세계 선교사 컨퍼런스를 통해 선교적 관심에서 유래한 연합에 대한 관심이 일어나기 시작했다.

케네스 스콧 라토레트(Kenneth Scott Latourette)이 올바르게 주장했듯이, "에큐메니컬 운동이 선교 운동으로부터 유래했다고 지나치게 자주 혹은 단호하게 말할 수는 없다."[15] 요한복음 17:20-23에 있는 예수의 기도에서 명백하게 표현되었듯이, 연합과 선교는 함께 가는 것이다.

에큐메니컬 전통은 세계교회협의회 뉴델리 회의(1961)에서 강력한 성명서를 채택했는데, 이 성명서는 연합이야말로 교회의 본질이고, 연합은 선교를 위한 것이며, 연합 그 자체의 목표로 하나의 가시적 몸을 형성해야 하며, 연합은 그 표현에 있어 지역성과 보편성 모두를 포괄한다는 점을 강조했다.

한편, 복음주의 진영은 영적인 연합을 강조하며 교리적 일치에 훨씬 더 관심을 기울인다. 로마 가톨릭교회는 오랜 세월이 흐른 이후인 제2차 바티칸 공의회(1962-1965) 이후부터 모든 기독교 전통 출신 성도들을 인정하기에 이르렀다. 이러한 로마 가톨릭교회의 변화는 에큐메니즘에 대한 제2차 바티칸 공의회 선언(Decree on Ecumenism)에 분명하게 드러나 있다. 일단의 로마 가톨릭교회와 개신교 에큐메니컬 기독교인들이 만들어 낸 "공동의 증거"(common witness)라는 용어는 선교와 연합의 연관성을 표현한다.

선교는 연합에 필요한 추동력이며, 연합은 이제 도래할 하나님 나라, 즉 만물이 그리스도 안에서 화해하고 연합을 이룰(엡 1:10; 골 1:20) 하나님 나라에 대한 교회의 증거 중 일부다.

그러나 우리가 살아가는 이 시대에는 제기되고 있는 질문이 너무 많다.

정의와 평화의 이슈가 교회의 일치보다 더 긴급한 이슈이지 않은가?

광범위한 에큐메니즘의 성취가 참된 연합을 위한 유일한 가능성을 제공하는 그리스도의 중심성을 퇴색하고 있지는 않은가?

연합에 대한 어떤 모델이 참으로 성경적인 것인가?

개별 교단들이 개 교단들의 자기 보호 본능을 초월할 수 있을까?

어떻게 하면 로마 가톨릭교회와 정교회 전통들이 자신들이 소유한 전통적 교

---

15 Kenneth Scott Latourette, "Ecumenical Bearings of the Missionary Movement and the International Missionary Council," in *A History of the Ecumenical Movement, 1517-1948*, ed. Ruth Rouse and Stephen C. Neill (4th ed.; Geneva: World Council of Churches, 1993), p. 362.

회론으로 다른 신앙 그룹들을 포용할 수 있을까?

그러나 이러한 질문들에도 불구하고 우리에겐 다시 돌아갈 곳이 없다. 21세기 선교 상황에 있는 교회에게 이러한 질문들은 여전히 의제로 남아 있을 것이다.

11) 서구 기독교의 우월성에 대한 답변으로서의 종교 신학

교회 역사의 상당 기간 종교는 각자의 지리적 기반에 제한되어 있었다. 그래서 교회는 "눈에서 멀어지면 마음에서도 멀어진다"라는 식의 태도에 머물러 있을 수 있었다. 서구교회가 해외 선교를 진행하면서 다른 종교를 믿는 사람들과 밀접한 접촉을 하게 되었을 때, 식민지적 사고가 선교사들의 생각을 지배하고 있던 경우도 있었다. 서양 종교인 기독교가 더 우월한 것이고 시간이 지남에 따라 다른 종교를 점차 대체하게 될 것이라는 사고가 지배적이었다.

이러한 사고는 복음의 진리에 대한 자신감에서 오는 사고였을 뿐만 아니라, 기독교가 더 우월한 서구 문화와 연결되어 있었기에 가능했던 사고였다. 그러나 월터 리프만(Walter Lippmann)의 예견과는 달리, 근대성이라는 산화물이 전 세계 종교를 녹여 없애지 못했다.[16]

대신, 모든 종교에서 폭발적인 성장이 있었다. 그리고 현대의 기술적 발전으로 인한 거주지 이전의 원활함으로 인해 모든 종교인을 근거리에서 함께 살아가는 환경이 조성되었다. 교회는 새로운 종교 다원주의적 상황에 직면하게 되었고, 다양한 종교들이 꽃피는 실상에 직면하게 되었다. 이들 종교에 대한 학술적으로 정교한 연구들이 많이 수행되었다. 이러한 종교 다원주의적 현상에 대해 기독교 내에 다양한 반응이 나타났는데, 그 반응의 범주는 상대주의적 다원주의부터 모든 비기독교 종교에서 유래한 통찰을 전면적으로 거부하는 데 이르기까지 다양했다. 이에 대해서는 여전히 대화의 국면이 이어지고 있다.

선교를 수행하는 교회가 이들 타종교 신자들에게 어떻게 접근해야 하는가?

더 중요한 질문은, 이 이슈에 대해 성경은 무엇이라 말씀하는가?

이 이슈야말로 오늘날 선교를 수행하는 교회가 직면하고 있는 가장 첨예한 이슈 중 하나일 것이다.

---

16 Walter Lippmann, "The Acids of Modernity," in *A Preface to Morals* (New York: Macmillan, 1929), pp. 51-67.

12) 제3세계 마을에서 수행하던 선교를 대체하는 지구촌 도시 선교

20세기를 지나오는 동안 전 세계에 걸쳐 대규모의 인구 변화가 발생했으며, 이는 새로운 에큐메니컬 패러다임에서 다루어야 할 문제다.

서론에서 우리는 20세기에 전 세계에 걸쳐 발생한 놀라운 도시 성장에 대해 주목했다. "복음을 들어 본 적이 없는 수천 개의 마을에서 피어오르는 연기"에 대한 데이비드 리빙스턴의 묘사는 전 세계 대다수 사람이 마을에 거주하던 시대에 대한 아주 적절한 상징적 묘사였다.[17]

이제 모든 상황이 변했다. 마을에 거주하던 사람들이 도시들로 이주했다. 오늘날 도시에 거주하는 인구의 규모는 교회의 주목을 요구하고 있다. 더욱이 세계화의 과정이 전 세계 도시들을 다양한 방식으로 연결하고 있다. 이러한 현상이 도시의 중요성을 점증시키고 있다.

에큐메니컬 패러다임이 도시 선교에 대한 이슈에 관해 신학적으로 표명해야 한다는 것에는 의문의 여지가 없다.

> 오늘날 UN은 초대형(the largest) 도시들을 네 가지 범주—대도시(mega cities), 거대 도시(supercities), 초거대 도시(super-giant cities), 초대형 도시(meta-cities)—로 나누고 있다. 마지막 범주인 초대형 도시들은 이제 지방의 경계뿐 아니라 국가 간 경계를 가로지를 정도로 확장하고 있다. 2000년에는 전 세계에 오직 한 개의 초대형 도시(동경)만이 있었을 뿐이었다. 그러나 금세기 후반부에는 초대형 도시가 전 세계에 걸쳐 점진적으로 지배적인 경향으로 등장하게 될 것이다. 2050년까지는 동경 하나로 머물겠지만, 그 수는 23개로 늘어나게 될 것이다. 가장 인구가 많은 10개의 도시는 아시아 또는 아프리카에 있게 될 것이고, 그중 다섯 개는 남아시아에 있게 될 것이다.
>
> Patrick Johnsotone, *The Future of the Global Church*, p. 6.

---

17 Lesslie Newbigin, *One Body, One Gospel, One World: The Christian Mission Today* (London: International Missionary Council, 1958), p. 12.

13) 로마 가톨릭 선교, 개신교 선교, 오순절 선교

19세기와 20세기 동안에는 두 개의 전통, 즉 에큐메니컬 표현과 복음주의적 표현으로 대변되는 개신교 전통 그리고 로마 가톨릭 전통이 세상을 향한 교회의 선교를 수행했다. 20세기 중반 즈음에 '세 번째 동력(force)'이라는 용어가 새로이 만들어졌는데, 이는 오순절과 다양한 은사 운동(Charismatic movements)의 역동성과 성장 그리고 그들 운동이 선교에 기여한 내용을 설명하기 위해 만들어진 것이다.[18]

오순절의 성장은 서구에서만 발생한 것이 아니었다. 서구에서도 오순절이 성장한 것이 사실이긴 하지만, 더 중요한 것은 아프리카와 라틴 아메리카 그리고 아시아에서 발생한 오순절의 성장이 선교에 중요한 영향을 끼쳤다는 사실이다. 오순절 전통은 선교에서 성령의 역할에 대한 최소한의 강조 정도가 아니라 선교 신학에 대한 새로운 통찰과 접근 방법을 제공한다. 사실 선교에 있어 성령의 역할에 대한 강조는 선교에 대한 에큐메니컬 패러다임에 이미 강력한 영향을 끼치고 있다.

뒷장에서 이들 이슈에 대해 더 상세히 살펴보도록 할 것이다. 본 장에서는 선교에 대한 에큐메니컬 패러다임의 요소들에 대해서 강조하는 것으로 마무리하도록 할 것이다. 여기에서 다룰 각각의 요소는 여전히 완성되지 않은 주제들로 남아 있다. 이들 주제에 대해서는 여전히 토론이 지속하고 있고, 따라서 이런 변화들을 적용하고 구체화할 필요가 있다.

2. 현대 선교 전통들

새롭게 부상하고 있는 주제들에 대한 선교학적 고찰이 다양한 선교 전통과 신학 전통 안에서 발생하고 있다. 여기에서는 그들 전통 중에서 다섯 가지 전통—개신교 복음주의와 에큐메니컬 전통, 로마 가톨릭 전통, 동방 정교회 전통, 오순절 전통—에 대해서 간단하게 살펴볼 것인데, 이들 전통이 선교에 대해 갖는 중요한 차별점들에 주목할 것이다. 물론 이들 각 전통 내에는 다양한 의견들이 존재하기 때문에 이들 전통을 단순하게 설명하는 것이 불가능하다는 것은 당연지사이다.

---

18 Paul A. Pomerville, *The Third Force in Missions: A Pentecostal Contribution to Contemporary Mission Theology* (Peabody, MA: Hendrickson, 1985), p. xi.

그런데도 이들 전통에 대한 일견을 제공하고, 이들 전통이 선교 패러다임의 발전에 영향을 끼치는 기여와 위험성을 짐작할 수 있는 큰 그림을 그려 보는 것도 도움이 될 것이다. 또한, 그 누구도 역사를 중립적인 방식으로 묘사할 수 없다는 것 또한 분명히 해야 한다. 누군가의 관점은 해석 과정에 영향을 끼칠 것이기 때문이다. 나는 복음주의적 전통을 통해 이 부분에 대한 설명을 해 나갈 것이다.

1) 개신교 에큐메니컬 전통

에큐메니컬 패러다임(ecumenical paradigm)의 등장과 발전에 가장 크게 기여한 것은 광범위한 개신교 에큐메니컬 전통(the broader Protestant tradition) 또는 공의회 전통(the Conciliar tradition)으로 알려진 것이다. 이 전통을 제도적으로 대표하는 기관은 세계교회협의회(the World Council of Churches, WCC)라 말할 수 있는데, 그중에서도 특히 세계선교와전도위원회(the Commission on World Mission and Evangelism, CWME)를 들 수 있다. 이 전통의 기원은 1910년 에든버러에서 개최되었던 국제선교사 컨퍼런스로 볼 수 있다.

이 컨퍼런스를 통해 세 가지 흐름들이 등장했는데, 그중 하나는 세계 선교에 헌신했고(국제선교협의회[International Missionary Council, IMC]), 다른 하나는 사회적 필요를 충족시키는 데 헌신했으며(신앙과 삶[Faith and Life]), 마지막 하나는 교리 문제와 정치 조직에 관한 문제를 해결하여 교회의 연합을 성취하는 데 관심을 기울였다(신앙과 직제[Faith and Order]). 1948년 후자 두 가지가 결합하여 세계교회협의회를 형성했다. 그러나 당시까지만 하더라도 IMC는 독립된 조직으로 남아 있었다.

그러나 1961년에 이르러 IMC도 마침내 세계교회협의회로 통합되었다. 이 같은 통합에 호의적인 반응으로 보인 사람들이 갖는 확신은, 선교와 연합은 교회의 본질이며 교회의 성격을 규정하는 것이기 때문에 양자는 공히 함께여야 한다는 것이었다. 그러나 IMC 구성원 중 복음주의자들은 이 통합에 대해 격렬히 반대했다. 이미 20세기 초반부터 '복음주의자들'과 '에큐메니컬주의자들' 간에 양극화 현상이 자라나고 있었다. 복음주의자들은 특히 WCC의 자유주의적 신학 방향을 우려하고 있었고, 따라서 교회의 선교적 소명이 아무 열매도 맺지 못하는 가시적인 교회 연합이라는 노력의 물결에 휩쓸리게 될 것에 대한 두려움을 갖고 있었다.

많은 선교 단체는 이 통합에 참여하기를 거부했다. 그런데도 IMC는 WCC에 통합되었고, 그 이후부터 IMC는 세계선교와 전도위원회(CWME)로 구성되어 WCC 내 세 개의 주요 부서 가운데 하나가 되었다.

에큐메니컬 선교 신학은 IMC의 다양한 회의들을 통해 발전되었으며, 이후 CWME 회의를 통해 지속적인 발전을 이루었다. 많은 문서가 CWMC 회의를 통해 산출되었다. 그러나 오늘날 이 전통 내 선교적 흐름을 이해하는 한 가지 방식은, CWME를 통해 나온 선교에 관한 세 가지 내용을 들여다보는 것이다.

1982년 WCC는 "선교와 전도: 에큐메니컬의 확신"(Mission and Evangelism: An Ecumenical Affirmation)이라는 제목이 붙은 성명을 채택했다. 자크 매티(Jacques Mattey)가 언급한 것처럼, 이 문서는 에큐메니컬과 복음주의 공동체의 의견을 수렴하는 "진정한 문서"였다. 왜냐하면 이 문서는 가난, 정의 그리고 사회적 관심사에 대한 에큐메니컬적 관심과 함께 복음 전도를 강조하기 때문이다.[19]

참으로 이 문서는 에큐메니컬 선교 운동의 정점(hight point)이었다. 2000년 CWME는 1982년 문서를 개정·보강한 또 다른 성명서인 "연합된 현대 선교와 전도"(Mission and Evangelism in Unity Today, MEUT)를 채택했다. 그리고 2012년 중앙위원회는 최종적으로 또 다른 성명서인 "함께 생명을 향해: 변화하는 환경 속에서의 선교와 전도"(Together Towards Life: Mission and Evangelism in Changing Landscapes, TTL)를 채택했다.

이 문서는 2013년 11월 대한민국 부산에서 개최된 WCC 제10차 총회에서 발표되었다. 이것은 이전의 성명서들을 개정하는 것을 의미했는데, 결과적으로 에큐메니컬 운동이 추구하는 선교와 전도에 대한 최종적인 성명서가 되었다.[20]

일반적으로 이 문서들은 광범위한 에큐메니컬 진영이 담고 있는 것보다 선교와 복음 전도에 대한 교회의 책무에 대해 더 강조하는 내용을 담고 있다. 그러나 신중하게 읽어 보면, 특히 마지막 문서를 신중하게 읽어 보면 에큐메니컬 전통 내부에 존재하는 질문들이 여전히 강조되고 있음을 알 수 있다. 그런데도 이들 문서는 교회의 선교적 과업에 대한 통찰을 풍성하게 담고 있다.

"연합된 현대 선교와 복음 전도"라는 제목은 이 전통이 가장 중요시하는 헌신 중 하나, 즉 선교와 교회 연합 간의 밀접한 관계의 중요성에 대해 분명하게 보여주고 있다. 그러한 연합이 어떤 것이어야 하느냐와 진리에 대한 같은 헌신이 존재하는 것이냐의 여부에 대한 상당 정도의 의견 불일치가 남아 있기는 하다. 그런데도 선교와 연합에 대한 성경적 강조는 교회가 헌신해야 할 근본적인 부분 중 하

---

19 Jacques Matthey, "Milestones in Ecumenical Missionary Thinking from the 1970s to the 1990s," *International Review of Mission* 88, no. 350 (1999): 296.
20 World Council of Churches, "Together Towards Life: Mission and Evangelism in Changing Landscapes" www.oikoumene.org/en/resources/documents/wcc-commissions/ mission-and-evangelism/together-towards-life-mission-and-evangelism-in-changing-landscapes.html).

나이자 교회의 남은 사역에 중요한 도전으로 남아 있다.

에큐메니컬 전통은 현재의 동향들과 현대적 이슈들에 대해 신중하게 주목하는 것으로 특징지어진다. 만일 교회가 신실할 것과 상관성을 가지도록 부르심을 받았다면, 에큐메니컬 전통은 특히 상관성을 갖는 것으로 특징지어질 것이다. MEUT과 TTL 모두에서 선교적 대화는 지구촌화, 포스트모더니즘 그리고 다원주의의 상황이라는 맥락 안에서 이루어지는 것으로 명시하고 있다.

참으로 에큐메니컬 문서들 안에서 변하지 않고 유지되는 특징은 시대에 몰아치는 바람에 대한 성실한 관심이다.

에큐메니컬 문서들이 보여 주는 현대 이슈들과 동향들에 대한 세심한 집중은 두 가지 가능성을 제공한다. 그것이 무엇이 되었든 지배적으로 불어오는 바람 때문에 목표를 잃고 휩쓸려 가거나, 아니면 바람에 재갈을 물려 원하는 방향으로 항해를 해 나가는 것이다.

한편으로는, 이러한 관심이 중요한 문제들에 응답하고 현대적 이슈들에 직면하게 함으로써 선교학이 가장 주목받는 시대적 문제들에 대한 입장을 유지할 수 있게 한다. 사실, 에큐메니컬 전통은 모든 선교학적 전통에서 중추적 위치를 점하는 현대적 이슈들 중 많은 부분—선교사적 교회론(missionary ecclesiology), 하나님의 선교(missio Dei), 상황화, 종교 간 대화 등—에 대해 가장 먼저 철저한 토론을 벌였다.

그러나 다른 한편으로, 바로 이러한 관심 때문에 에큐메니컬 전통이 혼합주의와의 타협의 위험에 개방적일 수밖에 없다. 상관성을 갖고자 하는 열정 때문에 이 시대에 준동하는 현대 우상들에 삼켜지는 위험에 빠질 수 있다. 에큐메니컬 전통이 복음주의 진영 내에 심각한 염려를 불러일으킬 수 있는 다양한 이슈들에 대해 더 폭넓고 개방적인 태도를 보이고 있음은 분명한 사실이다.

이와 관련하여 우리는 선교에 관한 여섯 가지 분야를 다음과 같이 정리할 수 있다. 복음 전도와 사회적 관심, 하나님의 선교(missio Dei)와 교회의 선교(missio ecclesiae), 그리스도와 성령, 타종교에 대한 기독교적 접근, 복음과 문화, 세계 복음화 등이 그것이다. 각각의 경우에는 복음주의자들이 감내할 수 없는 정도로 폭넓은 견해가 존재한다. 그러나 이러한 토론에는 중요한 이슈들이 제기된다. 여기에서는 여섯 가지 분야에 대해 간단하게 들여다볼 것이다.

첫째, 복음 전도와 사회적 관심 영역에서 사회적, 경제적 그리고 정치적 이슈들이 에큐메니컬 전통의 의제를 지배해 왔다는 것은 분명한 사실이다. 일부는 사회적 이슈들에 관한 관심이 복음 전도에 대한 헌신을 약화해 왔다고 믿고 있다. 위에서 언급한 문서들이 복음 전도에 대한 헌신을 분명히 하지만, 에큐메니컬 진영이 전면에 내세우는 의제의 핵심은 시대가 당면하고 있는 사회적 이슈들이다.

온 지구촌에서 진행되고 있는 무기 경쟁, 전쟁, 폭력, 불의한 경제적 구조와 정치적 구조, 빈곤 그리고 환경과 생태학적 재앙의 위협이 에큐메니컬 교회가 다루는 선교 이슈 중 가장 우선적인 이슈로 다뤄지고 있음이 인지되고 있다. 따라서 정의, 평화 그리고 창조의 통합성(integrity)이 에큐메니컬 교회 선교의 핵심을 형성한다. 구원은 포괄적인 것이며, 따라서 사람들뿐만 아니라 구조들도 포함한다. 그러므로 구원은 샬롬과 해방이라는 용어들로 묘사될 수 있다.

둘째, 20세기 중반부터 하나님의 선교와 교회의 선교에 대한 두 가지 해석이 있었다. 전통적인 비전은 하나님이 이 세상에서 하고 계신 사역을 교회와 교회가 수행하는 선교의 핵심이라 주장한다. 1960년대부터 부상한 또 다른 견해는 세상이 교회의 의제를 결정한다고 믿는다. 하나님이 가장 많이 사역하시는 곳은 사회와 문화 속에서 진행되고 있는 다양한 사회 운동 내에 존재하기 때문에, 교회의 사역은 시대의 표적들에 관심을 기울이고 참여하는 것이어야 한다.

이러한 관점은 교회를 주변화하고 교회의 독특성을 폄하한다. 하나님의 선교에 대한 이러한 두 가지 비전이 에큐메니컬 운동의 부분으로 남아 있으며, MEUT과 TTL 문서는 이 두 비전을 중재하려 노력했다.

셋째, 하나님의 선교에 대한 두 가지 다른 견해와 밀접하게 연관된 것으로, 그리스도와 성령의 역사를 이해하는 다른 방식들이다. 다시금, 좀 더 전통적인 견해는 성령의 사역을 그리스도께서 기초를 놓으신 공동체 안에서 그리고 그 공동체를 통해 역사하시는 그리스도의 사역을 수행하는 것이라 본다.

또 다른 견해는 그리스도의 사역과 분리되어 세상 속에서 진행되는 성령의 사역을 강조한다. 이렇게 본다면, 이 견해가 주장하는 선교는 정의와 평화 그리고 피조 세계를 보호하기 위해 세상에서 역사하시는 성령과 더불어 일하는 것이 된다.

넷째, 세계 종교 분야에서 에큐메니컬 전통은 타종교들 안에 존재하는 하나님의 역사를 긍정적으로 확정하고 타종교를 따르는 신도들의 궁극적 운명에 대해 불가지론적 견해를 밝히는 것에 대해 훨씬 더 편안한 입장을 견지한다. 우리는 "하나님의 은혜에 대해 한계를 설정하지 않는"(LLT, 80) 복음을 담대하게 증거한다.

이 전통 안에는 포괄주의적 그리고 심지어는 다원주의적 입장이 존치할 수 있는 상당한 여지가 존재한다. 따라서 그리스도의 독특성과 세상에 존재하는 종교들에 대한 그분의 관계에 대해, 복음주의자들이 취하는 입장과 상당한 견해 차이를 보인다.

다섯째, 이처럼 풍성한 문화적 다양성을 경축하는 것은 올바른 태도이지만, 복음과 문화를 다루는 과정에서 에큐메니컬 전통은 혼합주의 문제에 대해 취약한 일면을 보였다. 만일 상황화에 대한 두 가지 위험성이 무상관성(irrelevance)과 혼합주의라면, 이는 훗날 에큐메니컬 전통에 대해 위협적인 요소가 될 것이다.

여섯째, 세계 복음화에 관한 관심이 그다지 긴급한 이슈로 보이지 않는다.

세계 복음화에 관한 내용이 선교 관련 문서들에서 언급되었고 그에 대해 확증하고 있기도 하다. 그러나 좀 더 광범위한 에큐메니컬 진영 논리에서 보면, 다원주의에 대한 용인과 복음에 대한 배타적인 선포에 대한 불편함이 세계 선교에 대한 열정을 약화하고 있다. 에큐메니컬 선교 단체들 내부에서 과거에 있었던 식민주의적이고 공격적인 선교 운동들에 대해 더 큰 당혹감을 드러낸다.

에큐메니컬 전통의 미래는 에큐메니컬 전통의 일원으로 유입하고 있는 제3세계 기독교인들에 의해 결정될 것이다. 만일 제3세계 기독교가 신학적으로 정통에 더 가깝다는 필립 젠킨스의 주장이 정확하다면, 제3세계 기독교인들의 유입은 에큐메니컬 전통의 미래를 암시하는 전조가 될 것이다. 그러니 질문의 요지는 어떤 남방 기독교인들(제3세계 기독교인들)이 에큐메니컬 운동에 참여하게 될 것이냐는 것이다.

2) 개신교 복음주의 전통

복음주의자들은 20세기 전반기를 통틀어 국제선교사협의회(IMC)를 구성하는 일부였다. 그러나 신학적 자유주의에 대한 두려움 때문에, 1961년 IMC가 WCC에 통합될 때 많은 복음주의자가 IMC로부터 빠져나갔다. 복음주의 선교 전통은 1966년에 열렸고 상당히 많은 선교 주창자들이 참여한 휘튼 회의(Wheaton Congress)와 베를린 회의(Berlin Congress)를 시작으로 이후 개최된 일련의 회의들을 통해 지속했다. 이들 초기 회의를 통해, 점차 세력을 넓혀가던 에큐메니컬 전통에 대한 대항마로 새로운 복음주의 전통이 형성되었다.

일련의 소규모 회의들을 거쳐 세계복음화에 관한 국제회의(the International Congress on World Evangelization)가 1974년 스위스 로잔에서 열렸는데, 이 회의는 복음주의 선교 전통이 무엇인지를 규정하는 회의가 되었다.

150개국 이상에서 온 2,300명 이상의 대표자가 참석했고, 이 대표자들은 "로잔 언약"(Lausanne Covenant)이라는 제목이 붙은 성명서의 초안을 만들고 발의했다. 로잔 언약은 이후 거의 40년 동안 선교에 대한 복음주의 전통을 규정하는 기반으로 그 권위를 인정받았다. 로잔 회의는 복음주의 전통과 에큐메니컬 전통 간 긴장이 고조되었을 때 개최되었다. 따라서 로잔 회의는 WCC와 거리를 두고 참석자들이 믿고 있던 성경적 주제들에 집중했다.

> 150개 이상 국가로부터 파견된 대표들이 모여 로잔에서 개최한 세계 복음화에 관한 국제회의(the International Congress on World Evangelization)에 참석한 예수 그리스도의 교회 지체가 된 우리는 위대한 구원을 허락하신 하나님을 찬양하고 우리를 불러 당신과 함께 그리고 상호 누리는 교제의 장에 참여케 하신 것으로 인해 즐거워한다. 우리는 하나님이 우리 시대에 행하신 일들로 인해 마음 깊은 곳으로부터 충동을 느끼고, 우리가 범한 실패들로 인해 회개의 자리로 나아가며, 아직 끝나지 않은 복음화의 사역에 대한 도전을 느낀다. 우리는 복음이 온 세상을 위한 하나님이 좋은 소식이라 믿는다. 그리고 우리는 그 복음을 온 인류에게 선포하고 열방으로 제자 삼으라는 그리스도의 명령에 순종하기 위해 그분의 은혜로 확정된다. 그러므로 우리는 우리의 신앙과 우리의 의지를 확정하고 우리의 언약을 공표할 것을 열망한다.
>
> "로잔 언약" 서문

다음 회의(로잔 II)가 1989년 마닐라에서 개최되었다. 그러나 그 사이 다양한 이슈, 그중에서도 주요 이슈로 꼽힌 복음과 문화, 미전도 종족들(unreached peoples), 검소한 생활 양식, 총체적 선교(holistic mission)에 관한 협의를 위한 일련의 모임이 있었다. 마닐라에서 열린 로잔 II에는 173개국에서 4,300명의 대표자가 참석했다.

로잔 III가 2010년 케이프타운에서 개최되었는데, 이 회의에는 세계 198개국에서 4,000명의 지도자가 참석했다. 로잔 운동은 선교에 관한 복음주의 전통의 대변인이 되었다. 로잔 운동을 위해 작성된 문서들과 회의들이 우리에게 복음주의 선교 신학에 대한 창문을 열어 준다.

이 전통의 기본 방향을 제시하는 구호는 "총체적 복음(the whole gospel)을 들고 전 세계(the whole world)로 나아가는 전체 교회(the whole church)"이다. 로잔 운동 스스로는 로잔 운동을 "세계 복음화를 위해 협력하도록 복음주의 지도자들을 불러 일으키는 전 세계적 운동"이라 묘사한다.[21] 그리고 로잔 운동에게 가장 소중한 것을 "세계 복음화"로 정의한다.

---

21 The Lausanne Movement website (www.lausanne.org/en/)을 보라.

세계 복음화는 특히 구두로 복음을 선포하는 것으로 이해된다. 이렇게 말한다고 해서 복음주의적 전통이 정의와 자비를 실천하는 삶에 관심이 없다는 의미가 아니다. 참으로 복음주의 진영에 속한 사람들은 총체적 선교, 검소한 생활 양식, 회심과 변혁 문제를 다루기 위해 소집된 다수의 협의에 헌신해 왔다. 그런데도 에큐메니컬 전통이 복음 전도를 포기했다는 인식 때문에 로잔 언약은 복음 전도가 사회적 관심에 우선한다는 점을 명확하게 했다. 로잔 언약에 있어서, 교회의 선교에서 복음 전도는 모든 것에 우선한다.

복음 전도에 대한 이와 같은 책무는 구원을 위하여 그리스도에 대한 명백한 믿음과 개인적 회심이 갖는 중요성과 더불어 그리스도의 유일성과 보편성에 대한 확고한 헌신으로 인해 강화되었다. 로잔 회의 참석자들은 WCC 내부에 실존하는 다원주의, 로마 가톨릭 진영에서 드러나는 포괄주의(inclusivism) 그리고 복음을 상대화시키는 대화에 대한 이해가 WCC와 로마 가톨릭 모두에서 발견되는 점에 대해 상당한 곤혹스러움을 느끼고 있었다. 로잔 언약에 참여한 사람들에게는 복음과 다른 세계 종교 간 관계에 대한 배타적인 입장이 지배적인 입장이었다. 그리스도의 최종성과 복음 전도에 대한 이러한 헌신은 타문화권 선교 사역들에 관한 관심에 불을 지폈다.

로마 가톨릭 진영과 WCC와 연계된 주류 교회들에서 타문화권 선교 사역이 현저하게 약화하고 있지만, 복음주의 진영 내에는 엄청난 양의 재정과 시간 그리고 인력이 타문화권 선교에 대한 동기에 쏟아부어지고 있다. 아직 복음에 대해 들어 보지 못한 사람들에게 가서 복음을 전하고자 하는 열정이 복음주의 전통 내에서 발견된다. 이들 복음주의 전통 내에서는 교회 개척과 성장이 중요한 역할을 지속하고 있다.

세계 복음화에 관한 관심이 기독교 신앙에 대한 개인주의적이고 미래 지향적이며 영적인 접근 방법으로 표현되는 경우들이 있다. 전부는 아니라 하더라도 복음주의 전통에 속한 많은 사람은 복음 전도 사역을 미래의 영원한 생명을 위해 각 개인을 구원받도록 하는 것으로 이해하고 있다. 이런 결과 때문에 복음의 우주적이고 공동체적인 차원들이 무시될 수 있다. 이런 식의 개인주의는 연합에 대한 긴급성의 결여에 수반되는 교회론의 약화를 초래한다. 개인의 영생에 치중하는 개인주의적 성향은 연합을 영적인 또는 내세 지향적인 실제로 이해한다.

더욱이 개인주의는 억압적이고 불의한 구조 안에서 구체적으로 드러나는 실재로서의 죄에 관해 관심을 덜 기울이게 한다. 억압적이고 불의한 구조 안에서 드러나는 죄에 관한 관심을 단순히 '사회복음'과 동일한 것으로 여겨 불편하게 여기는 때도 있다. 이러한 시각에서 볼 때, 죄는 개인적인 것으로 한정되곤 한다.

공의회 전통에서 발견하는 혼합주의에 대한 두려움 때문에, 복음주의자들은 복음에 충실한 옛 형식의 전통주의에 대한 강조를 강화해 왔다.

물론 이렇게 말한다고 해서 복음주의자들이 계몽주의 패러다임에 깊은 영향을 받았다는 사실을 부인하는 것을 의미하지 않는다. 이와 정반대로, 강력한 인본주의 패러다임은 종교를 사적 영역으로 경감시키고, 죄와 복음을 개별 인간의 영역으로 축소하고(개인주의), 새롭게 하는 능력을 사람의 내면적인 면으로 한정하여(내관주의, interiorism) 위치시키는데, 복음주의적 교회는 그러한 계몽주의적 인식을 아무런 문제없이 수용하곤 한다.

그래서 복음주의자들은 복음을 개인주의 영역을 넘어 확장하는 것을 복음을 정치화하고 자유주의적인 사회복음에 사로잡히게 하는 것으로 보는 경우가 있다. 이런 시각은 복음주의자들이 사회적, 경제적, 정치적 이슈에 좀 더 관심을 기울이면서부터 변화하기 시작했다(이 문제에 대해서는 다음 장에서 주목할 것이다). 그런데도 개인주의에 대한 이러한 강조는 복음주의적 배경의 일부로 여전히 남아 있다.

3) 로마 가톨릭 전통

선교에 대한 현대 로마 가톨릭의 이해를 이해하기 위해서는 제2차 바티칸 공의회에서 발생한 극적인 변화들로부터 시작해야 한다. 1962년부터 1965년까지 3년 동안, 일반적으로 2천 명 이상이 모이는 전 세계 주교 협의회가 로마에서 열렸다. 이 협의회는 가톨릭교회에 이전과 완전히 다른 정신을 소개하는 중요한 문서들을 산출했다. 이 협의회 이전까지 선교는 신앙 전파를 위한 바티칸 성회(the Vatican's Sacred Congregation for the Propagation of the Faith)에서 정의했던 것이었다.

이 정의에 따르면, 선교는 비기독교인들에게 복음을 선포거나 가톨릭교회의 제도적 위상이 약한 곳에 교회를 개척하는 것이었다. 이 협의회를 통해 출현한 다수의 문서가 있다.

① 교회에 관한 교리 헌장(Dogmatic Constitution on the Church, 교회론에 대해 다루는 것으로, LG: *Lumen Gentium* 또는 "열방의 빛", 1964)

② 교회의 선교적 활동에 대한 회칙(Decree of the Missionary Activity of the Church, 교회의 선교에 대해 다루는 것으로, AG: *Ad Gentes* 또는 "열방으로", 1965)

③ 현대세계에서 교회의 목회적 헌장(Pastoral Constitution of the Church in the Modern World, 교회의 사회적 책임에 대해 다루는 것으로, GS: *Gaudium et Spes* 또는 "기쁨과 소망", 1965)

④ 비기독교 종교들과 교회의 관계에 관한 선언(the Declaration on the Relation of the Church to the non-Christian Religions, 비기독교 종교들에 대해 다루는 것으로, NA: *Nostra Aetate* 또는 "우리 시대에", 1965)

이 문서는 신앙 전파를 위한 바티칸 성회 이후 유지하고 있던 선교에 대한 가톨릭교회의 생각을 본질적으로 재형성했다.[22]

선교에 관한 회칙에서 우리는 교회는 "본질에서 선교사적"이며, 선교는 "전체 교회와 관련된다"(AG, 9, 23)는 문구를 읽을 수 있다. 흥미롭게도, 교회가 갖는 선교의 중심성에 대한 가장 일관된 이해를 발견할 수 있는 곳이 선교에 관한 회칙이 아닌 교회에 관한 문서라는 사실이다.

제2차 바티칸 공의회 이후, 로마 가톨릭 선교 전통은 다양한 교황의 문서들, 여러 가지 주제를 다루기 위해 바티칸이 지명한 다양한 협의회와 위원회가 산출한 문서들 그리고 여러 주교 협의회에서 결의한 문서들에서 공식적으로 숙고하여 오고 있다.

아마도 제2차 바티칸 공의회 이후 선교를 정의하는 가장 중요한 두 가지 문서는 1975년 교황 바오로 6세가 발행한 사도적 권고인 "현대의 복음 선교"(*Evagelii Nuntiandi*, EN)와 1990년 요한 바오로 2세가 작성한 회칙인 "교회의 선교 사명"(*Redemptoris Missio*, RM)일 것이다. 선교와 관련하여 로마 가톨릭교회가 발행한 교도권(Roman Magisterium)의 다른 문서 가운데 중요한 것들은, "주님이신 예수님"(*Dominus Iesus*, 2000)과 "복음 전도의 일부 국면에 대한 교리적 설명"(*Doctrinal Note on Some Aspects of Evangelization*, 2007)일 것이다. 로마 가톨릭 전통은 그 폭이 넓고 깊지만, 이들 문서는 로마 가톨릭 전통의 선교 신학이 내포하고 있는 핵심 주제들을 잘 표현해 주고 있다.

현대 로마 가톨릭 선교 신학은 일련의 주제들을 핵심으로 삼고 있다. 그 주제는 삼위일체 하나님의 선교(trinitarian mission), 선포, 해방, 대화, 문화화(inculturation),

---

[22] 협의회는 세 종류의 문서, 즉 헌장, 회칙 그리고 선언을 발간했다. 비록 이후의 수용이 이들 문서 간에 권위차를 항상 하는 것은 아니지만, 이들 문서 중 최고의 권위를 담은 문서는 네 개의 헌장이고, 그다음이 아홉 개의 회칙 그리고 마지막으로 세 개의 선언으로 보인다.

총체적 선교 그리고 현대 문화에 대한 선교 등이다.[23]

첫 번째 주제는 선교의 기원이 하나님의 선교에 있다는 것이다. "현대의 복음 선교"(EN)는 복음 전도의 기원이 하나님의 통치를 알리시는 예수의 선교를 지속하라고 부르시는 교회의 소명에 그 근거가 있다고 주장한다. 하나님의 선교야말로 교회의 선교에 가장 근본적인 정체성을 부여하는 것이다. 복음을 전하는 것은 사실 은혜이며 교회에게 부여된 적절한 소명이며, 교회의 가장 근본적 정체성이다. 교회는 복음을 전하기 위해, 말하자면 선포하고 가르치며, 은혜로 주어진 은사의 통로가 되어, 죄인들을 하나님과 화해시키기 위해 존재한다(EN. 14).

선포는 교회의 선교에 핵심적이다. 선포는 선교에서 가장 우선적인 것으로 이 원칙은 영속적이다. 교회는 그리스도께서 명하신 명확한 명령을 회피할 수 없다. 또한, 교회는 모든 남성과 여성에게 하나님 사랑의 대상이 되게 하고 구원받게 하는 "좋은 소식"을 전하지 않을 수 없다. … 모든 형태의 선교사적 활동은 이 선포와 직결되어 있다(RM, 44). 두 가지 주제가 중요하다. 선포는 그리스도 중심적이어야 하고, 선포는 전체 하나님 백성의 사역이다. 선교사적 활동은 모든 기독교인의 문제라는 새로운 자각이 있다(RM, 2).

로마 가톨릭교회가 라틴 아메리카에서 지배적이기 때문에, 그곳에서 점증하는 해방에 관한 관심도 선교 신학에 중요성을 더해 가는 주제가 될 것은 필수 불가결한 일이다. 예를 들면, "현대의 복음 선교"(EN)는 로마 가톨릭 전통에서 해방에 대한 주제를 주요 주제로 표명한 문서다. 좋은 소식은 인류를 억누르는 모든 것으로부터의 해방인 구원을 선포한다.

그러나 그 해방은 다른 무엇보다 죄와 사단으로부터의 해방이며, 죄와 사단으로부터 해방됨으로써 인류는 하나님을 알 수 있다. 해방을 정치적, 사회적, 문화적, 또는 경제적 영역들로 축소하려는 것에 대한 저항이 담겨 있으나, "교회의 영적 소명의 최우선성"을 유지하려는 바람을 담고 있기도 하다(EN, 34).

종교 간 대화는 복음화를 위한 교회의 선교 일부다(RM, 55). 이보다 6년 전인 1984년에 대화를 위한 교황청협의회(the Pontifical Council for Dialogue)가 "선교와 대화"(Mission and Dialogue)라는 중요한 성명을 발표했는데 이 성명서에는 대화가 복음화에 통합된 것처럼 보였다. 대화를 선교의 중요한 요소로 확정한 이 문서는,

---

[23] 스티븐 베반스(Stephen Bevans)와 존 나이퀴스트(John Nyquist)는 스콧 모로가 편집한 복음주의 『선교학 사전』(*Evangelical Dictionary of World Missions*, CLC 역간)에서 "로마 가톨릭 선교"에서 첫 번째를 차지하는 이들 다섯 가지 주제에 대해 언급하고 있다. *Evangelical Dictionary of World Missions*, ed. A. Scott Moreau (Grand Rapids: Baker Books, 2000), p. 840.

회의 이전까지 주목을 받아오던 것에 비해 비기독교 종교에 대해 더욱 긍정적인 설명을 상당 부분 담고 있는 제2차 바티칸 공의회에 근거하고 있었다. 1991년 대화를 위한 교황청협의회는 선포와 대화 간 관계에 관한 또 다른 성명을 발표했다.

이 성명서는 대화와 선포 모두를 교회의 선교가 갖는 본질적 그러나 확실히 구별되는 측면들이라는 점을 확인했지만, 비기독교 종교가 기독교와 동등하지 않다는 것을 분명히 했다. 타종교에 대한 로마 가톨릭의 접근 방식에는 포괄주의적(inclusivist) 입장이 만연하다. 이 입장은 구원은 오직 예수 그리스도를 통해서만 얻을 수 있음을 확정한다. 그러나 그 확정은 다른 두 가지 요소, 즉 구원은 그리스도에 대한 확실한 믿음 밖에서도 가능하다는 것과 타종교도 그 구원의 통로가 될 수 있다는 것을 수반한다(LG, 16).

"문화화"라는 단어가 제2차 바티칸 공의회에서 사용된 것은 아니나 교황 바오로 2세에 의해 소개되었고, 그때 이후로 로마 가톨릭 선교 사상 내에서 광범위하게 확산됐다. 사실 교황 바오로 2세는 다음과 같이 말했다.

> 나는 나의 교황직을 수행하기 시작할 때부터 교회와 우리 시대의 다른 문화들과의 대화가 대단히 역동적인 분야가 될 것에 대해 생각해 왔습니다. 그중에서도 가장 긴급한 이슈는 20세기 말에 이른 우리 시대의 운명에 대한 것입니다.[24]

교회가 각각의 문화를 대면할 때, 오랜 기간 동안 계속되는 문화화(inculturation) 과정을 포함하는 것이 중요하다.

문화화는 상호 과정(mutual process)이다. 문화는 교회가 복음의 가치들을 해당 문화에 전달할 때 유익을 얻는다. 한편 교회는 다양한 문화들로부터 오는 통찰력으로 인해 풍성해진다.

문화화에는 두 가지 측면이 있다.

첫째, 교회는 기독교 신앙에 충실해야만 하며 따라서 문화에 대해 비평적이어야 한다는 것이다. 문화는 죄에 의해 영향을 받고 있기 때문에 모든 문화는 복음에 의해 "치유되고, 기품을 회복해야 하며, 온전하게 되어야 할" 필요가 있다(LG, 17; EN, 18).

---

[24] John Paul II, "Lettre Autographe du Pape Jean Paul II de Fondation du Conseil Pontifical de la Culture" (May 20, 1982) (저자의 번역) (www.vatican.va/holy_father/john_paul_ii/letters/1982/documents/hf_jp-ii_let19820520_foundation_fr.html).

둘째, 각 문화의 좋은 요소들을 취하여 그 요소들을 내부로부터 새롭게 하는 것을 포함한다. 복음주의적 접근 방식과 비교했을 때, 이들 두 가지 측면들 모두는 문화가 소유한 요소들 중 죄 때문에 왜곡된 것들에 도전하기보다(challenging) 문화가 가진 긍정적인 요소들을 보존하고, 복음과 문화 사이의 긴장보다는 복음과 양립 가능한 많은 부분에 대해 확증해 주는 것을 강조하는 방식의 상황화로, 나름대로 독특한 표현을 하고 있음을 발견할 수 있다.

제2차 바티칸 공의회를 필두로 하여 간행된 교황청 문서들이 제시한 선교에 대한 다양한 묘사는 점차 총체적(holistic) 용어들로 채워지고 있다. "교회의 선교 사명"(RM)은 "선교는 단일한 그러나 복합적인 실재"(41)라고 진술한다. 그리고 계속해서 선교를 광범위하게 정의한다. 그 내용에는 다음과 같은 것이 포함되어 있다. 선교는 가난한 사람들에 관한 관심, 너그러움, 정의, 평화 그리고 인권을 포함하는 개인적인 그리고 기독교 공동체의 증거이다. 선교는 구세주이신 그리스도에 대한 선포이다. 선교는 복음에 대한 신자들의 총체적이고 근본적인 회심을 고려한다.

하나님이 세상에 현존하신 것의 표징인 공동체들의 형성이다. 여기에는 물론 연합에 관한 관심이 포함된다. 선교는 복음에 의한 문화의 변혁이다. 선교는 "타 종교들에 속한 우리의 형제들과 자매들"(RM, 55)과 나누는 종교 간 대화를 포함한다. 선교는 통합적(integral) 발전과 해방을 증진한다. 마지막으로 선교는 가난한 사람들을 향한 자선(charity)이다.

점차 더 많은 시선을 끌고 있는 한 가지 분야는 현대 문화(the Culture of Modernity. 'modernity'라는 단어는 때에 따라 '근대'로 번역하는 것이 적절한 경우가 많다. '근대 선교'의 경우가 그러한데, 여기서는 문맥상의 의미를 따라 현대로 번역한다—역주)의 복음화 또는 현대 문화를 향한 선교이다.[25]

몇 가지가 이에 관한 관심을 자극제로 작용했다.

첫째, 제2차 바티칸 공의회 문서인 "기쁨과 희망"(*Gaudium et Spes*)인데, 이는 교회 선교의 일부로서 문화화에 대한 새로워진 관심으로, 문화에 길듦으로써 더 이상 가톨릭 신앙을 실천하지 못하는 다수의 가톨릭교도가 존재하는 서구 문화 속에서 교회의 재복음화 또는 새로운 복음화를 주창하는 교황의 요청이다.

---

25 William Jenkinson and Helen O'Sullivan, eds., *Trends in Mission: Toward the 3rd Millennium* (Maryknoll, NY: Orbis Books, 1991), pp. 118-57("현대"라는 제목하에 다섯 개의 에세이가 있다); Hervé Carrier, *Evangelizing the Culture of Modernity* (Maryknoll, NY: Orbis Books, 1993)을 보라.

둘째, 빈곤과 생태학적 피해가 점증하고 있다는 점에서 전 세계에 강력한 영향을 끼치는 세계화 현상과 세계 문화(a global culture)로서의 소비주의의 등장이다. 공식적인 공표문들과 학자들의 연구를 통해, 사회적 교훈에 관하여 가톨릭교회는 현대 서구 문화에 대해, 그중에서도 특히 세속화, 다원주의, 개인주의, 지구촌화 그리고 소비주의에 대한 풍성한 비평을 발전시켜 왔다.

4) 동방 정교회 전통

동방 정교회 선교 신학에 관한 글에서, 제임스 스태뮬리스(James Stamoolis)는 동방 정교회가 "일반적으로 선교사적 교회로 생각되지 않았다"[26]는 점을 인식했다. 동방 정교회에 대한 무지와 더불어 이와 같은 인식은 수많은 선교학적 담론에 거의 주목하지 못하는 결과를 초래했다. 서구교회는 동방 정교회가 그들의 문화에 대한 선교적 참여로부터 철수하고, 대신 그들의 내적인 삶, 특히 의례와 기도 그리고 교리에만 집중하고 있는 것으로 본다.

보쉬는 이런 이유 때문에 "정교회 교회의 선교적 열정에 관해 전반적으로 부정적인 판단"을 내릴 뿐만 아니라, 심지어는 "정교회에는 선교와 같은 것이 존재하지 않는다"[27]라는 시각의 견지가 일반적이라 말한다.

정교회 주교인 아나타시오스 야누트라토스(Anatasios Yannoutlatos)와 카리스토스 와레(Kallitos Ware)가 이 문제를 인식했다. 야누트라토스는 정교회에서 대위임령이 "잊힌 위임령"이 되었다고 말했고, 이에 대해 와레는 "우리 정교회는 여전히 지나치게 내향적 시각을 갖고 있다. 우리는 우리가 많은 사람이 기쁘게 귀를 기울일 메시지를 갖고 있음을 인식해야만 한다"라고 언급했다.[28]

혹시 이런 판단이 서구 선교 사상가들이 선교에 대한 자신들의 시각을 절대화하고 그에 따라 정교회를 판단했기 때문에 나온 부정적 결과가 아닐까?

이런 판단은 혹시 선교라는 단어가 정교회 구성원들을 개종시키는 로마 가톨릭과 개신교 해외 선교와 관련된 것이고, 따라서 정교회의 입장에서 불쾌한 것이

---

[26] James J. Stamoolis, "Orthodox Theology of Mission," in Moreau, *Evangelical Dictionary of World Missions*, p. 714. (『선교학 사전』, CLC 역간) David Neff, "The Fullness and the Center: Bishop Kallistos Ware on Evangelism, Evangelicals, and the Orthodox Church," *Christianity Today* 55, no. 7 (July 6, 2011): 38-41 (www.christianitytoday.com/ct/2011/july/fullnesscenter.htlm) 또한 보라.

[27] Bosch, *Transforming Mission*, p. 206.

[28] James A. Scherer and Stephen B. Bevans, eds., *New Dictionary in Mission and Evangelization 1: Basic Statements, 1974-1991* (Maryknoll, NY: Orbis Books, 1992), p. xiv.

기 때문에 나온 것이 아닐까?

이런 판단은 혹시 정교회 교회들이 교회를 핍박했을 뿐만 아니라 교회의 선교 활동을 전면적으로 금지했던 동유럽이나 소련연방공화국의 무신론적 정권 아래서 감내해 왔기 때문이지 않을까?

또한, 이보다 앞선 시기에는, 정교회 교회들이 처음에는 오스만 투르크 제국 아래에서 그리고 나중에는 중동의 다양한 이슬람 정권 아래에서 억압을 당하면서 선교 활동을 전면적으로 금지당해 왔기 때문이지 않을까?

아마도 정교회가 처했던 이러한 환경은 부채(liability)이자 자산(asset)이 되었을 것인데, 이것이 선교에 대한 에큐메니컬 패러다임에 기여하는 기초가 되었다. 선교하고자 하는 정교회의 의도(intention)가 오랫동안 고초를 겪어 왔고, 따라서 발전하지 못한 상태로 머물러 있었다는 점에서 부채이지만, 정교회 교회가 선교를 교회가 갖는 한 가지 차원(a dimension of the church)으로 발전시켰다는 점에서 자산이다.

비록 정교회가 과거에 갖고 있었던 선교 열정에 대해서 이런 식의 판단을 내릴 수 있다 하더라도, 1950년대 이래로 선교에 관한 관심이 부상하기 시작했는데, 이 같은 관심의 부상은 정교회가 WCC와 멕시코시티에서 시작된 CWME(1963)에 참여하기 시작한 시기와 부분적으로 일치한다. 정교회 대표단은 에큐메니컬 선교 신학의 발전에 비판적으로 그리고 호의적으로 반응했는데, 이들 대표단은 교회의 선교에 대한 독특한 비전을 구성하기 위해 정교회 전통에서 자원을 발굴해 냈다.

선교에 관한 에큐메니컬 회의들과 문서들에 응답하는 일련의 소논문들을 묶어 간행한 『평안 가운데 가라: 선교에 관한 정교회 관점들』(*Go Forth in Peace: Orthodox Perspectives on Mission*)을 읽는 사람은 양방향 통행을 보게 될 것이다. 이 소논문들의 내용은 에큐메니컬 전통과 많은 부분에서 공통점을 공유한다. 그러나 동시에 정교회의 독특한 공헌들도 존재한다. 정교회 전통과 에큐메니컬 전통은 서로 간의 대화를 통해 더욱 풍성해졌다.

와레 주교에게 기독교 메시지의 핵심은 무엇이냐고 물었을 때, 그는 다음과 같이 답변했다.

저는 다음과 같이 대답할 것입니다.
"인류를 너무나도 극진히 그리고 아주 총체적으로 사랑하시기 때문에 인간이 되길 택하신 하나님을 믿습니다. 그러므로 나는 예수 그리스도를 완전하시고 참되신 하나님으로 믿습니다. 그러나 또한 완전히 그리고 전적으로 우리 중 하나와 같은 완전한 인간 되심을 믿습니다."

그리고 저는 또한 당신에게 이렇게 말할 것입니다.

"하나님의 사랑은 너무도 위대하므로 그리스도께서 십자가 도상에서 우리를 위해 죽으셨습니다. 그러나 사랑은 죽음보다 강합니다. 그러므로 예수의 죽으심에 이어 그분의 부활하심이 있었던 것입니다. 저는 기독교인입니다. 왜냐하면 우리를 너무도 사랑하셔서 성육신하시고, 죽으시고, 부활하신 분에게 인도하시는 하나님의 위대한 사랑을 믿기 때문입니다."[29]

이 언급에는 선교에 대한 정교회 관점에 반복적으로 등장하는 몇 가지 주제가 담겨 있다. 선교는 세상을 향하신 하나님의 사랑에서 기인하는 것이다.

정교회 전통에서는, 선교에 대한 신학적 출발점으로서 사랑이 성육신, 십자가, 부활에 관한 기독론적 강조를 형성한다. 동방 정교회는 십자가를 평가 절하하지 않는다. 그러나 서구 전통과 비교해 볼 때 놀라운 것은, 정교회가 성육신과 부활을 강조한다는 것이다.

성육신과 부활은 창조와 그 안에 존재하는 생명에 대해 확정한다.

예수의 육체적 성육신은 당신이 창조하신 세상에 대한 하나님의 사랑을 보여 준다. 그리고 육신의 부활은 창조의 선하심을 확증한다. 심지어 십자가를 다룰 때조차, 강조되는 것은 사랑이다. 와레는 서구 신학에 등장하는 대속(substitutionary atonement)의 법적 형상화(the legal imagery)에 대해 다음과 같이 논평한다.

> 나는 만족(satisfaction)에 대한 아이디어에 대해 별로 신경 쓰지 않는다. 만족은 성경의 용어가 아니기 때문이다. 내 생각에, 법적 형상화는 변화를 불러일으키는 사랑의 능력(the transfiguring power of love)에 대한 강조와 항상 연결되어야 한다. 성육신의 동기는 하나님의 공의 또는 그분의 영광이 아니라 그분의 사랑이다. 그것이 가장 최고의 동기였다. "하나님이 세상을 이처럼 사랑하사"(요 3:16). 바로 그 지점이 우리가 논의를 출발시켜야 하는 부분이다.[30]

마지막으로, 그리스도 안에서 드러난 하나님의 사랑은 선교에 대한 삼위일체적 기반 안에서 지속적으로 작동한다. 그리스도를 이 땅에 보내신 것은 삼위 하나님의 사랑이다. 그리스도께서 행하신 선교의 목적은 삼위일체 안에서 발생하고 있는 사랑이 매개된 교제의 삶이다. 선교의 최우선적 목표는 지적 확신들, 교리들,

---

29 Ware, "The Fullness and the Center," p. 41.
30 Ibid.

도덕적 명령들 등의 선전이나 전이에 있지 않다. 선교의 최우선적 목표는 하나님 안에 내재하는 교제의 삶을 전이시키는 데 있다.[31]

정교회 선교는 선교와 교회론을 밀접하게 관련짓는다. 아이온 브리아(Ion Bria)는 "선교학을 결정짓는 것이 교회론이다"라고 말한다.[32] 다른 전통들과 마찬가지로, 정교회 전통은 교회의 선교적 본질에 대해 확증한다. 하나님 나라의 선포는 교회가 세상에서 감당하는 소명의 핵심에 위치한다. 왜냐하면 선교가 없다면 교회도 없기 때문이다.[33]

그러나 교회의 파송 혹은 사도적 본질에 대한 확증 후에, "선교는 '사도성'에만 전적으로 연결되어 있는 것이 아니다. 선교는 연합, 거룩과 보편성을 포함하는 교회의 모든 특성(notae)과 연결되어 있다"는 것이 분명해진다.[34]

정교회 전통이 보는 교회의 선교는 특히 교회의 연합에서 발견된다. 교회의 분열은 "교회의 연합된 증거에 대한 수치이자 장애물이다."[35] 스태물리스는 심지어 다음과 같이 말하기도 했다. 1054년 교회의 연합이 깨졌을 때, 정교회 전통 내 일부 사람들은 "정교회 교회의 선교적 사명은 복음 전도에서 기독교인의 연합을 위한 모색으로 변경되었다"고 보았다.[36]

교회의 선교는 단지 연합만이 아니다. 교회의 선교에는 사랑도 있다. 교회는 "존재 면에서 본질적으로 선교적이다. 교회의 선교는 모든 것을 포용하시는 하나님의 사랑과 연합으로 인해 활력이 넘친다. 세상에 존재하는 하나님 나라의 현존(presence)으로서 교회는, 하나의 실재(reality)인 하나님의 영광과 피조 세계의 종말론적 운명을 분명히 드러낸다."[37]

이 부분에 선교에 대한 동방 정교회 이해의 중요한 강조점이 있다. 교회는 교회가 선포하는 메시지를 구체화해야 한다. 교회는 선교의 목표이고 그 자체로 선교의 표현이다. 존 메옌도르프(John Meyendorff)가 간단하게 표현했듯이, "선교가

---

31 Ion Bria, ed. *Go Forth in Peace: Orthodox Perspectives on Mission* (Geneva: World Council of Churches, 1986), p.3.
32 Ion Bria, *Martyria/Mission: The Witness of the Orthodox Churches Today* (Geneva: World Council of Churches, 1980), p. 8.
33 Bria, *Go Forth in Peace*, p. 11; pp. 17-23도 보라.
34 Ibid., p. 12.
35 Ibid., p. 70.
36 James J. Stamoolis, *Eastern Orthodox Mission Theology Today* (Maryknoll, NY: Orbis Books, 1986), p. 110.
37 동방 정교회들에 대한 CWME의 협의의 최종 보고서, Neapolis, 1988, Scherer and Bevans, *New Direction*에 있다.

갖는 궁극적인 신학적 의미는 교회 그 자체에 대한 표현이다."[38]

의례를 통한 증거에 대한 정교회의 강조가 특별히 주목을 끈다. 와레는 이 주장에 대해 명확하게 진술한다.

> 내게 있어 우리가 가진 가장 중요한 선교적 증거는 거룩한 의례(the Divine Liturgy)인 정교회 교회의 성만찬 예배(Eucharistic worship)이다. 이것은 다른 모든 것이 진행되어 나오는 생명을 부여하는 원천이다. 그러므로 나는 정교회에 관심을 보이는 사람이라면 누구에게라도 '와서 보라. 의례에 참여해 보라'라고 말한다. 다른 무엇보다 우선하는 것은 그들이 예배하는 공동체인 정교회가 표현하는 것을 맛보아야 한다는 것—혹은 기독교에 대해 맛보아야 한다는 것—이다.[39]

정교회는 구원이 우주적이고 종말론적인 지경들을 간과하는 예배에 대한 개인주의적 접근 방식을 비판한다. 의례는 온 세상을 향하신 하나님의 사랑에 대한 선포이다. 하나님의 나라는 그 존재 자체로 지평(the horizon)이며, 예배의 목표이다. 의례의 마지막은 "평안 가운데 가시오"라는 파송이 있는데, 이 표현으로 인해 의례는 다른 형식—의례 이후의 의례—으로 이동한다. 교회는 사회 생활 속으로 침잠해 들어감을 통해 교회의 예배를 지속시킨다. 인간의 모든 삶은 하나님의 현존 안에서 살아가는 것이라는 점에서 거룩하다.

그러므로 예배의 종말론적이고 우주적인 지평은 총체적 선교를 형성한다. "성경에서는, 종교 생활이 결단코 성전으로 제한되거나 일상의 삶으로부터 분리되지 않는다. 하나님 나라에 대한 예수의 가르침은 모든 인류 역사를 사랑하시는 하나님의 주 되심(God's loving lordship)에 대해 분명하다. 우리는 하나님 나라에 대한 우리의 증거를 개인적 삶의 영역으로 제한할 수 없다. 그리스도의 주 되심은 삶의 모든 영역에서 선포돼야 한다."[40]

선교는 용서와 새 하늘과 새 땅에 대한 소망에 대한 좋은 소식을 선포하는 것이어야 한다. 그리고 선교는 권세들과 구조적 불의를 비난하고, 과부와 고아 그리고 가난한 자들을 위로하고, 과학과 기술의 영역에 좋은 소식을 전하는 것이어야 한다.

---

38 John Meyendorff, "The Orthodox Church and Mission: Past and Present Perspectives," *St. Vladmir's Theological Quarterly* 16, no. 2 (1972): 63.
39 Ware, "The Fullness and the Center," p. 40.
40 Bria, *Go Forth in Peace*, p. 77.

선교에 대한 이러한 관점은 공산주의 치하 이래로 오랫동안 회복시켜 왔는데, 이 점에 대해서 와레 주교는, 공산주의 치하 아래서 교회는 교회의 사회 선교를 자선으로 축소했고 공산주의라는 불의한 구조에 도전하지 않았다고 언급했다. 하나님 나라의 우주적이고 종말론적인 지평인 세상을 향하신 하나님의 사랑과 성육신과 부활 안에서 주어진 피조 세계에 대한 강력한 확증은 정교회의 총체적 선교를 통해 드러난다.

5) 오순절 전통

오순절(또는 은사주의) 전통의 선교 신학에 대한 논의를 포함하는 것이 일부 독자들에게 놀랄 만한 일일 수도 있다. 많은 사람이 오순절주의를 단순히 복음주의의 한 종(species)으로(아마도 이국적인) 보고 있다. 전국복음주의협의회(NAE, the National Association of Evangelicals)와 세계복음주의협회(WEF, the World Evangelical Fellowship)과 같은 조직들은 오순절주의자들을 정식 구성원으로 받아들여 왔다. 실재로 많은 통계가 두 개의 전통을 하나의 전통으로 취급해 온 것도 사실이다. 더욱이 많은 오순절주의자도 자신들이 다른 점을 가지고는 있지만 스스로를 복음주의자로 간주하고 있다.

그러나 도널드 데이턴(Donald Dayton)에 따르면, 오순절 선교 신학을 "오순절을 좀 더 큰 범주인 '복음주의'라는 속(genus)의 일부로 추정함으로써 생성된 가정을 사용하지 않고, 오순절주의"로 연구할 매우 좋은 이유가 있다. 데이턴은 "'복음주의적'이라는 단어가 함유하는 일반적인 함축들은 오순절주의의 참된 본질 그리고 오순절주의가 우리에게 제공하는 은사들을 모호하게 만들 뿐"이라고 주장한다.

그래서 데이턴은 "제3의 세력"(a third force)에 대해 말하면서 오순절 운동을 "기독교 신앙의 고전적 전통에 대한 하나의 교정"으로 본다.[41] 참으로 선교 사상에 대한 오순절의 독특한 기여가 있으며, 이 독특한 기여가 오순절 전통을 단순히 복음주의 진영에 포함시켰을 때 모호해질 수 있는 (복음주의에 대한 ─역주) 몇 가지 교정을 제공한다.

그러나 다른 이유 또한 있다. 가장 분명한 것은 오순절주의의 규모이다. 복음주의 전통은 이제 오순절 신자 규모에 비해 왜소해 보인다. 오순절의 규모는 복음주

---

[41] Donald Dayton, "The Holy Spirit and Christian EXpansion in the Twentieth Century," *Missiology* 16, no. 4 (1988): 402-3.

의자의 두 배 이상에 육박한다. 서론에 해당하는 장에서, 간단하게나마 전 세계에 걸쳐 발생하고 있는 오순절주의의 폭발적 성장에 주목해 보았다.

오늘날 오순절의 규모는 전체 기독교 인구의 25%를 구성하고 있으며, 이는 전 세계 인구의 10%를 약간 하회하는 것이다.

현재 오순절 인구는 놀라운 비율로 계속해서 성장하고 있다. 수적인 성장을 넘어서, 오순절 전통은 계몽주의에 의해 형성된 서구 지향적 신학에 대해 환영할 만한 (가끔씩은 환영할 만한 것은 아니나 필수적인) 비평을 제공하고 있다. 부분적으로 이것은 20세기 동안 서구에서 오순절주의가 성장했다는 사실 그리고 오순절주의가 최초의 포스트모던 신학 전통이라는 사실과 관련이 있다.

그러나 이보다 더 중요한 사실은, 라틴 아메리카, 아프리카 그리고 아시아와 같은 제3세계 출신 오순절주의자의 수적 우세의 결과라는 것이다. 비록 로마 가톨릭 전통, 에큐메니컬 전통 그리고 복음주의 전통에도 비서구 기독교인의 숫자가 상당히 많기는 하지만, 다양한 이유 때문에 비서구 오순절주의자들이 끼치는 풍성하고 중요한 영향만큼 영향을 끼치지 못하고 있다.

> 라틴 아메리카, 중국, 필리핀 군도, 아프리카 또는 남반부 해양 지역에서 사역하는 서구인들이 끊임없이 보고하는 내용을 보면, 이들 지역의 기독교인들이 겪는 대부분의 경험은 서구의 은사주의와 오순절 진영에서 드러나는 특징들보다 훨씬 강한 초자연적 성향을 반영한다는 것이다. 약간의 과장을 보태서 말하자면, 전 세계에서 생성되고 있는 새로운 기독교 공동체들 일부가 로마 가톨릭, 성공회, 침례교, 장로교, 다양한 독립교단 계통의 공동체인 것은 맞지만, 거의 대다수는 광의적 의미에서 오순절 공동체라 말할 수 있다.
>
> Mark A. Noll, *The New Shape of World Christianity*, p. 34.

위에서 제기한 마지막 지적은 제3세계 지역 기독교인들을 어떤 식으로 범주화할 것인가에 대해 어려운 질문을 야기한다. 왜냐하면 이와 같은 특징을 가진 기독교인들이 오순절주의와 연계된 흔적을 드러내는 서구교회 내에서도 나타나고 있기 때문이다.

마원석(Wonsuk Ma)은 "오순절-은사주의적"(Pentecostal-charismatic)이란 용어를 포괄적인 범주로 사용하며, 이를 세 가지 그룹들—교단별로 나뉜 고전적 오순절주의자들, 타 교단들 내에 존재하는 은사주의적 오순절주의자들, 비서구 세계에 존재하는 토착적 또는 신은사주의적 오순절주의자들—로 구분한다.⁴² 그는 이와 같이 문화적으로 다양한 흐름을 하나의 덩어리로 묶는 것이 갖는 문제에 대해 인식하고 있다.

2001년 『세계기독교사전』(World Christian Encyclopedia)에서 데이비드 바렛(David Barrett)은 "독립"이라는 용어를 사용했는데, 이 용어는 이해할 만한 용어이긴 하지만 적절해 보이지는 않는다.

그런데도 이들 그룹을 하나로 묶는 것은 무엇일까?

티모시 테넌트(Timothy Tennent)는 다음과 같이 묻는다.

> 아시아의 가정교회 네트워크, 사도적 다양성(apostolic variety)을 보여 주는 아프리카 자생 교회들(Initiated churches), 필리핀의 네 번째 증인(the Fourth Watch), 싱가폴시 하베스트 교회, 남아프리카의 필 더 갭 힐링 센터들(the Fill the Gap Healing Centers), 인도의 메이티(the Meiti), 오스트레일리아의 쿠네이트(the Cooneyites), 브라질의 이그레자 에브 펜테(the Igreja ev Pente), 중국의 한족들로 구성된 가정교회들과 같이 다양한 운동에서 발견되는 독특한 특징은 무엇일까?⁴³

그는 우리가 섣부르게 판단을 내리려 하지 말고 그들 그룹이 자신들에 대한 정의를 내릴 때까지 기다리자는 결론에 이르렀다. 그러나 그는 우리가 어떻게 명명하든지 우리가 그것을 통해 발견하는 것은 로마 가톨릭, 개신교 그리고 정교회와 공존하는 "기독교의 네 번째 가지"일 것이라는 인식하고 있다.

이러한 어려움에 대해 인식하고 있기는 하지만, 마원석은 이들 네 번째 가지에 속한 그룹들이 '오순절'에 속한 언어를 사용하는 등 공통된 특징을 드러내는 것을 보면서 이들을 "하나님의 능력과 영적 은사들에 대한 초자연적 역사를 포함하는 성령의 역동적 역사를 믿고 체험하며, 이 결과로 따라오는 역동적이고 참여적인 예배와 전도에 대한 열정을 드러내는 기독교의 일파들"이라 정의했다.⁴⁴

이렇게 내린 정의가 모든 문제, 특히 이들 그룹이 보여 주는 놀랄 만한 다양성과 문화적 독특성과 같은 문제를 해결하지 못한다는 사실을 오롯이 인식하고 있

---

42 Wonsuk Ma, "'When the Poor Are Fired Up': The Role of Pneumatology in Pentecostal-charismatic Mission," *Transformation* 24, no. 1 (2007): 32.
43 Thimothy Tennent, *Invitation to World Missions: A Trinitarian Missiology for the Twenty-first Century* (Grand Rapids: Kregel, 2010), p. 41.
44 Wonsuk Ma, "Asian Pentecostalism: A Religion Whose Only Limits Is the Sky," *Journal of Beliefs and Values* 25, no. 2 (2004): 192.

기는 하지만, 나는 마원석의 범주를 이해의 출발점으로 삼고, 이 전통이 현재 전면으로 부상하고 있는 선교에 대한 에큐메니컬 패러다임에 제공하는 것이 무엇인지에 대해 간략하게 설명하도록 할 것이다.

오순절 운동을 부상할 수 있게 한 전통의 결합은 현대 오순절 선교 신학을 위한 중요한 주제들—선포, 종말론적 긴급성, 성령—을 드러낸다.[45] 간단하게 소개하자면 '시간이 얼마 없다. 그러므로 우리는 성령의 능력을 덧입어 복음을 선포해야 한다'는 것이다.

당연하게도, 오순절 선교 사상을 가장 대표하는 특징적 요소이자, 동시에 에큐메니컬 교회에게 가장 중요한 은사는 성령에 대한 강조이다.

한 가지 예를 들자면, 성령에 대한 강조는 선교와 전도에 대한 가장 최근의 에큐메니컬 문서인, "생명을 향해 함께"(Together Toward Life)에서 볼 수 있다. 이 문서는 스물여덟 페이지로 구성되어 있는데, 성령에 대한 언급이 무려 120차례 등장한다!

성공회 출신 선교사였던 롤랜드 알렌(Roland Allen)은 사도행전에 등장하는 성령과 선교에 관한 그의 저술을 통해 오순절 선교를 구성하는 데 중요한 기여를 했다. 20세기 초반에, 그는 다음과 같이 말했다.

> 성령의 한 가지 표현으로서 선교 사역은 지나치게 경미하고 가벼운 주목만을 받아왔다. 따라서 성급한 독자들은 성령 사역으로서의 선교 사역을 주목하지 못하고 넘어갈 수 있다.[46]

폴 포머빌(Paul Prmerville)은 이렇게 말했다.

> 성령에 대한 지나친 침묵'은 개신교 선교 유산의 일부를 구성한다. 오순절 운동은 그러한 침묵에 대해 매우 심각하게 고민한다.[47]

성령은 교회가 세계 복음화—즉, 복음을 선포하고 교회를 개척하는 사역—를 수행할 수 있도록 준비시키신다. 오순절주의는 복음주의자들과 더불어 선포의 우

---

[45] Byron D. Klaus. "Pentecostalism and Mission," *Missiology* 35. no. 1 (2007): 41-43.
[46] Roland Allen, *The Ministry of the Spirit: Selected Writings of Roland Allen* (Grand Rapids: Eerdmans, 1960), p. 21.
[47] Pomerville, *Third Force in Mission*, p. 3.

선성에 대한 헌신을 공유한다. 그러나 오순절주의자들은 좀 더 총체적인 접근 방법에 양분을 제공하는 좀 더 포괄적인 하나님 나라의 비전을 요청하는 목소리를 내는 데 부족하지 않았다. 긍휼과 정의에 대한 헌신은 특별히 제3세계 오순절주의가 갖는 특징이기도 하다.

선교에 대한 오순절주의의 긴급성은 시간이 촉박하다는 생각에서 유래한다. 이러한 사고는 전천년주의적 종말론(premillennial eschatology)로 인해 형성되었다.

오순절주의자들은 행위에 대해 더 치중하는 반면 사고에 대해서는 좀 약한 부분이 있다. 따라서 선교에 대한 그들의 관심은 "사상적으로 정교화하기보다는"(codified) 좀 더 "실천하는 데" 치중해 왔다.[48]

이러한 성향에는, 견고한 신학의 부족이 불균형을 초래할 수 있다는 점에서, 분명히 불리한 점이 있다. 그러나 지난 30여 년 동안 오순절 전통에서도 좀 더 정교한 선교학에 대해 고심하는 문서가 점차 많아지고 있다는 점에 주목해야 한다. 그러나 그런 흐름에서조차 행동에 대한 강조가 있다는 점에서 긍정적이다. 다양한 수준에서, 오순절주의는 다른 전통들이 두드러지게 내포하는 계몽주의식 합리주의에 도전하고 있다. 포머빌은 개신교 전통에서 성령은 기록된 문서에 묶여 있어 왔다고 본다.

이런 까닭에 성령의 능력을 경험하는 것이 무시되어 왔다고 믿는다.[49] 성령의 경험에 대한 강조, 올바른 행위(orthopraxis)에 대한 강조 그리고 단순히 행함에 대한 강조는 성경에 풍부한 근거를 두고 있다. 더욱이 오순절주의는 순종의 중요성과 신학을 실천하는 삶의 중요성을 소개했다. 하비 콕스(Harvie Cox)는 신학을 넘어 경험을 강조하는 것에는 뭔가 중요한 것이 있다고 믿는다.

> 한 사람의 신학자로서 나는 종교 운동들에 관한 연구에 친숙해지도록 성장했는데, 종교 운동들에 관한 연구는 그 운동들에 속한 신학자들이 저술한 기록을 읽고 그 안에 담긴 핵심 아이디어와 가장 두드러진 교리를 파악하고자 하는 노력을 기울이는 데 집중되어 있었다. 그러나 나는 오래지 않아 오순절주의에 대해서는 이러한 접근 방법이 그리 도움이 되지 않는다는 사실을 발견했다. 어떤 오순절주의 학자가 자신의 신앙 안에서 말했던 것처럼, "하나님에 대한 경험이 교리와 신조보다 절대적으로 우선한다." 그러므로, 그가 말하기를, 하나님에 대한 경험을 설명할 수

---

48 Klaus, "Pentecostalism and Mission," p. 41.
49 Pomerville, *Third Force in Missions*, pp. 79-104.

있는 유일한 신학은 "신학의 핵심적 표현이 증거하는 성숙한 신학"이다. 내 생각에 그의 의견이 맞는 것 같다.⁵⁰

오순절주의가 도전하는 것은 계몽주의의 합리주의뿐만이 아니다. 오순절주의는 자연 신학(naturalism)에도 도전한다. 누자 이티오카(Neuza Itioka)가 바르게 지적했듯이, 자연 신학은 교회의 선교에 심각한 손상을 입힌다. "전 세계 선교 사역이 1990년대에 직면한 가장 중요한 이슈 중 하나는 선교 사업에 반대하는 파괴적인 초자연적 세력과 어떻게 대적할 것이냐 하는 것이다. 너무나도 오랫동안, 서구교회는 기독교 신앙에 대한 지적인 표현을 지향해 왔다. 따라서 선교 과정에서 반드시 직면해야 할 초자연적 표현에 실질적으로 대면하는 데 실패해 왔다."⁵¹

축사사역과 치유사역은 수많은 사람의 회심에 탁월한 기여를 해 왔다. 더욱이 영적 전쟁에 대한 이슈와 선교를 수행할 때 기도의 중요성은 오순절 계통 선교학 저술에 빈번하게 등장하는 내용이다.

오순절주의는 대다수의 선교 신학자의 저술에서 발견할 수 있는 다양한 표현들을 실질적으로 성취해 왔다. 모든 구성원이 감당해야 할 사역으로서의 전도는 다른 전통에서 보이는 것보다 오순절 전통의 실천에서 더 두드러지게 보이는 특징이다. 도시 빈민에 대한 복음화 또한 오순절주의자들이 실천해 온 사역이다.

아마도 전 세계 오순절주의 인구 분포를 관찰할 때 다른 전통들에 비해 빈민들의 비율이 높은 것은 놀랄 만한 일이 아닐 것이다. 통계는 오순절교회가 "농촌보다는 도시 지역이 많고, 남성보다는 여성의 비율이 높고, 서구보다는 제3세계가 많고(66%), 풍요롭기보다는 빈곤하고(87%), 개인주의적이기보다는 가족 중심적이고, 구성원들이 평균 18세 이하"임을 보여 준다.⁵²

월터 홀렌웨이저(Walter Hollenweger)는, 오순절주의는 단지 가난한 사람들만을 위한 교회가 아니라 "가난한 사람들의 교회"라고 말한다. 그는 가난한 사람들인 그들은 서구의 권력 중심부에 의존하지 않는다고 말한다.⁵³ 분명히 이 점이야말로 오순절주의로 하여금 효과적일 수밖에 없게 만드는 다양한 특징 중 한 가지이다. 가난한

---

50 Klaus, "Pentecostalism and Mission," p. 46에서 인용.
51 Neuza Itioka, "Recovering the Biblical Worldview for Effective Mission," in Anderson, Phillips and Coote, *Mission in the 1990s*, p. 35.
52 Grand McClung Jr., "Pentecostal/Charismatic Contribution to World *Evangelization*," in Anderson, Phillips and Coote, *Mission in the 1990s*, p. 65.
53 Walter Hollenweger, "From Azusa Street to the Tronto Phenomenon," in *Pentecostal Movements as an Ecumenical Challenge*, ed. Jürgen Moltman and Karl-Josef Kuschel (Concilium 1996/3; London: SCM Press; Maryknoll, NY: Orbis Books, 1996), p. 12.

사람으로서 여성과 젊은이들은 사회의 신분 질서 내에서 누리는 이점이 없고, 따라서 구질서를 보전하려는 이들이 아니다. 신분상으로 사회의 주변부에 있기 때문에, 그들은 사회적, 문화적 그리고 정치적 권력이 자행하는 구조적 불의에 대한 증거를 제공할 수 있는 더 나은 위치에 있다.

마지막으로 한 가지 더 주목해야 할 것이 있다. 오순절주의의 활력 넘치고 참여적인 예배는 선교에 중요한 요소가 되어 왔다. 개리 맥기는, "오순절 영성은 교회 성장 이면의 주요한 요인이었는데, 이 영성은 열광적인 예배에 의해 증진되었다"는 데 주목한다.[54] 춤, 감정적 열성, 외침, 울부짖음, 소리 내 드리는 기도와 방언을 포함하는 예배의 격정적 형식은 오순절주의가 팽창하고 있는 도시 빈민들과 부족 사회에 속한 사람들 사이에서 매력적이다. 이러한 예배 형식은 또한 서구식 예배가 드러내는 합리주의의 무거운 무게에 눌려 있다고 느끼는 다른 많은 사람에게도 호소력이 있다.

오순절주의의 성공과 성장은 선교 신학 전통에 많은 질문과 이슈를 불러일으킨다. 그러나 다른 전통에서 보이는 선교 신학도 오순절주의에 대해 그들 나름대로의 질문이 있는 것 또한 사실이다.

말과 선포에 대한 강조가 어떻게 좀 더 총체적인 강조와 결합될 수 있다는 말인가?

위에서 주목해 보았듯이, 제3세계 배경 속에서 지속적으로 진행하고 있는 학술적 작업이 오순절주의를 이 질문에 비춰 살펴보고 있다. 예를 들어, 도널드 밀러(Donald Miller)와 테수노 야마모리(Tetsunau Yamamori)는 "진보적 오순절주의"(progressive Pentecostalsim)에 대해 언급하며, 오순절 선교가 은혜 사역, 응급 서비스, 교육, 상담, 의료 지원, 경제 발전, 예술과 정책 변화와 같은 사회 분야로까지 그 지평을 넓혀 가고 있음을 상세히 기록했다.[55] 더욱이 어떤 이들은 단지 말과 사역에 대해 말하고 있을 뿐만 아니라 이적에 대해서도 말하고 있다.[56]

전 세계 거의 모든 나라에서 성장하고 있는 오순절주의는 복음과 문화의 관계에 대한 질문을 야기했다. 바이런 클라우스(Byron Klaus)는 다른 입장들―예컨대,

---

54 Gary McGee, "Pentecostal Strategies for Global Mission: A Historical Assessment," in *Called and Empowered: Global Mission in Pentecostal Perspective*, ed. Murray A. Demper, Byron D. Klaus and Douglas Petersen (Peabody, MA: Hendrickson, 1991), p. 206.
55 Donald E. Miller and Tetsunau Yamamori, *Global Pentecostalism: The New Face of Christian Social Engagement* (Los Angeles: University of California Press, 2007).
56 Ronald Sider, ed., "Words, Works, and Wonders: Papers from an International Dialogue between the Pentecostal/Charismatic Renewal and Evangelical Social Action," *Transformation* 5, no. 4 (1988).

문화와 대립하는 그리스도 또는 문화를 변혁하는 그리스도와 같은—과 대조했을 때 오순절주의가 취하는 전통적인 입장은 "문화를 의식하지 않는 복음"(gospel oblivious to culture)이었다.[57]

그러나 에큐메니컬 논쟁, 학문 그리고 제3세계에서 유래한 숙고가 이 상황에 변화를 일으키고 있다. 복음주의자들과 같이, 서구의 오순절 전통은 고도로 개인주의적인 특징을 보여 왔다. 죄와 구원은 우선적으로 개인주의적 용어로 이해되었다. 다시금 이런 서구 오순절 입장에 도전을 가한 것은 제3세계의 공동체 문화였다.

따라서 다음 질문은 성령에 대한 풍성한 숙고가 어떻게 선교에 대한 더 온전한 삼위일체적 기초로 통합될 수 있을까이다. 그리고 마지막으로, 어떻게 하면 20세기 초반부 선교에 지대한 영향을 끼쳤던 극단적 종말론에 사로잡히지 않으면서, 생동감 있고 기대가 넘치는 종말론을 유지할 수 있을까 하는 것에 대한 질문이 있다.

3. 결론

오늘날 선교에 대한 새로운 에큐메니컬 시대가 펼쳐지고 있다. 새로운 시대에는 다양한 전통이 서로 일치되는 많은 부분을 함께 공유하기도 하겠으나, 각각의 전통은 나름의 다양한 공헌을 하게 될 것이다.

우리는 새로운 시대의 신학적 표현에 대해 우선적으로 살펴보았다. 명확히, 어떤 전통도 최상의 신학에 부합되는 전통은 없다. 신실한 선교학과 함께 우리는 교회의 극단적 쇠락과 혼합주의을 보는 경우도 발생한다. 미래의 도전은 신앙심이 깊고, 복음 중심적이며, 성령으로 충만한 교회가 선교에 대한 새로운 에큐메니컬 패러다임이 주는 최상의 신학적 통찰을 더욱 더 구체화하는 것이 될 것이다.

심화를 위한 독서 자료

Bosch, David J. *Transforming Mission: Paradigm Shifts in Theology of Mission*. Maryknoll, NY: Orbis, 1991, pp. 349-519. (『변화하는 선교』, CLC 역간)

---

[57] Klaus, "Pentecostalism and Mission," p. 49.

Bria, Ion, ed. *Go Forth in Peace: Orthodox Perspectives on Mission*. *Geneva*: World Council of Churches, 1986.

Klaus, Byron D. "Pentecostalism and Mission," *Missiology* 35, no. 1 (2007): 39-54. Scherer, James A., and Stephen B. Bevans, eds. *New Directions in Mission and Evangelization* 1. *Basic Statements* 1974-1991. Maryknoll, NY: Orbis, 1992.

Moreau, Scott, ed., *Evangelical Dictionary of World Missions* (Grand Rapids: Baker, 2000): Paul E. Pierson, "Ecumenical Movement," pp. 300-303; Gary R. Corwin, "Evangelical Missions Conferences," pp. 335-36; Gary B. McGee, "Evangelical Movement," pp. 337-40; Gary B. McGee, "Pentecostal Missions," pp. 738-39; Gary B. McGee, "Pentecostal Movement," pp. 739-42; Edward Rommen, "Evangelical Theology," pp. 340-41; Bradley Nassif, "Orthodox Mission Movements," pp. 713-14; Stephen B. Bevans and John Nyquist, "Roman Catholic Missions," pp. 837-41. (『선교학 사전』, CLC 역간)

토론을 위한 질문

1. 에큐메니컬 패러다임을 중심으로 하여 부상하고 있는 선교 신학의 많은 내용은 근대 선교 운동에 대한 교정적인 특징을 띠고 있다.
   이와 같은 신학적 반응에서 독자에게 도움이 되는 부분은 무엇인가?
2. 어떤 선교 전통이 선교에 대한 독자의 관점을 더 풍성하게 해 주고 비평해 주는가?
3. 현재 성장하고 있는 오순절 운동이 선교 신학과 실천에 영향을 끼칠 것이라 점에 대해 독자는 어떻게 생각하는가?

에세이를 위한 주제

1. 부상하고 있는 선교에 대한 에큐메니컬 패러다임의 세 가지 요소를 선택하고 그 점에 대해 토론해 보라.
2. 선교 전통(에큐메니컬, 복음주의, 로마 가톨릭, 정교회, 오순절) 중 하나를 그 전통이 제공하는 통찰과 약점에 비춰 분석해 보라.

제5장

세계교회에 대한 조망

　기독교는 전 세계적 현상이다. 성경에 따르면, 교회는 하나의 백성이고, 그리스도 예수 안에서 피조된 새로운 인류이다. 교회는 전 세계에 걸쳐 펼쳐진 다국가적이고 다민족적인 공동체이다. 교회는 전 세계로 파송된 하나의 백성이므로 함께 선교에 참여한다. 본 장에서, 우리는 전 세계 곳곳에서 선교 사역을 수행하고 있는 전 세계교회가 현재 직면하고 있는 이슈들을 이해하기 위해 전 세계 기독교 교회에 대해 조망해 볼 것이다.

1. 선교와 세계 기독교

　선교에 대한 기본 소개서에서 전 세계 기독교에 대한 조망을 포함하는 질문을 제기하는 것은 합리적인 일일 것이다.
　이들 두 개의 연구 분야들(areas)이 하나의 학문(a discipline)을 구성하는 것일까?
　아니라면, 이는 단지 선교에 대한 식민지적 관점의 잔재에 불과한 것일까?
　즉, "해외" 혹은 서구 밖에 있는 기독교 교회와 관련된 일이라면 그것이 어떤 일이든지 선교라는 관점 말이다.
　아니라면, 선교 연구는 이제까지 다른 신학적 학문에 의해 간과되어 왔기 때문에 비서구 지역의 기독교 현상에 대해 다루는 것일까?
　모든 신학 분야는 비서구교회들이 주는 통찰력에 대해 다뤄야 한다. 그러나 신학 교육 과정이 비서구 지역 교회가 제공하는 신학적 통찰들, 즉 남반구로부터 흘러나오는 교회사와 성경 신학에 대해 무지한 것 같아 보이기 때문에, 신학과 연관된 학문에 종사하는 다른 사람들을 위해 비서구 세계교회가 제공하는 신학적 통찰이라는 풍성한 열매에 대해 알고 있는 선교 관련 분야 학자들은 그들 교회가 제공하는 열매를 제시해야 할 의무가 있다.

비서구교회가 제공하는 통찰을 다루는 일은 어떤 식으로든 중요한 일일 것이다. 그러나 무슨 이유가 되었든 간에, 선교에 관한 소개서에서 세계 기독교에 대해 단지 하나의 장을 할애하는 것만으로 충분하지 않을 것이다. 본 장의 접근 방식은, 세계 다른 지역에 존재하는 교회들이 교회다운 교회가 되기 위해, 교회다운 교회가 되기 위해 하는 그리고 그 교회들이 처한 상황 안에서 복음을 전하는 과정에서 직면하는 선교적 도전에 관해 생각해 보려는 것이다.

> 서구 기독교왕국에서 살아가는 수많은 기독교 학자가 비서구 지역 교회에서 현재 발생하고 있는 기독교 운동들에 대해서는 아는 것이 거의 없으면서, 2세기와 3세기에 존재했던 이교 운동들에 대해서는 지나치게 많은 내용을 알고 있다는 것은 정말로 언어도단의 일이다.
>
> John Mbiti, "Theological Importance and the University of Church," p. 67.

2. 일부 초기 통계

만일 과거에 그런 적이 있었다 하더라도, 기독교가 서구 종교라는 말은 더 이상 사실이 아니다.[1] 교회의 선교 사역이 아직 완수되려면 아직 멀었지만, 현재 기독교 교회는 전 세계 모든 지역에 존재하고 있다. 케네스 힐슨-스미스(Kenneth Hylson-Smith)는 다음과 같이 기록하고 있다.

> 기독교 시대의 두 번째 천 년의 마지막 세기 동안 발생했던 기독교의 전 세계적 확장은 과거 어떤 세기 동안 발생했던 일도 무색하게 만들었다. 전 세계적으로 신자의 수가 증가했고, 신앙이 종교 관련 일들뿐만 아니라, 정치적, 경제적 그리고 사회적 일들에 끼친 향상된 영향은 이전에 볼 수 없었던 것이었다.[2]

---

1 콰메 베디아코(Kwame Bediako)가 저술한 책의 부제는 원래 기독교가 서구의 종교가 아님을 가리킨다. *Christianity in Africa: the Renewal of a Non-Western Religion* (Maryknoll, NY: Orbis Books, 1995).
2 Kenneth Hylson-Smith, *To the Ends of the Earth: The Globalization of Christianity* (London: Paternoster, 2007), p. 95.

힐슨-스미스는 기독교 교회가 끝없는 추락을 계속할 것이고, 그래서 마침내 추도사를 듣게 될 것이라고 선언한 전문가들의 주장을 논박했다. 교회에 대한 그의 장밋빛 그림은 너무 낙관적이다. 그러나 그가 제기한 반박은 중요하다. 참으로 교회는 20세기 동안 성장했고 전 세계 많은 지역에서 놀라운 확장을 계속하고 있다.

오늘날 모든 대륙에서 자신을 기독교인이라 고백하는 사람들의 수가 23억 명을 넘고 있다. 이 숫자는 16억 명에 이르는 무슬림 그리고 거의 10억 명에 이르는 힌두교도 그리고 단지 5억 명 미만에 머물고 있는 불교도 숫자에 비교할 만하다.

따라서 20세기 내내 전 세계 기독교인의 수는 전 세계 인구의 3분의 1에 해당하는 수치로, 이 숫자는 1800년 23%에 불과했던 데서 증가한 것이다. 기독교 교회의 매년 성장률은 대략 1.3% 정도로, 이는 무슬림의 성장률인 1.8%와 힌두교의 성장률인 1.4%에 비해 약간 하회하는 수준이다. 따라서 예측 가능한 미래까지 기독교 신앙은 전 세계 종교 중 가장 큰 종교 집단으로 남아 있을 것이다.

전 세계 기독교 교회의 구성과 관련하여, 로마 가톨릭교회 공동체가 가장 큰 규모를 차지하고 있는데, 그 숫자는 대략 12억 명에 이르고 있다. 개신교도의 숫자는 대략 5억 명으로 추산되고, 정교회의 숫자는 대략 2억 8천만 명에 이르는 것으로 추산되고 있다. 성공회의 숫자도 9천만 명 정도로 추산되고 있다. '독립교회'(Independents)라는 새로운 범주는 기독교 집단 가운데 세 번째로 큰 집단으로 성장했는데, 그 숫자가 대략 3억 6천만 명 정도로 추산되고 있는데, 이들 집단은 비서구 세계의 '오순절주의자들'로 그 내부의 다양성 때문에 범주화하기가 어렵다.

3. 남반구를 향한 전 세계적 이동

그러나 이 같은 통계로는 전 세계교회 내부에서 발생하고 있는 놀라운 변화들을 잡아내지 못한다.

오늘날 전 세계교회에서 발생하는 가장 중요한 변화는 남방과 동방을 향한 전 세계적 이동이다.

존 파라트(John Parratt)는 다음과 같이 주장한다.

지난 세기 동안 기독교 신앙에 닥친 가장 큰 하나의 변화는 기독교의 인구학적 이동이 기독교의 전통적 중심지였던 유럽과 북아메리카에서 이동해 왔다는 사실이다. 지난 3세기 동안 유럽과 북아메리카에서는 심각한 쇠락이 있었다. 반대로 지난 백 년 동안 '남반구'과 '제3세계'에서 발생한 기독교의 증가는 놀라운 성장이었음이 증명되고 있다.

그는 다양한 지역의 통계를 언급하면서 다음과 같은 결론에 이르렀다.

단순한 자료가 결코 전체 이야기를 대변할 수는 없지만, 기독교가 더 이상 '서구 종교'라고 간주될 수 없다는 것은 명백하다. 기독교는 전 세계적 종교이고, 서구교회는 그중 작은 일부를 구성하고 있을 뿐이다.[3]

아마도 다른 어느 누구보다 이 점을 확실하게 부각시켜서 많은 사람, 슬프게도 많은 기독교인을 포함하는 많은 사람을 당황시킨 사람은 다름 아닌 필립 젠킨스(Philip Jenkins)일 것이다. 그는 자신의 베스트셀러이며 수많은 사람이 읽은 『신의 미래』(*The Next Christendom: The Coming of Global Christianity*)를 통해 남반구를 향한 기독교 신앙의 이동에 대해 상세히 다룬다.

그는 "오늘날 우리는 전 세계 종교 역사에서 발생한 엄청난 변화의 순간 중 하나를 통과하는 시대에서 살고 있다. 지난 세기 동안 기독교 세계의 중심지가 남반구를 향해, 즉 아프리카, 아시아, 라틴 아메리카를 향해 거침없이 이동하고 있다[4]"라고 기술하고, "기독교는 새로운 세기에 기독교 신앙이 전 세계에 확산될 것(boom)을 기뻐해야 한다. 그러나 신자의 대다수는 백인이나 유럽인이 아니라, 비유럽-미국인이 될 것이다. 사실 2025년까지 아프리카와 라틴 아메리카는 '기독교인이 가장 많은 대륙'이라는 타이틀을 걸고 경쟁하게 될 것이다. 그리고 이들 두 개 대륙의 기독교 수를 합하면 전 세계 기독교인 수의 절반에 육박할 것이다"[5]라고 미래에 대해 조망했다.

> 기독교 교회는 지난 50여 년 동안 광범위한 지리적 재배치를 경험했다. 지난 50년 동안 진행된 지리적 재배치는, 기독교 역사 초기 짧은 얼마 동안의 기간을 제외한다면, 비견할 만한 시기가 없었다. 이러한 변화의 일부 요인은 세계 인구의 증가라는 일반적인 원인에서 기인한 것이다. 그러나 요인의 상당 정도는 아시아, 아프리카, 라틴 아

---

[3] John Parratt, introduction to *An Introduction to Third World Theologies*, ed. John Parratt (Cambridge: Cambridge Univiersity Press, 2004), p. 1.
[4] Philip Jenkins, *The Next Christendom: The Coming of Global Christianity* (Oxford: Oxford University Press, 2002), pp. 1-2.
[5] Ibid,. pp. 2-3.

> 메리카, 남태평양 군도 지역에서 발생한 놀라운 비율의 복음화에서 기인한 것—그러나 이 또한 거의 예상하지 못했던 것으로, 유럽 기독교 신자의 상대적 감소에서 기인한 것—이다.
>
> <div align="right">Mark A. Noll, <i>The New Shape of World Christianity</i>, p. 21.</div>

이들 남반구 교회를 어떻게 특징지을 수 있을까?

오순절교회와 독립교회 사이에서 놀라운 성장이 있는 것은 사실이다. 그러나 비록 새로운 문화 상황 안에서 변모가 있기는 하지만, 기독교 인구 중 여전히 가장 큰 비율을 차지하는 것은 로마 가톨릭교회와 주류 개신교 교회이다. 남반부 기독교가 성장하고 있다는 것은, 남반부 기독교에는 서구교회와는 다른 것이 있음을 의미한다.

예를 들면, 이제 교회는 지구상에서 가장 접근이 어려운 사람들 사이에서도, 가장 가난한 사람들 사이에서도, 박탈로 인해 가장 어려운 처지에 놓인 사람들 사이에서 그리고 심지어는 박해의 자리에 있는 사람들 사이에서조차 존재한다.

이들 남반구의 교회들은 또한 신학적으로 그리고 윤리적으로 좀 더 보수적인 입장을 취할 뿐만 아니라, "신앙과 실천 방면에서 훨씬 더 헌신적이기도 하다."[6] 예배는 그들의 문화가 지닌 특징을 그대로 드러내는데, 이러한 특징은 서구와는 매우 다른 것이다. 그리고 마지막으로, 서구 외 지역의 교회는 "훨씬 더 열정적이고, 예언, 환상, 황홀경 상태에서 말하는 것 그리고 치유를 통해 표현되는 즉각적인 초자연적 사역들에 훨씬 더 중점을 기울이며 관심을 두고 있다."[7]

남반구에서 성장하고 있는 교회를 이해하는 것은 특히 중요하다. 왜냐하면 바로 남반구에 속한 교회들이 21세기 세계 기독교를 위한 리더십을 제공할 것이기 때문이다.

앤드루 월스는 이 점과 관련하여 다음과 같이 언급했다.

> 우리는 21세기에 기독교가 점차 비서구 종교로 드러나고 있음을 보았다. 기독교는 서구 국가에서 쇠퇴하고 있다. 그리고 유럽에서는 내 나이 또래에 속한 사람들의 경우를 보면, 그들의 생애 기간 동안 기독교에 대한 인식이 점차 약화되어 왔다. 이것이 암시하는 것은, 아프리카와 아시아 그리고 라틴 아메리카와 태평양 지역에

---

6 Ibid., p. 94.
7 Ibid., p. 107.

서 나타나고 있는 최근의 국면을 볼 때, 기독교 활동이 주요 활동 무대가 이들 지역이 되어 왔던 것으로 보인다는 사실이다. 이들 지역에서 발생하고 있는 일은 21세기와 22세기 기독교가 어떤 모습이 될 것인가를 결정할 것이다. 유럽과 심지어는 북미에서 발생하고 있는 일은 가면 갈수록 그 중요도가 줄어들 것이다.[8]

따라서 우리는 아프리카, 아시아 그리고 라틴 아메리카에 특별한 관심을 기울이면서 전 세계교회에 대해 조망할 것이다.

4. 사하라 이남 아프리카

1) 사하라 이남 아프리카 지역에서 성장하는 교회

1900년경, 사하라 남부 아프리카 인구 중 10% 미만이 기독교인이었다. 그러나 그동안 지속적인 성장을 거쳐 현재는 전체 인구 대비 60% 이상이 기독교인으로 구성되어 있다. 이는 대략 5억 명에 이르는 숫자이다.

로마 가톨릭, 성공회, 주류 교단, 복음주의 개신교 교회의 교세가 확장되어 왔다. 그러나 놀라운 것은 나이지리아의 구속교회(Redeemed Church)와 아프리카토착교회(African Indigenous Churches, AICs)[9]와 같은 오순절교회의 비약적인 성장이다.

오늘날 아마도 만여 개의 아프리카 토착교회가 존재하는데, 아프리카 기독교인의 3분의 1 이상이 이들 교회에 속해 있다. 이들 교회 중 90%가 백 명 혹은 그 이하의 성도로 구성되어 있다. 그러나 대규모 교회들, 예컨대 콩고 민주공화국에 있는 킴방구이스트교회(the Kimbaguist Church), 나이지리아에서 시작되었고 성도 수가 수백만 명에 이르는 '체루빔과 세라핌 교회'(the Cherubim and Seraphim Church)와 같은 교회도 존재한다.

AICs는 아프리카에 전해진 서구화된 기독교에 대한 반응으로 발생했다. 따라서 이들 교회는 아프리카의 종교 유산을 반영하는 많은 표현을 드러내는 방식으로 아프리카 문화에 상황화된 교회들이다. 꿈과 환상 그리고 음성으로 들리는 메

---

8 Andrew Walls, "Christian Scholarship and Demographic *Transformation* of the Church," in *Theological Literacy for the Twenty-First Century,* ed. Rodney Lawrence Peterson, with Nancy M. Rourke (Grand Rapids: Eerdmans, 2002), p. 173.
9 "AICs"는 "아프리카 독립 교회들"과 "아프리카인이 주도하는 교회들" 그리고 "아프리카 토착교회들"을 대표하는 용어이다.

시지와 같은 직접 계시는 그들의 기독교 신앙을 표현하는 방식이다. 치유는 이들 교회의 형성과 지속적인 사역을 위해 중요한 역할을 하는 사역이다. 이들 교회는 영적 능력—이 능력은 일상의 삶에 영향을 끼치는 치유하는 능력과 기도의 능력이다—에 대해 강조한다.

AICs는 아프리카 문화의 특징인 강력한 공동체성을 공유하고 있으면 아프리카 문화가 갖는 사회 구조와 부족 형식의 많은 부분을 적용하고 있다. 이들 교회 중 많은 교회는 일부다처제에 대해 개방적이거나 최소한 모호한 태도를 취하고 있다. 인생의 전환기—출생, 사춘기, 결혼, 첫 아이 출산, 죽음—에 치르는 통과의례(rites of passage)는 이들 교회가 대단히 중요하게 고려하는 의식이다.

이들 교회의 의식은 색체가 대단히 화려하고, 대단히 감정적이고, 역동적이며, 상징적이다. 성례 의식에는 신비가 있다. 춤, 아프리카 전통 종교에서 유래한 상징적인 동작들, 화려한 색체의 가운들과 환희에 찬 노래들은 이들 교회 예배가 지닌 특징이다. 그리고 또한 구약성경에 대한 번역과 AICs의 부상 간에는 밀접한 연관이 있었다.

구약성경이 펼치는 세계는 아프리카인들에게는 인지가 가능한 세계이다. 아프리카인들은 구약성경 안에서 자신들에게 익숙한 현상들인 선지자, 희생 제사, 사제들, 직접 계시, 악한 영들, 마녀들(삼상 28:3-25 참조), 일부다처제 그리고 부족 내 사회 질서 같은 것들을 발견한다.

이들 교회에 대한 다양한 견해가 있다. 어떤 사람들은 AICs를 이교주의와의 혼재된 위험한 대상으로 보며 전적으로 부정적인 입장을 취한다. 다른 사람들은 꽤 긍정적적인 입장을 취하는데, 이들은 AICs를 기독교적 내용이 아프리카 문화 형식에 채워진 것으로, 아프리카 기독교 신앙의 신실한 표현이라고 믿는다. 그리고 또 다른 사람들은 AICs가 모호하다고 믿는다. 이들은 AICs가 혼합주의와 신실함이 결합된 것으로, 상황화된 기독교의 다른 모든 표현들처럼 모호한 점을 갖고 있다고 본다.

AICs의 정통성에 대한 고려가 다양한 이유를 근거로 발생하고 있다. 대다수의 비판은 AICs가 아프리카 전통 종교들이 갖는 다양한 이교적 요소를 지나치게 많이 흡수하고 있다는 일반적인 두려움과 연결되어 있다. 예를 들면, 소란하고 기묘한 형식의 예배, 신학적으로 훈련받지 않은 은사주의적 지도자들, 영적 세계와 상호 작용하는 의례들 그리고 성경보다는 직접 계시에 대한 강조가 이교 종교를 반영하는 것처럼 보인다는 점이다.

그러나 상황화는 다른 모든 문화권에서와 마찬가지로 아프리카 문화 안에서 여전히 지속되고 있는 과정이다. 기독교 신앙에 대한 어떤 문화적 표현도 온전한 신실함을 성취하지 않았다. 따라서 상황화는 여전히 진행 중인 것일 수밖에 없다. 그러나 이들 교회가 성경적 기준이 아닌 복음에 대한 서구의 계몽주의적 표현에 뿌리내린 범주들에 근거하여 비판받는 경우가 발생하는 때도 있다.

> 학자들과 교회 관료 층에 속한 사람 중에서 이러한 흐름, 즉 내가 새로운 기독교왕국의 창조라고 묘사할 현상에 심각하게 주목하는 해설가들은 거의 없다. 이들 흐름은 좋은 방향이든 나쁜 방향이든 어떤 식으로든 세계 기독교에서 중요한 역할을 하게 될 것이다. 어떤 이유로든 남반구 교회들은 북반구 관찰자들의 주목을 거의 끌지 않고 있다.
>
> Philip Jenkins, *The Next Christendom*, p. 4.

딘 길릴랜드(Dean Gilliland)는 AICs를 네 가지 범주로 구분하여 이해하는 데 도움을 준다.[10]

첫 번째 범주는 복음주의적-오순절이다. 이 범주에 속한 교회들은 과거 미국 혹은 유럽의 선교 단체들과 연결되어 있었다가 현재는 끊어진 교회들이다. 이들 교회는 그들과 연결되어 있던 선교 단체들의 신학과 실천 행위 중 많은 부분을 그대로 보수하고 있다. 그러나 그들이 보수하는 신학과 실천 행위를 아프리카화 (Africanize)하는 데 관심을 기울인다.

두 번째 범주는 토착적-오순절이다. 이들 교회 또한 서구교회와 일정 정도의 연관을 맺고 있다. 그러나 기독교적 삶의 모든 측면을 아프리카화하는 데 헌신적이다. 이들 교회는 직접 계시와 은사주의적 지도자들 그리고 성경을 함부로 사용하는 것(an illiterate use of Bible)으로 특징지어진다.

세 번째 범주는 계시적-토착교회이다. 이들 교회는 교회를 설립할 당시 그들의 지도자에게 임한 직접 계시에 그 뿌리를 두고 있으며, 그 계시에 기초해서 교회 생활을 지속해 나가고 있다. 사실, 이들 교회에 직접 계시는 성경보다 더 큰 권위를 갖고 있다. 이들 교회는 고도의 의례적 예배를 드리고, 치유에 높은 우선권을 부여하며, 구약성경에 의존하는 정도가 매우 높다.

---

10 Dean S. Gilliland, "How 'Christian' Are African Independent Churches?" *Missiology* 14. no. 3 (1986): 259-72.

네 번째 범주는 토착적-혼합주의적 교회이다. 이들 교회는 전통 종교가 지닌 지나치게 많은 부분을 도용하고 있기 때문에 기독교인이라는 그들의 주장은 의심의 대상이 된다. 목사는 샤먼 또는 점쟁이와 훨씬 유사하다. 그리고 십자가와 성경을 마술적으로 사용한다. 그리고 예수의 이름도 마술을 행사하는 방식으로 불러들인다.

AICs를 이와 같은 방식으로 구분하는 것에서도 보이듯이, 모든 문화적 상황 속에서 발생하는 상황화의 핵심 부분에 긴장감이 있다는 것은 분명하다. 한편으로 부적절함의 위험이 도사린다. 서구 선교의 영향을 강하게 받은 전통적인 교회들은 아프리카인의 마음을 감동시키지 못한다는 위험에 처해 있다. 다른 한편으로, 혼합주의의 위험이 존재한다. AICs가 아프리카의 전통 문화를 더 포용하면 할수록 혼합주의의 위험은 더 증가한다.

AICs는 중요하다. 왜냐하면 이들 교회는 "참된 기독교에 부합하기 위해서는 여러 가지 면에서 기독교를 억눌렀던 서구식 해석을 내려놓고 본래의 기독교와 매우 유사한 아프리카 문화로 돌아가야 한다는 것을 인식했기" 때문이다.[11] 만일 복음의 좋은 소식이 아프리카인들의 마음의 울부짖음에 대한 답변이 되고자 한다면 그리고 만일 이원론과 이교주의가 제거돼야 한다면, 상황화는 절대적으로 필요한 것이다.

더욱이 아프리카 기독교의 신실한 표현은 세계교회에 중요한 기여도 할 수 있다. 데스몬드 투투(Desmond Tutu)는 다음과 같이 주장한다.

> 오직 아프리카 기독교 신학이 그 자체로 진실하게 될 때 현대 아프리카인들에게 상관성 있게 말할 수 있게 될 것이고—이것이야말로 최우선적 과제다—그렇게 될 때라야 우리 모두에게 속한 풍성한 기독교 유산에 가치 있는 기여를 하게 될 것이다.[12]

아프리카 교회는 많은 면에서 성숙해지고 있다. 복음은 가난한 사람들과 교육받지 못한 사람들에게 다가갈 뿐만 아니라, 교육받은 사람들 사이에서도 영향을 끼친다. 아프리카에는 교회 개척에 대한 비전과 아직 복음을 접하지 못한 사람들에게 복음을 전하고자 하는 점증하는 선교적 비전이 존재한다.

11　Kofi Osare Opoku, "The Relevance of African Culture to Christianity," *Mid-Stream* 13, nos. 3-4 (1974): 155.
12　Desmond M. Tutu, "Black Theology/African Theology-Soul MAtes or Antagonist?" *Journal of Religious Thought* 32, no. 2 (1975): 33.

아프리카에는 상황화에 대해 이해하는 아프리카 신학들과 교육을 잘 받은 아프리카 신학자들의 숫자가 증가하고 있다. 그리고 비록 모든 방면에 대한 지속적인 필요가 있지만, 이 모든 것들은 복음에 기여하기도 한다.

미래에는 아프리카 교회가 나아갈 때 세계교회도 함께 나아가게 될 것임이 분명할 것이다.

2) 사하라 남방의 아프리카 교회가 직면하고 있는 도전들

아프리카 교회는 여전히 많은 도전에 직면해 있다.

첫 번째 도전은 아프리카 교회가 직면하고 있는 다양한 사회적, 경제적 그리고 정치적 문제들이다. AIDS 전염은 특히 아프리카를 강하게 강타했다. AIDS 사례 중 68%가 아프리카에서 발생했다. 2천 2백만 명이 감염되었는데, 이는 아프리카 전체 인구의 5%에 달하는 수치이다. 그리고 현재 매년 150만 명이 ADIS로 인해 사망하고 있다. 이 질병으로 인해 1,160만 명의 고아가 발생했다.[13]

아프리카는 세계적인 불의한 경제 구조, 부적절한 지원 프로그램, 정치적 부패, 급속한 도시화와 더불어 진행되고 있는 슬럼화 현상의 증가가 초래한 빈곤의 심화와 엄청난 부채에 직면해 있다. 그 결과 아프리카는 공공위생, 교육(아프리카 어린이 중 40% 이상이 학교 교육의 혜택을 받지 못하고 있다), 서구로의 '두뇌 유출'이라는 엄청난 도전에 직면해 있다. 아프리카 교회가 직면하고 있는 질문은 대단히 긴박하다.

"지금과 같은 국가의 사회적, 정치적, 경제적 삶 속에서 교회의 선교는 무엇이어야 하는가?"

두 번째 도전은 복음을 아프리카 문화에 연결시키는 과정에서 현재도 지속해서 발생하고 있는 갈등이다. 사실 이 문제는 서구 선교사가 남긴 유산이다. 서구 선교사들은 아프리카 문화의 심층적인 문화적 뿌리에 대해 이해하지 않은 채 아프리카 문화의 많은 요소를 이교적인 것으로 정죄했다. 예를 들면, 북과 '민간 치료사'가 단순히 복음에 위배된다는 이유로 정죄했다. 그런데도 이와 같은 아프리카의 전통문화는 여전히 뚜렷하게 남아 있고, 아프리카인들에게 강력한 영향을 끼치고 있다.

---

[13] "전 세계 HIV와 AIDS 통계" (www.avert.org/stantindx.htm). 2011년 말 통계이다.

앞에서 언급한 북과 민간 치료사뿐만 아니라 조상 숭배(reverence), 물신 숭배(fetishism), 영적 능력, "영혼 여행",[14] 그 외 더 많은 것을 다룰 때 복음에 비춰 신중하게 다룰 필요가 있다. 진정성 있는 상황화와 신실한 아프리카 신학에 대한 필요성이 시급하다. 앤드루 월스는 다음과 같이 정확하게 관찰했다.

> (아프리카에서 가르치고 있는—역주) 신학의 틀은 서구에서 유래된 것으로, 신학교에서 여전히 중요하게 취급되고 있으며, 따라서 극복되지 못하고 있다. 서구의 신학적 틀은 대다수 아프리카인의 마음을 포용할 만큼 충분하지 못하다.[15]

이 문제는 매우 긴급한 이슈이다. 이 부분이 해결돼야만 복음이 아프리카 사람들의 마음 깊은 곳을 만질 수 있기 때문이다. 이 이슈에 대한 아프리카인들의 신학적 숙고는 아프리카 교회를 준비시킬 수 있을 뿐만 아니라 서구교회를 포함한 전 세계교회를 풍성하게 할 수 있는 잠재력이 있다.

아프리카 사람들은 계몽주의적 세계관으로 인해 서구 사회에서는 오랫동안 억눌려 왔던 영적 세계에 대해 세심하게 인지하고 있다. 따라서 아프리카 신학은 서구인들을 깨워 성경의 세계 안으로 들어가는 데 기여할 수 있을 것이다.

세 번째 도전은 아프리카 교회의 급속한 성장에서 기인한다. 신학 훈련에 대한 긴급한 필요가 다양한 요인 때문에 여러 가지 어려움에 봉착해 있다. 이들 어려움에는 재정 부족, 낮은 연령대에서 나타나는 부족한 수준의 교육, 서구 지향적 교육과 학사 프로그램 그리고 다양한 아프리카 신학과 신학자의 필요 등이 있다.

스텔렌보쉬(Stellenbosch)대학교 밖에 있는 NetACT와 같은 단체는 이런 필요에 부응하기 위한 시도를 감행하고 있다. 게다가, 급속한 교회 성장이 피상적 제자화(superficial discipleship)를 의미하는 경우가 있기도 하다. 피상적 제자화의 결과, 이미 명목상의 기독교를 목도하고 있다. 연합에 대한 긴급한 필요가 있다. 아프리카에는 1만 5천 개의 교단(서구에 이어 두 번째)이 있다. 이러한 상황은 부족 구조와 권력 이슈들로 인해 악화했는데, 결과적으로 그리스도의 몸이 분열되고 있다.

네 번째 도전은 아프리카에서 계속 진행 중인 복음 전도에 관한 것이다. 엄청난 숫자의 기독교인이 있음에도 불구하고 대다수 아프리카 국가에는 여전히 복음을 접하지 못한 사람이 많이 살고 있다. 예를 들면, 비록 케냐 전체 인구의 80% 이상

---

[14] Jan Boer, "Opening the Reformed World to the Powers," *Perspectives* 9, no. 2 (1994): 16-18.
[15] Walls, "Christian Scholarship," p. 179.

이 기독교인이라고 말하지만, 『세계 기도 정보』(Operation World)는 여전히 복음을 접해 보지 못한(least-reached) 혹은 접한 적이 없는(unreached) 부족들에 대해 보고하고 있다. 이들 부족에는 북쪽과 서쪽에 거주하는 목축 부족들과 물활론을 숭상하는 부족들, 북동쪽에 거주하는 무슬림 부족들, 해안가 언덕 지역에 거주하는 무슬림과 전통 종교 숭배자들이 뒤섞여 있는 부족들, 그 외에도 여러 다양한 부족이 있다.[16]

다른 아프리카 국가들에도 이와 유사한 현상에 대한 관찰이 가능하다. 따라서 선교사적 비전(missionary vision)과 효과적인 실천은 여전히 필요하다. 서구 선교 사역의 결과로 인해 여전히 잔재하는 문제는, 선교 사역의 시작 단계서부터 아프리카인들이 권력으로부터 배제되고 있다는 것이다. 왜냐하면 선교는 백인들이 감당해야 할 것으로 인식했기 때문이다.

더군다나 훈련을 위한 자금이 거의 없고, 그 때문에 필요한 훈련이 거의 이루어지지 않고 있다. 아프리카인들이 아프리카를 위한 최우선의 복음 전도자들이어 왔다는 데는 의심의 여지가 없다. 그리고 그런 식의 선교가 계속해서 성장해 왔다는 데도 의심의 여지가 없다. 그러나 좀 더 큰 비전이 필요한 것 또한 사실이다.

다섯 번째 도전은 아프리카가 과거에 횡행했던 부족 간 분쟁 그리고 이슬람 세력과의 충돌로 인해 초래되는 폭력의 위협에 직면해 있다는 것이다. 무슬림들이 거주하는 북쪽 지역과 "기독교인들이 거주하는" 남쪽 지역 간의 경계선(fault line)이 점차 남쪽으로 후퇴하고 있다. 아프리카에서는 이슬람교가 빠르게 성장하고 있다. 그리고 이러한 성장은 폭력에 대한 잠재력을 개방하고 있다. 이 같은 아프리카 현재 상황은 세계의 여타종교와 대면할 수밖에 없는 상황에서 신실한 선교가 포함해야 할 긴급한 질문을 불러일으킨다.

---

16 Jason Mandryk, *Operation World: The Definitive Prayer Guide to Every Nation* (7th ed.; Colorado Springs, Co: Biblica Publishing, 2010), p. 504. (『세계 기도 정보』, 죠이선교회 역간)

5. 아시아

1) 아시아의 교회에 대한 좋은 소식

1900년 아시아에는 대략 2천 2백만 명의 기독교인이 살고 있었는데, 이는 아시아 전체 인구의 2%를 상회한 것에 불과한 것이었다. 오늘날 아시아에는 3억 6천만 명을 상회하는 기독교인들이 살고 있으며, 이는 전체 인구 대비 8%가 넘는 수치이다. 그러나 아시아에서 기독교의 성장이 평탄하게 진행된 것은 아니었다. 대다수 아시아 국가에서 교회가 성장하고 있기는 하지만, 여러 아시아 국가에서 전체 인구 대비 기독교인 비율은 지극히 작은 부분을 머물러 있을 따름이다.

그런데도 감사할 것이 많다. 1949년 마오쩌둥이 중국에서 선교사들을 추방하기 시작했을 때, 중국에는 대략 450만 명의 기독교인이 있었을 따름이다. 그 숫자는 급속하게 증가했고, 비록 통계에 대한 평가가 다양하기는 하지만, 오늘날 중국 기독교인의 수는 대략 1억 명 정도로 추산하고 있다.[17]

제이슨 멘드라이크(Jason Mendryk)은 다음과 같이 말했다.

> 1977년 이래 중국의 교회 성장에 비견할 수 있는 사례는 역사상에 존재하지 않는다.[18]

패트릭 존스턴(Patrick Johnstone)은 한국에 대해 다음과 같이 긍정적으로 표현했다.

> 한국은 최상의 기독교 국가(a land of Christian)이다. 한국에는 가장 많은 수의 기독교 공동체가 존재하는데, 오순절, 장로교, 감리교 교회 중 세계에서 가장 큰 교회들이 한국에 있고, 세계에서 가장 큰 규모의 신학교들이 있을 뿐만 아니라, 비서구 국가 중에서 가장 많은 선교사를 파송한 나라이기도 하다! 한국에 복음이 전달된 지 이제 겨우 한 세기가 지났을 뿐인데, 이 모든 일이 한국에서 발생하고 있다.[19]

---

17 Rodney Stark, Byron R. Johnson and F. Carson Mencken, "Counting China's Christians," *First Things* 213 (May 2011): 14-16. 저자들은 숫자에 대한 예측이 1천 6백만 명부터 2억 명에 이르기까지 다양하고, 표준 예측이 1억 3천만 명에 이른다는 데 주목했다. 저자들은 2011년 현재 대략 7천만 명의 기독교인이 있을 것으로 믿는다.
18 Mandryk, *Operation World*, p. 161.
19 Patrick Johnstone and Jason Mandryk, with Robyn Johnstone, *Operation World: 21st Century Edition* (6th

인도네시아에서도 기독교가 다른 어떤 종교보다 빠른 속도로 성장하고 있다. 이는 인도네시아 전체 인구 중 무슬림이 차지하는 비율이 85% 이상이라는 점을 감안하면 놀라운 일이다. 현재 인도네시아 기독교인의 비율은 전체 인구 대비 10% 정도로 평가된다. 필리핀은 전체 인구 대비 90%가 기독교인으로 추산되는데, 현재 3천 명 이상의 타문화권 선교사를 파송하는 등 선교 면에서 주요 파송 국가로 부상하고 있다. 해외로 파송된 선교사는 주로 복음주의 교회와 오순절교회에 속한 사역자들이다.

맨드라이크는 "지난 10년 혹은 20년간 발생했던 가장 큰 성장의 일부"는 중국에서만 발생한 것이 아니라 "인도, 네팔, 이란, 방글라데시, 캄보디아, 베트남 그리고 증명이 불가능한 부분이 있기는 하지만 북한"에서 발생했다고 말했다.[20] 이에 더하여 다수의 국가에서 선교적 비전이 증가하고 있다. 가장 주목할 만한 국가로는 한국, 중국, 인도 그리고 필리핀 등이 있다. 우리는 하나님이 아시아에서 역사하시는 일을 보며 기뻐할 수 있다.

> 기독교 역사에서, 우리는 1세기를 제외한다면 [20세기가] 가장 놀랄 만한 1백 년의 세월이었다는 결론에 이를 수 있다. 20세가 시작될 무렵에는, 긍정적으로 보였는지 아닌지와 상관없이, 기독교는 거의 모든 민족에게 서양 종교(the Western religion)로 혹은 서양에서 유래된 종교 중 하나(a Western religion)로 소개되었다. 서구인 대다수가 기독교를 자신의 신앙으로 고백했고, 기독교를 자신의 신앙으로 고백하는 사람들의 다수가 유럽과 북미에 거주하고 있었다. 20세기가 끝나갈 무렵에는, 기독교 신앙을 고백하는 다수의 사람이 아프리카, 아시아, 라틴 아메리카, 또는 태평양 지역에서 살아가고 있었다. 해가 갈수록, 이제는 서양의 기독교인 숫자는 점차 줄어들고 있는 것에 반해, 서양을 제외한 나머지 지역에서는 그 수가 증가하고 있는 듯 보인다. 기독교 신앙은 이제 새로운 국면으로 들어서고 있다. 기독교는 이제 비서구 종교로 부상하고 있다. 이에 수반될 수밖에 없는 한 가지 사실은 기독교 신앙의 표현과 사고방식 그리고 신학이 새로운 함의를 가질 것이란 것이다.
>
> Andrew F. Walls, "Mission History as the Substructure of Mission Theology," p. 367.

---

ed,; Carlisle: Paternoster, 2005), p. 42.
20 Mandryk, *Operation World*, p. 59.

2) 아시아 교회가 직면하고 있는 도전들

아시아의 선교적 교회가 직면하고 있는 많은 도전 가운데 아마도 가장 분명한 것은 아시아의 엄청난 인구와 그에 비해 낮은 비율만을 차지하는 기독교인의 수일 것이다.

세계 인구의 대략 55%가 아시아에 거주하고 있지만, 겨우 8%를 약간 상회하는 정도만이 기독교인이다. 85% 이상의 인구가 복음화가 진행되지 않은 상태로 남아 있다.

가장 큰 규모를 가진 세계 종교 중 세 개의 비기독교 종교가 아시아에 그 뿌리를 두고 있다.

11억 명의 무슬림, 9억 5천만 명의 힌두교인 그리고 9억 2천만 명의 불교인이 그들이다. 그리고 공식 종교(formal religion)에 적을 두지 않고 있는 6억 8천만 명의 아시아인이 존재한다. 32개의 아시아 지역 국가의 경우, 총인구 대비 10% 이하만이 기독교인이다. 그리고 12개 국가의 경우에는, 2% 미만만이 기독교인으로 구성되어 있다.

이 세상에서 종족 언어를 사용하고 있는 1만 6천 개 이상의 종족이 존재하는데, 그중 7천 개 이상의 종족이 아직까지 복음을 접해 보지 못했다. 복음을 접해 보지 못한 집단 중에서 대략 75%(5천 개가 넘는 종족 언어 집단)가 아시아에서 발견된다.[21] 일본과 같이 영향력 있는 나라도 복음의 씨앗이 자라기 힘든 토양으로 남아 있다. 아직 끝나지 않은 선교 사역은 아시아의 경우 특히 분명하다.

아시아에서 종교 다원주의는 엄청난 도전이 된다. 방금 우리는 엄청난 규모의 이슬람, 힌두교, 불교 인구에 주목했다. 이들 세 개 종교 공동체가 전체 인구 중에서 차지하고 있는 인구 비율 자체가 높을 뿐만 아니라, 성장과 활력 면에서도 새로운 부상을 경험하고 있기도 하다. 전부는 아니라 할지라도 그중 일부—인도와 네팔의 힌두교도, 말레이시아와 인도네시아의 무슬림, 스리랑카와 미얀마 그리고 티벳의 불교도—는 종교적 극단주의자들이다. 이것이 의미하는 것은, 아시아 각국에서 기독교에 대한 반대가 존재한다는 것이다.

아시아 교회의 중요 의제 중 하나는, 선교적 상황에서 종교 다원주의, 종교 간 대화, 종교 신학(a theology of religions)이라는 이슈들과 대면하는 문제에 대해 성경이 가르치는 것이 무엇인지를 숙고하는 것이다. 종교적 반대는 세계 종교(일반적으로, 세계 종교는 기독교, 불교, 이슬람교, 힌두교, 유대교 등 고등 종교로 분류된 종교를 호칭

---

21 Ibid., p. 69.

하는 용어이다―역주)로부터만 오는 것이 아니다. 북한, 미얀마, 라오스, 베트남, 중국과 같이 전체주의적 정권으로부터도 온다. 더욱이 종교 다원주의적인 상황은 또한 참되고 신실한 아시아 신학의 개발을 위한 의제가 되기도 할 것이다.

또한, 아시아 교회는 도시가 제기하는 도전에 직면해 있기도 하다. 아시아에는 전 세계에서 가장 규모가 큰 10개 도시 중 7개와 200개가 넘는 대도시(megacities)가 있다. 향후 30여 년간 인구 증가는 비약적일 것으로 예상한다. 인구 증가 중 90% 이상이 남반구에 있는 도시들에서 발생할 것이다. 그중 아시아와 아프리카에서 발생하는 성장이 80%를 차지할 것이다.

아시아의 도시 슬럼가도 기회가 될 것이다. 남아시아 인구 중 60% 이상이 슬럼가에서 살아간다. 그리고 그 숫자 또한 급속도로 늘어날 것으로 예상한다. 이곳에는 빈곤이 편만한데, 교회 안에는 극단적인 부가 함께 존재하고 있기도 하다. 마약 밀매, 성 밀매, AIDS가 도시 슬럼가에 더 큰 비극을 불러들이고 있다. 도시 선교는 아시아 교회들에 긴급하게 요구되는 사역 중 하나이다. 동시에, 이런 현상은 총체적 선교―교회의 소명을 복음화를 진행하고 정의를 모색하며 자비를 실천하는 것으로 이해하는 교회―의 중요성을 불러일으키고 있기도 하다.

6. 라틴 아메리카

오늘날 라틴 아메리카의 교회는 두 집단, 즉 로마 가톨릭과 에반젤리코스(Evangélicos, 앞으로 살펴보게 되겠지만, 세 개의 하부 집단들로 구성됨)로 구성되어 있다. 현재까지 로마 가톨릭이 수 면에서 가장 많은 숫자를 차지하고 있다. 이들 집단에 대한 간략한 관찰이 라틴 아메리카 교회에 대한 밑그림을 제공할 것이다.

1) 로마 가톨릭

라틴 아메리카는 16세기에 포르투갈과 스페인이라는 가톨릭 국가에 의해 '복음화'되었다. 그러나 이들 식민 권력들에 의해 적용된 정복 방식 때문에 신앙이 그 뿌리를 깊이 내리지 못하는 경우가 발생했다. 오늘날 라틴 아메리카 전체 인구 중 75% 이상이 가톨릭 신자이다. 그러나 그중 15% 이하만이 교회에 출석하고 있다. 가톨릭교회는 지난 수십 년간 출혈을 경험하고 있는데, 많은 가톨릭 교인이 심령술이나 세속주의뿐만 아니라 오순절교회나 복음주의 교회로 넘어가고 있기 때문이다.

사실 지난 수십 년 동안 라틴 아메리카에서는 16세기 종교개혁 당시 가톨릭에서 개신교로 넘어간 사람들보다 더 많은 사람이 개신교로 개종하는 상황이다. 그러나 제2차 바티칸 공의회의 결과로 가톨릭교회 내에서도 갱신이 일어나고 있다. 1968년 콜롬비아 메델린(Medillín)에 모인 라틴 아메리카 주교 협의회(CELAM)는 제2차 바티칸 공의회의 결의를 수용했다. 그리고 1970년대부터 성장하기 시작한 은사주의적 운동을 통한 갱신도 발생했다.

라틴 아메리카 가톨릭 상황은 지난 반세기 동안 진행된 소요를 반추해 봄을 통해서만 이해될 수 있다. 라틴 아메리카에는 빈곤이 만연해 있는데, 빈곤은 전체 인구 중 80%에 해당하는 사람들의 삶을 지배하고 있다. 이 빈곤은 새로운 형태의 경제적 식민주의와 감당하기 힘든 부채를 양산하는 세계 경제 구조뿐만 아니라 라틴 아메리카 지역 내 존재하는 부패하고 불의한 정치 정권으로 인한 결과이다. 이런 상황이 진행 중인 것이 세계에서 오직 라틴 아메리카만은 아니다.

그러나 문제는, 로마 가톨릭교회가 빈곤 문제를 발생시키는 원인의 일부라는 인식으로 문제가 악화되고 있다는 것이다. 교회의 일부 고위층이 부패한 정권을 지원하고 있으며, 권력과 돈의 분배가 불평등한 사회를 떠받치고 있는 기둥의 하나로서 부패한 정치 시스템에 참여하고 있다는 것이다. 일부 교회 고위층은 부패한 정치 시스템으로부터 유익을 얻고 있으므로 현 체제를 지지하고 있다.

바로 이 같은 상황이 해방 신학이 부상하게 된 이유를 설명해 준다. 해방 신학은 불의한 정치와 경제 구조에 의해 지탱되는 노골적인 불의에 저항한다. 해방 신학은 로마 가톨릭교회 내에서 태동하고 발전했다. 해방 신학의 영향력 있는 개척자들은 메델린에서 열린 라틴 아메리카 주교 협의회에 참가한 인물들로, 후안 루이스 세군도(Juand Luis Segundo), 구스타포 구티에레즈(Gustavo Guttiérrez) 등이 있다.

해방 신학은 구원을 우선적으로 경제적, 정치적, 사회적 억압으로부터의 해방에 관한 것이라 이해한다. 해방 신학 전통 내 신학적 숙고는 그 근거를 성경과 마르크스주의에서 찾는다. 알다시피, 성경의 일부 구절은 특정 집단의 관심사(fascination)에 주목하고 있다. 해방 신학 사상가들은 출애굽기, 선지서들 그리고 누가복음—특별히 경제적, 정치적, 사회적 정의에 대한 주제를 포함하는 사건들과 텍스트들—에 대해 깊이 묵상한다. 해방 신학의 해석의 전통은 복음에 대한 다양한 통찰에 눈을 뜨게 하는 데 유익을 제공해 왔다.

해방 신학자들은 사회를 분석하는 데 마르크스주의적 도구를 채용해 왔다. 여기에는 진실한 성경 해석을 위한 적절한 자리로서 정의를 위한 행동에 헌신할 것을 요구하는 해석이 포함된다. 해방 신학 사상가들은 교회에 가난한 사람들을 선대할 것을 촉구하는데, 이런 태도를 고수하는 교회는 가난한 사람들과 연대하는 하나님의 선교가 발생하는 자리가 된다.

오늘날에는 마르크스주의의 영향이 시들해지는 것처럼 보인다. 그러나 마르크스주의 사회 분석에 부합하는 질문은 여전히 지속되고 있다. 비록 해방 신학이 세계교회를 위해 성경에 대한 새로운 관점을 열어 준 것은 사실이지만, 마르크스주의의 활용으로 인해 해방 신학이 제공하는 통찰의 많은 부분이 훼손된 것 또한 사실이다.

한 걸음 더 나아가, 해방 신학이 구원을 사회적, 경제적 그리고 정치적 해방으로 환원시킨 부분이 있지 않았는가 주목해 볼 필요가 있다. 구원—그리스도 안에서 하나님을 알아가기 위해 죄로부터 해방되는 것—의 핵심을 상실하지는 않았는가도 살펴야 한다. 해방 신학자들은 이러한 문제 중 많은 부분에 대해 지난 수십 년 동안 고심해 왔다. 이 결과 해방 신학은 성경에 좀 더 신실해지는 방향으로 발전해 왔다.

그러나 이런 발전에도 불구하고 해방 신학에 대해 제기된 질문에 관한 논쟁은 지속될 것이다. 르네 파딜라(René Padilla)와 사무엘 에스코바(Samuel Escobar)와 같은 라틴 아메리카의 복음주의자들은 서구 세계를 위해 우리가 이같이 상황화된 신학들이 제공하는 도움을 볼 수 있도록 기여해 왔다.

불의한 구조의 지주를 받아 끝도 없이 지속하고 있는 가난의 만연이라는 라틴 아메리카 상황 안에서, 이와 같은 실재들에 대해 고심하지 않는 메시지는 성경이 가르치는 총체적인(the full-orbed) 복음에 미치지 못하는 것에 지나지 않을 것이다.

불의한 구조가 지주하고 있는 빈곤 상황과 가난한 사람들 가운데서 사회적 자리를 잡고 있어야 한다는 교회에 대한 요구와 함께 출현한 해방 신학의 부상은, 라틴 아메리카 기초교회공동체(BECs, base ecclesial communities)가 발전해 온 상황이기도 하다. 아르헨티나 침례교인인 르네 파딜라는 이들 기초교회공동체에 대해 언급하면서 다음과 같이 말했다.

> 향후 수년 내, 세상 다른 어느 곳에서보다 (라틴 아메리카에서—역주) 예수 그리스도의 교회에 대한 가장 강력한 도전이 될 것이다.[22]

---

22 C. René Padilla, "A New Ecclesiology in Latin America," *International Bulletin of Missionary Research* 11, no. 4 (1987): 162.

기초교회공동체는 1960년대 가난한 사람들이 모여 구성된 작은 가정교회들에서 시작되었다. 회중을 이끌고 성례를 집전할 사제의 부족과 복음주의와 오순절 교회들에 의해 불 지펴진 새로운 상상력 때문에, 수많은 로마 가톨릭 회중은 평신도 지도자들을 임명하기에 이르렀다. 이와 더불어, 로마 가톨릭 회중은 성경이 전달하는 메시지를 이해하고, 자신들을 둘러싸고 있는 빈곤이라는 환경에 관해 그들이 이해한 메시지가 주는 중요성을 이해하려는 노력의 일환으로 성경을 신중하게 공부하기 시작했다.

　　따라서 해방 신학은 이들 기초교회공동체와 협력하며 함께하기도 했다. 이들 교회는 1970년대 은사주의 부흥 때문에 큰 영향을 받기도 했다. 그들이 드리는 예배는 역동적이었고, 이러한 예배를 통해 교회들은 회중이 일상에서 직면하는 불의에 도전하도록 준비시킬 수 있었다. 이 공동체는 급속도로 성장했다. 오늘날 브라질 한 나라에만 15만 개의 기초교회공동체가 있는 것으로 추산하고 있다.

　　해방 신학과 기초교회공동체는 로마 가톨릭교회에 도전이 되었고, 따라서 보수적인 반격이 촉발되었는데, 이 반격을 통해 가난한 사람들을 로마 가톨릭교회의 위계질서에 재편입시키려 시도했다. 이러한 반발은 보수적 입장을 견지하는 주교들과 신부들을 주요 요직에 임명하고 이에 응하지 않는 지도자들에게 파문을 경고하거나, 때에 따라서 실제로 파문하는 것이 실행되기도 했다.

　　로마 가톨릭교회 내에서 발생한 또 다른 주요 부흥 운동은 은사주의적 부흥이었다. 이 운동에 속한 사람들의 숫자는 라틴 아메리카 전체 인구의 15%를 웃도는 8천 5백만 명에 이를 정도로 엄청난 성장을 이루었다. 이 운동이 오순절주의와 연동되었을 때, 라틴 아메리카 내 오순절주의적-은사주의의 성장과 영향력은 상당히 중요한 것이 되었다.

2) 에반젤리코스(Evangélicos)

　　'에반젤로코스'라는 용어는 라틴 아메리카에서 사는 모든 개신교인을 언급하는 용어이다. 에반젤리코스는 세 개의 집단으로 구성되어 있는데, 주류 개신교인들(루터주의자, 성공회 신자 그리고 장로교인과 같은), 복음주의자들 그리고 오순절주의자들이 그것이다. 대략 50년 전까지만 하더라도 에반젤리코스의 숫자가 라틴 아메리카 전체 인구에서 차지하는 비중이 매우 미미했다.

　　그러나 지난 반세기 동안 에반젤리코스의 숫자는 극적으로 성장했다. 그중에서 오순절주의자들의 숫자는 특히 놀라운 속도로 성장했는데, 이들이 차지하는 비율은 전체 에반젤리코스의 80%를 상회한다. 비록 과거의 성장에 대한 주장이 과장된 측면이 있는 것은 사실이지만, 오늘날 우리가 알고 있는 에반젤리코스의 숫자에 대한 통계는 훨씬 더 사실에 가깝다.

1940년대에는 대략 100만 명 정도의 에반젤리코스가 라틴 아메리카에 거주하고 있었다. 그리고 당시 오순절주의 계통의 에반젤리코스의 숫자는 무시해도 좋을 만큼 소수에 불과했다. 오늘날 라틴 아메리카 내 에반젤리코스의 숫자는 9천만 명을 충분히 상회하고 있으며, 이는 라틴 아메리카 전체 인구 대비 대략 17%에 달하는 수치이다. 그중에서 75% 정도가 오순절주의자이다.

만일 로마 가톨릭교회와 오순절주의 교회에서 발생한 은사주의적 부흥을 합친다면, 이들의 수가 차지하는 비율은 라틴 아메리카 기독교인 중에 대단히 의미 있는 수준을 차지할 것이다. 이는 전체 기독교인 중 최소 3분의 2에 해당하는 수치이기 때문이다. 라틴 아메리카의 오순절주의적 은사주의자들이 차지하는 숫자는 전 세계 오순절주의자의 3분의 1에 근접한다.

> 지난 100여 년 동안, 복음주의 기독교가 겪은 방향(course)은 두 가지 두드러진 발전 때문에 가속화되었고 또한 복잡해졌다. 그 첫째는 기독교 신앙에 대한 오순절주의적 또는 은사주의적 표현의 등장이었다. 그리고 두 번째는 토착적 기독교 교회들의 출현이었다. 오순절주의 운동과 독립교회 운동에 의해 동력을 얻은, 정도의 차이는 있으나 복음주의적 헌신을 품은 기독교인들은 현재 전 세계 거의 모든 곳에서 발견할 수 있다. 복음주의는 엄청난 결과를 초래한 세계 종교가 되었다.
>
> Mark A. Noll, *The New Shape of World Christianity*, pp. 42-43.

그러나 오순절주의에 그들의 문제가 없었던 것은 아니었다. 전 세계에서 가장 크고 가장 빨리 성장하는 기독교 집단 중 하나가 브라질에 있는 하나님나라의보편교회이다(the Universal Church of the Kingdom of God. 일반적으로 IURD로 표기하는데, 이는 하나님나라의보편교회의 포르투갈어식 표기인 Igreja Universal do Reino de Deus에서 유래한 것이다). 이들은 전 세계 오순절주의 기독교의 상당 부분 내에 존재하는 기독교 신앙에 대한 문제성 있는 표현을 대표한다.

이들은 극단적인 번영 신학(prosperity gospel)을 추종하는 '건강과 부'의 교회이다. 집단 축사, 치유와 사람들을 놀라게 하는 기적에 대한 그들 교회의 강조는 극단적인 번영 신학에 대한 그들의 비전 때문에 형성된 것이다. 더욱이 로마 가톨릭교회를 기독교 교회로 인정하지 않으며 로마 가톨릭교회에 대한 공격적인 개종정책을 추구하고 있으므로, 로마 가톨릭과의 논쟁적 관계를 고조시키고 있다.

오순절주의의 극단적 성격은 가톨릭만 향하지 않는다. 이러한 방향은 오순절주의 진영 자체 내에서도 발생하고 있다. 은사적의적이고 권위주의적 지도자들이 자신을 따르는 사람들을 놓고 서로 경쟁하고 있는데, 이로 인해 은사주의 교회 내부에서 상당 정도의 분열이 조장되고 있다. 라틴 아메리카 오순절주의가 갖는 더 큰 문제는 아주 얄팍한 신앙이 부적절한 제자 양육 또는 교리 교육 때문에 초래되는 때도 있다는 것이다. 이러한 흐름이 명목상 신앙(nominalism)을 양산하고 있는데, 이는 신앙에 해가 될 뿐만 아니라 혼합주의를 양산하기도 한다.

마지막으로, 극단적인 개인주의가 많은 오순절주의 교회의 신학과 선교에 해를 끼치고 있는데, 이는 라틴 아메리카가 직면하고 있는 악한 구조를 분석하고 극복하는 것에 대한 급박한 필요를 저해하는 애석한 결과로 이어지고 있다.

그러나 감사할 것도 많이 있다. 라틴 아메리카의 오순절주의와 은사주의에는 다양한 흐름이 존재한다. 이들 중 많은 흐름은 기독교 신앙에 대한 역동적이면서 동시에 정통적인 표현을 고수하고 있다. 오순절주의는 우선적으로 도시에 거주하는 가난한 사람들 사이에서 발생하는 현상이다.

사무엘 에스코바는 이 점에 대해 다음과 같이 재치 있게 언급했다.

> 해방 신학은 가난한 사람들에게 최적화된 신학이지만 가난한 사람들은 오순절주의에 최적화되어 있다.[23]

심각한 경제적 필요와 도시들의 생성 한가운데서, 라틴 아메리카 오순절주의 교회들은 '아래로부터의 선교', 즉 약함과 빈곤에 처함으로부터의 선교에 참여하는 것으로 강력한 영향을 끼치고 있다.

아래로부터의 선교를 수행하는 한 가지 방식은, 가족을 유기하고 주먹을 휘둘렀던 남성들에게 도전하여, 우선적으로 그들이 가족을 돌보고 가정에 대한 재정적 책무를 감당하게 해 가족을 회복시킴으로써 발생했다.

또 다른 주목할 만한 발전은 브라질과 과테말라, 칠레와 니카라과의 오순절주의자들이 행사하는 정치적 영향력과 관련이 있다.[24] 라틴 아메리카에는 정치적

---

[23] J. F. Martinez, "Latin American Theology, Protestant," in *Global Dictionary of Theology: A Resource for the Worldwide Church*, ed. William A. Dyrness and Veli-Matti Kärkkäinen (Downers Grove, IL: IVP Academi, 2008), p. 475.

[24] Pew Research Religion and Pulbic Life Project, "Overview: Pentecostalism in Latin America," October 5, 2006 (www.pewforum.org/2006/10/05/overview-pentecostalism-in-lain -america).

다양성이 상당히 남아 있는데, 다양성의 범위는 우파로부터 좌파에 이르기까지, 활동주의자들로부터 침묵주의자들에 이르기까지 다양하다. 그리고 라틴 아메리카에는 복음과 기독교 사회 윤리가 이러한 정치적 증거를 어느 정도까지 산출해 내느냐에 관한 질문들이 존재한다.

그런데도 타계적인 이원론에 뿌리를 내리고 있는 전통이 정치적 증거를 증가시켜 왔다는 것은 주목할 만한 사실이다. 명백히 라틴 아메리카에는 복음과 공적 영역 간의 관계에 대한 이해를 발전시키고 심화시킬 필요가 있다.

3) 라틴 아메리카 교회가 직면하고 있는 도전들

라틴 아메리카 교회가 주어진 선교적 소명에 신실한 길을 모색할 때 직면하게 되는 몇 가지 도전이 있다. 이 맥락에서는 정치, 빈곤 그리고 복음에 관한 이슈가 긴급하다. 불공정한 세계의 경제 구조 그리고 라틴 아메리카 내에 존재하고 있는 불의한 정치적 구조와 사회적 구조, 광범위하게 퍼져 있는 빈곤, 오순절주의자들 사이에서 점증하고 있는 정치적 힘, 해방 신학과 기초교회공동체의 영향력 등, 이 모든 것이 라틴 아메리카 교회가 에큐메니컬(여기서 에큐메니컬이란 WCC를 중심으로 한 에큐메니컬 진영을 의미하는 것이 아니라, 진영에 상관없이 선교를 위한 선제 조건으로서의 연합을 의미한다—역주) 방식을 통해 선교를 수행해야 할 필요를 증가시키고 있다.

다양한 방식으로 신앙을 고백하는 집단들은 각기 중요한 통찰하고 있다. 그러므로 이들 집단이 상호 협력하는 과정에서 얻을 수 있는 풍성함과 교정에 대한 필요도 있다. 신학적인 잠재력도 있는데, 이 잠재력은 단지 라틴 아메리카의 교회들을 준비시키는 데 필요한 것일 뿐만 아니라 세상 모든 곳에 존재하는 교회가 빈곤이라는 심각한 이슈를 다룰 수 있도록 준비하기 위한 통찰을 제공하는 데도 필요하다.

이것이 교회의 연합과 에큐메니컬 노력에 좀 더 주의를 기울일 필요를 점증시킨다. 최근에 시작된 고무적인 시도들에도 불구하고 여전히 존재하는 로마 가톨릭교회와 오순절주의자들 간의 긴장, 해방 신학과 기초교회공동체에 어떻게 반응할 것이냐를 두고 존재하는 로마 가톨릭 내부의 분열 그리고 강력한 리더십과 강한 특성으로 인해 야기된 상호 경쟁이라는 쓰디쓴 열매인 오순절주의자들 내부의 분파주의적 현상 등, 이 모든 것이 교회로 하여금 기독교 신앙에 대한 좀 더 연합된 표현을 향한 노력에 분투하도록 요청하고 있다.

에스코바는 최근의 발전들 때문에 "심각하게 분열된 기독교가 초래되었는데, 이 분열 때문에 교회들이 21세기라는 새로운 세기에 감당해야 할 중요한 사회적, 정치적 역할을 감당하지 못하게 하는 종교적 내분에 처해 있음을 보게 된다"고 한탄한다.[25]

더욱이 라틴 아메리카에는 잘 훈련받은 지도자들에 대한 긴급한 필요가 있다. 오순절교회 내 대다수 목회자의 교육 수준은 최저 수준에 해당한다. 이 같은 사실이 더 심각한 문제들에 대한 설명이 되는데, 이러한 문제들에는 일천한 기독교 신앙에 대한 헌신과 거룩하지 못한 삶으로 인도하는 빈곤한 제자 훈련뿐만 아니라 "번영"신학에 쉽게 사로잡히는 것 등이 포함된다.

라틴 아메리카 문화라는 상황 속에서 교회는 다른 도전들에 직면하고 있다. 잘 알려진 사실 중에는 엄청난 규모의 마약 거래가 포함돼 있다. 마약 거래로 야기되는 재정적 소득(windfall)은 실로 엄청난데, 이러한 재정 소득이 정치인과 경찰 그리고 사법 체제까지 타락시키고 있다.

마약 거래는 불법적인 마약 거래상들로 하여금 자신들의 이익을 지키기 위해 엄청난 장거리를 이동한 후 끔찍한 폭력을 저지르게 하는 원인으로 작용하기도 한다. 교도소는 만원이고, 수많은 사람의 삶이 파괴되었다. 라틴 아메리카에 광범위하게 퍼져 있는 가난이 문제를 심화시키고 있다.

이런 문제에 대해 교회는 어떻게 말해야 할 것이며 어떻게 살아 있는 증인으로서 보여 줄 수 있겠는가?

콜롬비아의 칼리(Cali)에 사는 훌리오 루이발(Jolio Ruibal)에 대한 놀라운 이야기는 건설적인 예를 제공한다.[26] 칼리는 전 세계에서 악명 높은 코카인 도시로 유명했다. 시 전체의 교회들이 연합 기도회를 개최하고, 부흥회와 마약 거래에 대한 평화적인 저항 운동을 펼쳤는데, 이러한 분위기가 칼리 전체를 감쌌다. 이로 인해 루이발은 마약 거래를 통해 엄청난 수익을 올리고 있던 마약 거래상들의 격렬한 반대에 직면했다.

루이발은 1995년에 순교했는데, 이 사건은 교회 내부에 더욱 극적인 부흥 운동을 일으켰고, 연합 기도회를 증진했으며, 엄청난 교회 성장을 경험하게 했고, 칼

---

[25] Samuel Escobar, "Christianity in Latin America: Changing Churches in a Changing Continent," in *Introducing World Christianity*, ed. Charles E. Fahadian (Malden, MA: Wiley-Blackwell, 2012), p. 171.

[26] 이 이야기는 센티넬 그룹(the Sentinel Group)이 제작한 *Transformation*이란 비디오에서 소개되어 있다(www.youtube.com/watch?=Dyrho_hoz5s). 또한 Mark Windfield, "Martyrdom of Columbian [sic] Pastor Sparked Intensive Awakening," *The Baptist Standard*, September 22, 1999 (www.baptiststandard.com/1991/9_22/pages/cities_martyr.html)을 보라.

리에 있는 모든 목사가 교회 연합에 대한 언약을 맺는 지경까지 이르렀다. 결과적으로, 9개월 이내에 일곱 개 마약상 조직들이 모두 무너졌고, 범죄율 또한 극적으로 하락했다.

마지막으로, 라틴 아메리카는 급격한 도시화에 직면해 있다. 따라서 도시 선교가 우선적인 선교 정책이 될 것이다. 라틴 아메리카의 75% 이상이 도시화되어 있고, 인구 50만 명이 넘는 도시의 수가 114개에 이른다. 멕시코 시티와 상 파올로는 전 세계에서 가장 큰 두 개의 도시다. 남반구의 많은 지역처럼, 도시들이 성장하고 있는데, 따라서 교회는 신실하고 상황화된 복음 증거에 주의를 기울여야 한다.

2025년까지 아프리카와 라틴 아메리카는 세계 기독교인들의 절반 이상이 존재하는 두 대륙이 될 것이다. 따라서 에스코바르가 "라틴 아메리카 기독교는 21세기에 중요한 역할을 할 잠재력이 있다"라고 말한 것은 옳다.[27] 라틴 아메리카 교회가 이런 이슈들에 어떻게 응답할 것이냐가 전 세계교회에 대한 라틴 아메리카 교회의 영향력을 결정하게 될 것이다.

월스는 다음과 같이 예견했다.

> 아프리카와 라틴 아메리카 그리고 아시아에서 발전하고 있는 신학적 그리고 윤리적 사고와 행동이 기독교 주류의 신학적 그리고 윤리적 사고와 행동을 결정하게 될 것이다.

그러므로 신학적 학문의 질은 라틴 아메리카인과 아프리카인 그리고 아시아인을 위해서뿐만 아니라, "세계 기독교의 형상과 질을 결정하는 데도 도움이 될 것이다."[28]

27　Escobar, "Christianity in Latin America," p. 183.
28　Walls, "Christian Scholarship," p. 173.

7. 중동과 북아프리카

중동과 북아프리카의 기독교 공동체 역사는 "겨우 생존하고 있다"[29]와 "버티고 있다"[30]라는 학자들의 말을 통해 알 수 있듯이, 다양하게 묘사되고 있다. 이 지역의 한 부분에서 2천 년 전 기독교 신앙이 시작되었다. 초대교회사에서 익숙하게 인식할 수 있는 인물들인 어거스틴, 터툴리안, 키프리안, 아타나시우스, 제롬과 같은 사람들이 모두 이 지역 출신이다. 이 지역은 초대 기독교 신앙이 600년 동안 성장하고 팽창했던 지역이다.

그러나 7세기에 이르러 무슬림 군대가 이 지역을 차지했고, 결과적으로 이 지역은 이슬람 제국의 영토가 되었다. 기독교인들이 용인되기는 했으나 '딤미'(dhimmi)라는 정체성을 덧입어야 했는데, 이는 이슬람 국가에서 살아가는 하층 계급에 속하는, 그러나 여전히 보호받는 신분을 의미했다. 그러나 이런 신분을 유지하기 위해서는 커다란 대가를 치러야 했다.

기독교로 개종하는 것은 불법이었고, 기독교인은 일반적인 세금 외 추가적인 세금(jizya)를 내야 했으며, 결혼과 상속법은 기독교의 성장을 방해하도록 기획되었다. 성장은 오로지 출생(그리고 이들 지역에서 기독교 공동체들의 출생률은 하락하고 있었다)과 한 기독교 공동체에 속한 구성원을 다른 공동체가 데려감('양 떼 도둑질')을 통해서만 가능했다. 따라서 기독교인들이 이슬람으로 개종하는 일이 시작되었고, 이때 시작된 자신이 살고 있던 지역에서 벗어나는 일(이민)은 오늘날까지 계속되고 있다.

이슬람의 침공이 있기 전, 이 지역에 거주하는 사람들은 자신들을 기독교인이라 생각했다. A.D. 1000년이 될 때까지 무슬림의 압력으로 이 숫자는 절반으로 줄어들었다. 3세기 혹은 4세기 후, 그러니까 십자군 원정이 진행되는 동안 기독교인의 숫자는 다시 절반으로 줄어들어, 전체 인구 대비 25%로까지 줄어들었다. 이 숫자는 다시 서서히 감소하여 1900년에 이르러 기독교인의 비율은 15%로 줄어들었다.

그러나 오늘날에는 전체 인구 대비 5%로까지 줄어들었다. 오늘날 3억 3천만 명에 이르는 무슬림 사이에 1천 8백만 명의 기독교인(전 세계 기독교인 인구 대비 1% 정도)이 흩어져 살아간다.

---

29 Douglas Jacobsen, *The World's Christians: Who They Are, Where They Are, and How They Got There* (Malden, MA: Wiley-Blackwell, 2011), p. 67.
30 Martin Marty, *The Christian World: A Global History* (New York: Modern Library, 2007) p. 35.

기독교인의 숫자는 불균등하게 퍼져 있는데 이집트에서는 전체 인구 대비 12% 정도가 기독교인인 반면(중동과 북아프리카 전체 기독교인의 절반 정도) 기독교에 대한 탄압으로 교회가 사라지고 있는 이라크의 경우에는 아마도 그 숫자가 40만 명 미만일 것으로 추정하고 있다. 여덟 개의 석유수출국가(OPEC)에는 사실상 기독교인으로 출생하는 사람이 없다. 이들 국가에 존재하는 교회는 주로 외국인 근로자로 구성되어 있다.

1900년 팔레스타인 기독교인 숫자는 전체 인구 대비 19%에 이르렀으나, 팔레스타인과 이스라엘 간의 조금도 완화되지 않는 긴장 관계로 인해 그 숫자는 극적으로 줄어들어 현재는 전체 인구 대비 대략 2-3% 정도에 이르고 있을 뿐이다. 지역 전체를 통틀어 기독교인의 절반 이상이 콥트 정교회 소속이고, 대략 40% 정도가 아르메니안 정교회, 그리스 정교회, 로마 가톨릭 소속으로 구성되어 있다. 이 지역에는 대략 100만 명 정도의 개신교인이 거주하고 있으며, 대략 25만 명의 오순절 성도가 거주하고 있다.

이 지역 정교회 교인의 숫자(전체의 80% 이상)는 근접한 국가(nation) 그리고 가까운 종족(ethnicity)과 종교적(religion) 관계와 관련될 수밖에 없다. 정교회 교회(the Orthodox Church)의 아류로 분류되는 다양한 분파는 종족 정체성과 밀접하게 묶여 있다. 누군가가 태어나면 교회에 가서 세례를 받는다. 그리고 복음에 대한 헌신의 정도는 종족 공동체에 대한 충성도 다음에 있을 때도 있다. 이렇게 될 수밖에 없는 이유는 적대적 환경 속에서 생존하는 방식이기 때문이기도 하지만, 이런 태도는 기독교 신앙에 대한 신실한 증인이 되기 위한 기반이 되지는 못한다. 물론 이것이 전체 이야기는 아니다. 왜냐하면 그럼에도 여전히 신실한 기독교인들이 존재하기 때문이다.

이렇듯 끊임없이 계속되는 적대적 환경 속에서 기독교인들은 어떻게 살아갈 수 있을까?

예를 들자면, 2013년 시행된 이집트 선거에서 급진적 이슬람 정부의 승리는 지속적인 핍박 아래서 이집트 콥트 기독교인들이 어떻게 자신들의 신앙을 지켜 내며 살아갈 것인지에 대한 질문을 강조했다. 더글라스 야콥슨(Douglas Jacobsen)에 따르면, 이집트의 콥트 기독교 지도자들은 외견상 상반되는 두 가지 선택을 제시했다.[31]

'가난한 마태'(1919-2006)라는 이름으로 불린 수사는 자신의 사업을 매각하고 사막에서 고립된 채 거룩한 삶을 살기로 했다. 그가 제안하길, 올바른 길이란 하

---

31 Jacobsen, *The World's Christians*, pp. 68-69.

하님 앞에 전적인 복종과 순결의 삶을 살아가는 것이며, 이런 삶을 선택하는 사람은 평화와 복수를 하지 않는(nonretaliation) 자세를 채택한다고 주장했다. 산상수훈을 따른다는 것은 다른 뺨을 돌려주는 것을 의미할 뿐 아니라, 심지어 외부 환경으로부터 유래하는 핍박을 상대하는 방식으로서 순교를 수용하는 것을 의미한다.

이에 반해, 40년 동안 콥트교회의 수장이었던 총대주교 쉐누다 3세(Pope Shenouda III, 1923-2012)는 콥틱 민족주의라는 길을 제시했다. 그는 마태의 선택이 약함의 방식(the way of weakness)이며 사실상 대다수의 콥트교도가 선택할 수 없는 비현실적 방식이라 보았다. 그는 콥트교회의 권리를 지키기 위해 집단으로 뭉쳐 정치적인 방어를 할 것을 선택했고, 모든 콥트교도를 교회에 연동시켜(socialize) 정치적 영향력의 기반으로서 콥트 정체성을 강화하는 프로그램을 착수했다. 이들 두 가지 선택은 적대적 환경에 처한 교회가 어떻게 살아갈 것인가에 대한 놀라운 이슈를 일으켰다.

그러나 쉐누다 3세의 선택은 오직 어느 정도의 자유와 실질적 영향력을 가진 소수가 될 때라야 겨우 가능할 수 있는 것임이 분명해 보인다. 이집트의 경우에는 이런 시도가 가능할 수 있을는지 몰라도, 다른 곳에서는 그렇지 않았다. 중동과 북아프리카 대다수 국가가 처한 사정은 분명히 다른 것이다.

아마도 중동과 북아프리카에서의 선교는 '중동교회협의회'(the Middle East Council of Churches)가 표명했듯이, '실존과 증거'에 비춰 가장 잘 이해될 수 있을 것이다.[32]

무슬림과의 종교 간 대화와 심각하게 분열된 기독교 교회 내부의 연합을 위한 노력이 시도되었다. 이와 같은 문화적 상황에서는 두 가지 모두가 필요하다는 것은 명백한 사실이다. 이러한 종교 간 대화와 연합을 위한 열정의 기반에 대한 질문은 긴급한 이슈이다.

헤더 샤키(Heather Sharkey)는 중동과 북아프리카 기독교에 대한 그녀의 요약을 다음과 같은 말로 결론지었다.

> 오늘날 중동의 교회들은 예배와 사회 활동을 위한 역동적인 중심지로서의 기능을 감당하고 있다. 그러나 그들이 지금 살아가는 충만한 삶의 실재를 보면 기독교 인구가 거의 성장하지 않고 있으며, 심지어는 향후 현재의 숫자를 유지할 수 있을 것 같지 않아 보인다. 중동과 북아프리카 기독교의 미래는 불확실성으로 가득 차 있

---

32 Michael Marten, "Middle East," in *The Routledge Encyclopedia of Missions and Missionaries*, ed. Jonathan J. Bonk (New York: Routledge, 2010), p. 246.

다. 중동의 기독교인들은 기독교가 발생했던 바로 이 지역에서 생존할 방법들을 찾아야 한다.[33]

중동과 북아프리카의 교회들이 복음에 뿌리내린 예배의 역동적 중심지가 되고, 과거 초대교회 당시 그랬던 것처럼 다시 한번 중동과 아프리카 지역에서 팽창되어 가고, 핍박이 성장을 의미하고 축소를 의미하는 것이 아니기를 소망하고 기도한다.

8. 태평양 지역

태평양 섬들은 남대평양 바다에 존재하는 수천 개의 섬을 망라하며, 세 개의 큰 문화적 지역—멜라네시아, 마이크로네시아 그리고 폴리네시아—으로 구성되어 있다.[34] 이 지역은 2천만 제곱마일에 걸쳐 펼쳐져 있으며, 이 지역 섬들을 고향으로 삼고 살아가는 3천 4백만 명가량의 사람이 존재한다. 상대적으로 작은 규모와 국제적 영향력의 부족 때문에, 세계 기독교에 관한 토론에서 이 지역이 간과되는 때도 있다.

이 섬 지역에 거주하는 사람들은 개신교와 가톨릭 선교사들에 의해 복음화되었다. 기독교 신앙이 수용되기 시작한 시점부터, 이 지역에 대한 선교적 열정은 상당히 성공적이었던 것으로 판단된다. 오늘날 태평양 군도 주민의 90%가 기독교인이라는 정체성을 가지고 있다. 가장 큰 두 개의 기독교 집단은 로마 가톨릭과 개신교이다. 그러나 오순절주의자들과 은사주의자들도 상당수 존재한다. 이외 한 지역에는 몰몬교도도 존재한다. 복음화는 선교 사역에 대한 식민주의적 접근 방식이 횡횡하던 중에 발생했다.

그러므로 선교가 확장되던 시기 동안에 발생한 모든 축복과 문제가 이 섬 지역의 이야기들 속에서도 그대로 발견할 수 있다. 문화적으로 우월감을 느끼고 있기도 했던 서구 선교사들은 부족 단위의 사람들에게 복음을 전했다. 이들은 원시 종

---

33 Hearther J. Sharkey, "Middle Eastern and North African Christianity: Persisting in the Lands of Islam," in Farhadian, *Introducing World Christianity*, pp. 18-19.
34 오스트레일리아와 뉴질랜드도 태평양 또는 오세아니아 지역에 포함되는 때도 있다. 그러나 오스트레일리아와 뉴질랜드는 서구에 포함되는 것이 더 적절하다. 왜냐하면 이들 두 나라는 유럽의 문화를 공유하고 있기 때문이다. 따라서 이 책에서는 이들 두 나라를 "서구" 범주에서 다루도록 할 것이다.

교에 의해 형성된 공동체 생활을 하고 있었다. 이렇게 다른 두 문화적 집단의 만남이 태평양 지역 기독교를 형성했다.

유럽 선교사들은 개종을 개인적 개종이라는 관점에서 생각하도록 교육을 받았다. 그러나 그들이 이 지역에 도착했을 때, 부족 전체 구성원이 집단으로 결정을 내리는 부족을 발견했다. 만일 개종이 발생해야 한다면 그것은 공동체적 개종이나 집단적 개종이 되리라는 것과 개종이 발생하기 위해서는 추장들의 동의가 먼저 필요하다는 것을 파악하기까지 상당한 시간이 걸렸다.

우리는 캐나다 선교사 돈 리차드슨(Don Richardson)이 저술한 『평화의 아이』(Peace Child)를 통해 공동체적 개종과 복음 전도의 상황화에 대해 한 말이나마 이해할 수 있다. 돈 리차드슨은 서로 전쟁을 벌이는 두 부족 간에 평화를 유지하기 위해 문화적 기재로 사용하는 '평화의 아이'(a peace child)—한 부족의 아이를 다른 부족이 데려감으로써, 아이의 안전을 담보로 한 부족 간 평화를 유지하게 되는데, 이때 데려가는 아이를 일컫는 말—개념을 사용했다. 여기에서 개종은 공동체적으로 발생한다. 물론, 이 말이 오직 이 지역에서만 개종이 집단으로 발생한다는 의미는 아니다.

사실, 역사를 통해 그리고 오늘날 세상에서 대다수의 개종이 발생하는 우선적인 방식은 공동체적 개종 또는 집단적 개종이다. 마크 놀은 제3세계 기독교가 바로 이 질문을 모든 신학에 제기하고 있다는 데 주목한다. 그는 이렇게 말한다.

> 구원의 단위(unit)는 무엇인가?
> 일반적으로 개신교 선교사들은 구원은 한 사람씩 발생하는 것으로 생각하는데, 구원은 개인이 '그리스도께로 나와 그분과 더불어 인격적 관계'를 성립시키는 것으로 얻어지는 것으로 생각한다. (그러나) 현재 부상하고 있는 기독교 세계의 상당 부분은 개종을 개인적으로 경험하지 않는다. 대신, 개종은 가족 단위로, 마을 단위로 그리고 심지어는 일정한 과거 시간까지 확장되는 가계 단위로 발생한다.[35]

아마도 오늘날 과거 기독교왕국의 구조(an old Christendom structure)적 요소가 여전히 실천되고 있음을 발견할 수 있는 유일한 장소는 아마도 태평양 군도일 것이다. 왜냐하면 오늘날 태평양 군도의 부족 문화는 땅, 사람, 문화, 공동체, 정치, 종

---

[35] Mark Noll, *The New Shape of World Christianity: How American Experience Reflect Global Faith* (Downers Grove, IL: IVP Academic, 2009), 34. (『복음주의와 세계 기독교의 형성』, IVP 역간)

교와 밀접하게 연관되어 있기 때문이다.

　복음을 수용한다는 것은 그들이 누리는 공동체적 삶의 중심을 형성하는 새로운 종교를 포용하는 것을 의미한다. 복음을 받아들인다는 것은, 유럽의 계몽주의적 모델에 비추어서가 아니라, 종교를 서로 밀접하게 연관된 공동체적 삶의 나머지 부분에 일치시키는 부족 문화 안에서 받아들인다는 것을 의미한다. 이는 다른 매우 많은 유익을 수반하게 되는데, 식인 관습, 노예 제도, 부족 간 전쟁, 영아 살해 그리고 마술과 같은 문화적 행위가 점차 제거될 것이기 때문이다.

　오늘날 교회가 태평양 지역에서 취하고 있는 기독교왕국 형식(the form of Christendom)은 많은 질문을 일으킨다. 가장 분명한 사례는 피지에서 특히 명백하다. 피지의 주요 긴장들은 기독교적 정체성으로 연합되고 규정된 국가와 좀 더 다원주의적 접근 방법 사이에서 발생하고 있다. 토착 피지인들은 전체 인구 비례 50%를 겨우 웃도는 정도를 구성하고 있다.

　피지에는 과거 영국이 운영하던 설탕 농장에서 일하도록 인도에서 섬 지역으로 이주시킨 인도인들의 후손이 있는데, 이들이 인구 대비 40%가량을 형성하고 있다. 이들 중 75%가 힌두교도이고, 나머지 15%가 무슬림이다. 긴장은 감리교도인 토착 피지인들이 그들의 문화가 기독교 신앙에 의해 형성되기를 기대할 때 발생한다. 그러나 인도 출신 피지인들은 기독교 신앙을 수용하지 않을 것이다. 이로 인해 발생하는 긴장은 비기독교 소수민에 대한 인종적 편견, 다수 기독교인이 누리고자 하는 법적 특권, 정치적 긴장들, 인도 출신 피지인들이 정치 권력을 얻었을 때 기독교인들이 일으킨 몇 차례의 정치적 쿠데타와 심지어는 폭력 때문에 발생한다.

　이 모든 긴장은 그리스도의 이름으로 발생했다!

　이와 같은 것들은 기독교왕국과 다원주의가 같은 문제를 묘사한 것이다. 이와 같은 문제는 피지의 문제이기도 하지만, 더 큰 문제는 이런 식의 문제가 다른 섬 지역으로도 쉽사리 확산할 수 있다는 점이다. 이런 문제는 다른 태평양 군도의 대다수에서 여전히 발견되는 문화적 그리고 종교적 동질성에 의해 억제되고 있다.

　태평양 지역에서 교회는 특별히 민감한 두 가지 문제에 직면하고 있다.

　첫째, 선교사들이 부족 문화를 기독교 신앙의 유럽판인 기독교라는 종교로 대체하려고만 노력했기 때문에, 상황화와 제자화가 심도 있는 수준까지 진행되지 않았다. 명목상의 신앙 유지가 점차 문제로 드러나고 있다. 이런 문제는 특히 젊은이들 사이에서 심각하다. 젊은이들은 현재 전체 인구 대비 대략 40%를 차지하고 있다.

둘째, 이 문제를 피지인들의 삶의 방식을 위협하는 경제적 세계화라는 파괴적인 힘과 결합하면, 기독교 신앙의 광범위한 결함이 갖는 잠재력이 수면으로 부상하게 된다. 세계화는 외견상 고립되어 있고 기독교 부족으로 사는 삶을 살아가는 수많은 섬 주민에게 도전이 되고 있다.

이런 일은 이들 지역이 오랫동안 유지해 온 실물 경제와 농촌 경제가 쇠퇴해 가는 현상과 더불어 증가하고 있다. 그리고 서구식 소비주의와 서구식 교육이 피지인들의 상상력을 사로잡고 있다. 기독교가 심각하게 추락하고 있는 오스트레일리아와 뉴질랜드로의 광범위한 이민이 증가하고 있다. 이런 이유로, 이 지역 기독교의 미래는 불확실한 상태에 머물러 있다.

9. 동부 유럽

선교적 교회(the missional chuch)가 교회의 상태와 교회가 처한 문화적 맥락에 비춰 자신을 발견하는 데는 최소한 세 가지 다른 입장이 있다. 신실하게 복음을 증거하는 것과 관련하여, 이 세 가지 입장 모두에 가능성도 있지만 위험성도 내재하고 있다.

첫째, 교회의 상태와 문화적 상황이 기독교 교회에 이점을 제공하는 때도 있다. 이런 경우라면, 교회는 해당 상황 속에서 이미 견고한 위치(established position)를 자리하고 있다. 이와 같은 기독교왕국 상황에서, 기독교인들은 복음의 빛에 비춰 공적인 문화 생활(the public life of culture)을 형성할 기회를 부여받는다.

이런 경우 위험성은, 교회가 문화에 대하여 비판적인 입장을 유지하지 않을 것이란 점이다. 그리고 기독교인들은 자신들의 신앙에 동의하지 않는 사람들의 권리를 억압하거나 고양하지 않을 것이라는 점이다. 기독교왕국은 역사적으로 20세기가 시작될 때까지 동부 유럽에서 정교회와 로마 가톨릭교회가 처해 있던 상황이다. 그리고 이러한 입장은 공산주의가 붕괴한 이후부터, 오늘날 잃어버렸던 자신들의 권력을 회복하는 길을 모색하는 많은 교회가 추구하는 비전이기도 하다.

둘째, 입장은 국가가 기독교 신앙에 대한 적대적이고 적극적으로 교회를 반대하는 처지에 교회가 놓여 있는 상황이다. 이런 경우, 교회가 공적인 문화 생활에 기여하기 위한 능력을 발휘하는 데 한계가 있을 수밖에 없다. 그러나 이런 경우,

교회는 자신의 삶과 예배를 통해 죄를 사하시는 그리스도에 대한 타협 없는 증거를 제공할 수 있다. 위험성은 교회가 교회의 증거를 개인적인 영역으로 물러나 한정하지 않으면, 권력에 대한 두려움으로 권력에 굴복하거나 협조하는 입장을 취할 수 있다는 점이다. 이러한 입장은 20세기 동안 공산 치하에 있던 교회들이 놓여 있던 상황이다.

셋째, 교회는 기독교 신앙을 개인적이고 사적 영역으로 한정된 내적 현상으로만 인정하고 그 범주 내에서 번창하는 것은 허용하지만, 사적 영역을 벗어난 공적 영역에서는 기독교 신앙의 영향력을 무시해 버리는 문화적 상황에 부딪쳐 있을 수 있다. 이런 식의 자유는 교회가 다양한 방식을 통해 교회의 선교를 실천할 수 많은 기회를 제공한다. 그러나 두말할 것 없이, 교회가 처한 위험은 교회가 문화가 부여한 공간에 머물러 있으면서 복음을 사적인 종교적 가르침으로 축소할 수 있다는 사실이다. 이것이 오늘날 동부 유럽의 많은 지역에서 교회가 직면하고 있는 위험성이다.

아마도 동부 유럽의 교회야말로 한 세기 동안 앞에서 논한 세 가지 입장 모두를 경험해 본 유일한 교회일 것이다. 수 세기 동안, 20세기 초반에 이를 때까지 동부 유럽에는 기독교왕국이 편재해 있었다. 정교회와 가톨릭교회는 국가 단위로 설립된 교회였다. 이후 70여 년 동안, 교회는 적대적인 공산주의 정권 아래에 있었다.

공산주의 정권은 자국 내에 존재하는 모든 종교를 제거하기 위해 다양한 전략들과 지침들을 채용했다. 공산주의의 몰락과 더불어, 동부 유럽에는 과거의 기독교왕국을 재창조하려는 노력이 시도되는 시기였을 뿐만 아니라, 서구의 자본주의 문화가 확산해 감에 따라 기독교 신앙이 무시되는 상황에 부딪쳐 있음을 교회 스스로가 발견해 가는 시기이기도 했다. 동부 유럽 교회가 처한 역사적 상황을 통해, 세계 다른 지역의 교회들이 참고할 만한 많은 교훈이 있다.

공산주의의 억압 때문에 발생한 시련에 대한 경험을 제외하고는 러시아와 동부 유럽 교회를 이해할 수 없다.

세속적인 편견으로 편향된 언론사들의 보도와는 달리, 공산주의 정권을 실각시키는 데 교회가 한 역할은 매우 크다. 공산주의 통치 시기 동안 교회는 여러 가지 면에서 실패를 경험했다. 교회는 폭력적인 억압을 받았는데, 이에 대해 교회는 국가 권력에 대응했다. 교회는 사회 전면으로부터 물러나 침묵의 시기로 들어갔다.

그 후 교회는 국가가 내세운 이데올로기와 타협하고 그에 순응했다.[36]

그래서 국가의 억압에 순응하지 않아 심한 고통을 겪었던 기독교인들과 국가에 협조했던 기독교인들 간에 협력이 발생하지 않고 있어, 이들 기독교인 간에 분열된 상처를 치유해야 할 필요가 여전히 상존한다. 공산주의 치하에서 여러 가지 면에서 실패를 경험하고 있던 와중에도, 여전히 신실한 성도―고난을 당하고, 평화적으로 저항하고, 사랑에서 기인한 비평을 가하고, 예배하고, 순종하는 삶을 살았던―가 많이 있었다. 공산주의의 몰락에는 다른 여러 가지 요인이 포함된 것은 사실이지만, 교회의 신실함 또한 큰 역할을 했다.

질문은 20세기의 마지막 사반세기 동안 더 잘한 것은 무엇이고, 공산주의 체제 아래서의 경험이 오늘날 교회를 형성하는 데 어떤 영향을 끼쳤는가 하는 것이다. 한마디로 이것은 애매모호하여 여러 가지로 해석이 가능하다. 한편으로, 긍정적인 면을 말하자면 교회의 성장과 부흥이 발생했다. 더글라스 제이콥슨(Douglas Jacobsen)은 다음과 같이 기록하고 있다.

> 1900년 이래, 동부 유럽을 구성하는 21개국에 존재하는 기독교에 대한 주된 이야기는 부흥에 관한 것이었다. 종교에 대해 대단히 편향된 시각을 갖고 있던 공산주의 통치가 끝난 수십 년 후, 공산주의 후기 시대는 종교의 회복과 진보의 시간이었다. 교회들이 재건되었고, 교회의 구성원들은 증가했다. 예배에 참석하는 숫자도 증가했다. 그리고 기독교인들은 그들이 겪어 온 수 세대에 걸친 시간과 비교해 볼 때 미래에 대해 더욱 낙관적인 느낌을 갖고 있었다.[37]

참으로 이 주장을 뒷받침할 증거가 있다. 동부 유럽 전체에 걸쳐, 유물주의적 세계관이 지배한 결과로 창출된 종교적 공황 상태는 영적 기아 상태를 일으켰다. 분명한 것은, 동부 유럽 많은 지역에서 교회가 어느 정도의 자유를 누리를 축복을 받았다는 사실이다. 정교회는 부흥을 경험하고 있다. 동부 유럽은 정교회의 중심지인데, 전체 정교회 성도 중 대략 4분의 3이 동부 유럽에 거주하고 있다.

최근 러시아에서는 정교회의 부흥이 뚜렷하게 나타나고 있다. 공산주의가 무너지기 바로 직전에, 러시아에는 2천 5백 개의 교회가 있었다. 그러나 오늘날에는 1만 7천 개 이상의 교회가 존재한다. 1991년 전체 인구의 27%가 자신을 기독

---

36 Peter Kuzmič, "Christianity in Eastern Europe: A Story of Pain. Glory. Persecution, and Freedom," in Farhadian, *Introducing World Christianity*, pp. 85-86.
37 Jacobsen, *The World Christians*, p. 88.

교인이라 정체성을 밝혔다. 그러나 오늘날 그 수치는 60% 정도로 추산하고 있다. 현재는 적어도 두 배 이상의 사람들이 적어도 1년에 한 번 이상 교회에 출석하고 있다.

이와 유사한 성장이 다른 나라들에서도 발견되고 있다. 현재 동부 유럽 여러 나라에서 상당수의 가톨릭 신자들과 성장하고 있는 복음주의자들과 오순절주의자들을 발견할 수 있다.

이 모든 교회가 공산주의 몰락 이후 공통적인 도전에 직면하고 있다. 그것은 기독교인으로서 "그들의 정체성을 재구성하고 새롭게 맞이한 자유의 시대에 그들이 감당해야 할 선교가 무엇이 되어야 하는지 재정의를 내리는 것"이다.[38]

그러나 더욱 부정적인 평가에 대한 증거도 존재하는데, 이 증거는 동부 유럽 교회가 어려움에 부딪쳐 있으며 막대한 도전들에 직면해 있음을 보여 준다. 예를 들면, 이들 국가에 속한 더 많은 사람이 자신들의 정체성을 기독교인이라 밝히고, 하나님을 신앙하고, 1년에 몇 차례씩 교회에 참석하는 것은 좋은 일이다.

그러나 이러한 통계는 번영하는(flourishing) 교회에 대한 신뢰할 만한 통계라고 보기 힘들다. 사실, 동부 유럽 전체 인구 중 10-15%만이 매주 교회에 출석하고 있을 뿐이다. 러시아의 경우, 인구 대비 겨우 5%만이 한 달에 한 번씩 교회에 참석하고 있으며, 매주 참석하는 수는 2%에 불과하다.

기독교 신앙에 대한 무관심에는 여러 가지 이유가 존재한다. 그러나 아마도 이런 이유 중 몇 가지는 오늘날 동부 유럽 사람들이 날이 갈수록 더 많이 경험하게 되는 서구 소비문화의 영향으로 돌릴 수 있을 것이다. 총인구 중 3분의 1이 매주 교회 예배에 참석하고 있는 폴란드교회에는 여전히 활력이 있지만,[39] 그 숫자는 폴란드의 부가 성장하면 할수록 심각하게 줄어들고 있다.

1991년 공산주의가 몰락한 직후, 요한 바오로 2세는 폴란드를 방문해서 다음과 같이 교회를 경고했다.

> 욕망과 소비의 문명에 사로잡히도록 여러분을 방치하지 마시기 바랍니다.[40]

---

38 Ibid., p. 89.
39 Philip Jenkins, *God's Continent, Christianity, Islam, and Europe's Religious Crisis* (New York: Oxford University Press, 2009), p. 57.
40 Stephen Engelberg, "Pope Calls on Poland to Reject Western Europe's Secular Ways," *The New York Times*, June 8, 1991.

그러나 많은 사람이 교황의 호소에 귀를 기울이지 않은 것 같다. 우크라이나 또한 서구 자본주의와 소비문화에 빠져들고 있다. 각종 매체와 세계화의 진행 경로을 통해 퍼져나간 서구 문화의 편만성은 공산주의가 제시했던 약속들에 실망한 문화들 속으로 파고들어 가고 있는 것은 분명한 사실이다.

동부 유럽 교회가 직면하고 있는 또 다른 도전은 민족주의와 기성교회가 가진 문제다.

'심포니아'(Symphonia)는 교회와 국가 간의 이상적 관계를 묘사하는 정교회 용어이다. 심포니아의 상태에서라면 교회와 국가는 서로 분리될 수 없는 관계로 연합된다. 그러나 지난 20년간 현실화되고 있는 이러한 연합 관계에는 엄청난 위험들이 도사리고 있다.

동부 유럽의 많은 지역에서, 교회는 공산주의 시절 이전 자신들이 거머쥐고 있던 권력을 회복하고 다시 발휘하고자 하는 시도를 하고 있다. 중부 유럽에서 로마 가톨릭교회가 과거 자신들이 가지고 있던 권력을 회복하고 확장하려고 시도했던 것은 사실이지만, 가장 공격적으로 이것을 진행하고 있는 것은 정교회이다. 러시아 정교회의 총대주교(the patriarch)는 교회와 국가 간의 심포니아를 증진하는 것이 그의 목표임을 분명히 했다.

심포니아가 가진 가장 분명한 문제는, 이 과정에서 교회의 증인 됨에 대한 타협이 발생한다는 점이다. 교회와 국가와의 편안한 관계로 인해, 교회의 증언에 대단히 중요한 요소인 비판적 입장을 상실하게 될 수 있다. 이로 인해 교회는 국가의 민족주의적 열망에 협력하는 또 다른 하나의 조력자로 전락하고 만다. 하나님의 나라가 아니라 국가적 의제가 교회의 정체성을 규정하게 된다.

타협하지 않는 교회보다 교회의 삶 또는 말 속에서 선지자적 비판 능력을 상실한 기성교회가 이러한 함정에 빠질 경우가 더 많다. 이것은 교회론적 민족주의(ecclesiastical nationalism), 즉 "신앙과 문화로 연합한 한 국민이 한 나라를 구성한다는 아이디어"에 대한 분명한 증거이다.[41]

그러나 국가와 교회 간의 떼려야 뗄 수 없는 관계는 더 해로운 적용 또한 초래할 수 있다. 교회가 한 국가 안에서 잃었던 권력을 다시 찾을 것을 주장할 때, 이로 인해 교회 내부에 쓰라린 분열이 초래될 수 있다. 정치 권력을 차지하는 것이 복음 안에서 하나로 연합하는 것보다 더 중요해진다. 세르비아, 루마니아, 그리스, 러시아에서 기독교 신앙에 대한 비정교회적 표현들—로마 가톨릭과 그리스 가톨

---

[41] Pedro Ramet, "Autocephaly and National Identity in Church-State Relations in Eastern Christianity: An Introduction," in *Eastern Christianity and Politics in the Twenties Century*, ed. Petro Ramet (Durham, NC: Duke University Press, 1988), p. 19.

릭, 개신교, 오순절—에 대한 억제, 심지어는 적극적인 억압에 대한 방대한 증거가 나오고 있는 실정이다.

정교회 신앙은 러시아인으로서의 정체성, 세르비아인으로서의 정체성, 또는 루마니아인으로서의 정체성과 분리될 수 없는 것으로 간주되고 있다. 따라서 정교회 교회에 속하지 않는 것은 국가에 충성하지 않는 것과 동일한 문제가 된다. 그리고 이러한 이유 때문에 다른 교회들을 무시, 반대, 심지어 폭력의 대상으로 삼는 것이 할 만한 일이 되고 만다. 국가는 정교회와 다른 방식으로 신앙을 고백하는 여타 기독교를 차별하는 법령을 만들어 국가 교회를 지원한다. 피터 쿠즈믹(Peter Kuzmič)은 말한다.

> 오늘날 심포니아를 통해 세속 권력과 영적 권력을 동일한 것으로 여기고 정치적 권력을 추구하는 것에 대해, 정치적으로뿐만 아니라 신학적으로도 의문을 제기해야 한다. 왜냐하면 그러한 주장은 그들 국가의 반민주적인 인종-종교적 일체화(ethno-religious homogenization)에 기반을 두고 있고, 이는 현재 좋은 기반을 갖추고 있는 개신교 교회들을 포함하는 종교적 소수파에 대한 차별을 합법적으로 조장하고 그들 소수파를 주변부화하기 때문이다.[42]

이 모든 것 중 최악의 경우는, 이러한 국가, 문화, 교회를 뒤엉켜 섞어 버림으로써 심각한 폭력 사태를 발생시켰다는 것이다. 세르비아의 비극적 역사는 이것이 단지 이론적 위험에 그치지 않는다는 것을 보여 준다. 공산주의가 몰락해 가는 와중에, 세르비아의 민족 정체성을 세르비아 정교회 교회와 단단하게 결합하려는 움직임이 있었다. 이들 움직임은 보스니아 무슬림들과 크로아티아 가톨릭교도들을 세르비아에 위협이 되는 것으로 보았다. 르완다와 그 외 다른 지역에서 인종청소가 감행되던 현장에 교회가 존재하고 있었고, 심지어는 인종청소 행위에 연루되기도 했다. 따라서 교회는 이와 같은 비극과 관련하여 비난을 받는 것은 마땅하다.

그런데도 어떤 세르비아 정교회 주교가 세르비아인들에게 "그리스도의 복음은 무시하고 '눈에는 눈 이에는 이!'라고 가르치는 구약의 메시지로 돌아서라"라고 충고했다는 말을 듣는 일 그리고 세르비아에서 발생한 비극에 대해 수치를 느끼는 세르비아인들이 얼마 되지 않는다는 말을 듣는 일은 정말이지 고통스러운 일이다.

---

[42] Kuzmič, "Christianity in Eastern Europe," p. 82.

그들이 사고하는 방식에 따르자면, 그들의 나라—더 나아가서 그들의 정교회 신앙생활—는 위기에 처해 있었다. 따라서 보스니아 무슬림들과 크로아티아 가톨릭 교도들에 대한 세르비아의 공격을 조율했던 지도자들은 자신들이 해야 했던 일을 하고 있었던 것뿐이었다.[43]

이 같은 상황과 이와 유사한 다른 상황들—예를 들자면, 서우크라이나 지방에서 발생한 정교회와 동방식 전례(Eastern-rite)를 행하는 가톨릭교도 간의 충돌—은 교회가 그 자신의 정체성을 하나님의 나라보다 민족주의적 열망들에 비춰 밝힐 때 나타날 수 있는 일에 관해 설명한다.

공적인 삶 속에서 복음을 신실하게 구체화하는 것이 무엇을 의미하는 것인지를 배우는 것은, 교회가 대면하는 또 다른 이슈이다. 공산주의가 전면에 등장한 이후부터 정치적인 면에서뿐만 아니라 경제적인 면에서도 고통스럽고 어려운 변화들이 발생했다. 부패, 불의, 사회적 불안, 광범위하게 퍼진 빈곤, 의존 그리고 권위주의적 지도자들은 불안정하고 어려운 상황을 만들어 냈다. 교회들은 건전한 비평을 제기하거나 건강한 지도자를 배출할 수 있는 역량을 갖추고 있지 못했다. 따라서 쿠즈믹은 다음과 같이 말한다.

> 만일 교회가 후기 공산주의 사회라는 파괴된 왕국 한가운데서 하나님 나라의 신뢰할 만하고 효과적인 도구가 되고자 한다면, 변화를 일으키는 사회 참여를 위한 영성의 개발은 교회가 갖춰야 할 가장 우선되는 사역 중 하나로 존재할 것이다.[44]

10. 서구

남반구의 교회들이 성장을 지속하고 있지만, 유럽의 교회는 "연약하지만, 살아 있다."[45] 서구—서부 유럽과 북미, 오스트레일리아, 뉴질랜드와 같이 유럽에서 기원한 문화들—에서 기독교가 설득력이 있으려면, 우리는 세 가지 내용에 관해 설명해야 한다.

---

43 Jacobsen, *The World's Christians*, pp. 96-97.
44 Kuzmič, "Christianity in Eastern Europe," p. 87.
45 Jacobsen, *The World's Christians*, p. 132.

먼저, 현재 서구의 교회는 쇠락하고 있다. 다양한 많은 설문 조사를 통해 교회 참석률이 극적으로 쇠락하고 있다는 것, 스스로 무교라 주장하거나 하나님을 믿지 않는다고 주장하는 사람들의 수가 계속해서 증가하고 있다는 것, 서구인들의 신념과 실천 행위가 교회 밖만큼이나 교회 안도 세속적인 인본주의 세계관에 의해 점유되고 있다는 것, 서구에서 기독교가 번성하고 있다는 것은 비서구 이민자들의 교회들에나 해당한다는 것, 서구 기독교의 영성이 사회의 공적 영역에 대한 영향력이 거의 없는 사적이고 내향적인 영성이라는 것에 주목하는 것만으로도 이것이 명확한 사실임이 드러난다.

더욱이 많은 면에서 학문적 신학이 계몽주의의 영향에 사로잡혀 있다. 이는 비록 더 분명하게 드러나는 부분이 있기는 하지만, 반드시 자유주의적 진영들 내에서만 그렇다는 것이 아니고 복음주의 진영들 내에서도 발견된다. 이러한 현상들이 교회가 시대정신들에 취약한 원인이 된다.

그러나 겉보기에 쇠락에 대한 모든 증거에 반하는 두 가지 관찰이 있다.

첫째, 서구에서 살아가는 사람들의 대다수가 여전히 자신들을 '기독교인'이라 주장한다는 것이다.

유럽에서 사는 사람 중 3억 명이 넘는 사람이 자신을 기독교인이라 주장한다. 이는 전체 인구의 75% 이상에 해당하는 숫자이다. 그러나 전체 인구 중 4분의 1 정도만이 교회에 참석한 적이 있다. 그리고 매주 교회 예배에 참석하고 기도하고 있느냐는 질문으로 질문의 수준을 살짝 높이면, 그 숫자는 곤두박질친다. 기독교인의 수는 개신교 지역인 북유럽보다 가톨릭 지역인 남부 유럽이 더 높다. 그러나 양편 모두를 합해서 숫자는 심각할 정도로 쇠락하고 있다.

미국 인구의 4분의 3에 해당하는 대략 2억 5천만 명의 사람들이 자신을 '기독교인'이라 부른다. 그러나 겨우 40% 정도만이 매주 교회 예배에 참여하고 있으며, 많은 사람은 이 숫자가 부풀려진 것이라 믿는다. 탐 플린(Tom Flynn)은, "온갖 미사여구에도 불구하고 종교에 대한 적극적인 참여는 미국인들의 삶에서 관심사의 적은 부분을 차지할 뿐이다"[46]라고 말한다. 비록 캐나다인의 72%가 자신의 정체성을 기독교인이라 규정하지만 겨우 20%만이 매주 교회 예배에 참석하고 있을 뿐이다. 오스트레일리아인의 70%가 기독교인이라 여기지만 겨우 12%만이 매주

---

46 Tom Flynn, "True Churchgoing Revealed," *Free Inquiry* 18. no. 4 (1998) (www.secularhumanism.org/imdex.php?section=library&page=frontlines_18_4).

교회 예배에 참석한다. 50% 이상의 뉴질랜드인들이 자신들의 정체성을 기독교인이라 밝히고 있지만 매주 교회 예배에 참석하는 사람은 오스트레일리아의 경우와 유사한 수준이다.

> 마크 놀은 "세계 기독교의 새로운 형태"라는 자신의 설문 조사를 다음과 같은 관찰들로 시작한다.
>
> - 지난 주일, 전체 유럽에서보다 중국에서 더 많은 기독교인이 예배에 참석했다.
> - 지난 주일, 예배에 참석한 케냐와 남아프리카, 탄자니아 그리고 우간다의 성공회 교인의 수가 영국과 캐나다의 성공회 교인 수에 미국 성공회 교인 수를 합친 것보다 더 많다.
> - 지난 주일, 스코틀랜드의 장로교 교인보다 더 많은 수의 가나 장로교 교인이 예배에 참석했다.
> - 지난 주일, 미국에서 가장 큰 오순절 교단 성도들을 합친 수보다 더 많은 수의 '브라질 오순절 하나님의 성회'(Brazil's Pentecostal Assemblies of God) 성도가 예배에 참석했다.
> - 지난 주일, 영국과 프랑스에서 예배 참석이 가장 많았던 교회는 대부분 흑인 회중이 모인 교회였다. 그리고 런던에서 교회에 다니는 사람들 중 절반은 아프리카인이거나 아프리카 출신 캐리비안(African-Caribbean) 흑인이었다.
> - 지난 주일, 유럽에서 모인 가장 큰 회중은 나이지리아인 오순절 목사가 목회하는 교회로, 키예프(Kiev, 우크라이나의 수도)에 있다.
> - 지난 주일, 유럽 어떤 나라보다 많은 필리핀 로마 가톨릭 교인이 모여 예배를 드렸다.
>
> Mark A. Noll, *The New Shape of World Christianity*, pp. 20-21.

둘째, 유럽, 오스트레일리아, 뉴질랜드, 캐나다와 같은 서구교회가 쇠락하고 있는 것과 달리, 미국은 서구교회와 동일한 양상을 따라가고 있는 것처럼 보이지 않는다.

몇 가지 면에서 기독교 신앙이 다른 서구 국가보다 미국에서 더 생생하고 살아있는 것처럼 보인다. 더 많은 사람이 주일 예배에 참석하고 있고, 해외에 파송한 선교사들의 숫자가 여전히 세계 최상위를 유지하고 있으며, 전체 인구 대비 30% 가량이 자신의 정체성을 복음주의라 규정하고, '하나님'이란 단어가 여전히 정치인들의 입에서 언급되고 있고, 다른 어느 곳보다 많은 기독교 교육 기관이 있으며, 기독교 출판사가 다른 지역에 비해 월등히 많으며, 다양한 형식의 기독교 부흥 운동이 미국에서 시작되어 전 세계로 확산되기도 한다. 이외에도 더 많은 내용을 언급할 수 있다. 그러나 이 정도 언급하는 것만으로도 미국이 서구의 다른 나라들과는 다른 궤도로 가고 있음을 보여 주는 데 충분해 보인다.

여기에서 제기할 질문은 서구와 다른 이런 관찰들에 대해 어떻게 설명할 것인가에 대한 것이다. 첫 번째 관찰에 대해서는 서구 역사에서 답변을 찾아볼 수 있을 것이다. 서구는 두 개의 살아 있는 종교, 즉 기독교와 인본주의라는 두 개의 신앙이 서로 공존하며 다양한 방식으로 상호 작용하는 과정에서 만들어 낸 오랜 역사의 산물이다. 오늘날 우리는 서구를 '세속화된'이라는 측면에서 말한다. 서구가 '세속화되었다'라는 말의 의미는, 18세기 계몽주의 이후 인본주의적 세계관이 기독교 세계관에 우위를 점해 왔으며, 마침내 지배적인 문화적 세계관이 되었다는 것이다.

대다수의 역사적 시기 동안 지배적이었을 뿐만 아니라, 문화의 형식을 규정하는 세계관이었던 기독교 신앙이 어떻게 이전 시대의 그림자 수준으로 위축되고 만 것일까?

우리는 서구에서 세속적 인본주의가 승리한 것을 어떻게 설명할 수 있을까?

많은 저작이 이 부분을 탐구하기 위해 저술되었다. 그래서 여기에서는 이 중 약간의 관찰만 짚어 보고 넘어가겠다. 세속화는 18세기 계몽주의까지 이어지는 수 세기 동안 교회가 저질렀던 두 가지 실수에 비춰 설명되는 때도 있다. 이 실수들은 다음과 같다.

첫째, 다른 신앙 고백을 하는 기독교인 간 벌어진 다양한 종교 전쟁이 유럽을 황폐화했고 유럽의 토지를 기독교인들의 피로 물들였다. 바로 이 시기에 신과학(new science)이 유럽을 하나로 통합해 갔다.

둘째, 교회는 기독교 신앙을 당시 진보하던 과학의 우위에 놓으며, 과학 혁명으로 얻어진 통찰들에 반대했다. 의심할 여지도 없이, 이 같은 두 개의 역사적 사건이 큰 역할을 했다. 그러나 이외에도 좀 더 많은 것이 언급되어야 할 것이다.

기독교 신앙은 기독교왕국 역사에 대한 반발로 18세기에 촉발된 인본주의의 강력한 힘에 대응하는 데 매우 취약했다. 그러나 기독교왕국이 서구 세계에 매우 긍정적이고 강력한 영향을 끼쳤다는 점에는 의심의 여지가 없다.

예를 들어, 위르겐 하버마스(Jürgen Habermas)는 자유, 사회적 일체감, 양심에 대한 개인의 도덕성, 인권, 민주주의는 "정의에 대한 유대주의적 윤리와 사랑에 대한 기독교 윤리의 직접적 계승자이다. 실질적으로 변함없이 이어 내려온(unchanged) 이 유산은 지속적인 비평적 평가와 재해석의 대상이 되어 왔다. 오늘날까지, 이것을 대체할 만한 대안은 존재하지 않는다. 우리는 이 유산의 실질적 내용을 지속으로 그려 나가야 한다. 이외 다른 모든 것은 단지 불필요한(idle) 포스트모던식 이야기에 불과하다"라고 말함으로써, 이 점에 관해 확인해 주었다.[47]

그러나 기독교왕국이 끼친 긍정적인 영향에도 불구하고 서구의 기독교 교회는 세속적 인본주의의 강력한 바람에 취약했다. 이는 소위 기독교 문화(Christian culture)라 불리는 것의 일부를 형성하는 교회가 기독교 문화를 선교적으로 대면해야 한다는 감각을 상실해 버림으로써 문화에 대한 교회의 선지자적 비판 능력을 상실했기 때문이다.

이런 이유로 인해, 서구에서 인본주의가 권좌를 향해 부상하고 있을 때 교회는 인본주의에 대해 비판적인 자세를 취하지 않았다. 대신 교회가 지난 천 년 동안 해 왔던 것처럼, 사회 속에 조용히 머물러 있는 쪽을 택했고, 결과적으로 계몽주의 신앙에 의해 사적 영역으로 밀려날 수밖에 없는 처지가 되고 말았다.

> 전 세계에 걸쳐 부상하고 있는 기독교의 새로운 표현 중 많은 부분을 차지하는 은사주의적 또는 오순절주의적 특징에 대해서는 아직 더 많은 질문이 남아 있다. 이 특징은 전통적인 서구교회 내에 완전히 정착된 적이 단 한 번도 없었던 것이었다. 그러나 이 특징은 전 세계에서 새롭게 부상하고 있는 기독교 지역 대부분에서 가장 전위에 위치할 뿐만 아니라 핵심을 차지하고 있는 것이기도 하다.
> 성경의 상당 부분을 채우고 있는 초자연적 사건들은 현재 발생하는 일들에 대한 규범적 실례로 어느 정도까지 고려되어야 할까?
>
> Mark A. Noll, *The New Shape of World Christianity*, p. 36.

한편으로, 이 점은 서구교회가 심각하게 쇠퇴하고 있는 원인이 무엇인지를 설명해 준다. 기독교왕국이라는 유럽의 배경은 유럽의 수많은 사람이 자신의 정체

---

47 Jürgen Habermas, "A Conversation about God and the World," in *Time of Transitions*, ed. and trans. Ciaran Cronin (Cambridge: Polity Press, 2006), pp. 150-151. 하버마스에 대한 틀린 인용구, 또는 정확하지 않은 의역(paraphrase)은, Philip Jenkins, "Europe's Christian Comeback," *Foreign Policy*, June 12, 2007 (www.foreignpolicy.com/articles/2007/06/11/europes_christian_comeback)을 보라.

성을 기독교인이라고 제시하고 있는 이유, 세례 의식을 여전히 지속하고 있는 이유, 기독교 축일에 교회 예배에는 참여하고 있는 이유, 여타 기독교적 색채를 띠는 온갖 다른 모양은 다 부리고 있으면서도 여전히 자신을 '무종교적'이라 부르지 않는 이유, 그러면서도 성경적 기독교와 유사한 것이라곤 거의 없는 삶의 방식을 믿고 살아갈 수 있는 이유가 무엇인지에 대해 설명해 준다.

이러한 서구 유럽의 역사는 기독교왕국 모델 양식으로 살아가거나 기독교왕국 모델로 다시 재기하기를 원하고 있는 동부 유럽과 태평양 지역 교회에 경고가 될 것이다. 아마도 이 점이 미국이라는 이례적인 상황에 대해 부분적으로나마 설명할 수 있을 것이다. 미국은 계몽주의가 한창 진행되던 와중에 탄생했다. 미국의 개국 공신 중 많은 이가 계몽주의의 소산이 이신론(deism)에 깊이 뿌리박혀 있던 사람들이다. 미국의 역사는 기독교왕국 시대의 역사만큼 긴 역사가 있지도 않다. 개국 초기 일부 지역적 단위로 시행한 사례가 있기는 하지만, 미국에는 국가 차원에서 세운 교회는 존재하지 않는다.

그러나 미국 역사에는 다른 요인들이 존재한다. 한 실례가 두 차례 발생했던 대각성 운동(the Great Awakenings)이다. 미국이 독립했을 때(1776)는 전체 인구 대비 겨우 5%만이 교회 구성원이었다. 그러나 그때로부터 서서히 그러나 꾸준하게 증가하여 1970년대에 이르러서는 그 비율이 60%에 달했다.[48] "1776년 이후 진행된 극적인 증가는 제2차 대각성 운동(the Second Great Awakenings)의 공헌으로 돌려야 할 것이다."[49]

제2차 대각성 운동(1787-1825)은 제1차 대각성 운동(1726-1760)의 기초 위에 세워졌다. 이것이야말로 미국의 기독교 신앙이 갖는 활력과 끈기를 이해하는 데 참으로 중요하다. 그러나 그렇다고 해서 이것이 모든 것을 설명해 주는 것은 아니다. 결국, 대각성 운동(Great Awakening)은 영국에서도 발생했다(영국에서는 전도부흥 운동[the Evangelical Revival]으로 알려져 있다).

세속주의가 서구 세계의 다양한 부분을 얼마나 다양한 방식으로 장악해 왔는지 연구한 마틴 마티(Martin Marty)는 미국이라는 나라가 가진 독특한 현실을 이해

---

[48] W. Richie Hogg, "The Role of American Protestantism in World Mission," in *American Missions in Bicentennial Perspective: Papers Presented at the Fourth Annual Meeting of the American Society of Missiology at Trinity Evangelical Divinity School, Deerfield, Illinois, June 18-20, 1976*, ed. P. Pierce Beaver (Pasadena, CA: William Carey Library, 1977), p. 361.

[49] David Bosch, *Transforming Mission: Paradigm Shifts in Theology of Mission* (Maryknoll, NY: Orbis Books, 1991), p. 297.

하는 데 대한 몇 가지 통찰을 제공해 준다.[50] 마티는 19세기 서구에서 진행된 세속화의 방향은 세 가지 경로로 진행되었다고 주장한다.

첫 번째 경로에 대해서, 그는 '완전한' 혹은 '최대 세속화'라고 불렀다. 여기에서 그는 기독교 신앙을 세속주의적 인본주의의 적으로 보고 기독교 신앙은 세속주의 인본주의의 공격을 받고, 파괴되고, 대체되었음이 틀림없다고 본다. 우리는 이 같은 형식의 세속성을 유럽 대륙에서 발견한다.

두 번째 경로는 '단순한(mere) 세속성'이다. 이 세속성은 기독교의 주장을 단순히 무시하는데, 기독교 신앙에 전혀 신경을 쓰지 않음으로써 기독교 신앙이 서서히 고사하게 한다. 영국, 캐나다, 오스트레일리아, 뉴질랜드에서 이와 같은 특정 형식의 세속주의가 관찰될 수 있다.

세 번째 경로는 세속주의의 '통제된 세속주의' 또는 '모호한 세속성'이다. 세속주의에 대한 이 같은 관점에 따르면, 많은 사람, 심지어는 다수의 사람이 전통적 기독교 종교를 여전히 따른다. 그러나 기독교 신앙을 서서히 변화시켜 중요한 방식들 면에서 세속주의의 비전에 일치하도록 한다. 통제된 세속성은 미국에서 발견되는 세속주의적 삶의 양식이다. 따라서 복음을 개인적이고 사적인 영역의 차원으로 축소한 미국에서는, 세속적 복음을 인본주의에 부응하도록 하는 방식이 좀 더 완벽하게 이루어졌다.

그러나 서구 세계에서 기독교가 쇠퇴했다는 주장이 기독교에 대한 유일한 이야기가 아니다. "유약하지만, 여전히 생존하고 있다"라는 표현이 현재 상황에 잘 부합된 설명이다. 다양한 방식으로 기독교 신앙이 여전히 생존하고 있음을 증명할 수 있다.

복음주의와 오순절주의 전통들의 성장과 활력, 주류 개신교 신앙과 로마 가톨릭주의 전통 안에서 발생하고 있는 다양한 형식의 부흥 그리고 아마도 가장 흥미로운 사실은 남반구에서 교회 성장을 들 수 있는데, 이로 인해 서구의 다양한 도시에서 세계에서 가장 큰 회중이 모여 예배를 드리는 경우가 발생하고 있다. 예를 들면, 영국, 파리, 암스테르담에서는 아프리카와 카리브해 지역에서 유입된 사람들로 구성된 규모 면에서 가장 크고 가장 활력 있는 회중이 모이고 있다.

우리는 서구의 교회가 직면하고 있는 도전들 가운데 일부에 대해서만 간단하

---

50 Martin E. Marty, *The Modern Schism: Three Paths to the Secular* (New York: Harper & Row, 1969).

게 살펴볼 수 있을 것이다. 즉, 증가 일로에 있는 종교 다원주의, 최소한 세 가지 이상의 형태를 취하고 있는 인본주의의 강력한 종교 세력들(즉, 포스트모더니티, 경제적 현대성, 소비주의), 인본주의적 문화와 혼합된 교회의 심각한 혼합주의, 종교를 선전하는 데 자본주의적 접근 방식이 하나의 규범이 되곤 하는 미국에서 특히 보이는 교회 연합의 부재, 타문화권 선교에 관한 관심의 축소, 계몽주의에 따라 형성된 신학 교육이 초래한 어려운 상황, 교회에서 유출되고 있는 젊은 세대들, 공적 영역에 거의 관여하지 않는 종교의 사적이고 개인화된 형태, 무기력과 무관심으로 귀결해 가는 소비문화로 인해 부상하고 있는 편안한 삶, 의사소통과 광고, 오락 그리고 다른 것들에 사용되는 기술의 놀라운 능력의 제어에 대한 필요 등이다.

서구 문화에 대한 선교학에 관해서는 나중에 다른 장에서 다시 언급할 기회가 있을 것이다.

11. 결론

본 장에서 짧게 요약한 내용은, 비록 각각의 교회가 처한 상황이 다르긴 하지만 세상 모든 곳의 많은 교회가 직면한 일련의 이슈들—전도, 정의와 긍휼, 공적 생활에서의 증거, 신실한 상황 신학(contextual theology), 종교 다원주의, 특히 도시 안에서 심각한 서구 문화의 잠심력(encroaching power), 교회 연합에 대한 필요, 여전히 교회가 없거나 미약한 미전도 종족—이다. 이 이슈 중 몇 가지에 대해 다음 장에서 살펴볼 것이다.

심화를 위한 독서 자료

Barrett, David B., George Kurian and Todd M. Johnson. *World Christian Encyclopedia: A Comparative Survey of Churches and Religions in the Modern World*. Second edition. New York: Oxford University Press, 2001.

Farhadian, Charles E., ed. *Introducing World Christianity*. Chichester, UK: Wiley-Blackwell, 2012.

Jacobsen, Douglas. *The World's Christians: Who They Are, Where They Are, and How They Got There*. Chichester, UK: Wiley-Blackwell, 2011.

Jenkins, Philip. *The Next Christendom: The Coming of Global Christianity*. New York: Oxford University Press, 2002.

Johnstone, Patrick. *The Future of the Global Church: History, Trends and Possibilities*. Downers Grove, IL: InterVarsity Press, 2011. (『세계 교회의 미래』, IVP 역간)

토론을 위한 질문

1. 선교학 수업에서 세계 기독교를 공부하는 것의 장점과 단점은 무엇이겠는가?
2. 기독교의 중심지가 북반부에서 남반구로 이동하고 있음은 독자가 속한 기독교 진영에 잘 알려져 있는가?
   어떻게 하면 기독교 복음을 더 잘 전달할 수 있을까?
   그리고 이것이 왜 중요한 문제일까?
3. 다음 지역―아프리카, 아시아, 라틴 아메리카, 중동, 태평양 속 동부 유럽―에 속한 하나 혹은 그 이상의 교회로부터 우리가 배울 수 있는 것은 무엇일까?

에세이를 위한 주제

1. 선교학 수업에서 세계 기독교에 대한 주제를 다루는 것의 장점과 단점에 대해 토론해 보라.
2. 아프리카, 라틴 아메리카 또는 아시아 교회의 현재 상황에 관해 설명하고 평가해 보라.
3. 미국에서 교회의 미래가 독자 생존이 가능할 것인지 아닌지에 대한 질문을 생각해 보라.
   이 질문에 대해 당신은 어떻게 접근하겠는가?
   미국의 기독교가 서구 국가들의 경로를 따라가지 않은 이유가 무엇인가?

제3부

현대 선교의 이슈들

제6장 총체적 선교: 삶, 말, 행위를 통한 증거
제7장 신실한 상황화: 교회, 복음, 문화(들)
제8장 서구 문화에 대한 선교학을 향하여
제9장 세계 종교와의 선교적 대면
제10장 도시 선교:새로운 개척지
제11장 선교 사역들: 복음이 없는 곳에
　　　복음 에 대해 증거하기

제6장

총체적 선교:
삶, 말, 행위를 통한 증거

약 30여 년 전, 데이비드 보쉬는 "선교에 대한 복음주의와 에큐메니컬 진영의 접근 방식이 최근 수십 년간 선교에 대한 이론과 실천 방식의 대다수를 대변하고 있다"[1]고 말했다. 두 진영의 관점은 20세기 상당 기간 "서로 우위를 점하기 위해 대립 구도에 있는 두 개의 선교학적 모델"을 대변했다.[2]

선교학적 모델에 대한 이와 같은 언급들이 있고 난 후 상당한 시간이 흘러갔지만, 이들 두 개의 전통에 대한 강조들은 오늘날 선교의 배경을 형성하는 데 여전히 필수적인 역할을 감당하고 있다. 보쉬는 선교의 실천과 신학이 성경에 좀 더 부합하는 방향으로 수렴되기를 열망했다. 그리고 보쉬 외에도 두 패러다임 중 어느 하나의 입장에 단순하게 부합하지 않고, 비록 자신이 원래 속해 있던 진영에 머물러 있다 하더라도, 두 진영이 주장하는 입장과는 다소 다른 경계적 입장(at the boundaries)을 취하고 있는 사람들이 있었다.

현대 선교를 이해하기 위해서, 우리는 선교에 대한 이들 두 전통이 상호 작용한 역사적 과정—선교의 핵심 내용이 복음에 대한 구두 선포인지 아니면 정의와 긍휼을 위한 사회적 행동인지에 대한 갈등—이라는 중요한 맥락을 점검해 봐야 한다.

본 장은 바로 그 갈등의 역사로 시작할 것이다. 그리고 나서 교회의 선교에 대한 양쪽 입장이 갖는 차원들, 즉 복음 전도와 사회적 행동에 대해 주목해 보도록 할 것이다. 본 장의 마지막 부분에서는, 하나님 나라에 관하여 말과 행위를 통한 증거가 발생하게 되는 가장 중요한 장소인 사회 안에서 살아가는 성도들이 갖는 소명에 대해 언급할 것이다.

---

1 David Bosch, *Witness to the World: The Christian Mission in Theological Perspective* (Atlanta: John Knox, 1980), pp. 39-40.
2 Ibid., p. 201.

1. 우리의 유산: 말과 행동 간의 분열

19세기가 역사의 저편으로 져 가고 20세기의 동이 터 오기 시작할 무렵, 선교에 근본적인 영향을 끼치게 될 교회 내 균열이 시작되었다. 두 개의 다른 전통—근본주의적 부흥주의자와 자유주의적인 사회복음주의자—이 서로를 향해 날카로운 대립을 야기하며 발전했다.

20세기를 지나는 과정 동안 근본주의적 부흥주의자들의 흐름은 복음주의 전통에 통합되었고, 자유주의적 사회복음주의자들의 흐름은 에큐메니컬 전통에 통합되었다. 이들 초기 전통은 서로를 향해 대척점을 형성하면서 발전했고, 선교에 대한 날카롭게 분기된 이해를 경작했다.

부흥주의자의 전통이 복음 전도를 강조한 반면 사회복음주의자들의 전통은 긍휼과 정의를 위한 사회정치적 행동을 강조했다. 말과 행위가 완전히 분열되었다.

리처드 러브레이스(Richard Lovelace)는 이와 같은 분열에 대해 "폭이 넓게 흐르던 고전적 복음주의라는 강이 한 삼각주에 이르러 분기되었는데, 두 개의 가늘어진 강줄기 중 하나는 에큐메니즘과 사회적 갱신을 강조하는 좌파였고 다른 하나는 고백적 정통과 복음 전도를 강조하는 우파였다"[3]라고 설명했다.

1) 복음주의 전통

1865년과 1930년 사이 기간 동안 교회의 선교적 소명을 복음에 대한 구두적 선포로 축소하는 '엄청난 반전'(great reversal)이 복음주의 교회 안에서 발생했다.[4] 선교에 대한 이와 같이 협소한 이해를 형성하는 데는 최소한 세 가지 요인—전천년설, 개인주의, 사회복음에 대한 반발—이 기여했다.

19세기 중반까지 개신교회 다수는 낙관적인 후천년설로 특징지어졌다. 이러한 전체적 흐름은 19세기에서 20세기 전환하는 즈음 교회 내 부흥주의자들이 더욱 비관적인 전천년설을 수용하기 시작함으로 극적으로 바뀌었다. 전천년설은 교회의 전통 안에 존재해 온 사회적 관심에 대해 어두운 그림자를 드리웠다.

---

3 Richard Lovelace, "Completing an Awakening," *The Christian Century* 98, no. 9 (1981): 298.
4 "엄청난 반전"이란 용어는 티모시 스미스(Timothy Smith)가 만들었다. Timothy Smith, *Revivalism and Social Reform: American Protestantism on the Eve of the Civil War* (New York: Harper & Row, 1957). David O. Morbeg, *The Great Reversal: Evangelism versus Social Concern* (Philadelphia: Lippincott, 1972)를 보라.

티모시 웨버(Timothy Weber)는 이에 대해, 비록 "모든 전천년주의자들이 개혁 행동의 무용성에 대한 극단적인 입장을 수용한 것은 아니었다 할지라도, 이 문제를 접한 사람이라면 전천년설이 이보다 앞선 시대 복음주의자들 사이에서 탁월한 역할을 했던 사회 문제에 대한 정신을 붕괴시켰다는 일반적인 결론에 이르지 않을 수 없다"[5]고 관찰했다.

> 선교 사역이 모든 생명에 대한 하나님의 왕권을 주장한다는 것은 분명하다. 예수 그리스도는 모든 것의 주인이 되신다. 모든 생명은 당신의 존귀한 보혈을 흘리심으로 우리를 구원하신 그분의 왕적 권위에 종속되어야 한다.
> J. H. Bavink, *Impact of Christianity on Non-Christian World*, p. 30.

이 점에는 최소한 두 가지 원인이 있다.

첫째, 하나님 나라를 다른 어떤 것보다 미래적인 것으로 보았다.
하나님 나라를 미래적 관점으로 조망하는 관점이 현재의 중요성을 공허하게 만들었다. 그러나 하나님 나라를 어느 정도까지 현재적인 것으로 보기도 했는데, 그 현재성은 단지 영적인 것이거나 사회적 적용이나 정치적 적용이 배제된 마음의 내적 실재에 한정적으로 것으로 이해되었다.

둘째, 역사를 비관적으로 조명했다.
이 세상은 점차 더 악해질 것이며 마침내 소멸로 귀결될 것이다.
그렇다면, 그 누가 침몰하고 있는 배의 놋쇠 손잡이를 광택 내려고 수고하려 하겠는가?
사회적 관심을 잃게 만든 두 번째 이유는 개인주의였다. 죄는 먼저 개인적인 용어들로 설명되었다. 사회적, 경제적, 또는 정치적 구조를 통해 표출되는 개인의 죄에 대해서는 거의 관심을 기울이지 않았다. 당연하게도, 구원은 개별 영혼들을 흑암의 세계로부터 구원하는 문제로 치부되었다.
19세기 복음 전도자인 드와이트 무디(Dwight L. Moody)는 이 점에 대해 다음과 같은 예를 들었다.

---

5 Timothy Weber, *Living in the Shadow of the Second Coming: American Premillenialism* 1875-1925 (Oxford: Oxford University Press, 1979), p. 183.

나는 이 세상을 파손된 선박으로 보았습니다. 하나님이 저에게 한 척의 생명선을 주셨고, 제게 이렇게 말씀하셨습니다.

"무디야, 네가 할 수 있는 최선을 다해 모든 사람을 구하거라. 하나님은 심판 때에 오셔서 이 세상을 불로 소멸시키실 것이다. 만일 파손된 선박 안에 누구라도 너의 친구가 있다면, 시간을 허비하지 말고 그들을 그 배에서 구해내는 것이 나을 것이다."[6]

셋째, 사회복음 운동(the social gospel movement)에 대한 반발이었다.

사회복음 운동은 진보에 대한 서구의 신화와 뒤섞여 있었다. 그리고 그들의 신학은 심각한 수준으로 타협적이었다. 부흥주의자들은 사회복음주의자들이 보인 이러한 타협을 복음에 대한 배신으로 보았고, 따라서 많은 점에서 사회복음 운동에 대해 반발했다. 사회복음에 대항하여 부흥주의자들이 보인 직접적 반대(counterpoint)가 있었다. 사회복음 전통은 역사에 대한 낙관주의적 관점을 고수하고 있었다. 이 관점에 따르면 하나님의 나라는 내재적인 것이고 현재의 과정이기 때문에, 인류는 교육과 개혁 프로그램을 통해 사회를 변혁시킬 수 있다.

이와 대조적으로, 부흥주의자 전통은 역사에 대한 비관주의적 관점을 고수하고 있었다. 이 관점에 따르면 하나님 나라는 오직 미래에 관한 것이며, 따라서 인간의 사회적 행위는 헛된 것에 불과하다. 사회복음 운동 전통은 역사 안에서 점증하는 지속적 과정으로서 하나님의 나라가 임하는 것임을 강조했지만, 부흥주의자 전통은 역사의 비연속성을 강조했다. 따라서 부흥주의자 전통은 하나님의 나라가 예수의 재림과 더불어 갑자기 임하는 것으로 보았다.

사회복음 운동 전통이 죄를 사회의 구조 안에 단단히 내재되어 있는 것으로 보았지만, 부흥주의자 전통은 죄를 개인의 불순종으로 축소했다. 사회복음 운동에서 구원은 현재에 발생하는 공동적이고 사회적인 개혁이지만, 부흥주의 전통은 미래에 성취한 영원한 생명을 의미하는 개인적 회심을 의미했다. 사회복음 전통은 구원의 수평적 차원(사람들 사이에서 발생하는 관계의 문제들)을 강조했지만, 부흥주의 전통은 수직적 차원(하나님과 인간 간의 관계)을 강조했다. 만일 사회복음 전통의 의제가 사회를 변화시키는 것이라면, 부흥주의 전통의 의제는 영혼을 구원하는 것이었다. 따라서 서로에 대한 반발은 불균형으로 귀결될 수밖에 없었다.

---

6 George Marsden, *Fundamentalism and American Culture: The Shaping of Twentieth-Century Evangelicalism*: 1870-1925 (New York: Oxford University Press, 1980), p. 26.

이러한 상황에 대한 전환점이 20세기 중반에 발생했는데, 일련의 근본주의자들(이 명칭은 그들 스스로가 명명한 것이다. 왜냐하면 그들은 자유주의 전통이 포기했던 신앙의 근본적인 내용을 유지하고 있었기 때문이다) 또는 복음주의자들(다른 사람들이 부르는 명칭)은 복음의 총체적 차원들을 회복하기 위해 자신들이 속한 진영에 도전했다. 복음주의 신학자인 칼 헨리(Carl Henry, 1913-2003)는 다음과 같은 주장으로 교회를 도전했다.

> 한때 구속의 복음이 세계를 변화시키는(a world-changing) 메시지였던 것에 반해, 오늘날 복음은 세계에 저항하는 메시지(world-resisting)로 축소되었다. 사회복음에 대한 반발로 근본주의 또한 기독교인이 져야 할 사회적 명령에 저항하고 있는 듯 보인다. 오늘날 복음은 전체주의의 불의, 현대교육의 세속주의, 인종 혐오라는 죄악, 현재 자행되고 있는 노동자 관련 문제가 내포하고 있는 문제점 그리고 국제관계에서 나타나는 부적절한 기초들에 도전하지 않고 있다. 오늘날 복음은 시저와 로마에 도전하기를 그만두고 있다.[7]

새로운 사회적 양심이 발전하기 시작했는데, 이 양심은 사회에 관한 관심을 교회의 선교가 감당할 사역 일부로 인지했다. 20세기 초반의 이것 아니면 저것이라는 관점은 둘 다라는 관점으로 발전되었다. 질문은 이 둘을 어떻게 연결할 것인가에 대한 것이었다.

어떤 사람들은 사회적 활동을 복음 전도의 결과로 보았다. 즉 사회적 관심은 누군가가 복음을 수용할 때 초래하는 변화된 삶으로부터 결과된 것이라고 주장한다. 다른 사람들은 사회적 활동을 복음 전도를 위한 가교로 보았는데, 이는 사회적 관심이 복음에 대한 편견과 의심을 가라앉힐 수 있고, 결과적으로 복음을 전달할 수 있는 토대가 된다는 주장이다. 또 다른 사람들은 사회적 관심과 복음을 같은 가치를 지니는 협력 관계로 보았는데, 날아가는 새의 두 날개 혹은 무엇인가를 자르는 가위의 두 날과 같은 관계로 보았다.

그러나 하비 콘(Harvie Conn)이 올바르게 관찰했다.

---

[7] Carl F. Henry, *The Uneasy Conscience of Fundamentalism* (Grand Rapids: Eerdmans, 1947), pp. 30, 33, 45. Rodger C. Bassham, *Mission Theology, 1948-1975: Years of Worldwide Creative Tension – Ecumenical, Evangelica, and Roman Catholic* (Pasadena, CA: William Carey Library, 1979), p. 176에서 재인용.

여전한 실상은, 우리가 두 개의 상반 관계에 있는 것을 통합시키는 통전적 해결 방안으로부터 멀리 떨어져 있다는 사실이다. 예전에는 강조점이 영혼 또는 육신, 교회 또는 사회, 복음 전도 또는 사회적 행동 어느 한쪽에 있었다. 두 가지 추상적 개념은 하나의 전체를 형성하지 못한다. 그러나 두 개는 하나보다 낫다.[8]

> 복음은 단지 잃어버린 죄인들을 위한 은혜의 메시지 이상의 것이다. 예수 그리스도의 복음은 모든 인간관계를 재정립하는 것에 대한 규범들을 제시한다. 예수 그리스도의 복음은 새로운 사회의 씨앗을 포함하고 있다. 복음은 국가에 대한 새로운 개념을 제공하고 사회 문제들과 과학의 원리들에 대한 빛을 비춘다. 예수 그리스도의 사역은 분열될 수 없다. 우리는 그분이 가르치신 왕의 말씀에 순종하지 않으면서 그분의 구원하는 은혜를 나눌 수 없다. 우리는 기독교인이면서 우리 스스로를 죄의 파괴적인 영향력에 양도함으로써 세상에 굴복할 수는 없다. 누구든지 예수 그리스도께 속한 사람은 그분이 행하신 완전한 위대함 안에서 그분께 속한 사람이어야 한다. 따라서 선교는 그분이 전하신 메시지 일부로 결코 제한될 수 없다. 예수 그리스도의 사역은 둘로 분리될 수 없는 하나의 연합체이다.
>
> J. H. Bavink, *The Impact of Christianity on the Non-Christian World*, 19.

만일 복음 전도와 사회적 활동이 상호 동등한 협력 관계라면, 둘 중 어느 것이 우선되는 것이냐에 관한 질문이 발생하게 된다.

로잔 언약(the Lausanne Covenant, 1974)은 복음 전도와 사회정치적 참여가 기독교인으로 감당해야 할 의무의 일부를 구성한다고 확증한다. 그러나 또한 다음과 같이 주장한다.

> 희생적 섬김이라는 교회의 선교에 있어 복음 전도가 우선한다.[9]

그러므로 비록 기독교인들이 선교를 수행할 때 육신을 치료하는 것과 영혼을 구원하는 일 사이에 선택해야만 할 상황이 거의 발생하지는 않을 것이지만, 다음과 같이 주장해야 한다.

---

8 Harvie Conn, *Evangelism: Doing Justice and Preaching Grace* (Grand Rapids: Zondervan, 1982), p. 62.
9 Lausanne Covenant, paragraph 6 (www.lausanne.org/ed/documents/lausanne-covenant.html).

만일 선택해야 한다면, 그때는 모든 인류의 최우선적이고 궁극적인 필요는 예수 그리스도의 구원하시는 은혜이며, 따라서 사람의 영원한, 영적인 구원이야말로 그 혹은 그녀의 일시적 안녕보다 더 아주 중요한가.[10]

모든 복음주의자가 이런 견해를 밝히는 것은 아니다. 이미 로잔 회의에서 자신을 급진적 제자 그룹(the Radical Discipleship Group)이라고 부르는 약 200명에 이르는 일단의 진보적 복음주의자들이 말과 행위의 분리를 거부한다는 강한 어조의 언어를 사용했다.

> 말의 증거와 하나님 백성의 삶을 통해 가시적으로 드러내는 보이는 것으로서의 증거 간 성경적 분리는 존재하지 않는다. 사람들은 자신들이 들은 데로 보아야만 하고, 그들이 보는 것은 그들이 듣는 것이어야만 한다. 복음 전도와 사회적 행동 사이에 쐐기를 박으려는 시도는 악마적인 것으로 거부해야만 한다.[11]

이 같은 진술 그리고 위에서 콘이 했던 진술은 내재된 문제를 지적한다. 근본주의 전통과 자유주의 전통 간의 분열도 이 같은 이원론으로 인한 것이었다. 말과 행위 간 불균형이 인지되면, 복음 전도와 사회적 행위를 인위적으로 부자연스럽게(artificially) 결합했다.

이로 인해 교회의 선교가 갖는 두 가지 차원—말과 행위—이 우선성에 대한 인식에 따라 교회가 마땅히 갖추고 있어야 할 온전한(full-orbed) 선교로부터 추출되었다. 말과 행위라는 선교의 두 가지 차원은 각기 그 자체로 생명력을 갖고 있다.

이 점 때문에 두 가지 사이에서 어떤 것이 우선적이냐를 놓고 선택을 강요한다. 그리고 선택을 요구받을 경우, 그 우선성은 주로 말에 주어진다. 왜냐하면(더 깊은 차원의 이원론과 조화를 이뤄) 영원히 일시보다 우위를 차지한다고 여기기 때문이다.

휘튼에서 열린 세계복음주의교류협의회(the World Evangelical Fellowship, 1983)가 발표한 성명서는, "국제복음주의협의회에서 유래한 공식 성명으로는 처음으로 양자 간에 존재하던 영구적인 분리를 극복했다." 이 성명은 복음 전도에 우선성을

---

10 *Evangelism and Social Responsibility: An Evangelical Commitment* (Lausanne Occasional Papers 21; Lausanne Committee for World Evangelization and the World Evangelical Fellowship, 1982), paragraph D (www.lausanne.org/en/documents/lops/79-lop-21.html).
11 "A Response to Lausanne: Theological Implications of Radical Discipleship," in *Evangelization,* ed. Gerald H. Anderson and Thomas F. Stransky (Mission Trends 2; Grand Rapids: Eerdmans, 1975), pp. 249-50.

부여하지 않고 "교회의 선교는 복음의 선포와 선포된 복음을 실증하는 것을 포함한다"라고 진술했다. 이 성명은 또한 "악은 인간의 마음뿐만 아니라 사회 구조들 안에서 존재한다"라고 진술했다.[12]

이러한 진술과 이와 유사한 다양한 진술이 장려되고 있는 것이 사실이기는 하지만, 말과 행위를 분리하는 많은 복음주의 교회가 여전히 중요한 영향력을 행사하고 있는 것이 또한 사실이다. 대중적 복음주의(popular evangelicalism)[13] 내부에는 영원과 시간, 하나님 나라와 역사, 구원과 사회적 행위, 교회와 사회, 영혼과 육신, 영적인 것과 육적인 것, 천국과 이 땅, 말과 행위 간에 여전히 깊은 분리가 존재하고 있음을 쉽게 발견할 수 있다. 물론 이 분리에서 우선이 되는 것은 전자에 해당하는 것이다. 근본적인 이원론이 수많은 복음주의 사상과 행동의 수면 아래 스며들어 있다.

2) 에큐메니컬 전통

제럴드 앤더슨은 20세기 초반 에큐메니컬 전통 내부에서 선교에 대한 이동이 있었음을 관찰했다. 이 이동은 근본주의-현대주의 논쟁으로 인해 과열되었다. 앤더슨이 구체적으로 설명한 변화 중 세 가지가 우리가 다루고 있는 주제와 관련 있다.

첫째, 선교에 대한 강조가 개인으로부터 사회로 이동했다는 것
둘째, 선교를 이해하면서 복음을 설교하는 것에 관한 관심이 줄어들고 변혁에 관한 관심에 더 강조점을 두기 시작했다는 것
셋째, 그리고 구원이 앞으로 도래할 세상이 아니라 현세라는 관점에서 먼저 고려되기 시작했다는 것[14]

---

12 David Bosch, *Transforming Mission: Paradigm Shifts in Theology of Mission* (Maryknoll, NY: Orbis Books, 1991), p. 407; 인용문은 휘튼 회의 성명서 paragraph 26의 내용.
13 필자는 학술적 복음주의와 대중적 복음주의를 구별한다. 많은 학자들과 복음주의자들이 저술한 문서들을 보면 지금 필자가 언급하는 이원론의 대부분이 극복되었음을 확인할 수 있는 반면, 복음주의에 속한 광범위한 청중들에 대한 필자의 개인적 경험에 비추어 볼 때, "일반 성도들"(popular level of the pew)의 경우 이와 같은 이원론을 여전히 고수하고 있다고 확신한다.
14 Gerald Anderson, "American Protestants in Pursuit of Mission: 1886-1986," *International Missionary Bulletin* 12. no. 3 (1988): 105.

이 경로를 따라, 우리는 에큐메니컬 전통에 여전히 영향력을 행사하고 있는 사회복음 운동이 지니는 세 가지 경향 혹은 특징을 규명할 수 있다.

첫째, 사회복음(social gospel)은 먼저 이 세상에 관한 것이며 자연적인 것이다. 19세기에 광범위하게 확산하여 있던 후천년설은 복음이 갖는 초월성을 제거해 버렸고, 하나님 나라는 사회적 진보로 통합되었다. 구원은 서구의 기술적 진보로 인해 초래될 안녕과 동일한 것으로 이해되었다.

둘째, 경향은 인간 중심주의(anthropocentrism)를 지향했다는 것이다. 선교는 인간의 노력, 기술 그리고 인간의 열망과 꿈을 실현하기 위해 고안된 사회 프로그램들로 분류되었다.

셋째, 개인에 관한 관심을 떠나 사회에 관한 관심으로 그 관점을 돌리는 것이었다. 죄는 온전히 사회 구조 내에서 발견되는 것이고, 구원은 사회의 변화로 축소되었으며, 선교는 사회 행동으로 제한되었다.

> 성공적인 복음 전도 캠페인들과 대규모 회심이 보고되었던 시대와 장소들이 인종 차별주의, 군사적 파벌주의, 억압적인 경제적 그리고 정치적 시스템에 대한 맹목적인 지원과 같은 명백한 악으로 점철되어 있곤 했다는 것은 이미 잘 알려진 사실이다.
> 우리는 교회 성장에는 헌신되었으나 인간의 품위와 사회정의에 관한 성경의 명백한 가르침에 대해서는 헌신되지 않은, 세례받고, 성찬식에 참여하고, 성경을 읽으며 열정을 품고 있는 기독교인을 선출하는 형식의 복음 전도에 대해 어떻게 평가해야 하는가?
> 공적인 정의에 대한 거대 이슈에 대해서는 아무런 말도 하지 않으면서 오직 개인적이고 가정 내 행위에 관한 질문에 대해서만 말하는 복음 전도 형식을 어떻게 변호할 수 있단 말인가?
> 거대한 윤리적 이슈가 오직 회심 이후에나 주목할 수 있는 부차적인 문제일 뿐이라는 주장에 동의할 수 있는가?
>
> Lesslie Newbigin, *The Open Secret*, pp. 134-135.

20세기 초반에, 사회적 행동은 다른 사람을 불쌍히 여기는 긍휼의 행위 형태로 시행되었다. 그러나 구조적인 죄에 대한 새로운 강조는 근본적인 문제들을 다루는 방식을 모색하는 정의에 대한 이슈들로 주목의 대상을 이동시켰다. 이 부분에서 인간의 필요를 경감시키는 것과 인간적 필요의 원인을 제거하는 것, 불의의 희생자들에 대한 사역과 불의를 배태하는 근본적인 구조들을 다루는 것, 증상들에 대한 단기적 처방과 질병에 대한 장기적 처방 그리고 긍휼과 공의 간에 중요한 구별이 만들어질 수 있다. 사회복음은 교회의 눈을 열어 구조의 깊은 곳에 내재되어 있는 죄의 차원을 보게 했다.

"사람에게 물고기를 주라, 그러면 당신은 그 사람을 하루 동안 먹일 수 있을 것이다. 그 사람에게 고기 잡는 법을 가르치라. 그러면 당신은 그 사람의 평생을 먹일 수 있을 것이다"라는 격언은 바로 이 점에 대한 통찰을 제공한다. 사람에게 물고기 한 마리를 주는 것은 증상에 대한 단기적 치료에 해당한다. 그 사람에게 물고기를 잡을 방법을 가르치는 것은 증상보다 깊은 질병 자체를 다루는 것에 해당한다.

1928년 예루살렘에서 열린 국제선교사협의회(International Missionary Council)는 '포괄적 접근 방식'으로 알려진 것에 대한 제도적 지위(institutional status)를 부여했다. 포괄적 접근 방식은 총체적 인간(whole human being)이 갖는 삶과 관계의 모든 측면을 섬기는 것을 목표로 하고 있었다.

포괄적 접근 방식은 '개발적 접근 방식'(developmental approach)을 개조하여 확장한 것이다. 근원적인 질병은 무지와 저개발이었다. 따라서 해결책은 교육과 사회경제적, 기술적 발전이었다. 교회는 교육 사업에 참여해야 했다. 예를 들면, 질병들과 죽음은 더 나은 용수와 약의 공급으로 방지할 수 있고, 굶주림은 더 나은 경작 방식과 농사 방법에 대한 훈련을 통해 경감시킬 수 있다.

발전은 특히 기술적이고 사회경제적 진보를 의미했다. 그리고 개발에 대한 철저한 계획은 저개발 국가들을 독려하여 개발된 서구를 따라잡을 수 있다는 비전을 심어 주었다. 죄와 구원은 무지와 교육 또는 저개발과 개발로 대체되었다.

개발 모델은 그 모델이 등장하고 20년 이내에 매우 혹독한 비판에 직면했다. 1960년대와 1970년대 그리고 1980년대는 국제연합이 개발의 시기(the development decades)로 선언한 시기였다. 이 시기가 시작될 무렵, 가장 빈곤한 10억 명의 사람들은 가장 부유한 10억 명의 사람들보다 30배가량 가난했다. 그러나 이 시기가 끝나갈 무렵, 가장 가난한 10억 명은 가장 부유한 10억 명보다 60배가량 가난해졌다.

분명한 것은 개발이 작동하지 않고 있었다는 것이었다. 부유한 사람들은 더욱 부유해지고 있었고, 가난한 사람들은 더욱 가난해지고 있었다. 가난한 국가들에 속한 사람들은, 문제는 개발의 전체 과정의 근본적인 부분에 불과한 경제적 구조들과 정치적 구조들이 존재하는 데 있다고 주장했다. 문제는 저개발이 아니라 국제적 차원에서 실존하고 있는 구조적 불의였다. 필요한 것은 개발이 아니라 해방—현 상태를 그대로 유지하고 불의를 개발 용어로 위장시키는 다양한 구조로부터의 해방—이었다. 해방은 그 시대의 새로운 질서였다.

근본적이고 구조적인 불의로부터의 해방은 오늘날에도 여전히 중요한 강조점으로 남아 있다. 그러나 지난 30여 년 동안 발생한 다양한 세계적 위기들이 초래한 긴급성 때문에 새로운 관심과 강조가 발생했다. "불의, 평화 그리고 창조의 온전함"이 현대 에큐메니컬 전통이 주장하는 사회적 의제를 지배하는 수많은 이슈를 사로잡았다. "불의, 평화 그리고 창조의 온전함"이란 구문은 인간의 삶을 위협하는 일들—경제적 불의, 인종 차별, 환경 파괴, 전쟁과 폭력—에 대한 관심을 불러일으켰다. 정의, 평화 그리고 비인간 피조 세계에 대해 갖는 청지기 의식은 교회의 선교를 위한 비전을 제공한다.

이처럼 점차 성장하고 있는 다원주의적 이데올로기와 결합하여 우리가 사는 이 행성을 위협하는 위기들이 초래한 긴급성은, 지난 30~40여 년간 에큐메니컬 전통 내 복음 전도에 대한 강조를 약화했다. 비록 에큐메니컬 전통 내 일부 목소리들이 복음 전도의 약화에 대해 항의의 목소리를 내기도 했지만, 일반적으로 에큐메니컬 전통의 발전은 복음 전도 방향으로 나아가지 않았다. 에큐메니컬 전통은 다원주의, 자연주의, 과학주의, 기술주의, 근대 인본주의의 진보에 대한 비전과 타협하여 순화되고 '희석된 복음'(diluted gospel)을 형성하곤 했다.[15]

선교에 대한 에큐메니컬 진영의 비전에서 여전히 사회적 책임과 참여가 명확한 우위를 점하고 있는 것이 사실이지만, 이것이 에큐메니컬 선교에 대한 유일한 이야기는 아니다. 세계교회협의회가 최근에 발간한 일부 문서들을 보면, 복음 선포에 대한 전도적 명령(the evangelistic mandate)을 분명히 하는 것을 확인할 수 있다(우리는 이들 문서 중 세 개의 문서를 앞 장에서 살펴보았다). 가장 최근에 발간된 『함께 생명을 향하여: 변화하는 세계 지형 속에서 선교와 전도』(*Together Toward Life: Mission and Evangelism in Changing Landscape*, 2012)는 복음을 말로 선포하는 것이 갖는 중요성에 대한 강력한 진술을 담고 있다.

아마도 보쉬가 사반세기 전에 주장했던 것처럼,[16] 복음주의 전통과 에큐메니컬 전통 간에 수렴되는 부분이 확장되고 있는 것 같다. 양자 간의 수렴은 제3세계 교

---

15 이 용어는 보쉬가 사용한 것이다. *Witness to the World*, p. 212. 보쉬가 에큐메니컬 전통의 복음을 "약화된" 것으로 용어를 붙여 그 특징을 설명했지만, 복음주의 전통의 복음에 대해서는 "쇠약한"(emaciated) 것이라는 용어를 붙였다. Ibid, p. 202를 보라.
16 데이비드 보쉬는 에큐메니컬주의자들과 복음주의자들 사이의 "수렴의 시대"(era of convergence)가 1974년에 시작되고 있다고 말했다. 보쉬는 1966년부터 1973년 사이 기간을 복음주의자들과 에큐메니컬주의자들 간 "대립기"(the period of confrontation)라 부른다. David Bosch, "'Evangelicals' and 'Ecumenicals'; A Growing Relationship?" *The Ecumenical Review* 40, nos. 3-4(1988): 458-72.

회의 성장뿐 아니라 이들 교회가 에큐메니컬 회의들에 적극적으로 참여함으로써 특히 증진되었다. 그런데도 복음 전도의 중요성에 대한 신선한 인식이 몹시 필요하기는 하지만, 에큐메니컬 전통이 정의와 긍휼에 관한 이슈들에 관해 제공하는 통찰들의 가치를 높게 사야 한다.

3) 해결책을 향하여

두 가지 전통의 기저를 형성하는 비성경적 분열에 대한 해결책은 오직 예수께서 행하신 방식으로 복음과 선교로 회귀할 때라야만 발견할 수 있다. 이 책의 앞부분에서 살펴보았던 것처럼, 예수께서 전하신 복음은 하나님 나라의 복음이었다. 이 복음은 예수 안에서 하나님이 행하시는 것으로, 사랑과 능력 안에서 다시 한번 모든 피조 세계와 인간의 삶을 당신의 통치 아래로 회복시키려고 하나님이 단호하게 행동하고 계시다는 것이다.

교회의 선교는 이 구원의 소식을 알리고 다른 사람들을 우리 주이신 예수 그리스도에 대한 믿음 안에서 복음으로 초대하는 것이다. 우리는 이 복음의 소식을 우리의 말과 행위를 통해 알린다. 그러나 이 말과 행동은 성령의 은혜 가운데 기독교 공동체의 삶을 통해 드러나는 더 심층적인 하나님 나라의 실재에 기초하고 있다. 말과 행위에 대해 논쟁을 벌이는 두 전통이다.

> 더 우선적인 실재이자 하나님의 은혜로 주어진(the givenness) 새로운 실재, 즉 그리스도의 사역을 통해 현존하게 된 새로운 실재가 갖는 존재론적 우선성이라는 더 풍성한 실재를 회복시키는 일에 도전받아야 할 필요가 있다. 핵심 실재는 말도 아니고 행동도 아니다. 핵심 실재는 그리스도 안에서 살아갈 수 있도록 성령의 능력을 부여받은 공동체가 보여 주는 총체적 삶이어야 한다. 이런 공동체는 다른 사람들과 더불어 그리스도의 수난과 부활의 능력을 나눈다.[17]

우리는 복음 전도와 사회적 행동을 "선교의 분리된 두 가지 구성 요소들 혹은 부분으로서가 아니라, 비가시적인 교회의 선교가 갖는 두 가지 차원으로 보아야 한다."[18]

---

[17] Lesslie Newbigin, *The Gospel in a Pluralist Society* (Grand Rapids: Eerdmans, 1989), pp. 136-37. (『다원주의 사회에서의 복음』 IVP 역간)
[18] David Bosch, "In Search of a New Evangelical Understanding," in In *Word and Deed: Evangelism and*

확실히, 말과 행위를 하나님 나라를 증거하는 선교가 갖는 두 가지 본질적 차원으로 인식할 때, 교회는 예수를 따르고 있는 것이다.

예수의 행위는 하나님의 나라가 동터 올랐음을 강력하게 제시하는 것이었고, 예수의 말씀은 하나님 나라가 도래했음을 선언하는 것이었다. 그분의 말씀은 그분의 행동을 설명했고, 그분의 행동은 그분의 말씀이 타당함을 증명했다.

그러나 두 가지 모두는 공동체의 모든 삶 가운데서 작동하고 있는 하나님 나라의 더 본질적 실재—그리스도 안에서 세상을 새롭게 하려는 성령의 새로운 사역—에 그 뿌리를 내리고 있다. 교회의 선교는 증인이 되고자 하는 것이고, 증거하고자 하는 것이고, 증거를 말로 전하기 위함이다.[19]

2. 진정한 복음 전도

복음 전도의 의미에 대해서는 이론의 여지가 있다.[20] 따라서 복음 전도에 대한 시원적 언급(initial comments)을 하는 것이 중요하다. 복음 전도는 교회의 선교가 갖는 없어서는 안 될 영역이다. 복음 전도는 본질적이기 때문에 어떤 행위들이나 선물 또는 교회의 선교가 갖는 어떤 다른 측면으로 대체될 수 있는 것이 아니다. 복음 전도를 포기하는 것은 불순종이며 '침묵의 죄'(guilty silence)이다.[21]

그러나 복음 전도는 교회의 선교가 갖는 한 가지 영역일 뿐이지, 그 자체가 선교의 모든 것은 아니다. '복음 전도'와 '복음화'라는 단어가 교회가 감당해야 할 광범위한 증거 활동과 선교와 동의어로 사용되는 경우도 있기는 하지만, 여기에서 나는 좀 더 협의적인 의미로 복음 전도의 의미를 설명하도록 하겠다.

필자가 의미하는 복음 전도는 예수를 믿고 따르도록 사람들을 청하는 행위, 즉 복음에 대해 말로 증거하는 행위이다. 복음 전도의 의미와 실행을 둘러싸고 너무도 많은 혼란이 있기 때문에 좀 더 신중하게 조망해 보는 것이 중요할 것이다.

Social Responsibility, ed. Bruce Nicholls (Grand Rapids: Eerdmans, 1985), 81.
19 Darrell Guder, *Be My Witnesses: The Church's Mission, Message and Messengers* (Grand Rapids: Eerdemans, 1985), p. 91.
20 예를 들면, 프랜시스 애드니(Francis Adeney)는 복음 전도에 대한 현대 신학의 일곱 가지 의견에 대해 소개하고 있다. *Graceful Evangelism: Christian Witness in a Complex World* (Grand Rapids: Baker Academic, 2010), pp. 78-95. 이외에도 다른 의견들이 많다.
21 John R. W. Stott, *Our Guilty Silence* (Downers Grove, IL: InterVarsity Press, 1967).

1) 복음 전도는 예수 안에서 드러난 하나님의 나라에 대한 선포다

몰타이머 아리아스(Mortimer Arias)는 복음 전도의 성경에 대해 탐구하는 자신의 여정에 대해 기록했다. 그는 자신이 발견한 몇 가지 '발견들'을 기록했다. 그가 발견한 처음 두 가지는 우리가 이 책에서 목적하는 바를 위해 중요하다.

사복음서(the Gospels) 내에서 복음—예수께서 전하신 좋은 소식—은 '하나님 나라에 대한 좋은 소식'이다. 하나님 나라 주제는 복음 전도를 위한 설교에서 실질적으로 사라졌고, 전통적인 '복음 전도'는 이를 무시해 왔다. 복음 전도에 관한 메시지는 개인 구원, 개별적 회심 그리고 교회의 일원이 되는 것을 중심으로 이루어졌다. 선포의 내용(content)으로서 하나님 나라는 사실상 부재했다.[22]

뉴비긴의 관찰도 이와 유사하다.

> 만일 내가 실수하는 것이 아니라면, 우리 시대의 복음 전도는 하나님의 나라라는 범주를 거의 사용하지 않고 있다. 그러나 복음서에 기록되어 있고 예수께서 친히 선포하신 원래의 복음은 정확히 하나님 나라의 도래에 대한 선언이었다. 만일 오늘날 우리가 복음을 선포하기 위한 기초적 범주로서 예수께서 사용하셨던 원래의 언어(우리가 살아가는 오늘 우리 시대와 우리가 살아가는 현장의 표현으로 번역된)로 돌아가기만 하다면, 나는 현대를 위한 참된 복음 전도를 회복할 수 있다고 믿는다.[23]

그리고 마지막으로, 브라이언 스톤(Bryan Stone)도 다음과 같은 말로 이 의견에 동의한다.

> 그러므로 하나님의 통치에 대한 언급 없이 복음을 전하시는 예수의 복음 전도 방식에 대해 말하는 것은 불가능하다. 하나님의 통치는 단지 예수께서 고수하셨던 유일한 또는 중요한 교리로만 작용하는 것이 아니다. 하나님의 통치는 예수의 사고와 행동 방향을 인도하는 '정향적 관심'(the orienting concern)이다. 자신을 따르도록 요청하시는 예수의 초대는 이 통치를 실재로 수용할 것에 대한 초대였다. 그들의 삶을 하나님의 통치에 근간하여 살아가라는 요구로의 초대이며, 이 세상 안에

---

22 Mortimer Arias, *Announcing the Reign of God: Evangelization and the Subversive Memory of Jesus* (Philadelphia: Fortress, 1984), p. xv.
23 Lesslie Newbigin, *The Good Shepherd: Meditations on the Christian Ministry in Today's World* (Grand Rapids: Eerdmans, 1977), 67.

서 하나님의 통치에 대한 표지와 맛보기로 섬기며 살아가라는 요구로의 초대다.[24]

하나님 나라에 대한 주제가 점차 주목을 받는 것은 사실이지만, 복음 전도에 관한 토론에서 여전히 중심 역할로 기능하지 못하고 있으며, 더 심각한 것은 복음 전도를 실천하는 데서도 중심적인 역할을 하지 못하고 있다는 점이다.

현대 선교에서 하나님 나라에 대한 주제가 쇠락한 것은 단순히 작은 손실이 아니다. 하나님 나라에 대한 논의와 실천의 쇠락은 복음 전도에 대한 희석된 이해와 실천으로 이어졌고, 이는 또한 교회의 약화로 이어졌다.

첫째, 하나님 나라에 대한 논의의 쇠락은 복음을 축소했는데(truncated), 하나님 나라를 타계적이고, 미래적이며, 개인적인 구원으로 환원시켰다. 하나님이 이를 근거로 당신이 천국에 입성하도록 허락하시는 것으로 구원의 의미가 축소되었다.

그러나 하나님 나라는 하나님의 포괄적 통치에 대한 메시지다. 하나님 나라는 타계적인 것보다 이 세상에서 인간의 삶을 회복시키는 것에 대한 메시지다. 하나님 나라는 미래의 삶에 대한 것일 뿐만 아니라 현재 역사하는 하나님의 구원하시는 능력에 대한 것이기도 하다. 이것은 단지 개인의 회심에 대한 것일 뿐만 아니라 전체 인류에 대한 하나님의 통치에 대한 것이기도 하다.

하나님 나라가 갖는 핵심적 구성 요소가 부족한 복음 전도는, 그 전도 메시지를 듣는 사람들에게 쇠약한 복음을 수용하라고 초대하는 것이며, 그 시작부터 새로운 회심자들을 기독교 신앙의 본질에 대한 오해로 들어가도록 하는 것이다. 하나님 나라가 갖는 핵심적 요소가 빠진 복음 전도는 그 시작부터 기독교의 군건한 제자도를 근본적으로 쇠약하게 한다.

둘째, 하나님 나라는 예언자적이다. 하나님 나라는 세상 안에서 활동하고 있는 우상의 능력들과 갈등을 일으키며 대립한다.

---

24 Bryan Stone, *Evangelism After Christendom: The Theology and Practice of Christian Witness* (Grand Rapids: Brazos, 2007), 86. "통치"와 "나라"(kingdom, 원래의 의미는 "왕의 통치"를 의미하는 "왕국"으로 번역되어야 하나, 우리 현실에서 "하나님 왕국"이 아닌 "하나님 나라"로 사용하고 있으므로 부득이 "나라"로 번역했다―역주)라는 어휘들은 동일한 실재를 지적하기 위해 사용되었다. 더 나아가서, 스톤은 예수의 설교에서 드러나는 "하나님의 통치"라는 주제가 초대교회의 설교에서 "예수의 인성"(the person of Jesus)으로 대체된 것은 아닌지 여부에 대한 질문을 제기한다. 이 질문에 대해 그는, "하나님의 통치는 사라지거나 '대체되지 않았다. 대신, 하나님의 통치는 그들의 예배와 경제 행위, 그들의 교제, 사회적 경계를 넘어가는 그들의 행위 그리고 그들의 기쁨과 용기에 각인되어 드러났다(impressed upon). 하나님의 통치는 새로운 생명을 실천하는 초대교회 성도들의 매일의 삶과 패턴을 통해 드러났다"라는 결론을 이르렀다(ibid, p. 109).

축소된 복음은 불의한 권력들과 더불어 편안한 삶을 누리는 복음 전도 방식을 허용한다. 이런 유의 복음 전도는 예수께서 행하신 행보를 따르지 않는다. 예수께서는 당신의 말에 귀를 기울이는 사람들을 청해 대가를 치르는 급진적 제자도로 인도하셨다. 축소된 복음이 허용하는 복음 전도는 값싼 은혜를 팔기 위해 이곳저곳을 기웃거린다. 그러한 복음 전도는 교회를 그 출발부터 약화한다.

보쉬는 "최소한의 윤리적 용어들로 개종을 설명하면서" 정치, 인종 차별, 구조적 불의는 무시하는 복음 전도에 대해 말한다. 그는 계속해서 다음과 같이 말한다.

> 이 모든 것은 진정한 복음 전도와는 한참 다른 것이다. 이런 식의 값싼 은혜에 기초한 복음 전도는 복음서가 말하는 그리스도께로 향하는 회심이 아니라 지배적인 문화로 회심하는 자리로 이끌어 간다.[25]

이와 유사하게, 스톤도 오늘날 우리가 행하고 있는 복음 전도가 "사적인 영역에서 다루는 영적인 일들을 통해 '예수와 관계를 맺어 가는' 일로 축소될 때 왜곡된 복음 전도에 다름 아닌 것이 된다. 성경의 복음은 새로운 질서에 대한 사회적, 정치적 그리고 전복적인 영역들을 내포하고 있다. 이런 것이 빠진 그 어떤 것도 그리스도에 대한 온전한 '전도'(offer)가 될 수 없다"라고 말한다.[26]

> 그렇다면 우리는 복음 전도를 교회의 선교가 갖는 영역과 활동으로 요약할 수 있을 것이다. 이것은 교회가 말과 행위로 전하는 것이며, 교회가 처한 특정한 조건과 상황에 비추어 모든 곳에서 모든 사람과 공동체에 전하는 것이며, 세상과 그 권력자들에게 매어 있는 노예 상태로부터 구원하는 일들을 포함하는 것으로, 복음 전도를 듣는 모든 이들이 그들의 삶을 급진적으로 재정향하도록 직접으로 도전하는 타당한 기회이기도 하다. 복음 전도는 그리스도를 구원자와 주로 수용하게 하고, 그리스도의 공동체인 교회의 활력있는 일원이 되게 하며, 그리스도의 화해, 평화 그리고 지상에서 이루어지는 정의의 사역에 참여하게 하고, 모든 것을 그리스도의 주권 아래 복종시키시려는 하나님의 목적에 헌신되도록 하는 것을 포함한다.
>
> D. J. Bosch, *Transforming Mission*, p. 420.

---

25 Bosch, *Transforming Mission*, p. 417.
26 Stone, *Evangelism after Christendom*, p. 110.

에큐메니컬 전통은 복음 전도에 대한 복음주의적 접근 방식이 위에서 설명한 패턴을 따르고 있다는 것을 인지했다. 복음 전도에 대한 많은 복음주의적 접근 방식들은 개인주의적이고, 타계적 미래에 대해 강조하고, 대가를 요구하는 불의한 권력과의 희생적 분쟁을 요구하지도 않는다. 하나님의 나라에 대한 사복음서의 주제는 그런 관점들을 교정하려는 열망으로 가득하다.

그러나 바로 이 지점에서 또 다른 문제가 등장한다. 에큐메니컬 전통에 속한 진영에서는 하나님 나라를 예수의 인성과 분리한 채 정의와 평화를 위한 활동 프로그램으로 간주하는 경우가 발생한다. 그러나 사복음서에 증거하는 하나님 나라는 예수의 얼굴 그리고 예수의 이름과 분리되지 않는다. 하나님 나라를 선포한다는 것은 모든 사람으로 하여금 예수를 따르고, 신뢰와 사랑과 순종 안에서 그분에게 헌신하도록 도전하고 초대하는 것이다.

만일 개인에 대한 복음주의적 강조가 하나님 나라가 빠진 예수와의 개인적 관계를 선포하는 것이라면, 사회에 대한 에큐메니컬식의 강조는 예수의 인성이 빠진 하나님 나라의 선포를 제시한다. 예수께서 하신 방식에 따른 하나님 나라가 형성한 복음 전도라면, 둘 중 어느 하나만이 아닌 양자 모두를 명확하게 유지하는 것일 것이다.

하나님 나라는 우리 시대에 쉽게 이해할 수 있는 이미지가 아니라는 것을 인정해야만 한다. 일부 진영에서는, 하나님 나라는 억압적인 의미를 함축한다. 반면 다른 진영에서는 그냥 단순하게 상관이 없거나 친숙하지 않은 이미지일 뿐이다. 따라서 우리는 하나님 나라라는 단어가 함축하는 내용을 우리가 살아가는 시대의 표현과 상황에 맞게 해석할 필요가 있다.

어떻게 하면 모든 것을 아우르는 복음이 갖는 도전적 메시지를 오늘날의 상황 안에서 신실하게 전달할 수 있을까?

이것이야말로 긴급한 질문이 아닐 수 없다.[27]

---

[27] 존 딕슨(John Dickson)은 그의 탁월한 저서에 "복음을 현대의 맥락에서 다시 말하기" (A Modern Retelling of the Gospel)란 부록을 첨부해 놓았다. 이 부록을 통해, 그는 오늘날의 언어를 사용하여 복음을 전달하는 다양한 방식들에 대해 구체적으로 설명하고 있다. 딕슨은, "신약성경이 '복음'이라고 부르는 것을 오늘날의 맥락에서 설명하면 어떤 모양이 될 것인가를 서술하고 있을 뿐이다"라고 말한다. John Dickson, *The Best Kept Secret of Christian Mission: Promoting the Gospel with More Than Our Lips* (Grand Rapids: Zondervan, 2010).

만일 예수께서 열방의 빛(Lumen Gentium)이시라는 확증이 갖는 가치가 복음과 열방이 대면하는 실질적 상황들 안에서 시험되지 않는다면, 예수께서 열방의 빛이라는 표현이 단지 말로만 전달될 위험이 있다. 그렇게 되면 복음은 복음에 대한 우리의 이해에 의문을 제기하는 다른 문화의 언어를 통해 우리에게 되돌아오게 될 것이다. 이런 의미에서, 해외 선교는 보편 교회의 삶 안에서 지속적으로 진행되어야 하는 필연적인 사역이다. 그러나 선교의 여정은 이전 시대에 그랬던 것처럼, 서구에서 동구를 향한, 혹은 북반구에서 남반구를 향한 것이 아니라, 다방면을 향해야 한다.

Lesslie Newbign, *A Word in Season*, p. 115.

2) 복음 전도는 상황에 적합한 것이어야 하며, 따라서 상황에 대해 상관성이 있고 도전적이어야 한다

복음 전도는 상황에 적합한 것이어야 한다. 이것이 의미하는 바는, 복음 전도는 적응과 대립, 그러니까 상관성과 도전의 문제라는 의미이다. 대중적인 차원에서 "상황적"이라는 단어가 복음을 친숙하게 혹은 상관성 있게 만드는 사역에 관한 것으로만 이해되는 경우가 종종 있는데, 이는 상황화가 갖는 의미의 충분성에 비춰 볼 때 불편한(disturbing) 일이다. 이 점을 지적하는 것이 참으로 중요한데, 복음은 실질적인 필요들을 충족시켜야 하며 복된 소식으로 들려야 하기 때문이다.

상황적 복음 전도가 갖는 또 다른 측면은 복음이 시대의 우상들에 대립하고 도전하며, 사람들을 그리스도께로 인도할 때 급진적 회심(radical conversion)의 자리로 초대한다는 것이다. 스톤은 복음 전도를 하는 "기독교 교회는 디즈니랜드보다 더 친숙해질 필요가 있다"고 주장하고 난 후, 그런 식의 협상을 역겨운 것(nauseating)으로 공격한 쇠렌 키르케고르(Søren Kierkegaard)에 대해 언급한 한 목사를 인용했다. 스톤은 키르케고르식 접근 방식을 비판했다.

물론 그런 방식을 사용해서 더 많은 사람에게 더 잘 접근할 수도 있을 것이다. 그러나 그런 식으로 추구되는 복음 전도는 "복음이 갖는 공격적이고 물의를 일으키는(scandalous) 차원들을 완화하거나, 숨기거나, 잊어버리거나, 뒤로 제쳐 놓은 체, 소비자의 선호도와 필요 욕구를 충족시키는 시장 지향적 적응방식을 초라하게 반영(a pale reflection)하는 것이 될 뿐"이다.

그리고 이런 식의 복음 전도가 발생할 때, "복음의 전복적 성격 그 자체가 전복되고 말 것이다. 그리고 교회의 예측 불가하고 급진적인 면모가 단순히 숫자(mere rating)를 올리기 위해 타협되고 말 것이다."[28] 참된 복음 전도, 즉 상황적 복음 전도는 상관성을 가질 뿐만 아니라 도전적이고, 적응적이기도 하지만 동시에 대립적이기도 하다.[29]

이는 다음 장에서 탐구하게 될 매우 어려운 이슈를 제기한다. 만일 누군가 특정 범주들을 사용하고 어떤 문화의 필요성에 대해 언급하고자 한다면, 질문은 그 문화의 우상에 굴복하지 않으면서 어떻게 그렇게 할 수 있느냐가 된다.

만일 인도에서 예수의 중요성을 전달하기 위해 인도인들에게 친숙한 용어를 찾기로 하고, 마침내 '아바타'(*avatar*, 인간의 모습을 한 신)란 단어를 사용하기로 했다면, 이는 힌두 세계관이 복음의 중요성을 엄습하게 허용하게 되는 것일까?

만일 내가 바쁜 도시 생활 한복판에서 살아가는 사람들을 청해 예수 안에서 안식을 얻도록 초대한다면, 그렇게 정신없이 바쁜 삶을 산출하는 우상들의 존재를 인정하는 것이 되는 것일까?

복음은 힌두 세계관과 서구 인본주의 세계관에 도전하지 않는가?

다음 장에서 우리는 이 문제로 다시 돌아갈 것이다. 그러나 여기에서는 복음 전도는 상관성 있게 말하는 것과 복음을 듣는 사람들을 도전하여 회개와 회심으로 나아오게 하는 것 모두를 포함해야 한다는 것을 분명히 하는 것으로 충분할 것이다.

이에 대한 성경의 실례가 요한복음이다. 요한은 '로고스'(*logos*)란 용어를 채용했다 ("태초에 말씀[*logos*]이 계시니라"). 이 용어는 듣는 사람들의 마음에 다양한 이미지를 불러일으킬 수 있었다. 어떤 사람들은 우주에 질서를 부여한 이성이 갖는 천상의 합리적 원리로 들었을 수도 있고, 다른 사람들은 신과 피조 세계를 연결하는 피조된 중재적 존재(a created intermediate being)로 들었을 수도 있다. 또 다른 사람들은 신의 선재적 지혜(the preexistent wisdom of God)로 들었을 수도 있고, 그 외 또 다른 사람들은 단순히 창세기 1장의 내용으로 들었을 수도 있다.

그러나 요한은 독자들을 성육신하신 예수가 세상에 존재하는 질서의 근본이시며 근원이시라는 것을 믿는 자리로 초대함으로써, 심층적인 차원에서 이 모든 이미지에 도전했다.

---

28 Stone, *Evangelism After Christendom*, pp. 14-15.
29 몰타이머 아리아스(Mortimer Arias)는 그가 저술한 한 논문에서 복음 전도의 두 가지 측면을 포착했다. Mortimer Arias, "Contextual Evangelism in Latin America: Between Accommodation and Confrontation," In *The Study of Evangelism: Exploring a Missional Practice of the Church*, ed. Paul W. Chilcote and Laceye C. Warner (Grand Rapids: Eerdmans, 2008), pp. 384-404.

요한이 사용한 전달 방식은 상관성이 있는 것이었다. 그는 질서의 근원을 이해함으로써 그 질서에 자신의 삶을 일치시키고자 하는 종교적 열망을 들었다. 그랬기 때문에 요한은 그의 독자들이 마음으로부터 부르짖는 외침과 연결할 수 있다. "네 번째 복음서가 그 서막 부분에서 로고스 개념을 채용한 것은, 기독교 역사를 통틀어 열방이 이해하고 그 진가를 알 만한 방식을 통해 복음을 전달하고자 했던 복음 전달 방식의 탁월한 실례이다."³⁰

그의 복음 전달 방식은 또한 도전적이기도 했다. 그는 왜곡된 답변을 제공하는 세계관으로부터 돌이켜 회개하라고 요구했다. "따라서 요한은 유대 문화와 헬라 문화를 공명하는 친숙한 용어를 포용했다. 그러나 그는 그 용어를 녹여 내어 그가 살아가던 시대의 상징 세계(the symbolic worlds)를 파괴할 새로운 의미를 담아냈다."³¹ 헨드릭 크래이머(Hendrik Kraemer)는 복음을 전달하는 것이 의미하는 것이 무엇인지에 대해 많은 지혜를 제공한다. 그는 이렇게 말했다.

> 기독교 복음을 제시할 때 우리가 현재 살아가는 특정 현실세계(reality)의 질(quality)에 대한 도전을 지적으로, 또한 실질적 관련성을 갖는 표현 방식과 용어를 통해서 하려고 노력할(strive for) 의무가 있다.

이는 "복음의 제시가 그 현실 세계 안에서 살아가는 특정인들의 정서(heart)가 갖는 특정한 파장에 맞춰지도록 자기의 입장을 부인하고(self-denial) 대상들을 사랑할 것"을 요구한다. 이러한 태도는 "인간이 품고 있는 열망, 좌절, 고통 그리고 죄의 문제라는 배경에 저항하면서 기독교 복음을 제시할 것"을 요구할 것이다.

> 왜냐하면 그러한 현실 세계 속에서 살아가는 남성들과 여성들에 대해 우리가 가져야 할 최우선적인 인식은, 그들이 비기독교인들(non-Christians)이라는 사실이 아니라 우리가 살아가면서 접촉할 수밖에 없는 사람들, 즉 우리와 더불어 동행하는 사람들이라는 사실이어야 하기 때문이다.³²

---

30 George R. Beasley-Murray, *John* (Word Biblical Commentary 36; Waco, TX: Word, 1987), p. 10. (『요한복음』, 솔로몬 역간) George E. Ladd, *The Pattern of New Testament Truth* (Grand Rapids: Eerdmans, 1968)을 보라. 이 책에서, 래드는 복음이 사도요한과 사도 바울을 통해 히브리 세계에서 헬라 세계로 번역되는 방식에 대해 토론한다. Dean Flemmig, *Contextualization in the New Testament: Patterns for Theology and Mission* (Downers Grove, IL: InterVarsity Press, 2005) 또한 보라.

31 Flemming, *Contextualization*, p. 260.

32 Hendrik Kraemer, *The Christian Message in a Non-Christian World* (London: Edinburgh House Press, 1938), p. 303.

참된 복음 전도는 교회로 하여금 교회의 이웃이 진심으로 필요로 하는 것들에 호흡을 맞추되, 오늘날 인간의 삶을 몰아가는 문화적 우상들에 대해 온전히 인식할 것을 요구한다. 복음 전도는 예수를 따르면서 새로울 뿐만 아니라 우리를 죄의 무게에서 해방하는 생활 방식을 발견하는 자리로 청하는 초대와 도전이다.

3) 복음 전도는 우리를 매력적인 방식(an attractive way)으로 사람들의 삶 속에서 제시할 것을 요구한다

사람들이 진심으로 필요로 하는 것들에 호흡을 맞추는 방식으로 복음을 전달하기 위해서는(to communicate), 그들과 함께 시간을 보낼 것이 요구될 것이다. 우리가 복음을 전달하기에 앞서, 참으로 우리가 누구인지가 말로(verbally) 먼저 제시되어야만 한다.

복음 전도는 멀리 떨어져서 소리쳐 전달하는 것이 아니다. 복음 전달은 사람들이 살아가는 실재 삶의 현장에서 그들과 더불어 살아가는 삶을 통해서 제시되는 것이어야 한다. 그럴 때라야 예수 그리스도에 대해 그들에게 말할 수 있는 특권을 획득할 수 있기 때문이다.

'친교 전도'(friendship evangelism)와 '관계 전도'(relational evangelism)란 용어들 또한 사랑으로 복음을 전달하는 데 너무도 중요한 관계가 내포하는 중요성의 일부를 포착하고 있다.

복음 전도가 더 관계적으로 될 때, 매력적인 접근 방식으로 복음을 장식하는 일이 더 중요해질 것이다. 급진적 겸손, 사랑, 친절, 존중과 온유함은 우리가 제시하고자 하는 메시지를 구체화하는 긴 여정을 떠날 것이다. 긍휼히 여기는 마음으로 귀를 기울이는 것뿐만 아니라 사람들과 그들의 필요와 꿈에 대한 지치지 않는 진정한 관심이 복음을 그리스도의 사랑으로 옷 입히게 될 것이다.

포스트모던 사회에서 효과적이고 호소력 있는 방식으로 복음을 전달한다는 것이 갖는 의미는 무엇이 될 수 있을까?

분명한 것은, 겸손과 남에게 귀 기울이는 자세가 복음을 매력적으로 보이게 하리라는 것이다. 그리고 교리적 접근 방식보다 대화적 접근 방식이 복음을 더 매력적으로 보이게 할 것이다. 우리가 살아가는 복잡한 세상 속에서라면, 어려운 질문들에 대해 값싸고 쉬운 답변을 제공하는 일을 피하는 것이 중요하다.

우리는 우리가 복음을 전달하는 대화 상대자를 우리의 친구로 그리고 잠재적 분투자(potential struggler)로 볼 필요가 있다. 우리의 복음 전달은 존중과 긍휼을 수반하는 매력적인 것이어야 할 것이다. 그리고 포스트모던 문화 속에서 복음을 전달하는 특히 효과적인 방법은 이야기—다른 사람들의 이야기를 듣고 우리의 이야기하는 것—를 통해 전달하는 것이다.

4) 복음 전달은 일상의 삶과 유기적으로 연결되어 있어야 한다

너무도 많은 복음 전도가 정형화된(canned) 방법론적 접근 방식을 기억하고 실천하는 문제로 여겨지고 있는 것 같다. 우리는 다양한 방식의 복음 전도 방법, 전략 그리고 기술을 배운다. 이런 방식은 복음 전도를 더욱 선전처럼 보이게 하거나, 복음을 전달하는 행위라기보다 매끄러운 방식으로 물건을 파는 것으로 보이게 한다. 우리는 우리의 말을 듣는 사람들의 결정을 목표로 하고 있다. 그렇게 되면 회심이 군사 작전이나 시장 홍보 전략 방식으로 프로그램화될 수 있고 관리될 수 있는 어떤 것으로 보이게 된다.

그러나 만일 복음이 하나님 나라와 모든 살아 있는 생명을 다스리시는 하나님의 통치에 대한 메시지라면 그리고 만일 복음이 인간의 모든 필요와 질문에 상관성을 갖는 메시지라면, 복음 전도는 우리의 일상생활과 유기적으로 연결되어 있고, 그 일상 삶의 경험으로부터 자연스럽게 흘러나오는 어떤 것이어야 한다.

크래이머는 다음과 같은 현명한 말을 제시했다.

> 전 세계 모든 곳에서 기독교 진리를 제시하는 근본 법칙 중 하나는, 이 진리가 가장 고상한 삶뿐만 아니라 가장 평범하고 가장 하찮은 삶이 갖는 모든 영역과 문제에 실질적으로 연결되어 있다는 것이다. 성경적 실재론(Biblical realism) 안에서 구체화한 삶에 대한 급진적인 종교관은 어떤 사람이 자신의 영적 생활을 부양하고 자신의 종교적 필요와 경험을 수용하는 방식만큼, 자신의 친구나 동네 사람과 관계를 맺어 가는 방식, 자신의 돈을 사용하고 자신의 밭에서 일하는 방식, 또는 자신의 물질적 성공과 실패를 받아들이는 방식에 대해서도 실질적 중요성이 있다.[33]

예를 들어, 만일 우리가 세계 경제 위기를 상업적 탐욕과 경제 성장을 문화의 핵심적 목표로 삼는 집단 우상 행위로 이해했다면, 복음은 오늘 우리가 대면하고 있는 경제 이슈에 관한 토론에서 벗어날 수 없다.

---
33 Ibid., p. 304.

만일 우리가 교육의 붕괴가 교육에 의미를 부여하는 강렬한 내러티브의 부족에서 유래한 것이고, 오직 성경만이 그러한 내러티브를 제공할 수 있다고 믿는다면, 교육에 대한 우리의 참여는 곧 복음에 대해 언급하는 것일 수밖에 없다.

만일 죽음, 질병 그리고 상실에 대한 우리의 투쟁이 그리스도께서 행하신 좋은 소식이 제공하는 희망과 위로 때문에 지지되는 것이라면, 신앙을 갖지 못한 우리의 이웃들과 친구들이 그런 고통으로 인해 갈등하고 있을 때 그에 대해 침묵하는 것은 적절치 못하다.

만일 우리가 우리의 죄와 자의성(waywardness)에 대한 하나님의 은혜와 용서에 대한 경험 안에서 살아간다면, 중독과 자기 파괴적인 행위에 사로잡혀 있는 사람들에게 전달하는 우리의 말은 우리를 용서하고 새롭게 한 그 근원을 겸손하고 긍휼함으로 지향하는 것이 아닐 수 없을 것이다.

이런 경우들이라면, 우리는 그리스도와 좋은 소식으로서 복음을 자연스럽게 지향하는 "복음에 대해 말할" 수 있다.

이러한 사실은 모든 것을 포괄하는 복음의 범위와 그 복음이 삶의 모든 영역과 맺는 관계에 대한 교회의 이해를 자라게 한 것을 요구한다. 이것은 인간의 삶의 많은 부분을 하나님으로부터 유리시키는 현재 우리가 살아가는 문화가 내포하는 실질적인 무신론에 대항해 살아가는 것을 의미할 것이다. 만일 우리가 살아가는 삶의 전부가 복음과 성경 이야기 때문에 형성된 것이라면, 복음에 대한 소망을 말로 표현하는 유기적 복음 전도를 위한 기회가 열릴 것이다.

> 십자가에 못 박히시고 부활하신 예수에 관한 이야기를 순전히 말로만 전파할 때, 그 소식을 들은 모든 사람이 소망하고 있는 것일 뿐만 아니라 복음이 약속하는 복된 삶에 대한 일말의 단서나 맛보기를 인지가 가능한 공동체의 구체적 생활 방식으로 그 타당성을 인정받지 못한다면, 복음의 능력이 상실될 것이다. 이것은 구원하시는 복음의 능력을 알고 맛본 새로운 종류의 공동체의 삶 속에 존재할 것이고, 그와 같은 공동체—비록 유아적 형태로 존재한다 할지라도—는 항상 복음이 초래하는 기적의 중심지가 될 것이다. 그리고 그 기적으로 인해 우리가 회심이라 부르는 패러다임으로의 이동이 발생할 것이다.
>
> Lesslie Newbigin, *The Open Secret*, p. 304.

5) 복음을 전달하는 우리의 말은 복음의 진리를 제시하는 공동체의 삶으로부터 흘러넘치는 것이어야 한다

말은 값어치 없는 것일 수 있다. 사실 우리는 정보가 과도한 세상에서 살아간다. 과도한 정보로 싸구려 말이 넘쳐 나는 시장은 말로 전달되는 소통의 가치를 평가 절하하고 있다. 더욱이 우리가 살아가는 소비 사회는 많은 사람이 마비 상태에 빠지게 하는 선택의 폭이 다양한 세계관을 제공하고 있다.

만일 우리가 "복음을 들어라. 하나님 나라가 도래했다. 이 세상에는 예수 그리스도의 죽으심과 부활하심 때문에 새롭게 회복시키는 새로운 능력이 존재한다"라고 이렇게 선언한다면, 우리 이웃들은 "지금 작동하고 있는 새로운 능력이 어디 있는가?"라고 질문할 권리를 가지고 있다. 복음을 전하는 우리의 말은 오직 기독교 공동체의 삶을 통해 그 진정성을 인정받을 때라야 비로소 들릴 수 있을 것이다. 복음은 복음이 약속하는 삶으로 복음의 내용을 구체화하는 공동체를 통해 그 권위를 부여받을 수 있다(참조. 행 4:32-35). "복음 전도가 이 선교의 핵심인 한, 복음으로 형성된 공동체야말로 공적인 초청과 그 초청이 지향하는 것을 구성한다."[34]

프리드리히 니체(Friedrich Nietzsche)가 기쁨의 부족과 창조적 삶을 통해 성취할 수 있는 반향과 즐거움의 부족을 이유로 교회를 꾸짖으며 다음과 같이 정신을 번쩍 나게 하는 말을 남긴 적이 있다.

> 그들은 나를 위해 더 나은 노래들을 불러 나로 하여금 그들의 구세주를 믿는 방법을 배울 수 있도록 했어야 했다. 그리고 그 구세주의 제자들은 좀 더 구원받은 사람들처럼 보였어야 했다![35]

매력적이면서 시대의 우상들에 대항하는 대조 사회로 살아가는 공동체는 다음과 같은 질문들을 내놓을 것이다.

새로운 삶의 근원이 무엇인가?

왜 이런 방식으로 살아가는가?

이 질문은 복음으로 인도하는 전도의 기회들을 제공한다. 성경이 말씀하고 있는 것처럼, 우리는 "마음에 그리스도를 주로 삼아 거룩하게 하고 우리(개역개정에

---

[34] Stone, *Evangelism after Christendom*, p. 15. pp. 171-275 또한 보라.

[35] Friedrich Nietzsche, *Thus Spoke Zarathustra: A Book for None and All*, trans. Walter Kaufman (New York: Penguin Books, 1978), p. 92.

는 '너희'—역주) 속에 있는 소망에 관한 이유를 묻는 자에게는 대답할 것을 항상 준비하되, 온유와 두려움으로"(벧전 3:15) 해야 한다.

뉴비긴은 질문들을 제기하지 않는 교회의 삶에 대한 날카로운 경고를 제기했다.

> 복음을 전파하는 것은 결단코 상관성을 갖지 않을 수 없다. 그러나 만일 복음을 전파하는 교회가 복음에 부응하는 삶을 공동체적으로 살아 내지 않는다면, 이 시대의 권력들과 무사 편안한 공존을 살아간다면, 어둠의 권력들에 도전하고 그 삶을 통해 도우시고 치유하시는 살아 계신 주님의 능력을 고백하는 데 실패한다면, 그런 교회는 교회가 전파하는 복음이 개방하는 문들을 닫고 있는 것에 불과하다. 이 말이 복음을 말로 전파하는 것이 헛되다는 것을 의미하는 것은 아니다. 왜냐하면 하나님의 말씀이 갖는 능력에는 제한이 없기 때문이다. 그러나 이 말은 우리의 고백에 대해서가 아니라 당신의 의지를 행동으로 실천하는 우리의 헌신에 대해 질문하실 그분의 엄격한 심판 아래 놓이게 될 것이라는 의미이다.[36]

3. 긍휼과 심판

1) 개탄스러운 통계와 교회의 소명

제1장에서 우리는 우리 시대가 겪고 있는 충격적인 사회적 그리고 경제적 필요를 보여 주는 일부 통계를 살펴보았다. 우리가 살아가는 이 시대는 경제적 불의, 기본적인 인권에 대한 무시, 특히 가난한 사람들과 사회적 약자들에 대한 무시를 통해 분명히 드러나는 인권에 대한 무시, 수백만에 이르는 노숙자들과 어쩔 수 없이 삶의 터전을 바꿔야 했던 난민들이 겪는 고충, 성 밀매와 10억 달러에 이르는 포르노 '산업', 전쟁, 테러리즘, 폭력과 급속히 증가하고 있는 군비 경쟁, 환경과 자연자원에 대한 노골적인 무관심, 굶주림과 문맹 그리고 더욱 점증하고 있는 가난으로 인해 유린당하고 있다.

통계는 우리가 살아가는 세상의 비극에 관한 이야기하는 것으로 시작하지 않는다. 정의와 평화 그리고 창조의 통합(integrity)에 대한 요청은 우리 시대의 긴박

---

36 Newbigin, *Gospel in a Pluralist Society*, p. 140.

한 요구이다.

그러면 이 모든 현실 가운데서 교회의 소명은 무엇인가?

교회의 선교는 전체 피조 세계와 모든 인류를 회복시키시려는 하나님의 선교에 참여하는 것이다. 만일 구원의 범위가 창조만큼 넓다면, 우리의 참여도 동일하게 넓어야만 한다.

복음은 하나님 나라의 복음, 즉 온 세계에 대한 하나님의 통치를 회복하는 것이다. 교회는 세상에 존재하는 하나님 나라의 표지이자 도구이며, 하나님 나라를 미리 맛보이는 공동체이다. 교회는 교회의 삶을 통해 "예수께서 모든 것의 주가 되신다는 것"을 말과 행위를 통해 증거한다. 예수의 나라의 핵심은 모든 이들을 구원하시기 위해 자기를 내어 주는 사랑의 삶이다. 이 모든 것이 교회로 하여금 그 나라의 정의와 긍휼에 헌신하도록 한다.

그렇다면 그것은 어떻게 보여야 할까?

2) 정의, 긍휼 그리고 교회의 소명

정의와 긍휼을 추구하면서, 교회의 역할을 이해하기 위해서는 교회와 복음이 선포한 하나님 나라와의 관계를 이해하는 것이 중요하다.

교회와 하나님 나라의 관계는 세 가지 진술로 생각해 볼 수 있다. 교회는 예수 그리스도 안에서 하나님의 종말론적 왕권이 가시화되는 장소다. 교회는 예수가 주시라는 메시지를 선포하는 것으로 하나님 나라를 섬겨야 한다. 교회는 불신, 불의한 권력, 가난한 사람들에 대한 억압, 물질주의의 힘, 이기주의, 차별, 무신론, 인종 차별, 그 외 다른 악한 것들을 통해 드러나는 파괴적인 어둠의 세력들에 대항하여 이 세상에서 그리스도의 왕국을 세워 가는 노고에 참여한다.[37]

하나님 나라의 삶이 제시되는 장소로서, 교회가 가장 먼저 고려해야 하는 것은 교회 그 자체의 삶을 통해 자신을 하나님 나라의 공의와 긍휼을 드러내는 하나의 모델이 되게 하는 것이다. 반갑게도 이런 공동체적 증거에 대한 강조가 증가하고 있는데, 아나뱁티스트(Anabaptist, 재침례파) 쪽에서 이런 이슈를 제기하고 있다. 존 하워드 요더(John Howard Yoder)는 모든 문화에 존재하는 기독교 공동체가 새로운 인류의 '연단과 패러다임'(pulpit and paradigm)이 되기 위해 공동 증거(corporate witness)를 시도할 것을 강조했다.[38]

---

[37] Reformed Ecumenical Synod, *The Church and Its Social Calling* (Grand Rapids: Reformed Ecumenical Synod, 1980), pp. 18-10.
[38] John Howard Yoder, *For the Nations: Essays in Public and Evangelical* (Grand Rapids: Eerdmans, 1997),

이와 비슷한 흐름으로 개혁주의 선교학자 하비 콘(Harvie Conn)은, 교회의 구성원들이 사랑, 섬김 그리고 공의가 이기주의와 권력이 점유하고 있던 자리를 차지하는 삶을 시작하기 위해 그리스도께 충성하고 "전쟁, 가난, 불의를 제거하는 위대한 캠페인을 시작할 때", 교회는 "교회가 선포하는 새로운 세계 질서에 대한 견본 신간(a advance copy)"이 될 것이라 말했다.[39] 교회는 하나님 나라의 견본이며, 도래할 세상에 대한 실질적 발판이다.

사도행전은 이러한 관점을 분명하게 지지한다. 예루살렘에 있던 교회는 함께 나누고 모든 것을 공동으로 소유하고, "주께서 구원 받는 사람을 날마다 더하게" 하셨다(행 2:47). 우리는 예루살렘교회에서 사도들이 큰 권능으로 예수의 부활에 대해 증거했다는 말을 듣는다(행 4:33). 그러나 이 진술은 급진적인 나눔의 삶을 살아가는 교회에 관해 설명하는 중에 등장한 것이다. 예루살렘교회는 하나님의 은혜가 권능으로 역사하는 공동체였고, 따라서 그들 가운데 아무도 부족한 사람이 없었던 그러한 공동체였다(행 4:32-35).

> 우리가 예수 그리스도를 통해 얻은 구원을 즐거워하면서, 동시에 세상 안에서 정의를 위한 행동을 실천하는 것을 일종의 부수적인 선택―또는 심지어 구원의 좋은 소식으로 가는 과정에서 지나칠 수 있는 열등한 대체물―으로 간주할 수 있다고 생각하는 것은 재앙에 가까운 오해이다. 사회적 정의를 위한 행동은 행동하는 구원(action for social justice is salvation in action)이다. 물론, 세상 안에서 아무런 행동을 수반하지 않는 우리의 구원(no action of ours)이 그저 약간의 정의를 산출해 내는 것보다 더 많은 일을 할 수 있다는 것은 분명한 사실이다.
>
> Lesslie Newbigin, *The Good Shepherd*, p. 109.

교회 안에서 이루어지는 이와 같은 공의와 긍휼의 삶은 교회가 속한 문화 안에서 하나님 나라에 속한 공동체로서의 삶을 살아가기 위한 투쟁 속으로 넘쳐흘러 들어갈 것이다.

교회는 하나님 나라가 구현되는 장소일 뿐만 아니라 하나님 나라의 도구이기도 하다.

이것은 1세기 교회의 증언을 통해 명백히 드러난다. 자신을 내어 주는 사랑의 표현으로서 긍휼과 정의의 행위는 복음 진리에 대한 강력한 증거였다. 참으로, 결

---

p. 41.
39 Harvie Conn, *Evangelism: Doing Justice and Preaching Grace* (Grand Rapids: Zondervan, 1982), p. 52.

핍한 사람들을 위한 사랑의 행위는 초대교회가 첫 3세기 동안 성장할 수 있었던 가장 우선적 이유였다.

> 이방인과 기독교인 저술가들은 기독교 성경이 사랑과 자선을 믿음이 갖는 핵심적 의무로 강조했다는 것뿐만 아니라, 실제로 이런 의무들이 매일의 행위를 통해 유지되었다는 것에 대해서도 만장일치하고 있다.[40]

수많은 집사가 순교를 통해 그리고 병든 자들을 돌보기 위해 죽음의 위험에 노출된 질병을 접촉하는 과정에서 생명을 잃은 이유는, 바로 복음에 대한 강력한 증거 때문이었다.

로마 제국이 기독교로 '개종'한 이후, 로마 종교의 부흥을 꿈꾸며 황제의 자리에 앉은 율리아누스 황제(Emperor Julian, 331-363)가 로마의 이방 종교를 재기시키려고 시도하는 과정에서 교회의 사랑과 자선을 기독교 교회가 그렇게 인기가 많았던 주요한 이유로 보고 흉내 내려 했던 이유도 바로 기독교인들이 제시한 강력한 증거 때문이었다.[41] 교황 베네딕토 16세가 자신의 첫 번째 회칙에서 다음과 같이 간략하게 설명했다.

> 율리아누스 황제는 자신의 서신들 중 하나를 통해 그에게 깊은 인상을 남긴 기독교의 한 가지 측면은 교회가 보여 준 자선을 베푸는 행위였다고 기록했다. 따라서 율리아누스 황제는 그러한 자선 행위를 자신이 재생시키고자 하는 새로운 이방 종교의 본질이 되어야 할 것으로 생각했다. 따라서 자신이 세우려는 이방 종교에도 교회가 갖고 있는 자선 체계와 동등한 자선 체계를 설치되어야 한다고 생각했다. 율리아누스 황제에 따르면, 그러한 자선 체계야말로 "갈릴리인들의 종교"(Galileans)가 대중성을 갖는 이유였다. 이제 기독교인들을 모방할 뿐만 아니라 능가해야 할 필요가 있다.[42]

이 말에 이어서 교황 베네딕토는 모든 기독교 전통이 확정해야 하는 것에 대해 말했다.

---

40 Rodney Stark, "Epidemics, Networks, and the Rise of Christianity," *Semeia* 56 (1991)" 169.
41 Ibid., p. 167.
42 Pope Benedict XVI, *Deus Caritas Est*, paragraph 24 (첫 번째 회칙, 2005년 12월 25일 작성, 2006년 1월 25일 회람).

교회에게 자선은 다른 이들도 할 수 있는 일련의 복지 활동이 아니다. 교회의 자선은 교회의 본질 중 하나이며, 교회의 존재 자체가 드러내야 할 필수 불가결한 표현이다.[43]

오늘날 현대교회는 이러한 도전에 대해 귀를 기울일 준비가 되어 있는가?

교회가 주변부 상황에 놓여 있다(일부 사실이다)고 주장하는 목소리들이 있음에도 어떤 식이 되었든 간에 그리스도를 주로 시인하는 사람들이 전 세계 부 중에서 3분의 1을 통제하고 있다. 우리는 건물을 짓는 데 엄청난 양의 돈을 쏟아붓고 있다. 반면 전 세계 기독교 가정에 속한 사람 중 20% 정도에 해당하는 사람들이 매일 밤 굶주린 채 잠자리에 들고 있다.

교회를 청지기 정신과 정의로 이끌어야 할 집사들이 자기 자신을 위해 사용하는 이기적 예산을 감독하는 예산 관리인으로 전락하는 때도 있다. 우리의 개인 재산과 소비적 생활 양식을 즐기고자 하는 우리의 권리가 교회의 바깥에 있는 사람들만큼이나 기독교인들도 사로잡고 있는 것처럼 보인다.

만일 현대교회가 좀 더 광범위한 사회의 도구로서뿐만 아니라 교회가 속한 지역(ranks) 내에서 정의와 긍휼의 모델이 되라는 소명을 신중하게 수용했다면, 어떻게 보였을까?

3) 사회적 행동의 본질

두 가지 신학적 함정이 교회의 선교에 포함된 사회적 관심을 두는 참된 본질을 전복시키려 하고 있다.

첫째, 하나님 나라를 역사와 동일시하는 것으로, 하나님 나라가 역사의 과정 안에 온전히 현존한다고 여기는 시각이다.

이렇게 볼 때 우리는 무비판적인 승리주의에 취할 위험에 처하게 된다. 하나님 나라를 도래하게 하는 것은 우리의 노력과 프로그램 그리고 활동이 된다. 그러나 "교회의 선교는 하나님의 종말론적 통치를 성취하는 것이 아니다. 교회는 하나님 나라를 도래하게 하지 않는다. 교회는 사회에 대한 하나님의 통치를 세워 가지 않는다." 그런 것이 아니라, "십자가와 그리스도의 재림 사이에 놓여 있는 이 시대

---

[43] Pope Benedict XVI, *Deus Caritas Est*, paragraph 25a.

의 역사 안에서, 교회는 성취된 사실에 대해 증거하고, 다시 오실 예수 그리스도의 재림으로 마침내 실현될 소망 안에서 살아간다."[44] 하나님 나라는 오직 예수께서 재림하실 때 온전히 도래할 것이다. 그리고 그때까지 우리의 노력은 그 나라에 대해 증거하는 것이 될 것이다.

> 존재는 행함과 밀접하게 묶여 있다. 예수께서는 "이같이 너희 빛이 사람 앞에 비치게 하여 그들로 너희 착한 행실을 보고 하늘에 계신 너희 아버지께 영광을 돌리게 하라"(마 5:16)고 말씀하셨다. 여기에서 '착한 행실'은 아마도 하나님의 백성이 일상의 삶 속에서, 말과 행위를 통해, 사람들 간에 상호 작용하는 관계 안에서 그리고 정의와 긍휼의 행위를 통해 하나님 나라에 대해 증거하는 모든 방식을 포괄하는 것일 것이다. 그러한 착한 행실은 공적이며 동시에 선교적이다. 그러한 행실의 궁극적인 목적은 '그러한 행실'을 보는 사람으로 하여금 하나님께 영광을 돌리게 인도하는 것이다. 그들의 특성과 사랑으로 실천하는 행위가 갖는 질을 통해, 하나님의 백성은 다른 사람들을 참되고 살아 계신 하나님을 예배하는 자리로 이끌 것이다.
>
> Dean Flemming, *Reclaiming the Full Mission of God*, pp. 98-99.

둘째, 또 다른 위험은 하나님의 나라를 역사로부터 분리하고, 하나님 나라를 전적으로 미래적인 것으로 여기거나, 설사 현재하더라도 오직 개별 인간 내면에만 존재하는 것으로 보는 것이다.

앞에서 살펴본 행동주의적 입장과는 반대로, 이 입장은 불의한 현재 상태를 승인하는 정적주의(quietism), 심지어는 패배주의를 양산한다. 이 입장은 오늘날 우리가 직면하고 있는 고통스러운 사회적, 경제적, 정치적 이슈로부터의 이기적인 철수(selfish withdrawal)를 수용한다. 그러한 길은 예수의 선교와 완전히 불연속적인 길이다.

만일 우리가 정적주의적 철수와 활동적 승리주의라는 극단을 피해야 한다면, 우리가 실천하는 긍휼과 정의의 행동들이 갖는 목표와 목적은 무엇이어야 하는가?

우리가 우리의 행위를 통해 진실로 하고자 하는 것은 무엇이어야 할까?

그리고 우리가 성취하고자 소망하는 것은 무엇이어야 할까?

---

44 Rober E, Webber, *Ancient-Future Evangelism: Making Your Church a Faith-Forming Community* (Grand Rapids: Baker Books, 2003), p. 154. (『기독교 사역론』, CLC 역간)

결국, 우리가 하는 최선의 노력들은 양동이 안에 떨어지는 한 방울 물방울과 같을 것이다.

이러한 일들은 다음과 같이 언급될 수 있다.

첫째, 우리의 행동은 역사 안으로 뚫고 들어온 하나님 나라의 실존과 능력에 대한 증거라는 특성을 산출할 것이다.

우리의 행위는 행동 안에 존재하는 소망 또는 하나님의 나라가 온전히 도래할 것을 기대하는 기도이다. 예수께서 행하신 전능하신 행위들과 마찬가지로, 우리가 하는 행동들 또한 사람들이 하나님 나라의 본질이 갖는 면모를 보게 하는 표지 혹은 창문이다.

둘째, 그러한 행동은 하나님 나라에 대한 증거로서, 죄라는 파괴적 족쇄에 묶여 있는 세상을 향한 우리의 사랑을 표현한 것이다.

요한복음 13장에서 예수께서는 우리에게 하나님 나라에서의 삶이 갖는 본질은 다른 사람들의 유익을 위해 자기를 내어 주고 자기를 희생하는 사랑임을 보여 주셨다. 예수께서 제자들의 발을 씻기실 때, 그것은 단순히 겸손에 대해 가르치기 위해 행하신 행동이 아니라, 인간의 삶이 갖는 참된 의도의 특징인 자기를 비우고 사랑으로 섬기는 것을 실례로 보여 주신 것이다.

뉴비긴은 다음과 같이 기록했다.

> 긍휼과 치유 그리고 해방의 사역들… 이 모든 사역은 새로운 실재가 침노해 들어오고 있음을 드러내는 일부다. 이 모든 사역은 하나님 나라의 일부이고, 따라서 하나님 나라의 표지이기도 하다. 예수께서 행하신 모든 사랑의 행위는 어떤 숨겨진 목적을 가진 부자연스러운 프로그램 일부가 아니었다. 예수께서 행하신 사랑의 행위는 그분의 존재를 가득 채운 사랑이 넘쳐흘러 생성된 것들이었다. 바로 그와 같이, 교회가 행하는 사랑의 행위 또한 그런 것들—부자연스러운 표식들이 아니라 새로운 실재에 대한 자연스럽고 자발적인 표식들—이어야 한다. 그 실재는 그리스도 안에서 우리가 함께 공유하게 된 실재이다.[45]

따라서 만일 사랑이 핵심이라면, 적어도 세 개의 목표들이 존재한다. 즉, 긍휼의 구제(merciful relief)를 제공하는 것, 정의를 추구하는 것, 회심을 소망하는 것이

---

[45] Newbigin, *Good Shepherd*, p. 93.

다. 비극으로 인해 무언가가 있어야 하는 우리의 이웃을 바라보면서 그들이 겪고 있는 고통을 완화하는 것(긍휼)에 대해 무관심하거나 그들이 고통을 악화시키는 구조를 해체(정의)하지 않는 것은 분명히 사랑이 부족하기 때문이다.

> 누가 이 세상의 재물을 가지고 형제의 궁핍함을 보고도 도와줄 마음을 닫으면 하나님의 사랑이 어찌 그 속에 거하겠느냐 자녀들아, 우리가 말과 혀로만 사랑하지 말고 행함과 진실함으로 하자(요일 3:17-18).

그러나 사랑은 바로 그 사람이 예수 그리스도 안에서 하나님과 더불어 화해를 이루고 하나님 나라의 구원에 대해 알기를 간절히 원한다. 선교는 슬럼가를 만들어 낸 조건을 바꾸는 것뿐만 아니라 그 슬럼가 안에서 살아가는 사람을 변화시키는 것을 목적으로 한다. 우리는 그 사람이 예수 그리스도께로 회심하는 것을 보기 원한다.

셋째, 우리는 우리의 행동이 이 세상에서 더 많은 정의를 구현하기를 소망한다. 변혁(transformation)에 대한 많은 논의가 있다.

사회의 구조를 변혁시키는 것이 교회의 선교가 갖는 목적(the goal)인가?

분명히, 사랑은 굶주린 사람들의 곤궁을 완화하고 가난한 사람들과 연약한 사람들 그리고 취약한 사람들이 보호받는 좀 더 정의로운 경제 구조를 추구할 것이다. 분명히, 예수께서는 고통을 초래하는 당신 시대의 구조적 악들과 대립하시기를 회피하지 않으셨다. 따라서 우리도 그럴 수 없다. 그러나 우리는 하나님 나라의 예비적 성격(the provisional nature)을 인식해야 한다. 하나님 나라는 그리스도께서 재림하실 때까지 완전해지지 않을 것이다.

따라서 평화와 정의에 대한 열정은 온전히 완성될 수 없는 것이며, 고통받는 세상에 대한 사랑으로 이 세상의 불의와 폭력을 경감시키게 될 것이다. 궁극적으로, 그리스도에 대한 신실한 증거와 세상을 향한 그분의 사랑을 나누는 일은 교회의 선교가 감당해야 할 일로 남아 있을 것이다. 그런데도 신실하고 사랑에 넘친 증거를 통해 사랑이 충만하신 하나님의 구원 사역은 교회의 경계를 넘쳐 흘러나갈 것이고 세상에서 소금의 효과를 낼 것이다(마 5:13).

우리는 부분적인 승리와 정의와 평화에 대한 예비적 증거를 경축한다. 왜냐하면 비록 부분적이나마 고통에서 구원받을 것을 보여 주기 때문이다. 그러나 우리의 궁극적인 목적은 우리가 예수 그리스도와 세상을 고통으로부터 해방하는 그분의 나라에 대해 사랑으로 증거하는 것이다.

4) 사회적 행동과 지역 회중

만일 교회가 복음에 대한 신실한 증거를 제공한다면, 교회는 다른 사람들을 위해 자기 자신을 내어 주는 공동체로 제시되어야 마땅하다. 이런 교회라면 교회 공동체 주변 이웃이 필요로 하는 것과 관심사에 깊이 참여하고 있을 것이다. 이런 교회라면 회중의 기본 모드인 이기적 내향성에 끊임없이 도전하는 리더십을 요구할 것이다. 만일 사회적 소명을 감당하고자 한다면, 회중은 교회 주변 이웃을 위해 자신을 내어 주도록 교회를 인도하고 도전하는 신실한 집사들을 갖추고 있어야 한다.

더욱이 만일 회중이 긍휼과 정의에 헌신된 공동체로 제시되고자 한다면, 이런 행위들은 복음을 믿고 구체화하는 공동체로부터 넘쳐 흘러나오는 행동들로 인해 인식이 가능할 것임이 틀림없다. 다양한 종류의 교단 조직과 교단 연합(interdenominational) 조직, 위원회 그리고 프로그램이 긍휼과 정의 사역에 대한 총체적 책임을 가정할 위험성이 존재한다. 이런 방식이 가장 효율적인 방식으로 보인다.

그러나 이런 방식이 지역 회중이 자신들이 처한 자리에서 정의와 긍휼을 모색하는 선교적 몸으로서의 자기 인식을 상실하게 만드는 원인이 될 수도 있다. 이는 또한, 만일 특정한 장소의 기독교 공동체로부터 분리된다면, 다른 사람들의 눈에 하나님 나라의 표지로 보이는 긍휼과 정의를 위한 이 같은 노력이 갖는 적절한 특징(the proper character)을 흐리게 할 수 있다.

> 복음 전도와 사회적 행동을 위한 전국 단위 단체인 강력한 교단 구조들이 발흥함과 더불어, 이러한 일들이 더 이상 지역 회중의 직접적인 책무로 보이지 않기 시작했다. 지역 교회의 소명은 이러한 일들을 재정적으로 지원하는 것이지 실질적으로 참여하는 것이 아니라는 인식이 팽배해지기 시작했다. 그러나 만일 지역 회중이 자신들과 이웃하고 있는 지역을 자신들의 선한 행실을 통해 복음이 넘쳐흐르는 장소가 되어야 할 것으로 인식하지 않는다면, 국가 단위의 단체에 의해 시작된 사회정치적 행동을 위한 프로그램은 그 프로그램이 갖는 복음과의 통합적 관계를 상실하게 될 것이다. 그리고 그러한 프로그램은 복음이라기보다 도덕적 십자군의 일부로 보이게 될 것이다.[46]

---

[46] Newbigin, *Gospel in a Pluralist Society*, p. 229.

이렇게 말하는 것은 이들 단체가 있을 자리가 없다는 의미가 아니다. 그보다 이들 단체의 사역은 지역 회중이 기울이는 다양한 노력을 조직화하고 이들 회중에 속한 구성원을 구비시키고 훈련시키는 것이다. 그렇게 함으로써, 공동체의 필요에 대한 지역 회중의 참여가 복음에 근거를 둔 그리스도를 머리로 한 몸으로부터 발생한 것임이 인식될 수 있다.

4. 사회에서 신자의 소명

1) 사회에서 평신도의 중요성

공동체 내부에서 행하는 정의와 긍휼을 위한 사회적 행동에 대한 회중의 계획에 더하여, 복음을 전하는 일은 중요하지만, 그것으로 충분한 것은 아니다. 총체적 선교는 그보다 훨씬 더 많은 의미를 내포한다. 우리의 삶 속에서 발생하는 모든 소명은 예수의 주 되심에 대한 증거의 책무를 감당하는 것이라야 한다.

이안 반스(Ian Barns)는 레슬리 뉴비긴의 삶과 사역을 다음과 같이 반추했다.

> 뉴비긴에게 우리가 살아가는 문화 안에서 복음이 갖는 공적 진리를 전달하는 사역에 중요한 역할을 하는 것은 평신도였다. 평신도는 그들이 살아가는 일상적 삶의 맥락 안에서 직업과 전문직을 통해 복음이 갖는 공적 진리를 전달하는 역할을 감당했다. 이 때문에 뉴비긴은 일상의 삶 가운데서 평신도 기독교인들을 효과적이고 지속적으로 준비시키고 지원하는 일에 특히 관심을 기울였다. "일터에서 일하는 다양하고 인상적인 기독교인들"이 전 세계에서 주도적인 활동을 하고 있음에도 불구하고 나는 목회자들과 신학자들, 기독교 교육자들과 전문직에 종사하는 기독교 지도자들이 이 같은 도전을 진실로 수용하고 있다고 생각하지 않는다. … 전문직에 종사하는 많은 기독교인이 사람을 돌보는 마음을 갖추게 될 때, 비로소 경건하고 정직하고 다른 사람들과 더불어 인간적인 관계를 만들어 나갈 수 있을 것이다. 그러나 인식적인 차원에서 자연스럽게 그들이 갖는 마음은 기술전문가적(technocrat) 인본주의자의 태도이다(default). 이 행성에 곧 닥치게 될 엄청난 사회적 격변을 고려해 볼 때, 인간 공동체는 그리스도의 사랑과 평화로운 우주적 하나님 나라의 공적 비전에 영감 받은 다수의 기독교 공동체 조성자들(Christian community organizers), 식품 생산자들, 의사들, 엔지니어들, 평화중재자들, 상담사들, 발명가들

(단지 몇 가지 생각나는 것만 기록하더라도)이 간절하게 필요하게 될 것이다.[47]

위에서 인용한 통찰력 있는 인용문과 관련하여, 다섯 가지 관찰이 이 주제의 중요성을 강조한다.

첫째, 평신도가 복음이 갖는 공적 진리를 증거하는 교회의 선교에서 중요한 역할을 한다.

> 나는 세속 사회 안에서 교회가 감당해야 할 우선적 역할이 조직화된 조직들(bodies)인 지역 교회가 정치 또는 문화 분야에서 집단적인 행동을 취하는 것이라고 믿지 않는다. 반대로, 나는 일반 기독교인 평신도가 그들의 삶 속에서 시민으로, 노동자로, 관리자로, 입법자로 그들의 역할을 감당해 나갈 때 발생할 것이라 믿는다. 나는 이들 평신도가 '기독교인'이라는 라벨을 입고서가 아니라, 하나님이 세속 사회 안에서 역사하고 계신다는 믿음 안에서('기독교왕국'의 패턴이 아닌 방식으로) 세속 세계에 깊이 참여할 때 발생할 것이라 믿는다.
>
> Lesslie Newbigin, "Baptism, the Church and Koinonia," p. 127.

평신도들은 자신들의 일상 소명, 직장 그리고 직업이라는 일상적 상황 속에서 이런 일을 감당한다. 이와 같은 일상적인 상황이야말로 사람과 관련된 모든 일에 대한 그리스도의 주 되심을 증거해야 할 우선적 장소다.

복음을 말로 증거하는 일은 교회의 구성원이 그들이 일상을 살아가는 공적인 삶의 다양한 분야 내에서 하나님 나라의 대리인으로 살아가도록 훈련받았을 때 발생하게 된다. 그들이 복음과 그리스도의 주 되심이 그들의 일터에 어떻게 영향을 끼치는지 이해하기 시작할 때, 선교적 대면이 발생하게 된다. 이 점에 대해 뉴비긴은 다음과 같이 관찰했다.

> 여기가 바로 교회와 세상 사이 그리고 새로운 피조물과 이전 것들 사이에서 실제적인 접속이 발생하는 장소다. 여기가 이전 이야기에 따라 살아가는 사람들과 성경이 말씀하고 있는 이야기에 따라 살아가는 사람들 사이에 존재하는 식별 가능한

---

[47] Ian Barns, "Some Reflections on Lesslie Newbigin's Challenge to Bear Witness to the Gospel as 'Public Truth'"(www.fost.org.uk/bigincont.htm).

행동의 차이가 있을 수밖에 없는 장소다. 옛이야기에 따라 사는 사람들과 새 이야기에 따라 살아가는 사람 간에는 많은 점에서 차이가 발생할 수밖에 없는데, 이들 간에는 많은 점에서 행위의 차이가 발생할 수밖에 없고, 현재 기류로부터 질문에 이르기까지 의견의 불일치가 발생할 수밖에 없다. 물론 여기는 이로 인해 제기되는 반대 질문들(counter questions)이 발생하는 장소이기도 하다. 기독교인들은 다음과 같은 질문을 제기할 것이다.

"왜 이런 일을 하시는 겁니까, 왜 이렇게 행동하시는 것인가요?"

여기가 바로 복음 전도를 위한 진정한 대화가 시작되는 부분이다.[48]

둘째, 회중은 평신도가 그들이 부르심 받은 다양한 직업 안에서 부르심에 합당한 역할을 감당할 수 있도록 효과적으로 지원하고 준비시킬 방법을 모색해야 한다.

셋째, 그러나 안타깝게도 대다수의 회중이 평신도가 그들의 소명을 감당할 수 있도록 돕기 위해 실행하는 평신도에 대한 훈련을 시작하고 있지 않다. 물론 이 훈련을 시작한 일부 회중이 있기는 하다. 그러나 여전히 이러한 활동이 교회의 선교가 갖는 광범위한 규모로 이루어지고 있지는 않다. 사실, 지역 회중이 감당하는 선교의 우선적 초점으로 생각하는 회중은 매우 드물다.

넷째, 따라서 비록 경건하고 선의를 가진 신자라 할지라도, 대다수 기독교인은 그들이 처한 직장 내에서 서구 문화의 특징인 기술 관료적 인본주의 이야기에 깊은 영향을 받고 있다.

다섯째, 그럼에도 우리의 존재를 위협하는 전 세계적 차원의 엄청난 비명이 발생할 때, 복음에 헌신되어 있으면서 공적 광장에서 자신의 소명을 실천하는 성도들이 절대적으로 필요하다.

결국, 현재 제기되고 있는 이슈들에 직면하여 교회가 할 수 있는 가장 중요한 기여는 교회에 속한 성도를 양육하여 그들이 속한 다양한 직장 안에서 복음대로 살아갈 수 있게 하는 것이다.

---

48 Lesslie Newnigin, *A Word in Season: Perspective on Christian World Mission* (Grand Rapids: Eerdmans, 1994), p. 156.

2) 이원론의 문제

그렇다 하더라도 뉴비긴이 언급했던 것처럼, "이런 종류의 상황을 발견하기란 매우 드문 일이다. 왜냐하면 교회가 신앙의 범주를 개인의 영역으로 경감시키는 태도를 매우 광범위하게 수용하고 있기 때문이다. 이런 교회가 취하는 태도는 공적 영역이 다른 이야기 때문에 통제될 수 있도록 내버려 두는 격이다."[49]

크리스토퍼 라이트(Christopher Wright)도 공적 영역에서 이루어져야 할 강력한 기독교 선교가 실패하는 원인은 '이원화된 삶'에 있다고 주장했다.[50] 만일 기독교인들이 교회의 선교를 위해 그들의 일상 소명이 갖는 중요성을 회복하고자 한다면, 이러한 이분법을 제거해야 할 필요가 있을 것이다.

복음으로 돌아가는 것이 출발점이 되어야 한다. 예수께서 선포하신 복된 소식은 하나님 나라의 복음이었다. 하나님 나라의 복음이라는 것은, 예수 그리스도의 인격과 사역 안에서 하나님이 모든 피조 세계와 인간의 삶이 갖는 모든 측면에 대한 당신의 통치를 회복하고 계시다는 것이다. 이 말이 의미하는 바는 복음이 다른 어떤 조건에 앞서 회복적이고 포괄적이라는 것이다. 모든 인간의 삶은 그리스도 안에서 성령의 역사로 인해 회복되고 있다.

복음이 이런 방식으로 이해될 때, 우리는 구원이 피조 세계의 회복과 관련된 문제임을 인식하게 된다. 이러한 인식은 우리가 더 견고한 창조의 교리로 회귀하도록 하는데, 창조의 교리는 복음주의 공동체에서 종종 그 중요성이 간과됐다. 창세기 초반 몇 장을 통해, 우리는 사람됨이 의미하는 첫 번째 지표가 하나님의 형상으로 지으심을 받은 피조물로서 문화적 방식과 사회적 방식을 통해 피조 세계를 개발하고 돌보는 것임을 발견하게 된다(창 1:26-28; 2:15).

따라서 우리가 각자 부르심을 받은 곳에서 감당해야 할 문화적 소명은 인간으로서 우리 존재가 내포하는 핵심적(주변적인 것이 아니라) 사명이다. 그러나 창세기 초반 몇 장에서 우리가 볼 수 있는 것처럼, 인류의 배신이 이 과정을 뒤틀었고 왜곡시켰다(창 3-11장). 그리고 타락한 인류가 공통으로 품고 있는 우상을 향한 숭배는 하나님이 의도하셨던 건강하고 풍요로운 발전을 지속해서 손상하고 있다. 구조적인 악이 원래 하나님이 축복을 의미하셨던 것을 훼손하고 있다. 하나님 나라의 구원은 정확히 이러한 인간의 삶이 갖는 이와 같은 문화적 그리고 사회적 영

---

49 Ibid.
50 Christopher J. H. Wright, *The Mission of God's People: A Biblical Theology of the Church's Mission* (Grand Rapids: Zondervan, 2010), p. 223.

역을 회복하는 것의 문제인 것이다.

교회는 복음 안에서 선포된 도래하고 있는 하나님 나라에 비춰 그 의미가 정의되어야 할 것이다. 교회는 하나님 나라의 표지이고 시사회이며 도구이다.

만일 하나님의 나라가 포괄적인 회복을 포함하는 것이라면, 교회는 종말에 완전히 회복될 문화적 회복과 사회적 회복을 포함하는 바로 그 회복에 대한 시사회가 되어야 할 것이다.

더욱이 오늘날 하나님 나라가 갖는 정의, 화친, 정의 그리고 평화를 위해 분투하는 하나님의 손에 들린 도구가 되어야 할 것이다. 따라서 교회는 성령의 사역 때문에 침노해 들어오는 새로운 세계에 대한 표지다.

그러나 '교회'란 단어를 사용할 때, 우리가 생각하는 것은 하나님 나라의 공동체에 대한 것이 아니라 기도와 예배, 성경 읽기 그리고 그와 같이 다양한 '종교적인' 활동을 실행하기 위해 모인 회중일 경우가 있다. 물론 분명히 성경이 '교회'(헬라어로 에클레시아)라는 단어를 사용할 때, 일련의 '종교' 활동을 위해 모인 회중을 설명하고 있는 것이 사실이다.

그러나 성경은 또한 '교회'라는 단어를 하나님의 새로운 백성을 언급하기 위해 사용하고 있기도 하다. 여기에서 말하는 하나님의 새로운 백성 된 '교회'는 그들의 총체적 삶을 예수 그리스도 안에서 재형성한 회중을 의미한다.[51] 따라서 하나님의 백성은 단지 그들이 모였을 때뿐만 아니라, 그들이 어디에 있든지 간에 그리고 그들이 무엇을 하던지 간에 몸 된 교회의 일원으로 그리스도를 대표한다.

따라서 교회는 그 전 삶을 통해 회복하시는 그리스도의 포괄적인 사역을 보여주는 백성이 되어야 한다. 이 공동체는 인간의 삶이 갖는 모든 스펙트럼에 대한 예수 그리스도의 주권에 대해 증거하는 백성이어야 한다.

> 교회는 세상 안에서 그리고 세상과 더불어 사역하시는 하나님의 행위를 수동적으로 관찰하는 백성으로 세상에 존재하지 않는다. 오히려 교회는 세상에서 인간 삶의 모든 영역에 '참여'하거나 개입하도록 부르심을 받은 백성으로 세상에 존재한다.[52]

그러므로 만일 교회가 신실하다면, 그러한 교회의 선교는 공적인 영역에 대한 그리스도인들의 소명을 무시하거나 주변부화할 수 없다. 공적 영역은 하나님이

---

51   바울이 사용한 '에클레시아'란 단어는 이런 방식을 채용한 것이다. Herman Ridderbos, *Paul: An Outline of His Theology*, trans. John Richard de Witt (Grand Rapids: Eerdmans, 1975), pp. 328-30을 보라.
52   G.C. Berkouwer, *The Church: Studies in Dogmatics*, trans. James E. Davison (Grand Rapids: Eerdmans, 1976), pp. 395-96.

사역하시는 곳이고, 바로 그곳이 하나님의 백성이 자신들의 삶의 대부분을 살아가는 곳이다.

인간의 삶이 내포하는 측면 간에는, 어떤 측면은 하나님이 상관하시거나 좀 더 직접적으로 연결되어 있고, 다른 측면은 그렇지 않다는 양분이나 이원론은 존재하지 않는다. 인간의 삶이 갖는 모든 측면은 창조로부터 시작된 것이다. 인간의 모든 삶은 인간의 반역으로 황폐화되었다. 사회적 영역과 문화적 영역을 포함하는 인간 삶의 모든 측면은 그리스도 안에서 그리고 성령의 역사에 따라 회복되고 있다.

교회는 말과 행동을 통해 이와 같은 구원의 포괄적인 회복을 알리기 위해 부르심을 받았다. 그리고 이 포괄적인 회복은 구성원들이 갖는 모든 문화적 그리고 사회적 삶의 전 스펙트럼에 걸친 것이다. 기도와 개인 윤리와 같이 삶의 일정 분야에서만 드러나는 이원론적 접근 방식, 즉 삶의 일정 분야에서는 그리스도의 주권 아래에서 성경 이야기에 충실하게 살아가는 반면 공적 영역과 같은 삶의 다른 분야들에서는 우상 숭배적인 문화 이야기 아래에서 살아가는 것은 기독교인으로서 우리의 소명을 포기하는 것과 다르지 않다.

이것은 심각한 문제다!

3) 지역 회중의 중요성

교회를 새로운 인류로 정의하는 것이 지역 회중으로 모이는 교회의 중요성을 간과하는 것과 무관한 것이 아니다. 만일 부르심에 신실한 교회라면, 해당 지역 교회의 회중에 속한 하나님의 백성을 지원하고, 훈련하고, 준비시켜, 그들이 부르심을 받은 소명의 자리에서 맡겨진 사역들을 감당하게 하는 데 핵심적 역할을 할 것이다.

지역 회중이 이 소명을 감당할 수 있는 최소한 네 가지 방식이 있다.

첫째, 지역 회중은 말씀과 성례를 통해 그리스도의 생명을 공급하는 교제의 자리가 되어야 한다.

공적 영역의 한가운데서 복음을 살아 내는 것은 먼저 전략과 계획의 문제가 아니다. 오히려 이것은 세상 한가운데서 그리스도의 생명을 드러내는 것이다. 이러한 일은 오직 이러한 삶이 말씀과 성례, 기도와 의례를 통해, 복음으로 지속적인 양육을 받을 때라야 비로소 발생할 수 있다.[53] 이것은 예수께서 모든 인류의 구원자 되시며 주가 되신다는 복된 소식인 복음—많은 회중 안에서 실질적으로 이해되고 있는 개인주의적 복음보다 훨씬 광범위한 복음—의 회복을 요구할 것이다.

> 그리스도를 주로 고백하며 (세상을—역주) 섬기기 위해 구원받은 기독교인들은 주일에 드리는 예배가 월요일의 일터로 연결돼야 할 것을 민감하게 감지해야 한다. 새로운 한 주를 여는 예배는 현실의 삶으로부터 도피해 모이는 어떤 곳이 아니라, 성도를 "세상 모든 사람에게 알려지고 그들에 의해 읽히는 살아 있는 서신들"로 파송하는 집합지이자 발사대이고, 또한 도약판이기도 하다. 교회의 설교 사역과 교수 사역은 기독교 공동체가 사회 안에서 화해를 이루는 선교를 실행할 때, 그들로 하여금 이 세대의 '주관자들과 권세자들'에게 도전하도록 그들을 형성하고 만들어가야 한다.[54]

둘째, 그러므로 각 지역 회중에는 평신도가 그들의 소명을 감당할 수 있게 할 수 있는 준비된 지도자가 있어야 한다.

공적 광장이라는 어려운 상황들 속에서 자신의 소명을 살아 내는 사람들이 복음을 대적하는 강력한 영적 세력이 작동하는 곳에서 신실한 존재로 살아가기 위해 겪을 수밖에 없는 고통스러운 긴장을 이해하는 목회자들이 필요하다. 그러나 너무도 많은 신학 훈련이 목회자들이 이런 소명을 감당할 수 있도록 준비시키지 못하고 있다. 너무도 많은 지도자가 이것이 그들이 감당해야 할 사역인 것을 모르고 있고, 따라서 지역 회중에 대한 사역은 공적 광장이라는 지평을 포함하고 있지 못하다.

셋째, 지역 회중은 이 소명을 감당하고자 하는 구성원들을 지원하는 백성이어야 한다.

명확히 이는 기도와 격려를 의미할 것이다. 그런데도 주일날 아침에 교회 구성원들이 매일 맞닥뜨리는 일상의 소명을 감당해 낼 수 있기 위해 간구하는 기도 소리를 거의 들을 수 없다. 그리고 어쩌다 한 번 있을까 말까 하는 격려는 그들이 살아

---

53 마크 그랜빌(Mark Glanville)은 윌로프비기독개혁교회(Willoughby Christian Reformed Church)에서 "평신도 의례"(lay liturgy)를 소개했다. 마크 그랜빌은 교회의 예배 중에 사회 다양한 지역에서 온 사람들을 대상으로 그들이 하고 있는 직업에 대해 그리고 어떻게 그 직업을 통해 그리스도를 섬기고 있는지 질문했다. 질문 후에 교독문(responsive reading) 낭독이 따랐고, 회중은 질문을 받은 사람들을 축복하고 그들의 천직을 통해 그리스도의 주 되심을 증거할 수 있도록 파송하는 절차를 거쳤다. 파송을 하면서 우리 모두가 동일한 소명을 가진 사람들임을 상기시켰다. 그리고 예배는 신실함을 구하는 기도로 마무리되었다.
54 Reformed Ecumenical Synod, *The Church and Its Social Calling*, p. 24.

가는 문화가 내포하는 우상적 흐름을 역류하는 것의 어려움에 그 초점이 맞춰져 있다. 기도와 말로 하는 격려 이상의 것이 있다면, 아마도 신앙을 지키기 위해 직업을 잃은 사람에 대한 재정적인 지원을 의미할 것이다.

만일 현대교회가 이런 일을 하고 있었다면, 그것은 기독교 신앙을 억압하는 권력에 맞서 신앙의 신실함을 지켰다는 이유로 고난을 당한 구성원들을 자애롭게 돌본 초대교회의 발자취를 따르는 일이었을 것이다(예. 행 4:32-35). 그리고 마지막으로, 지원은 복음과 문화에 대한 통찰과 교수를 의미할 것인데, 이를 통해 교회의 구성원 자신의 사역을 감당할 수 있게 준비시킬 수 있을 것이다. 이 점에 관해, 세계관에 관한 연구들이야말로 목회자들과 지도자들이 구성원들에게 필요한 통찰을 제공할 수 있도록 준비시키는 풍부한 자원이다.

> 일련의 공동 신념들과 풍속에 기반하지 않고 결집할 수 있는 인간 사회는 존재하지 않는다. 어떤 사회도 해당 사회가 공유하고 있는 신념들과 실천들에 대한 위협이 일정 수위를 넘어서는 것을 용인하지 않는다. 일정 정도의 수위까지는 용인하겠지만, 그 수위를 넘어설 때 이를 용인하는 사회는 존재하지 않는다. 어떠한 종교적 또는 이데올로기적 신념도 전제하지 않고, 상호 경쟁하는 다수의 종교를 편견 없이 관망하는 중립적인 세속 정치 질서를 기대하는 아이디어는 사실상 적절한 기반을 가지고 있지 않다. 신약성경은 그리스도를 따르는 사람들은 제자들이 치러야 할 당연한 대가로서 그리고 또한 그들이 증거하는 것이 갖는 특징의 하나로서 고난을 기대해야 한다는 것을 명확하게 말씀한다.
>
> Lesslie Newbigin, *Trinitarian Faith and Today's Mission*, p. 42.

넷째, 지역 회중은 그 구성원이 자신들의 소명에 부합하도록 준비시킬 수 있는 일련의 건설적이고 창의적인 구조가 필요할 것이다.

이런 구조는 문화나 세계관을 공부하기 위해 형성된 소그룹일 수도 있을 것이다. 이런 구조는 또한 자신들의 소명에 대해 함께 말하거나 그들의 직업 속에서 복음에 맞게 살아 내는 과정에서 겪은 갈등을 나누기 위해 모인 기독교인들일 수도 있다. 특히 도움이 되는 구조는 '전방 그룹들'(frontier groups)이라고 불러온 구조이다.

이들 그룹에 속한 성도는(여러 회중에 속한 구성원이 회중을 가로지르는 그룹을 형성하는 경우도 있다) 공적 생활의 동일한 영역에서 일하는 사람들이다. 그들은 함께 모여 성경에 입각한 통찰을 모색하거나 나누기도 하고, 서로를 위해 격려하거나 기도하기도 하고, 그들이 속한 사업이나 전문 분야에서 나타나는 논쟁적이고 어려운 이슈들을 복음에 비춰 철저히 검토하기도 한다.

4) 고난과 영성

만일 선교의 활력적인 측면을 회복하고자 한다면, 교회는 성경이 가르치는 두 개의 중요한 날줄에 세심히 주목할 필요가 있을 것이다. 두 가지 날줄 중 하나는 신실함은 고난을 의미한다는 것이고, 다른 하나는 신실함은 굳건한 영성을 요구한다는 것이다.

서구 기독교인들은 기독교인들의 숫자가 수적으로 지배적이고 사회 권력이 기독교인들에게 주어진 문화권에서 오랫동안 살아왔다. 따라서 이들이 가진 공적 광장에서 발생하는 선교에 대한 감각은 문화를 변혁시키는 문제였다. 그러나 비록 그랬을 수 있다 하더라도—이 점은 오늘날에도 뜨거운 논의의 대상임이 분명하다.

오늘날 교회는 변화시키는 것만큼이나 고난을 겪고 있는 것 같다. 이 말은 교회가 예전에 가지고 있었던 문화 권력을 모두 상실했다는 의미는 아니다. 분명히, 교회는 전 세계 부의 상당 부분을 통제하고 있다. 그런데도 서구 문화를 통제하는 공적 교리(the public doctrine)는 예전보다 기독교 신앙에 대해 훨씬 더 저항적이고, 그 정도는 점점 심해지고 있다.

크리스토퍼 라이트는 이 점을 세 가지 단계로 설명한다.

첫째, 우리는 구별되게 부르심을 받았다.
둘째, 우리는 우상 숭배에 저항하도록 부르심을 받았다.
셋째, 우리는 고난을 겪는 자리로 부르심을 받았다.

이것이 정확히 신약성경이 말하는 논리이다. 인간 사회와 문화는 우상 숭배에 뿌리내린 근본적 신념들과 공동의 이야기에 기초하여 결집하고 있다. 문화 내에서 일치하지 않는 집단이 공적 교리와 지배적 이야기에 도전할 때, 권력들은 자연스럽게 이에 반격을 가한다.

만일 문화 공동체가 하나로 응집되고자 할 때, 해당 문화가 신봉하는 여러 가지 신념에 대해 일정 정도 수준을 넘어 도전하는 것을 용인할 수 없게 된다. 자신들이 속한 문화로부터 구별되는 것, 해당 문화의 지배적 이야기에 대한 우상 숭배에 저항하는 것은, 기독교인들이 그들이 처한 문화 안에서 소명을 추구하려 할 때 고난을 겪을 것이 분명하다는 것을 의미한다.

이윤을 동기로 삼는 우상 숭배에 도전하는 사업가, 세속적인 현대 혹은 포스트모던의 학술적 가정에 도전하는 학자, 건강 '산업'에 대한 인본주의적 이해에 저항하는 건강 전문가, 현재 작동하고 있는 자유주의적 이데올로기에 이의를 제기하는 정치 분야에서 일하는 사람 등, 이 모든 이는 예수 그리스도의 주 되심 아래서 성경적 이야기에 따라 신실하게 살아가기 위해서는 순종에 대한 대가 지급을 요구한다는 것을 발견하게 될 것이다. 참으로, 신실함은 고난을 의미한다.

> 무릇 그리스도 예수 안에서 경건하게 살고자 하는 자는 박해를 받으리라 (딤후 3:12).

뉴비긴은 자신이 속한 확대 가족의 대표로서 교사로 훈련받은 인도의 한 젊은 교사에 관한 이야기했다. 교사가 된 첫해에, 그의 기독교 신앙이 공적 교육 분야에 만연한 다원주의적 권세들과 정면으로 대치하게 되었다. 그가 굴복하기를 거부했을 때 그는 해고를 당했고, 결과적으로 오랫동안 받은 교육과 그를 지원한 전체 가족의 투자도 상실하게 되었다. 수일이 지나고 난 후, 뉴비긴은 이전에 그가 그 마을에서 했던 것보다 더 많은 사람에게 세례를 베풀었다.

> 자신의 신앙을 타협하기보다 기꺼이 자신의 교사 자격증을 상실했던 한 마을 젊은 이가 대가를 지급하면서까지 보여 준 증거가 전체 교육 기관에 충격을 주었고 그 결과 대학 캠퍼스 내 학생들에게 세례를 베풀게 되었다.[55]

이 사건 때문에 뉴비긴은 세 가지 일에 대해 확신하게 되었다.

---

55 Lesslie Newbigin, *Unifinished Agenda: An Autobiography* (GenevaL World Council of Churches, 1985), p. 120.

첫째, 공적 기관을 형성하는 지배적 교리와 복음의 불일치성이다.
둘째, 신실한 증거의 대가이다.
셋째, 대가를 지불한 증거가 다른 이들을 그리스도께로 인도하는 능력이다.

어떻게 성도는 대가를 지불하는 증거라는 사역을 감당할 수 있는 용기를 부여받을 수 있을까?

앞에서 우리는 지원하고 양육하는 회중의 중요성에 주목했다. 공동체적 분야에서뿐만 아니라 개인적인 분야에서도, 굳건한 영성을 개발하는 것 또한 중요할 것이다.

마지막 분석으로, 효과적이고 신실한 선교적 대면은 찬양의 삶, 감사 그리고 간구를 통해 하나님과 더불어 맺어 가는 교제 안에서 끊임없이 새로워지는 생명의 삶에 의존할 것이다. 성령에 의해 그리스도의 생명이 우리에게 흘러 들어오는 것은 우리가 그리스도 안에 거할 때라야 비로소 가능해지는 것인데, 그 결과 문화 안에서 작동하는 파괴적인 영적 세력들에 도전하는 것으로 인해 발생하는 고통스러운 긴장이 생성된다. N.T. 라이트는 이렇게 주장했다.

> 모든 기독교인, 특히 치유와 부흥을 세상에 전달하는 교회 선교의 가장 앞자리에 참여하는 기독교인들은, 만일 그들이 자신의 의제를 앞세우는 교만이나 상대주의에 빠져드는 겁쟁이가 되지 않으려면, 사역을 감당하기 위해 나아갈 때마다 예수의 영을 날마다 그리고 시간마다 일깨우는 기도의 사람들이 되어야 한다.[56]

---

[56] N. T. Wright, New Tasks for a Renewed Church (London: Hodder & Stoughton, 1992), p. 86.

심화를 위한 독서 자료

Dickson, John. *The Best Kept Secret of Christian Mission: Preaching the Gospel with More Than Our Lips*. Grand Rapids: Zondervan, 2010.

Goheen, Michael W. "The Missional Calling of Believers in the World: Lesslie Newbigin's Contribution," in *A Scandalous Prophet: The Way of Mission After Newbigin*, edited by Thomas F. Foust et al., pp. 37-54. Grand Rapids: Eerdmans, 2002.

Newbigin, Lesslie. *The Gospel in a Pluralist Society. Grand Rapids*: Eerdmans, 1989, pp. 128-40. (『다원주의 사회에서의 복음』 IVP 역간)

Stone, Bryan. *Evangelism After Christendom: The Theology and Practice of Christian Witness*. Grand Rapids: Brazos Press, 2007.

Webber, Robert E. *Ancient-Future Evangelism: Making Your Church a Faith-Forming Community*. Grand Rapids: Baker, 2003 (『기독교 사역론』, CLC 역간).

토론을 위한 질문

1. 독자의 경험에 비추어 볼 때, 선교에 대한 복음주의 신학과 에큐메니컬 신학이 어느 정도까지 그리고 어떤 방식으로 일반 성도의 선교에 대한 생각을 지배하고 있는가?
2. 당신의 속한 교회는 다음의 질문에 대해 어떻게 답변하겠는가?
   복음 전도 또는 긍휼과 정의, 어느 것이 더 중요한가?
3. 본 장에서 말한 진정한 복음 전도에 대한 설명에 대해 평가해 보라.
   독자가 발견한 것 중 가장 도움이 되는 것은 무엇인가?
   이것을 독자가 경험한 복음 전도에 대한 일부 경험과 관찰에 비춰 토론해 보라.

에세이를 위한 주제

1. 20세기에 진행되었던 말과 행동을 둘러싼 에큐메니컬 전통과 복음주의 전통 간의 논쟁을 추적해 보라.
   우리는 그 논쟁으로부터 무엇을 배울 수 있는가?
   그 문제를 어떻게 해결할 것인가?
   그것이 여전히 현대 선교에 대한 독자의 이해에 영향을 끼치는가?
2. 하나님의 나라에 대한 주제를 복음 전도에 적용하는 것이 어떻게 도움이 되는가?
   그 주제를 21세기에 맞게 번역하는 방식은 무엇이겠는가?
3. 레슬리 뉴비긴은 우리가 속한 문화와 선교적 대면이 발생하는 가장 중요한 방식은 평신도의 소명에 대해 논쟁이라고 주장했다.
   독자는 이 점에 동의하는가?
   왜 동의하는가?
   동의하지 않는다면, 그 이유는 무엇인가?
   교회가 이 점을 가장 우선적인 것으로 보는 데 방해가 되는 것은 무엇인가?

제7장

신실한 상황화:
교회, 복음, 문화(들)

2천 년 교회 역사의 상당히 오랜 기간, 교회는 복음을 유럽이라는 하나의 거대한 협력 문화(macroculture) 상황 속에서 구체화했다. 16세기에는 로마 가톨릭교회에서 그리고 18세기에는 개신교 교회에서 타문화권에 대한 선교 사역들이 폭발적으로 펼쳐지기 시작했을 때, 선교 사역에 참여했던 사람들은 아마도 오직 중세 시대 선교에 참여했던 수도사들이나 알았음 직했던 새로운 상황에 직면하게 되었다.

이들 새로운 상황들과 복음이 어떻게 연관되는 것일까?

이 이슈가 특별히 문제가 되는 이유는 무엇이었고, 오늘날까지 지속하고 있는 문제는 무엇일까?

문제가 되는 이슈는, 서구 문화는 우월하고 기독교적인 것이라고 가정하는 것과 또한 이와는 반대로 비서구 문화들이 열등하고 이교도의 것에 불과하다는 가정이었다. 사실 '문화들'(복수)이라는 단어는 19세기 말까지 사용되지 않았다. 그 이후에도 드물게 사용되었을 뿐이다. 이 단어가 주목받기 시작한 것은 20세기에 들어서였다. '문화들'이란 단어 대신 사용된 단어가 '문명'(단수)이라는 단어였다. 서구 문화는 문명이 의미해야 하는 것의 기준이었다. 문화 진화론 이론으로 인해 이런 생각이 강화된 서구인들은 자신들의 문명이 다른 문화에 속한 사람들이 따라잡아야 할 진화론적 인간 발전의 정점에 있다고 믿고 있었다. 서구는 수직적 사다리의 맨 상위에 서 있었고, 전 세계에 산재하여 있는 다른 문화들은 그들 문화가 서구 문화의 기준에 얼마나 근접해 있느냐의 여부에 따라 사다리의 하위 칸 어딘가에 위치하고 있었다. 더욱이 복음은 비서구 이교도 국가들과는 멀리 떨어져 있는 기독교 서구라는 자연스러운 장소에서 발견할 수 있었다.

오늘날 교회는 전 세계 모든 문화 속에 그 뿌리를 내리고 있다. 그리고 이제 복음은 수많은 문화 형식을 덧입고 있다. 서구 또는 서구의 기독교적 특성에 대한 도덕적 우월감이 엄청나게 약화했다. 근대 선교 운동의 유산은 전 세계 모든 곳에서 복음과 문화에 대한 주제를 둘러싼 많은 이슈를 남겨 놓았다. 문제는 그 어느 때보다 긴급하다.

복음과 문화(들)와의 관계는 무엇인가?

그리고 신실한 상황화는 무엇인가?

1. 이슈의 긴급성

이 이슈는 전체로서의 세계교회를 위해서뿐만 아니라 각각의 문화 배경 안에 존재하는 모든 교회를 위해 매우 중요하다. 이는 외국이라는 환경 안에서 이해할 수 있는 방식으로 복음을 번역하거나 전달하기를 원하는 타문화권 선교사들이나 선교를 공부하는 학생들이 관심을 갖는 이국적인 사안이 아니다. 이 이슈는 복음 그 자체가 가진 본질로부터 유래하는 것이다. 복음이 문화 형식이라는 옷을 입는다는 것은 불가피한 일이다.

이것은 복음이 문화에 의해 형성되는 것이냐의 여부에 관한 문제가 아니다. 유일한 질문은 복음의 상황화가 신실하냐 아니면 그렇지 못하냐에 관한 문제다.

상황화는 복음에 있어 본질적인 것이다. 그래서 상황화는 전 세계 모든 곳에 있는 교회들이 맞닥뜨릴 긴급한 선교적 문제다. 상황화 이슈는 우리가 복음을 살아내고 전달하고자 시도할 때 필연적으로 발생할 수밖에 없는 이슈다.

복음은 복된 소식이다. 하나님은 예수 그리스도의 삶과 죽음 그리고 부활 안에서 우주적 역사의 목적을 드러내셨고 성취하셨다. 복음은 보편타당성을 갖는 것이며 따라서 모든 이들에게 전달되어야 할 소식이다.

따라서 복음은 모든 문화 가운데서 전달되어야 하는데, 이 복음이 수용되고 기독교 공동체가 형성되었을 때, 그들 공동체의 생활 방식을 통해 구체적으로 드러나야 한다. 그러므로 문화에 대한 복음의 관계는, 단지 새로운 문화 환경 속에서 복음을 전달하고 싶어 하는 사람들(타문화권 선교사들—역주)을 위해서뿐만 아니라, 세상 모든 곳에 존재하며 선교의 사명을 감당하고자 하는 모든 교회가 직면하고 있는 관심사이다.

> 예수의 십자가 도상에서의 죽으심과 부활하심을 신앙의 궁극적 기준 표준(ultimate standards of reference)으로 수용하는 사회라면, 단지 말로만이 아니라 그 사회가 취하는 모든 생활 방식을 통해, 십자가 도상의 죽으심을 통해 분명하게 드러난 세상에 대한 급진적 불일치를 드러내야 한다. 그리고 동시에 부활로 인해 가능해진 세상에 대한 확정이 드러나야 한다.
>
> Lesslie Newbigin, "Stewardship, Mission, and Development," p. 6.

예수께서는 땅끝까지 이르러 모든 나라에서 복음을 증거할 공동체를 선택하시고 형성하심으로써 복음 전달을 위한 준비를 하셨다. 복음 전달을 위해 예수께서 하신 이 최초의 행위는 이슬람이 시도하는 방식과 대척점을 형성한다. 이슬람에서, 준비는 선지자 모하메드가 글로 기록한 메시지를 전달하기 위한 것이다. 따라서 기록된 코란은 메시지의 사도이며 담지자다. 이와 대조적으로, 예수께서는 책을 기록하지 않으셨다. 예수께서는 공동체를 형성하셨다.

확신하건대 성경은 구속에 대한 하나님의 이야기를 펼쳐 가는 데 권위 있는 역할(an authoritative role)을 한다. 그런데도 예수께서는 공동체를 형성하시고 이 공동체를 복음에 대한 가장 중요한 담지자로 삼으셨다. 이슬람에서 코란이라는 책은 메시지의 유일한 담지자이다. 따라서 누군가 이 메시지를 수용하기 위해서는 아랍어를 배워야만 한다.

코란의 메시지는 다른 언어 또는 문화로 번역될 수 없다. 왜냐하면 번역 과정에서 메시지가 변형되거나 오염될 수 있다는 두려움이 있기 때문이다. 이슬람으로의 개종은 종교적인 개종일 뿐만 아니라 문화적인 개종이기도 하다. 무슬림이 되기 위해서는 코란의 문화를 수용해야 한다.

이와 대조적으로, 교회는 땅끝까지 이르러 세상의 모든 문화 속에서 복음을 구체화하고 전달하라고 보내심을 받았다. 복음과 교회의 선교가 갖는 본질은, 복음이 수많은 문화의 표현 양식으로 번역되어야 할 것을 요구한다. 하나의 복음이 그 복음이 전달되는 다양한 문화들과 맺어 가는 관계에 대한 질문이 바로 상황화에 대한 질문이다.

이 부분에서 고려해야 할 몇 가지 이슈들이 있다. 한 네팔 목사가 내게 이런 질문을 한 적이 있다.

우리는 교회를 건설하고 있습니다. 회중 내 나이가 많은 구성원들은 유럽식의 건축 구조를 원합니다. 왜냐하면 유럽식의 건축 구조가 기독교 교회 건물이라고 믿기 때문입니다. 회중에 속한 좀 더 젊은 구성원들은 외견상 불교 사원처럼 보일 수 있는 토착적 구조를 원합니다. 나이가 많은 구성원들은 젊은이들이 복음을 불교식 문화와 타협하고 있다고 믿고 있습니다. 젊은 구성원들은 나이 많은 구성원들이 복음의 외래적(서구) 형식에 사로잡혀 있다고 믿고 있습니다.
이 문제를 어떻게 해결해야 합니까?

언젠가, 선교를 공부하는 일단의 학생들에게 아프리카 독립교회에 관한 비디오를 보여 준 적이 있다. 그 비디오에는 물활론적 종교에서 기원한 방식으로 동물의 내장을 가지고 의식을 수행하는 한 여성이 등장했다. 이들이 행한 것은 기독교 의식이었다. 비디오를 시청한 학생들 내에서 그들이 비디오를 통해 목격한 행위에 대한 날카로운 반대의 목소리가 터져 나왔다.

어떤 학생들은 이것이 혼합주의적—기독교식 겉치장을 갖다 붙인 이교주의—이라고 믿지만, 다른 학생들은 우리 것이 아닌 다른 문화에서 행하는 복음의 문화적 표현에 대해 그렇게 쉽게 판단을 내릴 수 없다고 주장했다. 아마도 아프리카 독립교회에서 행한 의식들에는 기독교적 의미들로 가득할 것이다.

이러한 오랜 물활론적 의식들을 어떻게 취급해야 할까?

그냥 포기해야 할까?

아니면 변형하여 수용해야 할까?

19세기와 20세기 선교사들은 에로틱한 이교 의식들과 연관된 북 그리고 아프리카 사회에서 핵심적 역할을 했던 산고마(sangoma, 치료 주술사) 문제를 어떻게 처리해야 할지에 대해 고심했다.

상황화 이슈는 비서구교회에 한정된 문제가 아니다. 예를 들면, 서구교회도 우리 문화에 불어닥친 포스트모더니즘이라는 새로운 바람을 어떻게 다루어야 하는지에 대한 분열이 존재한다. 많은 현대 작가가 복음을 현대 문화와 상관성을 갖게 하려고 복음에 대한 포스트모던식 표현을 주장하고 있다. 다른 사람들은 포스트모더니즘이 우리 시대의 유희와 소비문화에 우리를 굴복시키게 될 것에 대해 경고한다.

포스트모던 문화 속에서 신실하게 복음을 구체화한다는 것이 의미하는 것은 무엇일까?

그리고 매우 중요하게도, 이 이슈는 단지 예배나 교회 혹은 복음 전도에 대한 것만이 아니다. 이것은 우리의 일상적 삶이 갖는 모든 측면에 스며들어 있는 이슈에 대한 것이다. 다음의 실례들에 대해 생각해 보라. 이 모든 예는 실재 이야기에서 취한 것이다.

사업이란 것이 이윤 획득이 동기가 되는 것이고, 따라서 수많은 불의가 발생할 수밖에 없는 문화적 상황 속에서 복음에 충실한 사업가가 된다는 것이 의미하는 것은 무엇일까?

포스트모던풍이 지배적인 대학에서 학위 과정을 밟고 있는 박사 과정 학생이, 어떻게 하면 포스트모더니즘이라는 문화적 배경에서 유래한 수많은 우상 숭배적 가정들을 전제로 하는 학내의 학문적 분위기 속에서 복음에 신실할 수 있겠는가?

많은 점에서 성경 이야기와 대립하는 인본주의적 이야기가 학사 과정을 구성하는 내용을 형성하고 있는 공립학교 시스템 안에서, 기독교인 교사는 어떻게 해야 복음에 신실할 수 있을까?

전체 병원 시스템이 인간에 대한 인본주의적 이해 위에 세워졌을 때, 해당 정신병원에 근무하는 기독교인은 어떻게 하면 병원 안에서 복음을 신실하게 구체화할 수 있을까?

인생의 모든 지점에서 이와 같은 질문들의 가지 수는 증가한다. 만일 선교가 모든 문화 환경의 한복판에서 복음을 신실하게 구체화한다면 그리고 모든 문화가 일정 부분까지 복음과 대립하는 신념들에 기초하고 있다면, 문화 안에서 복음을 살아 낸다는 것과 관련된 질문은 긴급한 것이 될 수밖에 없다. 상황화는 모든 문화 속에 존재하는(pervasive) 이슈이자 필수적으로 다뤄야 할 이슈이다.

> 복음은 새로운 타당성 구조(plausibility structure)를 발생시키는데, 이것은 복음과 유리된 인간이 만든 모든 문화를 형성하는 데 결정적 영향을 끼치는 타당성 구조와는 급진적으로 다른 사물에 대한 시각이다. 그러므로 복음의 담지자인 교회는 인간이 만든 모든 문화를 통제하는 그러한 타당성 구조에 일치하지 않으면서 그 구조에 의문을 제기하는 또 다른(성경적—역주) 타당성 구조에 기대어 있어야 한다.
>
> Lesslie Newbigin, *The Gospel in a Pluralist Society*, p. 9.

2. 복음과 문화: 자문화중심주의와 상대주의

마르틴 루터는 다음과 같은 말을 언급한 적이 있다.

> 복음은 우리에 갇힌 사자와 같다. 복음은 보호받을 필요가 없다. 그냥 풀어놓으면 된다.

상황화에 대한 이슈는 선교에 관한 문제다. 왜냐하면 복음과 문화 간에 형성된 잘못된 관계는 두 가지 면에서 복음을 가두어 놓을 수 있다. 또는, 다른 말로 하자면 복음을 가두어 놓고 복음의 능력을 길들일 수 있는 두 세트의 장애물이 있다. 첫 장애물 세트—자문화중심주의와 상대주의의 문제—는 복음과 세상에 존재하는 많은(다수의) 문화에 관심을 두고 있다. 자문화중심주의는 복음에 대한 하나의 문화적 표현을 다른 문화적 표현들에 대한 규범으로 고려한다. 이런 경우라면 복음과 복음의 문화적 형식이 구별되지 않는다. 자문화중심주의는 과거 수 세기 동안 진행된 선교 운동의 많은 부분이 내포하고 있던 문제였다. 복음의 서구적 형식이 선교사들이 파송된 모든 문화를 위한 규범으로 간주했다. 다음은 한 젊은 네팔인이 제기한 불만이다.

"예배를 위한 건물을 지을 때 도대체 왜 서구식 건축물이 예배당 건축을 위한 규범이 되어야 합니까?"

다음은 많은 아프리카인이 제기하는 불만이다.

"도대체 왜 서구의 인본주의, 합리주의, 개인주의가 그리스도의 세계와 악령의 세계 간 능력 대결을 표현하는 의식들에 암운을 드리우는 것입니까?"

상대주의는 이와 반대되는 문제를 일으킨다. 상대주의는 어떤 문화적 표현도 성경에 따라, 또는 다른 문화권에 있는 교회 때문에 그 표현의 좋음과 나쁨이 판단받을 수 없는 상황을 의미한다. 다른 문화에 대한 여하함의 판단도 결국은 문화를 판단하는 사람이 속한 문화적 배경에 의한 하는 것이기 때문에, 다른 문화를 판단할 기준이 존재할 수 없다.

한국인 교수인 정현경은 캔버라에서 열린 세계교회협의회 회의(1991)에서 그녀의 한국인 조상들의 영을 성령으로 소환했다. 그녀는 그들 조상의 영이 부르짖는 소리를 통해 한국인들이 성령의 음성을 듣는다고 말했다. 많은 복음주의적 성향의 참석자와 동방 정교회 참석자는 이러한 행위에 대해 혼합주의라고 반응했다. 다른 사람들은 정 교수의 행위를 불신앙적인 것으로 판단할 수 없다고 말했다. 왜냐하면 우리의 판단은 우리가 속한 문화적 상황에서 형성된 것을 기초로 한 것이기 때문이다.

복음에 대한 신실한 혹은 신실하지 못한 구체화를 판단할 범주가 없으므로, 결국 상대주의로 갈 수밖에 없다. 상대주의는 20세기 중엽에 발생했는데, 부분적으로는 자신들의 문화를 다른 이들에게 부과했던 것을 반성하는 서구인들의 예민한 양심에서 기인했다. 상대주의에서, 복음에 대한 모든 문화적 표현은 같은 가치를 지닌다.

자민족중심주의와 상대주의 모두 복음을 신실하게 구체화하고 전달하는 일을 억제한다.

중요한 질문이다.

"어떻게 하면 교회가 하나의 복음에 신실하며(자민족중심주의에 빠지지 않으면서), 동시에 다원적 표현들을 수용할 수 있느냐(상대주의에 빠지지 않으면서)?"

"어떻게 하면 다양한 문화 속에서 다양한 형식으로 옷 입으면서도 복음의 진정성을 유지할 수 있느냐?"

3. 복음과 문화: 혼합주의와 무상관성

복음이 하나의 특정한 문화가 갖는 다양한 측면과 맺는 관계로부터 이와 밀접하게 연관된 한 세트의 이슈—혼합주의와 무상관성(Irrelevance)에 대한 문제들—가 등장한다. 혼합주의는 복음을 문화와 상관성을 갖게 하려는 시도에서 기인한다. 혼합주의는 복음이 문화가 갖는 우상 숭배적인 형식들, 구조들 그리고 범주들로 흡수되어, 결과적으로 복음의 내용을 타협할 때 발생한다. 나이가 많은 네팔인은 교회가 불교식 건축물을 활용했다면 이 같은 일이 발생하는 것을 막을 수 없었다고 믿는다.

이런 식의 사고가 많은 사람이 아프리카 독립교회들이 행하는 물활론적(animistic) 행사 또는 한국인 교수가 행한 기도에 대해 믿고 있다. 이런 현상은 신생 교회들이 포스트모더니티를 수용하거나 그동안 고수하던 모더니티의 가치를 폄하하게 될 때 발생할 수 있는 일이다. 이러한 일은 또한 불의한 경제 관행들에 굴복한 사업가, 대학이 주장하는 세속적 학문 풍조에 무비판적으로 단순히 부합한 박사 과정 학생, 또는 정신병원에서 일하는 사람들이 그들의 일터가 형성하는 인본주의적 풍조에 무비판적일 때 직면하게 되는 문제이기도 하다.

문제의 다른 측면은 무상관성이다. 무상관성은 복음에 대한 오래된 또는 외래적 형식들에 집착하는 것으로, 복음에 대한 신실함을 드러내려는 시도에서 유래한다. 포스트모던 세계라는 환경 속에서 성장한 많은 젊은 복음주의자들은 전통적 복음주의자들이 이제는 상관성을 갖지 못하는 모더니즘이 형성한 기독교 신앙에 집착하고 있다고 믿는다.

이들의 눈에 모더니즘을 형식으로 한 복음 이해는 복음 이해에 대한 낡은 형식에 불과하다. 제3세계 국가에 속해 있는 교회들이 갖고 있는 일부 확신들, 예컨대 예배, 신학, 신앙 고백들, 윤리적이고 사회적인 실천 행위들이 갖는 형식—사실상 그들에게 전수된 기독교 신앙의 모든 것—은 서구로부터 유래한 것이고, 따라서 그들이 처해 있는 상황들과 무관하다. 그들이 고수하고 있는 것은 외래적 형식의 복음일 뿐이다. 따라서 이러한 형식의 복음은 복된 소식임에도 불구하고 그들이 실존하고 있는 현대 문화에는 친숙하지 않은 복음이다.

혼합주의와 무상관성 모두 복음이 갖는 복된 소식을 신실하게 구체화하거나 전달하는 데 제약을 가한다. 혼합주의는 복음을 타협하는 반면 무상관성은 복음을 복된 소식으로 인식하지 못하게 한다. 중요한 질문은 다음과 같다.

"어떻게 하면 복음에 신실하면서(무관하지 않으면서) 동시에 문화에 상관성을 가질 수(혼합주의로 나가지 않으면서) 있을까?"

자민족중심주의와 상대주의, 혼합주의와 무관성, 이 모든 것은 복음을 가두고 교회의 선교를 약화하는 철장과도 같은 것이다.

4. 상황화에 대한 간단한 역사

1) 요한복음 모델

라민 사네(Lamin Sanneh)는 초대교회의 복음이 "유대인 세계와 이방인 세계를 아우르고, 타문화적 환경 속에서 등장했으며, 번역을 그 모반으로 하는"[1] 그런 복음이었다고 말했다. 복음을 그레코-로만 문화 속으로 번역해 내는 일은 이미 신약성경이라는 정경 속에서 발생했던 일이다.

---

[1] Max L. Stackhouse, *Apologia: Contextualization, Globalization, and Mission in Theological Education* (Grand Rapids: Eerdmans, 1988), p. 58.

딘 플레밍은 어떻게 상황화라는 역동성이 신약성경의 핵심부에 존재하고 있는지 보여 주는 놀라운 연구 결과를 내놓았다. 그는 상황화를 "복음이 구체적인 역사적 또는 문화적 상황 속으로 성육신하는 과정으로서, 복음이 갖는 역동적이고 포괄적인 과정이라 이해했다. 이 과정은 복음이 지역 상황(local context)에서 참되게 표현되도록 하는 동시에 그 상황을 예언자적으로 변화시킨다. 상황화는 하나님의 백성이 그들의 속한 문화와 환경 안에서 그리스도께 복종하며 복음을 살아낼 방법을 모색한다."[2]

아마도 하나의 실례를 상세하게 설명하는 것(elaboration)이 유익할 것이다. 공관복음(마태복음, 마가복음, 누가복음)을 요한복음과 비교하는 것이 그것이다. 공관복음에서 하나님의 나라가 예수 사역의 가장 우선적인 범주로 등장한다. 하나님의 나라는 예수께서 당신의 메시지를 직접적으로 전한 유대인들 사이에서 대중적인 것이었고 따라서 선뜻 이해할 수 있는 종말론적 기대에 속한 범주였다. 그러나 우리가 요한복음을 읽을 때, 하나님 나라에 대한 언급이 실질적으로 사라진 것을 알 수 있다. "요한은 복음을 새로운 열쇠를 통해 노래한다."[3]

이제 우리는 이방 문화의 이원론을 반영하는 것처럼 보이는 언어—빛과 어둠, 하늘과 땅, 위와 아래, 영과 육, 진리와 거짓, 삶과 죽음—를 듣게 된다. 비록 다른 방식이기는 하지만, 바울도 이와 같은 이원론적 언어를 채용한다. 이와 같은 이원론적 언어는 로마 제국 내에 거주했던 다양한 이방인 집단과 유대인 집단이 다양한 방식으로 채용했다.

이와 같은 언어를 확실하게 적용하는 것은 이해할 만한 일이다. 왜냐하면 그처럼 친숙한 언어는 복음의 소식을 듣는 자들에게 익숙한 것이었을 뿐만 아니라 다양한 이미지를 떠올리게 할 수 있었기 때문이다. 그러나 이러한 시도를 통해 요한과 바울은 복음이 복음과 대조적인 이방인 혹은 유대인의 세계관에 삼켜질 수도 있는 위험에 정면으로 마주한 것으로 보인다.

요한과 바울의 저작 속에서 우리가 발견하는 것은 이방 문화에 길들여진 복음인가?

아니면 새로운 문화적 배경 속으로 복음을 신실하게 번역해 내고 상황화하고 있음을 발견하는가?

이와 관련하여, 요한복음을 시작하는 단어들이 유익한 점이 있음을 알 수 있다.

---

2   Dean Flemming, *Contextualization in the New Testament: Patterns for Theology and Mission* (downers Grove, IL: InterVarsity Press, 2005), p. 19.
3   Ibid., p. 275.

태초에 말씀(*logos*)이 계시니라(요 1:1).

헬라 문화가 형성한 세상에서 살아가던 로마의 시민들은 이 말이 의미하는 바가 무엇인지 알고 있었다. 태초라는 말은 영적이고, 온 우주에 스며 있으며 우주에 질서를 부여하고 유지하는 합리적인 원리라는 뜻이었다. 모든 인간은 우주의 질서를 이해할 수 있게 하는 그것(이성)의 희미한 흔적(spark)을 소유하고 있다. 유대인들에게 이것은 창세기 1장에서 창조적인 말씀을 불러일으킨 것이거나 하나님의 선제적 지혜를 불러일으킨 것이어야 했다.

구약성경과 헬라 철학을 융합하고 있던 사람들에게, 이것은 하나님과 세상을 중재하는 피조된 존재로서 창조의 때에 존재했던 중재 원리(mediating principle)였다. 요한이 계속해서 말하고 있는 것처럼, 이 모든 선택은 완성되기도 했고 동시에 부정되기도 했다.

말씀(*logos*)이 육신(*sarx*)이 되니라(요 1:14).

세상에 질서를 부여하고 유지하시는 분은 인간이신 예수로 육신이 되신 인격적 창조주(a personal Creator)이시다.

복음은 세상의 가시적 영역과 비가시적 영역 간 근본적인 분리를 지지하던 고전적이고 지배적인 세계관을 부정하고 도전했다. 로고스(말씀)는 비가시적 영역에 속한 것이었고, 사스(육신)는 가시적인 영역에 속한 것이었다. 그러나 요한복음에서는 기본 범주들의 융합(a confusion)과 헬라 세계관이 유지하고 있던 구조와 우상에 대한 도전을 말씀하고 있다. 요한복음은 또한 피조된 중재적 존재(created intermediary being)가 있다고 주장하는 유대인들의 혼합주의적 관점에 도전한다.

더욱이 구약성경에 주목하고 있던 유대인들에게 예수는 창조주 하나님이시고 인간의 육신을 입고 있는 하나님의 지혜이다. 이제 복음을 듣는 사람들에게는 세 가지 선택이 있다.

첫째, 복음을 말도 안 되는 것으로 여겨 거부하는 것이다. 영적인 로고스는 말 그대로 물질적 육신이 될 수 없다. 창세기 1장의 하나님은 인간이 될 수 없다.

둘째, 회개이다. 헬라 이원론과 유대 혼합주의, 또는 유대주의로부터 돌이켜 복음이 제공하는 새로운 출발점에서 이해하고 세상 안에서 살아가는 것으로 전환하는 것이다.

셋째, 이도 저도 아니라면, 이처럼 혼란스러운 메시지를 더 명확히 이해하기 위해 그 메시지가 전하는 바를 더 많이 들어 보는 것이다.

요한은 복음을 타협하지 않았고 이방 세계관에 굴복하지도 않았다. 요한이 헬라 용어를 차용하기는 했으나, 바로 그 세계관과 그 세계관이 포함하고 있던 범주들에 도전하기도 했다.

헨드릭 크래이머는 이것을 가리켜 "전복적 성취"(subversive fulfillment)[4]라 불렀다. 바빙크는 이것을 "포제시오"(possessio)[5]라 불렀다. 두 사람이 가리키는 것은 동일하다. 복음 전도에 관한 모든 언어는 해당 지역에 익숙한 것이어야 하고(at home) 동시에 해당 문화와 불일치하는 지점이 있어야 한다는 것이다.

요한은 무엇보다 고전 헬라 문화에 익숙한 언어를 사용했다. 그는 헬라 문화에 익숙한 문화 범주를 사용했고, 결과적으로 헬라 문화 내에서 살아가는 사람들이 갖고 있는 심층적인 필요에 관해 언급했다. 그의 접촉점은 인류가 가장 열망하는 종교적 욕구 중 하나를 간절히 원하는 마음, 즉 세상 질서의 원천과 근원을 알고자 하는 간절한 마음이었다. 그는 이 필요에 대한 동질감을 갖고 복된 소식을 제공했다.

따라서 그의 복음을 전달하는 그의 전달 방식은 상관성이 있었고, 그 문화가 갖고 있는 가장 근본적인 필요를 성취했다. 조지 R. 비슬리-머레이(George R. Beasley-Murray)는 이 점에 대해 정확히 언급했다.

> 예수 이야기를 소개하기 위해 요한이 채용한 개념은 그가 살아가던 헬라 세계에 복음을 전달하는 데 필요한 절묘한 한 수였다.[6]

그러나 요한은 또한 자신이 살아가던 당시 문화에 불일치하기도 했다. 그는 합리주의적 우상 숭배, 유대-헬라 혼합주의 그리고 그리스도를 거부했던 유대주의에 도전했다. 요한은 그가 살아가던 당대의 모든 세계관을 탐구했다. 질서의 근원은 비인격적이고 비가시적인 원리 혹은 중개적 존재가 아니라 하나님 그 자신이시다. 이 하나님은 예수라는 사람으로 우리 가운데 오신 분이다.

---

4   Hendrick Kraemer, "Continuity and Discontinuity," in *The Madras Series*, vol. 1, *The Authority of Faith* (New York: International Missionary Council, 1939), p. 4.
5   J. H. Bavink, *An Introduction to the Science of Missions* (Philadelphia: Presbyterain & Reformed, 1960), pp. 178-79.
6   George R. Beasley-Murray, *John* (World Biblical Commentary 35; Waco, TX: Word, 1987), lxvi.

요한은 예수와 상관없이 질서의 참된 근원과 세상 안에서의 의미를 이해하려는 모든 관점을 전복하거나 도전했다. 요한은 사람들에게 익숙한 용어와 언급을 사용했고, 그런 용어와 언급 안에 내재되어 있는 질서에 대한 종교적 갈망에 귀를 기울였고, 자신이 사용한 용어와 언급을 새로운 의미로 채웠다. 예수는 창조주—세상 질서의 근원—이시다. 요한은 완성했고 전복시켰다. 이 점에 대해 네슬리 뉴비긴은 다음과 같이 언급했다.

> 나는 기독교 역사를 통틀어 특정 문화에 복음을 전하기 위한 목적 때문에 기록한 문서들 중 가장 용감하고 탁월한 문서가 요한복음이라고 생각한다. 요한복음에는 헬라 세계의 언어들과 사고 형식들이 너무나도 많이 채용되었기 때문에, 모든 세대에 걸쳐 존재했던 영지주의자들은 요한복음이 자신들을 위해 기록된 것이라 생각했다. 그런데도 성경 어디에도 하나님의 말씀과 인간의 문화 사이 존재하는 절대적 반목(absolute contradiction)이 뚜렷하게 등장하는 곳은 없다.[7]

이와 같은 접근 방식은 초기 선교적 대화를 위해서뿐만 아니라 오늘날 우리에게도 유용한 상황화에 대한 접근 방식이다.

언어뿐만 아니라 모든 문화적 형식은 복음으로 인해 변혁되어 새로운 의미로 채워질 수 있다.

정치 구조, 경제 구조, 교육 기관, 가정의 형태, 예술적 표현, 다른 모든 관습이 실행되고 있으며, 그렇게 정착된 모든 제도는 우상 숭배적 왜곡(마땅히 거부되어야 할)뿐만 아니라 창조적인 선함(마땅히 수용해야 할)도 표현한다. 요한이 자민족중심주의와 상대주의 그리고 혼합주의와 무상관성이라는 문제들 너머로 움직여 갈 수 있도록 하는 접근 방식을 제공한다.

상황화에 대한 이러한 접근 방식이 요한복음에서만 특별난 것이 아니다. 이러한 접근 방식은 신약성경의 나머지 책들이 복음과 문화에 관한 문제에 접근하는 방식이기도 했다. 예를 들면, 바울은 자신이 기록한 서신서들을 통해 다양한 이방 문화 속에서 살아가는 교회들에게 어떤 방식으로 복음을 살아 낼 것인가를 가르쳐 주었을 뿐만 아니라 복음을 전달하는 방식에 대해서도 가르쳤다.

---

[7] Lesslie Newbigin, *Foolishness to the Greek: The Gospel and Western Culture* (Grand Rapids: Eerdemans, 1986), p. 53. 여기에서 뉴비긴은 "영지주의"라는 단어를 폭넓은 의미로 사용하고 있으며, 이제는 신뢰가 떨어지기도 했으나, 복음이 영지주의적 관점을 취하고 있다는 불트만의 이론을 지지하지 않는다.

플레밍은 복음 전도와 신학 그리고 성경 해석과 사회문화적 실천이라는 다양한 측면에서 그레코-로만 문화의 문화적 범주들을 채용함으로써 상황화를 실천한 바울이 보여 준 괄목할 만한 실례를 제시하고 있다.[8]

2) 기독교 선교 사역에 대한 경험

그 본질로부터 복음은 번역이 가능하다. 즉, 복음은 항상 일정한 문화적 형식을 취하기 마련이다.

교회가 세워진 후 첫 3세기 동안, 복음은 수많은 문화적 상황 속으로 잘 녹아들어 갔고(found a home), 따라서 사도들이 세운 유대교회, 헬라교회, 야만인의 교회, 트리키야교회, 이집트교회, 로마교회들과 사도 이후에 세워진 시리아교회, 헬라교회, 로마교회, 콥트교회, 아르메니안교회, 에티오피안교회, 마론파교회 등 복음에 대한 다양한 표현들이 존재했다.[9]

중세 시대 동안 유럽의 교회가 권력을 획득하게 되자, 복음의 구체화를 향한 행보는 유럽 문화라는 거시 문화(macrocultural)라는 환경 속에서 이루어졌다. 그러나 복음이 갖고 있는 놀라운 번역 가능성으로 인해, 두 가지 이유에서 다양한 문화적 표현이 그대로 유지될 수 있었다.

> 복음과 문화의 관계에 대한 질문은 현대 선교학에서 가장 격렬하게 논쟁하고 있는 주제 중 하나이다. 그러나 복음과 문화의 관계에 대한 질문은, 그 질문이 제기되는 방식이 혹여 인식하지 못하는 사이에라도 재앙적인 이원론을 암시하는 것은 아닌지 질문해야 한다. 복음과 문화에 대한 질문이 마치 두 가지 전혀 다른 조건, 즉 발생했던 원래의 맥락에서 분리된(disembodied) 메시지와 역사적으로 조건 지어진 사회적 삶의 패턴이 만나는 문제인 것처럼 토론되는 경우가 있다.
>
> Lesslie Newbigin, *The Gospel in a Pluralist Society*, p. 188.

첫째, 교회는 다른 다양한 문화 환경 속에서 오랜 세월 동안 유지되고 있었다. 필립 젠킨스는 이렇게 주장한다.

---

8 Flemming, *Contextualization*, pp. 56-233.
9 David Bosch, *Transforming Mission: Paradigm Shifts in the Theology of Mission* (Maryknoll, NY: Orbis Books, 1991), p. 448: Dale T. Irvin and Scott W. Sunquist, *History of the World Christian Movement*, vol. 1, *Earliest Christianity* to 1453 (Maryknoll, NY: Orbis Books, 2001), pp. 47-97.

기독교 역사의 대부분 동안, 기독교는 유럽과 아프리카 그리고 아시아라는 세 개의 대륙 안에서 유지되었을 뿐만 아니라 그 색체를 강력하게 드러냈는데, 이런 경향은 14세기까지 지속했다.[10]

페르시아 지배하에(5세기부터) 네스토리안교회에 의해 진행된 '기독교의 동향화'(Orientalizing of Christianity)와 이후 네스토리안 선교사들에 의해 중국(7세기에서 9세기까지 진행된)과 다른 아시아 국가들로 기독교 신앙이 확장된 것이 그 한 예이다.[11]

더욱이 유럽 그 자체도 문화적으로 통일되어 있지 않았다. 따라서 유럽 내에서도 기독교 신앙에 대한 다양한 문화적 표현이 남아 있었다. 예를 들면, 영국의 기독교 통치자였던 알프레드 대왕(Alfred the Great, 849-899)은 라틴어 의식을 앵글로색슨 언어로 번역했다. 이것은 "라틴어로는 가능하지 않았던 새로운 토착신학을 양성하게 될 전략적 행동"이었다.[12]

둘째, 복음에 대한 다양한 문화적 표현이 유지될 수 있었던 이유는, 선교적 목적을 가지고 새로운 지역들을 여행했던 사람들이 복음이 상황화되어야 할 필요를 이해하고 있었기 때문이었다.

예를 들면, 패트릭은 예배에서 켈트족의 시와 음악, 예술을 차용했고, 대성당이나 교구보다는 켈트족의 농촌 생활에 적합한 수도원 공동체들을 생성함으로써 아일랜드에 온전히 상황화된 교회를 세웠다.[13] 이후 몇 세기 동안 아일랜드 선교사들은 그들이 새로운 문화적 환경을 접할 때마다 패트릭이 사용했던 것과 유사한 방법을 활용했다.

그러나 로마교회는 점차 증가하고 있던 문화 권력을 휘둘러 교회의 공식적 획일성(official uniformity)을 세워 갔다. 유럽 밖에 있던 많은 교회가 사라져 가거나 약화했다. 하나의 거시 문화권에 있는 교회의 권력이 점차 증가했다는 것과 복음에

---

10 Philip Jenkins, *The Lost History of Christianity: The Thousand-Year Golden Age of the Church in the Middle East, Africa, and Asia – And How It Died* (New York: HarperCollins, 2008), p.3.
11 Samuel Hugh Moffett, "The Earliest Asian Christianity," *Missiology* 3, no. 4 (1975): 415.
12 Todd M. Johnson, "*Contextualization*: A New-Old Idea; Illustrations from the Life of an Italian Jesuit in 17th-*Century* India," *International Journal of Frontier Missions* 4 (1987): 10.
13 패트릭의 상황화는 상관성에 대한 문제일 뿐만 아니라 도전이기도 했다. "그러나 만일 그에게 '이교도의' 방언을 통해 켈트족의 문화 속으로 잘 녹아들어 가는 것(make himself at home)이 중요했다면, 이것은 여타의 다른 이교적 실천들과 타협하지 않으려 했던 그의 의지의 한 실례라는 사실도 그에 못지않게 중요한 것이었다"(William Henry Scott, "St. Patrick's Missionary Methods," *International Review of Mission* 50. no. 198 [1961]: 145).

대한 다양한 문화적 표현이 부족했다는 사실을 놓고 볼 때, 상황화가 이후 오랜 세월 동안 많은 사람의 의식 속에서(in the consciousness) 이슈가 되지 못했다는 것은 이해할 만한 일이다.

15세기와 16세기에 걸쳐 발생했던 발견의 시대 동안, 기독교 선교 사역이 유럽 외부에서 신선한 진전을 이룰 새로운 기회의 문이 열렸다. 당시 지배적인 권력은 포르투갈과 스페인이 쥐고 있었기 때문에, 초기 선교 운동은 로마 가톨릭이 주도했다. 따라서 선교 사역에 참여한 로마 가톨릭교회 선교사들이 복음과 문화들에 대한 이슈를 새롭게 불러일으켰다. 수많은 새로운 문화에 직면하면서 이러한 이슈를 불러일으킨 사람들은 특히 예수회 소속 타문화권 선교사들이었다.

그들은 비서구 문화들 안으로 기독교 신앙을 토착화시키는 방식들을 모색했다. 그들은 다양한 실험을 시행했는데, 선교지 문화의 풍습을 채용하고, 선교지의 방언을 사용했으며, 선교지 사람들이 가지고 있는 종교적 개념과 책을 활용했다.

예를 들면, 마테오 리치는 성경의 하나님을 지칭하기 위해 '상제'(*Shangti*)라는 유교식 명칭을 채용했다. 그는 상제와 야훼가 갖는 일신론적 특성이라는 연결성 위에서 이 명칭을 채용했다. 스페인 출신의 도미니크 수도사들과 프란체스코 수도사들은 이러한 리치의 방식에 격렬하게 반대했다. 왜냐하면 그들은 이러한 리치의 시도를 기독교 신앙을 유교라는 이교주의로 오염시키는 것으로 보았기 때문이다. 도미니크 수도사들의 전략은 신조어를 만들어 내는 것이었다. 예를 들어, 그들은 기독교의 정통을 보수하기 위해 '하늘의 주인'을 의미하는 '천주'(*T'ienzhu*)라는 단어를 만들어 냈다.

불행하게도 한 세기 동안 지속했던 논쟁 후, 마침내 로마 가톨릭교회는 도미니크 수도사들의 손을 들어 주었고 예수회 선교사들의 창의적 노력을 억눌러 버렸다. 예수회 선교사들은 소환되었고, 상황화를 위한 그 이상의 실험이 갖는 긴급성은 좌절되었다.

19세기 근대 선교 운동이 일어나자 동일한 이슈들이 개신교 선교 사역을 통해 다시 한번 발생되었다. 복음과 문화의 상관성에 대한 질문들을 억누르는 로마 가톨릭과 개신교 타문화 선교 경험이 무엇이었는가에 주목해 보는 것이 도움이 될 것이다.

첫째, 초기 복음 전달 과정이 복음과 문화에 대한 이슈들을 불러일으켰다. 복음을 들어 본 적이 없는 힌두 문화권으로 간다고 상상해 보라. 독자라면 힌두 문화권에서 살아온 사람들에게 어떻게 예수를 선포하겠는가?

그들의 문화에서 통용되는 용어들을 사용해야 할 것이다.

그렇다면 독자가 말하는 사람 예수가 진실로 누구냐는 질문을 받을 때 독자는 어떤 것을 선택하겠는가?

어떤 사람은 '스와미'(swami)라는 용어가 성경적이라 믿을 수 있을 것이다. 왜냐하면 그 단어가 의미하는 것이 '주님'이기 때문이다. 문제는 힌두 문화권에는 3천 3백만 스와미가 존재하기 때문에, 이 단어가 복된 소식이 될 가능성이 거의 없다는 사실이다.

그렇다면 '아바타'(avatar)라는 단어는 어떻겠는가?

이 단어는 악을 멸하고 다시 무너지지 않을 의의 통치를 세우기 위해 인간의 몸을 입고 내려온 신의 현신을 언급한다. 그러나 아바타는 힌두교의 윤회적 세계관 속에 편입된 존재이기 때문에, 이 아바타가 이루는 것이 역사의 최종적 성취라고 주장할 근거가 없다.

그냥 복음에 대한 역사적 이야기를 하면 되지 않을까?

그러나 그렇게 되면 힌두인들은 복음을 중요하지 않은 것으로, 그저 흘러 지나가는 것에 불과한 일시적이고 환몽에 불과한 물질세계인 마야(maya)로 환원시키는 결과를 초래하고 말 것이다. 언뜻 볼 때 가능성이 있어 보이는 다른 용어들— 카다불(kadabvul, 초월적 신), 사뜨구루(satguru, 교사), 치트(chit, 세 개의 궁극적 실재 중 두 번째), 또는 아이푸루샨(adipurushan, 태고의 인간)—도 있다. 문제는 이 모든 용어가 "예수께서 유일하신(absolutely) 주로 받아들여졌을 때 발생했던 해석과는 전혀 다른 세계에 대한 해석을 구체화하는 모델에 따라 예수를 설명할" 수밖에 없다는 점에 있다.[14]

만일 누군가 이 용어들 중 하나를 채택할 때 복음의 내용이 타협될 수밖에 없을 것이고, 결과적으로 힌두 문화에 혼합주의적으로 순응해 가는 것이 되고 말 것이다. 그러나 그렇다고 해서 아무 용어도 채택하지 않는다면, 복음은 힌두인들이 이해할 수 없는 것이 될 것이고, 따라서 이 복음을 듣는 힌두 문화권 사람들에게 복된 소식이 될 수 없을 것이다. 두 경우 중 어떤 경우가 되더라도, 복된 소식은 전달되지 않는다.

이와 같은 경험은 수많은 문화 환경 속에서 수도 없이 반복되어 왔던 것이다. 따라서 타문화권 선교사들에게는 복음이 전달되지 않는 문화로 복음을 전달하려 할 때마다 복음과 문화의 상관성에 대한 이슈가 제기되었다.

---

14 Lesslie Newbigin, "Christ and the Cultures," *Scottish Journal of Theology* 31, no. 1 (1978): 2-3.

어떤 식으로든, 비가시적 배경으로 존재하는 종교 문제를 건드리지 않고 사람들의 삶에 관해 설명하는 것은 불가능하다.

복음이 옛 종교의 자리를 차지할 수 있을까?

복음이 새로운 기초를 설정하면서 삶의 통일성을 유지할 수 있을까?

인도 군도(the Indian Archipelago)에 자리 잡은 섬 중 한 섬에 거주하는 나이 많은 현지인(native)이 다음과 같이 언급한 적이 있다.

"우리는 우리가 그것을 정확히 어떻게 해야 하는지에 대한 모든 것을 잘 알고 있습니다. 그러나 우리가 당신을 따르게 될 때, 더 이상 무엇을 어떻게 해야 할지 모르게 될 것입니다.

만일 우리가 당신의 책(book, 성경책—역주)을 받아들인다면, 그때 우리의 집을 어떻게 지어야 할까요?

어떻게 씨를 뿌리고 농사를 지어야 하며, 또 우리 중 죽은 자들을 어떻게 장사 지내야 할까요?"

이와 같은 질문들은, 새로운 문화에 속한 사람들이 복음의 의미가 갖는 진가를 보았을 때 직면하게 되는 당혹스러운 내용이다.

J. H. Bavink, *The Impact of Christianity on the Non-Christian World*, p. 21.

둘째, 성경 번역은 복음과 문화에 대한 이슈들을 불러일으킨다.

성경을 한국어로 번역한 선교사들은 하나님을 '하나님'(Hananim, 토착 한국 종교에서 최상의 존재)으로 번역할 것이냐, '여호와'를 한국어로 음역할 것이냐, 아니면 도미니크 수도사들이 중국에서 그랬듯이 새로운 단어를 만들어 내느냐를 놓고 의견이 일치되지 않았다. 하나님에 대한 토착적인 이름을 사용하는 것은 기독교 신앙을 이교 문화와 타협하는 것으로 보였다. 그러나 다른 용어들은 외래적이고 이해가 불가한 것들이었다.

멕시코의 트젤탈(Tzeltal)인들의 언어로 성경을 번역하고 있던 성경 번역가들은 트젤탈어에는 복음의 핵심 개념인 '왕' 또는 '나라'에 해당하는 단어가 없음을 알게 되었다. 가장 가용 가능한 표현들은 '씨족장'(head of clan), '지역장'(president of a municipality), '대농장의 소유자'(large-ranch owner)였다. 이 단어 중 하나님 나라에 대한 아이디어를 제대로 전달해 줄 수 있는 것은 없었다. 그리고 그들 단어 중 어느 하나를 선택하는 것은 왕이라는 말이 갖는 의미를 상당히 변질시키는 것이 될 것이었다.

독사가 천국의 뱀인 발리에서, 성경 번역가는 바리새인들을 일컬어 "독사의 자식들아!"라고 심하게 꾸짖으신 예수의 말씀이 기록된 본문을 어떻게 해야 할까?

선교사는 자신의 가슴을 치는 것이 자신이 성취한 것에 대한 자부심을 드러내기 위한 몸짓인 서부 아프리카 문화에서 자신의 가슴을 두드리는 여관 주인(the publican) 이야기를 어떻게 다루어야 할까?[15]

성경 번역가들은 "그리스도 예수께서 죄인을 구원하시려고 세상에 임하셨다"(딤전 1:15)는 말씀에 가장 근접한 타밀어 초역으로 "그리스도 예수께서 악동들(rscals)을 위한 무료 숙소(free board)와 임시 숙소(lodging)를 제공하시기 위해 세상에 임하셨다"라고 번역했다.[16]

'죄'라는 단어와 가장 근접한 의미가 있는 단어가 '경솔한'인 수치 기반 문화인 일본 문화에서 '죄'라는 단어를 어떤 단어로 번역할 것인가?[17]

모든 성경 번역가는 번역 과정에서 발생한 다양한 문제와 관련된 수많은 이야기에 대해 알고 있을 것이다. 단어는 해당 문화의 세계관에 의해 형성된 것일 터인데, 문제는 그 세계관이 복음과 양립 불가능한 부분이 일정 정도 존재하기 마련이다. 성경 번역의 전 과정은 복음과 문화에 대한 새로운 질문들을 끊임없이 야기한다.

셋째, 사람들이 실천하고 있는 특정한 사회적, 문화적 그리고 도덕적 행위의 문제가 복음과 문화의 관계에 대한 기독교인의 질문들을 야기한다.

한 가지 좋은 실례가 아프리카의 일부다처제다. 월터 트로비쉬(Walter Trobisch)에 의해 알려진 다음의 이야기는 우리가 문제의식을 느끼게 한다.[18] 아프리카를 여행하던 중에 그는 한 교회를 방문했다. 예배 후 그는 오모도란 이름을 가지고 있으며 세 명의 여인과 결혼한 일부다처주의자 아버지를 둔 한 소년과 이야기를 나누었다. 세 명의 아내를 통해 얻은 자녀들은 모두 세례를 받았고, 세 아내 모두 세례를 받았다. 그러나 오직 첫 번째 아내만이 성찬식에 참여했다. 오모도 자신은 세례를 받지 않았다.

---

15 이 문단에서 말하는 실례들 중 일부는 폴 히버트의 책에서 인용한 것이다. Paul G. Hiebert, *Anthropological Insights for Missionaries* (Grand Rapids: Baker Books, 1985). (『선교와 문화 인류학』, 죠이북스 역간)

16 Lesslie Newbigin, *Sin and Salvation* (London: SCM Press, 1956), p. 8.

17 Harvie Conn, "Contextual Theologies: The Problem of Agendas," *Westminster Theological Journal* 52 (1990): 52.

18 Walter Trobisch, "Congregational Responsibility for the Christian Individual," in Readings in Missionary Anthropology II, ed. William A. Smalley (Pasadena, CA: William Carey Library, 1978), pp. 13-35. 여기에서는 원래 문장을 수정하여 내용을 짧게 소개한다.

트로비쉬는 오모도를 만나기 위해 그의 집을 방문했다. 트로비쉬는 오모도가 두 번째 아내와 결혼한 이유가 첫 번째 아내(아이러니하게도, 유일하게 성찬에 참여할 수 있었던 아내)를 설득하기 위해서였다는 것을 발견했다. 두 번째 아내와 결혼함으로써 두 번째 아내가 첫 번째 아내가 도맡아 하던 가정 내 일을 도울 수 있도록 한 것이다. 결혼 지참금이 상당히 높았던 점을 감안한다면, 오도모의 결정은 상당한 희생을 감수한 선택이었다.

그가 세 번째 아내와 결혼한 것도 오도모의 형제였던 그녀의 첫 번째 남편 때문이었다. 그녀의 첫 번째 남편은 어떤 이유로 사망했고, 그녀는 보호가 필요했다. 아프리카의 관습에 따르면, 남편 사망 시 형제 순위에서 바로 밑에 동생이 형수와 결혼해야 했다. 그러나 그 형제는 교회의 장로 중 한 명이었고, 따라서 그 의무를 지킬 수 없었다(결국 오도모가 그 의무를 이행해야 했다—역주). 오도모가 세례를 받고 교회의 일원이 되는 유일한 방법은 그가 두 번째와 세 번째 아내와 이혼하는 것이었다.

그러나 성경은 이혼을 금하고 있다. 그리고 그 외에도 이혼은 비혼 상태의 두 명의 연약한 여인을 사회적 곤경, 심지어는 위험한 상황에 빠지게 하는 것에 불과했다. 트로비쉬가 그 상황에 대해 신중하게 관찰하면 할수록, 그 문제는 더 복잡해져 갔다. 일부다처제는 아프리카 문화의 근간으로 정착되어 있었고, 따라서 쉽게 제거할 수 없었다. 트로비쉬는 다음과 같은 질문에 대해 생각하면서 아프리카를 떠났다.

'만일 그가 오도모가 살고 있는 마을의 목회자였다면 이 문제를 어떻게 처리했을까?'

참으로, 트로비쉬 이후 아프리카에서 사역하고 있는 수많은 선교사가 이 이슈를 어떻게 처리했어야 하는지에 대한 고심을 지속하고 있다.

사회적 관습(social practice)에 관한 문제는 일부다처제와 같이 '이국적인' 내용으로 한정되는 것이 아니다. 모든 관습과 제도는 어느 정도까지 해당 문화가 가진 신념에 의해 형성된 것이기 마련이다. 지역의 관습이 선교사들의 가정, 정치, 경제, 사회 생활의 체계를 세우는 방식과 충돌했을 때, 인간의 삶의 전 영역에 걸쳐 과연 신실한 상황화는 어떻게 보여야 하는지 이슈를 불러일으키게 된다.

넷째, 예배 형식과 의례 형식에 대한 이슈가 복음과 문화에 대한 질문을 불러일으킨다.

예를 들면, 아프리카의 북에 대해서 어떻게 처리했어야 할까?

많은 아프리카인에게 북은 물활론적인 이교주의의 성적 의식과 연관되어 있었다.

그렇다면 기독교 예배에서 북을 금지해야 할까?

북을 금지하는 것은 사도행전 19:17-20에 등장하는 마술 서적들을 불 지른 일과 같은 것이 아닌가?

만일 그렇다면 아프리카 정글 한가운데서 북을 대체할 수 있는 악기는 무엇일까?

파이프 오르간일까?

19세기와 20세기 선교에서 선교사들은 너무나도 자주 이와 같은 행위들을 정죄했지만, 이 같은 질문은 끊임없이 제기되었다.

다섯째, 교회가 성장해 감에 따라 신학을 둘러싼 질문들이 발생하고, 신학에 대해 새롭게 숙고할 것이 요구되었다.

아프리카에서 선교사들은 전통 종교들이 보여 주는 능력들(powers)에 관한 이슈들에 직면했다. 능력에 대한 이슈는 서구의 신학들이 다루어 보지 않았던 것이었다. 라틴 아메리카에서는 구조적인 경제적 불의에 대한 이슈들이 첨예하다. 그러나 부유한 서구교회의 신학들은 이러한 관심사에 대해 아는 것이 없었다. 아시아에서는 집약적인 종교 환경이 신학적 이슈들을 제기했는데, 이러한 이슈들은 세속적 환경에 처해 있는 서구 신학자들이 직면했던 이슈들과는 다른 것들이었다.

불행하게도, 선교사들은 온전한 상황적 신학화(a full contextual theologizing)를 허용할 수 없다는 가정의 틀에 사로잡혀 있는 경우들이 있었다. 예를 들면, 한국의 장로교는 웨스트민스터 신앙 고백을 수용하라는 요청을 받았다. 웨스트민스터 신앙 고백은 아리스토텔레스식 범주를 사용하여 17세기에 제기되었던 이슈들을 다룬 것으로, 1640년대에 기록된 문서다.

어떻게 웨스트민스터 신앙 고백이 한국 문화에서 제기되는 이슈들에 대해 말할 수 있단 말인가?

하비 콘은 이와 같은 선교사 활동에 대해 다음과 같은 의견을 제시했다.

우리의 신조를 기록한 공식 문서들은 16세기의 문화적 환경과 그 환경이 갖고 있던 문제들에 반응하는 과정에서 구조화된 것이었다. 그러한 공식 문서들이 신앙에 대한 상황적 고백이라는 역사적 특징을 상실하고 모든 시대와 환경에서 포괄적인 타당성을 갖는 문화적으로 보편적인 설득력을 갖는 것들이 되었다. … 종교개혁은 완성되었고, 이제 서구에서 살아가는 우리는 제3세계 국가들에 산재한 교회들이 3세기 전 기독교왕국 시대에 서구교회가 자신들의 신앙에 대해 작성했던 문서들을 수용할 것을 기다리고 있다. … 우리는 비서구교회들의 역사적, 문화적 특성을 폄하해 왔다. 특정 역사적 순간이 부여하는 독특성에 기반을 두고 작성된 선교사들의 문서인 신조가 백인들의 온정주의로 인해 비신화화되어(demythologized) 모든 시대에 적용될 수 있는 보편적 본질(universal Essence)이 되는 경우가 너무도 잦았다.[19]

예를 들어 제3세계에서 성장하고 있는 다양한 신학들을 통해 볼 수 있는 것처럼, 상황적 신학에 관한 이슈는 다음과 같은 긴급한 요구를 담고 있어야 한다. 즉, 제3세계의 신학들뿐 아니라 존재하는 모든 신학이 상황적이라는 사실을 강조하도록 진술되어야 한다.

신학이 상황적일 때라야 비로소 기독교인들이 자신들의 신앙을 소유하게 될 것이고, 그들이 살아가는 시대의 우상 숭배적인 정신들에 도전하게 될 것이다.

다른 말로 하자면, 복음에 대한 신실함은 상황화에 의존한다. 이 점에 대해 뉴비긴은 다음과 같이 주장한다.

교회의 책무는 각 세대에게 신앙이 무엇인지를 선포하고, 신앙에 파괴적인 오류들을 드러내어 싸우고, 신앙을 왜곡시키는 교회의 중심 교리들(body doctrines)을 축출하고, 교회의 구성원들을 이끌어 신앙에 대한 풍성하고 생생한 이해로 이끄는 것이다. 이것은 모든 세대에서 발행해야 할 항상 신선한 사역이다. 왜냐하면 사상은 결단코 멈춰 있지 않기 때문이다. 특정 세대를 향해 교회가 진술한 메시지를 담고 있는 말씀은 다음 세대가 성장하면 그 의미들에 대한 변화가 발생한다. 말로 진술되는 어떠한 성명도 교회가 담고 있는 메시지에 대해 다시 생각하고 다시 진술하기를 지속해야 하는 교회의 책무를 경감시키지 못한다. [신조들과 고백들에 대한] 어떤 호소도 매 세대[그리고 모든 문화] 안에서 교회가 신앙하는 역사적 신앙을 어

---

[19] Harvie Conn, "The Missionary Task of Theology: A Love/Hate Relationship?" *Westminster Theological Journal* 45 (1983): 17.

떻게 해석할지 그리고 그 해석을 교회가 처한 새로운 시대의 사상과 경험에 어떻게 연결시켜야 할지에 대해 교회가 진술해야만 한다는 사실을 변경시키지 못한다. 어떤 것도 교회로부터 지금 이 순간 신앙이 무엇인지를 진술하는 것에 대한 교회의 책무를 제거할 수 없다. 교회가 그렇게 해야만 하고, 또 마땅히 그럴 수 있다는 것은 살아 있는 교회의 본질에 속한 것이다.[20]

따라서 복음을 전달하고 새로운 환경 속에서 새롭게 형성된 기독교 공동체들 내에 신실함을 양육하기 위해 타문화권 선교사들이 하는 이 모든 시도는, 복음과 문화(들)에 대한 이슈를 새롭게 제기한다. 선교사들은 그들이 속한 기독교 서구 문화에 대해 편안하다고 반응한다. 그럼에도 많은 선교사가 문제점들을 감지하고 새로운 길들을 모색하고 있다. 선교에 대한 경험이 서구교회를 과거의 단일문화적 숙면에서 깨우고 있다.

새로운 문화들에 대한 경험이 토착화(개신교의 경우)와 순응(accommodation) 또는 적응(adaptation, 가톨릭의 경우)을 실천하는 자리로 인도했다. 선교사들은 복음을 다양한 인간의 문화 속으로 번역해 내는 일의 중요성을 인식했다. 외국 문화들은 좀 더 신중하게 다루어졌다.

그러나 토착화 또는 순응은 여전히 이상적인 것과는 거리가 멀다. 우리는 토착화와 순응이 먼 길을 향한 큰 발걸음이었다는 것과 선교사들이 그들이 속한 시대의 자녀들이라는 것에 대해서도 온전히 인식해야 한다. 그리고 선교사들이 그들이 속한 동시대의 다른 사람들보다 문화적으로 훨씬 더 민감했다는 점에 대해서도 온전히 인식해야 한다. 그런데도 과거 선교사들이 토착화와 순응을 실천했던 것들에 대한 비판적인 시각을 견지해야 한다.

문제는 식민주의가 선교사들의 사역을 뒤덮어 버렸다는 것이다. 서구 문화는 우월적인 것으로 간주되었다. 서구 기독교는 초역사적이고 보편적으로 타당한 것으로 간주했다.

따라서 토착화는 다음 네 가지 요소로 특징지어졌다.

---

[20] Lesslie Newbigin, *The Reunion of the Church: A Defence of the South India Scheme* (London: SCM Press, 1948), pp. 137-38.

첫째, 복음의 서구적 표현이 규범적인 것으로 간주했다.

따라서 필요한 것은 복음 그 자체가 아니라 복음의 서구적 표현으로 간주했다. 결과적으로, 복음의 서구적 표현은 외국 문화들에 정착되어야 했다.

둘째, 토착화는 오로지 신생 교회들에서나 발생하는 것이다.

서구는 토착화의 대상에서 제외되었다. 왜냐하면 복음은 이미 유럽의 토양에서 신실하게 토착화되었기 때문이다.

셋째, 토착화는 단번에 진행되는 과정이었다.

토착화는 복음이 새로운 문화 환경속으로 들어가는 시초에나 발생하는 것이다. 서구에서 이 과정은 이미 성공적으로 완수되었으며 이제는 기정사실(a fait accompli)이 된 것이다. 토착화가 일단 제3세계 국가에서 완수되기만 한다면, 그곳의 모든 토착화 과정도 이미 완수된 것으로 봐야 한다.

넷째, 토착화는 서구 밖 문화들을 위한 혜택이었다.

토착화는 복음을 전달하기 위한 교육적(pedagogical) 또는 전략적 도구이다. 따라서 복음에 본질적인 요소가 아니라 주변적 요소다. 토착화는 복음 전도 또는 선교적 목적을 위해서나 필요한 것이다.

5. 현대의 상황화

과거와는 다른 시대에서 살아가는 오늘날의 우리는 복음과 문화에 대한 이슈에 좀 더 깨어 있다. 몇 가지 요인이 우리를 이런 입장으로 이끌었다.

첫째, 식민주의와 제국주의의 붕괴는 서구 문화에 대해 좀 더 비판적인 입장을 견지하고 비서구 문화들에 대해서는 좀 더 긍정적인 평가를 하는 자리에 이르도록 했다.

둘째, 제3세계 교회의 성장과 성숙은 복음에 대한 새로운 문화적 해석의 자리로 인도했고, 이는 오랫동안 지위를 누려 왔던 서구적 표현들에 대한 비판을 제공했다.

셋째, 서구교회의 약화와 서구교회가 100여 년 전에 상상할 수 있었던 것보다 훨씬 더 문화적으로 사로잡혀 있었다는 사실에 대한 점증하는 인식이 서구 기독교가 규범적이라는 가정에 도전하는 계기를 제공했다.

넷째, 포스트모더니티의 등장 그리고 기술의 발전으로 우리와 다른 것에 대해 더 많은 인식이 가능해진 세계 문화는, 기독교인들이 지난 수 세기 동안 우리를 형성했던 근대의 과학적 세계관에 대해 좀 더 비판적 거리를 두는 것이 가능하게 했다. 근대의 과학적 세계관에서 유래했고 근대 선교 사역을 형성했으나 제대로 검증되지 않았던 수많은 가정(진리를 초문화적 아이디어로 언급했던 것을 포함하여)이 이제 의문의 대상이 되고 있다.

> 상호 교정(mutual correction)에 대한 언급은 중요하다. 모든 성경 강독과 기독교 제자 훈련은, 필연적으로 우리를 빚은 문화에 의해 형성될 수밖에 없다. 문화가 형성한 재조건들로 한계 지어진 우리의 성경 해석에 도전하는 유일한 방법은, 우리와 다른 문화에 의해 형성된 생각들을 가지고 성경을 강독하는 사람들의 증거를 통해 우리의 성경 해석을 조명하는 것이다. 우리는 다른 사람들의 생각에 귀를 기울여야 한다. 상호 교정이 때로 환영받지 못하는 경우도 있기도 하지만, 이것은 필수적인 과정이고 열매를 맺을 수 있는 생산적인 과정이다.
>
> Lesslie Newbigin, *The Gospel in a Pluralist Society*, p. 196.

복음과 문화에 대한 질문에 대한 새로운 관심의 징후들이 모든 교회 전통들 내에서 분명하게 드러나고 있다. 제2차 바티칸 공의회(1952-1965) 이후 로마 가톨릭 교회는 '문화화'(inculturation)란 단어에 호의를 보이면서 복음과 문화의 관계성에 대한 이슈를 해결하고자 해 왔다.

복음주의 전통에서는, 복음과 문화에 대한 윌로뱅크협의(the Willowbank Consultation on Gospel and Culture, 1978)가 해당 주제에 대한 적극적 관심을 표명했다. 이후 복음주의 전통에서 이 주제는 매우 중요한 주제로 다루어졌다. 세계교회협의회 세계선교와전도위원회(CWME) 방콕 회의(1973)와 세계교회협의회 나이로비 총회(1975) 이후, 복음과 문화에 대한 질문은 에큐메니컬 전통 내 의제 가운데 필수 항목이 되었다.

상황화 이슈가 갖는 모든 측면에 대한 수많은 논쟁이 있다. 그리고 이런 와중에 상황화에 대한 다수의 모델이 진전되었다. 그러나 아마도 세 가지 구별되고 모순되는 모델들 간에 서로 동의하는 최소한 여섯 가지 측면이 있다.

① 역사와 문화를 초월하여 존재하는 복음에 대한 유일하고 보편적인 규범이 되는 표현은 없다. 복음은 모든 문화 안에서 상관성을 가져야 하며 동시에 문화에 대해 동의할 수 없는 부분이 있어야 한다.
② 상황화는 삶의 모든 부분에 관심을 갖는 과정이다. 크레이크 오트, 스테판 스트라우스, 티모시 테넌트의 이 언급은 옳다. "성경은 사회의 모든 측면을 꿰뚫고 들어가며 문화의 모든 측면을 변화시킨다. 상황화는 포괄적이어야 한다."[21] 이에 대해 플레밍은 상황화는 "많은 차원—복음 전도, 설교, 성경 번역, 성경 해석, 신학화, 제자 훈련, 기독교 윤리 그리고 사회 참여, 예배, 교회 구조와 리더십 그리고 신학 교육—에서 발생해야 한다. 간단하게 줄여서 말하자면, 상황화는 가장 광범위한 차원에서 교회가 수행하는 선교와 관련 있는 것이어야 한다"라고 말하면서 동의를 표했다.[22]
③ 상황화는 모든 교회—비서구 세계 모든 교회뿐만 아니라 서구의 교회도—가 감당해야 할 이슈이다. 상황화는 신생의 비서구교회뿐만 아니라 서구의 오랜 전통을 가진 교회도 관심을 기울여야 하는 이슈이다. 아마도 문제가 더 심각한 곳은, 오랜 세월 동안 상황화 이슈를 무시해 온 서구일 것이다.
④ 상황화는 지속적인 과정이다. 상황화는 복음이 특정 문화에 소개되는 시점에만 발생해서 그 목적을 성취하는 어떤 것이 아니다. 상황화에 관해서는 두 가지 관심사를 지속적으로 살펴야 한다. 즉 하나는 문화가 지속적으로 변화한다는 것이고, 다른 하나는 어떤 교회도 그 주어진 사역을 완수하고 완전한 신실함에 도달한 적이 없다는 것이다.
⑤ 상황화는 복음을 구성하는 것이다. 따라서 우리가 직면한 이슈는 복음을 상황화하는 것을 위한 결정을 내릴 것이냐 아니면 그에 반대하기 위한 결정을 내릴 것이냐의 문제가 아니다. 우리가 직면한 이슈는 상황화에 대한 이론과 실천을 통해 복음에 대해 신실해지는 것이다. "기독교 진리에 대한 모든 인식과 실천은 상황적이라고 말해야 한다. 질문은 우리가 상황화를 할 것이냐의 여부가 아니다. 질문은 우리가 좋은 상황화를 할 것인가 아니면 나쁜 상황화를 할 것인가의 여부다."[23]
⑥ 상황화되어야 하는 것은 복음이지 신학적 체계나 종교적 가르침이 아니다.

---

21 Craig Ott, Stephen J. Strauss and Timothy C. Tennent, *Encountering Theology of Mission: Biblical Foundations, Historical Development, and Contemporary Issues* (Grand Rapids: Baker Academic, 2010), pp. 284-85. (『선교 신학의 도전』, CLC 역간)
22 Flemming, *Contextualization*, p. 23.
23 Ott, Strauss and Tennent, Encountering Theology, p. 166.

6. 상황화에 대한 모델들

일부 이슈들에 대한 일부 견해 일치에도 불구하고 상황화에 대한 이해와 모델에는 여전히 광범위한 의견 차이가 존재한다. 스테판 베반스(Stephen Bevance)는 상황화에 대한 여섯 가지 모델을 제시함으로써 우리에게 도움을 제공해 준다.[24] 우리는 그중 두 가지 모델―번역 모델과 인류학적 모델―에 대해 간단하게 다룰 것이다. 왜냐하면 두 가지 모델이 상황화 모델의 양극단에 위치하고 있기 때문이다. 그리고 간단한 분석이 상황화에 관련된 이슈들 중 일부를 명백히 할 수 있기 때문이다.

번역 모델(translaition model)은 복음주의 진영과 전통적인 로마 가톨릭 진영의 특징이다. 이 모델은 한 언어에서 다른 언어로 문서를 번역하는 것에 대한 비유 또는 은유를 채용한다. 이 모델의 핵심에는 불변하는 메시지를 다양한 문화 속으로 번역하는 것에 대한 주장이 존재한다. 복음이 최우선적인 고려 대상이며, 이 불변하는 복음이 문화 속으로 삽입되어야 한다는 것이다.

복음은 어떤 식으로든 초문화적이다. 복음은 '핵심'이며 이것을 '감싸고 있는' 문화의 상위에 존재한다. 복음은 본질적 '알맹이'이며, 이 복음이 폐기가 가능하고 본질적이지 않은 문화라는 껍데기로 싸여 있는 것이다. 상황화는 순수한 복음이 그것이 속해 있던 표현 방식으로부터 문화적으로 분리되어 다른 문화적 껍질 속으로 상황화되어 들어가는 과정이다.

이 모델은 복음 메시지를 극도의 신중함을 가지고 다룰 때 추천받을 수 있는 모델이다. 하나님의 말씀은 보편적으로 참된 것이고, 따라서 어떤 인간 문화 속으로 온전히 흡수될 수 없다. 이것은 특히 복음의 메시지를 한 문화에서 다른 문화로 번역할 때, 즉 복음 전도를 최초로 시도하는 상황에 특히 적절한 모델이다.

그러나 계시에 대한 관점에서 한 가지 문제가 있다. 이 모델에서 계시는 주로 명제적이고 정보를 제공하는 것이다. 계시는 문화와 역사를 초월하는 진리 또는 교리라 생각된다. 이러한 사고는 헬라 관점에서 유래한 것이다. 헬라 관점은 진리를 불변하는 아이디어로 본다.

이는 진리를 역사 안에서 발생하는 사건들과 밀접한 관계를 맺고 있는(bound up in) 것으로 보는 성경적 관점과는 반대가 되는 관점이다. 또한, 이 관점이 갖는 알맹이/껍질 또는 핵심/감싸고 있는 표피라는 이미지가 타당한 것인지에 대해 의

---

[24] Stephen B. Bevance, *Models of Contextual Theology* (rev.ed.; Maryknoll, NY: Orbis Books, 1992).

문을 제기할 수 있다.

복음이 그렇게 쉽사리 복음이 존재하는 문화적 형식과 분리될 수 있는 것일까?

> 뉴비긴은 자신이 경험한 인도에서의 선교 경험에 대해 기록했다.
> "나의 기독교 신앙은 혼합주의적입니다. 그러나 인도인들의 기독교 신앙도 혼합주의적이었습니다. 그러나 우리 중 그 누구도 다른 견해가 제기하는 도전 없이 우리가 혼합주의적이라는 사실을 발견할 수 없었습니다. 타문화 선교가 처한 상황이 바로 그와 같습니다. 그러므로 만일 깨어 있는 사람이라면, 그 선교사는 제가 그랬던 것처럼 새로운 상황에 놓여 있는 자신을 발견하게 될 것입니다. 복음의 담지자로서 선교사는 자신이 속한 문화에 대한 비판자가 됩니다. 그는 자신의 문화 속에서 아르키메데스의 점(the Archimedean point, 아르키메데스는 엄청나게 큰 지렛대가 있다면 그 균형점을 정확히 잡아 지구도 들어 올릴 수 있다고 언급한 적이 있는데, 이 지렛대의 균형점을 일컬어 아르키메데스의 점이라 부른다―역주)을 발견합니다. 그는 자신의 문화를 기독교라는 외래적 시각으로 보게 되는데, 외국인은 현지인이 볼 수 없는 것을 볼 수 있습니다."
>
> Lesslie Newbigin, *A Word in Season*, p. 68.

인류학 모델은 번역 모델과 날카로운 대척점에 서 있다. 인류학 모델은 복음이 아닌 문화의 우선성으로부터 출발한다. 계시는 개인적인 것으로 간주하고, 사랑 많으시고 섭리하시는 하나님의 실존은 모든 문화 가운데 존재한다. 문화는 이중적인 상황과 출발점을 제공한다.

첫째, 문화와의 대화는 복음이 다루어야 할 필요들과 문제들을 드러낸다.

둘째, 인류학 모델을 수용하는 사람은 문화 영역들 속에서 하나님이 이미 자신을 드러내신 부분을 찾아내어, 그 부분을 복음을 표현할 기회로 삼는다.

선교사는 '진주 상인'보다는 '보물 사냥꾼'에 더 가깝다.[25] 진주 상인은 무엇인가를 주려고 한다. 반면에 보물 사냥꾼은 빈손으로 와서 이 세상의 다양한 문화 속에 이미 존재하는 보물을 찾는다. 예를 들면, 선교사는 아시아와 아프리카 문화 안에서 강력한 공동체적 일체감을 발견할 수도 있을 것이다. 이를 통해 선교사는

---

[25] Robert T. Rush, "From Pearl Merchant to Treasure Hunter: The Missionary Yesterday and Today," *Catholic Mind* 76 (September 1978): 5-10.

복음을 구체화하기 위해 부르심을 받은 공동체에 대한 이해를 표현하는 방식으로 삼을 수 있을 것이다.

인류학 모델에는 몇 가지 칭찬할 만한 것이 있다. 인류학 모델은 하나님이 세상 모든 문화에 당신에 대한 증거를 남겨 놓으셨다는 사실을 인지한다. 인류학 모델은 복된 소식은 사람들의 필요와 관심사를 이해할 때라야 비로소 들릴 수 있다는 사실을 인지한다. 인류학 모델은 복음에 대한 참된 문화적 반응이 갖는 다원성에 대해 문호를 개방한다.

그러나 인류학 모델이 갖는 몇 가지 심각한 문제도 있다. 복음은 이미 발생한 어떤 뉴스에 대한 선언이다. 복음은 발견될 수 있는 어떤 것이라기보다 선포돼야 하는 어떤 것이다. 더욱이 인류학 모델은 문화가 내재하고 있는 죄와 우상 숭배에 대해서는 충분히 설명하지 않는다.

이들 두 개의 모델을 대조해 봄으로써, 우리는 각각의 모델이 각기 중요한 어떤 것을 강조하고 있으며, 동시에 다른 중요한 강조들을 무시하고 있음을 보기 시작한다.

① 번역 모델이 구속-중심적(redemption-centered) 접근 방식인 반면에(문화는 타락했고 따라서 문화를 구속할 메시지가 필요하다), 인류학 모델은 창조-중심적이다(문화는 선하며, 하나님이 역사하시는 장소다).
② 번역 모델은 예수에 대한 복된 소식이 외부로부터 유래하는 것으로 보지만, 인류학 모델은 문화 내부로부터 유래하는 복된 소식에 대한 상관성과 표현을 강조한다.
③ 번역 모델은 구속 또는 특별 계시를 강조하는 반면에, 인류학 모델은 창조 또는 일반 계시를 강조한다.
④ 번역 모델은 혼합주의를 두려워하고 무역사적 복음과 더불어 무상관성을 지향하는 경향이 있는 반면에, 인류학 모델은 무상관성을 두려워하고 문화적 범주들에 대한 무비판적 수용과 더불어 혼합주의를 지향하는 경향이 있다.
⑤ 번역 모델은 메시지가 상황화되어야 할 것을 강조하는 반면, 인류학 모델은 메시지가 상황화되어야 하는 문화를 강조한다.

7. 거시 컨텍스트의 차이들

상황화는 세계의 다양한 장소에서 다른 이슈들에 직면하게 된다. 다양한 역사와 각각의 장소가 갖는 첨예한 문제들이 상황화가 진행되는 전 과정에 다양한 색을 입힌다. 우리는 상황화를 다르게 형성하는 네 개의 거시 컨텍스트(macrocontextual, 일반적 상황보다 더 큰 범주를 포괄하는 대규모 상황—역주)를 관찰할 수 있다.

아프리카 교회에서 우리는 식민주의 시대 동안 유럽인들이 자행한 인종 차별주의와 자민족중심주의에 의해 억압받았던 문화적 기억과 정체성이 만든 문화적 괴리(cultural estrangement)라는 문제를 발견한다. 중요한 이슈는 아프리카의 전통문화 안에서 복음을 회복하고 신실하게 구체화하는 것이다.

서구 선교사들의 단순한 일축 때문에 과거 횡행했던 이교적 물활론 신앙의 많은 부분이 수면 아래로 잠겨 있는 아프리카와 같은 상황 속에서(이로 인해 발생하는 문제를 다루면서 히버트는 이중적 기독교를 말한다—역주), 복음과 문화의 진정한 대면은 본질적으로 요구되는 부분이다. 물론 세계화 속에서 진행되는 서구 문화의 도래와 북쪽으로부터 내려오는 이슬람 문화의 갑작스러운 등장 때문에 문제가 복잡하기는 하다. 그런데도 아프리카 교회의 건강을 위해 복음과 문화의 진정성 있는 만남이 긴급히 요구된다.

라틴 아메리카 교회가 직면하고 있는 상황은 광범위하게 퍼진 가난과 불의한 사회, 경제, 정치 그리고 교회 구조로 인해 유지되고 있는 참상이다. 이러한 라틴 아메리카의 현상은 일부 국가 내부의 문제로 국한되는 것이 아니라 국제적 차원으로도 존재한다. 상황화를 수행하는 과정에서 요구되는 필요는 문화와 정의의 추구에 기여할 사회적 변화 과정에 대한 분석이다. 극심한 빈곤와 불의의 만연으로 너무도 많은 사람이 해답을 구하기 위해 마르크시즘과 혁명으로 돌아선 한 상황에서, 단순히 현재 상태만 유지하는 교회는 마땅히 사라져야 한다.

아시아 교회는 삶에 대한 포괄적인 비전으로 우뚝 서 있고 문화 형성의 기초를 제공하는 고대로부터 내려오는 강력한 종교 전통들의 한복판에서 소수로 존재하고 있다. 그러한 상황 속에서 상황화의 필요는 이러한 생명력 넘치는 종교 전통들이 표현하는 포괄적인 문화적 표현들을 복음과 연결시키는 것이다. 교회는 삶의 각 영역에 성경적 통찰들을 정착시키고 우상 숭배적 요소를 거부하는 방법을 찾아야 한다. 혼합주의에 빠지거나 고립 속으로 물러나는 것은 실질적 위험이 될 뿐이다.

서구교회는 복음과 문화의 공존 관계를 오랫동안 유지해 왔다.

아프리카, 아시아, 라틴 아메리카에서의 문제가 복음이 외래적인 것으로 보일 경우가 있다는 것이지만, 서구에서의 문제는 복음이 너무 오랫동안 마치 고향 집에 있는 것 같았기 때문에 문화 안에 실존하지만 우리가 인식하지 못하는 우상들에 사로잡혀 있다는 것이다.

이런 경우 필요한 것은, 복음이 갖는 반동문화적(countercultural)인 영역을 회복하는 반면 민주적인 문화라는 문화적 분위기 속에서 복음을 섬기기 위해 책임감 있게 권력을 사용하는 것이다. 더욱이 서구 문화와의 선교적 대면은 세계교회를 위해 본질적이다. 왜냐하면 서구 문화 자체가 세계화되는 과정에 있기 때문이다.

8. 신실한 상황화

본 장의 마지막 부분에서 나는 상황화에 대한 신실한 접근 방식이 갖는 다섯 가지 요소들을 제시하고자 한다.

1) 복음과 문화가 가로지르는 교차로상의 교회

상황화에 대한 이슈를 복음과 문화 간의 관계라는 차원에서 견지하는 경우가 있다. 이 경우 복음과 문화를 서로 별개의 독립체로 보고 이 둘을 연결시킬 필요가 있다고 본다. 복음은 하나님이 세상을 위해 행하신 것을 선언하는 보편적으로 타당한 메시지다.

그러나 복음은 결단코 추상적이거나 상황과 유리된 구체적이지 않은 메시지가 아니다. 복음은 항상 성육신적이며(incarnated), 일부 문화 형식을 통해 말 또는 삶으로 표현된다. 그리고 문화는 한 세대에서 다른 세대로 이어지는 인간 공동체에 의해 세워진 삶에 대한 총체적 방식이다. 따라서 문화도 추상적인 독립체가 아니다. 문화는 구체화된 생활 방식이다.

복음은 생활의 모든 면에서 신실하게 살아갈 것을 요구한다. 그러나 모든 문화는 각기 다른 신념 체계에 따라 사람들의 삶을 형성한다. 교회는 문화 공동체의 일부이며, 동시에 하나님의 백성이기도 하다. 그 자체로 교회는 두 개의 서로 화해할 수 없는 이야기에 깃들어 있다.

이러한 고통스러운 긴장을 어떻게 해결할 수 있는 것일까?

기독교 공동체는 복음과 문화 사이에 존재하는 교차로상에 서 있는 자신을 발견하게 된다. 이 교차로는 두 개의 서로 양립할 수 없는 삶의 방식이 서로 만나고 조우하는 곳이다. 상황화는 복음과 문화라는 두 개의 독립체를 연계시키는 것에 대한 이론적 훈련이 아니다. 그보다 상황화는 다른 종교의 신념 체계에 따라 형성된 문화 가운데서 살아가는 인간들이 전체 삶의 스펙트럼 안에서 신실하게 복음을 살아 내는 방식을 발견하는 일상의 삶 속에서 발생하는 구체적인 사역이다.

삶의 모든 부분을 아우르는 복종에 대한 포괄적인 요구로서 복음이 갖는 본질 그리고 문화적으로 구체화된 인간의 삶이 갖는 본질은 상황화가 결코 회피할 수 없는 지속적인 과정임을 의미한다. 기독교 공동체의 삶 속에서 조우하는 두 개의 전혀 다른 삶의 방식 간에 선교적 대면이 발생한다. 고심해야 할 것은, 항상 그러하듯 문화 내에서 구체화되고 표현된 신실한 방식을 찾아내는 것이다.

앤드루 월스는 두 개의 공동체에 속하는 것에 대한 견딜 수 없는 긴장을 두 개의 원리로 표현했다.

첫째, '토착화' 원리이다.

개인을 그 혹은 그녀가 속한 사회적 관계 네트워크로부터 분리하는 것은 불가능하므로, 자신이 속한 사회의 구성원으로서 총체적 삶을 살아 내는 것이 필수적이다. 교회는 문화 안에서 편안하게 지낼 방법을 모색해야 하는데, 여기에는 기독교 신앙이 정착할 수 있는 장소를 찾는 것도 포함된다. 따라서 토착화 원리는 교회 구성원들이 그들이 속한 문화의 구성원으로서 신실하고 온전하게 살아 낼 것을 요구한다. 여기에는 그들이 속한 문화의 제도들, 행위들 그리고 생활 방식들이 엮여 있는 네트워크가 연루된다.

이 원리와 긴장 관계에 있는 둘째 원리도 첫째 원리와 마찬가지로 복음에 의해 영감을 받은 것이다.

둘째, 그것은 '순례자'(pilgrim) 원리이다.

이 원리는 기독교인들에게 "그리스도께 신실하기 위해서는 기독교인을 그 혹은 그녀가 속한 사회로부터 한 발 빠져나오도록 해야 한다"고 강력히 권고한다. 왜냐하면 그리스도의 말씀을 아무런 고난 없이 흡수시킬 수 있는 그런 사회는 절대 존재하지 않기 때문이다.[26]

누구라도 문화의 일부이고 따라서 문화 내에 존재할 때 마치 자신의 집에 있는 듯 편해야 한다. 그러나 그는 또한 복음에 의해 부르심 받은 사람이기도 하다. 따

---

26 Andrew Walls, "The Gospel as Prisoner and Liberator of Culture," in *The Missionary Movement in Christian History: Studies in the Transmission of Faith* (Maryknoll, NY: Orbis Boos, 1996), p. 8. (『세계 기독교와 선교 운동』, IVP 역간).

라서 문화 내 다른 사람들과는 다른 패턴으로 살아갈 것이 요구된다. 따라서 기독교인의 삶에는 문화와 불일치하는 점이 있을 수밖에 없다.

2) 가장 우선되는 헌신은 복음과 성경 이야기에 대한 것이어야 한다

이 갈등에 관해 고심하는 가운데, 교회가 가져야 할 첫 번째 헌신과 충성은 복음을 향한 것이어야 한다. 즉 사람이 살아가는 문화의 모든 분야에서 신실하게 복음을 구체화하고 살아 내야 한다. 이 부분에서, 복음의 본질에 대한 적절한 이해가 중요하다. 서구 문화를 형성한 인본주의 전통에서, 궁극적으로 신뢰할 만한 진리는 문화와 역사를 초월하는 아이디어들 속에서 발견되어야 할 것으로 가정했다.

이러한 아이디어들은 무엇보다 우선하여 하나님의 마음(mind) 안에 존재하는데, 이것들은 성경 안에 표현되어 있고, 우리가 신학으로 정리한 내용이다. 그렇다면 복음은 문화와 역사를 초월하여 서 있는 것으로 우리가 살아가는 상황에도 적용되어야 할 세월을 초월하여 변하지 않는(timeless) 아이디어가 된다. 이러한 사고야말로, 서구 선교 사역을 괴롭혀 온 문제의 일부다.

> 우리는 무언가를 취하는 것을 의미하는 용어인 '포제시오'(*possesio*)라는 용어를 선호하곤 했다. 비기독교적 삶의 틀 안에 존재하는 풍속과 그 실천 행위는, 다양하게 표현되는 우상 숭배적 경향에 기여하면서 사람들을 하나님에게서 멀어지게 한다. 기독교적 삶은 그들의 손을 이끌어 완전히 새로운 방향으로 이끌어 가는 것이다. 그들에게는 전적으로 다른 내용이 요구된다. 비록 외형적인 형식으로는 과거의 실천 행위와 유사한 부분이 상당히 있겠으나, 실제로는 모든 것이 새롭게 변화될 것이고, 과거의 것은 본질에서 사라지고 새로운 것이 오게 될 것이다. [그리스도께서는] 모든 것, 모든 말, 모든 실천 행위를 새로운 의미로 채우시고 새로운 방향을 제시하실 것이다. 이것은 '적응'도 아니고 '순응'도 아니다. 본질에서 이것은 하늘과 땅의 모든 권세를 부여받으신 그분이 합당하게 무엇인가를 취하시는 것이다.
>
> J.H. Bavink, *The Science of Missions*, pp. 178-79.

진리에 대한 성경적 언급은 다르다. 진리는 역사 안에서 역사에 의미를 부여하시기 위해 사역하시는 전능하신 하나님의 행위들 속에서 발견되는 것이다. 이러한 하나님의 행위들은 창조의 회복을 지향한다. 예수 그리스도께로 인도하는 근본적 일치가 있다. 진리를 발견할 수 있는 것은 오직 예수 안에서뿐인데, 그분의 삶과 죽음 그리고 부활 안에서 발견할 수 있다. 바로 예수 안에서 보편 역사의 목표로서의 하나님 나라가 드러나고 성취된다. 역사 안에서 이루어진 이와 같은 전능하신 하나님의 행위에 비춰 볼 때라야 성경을 정당하게(authoritative) 해석할 수 있다.

복음은 성경 이야기를 온 세상에 대한 참된 이야기로 드러낸다. 따라서 진리는 (하나님의 전능하신 행위 안에서) 역사적이고, (특히 예수 그리스도를 통해 드러난) 인격적이며, (우리 모두를 위해 참된 이야기 안에서 표현된) 내러티브적이다. 상황화는 보편적 아이디어를 새로운 상황에 적용하는 것에 대한 것이 아니라, 세상의 다양한 문화적 상황 안에서 창조를 새롭게 하는 이 이야기를 신실하게 번역하고 정착시키는 방법을 발견하는 것에 대한 것이다.

이 이야기는 거룩한 권위를 지닌다. 왜냐하면 이 이야기가 바로 하나님의 말씀이기 때문이다.

따라서 진실한 상황화라면, 문화가 소유하고 있는 이야기와 그 이야기의 생생한 표현이 성경의 관점에서 평가되는 것이라야 한다. 이와 반대가 되어서는 안 된다. 즉 문화 이야기와 그 표현이라는 관점에서 성경 이야기가 평가되어서는 안 된다.

성경은 우리에게 진리를 전달해 준다. 그리고 각각의 문화는 성경에 비추어 이해되고 평가되어야 한다. 우리에게는 상호 협상을 통해 타협이 가능한 진리에 대한 두 개의 근거가 있는 것이 아니라 오직 하나의 참된 이야기가 있을 뿐이다. 따라서 우리는 세상에 존재하는 모든 문화 속에서 이 이야기를 신실하게 표현할 수 있는 방식을 찾아야 한다. 따라서 참된(authentic) 상황화란, 교회가 성경 이야기에 대한 헌신된 입장을 당당하게 유지하면서, 그 이야기를 통해 문화를 이해하려 하는 시도를 의미한다.

3) 문화와 선교적 대면

신실한 상황화는 교회에게 교회가 속한 문화적 상황을 이해할 것을 요구한다. 특히 문화를 형성한 종교적인 뿌리를 이해하는 것이 중요하다. 문화에는 통상 본질적으로 종교적 신념 체계에 뿌리를 두고 있는 생활 방식을 지향하는 집단적 그리고 공동체적 헌신이 있기 마련이기 때문이다.

서구인들처럼 세속적 가치에 눈이 가려진 사람들은 이런 성향에 대한 이해의 중요성을 간과하는 경향이 있다. 모든 문화는 집단적으로 고수하는 종교적 신념에 의해 형성되고 양분을 공급받는 공동체를 통해 구체화된 생활 방식이 존재한다. 복음으로부터 유래된 모든 종교적 신념은, 창조주 하나님이 아니라 피조물이 가진 어떤 측면을 섬기는 우상 숭배적인 것일 것이다. 신실한 상황화는 교회들에게 그와 같은 종교적 신념들과 그 신념들이 문화의 다양한 영역을 어떻게 형성했는지에 대해 잘 이해할 것을 요구한다.

문화를 지주하고 있는 하나님의 일반 은총을 인식하는 것도 동일하게 중요하다. 문화의 다양한 실천 행위, 제도, 관습, 체계 모두가 핵심적 우상 숭배(core idolatry)로 인해 전적으로 부패한 것은 아니다. 사실, 하나님은 당신의 피조 세계를 지속적으로 지주하고 계신다. 세상의 모든 문화 속에는 상당 정도의 정의, 청지기 정신, 진실한 것들이 존재한다. 일부 문화에서는, 그중에서도 가장 주목할 만한 문화인 서구 문화에는, 문화 가운데 존재하는 선한 것들은 하나님의 일반 은총뿐 아니라 서구 문화의 역사를 통해 존재해 온 복음이 갖는 영향과 짠맛을 내며 부패를 방지하는 효과(salting effect)의 결과이다.

모든 문화가 우상 숭배적인 핵심 신념들(idolatrous core beliefs)에 의해 형성되었으나, 그런데도 동시에 많은 선한 요소들이 발견되는 것이라는 것을 이해할 때, 복음의 렌즈를 통해 문화를 조망하는 것에는 문화에 대한 확증과 비판, 포용과 거부, 예와 아니오라는 두 가지 면을 포함하게 될 것이 명확해진다. 문화의 모든 측면, 제도, 관습은 하나님이 의도하셨던 창조적 디자인이 갖는 일정 부분을 표현할 것이다.

그러나 동시에 이들은 또한 죄악에 찬 우상 숭배로 인해 왜곡된 양상을 표현하기도 할 것이다. 정치 혹은 경제 체제든, 가족 구조든, 윤리 기준이든, 지식의 수단이든, 언어 또는 문화의 다른 측면이든 간에, 창조로부터 내려오는 선한 것과 우상 숭배로 인해 오염되고 뒤틀어진 것들이 현존하고 있다.

문화와의 선교적 대면은 점증하는 관심과 지혜의 문제—세상에 부합되지 않으면서 마음을 새롭게 함으로 변혁되는 방식을 배우는 것, 창조로부터 선한 것이 무엇인지 배우고 그것이 어떻게 왜곡되었는지 배우는 것, 무엇에 '예'라 말하고 무엇에 '아니요'라 말해야 하는지 배우는 것—가 될 것이다.

> 문화는 쌍안경으로 작용하지만, 눈가리개로 작용하기도 한다. 문화는 독자가 어떤 것들을 볼 수 있도록 돕기도 하지만, 다른 것들은 보지 못하게 방해하기도 한다. 따라서 우리는 어떤 형식이 되었든 우리가 전수 한 기독교 전통—우리의 경우라면, 복음주의적 전통—에 대해 의식적으로 비판적일 필요가 있다. 우리가 가진 사각지대를 인

지하지 못할 때, 우리가 가장 잘 알고 있는 신학들, 의례들, 행동 패턴들을 통해 표현되는 복음의 내용을 최종적이고, 완전하고, 보편적인 것으로 인지하려는 유혹에 빠지게 될 것이다. 그러나 이런 주장은 오직 복음 그 자체와 그 복음이 증거하는 그리스도에게나 해당하는 것일 뿐이다.

J. I. Paker, "The Gospel: Its Content and Communication," p. 101.

4) 삼중적 대화 방식에 관한 관심

중국 격언에 "만일 물에 대해 알고 싶거든, 물고기에게 묻지 말라"라는 말이 있다. 자신의 자연적 환경인 물속에서 온종일 헤엄치며 살아가는 물고기는 언제 물이 오염되는지 인지할 수 없다. 우리는 모두 사각지대를 갖고 있기 마련이다. 왜냐하면 우리가 속해 살아가는 문화에 존재하는 우상들이 우리에게 너무 친밀해서 우리 자신이 그들 우상에 너무 오랫동안 순응해 왔기 때문이다. 우리는 심지어 우리가 성경을 읽을 때 우리의 문화적 편견을 안경으로 쓰기도 한다.

사실이 그렇다면, 어떻게 하면 우리가 속한 문화와 어떤 식으로 거리를 두고 비판을 가하는 것이 가능할 수 있을까?

문화를 초월해서 존재하고 모든 문화에 적용할 수 있는 보편적으로 참된 '초문화 신학'(transcultural theology) 혹은 '초신학'(meta-theology),[27] 또는 '초문화적 신학'(super-cultural theology)[28]은 존재하지 않는다. 모든 신학은 특정 이슈들을 다루는 일단의 문화적 범주들과 더불어 특정 언어를 통해 표현될 뿐이다. 오직 성경만이 보편적 권위를 지닌다. 복음에 응답하는 모든 인간의 목소리와 삶 또한 특정한 문화 형식을 통해 그리 할 것이다.

우리는 성경의 자리에 대한(to the place of Scripture) 어떤 인간적 전통도 고양하지 않을 것이다. 특정 인간의 전통을 고양하는 것은 자민족중심주의라는 함정에 빠지는 것이다.

우리가 혼합주의와 상대주의를 피할 수 있는 유일한 방법은 성경을 둘러싸고 전체 교회(the whole church around Scripture)와 대화를 나누는 것이다. 바울은 우리에게 복음 안에서 드러난 그리스도의 사랑이 너무도 넓고 깊고 높은 그리스도의 사

---

27 Hiebert, *Anthropological Insights*, pp. 217-19.
28 Clemens Sedmak, *Doing Local Theology: A Guide for Artisans of a New Humanity* (Maryknoll, NY: Orbis Books, 2002), p. 79.

랑을 "능히 모든 하나님의 백성이 모두 함께" 깨달아 알 것(엡 3:18-19)을 우리에게 말하고 있다. 이 말씀이 의미하는 것은, 비록 그 자체도 중요한 것이기는 하지만, 단지 우리가 속한 회중이나 교단의 구성원들과만 함께하라는 것이 아니다. 우리는 특정한 문화의 자리에서 그리스도의 생명을 함께 나누는 다른 회중 또는 교단에 속한 형제와 자매들과 함께 노력할 필요가 있다.

그러나 특정한 문화적 자리에 함께 존재하는 성도들이 동일한 사각지대와 편견을 공유하고 있을 것도 기억해야 한다. 그리스도의 사랑 안에서 나누는 성도들과의 대화는 그 범위 면에서 이보다 더 넓어야 한다.

삼중적(threefold) 대화는 우리가 속한 문화를 적절히 판단하는 데 필요한 일종의 비판적 거리 두기를 유지할 수 있게 할 것이다.

첫째, 신실함은 문화 간 대화, 즉 문화를 가로지르는 신앙의 고백(cross-confessional)을 요구할 것이다.

우리는 우리와는 다른 신학 역사에 속해 있었기 때문에 우리가 보는 것들과는 다른 것을 보는 기독교라는 가족(the Christian family)의 다른 줄기들에 속한 형제들과 자매들의 소리를 경청할 필요가 있다. 예를 들면, 우리는 이미 앞 장에서 오순절 전통에 속한 형제들과 자매들로 인해 선교에서 성령의 역할이 갖는 중요성에 대해 서구교회가 얼마나 각성하게 되었는지 주목한 바가 있다.

둘째, 대화는 타문화적으로 이루어져야 한다.

세상의 다른 지역에 존재하는 교회들이 우리보다 우리를 형성하는 우상들을 더 명확하게 보는 안목을 갖고 있을 것이다. 그리고 우리는 그들이 속한 문화에서 그들을 형성하는 우상들을 그들보다 더 명확히 볼 수 있는 안목이 있을 것이다. 우리가 속한 문화는 우리를 편견에 빠지게 한다. 비록 특정 문화가 우리가 특정한 일들을 볼 수 있도록 돕는 것이 사실이지만, 다른 일들에 대해서는 보지 못하도록 하기도 한다.

세계교회는 아프리카 교회로 인해 신앙의 공동체적 차원에 대해 각성해 왔고, 라틴 아메리카 교회의 신학적 작업으로 인해 복음과 구조적 불의에 대해 각성해 왔다. 폴 히버트가 언급했듯이, 교회는 일종의 "우주적 해석학적 공동체이다. 이 공동체 안에서 각기 다른 문화 출신의 기독교인들과 학자들은 서로가 가지고 있는 문화적 선입견들을 점검한다."[29]

---

[29] Paul Hiebert, "Missiological Implications of an Epistemological Shift," *Theological Students Fellowship*

셋째, 대화는 역사를 가로지르는 것(cross-historical)일 필요가 있다.

역사의 다른 시기에 존재했던 하나님의 백성이 복음에 신실하기 위해 겪은 갈등 방식에서 배울 것들이 아주 풍성하다. 그들을 형성한 흐름은 오늘날 우리를 형성하는 흐름과 상당히 다른 경우도 종종 있다. 오로지 전 세계의 다른 지역에 있는 교회가 겸손의 자세를 취할 때라야 비로소, 대화를 통해 서로에게 존재하는 긍정적인 면을 풍성하게 할 수 있고, 서로에게 존재하는 부정적인 면에 대해 비판할 수 있다.

5) 지속적 과정에 있는 상황화

상황화는 결코 완료될 수 없다. 우리가 "이제 복음이 완전히 상황화되었다"라고 말할 수 있는 시간은 결코 오지 않을 것이다. 이는 단지 죄로 인한 우리의 불완전성 때문만이 아니라 문화가 지속적으로 변화하고 있기 때문이기도 하다.

상황화의 과정은 지속적인 과정이다. 크리스토퍼 라이트(Christopher Wright)는 상황화를 성경 시대로부터 현재까지 이르는 "지속적인 선교학적 과업"이며, 이 사역은 "문화적 상관성과 신학적 혼합주의 사이를 가늠하는 가는 선들(the fine lines)"을 결정하는 끊임없는 사역이라고 설명했다.[30]

교회가 처한 문화를 공감과 비평 측면에서 대면하며 성경 이야기에 신실하게 살아가려는 분투를 지속할 때, 분투하는 교회의 삶은 도전하는 연관성(challenging relevance)이 될 것이다. 이러한 교회의 삶은 우상 숭배로부터 유래하는 죽음을 초래하는 치명적인 생활 방식에 도전할 것이고, 복된 소식은 우리가 살아가는 현대적 맥락에서 연관성을 갖게 될 것이다.

문제는 우리가 살아가는 삶의 맥락 안에서 복음을 상황화할 것이냐 말 것이냐가 아니라, 복음을 명백하게 밝히는 방식으로 우리의 삶과 행위 그리고 말을 통해 예수 그리스도께서 전하신 참되고 복된 소식을 신실하게 상황화할 것이냐 말 것이냐에 대한 여부라는 것을 강조할 필요가 있다.

Bulletin 8 (May 1985): 16.
30 Christopher J. H. Wright, *The Mission of God: Unlocking the Bible's Grand Narrative* (Downers Grove, IL: InterVarsity Press, 2006), p. 447.

심화를 위한 독서 자료

Bevans, Stephen B. *Models of Contextual Theology*. Revised and expanded edition. Maryknoll, NY: Orbis, 1992.

Bosch, David. *Transforming Mission: Paradigm Shifts in Theology of Mission*. Maryknoll, NY: Orbis, 1991, pp. 420-57. (『변화하는 선교』, CLC 역간)

Conn, Harvie M. *Eternal Word and Changing Worlds: Theology, Anthropology, and Mission in Trialogue*. Grand Rapids: Zondervan, 1984.

Flemming, Dean. *Contextualization in the New Testament: Patterns for Theology and Mission*. Downers Grove, IL: IVP Academic, 2005.

Newbigin, Lesslie. "Christ and Cultures." *Scottish Journal of Theology* 31 (1978): 1-22.

토론을 위한 질문

1. 본 장에서 나눈 실례 중 몇 가지를 골라 토론해 보라.
   네팔인 목사가 보인 반응에 대해 독자는 어떤 반응을 보일 것인가?
   아프리카 독립 교회에 속한 여인이 실행한 것이 혼합주의적이라고 생각하는가, 아니면 아니라고 생각하는가?
   독자가 만일 19세기 당시 아프리카에 파송된 선교사라면, 아프리카의 북 또는 산고마(*sangoma*)에 대해 어떤 처신을 하겠는가?
   한국인 조상들의 영을 소환하는 것은 혼합주의적인 것인가?
2. 본 장에서 다룬 실례 중 몇 가지에 대해 생각해 보는 것으로 오늘날 서구에서 신실하게 살아가는 것이 갖는 딜레마―박사 과정 학생, 사업가, 공립학교에서 근무하는 기독교인 교사의 예들―가 무엇인지 토론해 보라. 이와 같은 딜레마를 설명할 수 있는 독자 자신의 경험에서 온 이야기를 말해 보라.
3. 서구(혹은 서구화된―역주) 기독교인들이 복음과 문화 간 느끼는 다양한 방식들에 대해 생각해 보고 설명해 보라.

에세이를 위한 주제

1. 자민족중심주의와 상대주의에 비춰 상황화에 대한 이슈를 설명해 보라. 이 문제들을 설명할 수 있는 실례를 들어 보라.
2. 복음과 문화에 대한 문제를 숙고하는 선교 사상가들에게 요한복음이 그렇게 중요한 이유를 설명해 보라.
   복음 전달에 대한 요한의 방식에 대해 설명해 보라.
   이것이 상황화를 위해 중요한 이유는 무엇인가?
3. 이 책에서 제공하는 신실한 상황화 모델에 대해 평가해 보라.

제8장

서구 문화에 대한 선교학을 향하여

19세기와 20세기 초반 동안 선교 운동에 가속도가 붙었을 때, 선교는 비서구 문화에서 발생하는 것으로 이해되었다. 당시 서구 문화에 대한 비판적 숙고는 거의 존재하지 않았는데, 오랜 세월 동안 서구 문화가 복음의 본향으로 간주되어 왔기 때문이다.

그러나 그러한 생각을 바꾼 것은 19세기의 선교 주창자들이 '복된 반사반응'(blessed reflex) 또는 '반사 작용'(reflexive action)이라 부른 것을 통해서였다.[1] 그들은 선교에 대한 자극(missionary impulse)이 서구의 파송교회로 되돌아오는 반사 작용(reflex action)으로 결과될 것이라 주장했는데, 결과적으로 선교 활동으로 인한 일단의 유익이 거두어질 것이라 주장했다.

그러나 이들 유익이 무엇인지에 대해 언급된 적은 결코 없었다. 그리고 선교가 식민주의와 서로 뒤엉켜 들어가는 19세기 후반에 이르러, 이 주제는 서서히 사라져 갔다. 그러나 오늘날 반사 작용의 역동성이 점차 분명해지고 있다.

처음에 이 과정은 타문화 선교 경험 때문에 서구 문화에 속한 교회에 대해 비판적 거리를 두고 새로운 시각으로 바라볼 수 있게 된 특정 선교사들을 통해 분명히 드러나기 시작했다. 이들은 서구 문화의 종교적 신념들이 복음과 교회의 증거를 어떻게 타협하게 했는지 볼 수 있었다. 그러나 이러한 역동성은 이제 전 세계적 차원에서 발생하고 있다.

이제 다수 세계(the majority world. 저자는 제3세계라는 표현을 주로 사용하고 있지만, 현재 사회 과학계에서는 더 이상 이런 표현을 하지 않는다. 제3세계란 용어가 갖는 비하적 차별성에 대한 반성과 해당 용어로 지칭되던 지역의 인구가 전 세계 인구와 지경 면에서 차지하고

---

[1] "복된 반사 반응-" 과 "반성 작용-"에 관한 통찰은 윌버트 솅크(Wilbert Shenk)와의 개인적인 교류를 통해 얻은 것이다.

있는 비중을 존중한다는 의미에서 현재는 다수 세계라는 용어가 일반적으로 사용되고 있다—역주) 교회들의 성장과 성숙이 서구교회에 대한 비판과 도전을 제공하고 있다. 이제 서구교회는 서구교회 자신과 문화를 새로운 시각으로 볼 수 있다. 더욱이 서구 문화를 향한 서구교회의 정체성과 입장을 재고할 수 있기도 하다. 이와 같은 새로운 환경 속에서, 서구교회의 선교학이 발전할 수 있다.

1. 긴급한 과제

레슬리 뉴비긴은 서구 문화에 대한 선교학의 발전이 "이 세대의 보편 교회가 마주하고 있는 가장 긴급한 과제"라고 믿었다.[2] 그러므로, "선교학자들이 수행할 연구 작업 중에서 복음과 현대 서구 문화 간 존재하는 선교적 만남에 관한 질문에 관한 연구보다 더 우선성을 갖는 연구 작업은 없다"라고 믿었다.[3] 이 같은 강력한 주장을 지지하는 몇 가지 요인들이 존재한다.

첫째, 서구 문화는 오늘날 우리가 살아가는 세상에서 가장 강력한 권력(powerful global force)을 갖고 있다. 서구 문화는 서구 문화의 지경을 훨씬 넘어서는 곳까지 확산했고, 지금은 전 세계 중심 도시들이 서구 문화를 공유하고 있다.

둘째, 서구 문화는 아주 오랜 세월 동안 기독교 신앙과 연결되어 있었고, 따라서 서구 문화에 대한 비판에 거의 무감각하다. 서구 문화에 대한 복음의 반동문화적 비판 능력(thrust)이 그 빛을 잃어왔고, 교회는 서구에 만연한 우상들에 순응해 왔다.

셋째, 서구 문화는 아마도 인간 역사상 우리가 볼 수 있는 가장 강력한 문화 권력일 것이다. 기술 면에서 드러난 놀라운 진보들로 인해, 서구 문화는 사람들의 삶에 전례 없는 접근을 가능하게 했다. '근대성이 가진 산성'(acids of modernity)은 서구의 기독교 신앙에 파괴적인 영향을 끼쳤고, 비서구교회들에 동일한 일이 발생하지 않을 것이라는 생각할 이유가 없다.

---

2 Lesslie Newbigin, "Culture of Modernity," in *Dictionary of Mission: Theology, History, Perspectives*, ed. Karl Müller et al. (Maryknoll, NY: Orbis Books

3 Lesslie Newbigin, *Foolishness to the Greek: The Gospel and Western Culture* (Grand Rapids: Eerdmans, 1986), p. 3. (『헬라인에게는 미련한 것이요』, IVP 역간)

넷째, 비록 서구교회가 전 세계적 영향력이란 측면에서 약화한 것은 사실이지만, 서구교회는 교회가 감당해야 할 세계 선교(global mission)에서 여전히 중요한 리더십 역할을 유지하고 있다. "'근대' 서구 문화가 전 세계 모든 인간 공동체의 삶에 대한 지배를 지속해서 강화할 것으로 보인다. 그러므로 '근대' 세계관과 더불어 혼합주의적 공존을 오랫동안 수용해 왔던 기독교회들은 서구 문화라는 특정 문화를 위한 기독교적 메시지가 무엇일지에 대해 사유하는 최상의 책무를 지속해야 할 것이다. 이 책무는 우리가 동원할 수 있는 최고의 지적 에너지와 영적 에너지를 요구하는 과제를 남긴다."[4]

본 장에서 나는 서구 문화에 대한 선교학의 윤곽을 대략해 볼 것이다.

2. 문화와의 선교학적 대면: 교회가 가져야 할 신실한 자세

어떤 문화적 맥락이 되었든 교회가 취해야 할 신실한 자세는 문화에 대해 선교적 대면을 하는 것이다. 기독교 공동체가 복음을 신실하게 구체화할 때, 복음과 그 사회를 형성한 지배적인 대중 교리(the reigning public doctrine) 사이에 선교사적 대면이 발생한다. 교회가 복음에 신실한 한, 세 가지 측면에서의 선교사적 대면이 발행하게 될 것이다.

첫째, 특정 문화에 속한 공동체가 공유하고 있는 기초 신념들이 도전을 받을 것이다. 선교사적 대면은 궁극적이고 포괄적인 이야기들, 성경 이야기와 문화 이야기 사이에 발생할 수밖에 없는 충돌에 대한 것이다. 선교사적 대면은 교회로 하여금 성경 이야기 안에서 온전히 살아갈 것과 그 이야기에 비추어 자신들이 살아가는 문화를 해석할 것을 요구한다.

둘째, 교회는 우상 숭배적 문화 이야기에 도전할 것이고, 신뢰할 만한 대안적인 삶의 방식인 복음을 현재의 지배적 문화에 대한 반동 이야기(counter story)로 제시할 것이다.

셋째, 기독 공동체에 속한 사람들의 삶과 말은 급진적 회심을 요구할 것이다. 이 요구는 복음의 빛에 비쳐 이 세상을 이해하고 살아가는 것에 대한 초대이다.

4　Lesslie Newbigin, "The *Christian Message* versus 'Modern' Culture," in *Mission in the 1990s*, ed. Gerald H. Anderson, James M Phillips and Robert T. Coote (Grand Rapids: Eerdmans; New Haven: Overseas Ministries Study Center, 1991), p. 26.

이안 반스는 "목적은 광범위한 다원주의 내에 기독교가 차지할 수 있는 '공간'을 확보하는 것이 아니라, 예수의 삶과 죽음 그리고 부활에 기초하고 있는 기독교 신앙이라는 대안적이고 보편적인 반동을 회복하는 것이다"[5]라고 언급하는 것으로, 선교사적 대면의 핵심이 무엇인지를 잘 포착해 냈다. 세 가지 형용사 모두가 중요하다.

첫째, 복음은 '대안적'이다 왜냐하면 복음의 주장이 세상에서 살아가는 것에 대한 다른 방식을 주장하기 때문이다.
둘째, 복음은 '보편적'이다. 왜냐하면 복음의 요구가 모든 사람을 위해 타당하고 인간의 총체적 삶을 요구하기 때문이다.
셋째, 복음은 '반동적'이다. 왜냐하면 복음은 회개와 회심을 촉구하며 근대가 만들어 놓은 이야기에 도전하기 때문이다.

문화와의 선교사적 대면은 반문화적(anticultural) 입장을 의미하거나, 문화가 가진 대중 교리(public doctrine)를 단순히 기독교 신앙의 어떤 교리(a Christian one)로 대체하는 방법을 모색하기 위해 격렬하게 문화를 반대하는 것을 의미하지 않는다.[6] 서구 문화에도 선한 것이 많이 존재한다. 따라서 우상 숭배적인 왜곡에 대해서는 거부하면서도, 창조의 결과로 여전히 존재하고 있는 선한 요소들이 품고 있는 문화와의 대화를 통한 접근(dialogical engagement)이 있어야 할 것이다.

그러나 서구의 교회는 선교적 대면이라는 자세를 전제로 한 가정을 제대로 갖추고 있지 못하다.

첫째, 교회는 자신이 속한 문화에 대해 비판적 거리두기를 하지 못하고 있다. 교회는 그저 주어진 물속에서 살아가는 물고기 한 마리에 불과하다.
둘째, 기독교 문화에 대한 신화가 서구교회의 정신(mind)을 안심시키고 있다. 이 신화는 서구 문화가 적어도 한때나마 기독교 문화였다는 것이다. 만일 문화가 기독교적이라면, 그 문화가 갖고 있는 가정들을 분석하고 반동문화적 본능을 개발할 필요가 없다.

---

5   Ian Barns, "Christianity in a Pluralist Society: A Dialogue with Lesslie Newbigin," *St. Mark's Review* 158 (winter 1994): 29.
6   Michael W. Goheen, "Is Lesslie Newbigin's Model of *Contextualization* Anticultural?" *Mission Studies* 19, no. 2 (2002): 136-58을 보라.

셋째, 중립적이고 세속적인 혹은 다원주의적인 사회에 대한 신화가 강력하게 존재한다. 중립적인 문화는 복음에 아무런 위험이 되지 않는다. 그리고 아마도 신앙적 헌신을 펼칠 수 있는 자리를 제공할 것이다.

그러나 이는 이러한 사고는 서구 문화가 깊은 종교적 신념들에 기초한 기반을 갖추고 있다는 것과 그 기반이 신앙을 공적으로 증거하는 데 부과하는 위협을 인식하지 못한다. "아무런 종교적 또는 이데올로기적 신념을 전제하지 않을 뿐만 아니라, 다양한 종교가 서로 공명정대하게 경쟁하도록 하는 식의 중립적인 입장을 견지하는 세속 정치 질서를 기대할 수 있어야 한다는 아이디어는 어떤 적절한 기초도 갖고 있지 못하다."[7]

서구의 인본주의적 신앙은 어떤 경쟁자도 용납하지 않는 강력한 종교적 신앙이다. 그러나 서구 인본주의는 미소 띤 얼굴을 하고 있다. 서구 인본주의는 공적 광장에서 서구 인본주의가 제시하는 조건들을 수용하는 사람에게 평화, 특권, 번영, 따뜻한 볕이 드는 장소를 제공한다. 이런 식으로 서구 인본주의는 다른 모든 종교적 주장을 길들이고, 그 주장들에게 관용을 약속하며 단순히 사적 영역으로 밀어내 버린다.

> 젊은 선교사로서 나는 매주 저녁 시간 중 하루를 라마크리쉬나 선교회에서 보내곤 했는데, 거기에서 힌두교 사제들(monks)와 함께 힌두 우파니샤드와 기독교 복음서를 공부했다. 수도원(monastery)의 큰 홀에는 역사에 기억되는 위대한 종교 인물들의 그림들이 줄지어 걸려 있었다. 그 가운데는 예수의 초상화도 있었다. 매년 성탄절이면 예수의 그림 앞에서 예배 의식이 거행되었다. 선교사였던 나에게 그런 것이야말로 혼합주의의 한 실례임이 명확했다. 예수를 그저 힌두 세계관 속으로 끌고 들어간 것이다. 그러나 아주 서서히 내가 갖고 있던 기독교 신앙도 그리고 나 자신도 동일한 특성을 갖고 있다는 것을 목도하기 시작했다. 나도 예수를 내 문화가 갖고 있던 세계관 속으로 적절한 정도로 끌고 들어갔던 것이다.
>
> Lesslie Newbign, *Mission and the Crisis of Western Culture*, pp. 1-2.

---

7 Lesslie Newbign, *Trinitarian Doctrine for Today's Mission* (1963; repr., Paternoster, 1998), p. 46.

서구교회가 신실한 선교적 자세를 회복하는 데 필요한 것은 무엇이 있을까? 윌버트 셍크는 두 가지 긴급한 과제를 제한한다.

첫째, 서구교회는 내향적 선교 의식을 육성해야 한다. 교회는 교회의 근본적인 선교적 정체성에 대한 깊은 의식, 즉 "자신들의 근본적인 역할과 목적인 선교를 살아 내는 백성"[8]이라는 의식을 개발해야만 한다.

둘째, 서구교회는 "'하나님의 통치'에 반동적 자세를 취하는 '서구 세계라는 왕국'에 대하여 자기 비판적 인식을 해야 한다. 또한 어디든 '이 하나님 나라의 복음'이 선포되는 곳이라면 서구 세계라는 왕국과의 사이에 깊은 갈등 관계가 나타날 수밖에 없다는 점을 인식해야 한다."[9]

셍크의 의견은 세 가지 중요한 과제를 제안한다.

첫째, 하나님 나라의 복음을 신실하게 분명하게 설명하는 신학적 과제다.
둘째, 교회의 선교적 정체성을 탐구하는 교회론적 과제다.
셋째, 서구 문화의 이야기와 근본적 가정들을 상세히 탐구하는 문화적 과제다.
신학적 과제는 중요한데, 복음의 권위와 능력이 서구 문화가 갖고 있는 궁극적인 종교적 신념들에 순응할 때 그 능력과 권위가 협소해지거나 침묵하게 되기 때문이다.

교회론적 과제는 우리의 주목을 요구한다. 왜냐하면 교회가 그 시각을 내부로 지향해 왔고 교회가 마땅히 가지고 있어야 할 선교적 정체성을 무시해 왔기 때문이다. 교회가 그 시각을 내부로 지향하는 정도만큼(원문에는 'outward'로 표기되어 있으나, 문맥상 'inward'로 번역하는 것이 옳은 것으로 여겨져 그렇게 번역했음을 밝힌다―역주), 교회의 선교는 협소해지고 축소된(pared down) 복음에 부합되었다.

문화적 과제는 중요하다. 왜냐하면 서구교회는 서구 문화에 대해 비판적 자세를 조성한 적이 없고, 따라서 교회가 성경 이야기보다는 문화 이야기에 의해 형성되도록 허용했기 때문이다. 이 점에 대해 뉴비긴은 다음과 같이 관찰했다.

---

[8] Wilbert R. Shenk, *Write the Vision: The Church Renewed* (Valley Forge, PA: Trinity Press International, 1995), p. 87.
[9] Ibid., p. 94.

기독교와 후기 계몽주의 문화와의 평화로운 공존이 너무 오랫동안 지속했기 때문에, 이제는 교회가 '근대' 문화에 대한 선교사적 접근을 지향하는 처지를 회복하기가 어렵게 되었다. … 교회는 너무 오랫동안 용인된 그리고 심지어는 특권을 누리는 소수로 살아왔기 때문에(기독교 신앙이 문화의 사적 영역으로 축소되고, 문화의 공적 영역은 실재에 대해 성경 이야기와 전혀 다른 이야기가 통제하는 것을 허용하면서), 전체 "서구 문명"에 대한 급진적 도전을 제기할 능력을 거의 상실해 버렸다.[10]

만일 교회가 속한 문화에 대한 교회의 선교사적 대면을 회복하고자 한다면, 이들 세 가지 과제는 대단히 긴급하다.

3. 신학적 과제: 복음 해방하기

질문은 서구교회의 "성경적 메시지가 너무도 철저하게 근대 서구 문화 속으로 적응해 들어갔기 때문에, 더 이상 서구 문화에 대한 급진적 도전, 즉 급진적 회심을 요구하는 급진적 도전을 들려줄 수 없게 된" 상황에 들어가 있느냐의 여부가 아니다.[11]

만일 이것이 사실—실재로 나는 그렇다고 믿고 있다—이라면, 서구 문화 안에서 그리고 서구 문화를 향한 서구교회의 선교적 소명에 심각한 손상을 주게 될 것이다. 예수 그리스도에 대한 참되고 복된 소식을 소유하고 있다는 것은 우리가 가지고 있어야 할 첫 번째 의제가 될 것이다. 여기에는 적어도 다섯 가지의 상호 연결된 가닥들(threads)이 있다.

첫째, 우리는 복음을 공적인 진리로 고수해야 한다.

복된 소식은 예수 그리스도 안에서 피조 세계와 인간의 삶을 새롭게 하시기 위해 하나님이 하신 일, 하고 계신 일 그리고 하실 일에 대한 선언이다. 이것은 보편적 의도를 가진 것으로, 복음은 참된 것이고 따라서 모든 민족과 인간의 모든 삶을 위해 보편적으로 타당한 주장이라는 선언이다.

---

[10] Lesslie Newbigin, *The Other Side of 1984: Questions for the Churches* (Geneva: WCC, 1983), pp. 22-23.
[11] Lesslie Newbigin, "The Bible and Our Contemporary Mission," *Clergy Review* 69, no. 1. (1984): 11.

한편으로, 우리가 살아가는 다원주의적 문화가 가진 상대주의는 진리에 대한 어떠한 주장에도 위협이 된다. 교회 내 자유주의 진영은 복음을 이러한 상대주의에 순응하도록 허용하곤 했다. 이런 경우라면, 복음은 이스라엘의 민족 이야기나 특정 종교 전통의 이야기로 간주하여서, 그 경계를 넘어선 곳에서는 아무런 타당성을 갖지 못한다.

다른 한편, 교회의 좀 더 보수적인 진영에 속한 성도들은 복음이 계몽주의 사상의 지속적 영향에 순응하도록 허용하는 때도 있었다. 복음의 진리를 보호하고자 하는 시도는 칭찬받아 마땅하지만, 이 과정에서 그들은 복음을 역사를 초월하는 불변하는 아이디어로 축소해 버렸다.

이러한 두 가지 전통과 대조적으로, 성경의 진리는 하나님이 역사하신 한 사람과 사건 안에서 발견된다. 성경의 진리는 특히 우리가 세상에 대한 진리라 이해하는 예수 그리스도의 삶과 죽음 그리고 부활 안에서 발견된다. 이들 사건을 통해 하나님이 성취하신 것은 보편적인 중요성과 타당성을 갖는다. 이것은 두 번째 가닥을 통해 좀 더 명확해질 수 있다.

둘째, 우리는 복음이 실재 이야기라는 입장을 고수해야 한다.

서구 문화는 최소한 두 가지 다른 전통—성경적 전통과 합리주의적 인본주의 전통—에 의해 형성되었다. 이 두 전통을 구별하는 것은 궁극적으로 신뢰할 만한 진리가 언급되는 곳이 어디냐를 발견하는 것이다. 합리주의적 인본주의 전통에서 말하는 진리는 역사를 초월하는 불변하는 아이디어 안에서 발견된다.

성경적 전통이 말하는 진리는 한 목표 지점을 향해 움직여 가며 펼쳐지는 담론을 구성하는 하나님의 전능하신 역사 안에서 발견된다. 이 이야기는 성경 안에서 발견되며 보편적 역사로 주장된다. 이 이야기는 온 세상의 기원과 운명에 대해 답변하며 세계 역사와 그 안에 존재하는 인간의 삶이 갖는 의미에 대한 단서를 제공한다.

이 이야기에 부합하는 선교적 소명에 신실하기 위하여, 교회는 성경을 모든 삶—개인적, 사회적, 문화적—이 내포하는 의미를 이해할 수 있는 맥락을 제공하는 하나의 참된 이야기로 이해해야 한다. 성경이 하나의 정경으로 이해될 때라야 비로소 우리의 문화에 관해서도 이야기할 수 있다. 만일 성경 이야기가 조각조각으로 나뉘게 된다면(역사 비평적, 경건적, 조직 신학적, 도덕적), 문화가 가진 지배적인 이야기에 너무도 쉽게 흡수될 수 있다.

따라서 성경을 문화가 갖는 포괄적인 세계관과 대조되는 포괄적인 이야기로 고수하는 것은 죽고 사는 것의 문제다. 자신을 기독교인이라고 고백하지 않는 오스트레일리아인 사회학자 존 캐롤(John Carroll)이, "서구에서 회자했던 기독교의 쇠락은 쉽게 설명할 수 있다. 기독교회들은 자신들이 고수해야 할 한 가지 핵심적 과제 수행에 전면적으로 실패했다. 즉 자신들의 기초를 형성하는 이야기를 변화하고 있는 시대를 향해 재진술(retell)하는 데 실패했다"[12]라고 말했다는 것은 매우 흥미로운 일이다. 이것은 세 번째 요소로 우리를 인도한다

셋째, 우리는 미치지 않는 곳이 없는 복음의 포괄적인 특징을 고수해야 한다.

만일 성경이 참으로 보편적 진리라면, 우리의 삶과 모든 민족의 삶을 포괄하는 주장이어야 한다. 성경은 세상을 실제 있는 그대로 이해하고 말한다고 주장한다. 따라서 인간의 모든 삶에 대해 우리가 이해하는 방식은 세상에 대한 참된 이야기라고 우리가 믿고 있는 것이 무엇이냐에 달려 있다.

복음은 미소하기 짝이 없고 인간의 삶 가운데 단지 일부를 구성하는, 다른 말로 하면 미래, 도덕적이고 종교적인 삶에만 관심을 두는 개인의 '종교' 영역, 또는 교회 생활의 내향성에만 관심을 기울이는 협소한 메시지가 아니다.

복음은 인간의 모든 삶을 복음이 전하는 메시지에 맞출 것을 요구한다.

선교적 대면은 교회가 성경을 세상에 대한 참된 이야기로 믿고 교회의 포괄적 주장을 지배적 문화 이야기 한복판에서 반동문화적 공동체로 구체화할 때 발생한다. 리처드 보컴(Richard Bauckham)은 성경 이야기의 포괄적 권위를 다음과 같이 희망 있게 설명한다.

> 성경의 전체 이야기는 하나의 거대 담론(metanarrative)이다. 성경 이야기는 담론 형식을 빌려 모든 실재의 의미를 개략한다. 성경 이야기의 권위를 수용한다는 것은 그 이야기 안으로 들어가겠다는 것이며 그 안에 거주하겠다는 것이다. 이것은 성경 이야기가 묘사하는 세상 그대로의 세상 안에서 살아가겠다는 것이다. 이것은 성경 이야기로 하여금 우리의 정체성과 우리가 하나님과 다른 사람들과 맺는 관계를 규정하도록 허용하겠다는 것이다. 이것은 우리의 삶이라는 담론과 우리가 살아가는 (나름의 의미를 소유하고 있는) 사회의 담론을 (모든 담론을 지배하는) 성경적 메타담론의 관점으로 읽어 내겠다는 것이다. 이 거대 담론을 우리가 살아가는 유일한 (the one) 담론으로 받아들이겠다는 것은 (만일 우리가 또 다른 거대 담론이나 보편적 의미에 대한 다른 틀에 거주하고 있었다면) 이제는 세상을 다르게 보겠다는 것이며, 그 안에

---

[12] John Carroll, *The Existential Jesus* (Brunswick, VIC: Scribe Publications, 2008), p. 7.

서 살아간다는 것은 이제 우리가 살아가는 방식을 달리하겠다는 것이다.[13]

성경의 이야기와 문화 이야기 모두는 포괄적이고 절대적 주장이기 때문에, 오직 한 가지 이야기만이 삶을 위한 유일한(the) 기초적 기반이 되는 이야기가 될 수 있다. 서구교회는 공적 생활의 많은 부분에서 성경 이야기를 더 포괄적인 문화 이야기에 순응시킨 정도만큼 혼합주의 상태에 있는 것이다.

> 복음은 필연적으로 현대 문화와 충돌한다. 복음은 우리가 속한 문화가 작동하는 총체적인 '신탁의 틀'(fiduciary framework)에 도전해야 한다. 복음은 명백하게 급진적 회심을 요구해야 한다. 이 회심은 마음의 회심을 의미하는데, 그 결과 모든 것을 다르게 보게 된다. 이 회심은 의지의 회심을 의미하는데, 그 결과 모든 일을 다르게 하게 된다. 모든 일의 어떠함에 대한 성경적 비전을 우리가 살아가는 문화의 가정에 맞춰 넣으려는 모든 헛된 시도를 거부해야 한다.
>
> Lesslie Newbigin, *The Other Side of 1984*, p. 53.

넷째, 요소는 복음이 갖는 회복적 성격이다.

복된 소식은 우리를 이 세상에서 건져 타계적 천국으로 옮길 것이라는 선언이 아니라, 하나님이 선한 피조 세계의 일부로서 우리의 삶을 회복시키시겠다는 선언이다. 타계적 구원에 대한 언급은 교회의 선교에 특히 손상을 끼쳐 왔다. 이 점에 대해 N. T. 라이트는 다음과 같이 말했다.

> 우리가 구원을 우리가 죽었을 때 하늘나라로 가는 관점으로 이해하는 한, 교회의 주요 사역을 (지금 여기에서가 아니라—역주) 미래를 위해 영혼을 구원하는 것이라는 관점에서 보게 될 것이다. 그러나 신약성경이 말씀하고 있듯이, 만일 우리가 구원을 하나님이 약속하신 새 하늘과 새 땅이라는 관점에서 그리고 새롭고 영광스럽게 구체화된 실재 안에서 우리 모두가 나누게 될 약속된 부활이라는 관점에서 볼 때 결과적으로 지금 여기에서 펼쳐질 교회의 주요 사역이 무엇이 될 지에 대해 재고할 것이 요구된다.[14]

---

13 Richard Bauckham, *God and the Crisis of Freedom: Biblical and Contemporary Perspectives* (Louisville: Westminster John Knox, 2002), pp. 64-65.
14 N. T. Wright, *Surprised by Hope: Rethinking Heaven, the Resurrection, and the Mission of the Church* (New York: HaperCollins, 2006), p. 197. (『마침내 드러난 하나님 나라』, IVP 역간)

"우리가 교회의 온전한(full-orbed) 선교가 갖는 역사적 기초를 재발견하게 되는 때"[15]는, 정확히 우리가 복음의 회복적 성격 — 현재의 시간 속으로 침노해 들어온 우주적 회복이라는 목적에 대한 비전 — 을 똑바로 이해할 때이다. 복음의 포괄적이고 회복적인 성격을 이해하는 공동체는, 인간의 모든 삶에 대한 예수 그리스도의 주권을 증거하는 공동체적 삶의 어떤 부분도 해당 공동체가 수행해야 할 선교의 영역 바깥에 있는 것으로 볼 수 없다.

N. T. 라이트는 "세상의 모든 구석구석, 순간의 찰나까지도, 창조의 권리와 구원하시는 사랑의 권리를 가지신 예수께 속했다는 것이 기독교 신앙의 주장이다"[16]라고 말한다. 이런 이유에서 라이트는 우리의 선교를 예배로부터 곧장 (다른 많은 일들 가운데 몇 가지만 언급하자면) 인도적인 일을 하는 것으로, 건축 등을 통해 조화로운 미를 추구하는 것으로, 사무실과 가게에서 일하는 것, 공적인 영역에서 생활하는 것으로, 훌륭한 도서관과 스포츠 시설물을 위한 캠페인을 펼치는 것으로, 도시 계획에 대해 토론하는 것으로, 홀로 아이를 키우며 일하는 한부모의 자녀를 위해 놀이터를 운영하는 것으로, 가난한 사람들을 위해 신용협동조합을 조직하는 것으로 그리고 창조적이고 건강한 농사 방법을 개발하는 일들로 움직여 가는 것이라고 말할 수 있었다.

그러고 나서 다음과 같은 후렴구를 세 번이나 반복했다.

> 이것은 교회의 선교가 부수적으로 해야 하는 것이 아니다. 이것은 핵심적인 것이다.[17]

농업과 땅을 돌보는 일에 대한 라이트의 언급은 뉴비긴의 언급을 생각나게 한다.

> 자신의 농토는 잘 일구면서 기도를 드리는 일을 무시하는 농부라면, 다른 기독교인들로부터 자신의 의무에 실패한 사람이라는 꾸중을 들을 것이 뻔하다. 그러나 기도를 드리면서 자신의 농토에 잡초가 피고, 배수가 안 되고, 농지를 침식시키는 토양의 유실이 발생하도록 방치하는 농부는, 기독교인으로서 자신이 감당해야 할

---

15 Ibid., pp. 200-201.
16 N. T. Wright, *Bringing the Church to the World: Renewing the Church to Confront the Paganism Entrenched in Western Culture* (Minneapolis: Bethany House, 1992), p. 150.
17 Wright, *Surprised by Hope*, pp. 265-66.

가장 우선된 의무에 실패하고 있다. 그리스도의 몸이 갖는 총체적 삶 속에서 그가 맡은 우선적 사역은 그에게 맡겨진 농토를 올바로 돌보는 것이다. 만일 이 일에 실패한다면, 그는 그에게 맡겨진 가장 우선 순위의 기독교 사역에 실패하는 것이다.[18]

뉴비긴, 보쉬, 라이트 그리고 다른 많은 사람에게 교회의 선교가 갖는 성격은 피조 세계와 인간 삶의 포괄적 회복으로 대표되는 하나님 나라 복음 이해에 그 뿌리를 내리고 있다.

다섯째, 우리는 복음을 지금 역사하는 능력으로 고수해야 한다.

만일 우리가 시작점을 예수 자신이 선포하신 복음에 둔다면, 우리는 하나님의 나라가 역사 속으로 침노해 들어오고 있다는 복된 소식을 보게 될 것이다. 이것은 단순히 새로운 하나의 종교적 교리가 아니다. 이것은 하나님이 하고 계신 사역에 대한 선언이다. 이것은 하나님이 예수 안에서 성령에 의해 사랑과 능력 안에서 역사하고 계신다는 것에 대한 소식이다. 당신께서 주장하신 주장 때문에 바리새인으로부터 도전을 받으셨을 때, 예수께서는 성령으로 역사하시는 하나님의 능력이 당신 안에서 작동하고 있다는 것을 하나님의 나라가 도래한 것에 대한 증거라 주장하셨다(마 12:28).

바울은 복음이 하나님의 나라라는 것을 확실히 믿고 있었다(롬 1:16; 고전 1:18, 24; 2:4). 선교적 대면은 우리의 문화를 형성하고 있는 압도적이고 강력한 우상 이야기에 대적하는 능력을 소유한 메시지로 무장할 것을 교회에게 요구할 것이다.

4. 교회론적 과제: 우리의 선교적 정체성 이해하기

1) 우리의 선교적 정체성 발견하기

'선교적'이라는 단어가 교회의 본질을 설명하는 형용사로 사용될 때 원래의 의도와는 다른 방식으로 사용되고 있다.

'선교적'이라는 단어의 원래적 의미는 교회가 하는 특정한 활동을 묘사하기 위한 것이 아니라, 교회가 처한 문화적 맥락 안에서 하나님의 이야기 속에 존재하는 교회가 감당해야 할

---

18 Lesslie Newbigin, "The Christian Layman in the World and in the Church," *National Christian Council Review* 72 (1965): 186.

역할을 수행하며 세상을 향한 하나님의 선교에 참여하는 교회의 정체성을 묘사하기 위한 것이다.

여기에는 최소한 두 가지 의미가 있다.

첫째, 교회가 특별히 구별된 백성이라는 것이다.
둘째, 그 교회는 세상을 지향한다는 것이다.

이들 두 가지 의미는 '세상을 위한 대안 공동체'라는 어구를 통해 잘 표현될 수 있다.

서구교회는 너무도 자주 교회의 내부적 일과 제도적 삶에 우선적 관심을 기울이는 내향적 지체로 존재해 왔다. 이러한 내향성은 은혜로우신 하나님의 사역을 우리 안에서 그리고 우리를 위해 하신 일로 축소하고, 세상을 위해 우리를 통해 현재 하나님이 지금 하고 계신 일 또한 하나님의 사역이라는 사실을 제대로 보지 못한 결과로 초래된 것이다.

구원이 단지 우리가 기뻐하는 은사로만 이해된다면, 교회는 '개인 구원'과 '목회적 돌봄'에만 관심을 갖는 공동체로 축소되고 만다.[19] 교회는 교회 구성원의 영원한 혜택을 위해 은혜를 전달하는 기관이다. 서구 소비문화에서, 내향성은 교회가 종교 상품과 서비스를 제공하는 공급처라는 생각에 이를 정도로 부패할 수 있다.

이와 관련하여 N. T. 라이트는 재미있는 이미지를 사용하는데, 구원이 오로지 우리를 위한 것이라고 가정하는 것은, "마치 우편 배달부가 자신의 우편배달 가방 속에 있는 모든 편지가 자신에게 보내진 것이라고 상상하는 것"과 같다. 참으로 언약의 구원이 그저 기뻐해야 할 선물에 불과하다고 가정하는 것은 "언약이 성취한 목적을 저버리는 것"이라고 주장했다.[20]

> 만일 복음이 우리가 살아가는 사회의 공적인 삶에 도전한다면, 만일 기독교인들이 '근대성'이 최고조로 달했던 시기에 비워두었던 '우위'(high ground)를 차지하려 한다면, 오직 지역 회중과 함께 시작하는 운동들(movements)을 통해서만 가능할 것이다. 이 운동들을 통해 새 창조의 실재가 제시되고, 알려지고, 경험될 것이다. 그리고 이 운동들

---

19 David J. Bosch, *Believing in the Future: Toward a Missiology of Western Culture* (Valley Forge, PA: Trinity Press International, 1995), p. 30.
20 N. T. Wright, *What Saint Paul Really Said: Was Paul of Tarus the Real Founder of Christianity?* (Grand Rapids: Eerdmans, 1997), p. 108.

> 로 인해, 기독교인 남성들과 여성들이 그리스도를 위해 새 창조의 실재를 선포하고, 감추어져 있던 환상들의 가면을 벗어 버리고 그리고 공적인 삶의 모든 분야를 복음의 빛에 드러내기 위해 공적인 삶의 모든 분야로 들어갈 것이다. 그러나 이러한 일은 오로지 지역 회중이 사회의 모든 삶을 구원하시려는 하나님 은혜의 표지, 도구, 전조(foretaste)로서 자신들의 삶을 위한 내향적 관심을 회중 내 구성원이 아닌 다른 사람들을 위해 포기함으로써 그리고 포기할 때 발생할 것이다.
>
> Lesslie Newbigin, *The Gospel in a Pluralist Society*, pp. 232-33

교회는 세상을 지향하라고 부르심 받았다. 교회는 다른 이들의 유익을 위해 존재한다. 지난 수 세기 동안 타문화권으로 선교사들이 파송되었다. 이들에게 맡겨진 과제는 무엇보다 자신들이 아니라 그들이 보내심을 받은 곳에 있는 사람들의 유익을 위한 것이었다. 그러므로 교회를 '선교적'이라 묘사한다는 것은, 전체 기독교 공동체를 세상으로 파송된 하나의 몸으로 정의한다는 것이고, 세상에 복된 소식을 전달하기 위해 존재하는 것이지, 기독교 공동체 그 자체를 위해 존재하는 것이 아니라고 정의한다는 것을 의미한다.

더욱이 서구교회 내에서 서구교회가 서구 문화의 우상들과 얼마나 심각하게 타협해 왔는가에 대한 인식이 점차 확산하고 있다. 만일 교회가 지금 도래하고 있는 하나님 나라를 세상 한복판에서 구체화한다면, 그 구성원들은 그들이 처한 문화적 환경에 대한 비판적 참여자가 될 것이다.

비판적 참여자가 된다는 것에는 두 가지 면, 즉 연대와 도전이 있다. 자신이 파송된 곳에서 살아가는 사람들 사이에서 하나님의 선교를 증거하는 대리인이 되는 것을 자신이 부여받은 사역의 목적으로 이해하고 있는 선교사는, 이 두 가지면 모두를 구체화할 것이다.

이것이 의미하는 바는, 선교사들은 그들이 사역하는 문화의 영적 흐름에 굴복해서는 안 된다는 것이다. 선교사들로서 그들이 선교 현장에 존재하는 이유에 의미를 부여하는 것은 하나님의 이야기다. 오늘날 서구교회는 서구의 지배적 문화가 제공하는 이야기 안에서 자신의 정체성과 역할을 발견하는 경우가 너무도 잦게 발생하고 있다.

따라서 우리의 '선교적' 본질을 회복하는 것이 의미하는 바는, 우리가 세상을 지향해야 한다는 것과 하나님의 선교에 참여하는 참여자로서 우리의 정체성에 신실해야 한다는 것이다.

이렇게 되기 위해서 교회는 자신을 둘러싸고 있는 문화의 한복판에서 하나님 나라를 신실하게 구체화해야 할 뿐만 아니라 그 문화가 품고 있는 우상들에 대항해야 한다. 그럴 때라야 교회의 삶과 말이 복된 소식—예수 그리스도 안에서 새로운 세상이 도래했고 또 도래하고 있다는 소식—에 대한 경쟁력이 있고 호소력이 있는 증거를 산출할 것이다. 도전은 교회가 자신이 감당해야 할 역할을 감당하고 내향적인 자기 관심이라는 집착과 교회가 속한 문화 이야기에 대한 순응이라는 죄로부터 떠나야 한다는 것이다.

교회론은 교회의 역할과 정체성을 회복하는 데 중요한 역할을 한다. "우리 교회가 우리가 누구인지 우리가 누구에게 속해 있는지에 대해 혼돈을 겪을 때, 우리는 어떤 것도 될 수 있고 어떤 누구에게라도 속할 수 있다."[21]

교회론은 우리의 정체성—우리가 누구인지 그리고 왜 하나님이 우리를 선택하셨는지, 우리가 누구에게 속해 있는지—을 이해하는 것에 대한 것이다. 만일 우리가 성경의 드라마 안에서 우리가 감당하기 위해 부르심을 받은 역할에 비춰 스스로를 이해하는 방식을 발전시키지 않는다면, 우리는 지배적인 문화 이야기에 의해 형성된 우리 자신을 발견하게 될 것이다. 우리가 누구인지를 이해한다는 것은 성경 이야기 내에서 하나님의 백성이 갖는 역할을 제대로 부여잡는다는 것을 의미한다.[22] 윌버트 솅크는 다음과 같이 주장한다.

> 성경은 교회에 대한 정의를 제시하거나 교회를 이해하기 위한 교리적 기초를 제공하지 않는다. 대신, 성경은 교회의 의미를 드러내는 이미지들과 담론에 의존한다.[23]

교회의 본질과 소명에 대한 심오한 신학적 숙고는 여전히 우선순위가 될 것이다.

---

21 John G. Stackhouse Jr., preface to *Evangelical Ecclesiology: Reality or Illusion?* ed. John G. Stackhouse Jr. (Grand Rapids: Baker Academic, 2003), p. 9.
22 Michael W. Goheen, *A Light to the Nations: The Missional Church and the Biblical Story* (Grand Rapids: Baker Academic, 2011)을 보라. (『열방에 빛을』, 복있는사람 역간)
23 Wilbert Shenk, foreword to *Image of the Church in Mission*, by John Driver (Scottsdale, PA: Herald Press, 1997), p. 9.

2) 선교의 반동문화적(countercultural) 차원 회복하기

선교적 정체성을 양육하기 위한 중요한 과제는 복음과 교회의 선교가 갖는 반동문화적 차원들을 회복하는 것이다. 오랜 세월 지속된 기독교왕국 시대는 교회로 하여금 "선교 감각(a sense of mission)에 필수 불가결한 문화에 대한 필연적이고 비판적인 관계"를 포기하는 자리에 이르게 했다.[24]

오늘날 "기독교왕국의 유산이 교회가 신앙에 대한 근대 문화의 극렬한 도전에 대응하는 데 장애가 되고 있다."[25] 교회가 문화와 더불어 갖는 구속적 긴장을 회복하는 것은 본질적인 일이다. 헨드릭 크래이머는 이 점에 대해 다음과 같이 설명했다.

> 이 짐을 짊어지고 느끼려는 데서 오는 긴장감이 깊어지면 깊어질수록, 교회는 더 강건해진다. 교회가 이 긴장감을 의식하지 못하고 이 세상 안에서 더 견고해지고 편안하게 되면 될수록, 그 맛을 잃어버린 소금이 될 심각한 위험에 빠질 확률이 더 높아진다.[26]

문화적 상황에 처해 있는 기독교 공동체의 입장에는 두 가지 측면이 있다.

첫째, 연대와 참여다.

복음은 인간 문화에 대한 "예"라는 긍정의 말을 한다. 그러나 오직 인간 문화에 대해서 오로지 긍정의 말만 하는 것은 문화 안에서 마치 카멜레온처럼 존재하는 것으로 생각될 수 있다. "기독교 신앙이 가장 근저(at rock bottom)는 미국 문화와 격렬한 갈등을 일으킨다. 심지어 미국 문화를 뒤집어엎으려 한다. 기독교 신앙을 실천하는 것이 마치 화성인처럼 보일 수밖에 없다. 이런 경우 기독교인은 소비 왕국에서 결코 온전한 편안함을 느낄 수 없다. 만일 기독교인이 편안함을 느낀다면, 뭔가 대단히 잘못된 것이다."[27]

---

24 Shenk, *Write the Vision*, p. 34.
25 Ibid., p. 3.
26 Hendrik Kraemer, *The Communication of the Christian Faith* (Philadelphia: Westminster, 1956), p. 36.
27 John F. Kavanaugh, *Following Christ in a Consumer Society: The Spirituality of Cultural Resistance* (rev. ed.; Maryknoll, NY: Orbis Books, 1991), p. 127. (『소비 사회를 사는 그리스도인』, IVP 역간)

둘째, 분리와 거부다.

우리는 동일한 강도로 이것을 강조해야 한다. 우상 숭배적인 종교적 신념들이 서구 문화의 모든 측면을 형성하기 때문에, 기독교 공동체는 또한 "아니요"라고 말하고 서구에서 발생한 발전을 거부해야 한다. 이것이 서구 문화에서 강조되어야 하는 것은 정확히 이 두 번째 측면—신실한 문화 참여—이다.[28]

이유는 서구에 있는 교회가 '혼합주의의 진보적(advanced) 사례'로 존재한다는 것이다.[29] 브라이언 왈쉬(Brian Walsh)와 실비아 키즈매트(Syvia Keesmat)은 "밀레니엄이 바뀌는 시기에 맞는 윤리적 위기는 기독교인들이 대체적으로 [경제적 세계화와 소비주의라는] 제국을 규범적인 것으로 수용한다는 것이다"[30]라고 말하고, 웬델 베리(Wendell Berry)는 "근대 국가에 대한 다양한 항의들에도 불구하고 근대 기독교는 국가와 경제적 현재 상황을 별 생각없이(willy-nilly) 수용하는 종교가 되었다"라고 동의를 표했다.[31]

따라서 복음의 반동문화적 측면이 정확히 재발견되어야만 한다. 왈쉬와 키즈매트는 '분리 독립의 윤리'(an ethics of secession), 즉 소비주의라는 제국에서 분리 독립하여 그리스도의 왕국으로 들어가는 윤리의 필요성에 대해 말했다.[32]

> 실제 행위로도 그렇고 생각으로도 종교는 인생의 나머지 부분과 분리될 수 없다. 실재로 사회의 모든 생활에는 서구 유럽인들이 종교적이라고 부를 신념들이 편만하게 스며 있다. 그리고 생각의 측면에서 볼 때, 종교는 총체적 세계관, 즉 인간이 하는 모든 경험을 이해하는 방식이다. 근대 서구 문화가 종교적 일들과 세속적인 일 사이에 그려 놓은 날카로운 선은 서구 문화가 갖고 있는 가장 중요한 특이한 점들 중 하나이다. 서구 문화와 접촉해 본 적이 없는 대다수 사람에게 서구 문화의 이러한 특이점은 이해할 만한 것이 아닐 것이다.
>
> Lesslie Newbigin, *The Gospel in a Pluralist Society*, p. 172.

---

28 Konard Raiser, "Gospel and Cultures," *International Review of Mission* 83, no. 331 (October 1994): 623-29.
29 Newbigin, *The Other Side of 1984*, p. 23.
30 Brian J. Walsh and Sylvia C. Keesmat, *Colossians Remixed: Subverting the Empire* (Downers Grove, IL: InterVarsity Press, 2004), p. 168. (『제국과 천국』, IVP 역간)
31 Wendell Berry, "Christianity and the Survival of Creation," in *Sex, Economy, Freedom and Community: Eight Essays* (New York: Pantheon Books, 1993), p. 114.
32 Walsh and Keesmat, *Colossians Remixed*, pp. 147-68.

복음이 갖는 반명제적(antithetical) 차원들을 발견하는 것이 갖는 필요성이 주목을 받지 못했던 것은 아니다. 기독교 신앙과 서구 문화 간 오랜 역사 동안 진행되어 온 폐쇄적인 공생 관계는, 기독교인들 하여금 서구 문화의 발전에 깊이 참여하는 참여자들이 되도록 허용했고, 공적 광장에서 주요한 역할을 하도록 허용했다.

문제는 그 과정에서 반명제적인 입장이 평가 절하되어 왔다는 사실이다. 공적 영역에서 수행되는 선교에 대한 해방 신학적 접근 방식과 재침례파의 접근 방식들은, 이들 접근 방식들이 반명제적 입장을 강조함으로써 새로운 생명(new life)을 얻었다. 이 점이 공적 광장에 대한 진정한 참여가 어떤 모습이어야 할지에 대한 새로운 질문들을 야기했다.

3) 선교의 포괄적 영역과 공적 광장에 대한 진정한 개입

신실한 선교적 교회가 되기 위해서, 우리는 선교의 포괄적인 영역, 특히 공적 광장에 대한 교회의 소명을 회복해야만 한다. 질문은 다음과 같다.

어떻게 하면 우리가 그리스도의 주권과 포괄적인 구원을 증거할 수 있을까?

데이비드 보쉬는 문화 권력과 정치 권력들에 대한 선교적 개입에 대한 다섯 개의 다른 전통들 혹은 모델들—콘스탄티누스식, 경건주의식, 개혁주의식, 해방 신학식, 재침례파식—을 구별했다.[33]

보쉬는 처음 두 가지 전통을 기독교 이하(sub-Christian)로 일축했다.

(1) 콘스탄티누스식 모델

콘스탄티누스식 모델에서, 교회는 교회가 차지한 작은 자리를 더 넓은 문화의 일부라 여긴다. 따라서 교회가 마땅히 가지고 있어야 할 예언자적 비판이라는 소명을 상실한다. 결국, 교회는 현상 유지를 지지하는 것으로 종결된다.

복음주의 진영에서 강력했던 경건주의 전통은 개인주의적이고, 타계적이고, 이원론적일 경우가 있다. 죄는 인간 개인의 차원으로 축소되었다. 구원은 개인이 천국 가는 것에 대한 것이고, 현재 피조 세계와는 거의 관련이 없다. 삶은 세속적인 활동들과 거룩한 활동들, 우리의 영적인 유산(거룩)에 속한 활동들과 지상의 삶(세속)에 속한 활동들로 구분되었다.

---

[33] David Bosch, "God's Reign and the Rulers of This World: Missiological Reflection on Church-State Relationships," in *The Good News of the Kingdom: Mission Theology for the Third Millennium*, ed. Charles van Engen, Dean S. Gilliland and Paul Pierson (Maryknoll, NY: Orbis Books, 1993), pp. 89-95.

(2) 경건주의식 모델

기독교인들에게 정말 문제가 되는 것은 거룩한 것—기도, 예배, 성경 읽기, 개인적 도덕성 그리고 그와 같은 것—이다. 선교는 오로지 복음 전도에 대한 것이다. 이 전통은 복음을 모든 문화를 변혁시킬 능력으로 보지 않는다. 그러므로 교회의 선교를 한정 짓는다. 보쉬는 경건주의적 유혹을 "공적인 삶으로부터 전적으로 후퇴하는 것"이라 묘사했다.

> 만연한 세속화에 대한 우리의 관심이 증가할수록, 서구 문화에 대한 선교학(a missiology of Western culture)을 만들어 가는 과정에서 다른 모든 측면은 세속적 권력들에 양도하고 '종교적' 측면에만 집중하도록 미혹받을 수 있다. 왜냐하면 이들 권력이 교회에게 엄청난 압력들을 가해 교회로 하여금 개인의 영혼에만 제한적으로 집중하게 하기 때문이다. 결국, 이것은 계몽주의적 세계관에 부합하는 것이다. 종교는 사적인 일이며, 종교가 주장하는 진리에 대한 주장은 상대적인 것에 불과하고, 따라서 '사실'(facts)이라는 공적 영역에서는 설 자리가 없다.[34]

이와 대조적으로, 보쉬는 해방 신학, 재침례파, 개혁주의 모델은 비록 그 관여하는 방식 면에서 차이가 보이기는 하지만, 문화의 모든 측면에 관여한다고 믿는다. 아마도 이들 각기 다른 접근 방식들은 외면적으로 드러난 것보다 더 칭찬할 만할 것이다. 비록 서로 다른 차이점이 있기는 하지만, 이들 접근 방식은 교회가 수행해야 할 문화 관련 과업이 갖는 중요한 차원들에 대해 강조한다.

이들 세 가지 전통은 하나님 나라의 복음은 인간의 삶만큼이나 광범위하고, 따라서 교회의 선교는 인간의 삶이 포괄하는 동일한 영역을 대상으로 한다고 본다. 그러나 이들 세 가지 전통은 교회가 문화에 관여하는 방식에 관해서는 견해의 차이를 보인다.

(3) 해방 신학식 모델

해방 신학자들의 접근 방식은 경제, 정치, 사회 구조가 갖는 억압적 본질과 그로 인해 양산되는 빈곤에 대한 날카로운 감각에 기인한다.

기독교 교회는 이런 구조들에 의해 주변부로 밀려나서 가난한 삶을 살아갈 수밖에 없는 사람들의 편에 서야 할 것이다. 구원은 억압적 질서로부터의 해방을 포

---

[34] Bosch, *Believing in the Future*, p. 34.

함한다. 그렇다면 교회의 선교는 이러한 불의한 시스템에 의해 희생되고 있는 피해자들을 자유롭게 하는 하나님의 해방 사역에 참여해야 한다. 해방하시는 하나님의 선교에 대한 참여는 가장 밑바닥으로부터 오는 것이다. 스스로 가난하거나 가난으로 인해 고난받는 사람들과 동일시하든 간에, 교회는 해방의 대리인이다.

해방 신학적 접근 방식은 이러한 불의한 시스템들이 갖는 악을 강조하고 이러한 악과 전면적인 전쟁을 치를 것을 요구한다. 이 갈등 속에서 편을 정해야 한다. 가난한 사람들을 위할 것인지 아니면 그들에게 대적할 것인지, 불의한 현상의 편에 설 것인지 아니면 그것에 대항할 것인지에 대한 결정을 내려야 한다. 타협이나 중립을 위한 자리는 없다. 해방은 억압적인 권력들과 직접 대립함으로써 그리고 이러한 불의한 기관들에 대한 혁명적 전복을 통해서만 얻을 수 있다.

(4) 재침례파식 모델

재침례파적 접근 방식은 현재 북미에서 빠르게 그 기반을 확장하고 있다.[35] 이 입장에 대해 자세하게 설명하는 과정에서, 교회사를 세 가지 시대—초대교회 시대, 콘스탄티누스 대제와 더불어 시작된 기독교왕국 시대 그리고 현재—로 구분하는 것이 일반적이다. 이러한 구분을 설명해 주는 두 가지 주요한 변화가 있었다.

첫 번째 변화는 중요한데, 콘스탄티누스 대제 통치 아래 발생한 교회의 건립이었다. 이때 교회는 제국 안에서 특권적 지위를 얻게 되었다. 기독교왕국 시대는 대단히 부정적으로 평가된다. 교회는 문화 속에서 교회의 협력자와 더불어 완전한 타협을 이루었다. 비록 역사적 기독교왕국 시대는 종결되었으나, 그 패턴은 서구 문화 전체에서 기능적으로 지속되었다. 그리고 서구 문화 속에서 교회는 과거에 특권적 지위를 누린 결과로 얻은 일정한 힘을 지속적으로 즐길 수 있었다.

두 번째 변화는 현재 진행되고 있는 교회의 폐지(disestablishment)다. 교회는 다시 한번 사회의 주변부로 밀려나고 있다. 이러한 폐지는 긍정적인 발전으로 인식되고 있다. 왜냐하면 현재 교회는 문화 이야기가 아닌 성경 이야기로 형성된 교회의 정체성을 회복할 수 있기 때문이다.

---

35 예를 들면, Stanley Hauerwas and William H. Willimon, *Resident Aliens: A Provocative Christian Asessment of Culture and Ministry for People Who Know That Something Is Wrong* (Nashville: Abingdon, 1989) (『하나님의 나그네 된 백성』, 복있는사람 역간); Douglas John Hall, *The End of Christendom and the Future of Christianity* (Valley Forge, PA: Trinity Press International, 1997)을 보라.

교회의 선교적 소명에 대한 재침례파의 견해를 특징짓는 세 가지 중요한 특성들이 있다.

첫째, 교회의 선교적 소명에 대해 재침례파가 가진 견해의 특성은 반기독교왕국(anti-Christendom)이라는 점이다. 이 모델은 기독교왕국 시대를 문화 안에서 교회의 소명을 심각하게 타협했던 시기로 본다.

둘째, 이 모델은 교회의 선교적 증거가 갖는 공동체적 차원들을 강조한다. 재침례파 모델에는 기독교왕국 시대의 문화적 특징이 선교를 개인의 소명으로 축소한다는 반발이 있다. 이 모델은 하나님 나라의 생활을 구체적으로 드러내는 공동체로서 교회를 무시하는 주장에 대해 반대하는 입장이다. 재침례파 모델은 다음을 강조한다.

> 교회의 가장 우선적 과제는 단순히 교회가 되는 것이다. 헌신된 성도들로 이루어진 참된 공동체는 그 존재와 그들이 살아가는 삶의 예시만으로 사회와 국가에 대한 도전이 된다.[36]

셋째, 교회가 교회를 둘러싸고 있는 문화와 맺는 관계에 대해서는 비판적 또는 부정적 측면이 지배적이다. 기독교왕국 시대의 교회는 자신을 문화 권력에 순응시켰고, 따라서 문화가 가진 우상 숭배적 권력에 대한 무비판적이었다. "교회는 사회에 존재하는 암묵적 또는 잠재적 비판 요인으로 이해되었다. 교회는 현상에 대한 비판적인데, 실제로 현상에 대해 매우 매판적이다."[37]

> 뉴비긴은 묻는다. "복음이 신뢰할 만한 것이어야 한다는 것, 마지막 남긴 말이 십자가 도상에서였던 사람이 가진 능력(the power)을 사람들이 믿어야 한다는 것이 어떻게 가능하단 말인가? 이에 대해 내가 제시할 수 있는 유일한 답변, 복음에 대한 유일한 해석은 그것을 믿고 그에 따라 살아가는 남성들과 여성들로 이루어진 회중이다."
>
> Lesslie Newbigin, *The Gospel in a Pluralist Society*, p. 227.

---

[36] Bosch, "God's Reign," p. 92
[37] Ibid.

이러한 접근 방식이 북미 지역에서 광범위한 설득력을 얻고 있다는 것은 놀랄 만한 일이 아니다. 선교에 대한 개인주의적 접근 방식이 초래한 결과들이 공동체에 대한 성경적 강조를 불러일으킨다.

문화와 심각하게 타협한 교회에 대해 교회가 소유하고 있어야 할 반동문화적 정체성(countercultural identity)을 요구한다. 새롭게 재개된 이러한 강조들이 몹시 필요하다. 질문은 교회의 선교에 대한 이런 방식의 이해가 사회의 공적 영역에서 살아가는 성도들이 느끼는 소명에 필요한 자원을 제공해 주고 있느냐 여부다.

서구교회는 초대교회처럼 주변화되지 않았다. 사실 교회는 문화 권력의 상당 부분을 차지하고 있다. 그렇다고 서구교회가 과거 기독교왕국 시대처럼 단순히 해체될 수는 없다. 질문은 어떻게 하면 문화 권력을 신실한 방식으로 사용되도록 할 수 있느냐 하는 것이다. 공동체적 차원들에 대한 당연한 강조가 새로운 관점들을 개방할 것이기는 하지만 매일의 일상을 살아가는 성도들이 갖는 소명에 대한 통찰력을 제공하지는 못할 것이다. 문화에 참여하는 교회가 갖는 비판적 그리고 반명제적 측면에 주목하라는 당연한 요구가 자신들이 감당할 문화적 소명—하나님의 백성이 시간 대부분을 보내는 장소—에 참여해야 하는 하나님의 백성을 지원하지는 않을 것이다.

(5) 개혁주의식 모델

개혁주의 접근 방식은 교회의 문화적 소명을 이해하는 세 번째 방식이다. 개혁주의 전통은 기독교인들이 문화 권력을 쥐었을 때 세상 안에서 자신들의 소명을 신실하게 실천해 갈 수 있도록 준비시키는 것에 대한 비전을 제시하려 한다. 개혁주의 접근 방식은 현상을 지지하는 기독교왕국 입장을 거부한다. 개혁주의 접근 방식은 문화 안에 존재하는 우상 숭배적 성향이 얼마나 깊이 뿌리내리고 있는지 인식하고 있다.

그리고 우상 숭배적 성향이 모든 문화 기관, 구조, 체제를 오염시킬 수 있는지도 인식하고 있다. 그러나 이 접근 방식은 재침례파와 해방 신학 전통이 개별 성도들이 사회 안에서 감당해야 할 소명들과 권력을 복음에 비춰 어떻게 책임감 있게 사용해야 하는지에 대해서 적절하게 설명하지 못했다고 믿고 있기도 하다.

개혁주의 접근 방식은 다양한 문화 구조 안에 창조적 선함이 깃들여 있음을 인식하고 있다. 따라서 혁명이 자칫 그 안에 존재하는 정의롭고 선한 것들조차 휩쓸어 버리고 심지어는 그 자리에 더 악할 구조를 세워 나갈 수 있다는 점에 대해 우려하고 있다. 개혁주의 접근 방식은 문화 구조들 내부에서 그것들을 새롭게 하려고 일하는 데 관심을 두고 있다. 이 방식은 재침례파나 해방 신학 모델만큼이나 급진적일 수 있다. 그러나 사랑의 참여와 비판적 참여를 강조하는 급진주의이다. 개혁주의 입장에는 위험성이 있다.

첫째, 가장 분명한 것은 항상 실재했음에도 불구하고 가끔 인지되었던 위험으로, 순응과 타협의 위험성이다. 게임을 지배하는 문화 규범에 의한 압력과 미혹은 실제로 존재한다. 미혹과 압력에 의해 우상 숭배를 흡입하게 된다. 재침례파와 해방 신학 전통은 이 점을 들어 개혁주의 입장을 비판한다. 이 두 개의 전통은 문화 권력과의 타협이 불가피하므로 교회에 주변 부적 위치를 점할 것을 촉구한다. 예를 들면, 남아프리카의 해방 신학적 문서인 카이로스 문서(the Kairos Document)[38]는 개혁주의 입장에 대해 강경한 입장(개혁주의 입장을 '교회 신학'이라 부르면서)을 취한다. 왜냐하면 궁극적으로 억압자의 편에 서게 될 것이라 믿기 때문이다.

둘째, 기독교왕국 시대로의 승리주의적 귀환에 대한 향수 어린 경향이다. 개혁주의 언어 중 가끔 들을 수 있는 용어가 '하나님 나라 건설하기'라는 말이다. 이 용어에는 문화에 대한 우리의 노력이 하나님 나라와 기독교 사회(Christianize society)의 도래를 알리는 것이라는 이해가 내포되어 있다. 그러나 이러한 위험이 개혁주의 전통 안에 반드시 내재하여 있는 것은 아니다. 그리고 교회가 여전히 상당 정도의 문화 권력을 행사하고 있으므로, 개혁주의 전통이 제공하는 자원을 사용하여 현대교회가 콘스탄티누스식 모델이 아닌 방식으로 문화의 공적인 삶에 참여할 수 있도록 준비시킬 필요가 있다.

이들 전통은 각기 성경적으로 확정할 필요 있는 중요한 강조점을 갖고 있다. 더욱이 보쉬가 바르게 지적했듯이, 이들 전통은 중요한 근본 신념들을 공유하고 있으므로, 흔히 생각하는 것보다 서로에게 더 근접해 있다. 그리고 마지막으로, 각 모델이 그 처한 상황과 상관성 있는 주제들을 강조하고 있지만, 어떤 모델들은 특정 상황에 적절하게 적용되기도 한다.

---

38 카이로스 문서(1985)는 흑인 해방 신학 전통에서 작성한 신학 문서로서, 1985년이라는 응급상황 동안 남아프리카에서 자행되었던 인종 차별정책(the apartheid)의 불의함에 도전했다. 이 문서는 "국가 신학"(기독교왕국)과 "교회 신학"(개혁주의자들)에 대해 비판을 가했고, "예언자적 신학"(해방 신학)을 요구했다. www.sahistory.org/za/archive/challenge-church-theological-comment-political-crisis-south-africa-kairos-cocument-1985를 보라.

교회가 그들이 처한 문화적 상황에 대해 각기 다른 입장을 견지하고 있다는 것이 로마서와 요한계시록에 분명하게 드러난다. 딘 플레밍은 로마서 13장과 요한계시록 13장에 대한 분석을 통해 도움이 될 만한 내용을 제공한다.

이 두 성경은 로마 제국하에 존재했던 각기 다른 문화 환경을 대표하며, 따라서 각기 다른 반응을 요구한다.

상황은 서로 다르기는 하지만, 핵심은 두 상황 모두에서 교회는 하나님의 나라에 대해 증거하라는 동일한 부르심을 받았다는 것이다. "사실상, 두 교회 모두 선교적 목적을 가지고 자신들이 처한 공적 세계에 참여했다. 그러나 대안적 관점에서 참여했다." 로마서는 "기독교인들을 격려하여 사회의 삶에 구속적 방식으로 적극적으로 참여하도록 하는 것" 같아 보인다.[39] 제임스 던(James Dunn)의 말대로 "선한 시민 의식은 또한 선한 의지를 가진 사람들에게 복음을 권하는 선교적 전략이기도 하다."[40]

플레밍은 이렇게 관찰했다. "비록 가시적으로는 서로 다른 내부적 차이를 보이기도 했으나, 기독교인은 그레코-로만 사회라는 실존 구조 안에서 자신들의 소명을 살아 내야 했던 사람들이다." 그들은 '십자가가 새긴 차이점'을 가지고 자신들이 속한 제도 속에서 살아가야 했는데, 십자가가 새긴 차이점은 그들을 내부로부터 새롭게 하는 자리로 이끌어 갔다.[41]

다른 한편, 요한계시록의 환경이 우상 숭배 정도가 더 심했기 때문에, 교회는 좀 더 분파주의적 태도를 보였다. 따라서 요한계시록은 "반동문화적 비판을 취하고" 교회가 "예언적이고 복음을 증거하기 위해 대가를 치를 것"을 요구했다. 로마서와 요한계시록에서 "우리는 두 개의 다른 그러나 칭찬할 만한 신학적 비전을 발견한다. 각각의 비전은 교회가 제국과 맺는 관계가 갖는 한 가지 측면을 강조한다. 각각은 그들이 복음을 증거해야 하는 공동체들의 특정한 필요에 민감하다는 것을 보여 준다."[42]

로마서보다는 요한계시록 전통에서 더욱 분명하게 드러나는 재침례파와 해방신학 전통이 급성장하는 것에 관한 관심은, 서구의 교회가 요한계시록의 교회처럼 사회의 주변부에 위치하고 탄압을 받고 있기 때문은 아니다. 교회는 여전히 문

---

39 Deam Flemming, *Contextualization in the New Testament: Patterns for Theology and Mission* (Downers Grove, IL: InterVarsity Press, 2005), pp. 289-90.
40 James D. G. Dunn, *The Theology of Paul the Apostle* (Grand Rapids: Eerdmans, 1998), pp. 679-80. (『바울 신학』, CH북스 역간)
41 Flemming, *Contextualization*, p. 149.
42 Ibid., pp. 290-91.

화 권력을 행사하고 있다. 더욱이 서구 문화의 구조가 요한계시록에 등장하는 문화만큼이나 악하지도 않다.

우리는 교회가 점차적으로 주변부로 밀려나고 있다는 것과 전 세계 경제 구조가 점차 불의하고 억압적 형태로 되어 가고 있음을 인지하고 있다. 따라서 요한계시록이 이러한 흐름을 바라보고 있는 교회를 위해 풍성한 자료를 담고 있음이 명백하다.[43] 그러나 로마서와 같은 상황이 여전히 편만하다. 따라서 교회는 우리가 속한 문화 구조가 어떻게 하면 구속적으로 참여할 수 있는지 질문해야 한다.

문화 안에서 성도의 소명은 서구 문화 안에서 교회가 실천해야 하는 선교의 우선적 방식이 될 것이다. "서구와의 선교사적 대면은 우선적으로 평신도들의 사역이어야 할 것이다."[44] 이에 방해가 되는 것은 "그리스도의 주권에 대한 최우선적 증거는 평신도 남성과 여성이 그들이 참여하는 사업, 정치 그리고 각종 전문 업종을 통해 그리고 농부, 공장 노동자 등 다양한 세속적 직업을 통해 제시되어야 한다는 사실을 교회가 인지하는 데 오랫동안 실패해 왔다는 데 있다."[45]

변화하고 있는 우리의 상황이 의미하는 것은, 교회가 공적 광장에서 교회의 선교를 형성하기 위한 분투를 지속해야 한다는 것일 것이다. 문화 안에서 교회의 소명은 참여를 의미하기 때문에, 개혁주의 전통이 교회가 가진 문화 권력을 십자가의 표지 아래서 어떻게 사용할 것인가에 대한 통찰을 제공할 것이다. 또한, 문화 안에서 교회가 감당해야 할 소명은 저항을 의미하기도 하기 때문에, 해방 신학과 재침례파 전통이 문화가 내포하는 우상 숭배적 요소에 어떻게 저항해야 하는 것인가에 대한 통찰을 제공할 것이다.

우리의 이웃을 사랑하는 것은 공동체적 형식과 개인적 형식을 통해 발생하는 긍정적 참여와 부정적 저항을 의미한다. 만일 교회가 서구 문화의 공적 삶에 신실하게 참여하기를 원한다면, 다양한 전통이 제공하는 통찰을 신선하고 창조적인 방식으로 평가하는 것이 긴급할 것이다.

---

43 Ibid., pp. 266-95를 보라. 또한 Richard Bauckham, *Bible and Mission: Christian Witness in a Postmodern World* (Grand Rapids: Baker Academic, 2003), pp. 83-112을 보라. (『성경과 선교』, 새물결플러스 역간)
44 Bosch, *Believing in the Future*, p. 59.
45 Lesslie Newbigin, "The Work of the Holy Spirit in the Life of the Asian Churches," in *A Decisive Hour for the Christian World Mission*, ed. Norman Goodall ed al. (London: SCM Press, 1960), p. 28.

5. 문화적 과제: 서구 문화에 대한 선교적 분석

"인류가 조성한 모든 문화 안에서 진행되어야 할 상황화와 관련된 문제를 탐구하기 위해 저술된 수많은 선교학적 저작이 만들어졌다." 그러나 이상하게도 그리고 유감스럽게도, "가장 광범위하게 확산해 있고, 현대의 다양한 문화 중에서 가장 강력하면서도 설득력 있는 문화 즉, 근대 서구 문화에 관한 탐구는 무시되어 왔다."[46]

참으로, 선교 연구 역사는 선교 사역을 감당하기 위해 복음에 비추어 문화를 연구하는 오래되고 풍성한 전통을 가지고 있다. 타문화권 선교사들에게 문화를 신중하게 분석하는 것은 본질적인 일이다. 이것은 삶과 죽음에 대한 문제이다. 왜냐하면 길들여진 복음은 선교 사업의 기반을 약화시킬 것이기 때문이다. 이 같은 연구 작업은 서구에서 특히 긴급하다. 그것은 단지 근대 서구 문화에 대한 무비판적 태도가 순응으로 귀결되기 때문만이 아니라, 근대 서구 문화가 갖는 힘과 범위 때문이기도 하다. 그런데 놀랍게도 서구 문화에 관한 연구가 간과됐다.

1) 문화의 종교적 핵심

서구 문화에 대한 선교사적 분석에서 가장 우선되는 단계는, 서구 문화가 갖고 있는 세속적 편견의 가면을 벗겨 버리는 것과 그것이 갖고 있는 종교적 핵심을 드러내는 것이다.

하나의 가정이 있는데, 그것은 우리가 중세라는 종교가 지배하던 사회로부터 근대 시대라는 세속 사회로 옮겨 왔다는 것과 중세는 종교적 신앙에 근거한 편견 가득한 문화인 반면 근대 문화는 세속적 이성에 근거한 중립적인 문화라고 간주하는 것이다.

이처럼 잘못된 가정으로 무장한 인류학자들과 사회학자들은 문화가 내포할 수밖에 없는 종교적 성격은 간과한 채 문화에 관해 연구해 왔다. 종교는 신(들), 내세, 영적이고 도덕적 이슈와 그와 관련된 실천 행위를 다루는 또 하나의 인간 활동으로 축소되었다. 이러한 방식을 택한 분석가들은 서구 이야기에 온전히 젖어 있는 사람들이자, 정말 단순하게 자신들이 속한 서구 문화의 이야기가 갖는 종교적 성격에 대해 무지한 사람들이었다.

---

[46] Newbigin, *Foolishness to the Greeks*, pp. 28.

> 서구에서는 문화화 과정(incultulation process)이 '너무 성공적'이어서 기독교는 서구 문화의 종교적 영역에 불과한 것으로 인식되곤 했다—교회가 하는 말을 듣기는 했지만, 사회는 오직 자신들의 음악이 들려주는 소리에만 온전히 귀를 기울였다. 서구는 복음을 문화에 길들여 오곤 했는데, 이로 인해 복음이 다른 문화에 전달될 때 외래적인 것으로 인식되게 하는 불필요하게 과정이 되풀이되었다.
>
> David J. Bosch, *Transforming Mission*, p. 466.

이런 식의 가정은 인류학자, 사회학자, 문화 신학자, 기독교 세계관 학자, 선교 사상가와 남반구 출신 기독교인을 포함하는 다양한 계층에게 도전받아 왔다. 필립 젠킨스는 남반구 기독교 신앙이 하나님과 세상에 대한 우리의 이해에 가져온 '가장 큰 변화'가 무엇인지 질문한다. 그리고 그 질문의 대상에 대해 답변한다.

> 종교는 일상의 실재와는 구별되는 것으로, 삶의 분리된 영역으로 구분되어야 한다는 서구 계몽주의가 발생시킨 가정을 포함할 것이다.[47]

이처럼 종교에 대한 포괄적이고 급진적인 방식으로 이야기하는 것은 성경에서 얻은 인간에 대한 관점에 기초한 것이다. 가장 심층적인 차원에서, 인간이라는 존재는 개별적인 삶과 공동의 삶을 통해 총체적으로 하나님을 섬기기 위해 만들어진 종교적 피조물이다. 만일 인간들이 삶의 중심을 살아 계신 하나님 안에 두고 살아가기를 거부한다 하더라도, 그들이 종교적이지 않은 것이 아니다. 좀 더 정확히 말하자면, 그들은 피조 세계 내 삶의 어떤 측면을 섬기며 그 대상에게 자신들의 궁극적인 충성을 제공한다. 성경은 이런 인간의 성향을 일컬어 '우상 숭배'라 부른다.

문화의 종교적 성격을 표현하기 위해서 사용되어 온 네 가지 은유가 있다. 뉴비긴은 문화의 표면 아래 존재하는 종교적 신념들(Religious beliefs)에 대해 말한다. 이 신념들은 문화의 관찰 가능한 패턴을 지지하고 형성하는 지질 구조판(tectonic plates)이나 기반과 같은 역할을 한다. 뉴비긴은 이렇게 말한다.

> 비교할 것도 없이 향후 수십 년 동안 가장 긴급한 선교적 과제는 '근대성'에 대한 선교이다. 이를 위해서는 날카로운 지적 도구들이 요구된다. 질문조차 제기하

---

[47] Philip Jenkins, *The Next Christendom: The Coming of Global Christianity* (Oxford: Oxford University Press, 2002), p. 141.

지 않는 근대성의 가정들 이면에 존재하는 것들에 관해 탐구하고, 그 가정들을 지주하는 숨겨진 근대성의 신조(credo)를 밝혀내기 위해서는 날카로운 지적 도구들이 필요하다.⁴⁸

서구 문화의 표면 아래에 존재하고 있는 것은 이제까지 질문이 제기되지 않은 숨겨진 신조, 즉 신념들에 대한 종교적 고백이 존재한다. 이것은 반드시 탐구되어야 한다. 이 종교적 신조는 "일단의 신념들, 경험들 그리고 실천 행위들이 모여 형성된 하나의 집합체(a set)이다. 이것은 사물의 궁극적인 성격을 파악하고 표현하려 하고, 삶을 형성할 뿐만 아니라 삶에 의미를 부여하고, 최종적 충성을 요구한다."⁴⁹

하비 콘은 문화의 종교적 핵심에 대해 말한다. 종교는 "삶의 한 부분도, 많은 것 중 하나도 아니다. 종교는 무엇보다 삶의 방향이다. 그렇다면 종교는 문화의 통합적 구조의 중심이 된다. 또한, 하나의 유기체로서 문화의 핵심적 동력이자 하나님의 계시와 언약 관계에 있는 인간에 대한 통합적이고 급진적인 반응이다."⁵⁰ 종교는 단순히 문화의 한 측면이 아니라 문화 전체에 생기를 불어넣고, 통합시키며, 방향을 제시하는 핵심적 힘이다(그림 3을 보라).

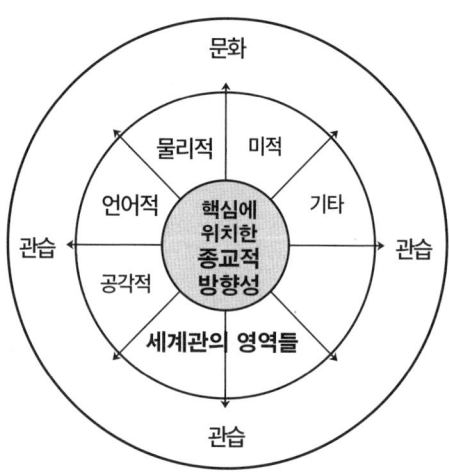

그림 3. 문화의 종교적 핵심

---

48 Lesslie Newbigin, "Gospel and Culture – But Which Culture?" *Missionalia* 17, no. 3. (1989): 214.
49 Newbigin, *Foolishness to the Greek*, p. 3.
50 Harvie Conn, "Conversion and Culture: A Theological Perspective with Reference to Korea," in *Down to Earth: Studies in Christianity and Culture*, ed. John Stott and Robert Coote (Grand Rapids: Eerdmans, 1980), pp. 149-50.

기술 철학자인 엑버트 슐만(Egbert Schuurman)는 세 번째 이미지를 사용해 종교적 신념을 인간 문화의 모든 가지에 수액—죽음을 주거나 생명을 공급하는—을 공급하는 뿌리에 비유한다. 그는 종교와 관련하여 다음과 같이 믿고 있다.

> 종교는 다른 것들과 마찬가지고 전형적인 기능 중 하나가 아니다. 종교는 삶의 다양한 가지가 피어나고 자라게 하는 그리고 끊임없이 영양요소를 공급하는 뿌리이다. 종교는 문화에 대한 근본적이고 필수적인 중요성이 있다. 종교는 인간 경험의 가장 심층적인 근원에 관심을 기울이며 인간의 삶을 집약된 전체로 통합시킨다."[51]

마지막으로, 경제학자 밥 구츠왈드(Bob Goutzwaard)는 종교를 문화의 주요 목적(the chief end)이라는 용어로 표현했다. 그는 다음과 같이 관찰했다.

> 문화의 모든 스타일은 결과적으로 사람들이 그들의 삶과 사회의 궁극적인 의미를 어떻게 조망하느냐에 대한 종교적 의미와 연결되어 있다.[52]

그는 제안하기를, 문화는 특정 목표를 절대화할 것이며, 그러고 나서 그 목적을 중심으로 문화를 형성할 것이라 했다.[53] 예를 들면, 서구 문화는 경제 성장과 물질적 풍요를 인간 삶의 목표로 삼고 있다. 그래서 다른 모든 문화 제도와 체제는 그 목표를 성취하기 위한 목적을 위해 요청되고, 또 그 목적을 위해 하나로 통합된다. 구츠왈드는 문화를 벌집에 비유했는데, 벌집의 중앙은 여왕벌이 알을 낳는 장소다. 벌집 내 다른 모든 활동은 이 목적을 성취하기 위해 존재한다.[54]

이와 같은 종교적 신념은 제도, 관습, 실천 행위, 시스템, 상징 그리고 기타 모든 요소 내에서 사회적으로 그리고 명확한 형태로 구체화하여 나타난다. 사회학자인 데이비슨 헌터(Davison Hunter)는 서구 문화를 형성한 근대 세계관은 단순한 아이디어라기보다 "위에서 언급했던 근대성의 핵심 아이디어, 가치, 특징이며 이

---

51 Egbert Schuurman, "The Challenge of Islam's Critique of Technology," in *Gospel and Globalization: Exploring the Religious Roots of a Globalize World*, ed. Michael W. Goheen and Erin G. Glanville (Vancouber: Regent College Press, 2009), p. 199.
52 Bob Goudzwaard, *Capitalism and Progress: A Diagnosis of Western Society*, trans. Johina Van Nuis Zylstra (Toronto: Wedge Publishing; Grand Rapids: Eerdmans, 1979), p. 7.
53 Ibid. Bob Goudzwaard, Mark Vander Vennen and David Van Heemst, *Hope in Troubled Times: A New Vision for Confronting Global Criese* (Grand Rapids: Baker Academic, 2007), pp. 31-45 또한 보라.
54 Goudzwaard, *Capitalism and Progress*, pp. 87-88.

는 구체적인 제도들을 통해 발현된다"라고 주장했다.[55]

그는 인간 활동의 세 가지 주요 영역, 즉 경제, 정치, 문화적 영역에 주목했다. 경제 영역에서, 근대 종교적 신념의 담지자는 산업주의적 자본주의이다. 정치 영역에서, 근대 종교적 신념의 담지자는 근대 국가이다. 문화 영역에서 근대 종교적 신념의 담지자는, 특히 '지식 분야'(knowledge sector)이다. 이 지식 분야에는 근대 대학, 매스 커뮤니케이션을 담당하는 미디어, 예술 그리고 대중문화이다.

서구 문화는 인간이 의미하는 바가 무엇인가에 대한 지배적인 종교적 비전에 의해 활력이 공급되고, 하나로 통합되고, 방향 지시를 받는 삶에 대한 견고한 패턴이다.

정치 시스템, 경제 배분, 가족과 결혼 생활, 사고방식과 감정적 반응, 사회적 관계, 이외 더 많은 것은 더 심층적인 데 있는 종교적 신조의 표현이다. 문화에 대한 선교적 분석은 이 신조를 밝혀내고 복음에 비춰 비판하는 데 관심을 갖는다.

서구 문화의 종교적 헌신은 무엇일까?

2) 우리를 형성하는 이야기 말하기

이와 같은 종교적 헌신을 밝혀내기 위해서는, 우리를 형성하는 이야기에 대해 말하는 것이 필수적이다. 철학자 찰스 테일러(Charles Taylor)는 자신이 저술한 책 『세속 시대』(*A Secular Age*)를 통해, 1500년에서 2000년에 이르는 기간 동안 서구 문화가 세속화되어 가는 변화에 대해 조사했다. 그는 자신이 주장하고 있는 바를 설명하기 위해 특정 이야기를 말하는 것은 '불가피하다'는 사실을 강조했다.

> 우리가 현재 서 있는 자리가 어디인지를 정확히 알기 위한다면, 과거로 돌아가서 우리의 이야기가 어떻게 형성되었는지에 대해 적절하게 말할 수 있어야 한다. 우리의 과거는 우리의 현재에 침전된다. 그리고 우리가 어디로부터 유래했는지 판단을 내릴 수 없는 한, 우리는 우리 자신의 정체성을 잘못 판단할 수밖에 없다. 이것이 내러티브가 하나의 선택적 부가물이 아닌 이유이고, 내가 여기에서 이야기해야 한다고 믿는 이유이다.[56]

---

55 James Davison Hunter, "What Is Modernity? Historical Roots and Contemporary Features," in *Faith and Modernity*, ed. Philip Sampson, Vinay Samuel and Chris Sugden (Oxford: Regnum Books, 1994), p. 18. Hunter의 *To Change the World: The Irony, Tragedy, and Possibility of Christianity in the Late Modern World* (Oxford: Oxford University Press, 2010) 또한 보라. (『기독교는 어떻게 세상을 변화시키는가』, 새물결플러스 역간)

56 Charles Taylor, *A Secular Age* (Cambridge, MA: Belknap Press of Harvard University Press, 2007), p. 29.

나는 하나의 이야기의 골조를 대략하는 것으로, 서구 문화의 종교적 신념들을 밝히도록 하겠다.

두 개의 신조적 진술이 서구 이야기의 맥락 안에서 발생했는데, 이는 신앙에 대한 간결한 고백으로 인정할 만한 것이었다.

첫째, 인본주의를 서구 문화의 핵심으로 분명하게 표명하는 것이다.

프리드리히 니체(Friedrich Nietzche, 1844-1900)는 "우리 자신이 신이 되어서는 안 되는 것인가?"라는 질문을 제기했다. "마담에 대한 비유"(The Parable of the Madam)에 등장하는 마담은 우리가 신을 죽였다는 깜짝 놀랄 만한 비난을 한다.

여기에서 니체가 언급한 것은 서구 문화가 신을 공적 생활의 영역에서 제거한 18세기 계몽주의였다. 마담은 "모든 살인자의 살인자인 우리 자신을 어떻게 위로해야 할 것인가?"라고 묻는다. 이에 대해 니체는 또 다른 질문으로 답변을 대신했다.

우리 자신이 신이 되어서는 안 되는 것인가?
그저 그렇게 호소할 만한 가치가 없는 것인가?

만일 신이 존재하지 않는다면, 인간의 삶에 의미를 부여해 주거나, 피조계에 질서를 부여하거나, 또는 옳고 그름, 진실한 것과 잘못된 것, 선과 악에 대한 보편적으로 타당한 기준을 제시하는 창조주도 없다. 그렇게 된다면 인간 존재가 창조주의 자리를 차지하고, 삶의 목적을 정의하고, 질서를 세우고, 옳고, 진실하고, 선한 것이 무엇인지에 대해 판단하는 궁극적인 결정권자가 되어야 한다. 더욱이 만일 신이 존재하지 않는다면, 역사에 의미를 부여하고 그 의미를 궁극적인 목표로 인도하는 주권적 통치자(Sovereign Ruler)도 존재할 수 없다.

신이 존재하지 않는다면, 이제 인간이 그 자리를 대신해야 한다. 그리고 마침내, 만일 신이 존재하지 않는다면 우리가 살아가는 세상을 악으로부터 해방시킬 구세주도 존재하지 않게 된다. 다시 한번 인간 존재가 그 역할을 대신해야 하고 스스로 자원을 동원해 자신을 구해야 한다. 인본주의자인 콜리스 래이몬트(Corliss Lamont)는 말하기를, 인본주의는 "우리 자신에게 스스로 구원자와 구속자가 되어야 한다는 과제를 할당해 준다"고 했다.[57]

---

[57] Corliss Lamont, *The Philosophy of Humanism* (1949; 8th ed.; Amherst, NY: Humanist Press, 1997), p. 309.

마담은 불신감 속에서, "누가 우리에게 온 지평을 닦아 내 버릴 스폰지를 주었는가?"라고 묻는다. 하나의 이야기가 제공하고, 일정 정도는 성경에 의해 형성된 지평, 즉 수 세기 동안 서구에서 살아가는 사람들의 삶에 의미를 부여했던 지평이 지워졌다. 이제 이와 같은 영적인 진공 상태 속에서, 서구인들은 "모든 것에 의미를 부여해 줄 새로운 내러티브를 만들어 내야만 했다. 사람들은 이전에 존재하다 제거된 것과는 다른 지평을 디자인해야 했다."[58] 이 이야기 속에서 인류는 창조주, 지배자, 구원자의 역할을 한다.

이제 우리는 다른 이야기 속에서 살아간다. 이 이야기 속에는 "인간 중심적 전환"(anthropocentric shift)이 이루어졌고,[59] 따라서 우리는 이제 자연 세계와 사회 세계 속에서 더 이상 신과 조우하지 않는 '세속 시대'를 살아간다. 기계적 우주는 하나님의 목적과 역사 그리고 실존이 존재하는 자연 세계를 무의미하게 만든다. 세속 사회는 인간의 문화적, 사회적 경계 안에서 하나님의 규범과 의미와 실존을 제거한다.

하나님과 영적, 종교적, 도덕적 세력을 제거하고 종교라는 미몽에서 깨어난 세상은, 하나님의 목적 있는 역사와 실존이 가정되어 있는 "종교적 환몽에 빠진" 세상을 대체한다. 그리고 인류와 함께 발전하는 역사는 마치 달리는 기관차처럼 하나님의 섭리적 통치와 목적을 대신한다.[60] 테일러는 서구인들이 정착한 이 새로운 세계를 '배타적 인본주의'라 부른다.[61]

둘째, 17세기에 프랜시스 베이컨(Francis Bacon)이 한 것으로, 서구의 인본주의가 합리주의적 혹은 과학적 인본주의—'지식은 힘이다'(scientia postesta est)—임을 분명히 했다. 지식은 두 가지 면에서 힘이다.

① 과학적 방법론은 인간들이 인간을 제외한(nonhuman) 피조계의 법칙을 알게 하기 때문에, 이 법칙은 우리의 사회적 사용(social use)을 위해 자연을 지배하는 기술적 통제로 해석될 수 있다.
② 과학적 이성이 삶의 다양한 사회적 차원이 갖는 법칙을 드러내기 때문에, 우리는 더욱 합리적인 사회를 조성할 수 있다.

---

58 Goudzwaard, Vander Vennen and Van Heemst, *Hope in Troubled Times*, p. 37.
59 Taylor, *Secular Age*, pp. 221-69.
60 Ibid., pp. 2, 25-27.
61 Ibid., pp. 19-21, 26-28.

인본주의는 헬라 시대로 거슬러 올라가는 종교적 선택에 그 근원을 갖고 있다. 헬라와 로마의 인본주의는 중세 기독교와 혼합적인 형태로 보전되어 있었다. 15세기 르네상스는 근대 세계로 진입하는 접경 시대였는데, 이 시대는 이미 알려진 대로 "전통과 종교 그리고 미신이라는 차꼬를 헬라와 로마 사상으로 단련된 인본주의라는 해머로 깨뜨렸다."[62]

로마 가톨릭 철학자인 로마노 구아르디니(Romano Guardini)는 이 시대에 등장한 근대 세계를 측정하는 데 도움이 될 만한 세 개의 방위각—자연, 주체, 문화—을 제시했다.[63] 이 세 가지 개념을 모두 이해하는 데 핵심이 되는 것은 '자율성'이다. 자율성은 창조와 인간의 삶 그리고 문화 발전이 하나님과 그분이 갖는 권위와 분리하여 존재하는 것으로 이해하는 태도를 언급할 때 사용하는 용어이다. 인간을 제외한 피조 세계가 하나님의 실존과 다스림으로부터 제거되어 독립적인 상태가 되었고, 그래서 '자연'(自然)이 되었다.[64]

이처럼, 인간이 '주체'가 되었다. 그래서 인간의 삶은 하나님의 목적과 규범으로부터 분리되었고, 대신 "그 자체 내에 존재하는 존재의 법칙"을 배태하는 것으로 규정되었다.[65]

'문화'는 인간이 설정한 목적들을 위해 자연을 마음대로 형성하는 자연에 대한 자율적 인간의 장악력과 지배를 의미한다.[66] 이것은 이제 도래할 세대 안에서 누리게 될 것이라 믿는 과학과 기술, 경제 성장과 물질적 풍요라는 우상 숭배로 인도될 것이다.

과학 혁명은 서구 세계로 하여금 자율성을 인지하도록 했을 뿐만 아니라 세상에 대한 서구 세계의 통제력까지 인지할 수 있는 방법론을 제공했다. 과학 혁명이 시작될 당시, 기독교의 추동력(Christian impetus)은 당시 부상하고 있던 인본주의보다 더 문화적으로 형성되어 있었다. 과학 혁명이 마칠 때까지, 인본주의는 과학을 그 흐름으로 끌어들여 지배적인 신앙이 되었다.

이러한 인본주의의 승리에 기여한 것은 두 가지였다.

---

62 Phillip Sampson, "The Rise of Postmodernity," in Sampson, Samuel and Sugden, *Faith and Modernity*, p. 33.
63 Romano Guardini, *The World and the Person*, trans. Stella Lange (Chicago: Henry Regnery, 1965). 원판은 *Welt und Person: Versuche zur christlichen Lehre vom Menschen* (Würzburg: Werkbund-Verlag, 1939)로 발행됨.
64 Ibid., p. 11.
65 Ibid., p. 9.
66 Ibid., p. 11.

첫째, 기독교 신앙이 당시 부상하고 있던 과학 세계와 무관함을 명시하는 것으로 보이게 했던 것으로, 과학 혁명의 초기 선도자들에 대한 교회의 반동적 반대였다.

둘째, (과학이 연합을 성취할 수 있었던 것과는 반대로) 기독교 신앙은 오로지 폭력만 생성할 뿐 아무런 가치가 없는 문화적 신앙이라는 것을 증명하는 것으로 보인 17세기 내내 진행되었던 종교 전쟁이었다. 과학 혁명이 종국에 가까이 올수록, "서구는 과거 서구가 가지고 있던 '신앙을 잃어버리고' 과학과 인간 안에서 새로운 신앙을 발견했다."[67]

18세기 계몽주의 시기 동안 새롭게 등장한 역사적 신앙이 무르익었고, 근대 인본주의의 신조가 형성되었다. 지배적 신념은 진보에 대한 헌신에 기초한 신앙이었다. 어거스틴은 그의 저서 『하나님의 도성』(City of God)을 통해 역사는 하나님의 도성을 향해 움직이고 있다고 언급했고, 이로서 서구 문화에 세상에 대한 내러티브 형상(a narrative shape)을 또렷하게 새겨 넣었다.

계몽주의 작가들이 역사에 대한 하나님의 섭리적 통치를 대체하는 진보에 대해 언급했다. 신앙은 더 나은 세상을 건설하는 인간의 능력에 대한 것이 되었다. 역사가 롤랜드 라이트(Rolad Wright)는 이것을 일컬어 '세속 종교'라 불렀다.[68]

기독교 이야기의 영향은 18세기에도 뚜렷하게 남아 있었는데, 이 시기 많은 작가가 희망적으로 상상했던 낙원에 대한 성경적 이미지 때문이었다.

낙원에서의 좋은 삶이 갖는 가장 특징적인 것은 무엇일까?

신학자 로렌스 오스본(Lawrence Osborn)은 계몽주의 시대 사회적, 경제적 설계자들에게 "진보는 경제적 성장"과 동일한 것이었다고 말했다. 따라서 "경제는 근대적 행복 추구에 가장 주요한 도구였다"고 정확히 관찰했다.[69]

물질적 풍요와 그것을 추구하고 즐길 자유야말로 현재 서구가 지향하고 있는 세속적 낙원의 모습이다.

어떻게 하면 이와 같은 낙원에 도달할 수 있을까?

---

67 Richard Tarnas, *The Passion of the Western Mind: Understanding the Ideas That Have Shaped Our World View* (New York: Ballantine, 1991), p. 320.
68 Roland Wright, *A Short History of Progress* (Toronto: House of Anansi Press, 1944), p. 4. (『진보의 함정』, 이론과실천 역간)
69 Lawrence Osborn, *Restoring the Vision: The Gospel and Modern Culture* (London: Mowbray, 1995), pp. 46, 57.

섭리에 대한 중세의 언급은, 이제 인류가 역사적 진보를 추구하는 데 가장 우선적 대리인이 되었다는 이해로 대체되었다. 우리를 물질적으로 가장 풍요로운 세계로 인도하는 인간의 능력은 이성이다. 인류는 "오로지 이성과 경험의 빛에 따라 인도함을 받음으로써 이 지구상에서 선한 삶을 온전히 이루어 갈 수 있다."[70] 종교, 전통, 신앙으로부터 해방된 과학적 이성은 인간의 자율적 의지에 따라 세상을 통제하고, 전망하고, 형성하는 데 채용될 수 있다.

이처럼 더 나은 세상은,

첫째, 과학적 이성이 인간을 제외한 피조 세계의 자연법칙을 포착하고 그 법칙을 기술적 통제로 해석해 낼 때 인지된다. 이런 방식으로 인류는 "자연의 주인이자 소유자"가 될 수 있다.[71]

둘째, 만일 과학적 이성이 정치, 사회, 경제학, 법과 교육, 물리 법칙 등에 내재된 법칙을 포착할 수 있다면, 그러한 법칙조차 더 합리적으로 질서가 잡힌 사회를 산출할 수 있도록 통제될 수 있다. 이러한 사회 영역들에서는 하나님과 그분의 규범 그리고 그분의 목적은 공허해질 것이나, 그 대신 각 영역에 합리성이 내재될 것이다. 그럼으로써 경제 영역에는 최상의 이득이 있게 될 것이고, 정치 영역에서는 대다수 사람에게 최상의 이익을 보장해 주는 권리가 부여될 것이며, 나머지 분야에서도 이와 같은 일들이 발생하게 될 것이다.[72] 인간의 합리성에 따라 세속 사회를 형성함으로써 "인간의 본성을 바꾸고 지상에 천국을 만들어 낼 수 있을 것이다."[73]

이 맥락에서 애덤 스미스(Adam Smith, 1723-1790)는 물질적으로 풍부한 좀 더 나은 세상을 향한 진보에 대한 자신의 비전을 분명히 표현했다. 그는 우선적으로 도덕 철학가였는데, 경제적 궁핍 상황에 대한 그의 최우선적 관심 중 하나는 상품을 증가시켜 가난한 사람들에게도 상품이 돌아갈 수 있도록 하는 것이었다. 이 일이 발생하게 하기 위해서는 두 가지 힘, 즉 노동의 분화와 자본의 축적을 통제할 필요가 있었다. 시장은 이들 두 가지 힘을 조정하여 인간의 물질적 향상(betterment)을 성취하는 구조가 될 것이다. 따라서 혁신적인 기술과 더불어, 시장은 인류의

---

[70] Carl Becker, *The Heavenly City of the Eighteenth-Century Philosophers* (New Haven: Yale University Press, 1932), p. 31.
[71] René Descartes, *Discourse on Method*, trans. Doanld A, Cress (3rd ed,; Indianapolis: Hackett, 1993), p. 3.
[72] Tayor, *Secular Age*, p. 2.
[73] John B. Bury, *The Idea of Progress: An Inquiry into Its Origins and Growth* (New York: Dover, 1932), p. 205.

풍요로운 미래를 위한 열쇠가 된다.

만일 계몽주의의 비전이 사실이라면, "새로운 사회 제도들의 성립은 지루하거나 우연히 발생하는 업무가 아니라 대단히 필요한 고도의 윤리적 명령에 대한 반응이다. 이런 경우라면, 잃어버린 낙원을 향하는 협소한 길은 사회 혁명을 위한 유일한 길이 될 수 있다."[74] 19세기와 20세기에 발생한 혁명들—산업 혁명, 프랑스 혁명, 미국 혁명, 민주 혁명, 마르크스 혁명—은 사회를 계몽주의적 신앙에 부합시키려는 방식의 모색이었다.

산업 혁명은 아담 스미스가 꿈꾸던 계몽주의의 경제적 비전의 시행을 시작하는 것이었다. 그러나 산업 혁명이 실제로 이룬 것은 단순히 경제적 생산을 재조직하는 것 이상이었다. 산업 혁명은 경제적인 삶을 중심으로 새로운 사회를 형성했는데, 산업 자본주의 세계의 형성이 그것이었다. 이렇게 부상한 사회 형식에 대해 신학자 데이비드 웰스(David Wells)는 다음과 같이 말했다.

> 자본주의는 사회 구조를 제조, 생산 그리고 소비라는 목적에 맞게 재조직하는 데 성공적이었다. … 요약하자면, 자본주의는 우리가 살아가는 세상의 모양을 바꾸었다.[75]

물질적 풍요와 기술적 혁신을 통해 얻는 경제 성장 그리고 자유 시장을 지향하는 진보에 대한 신뢰는 19세기 후반에 그 절정에 달했다. 사회학자 모리스 긴스버거(Morrris Ginsberg)는 다음과 같이 말했다.

> 진보에 대한 신념의 역사가 정점에 달한 것은 19세기 말엽을 향해 가고 있던 시점이었다. 진보에 대한 신념이 가장 광범위하게 확산된 것은 응용과학의 성취로 인해 영감받은 낙관주의 덕이었고, 삶에 대한 기술적 편의를 만들어 낸 놀라운 발전으로 인해 가시화되었다.[76]

---

74 Goudzwaard, *Capitalism and Progress*, pp. 50-51.
75 David F, Wells, *God in the Wasteland: The Reality of Truth in a World of Fading Dreams* (Grand Rapids: Eerdmans, 1994), p. 8. (『거룩하신 하나님』, 부흥과개혁사 역간)
76 Morris Ginsberg, *Essays in Sociology and Social Philosophy*, vol. 3, *Evolution and Progress* (London: Heinemann, 1961), p. 8.

3) 현대의 종교 영성 포착하기

우리는 20세기에 발생했고 현대 서구 세계에서 유동하고 있는 세 가지 정신(spirit)—포스트모더니티, 경제적 세계화, 소비주의—을 알아차릴 수 있다.

20세기에 인간의 진보에 대한 신뢰에 큰 충격을 가하는 일들이 일부 발생했다. 다양한 문제와 위기는 진보 이야기가 작동하고 있지 않음을 분명하게 보여 주는 듯했다. 그중에는 환경 파괴, 빈곤의 성장, 핵무기의 위협, 경제의 붕괴, 사회적 문제와 심리적인 문제 등이 포함되어 있다. 계몽주의 신앙에 대한 광범위한 도전은 '포스트모던'이라는 용어로 불린다. 인간 해방의 이름으로 계몽주의 프로젝트를 전반적으로 포기해야 한다—이것은 포스트모던주의 철학적 사상의 핵심 내용이다—고 주장하는 사람들이 있다.[77]

포스트모던의 정신은 계몽주의 이야기의 다양한 차원에 도전했다. 그중 몇 가지만 소개하면 다음과 같다.

① 인류가 더 낫고 더 풍요로운 세상을 건설할 수 있을 것으로 믿었던 계몽주의의 낙관주의
② 인간성의 본질을 규정하는 보편적 이성의 중심성에 대한 계몽주의의 믿음
③ 지식의 객관성에 대한 계몽주의의 믿음
④ 하나의 이야기가 사회를 형성할 수 있다는 계몽주의의 믿음
⑤ 계몽주의 이야기가 만들어 낸 불의들(injustices)
⑥ 계몽주의가 낳은 자연스러운 세속주의

현재 새로운 정신이 서구 문화에 광범위하게 확산되고 있다. 새로운 세대는 진보라는 거대한 이야기를 믿지 않는다. 이 세대는 이성이 진리에 이를 것이라고 신뢰하지도 않는다. 이 세대는 배타적 진리 주장에 대해 의심을 제기하며 진리의 다양한 형식을 포용하는 다원주의적 포용을 선호한다. 이 세대는 권위를 의심하며, 인본주의 이야기가 초래한 불의들에 민감하다.

그런데도 점차 증가하고 있는 포스트모던 정신이 계몽주의가 제시한 비전에 항의하고 있다.

---

[77] David Harvey, *The Condition of Postmodernity: An Enquiry into the Origins of Cultural Change* (Oxford: Basil Blackwell, 1989), p. 14.

진보는 서구 문명에서 여전히 역사하는 믿음으로서의 자유로운 형식으로써 회복력을 보인다.

역사가이자 사회 비평가인 크리스토퍼 래시(Christopher Lasch)가 이 흥미로운 현상에 대해 분석한 적이 있다. 그는 "오늘날 우리가 찾아야 하는 진보 이데올로기의 내적 의미는 아담 스미스와 그의 직전 전임자들에 대한 것이어야 한다"고 제안했다.[78]

> 진보의 개념은 오직 욕망의 무제한적 확장, 위로에 대한 일반적 기준의 꾸준한 증가 그리고 풍요의 문화에 대한 대중의 편입에 의해서만 지적 비판을 방어할 수 있다. 진보에 대한 아이디어는 오직 이런 형식을 통해서만 20세기라는 가혹한 상황에서 살아남을 수 있다. 좀 더 화려한 형태의 진보 신앙은 오래전에 붕괴했다. 그러나 좀 더 자유로운 형태의 진보 신앙은 놀랍게도 20세기 연거푸 발행한 사건들이 조성한 손쉬운 낙관주의에 대한 충격에 저항적인 것으로 증명되었다.[79]

더 나아가 래시는 이러한 세계관의 전 세계적 확장에 대한 통찰을 제공한다. "진보 신앙에 대한 낙관은 오직 모든 사람에게 '여가의 축복'이 가용하도록 함으로써 자본주의 혁명을 완성하기 위해서만 남아 있을 뿐이다."[80]

참으로 세계화는 근대 세계관이 가진 이러한 새로운 형식의 경기가 전 세계 구석구석으로 확장되는 것이다. 경제학자 제인 콜리어(Jane Collier)는 이런 식의 발전에 대해 다음과 같이 언급했다.

> 삶의 총체적인 범위를 포괄하고 행복과 충족감을 가져올 수 있는 것처럼 위장한 경제 지상주의 문화(the culture of economism)는 정확히 유사 종교와도 같으므로, 우리는 경제 지상주의 문화를 비인간화를 촉진시키는 우상 숭배로 비난하는 기독교적 관점을 발견해야 한다.[81]

---

[78] Christopher Lasch, *The True and Only Heaven: Progress and Its Critics* (New York: Norton, 1991), p. 54. (『진보의 착각』, 휴머니스트 역간).
[79] Ibid., p. 78.
[80] Ibid., pp. 78-79.
[81] Jane Collier, "Contemporary Culture and the Role of Economics," in *The Gospel and Contemporary Culture*, ed. Hugh Montefiore (London: Mowbray, 1992), p. 122.

경제적 세계화는 엄청난 부를 양산해 냈다. 그러나 그렇게 양산된 부는 불공평하게 분배되었다. 경제적 세계화는 "비대칭적 세계화"[82]를 의미하는데, 이로 인해 엄청난 빈곤이 과도한 소비자 문화와 병행적으로 존재하고 있다. 이 문화에 속한 인구의 5분의 1이 전체 소비의 절반을 차지하고 있다. 따라서 경제적 세계화라는 동전의 다른 면에는 서구의 소비주의 사회가 존재하고 있다. 사회학자 스티븐 마일스(Steven Miles)는 이렇게 말했다.

> [서구에서] 소비주의는 근대 생활이라는 천의 일부 혹은 구역이 되었다고 믿는다. 그리고 이것이 종교와 병행을 이루는 것은 우연한 일이 아니다. 소비주의는 20세기 후반 시대의 그 종교(the religion)임에 틀림이 없다.[83]

20세기 동안 하나의 생활 방식으로서 소비주의는 제조회사들이 생산품들을 빨리 고장 나게 만들거나 빨리 사용할 수 없게 만들고(물건에 빨리 질려 소비자가 진부하게 느끼게 함으로써), 다양한 광고가 불만족과 새로운 욕구, 필요한 것 이상으로 좀 더 새롭고 좀 더 낫고 좀 더 빨리 상품을 소유하고 싶은 욕구(상품에 대한 진부함을 느끼도록 함으로써)를 느끼게 하도록 고안되었다.

이것은 상품과 경험의 소비이다. 참으로, "소비자 자본주의는, 좋건 나쁘건 우리가 살아가는 이 시대 전체에 스며 있을 뿐만 아니라 이 시대의 근본적 실재이기도 하다."[84]

이러한 소비주의 문화의 한복판에서 하나님 나라의 좋은 소식에 따라 살아 내는 데 헌신한 교회는 현상 유지에 만족한 채로 머물러 있을 수 없다. 소비주의 문화는 일부 사람에게 과도한 소비를 하도록 조장하는 반면, 다른 이들은 부족함 때문에 고통받게 만든다. 또한, 소비주의의 그물에 빠진 사람의 안녕뿐만 아니라 환경까지도 위협한다. 그리고 경건하지 못한 특성들을 조장하기까지 한다.

---

[82] Joseph E. Stiglitz, *Making Globalization Work* (New York: Norton, 2006), p. 62. (『인간의 얼굴을 한 세계화』, 21세기북스 역간)
[83] Steven Miles, *Consumerism: As a Way of Life* (Thousand Oaks, CA: Sage Publications, 1998), p. 1.
[84] Rodney Clapp, "Why the Devil Takes VISA: A Christian Response to the Triumph of Consumerism," *Christianity Today* 40, no. 11 (October 7, 1996); 21. 다음 사이트를 찾아보라. www.ctlibrary.com/ct/1996/october7/6tbo18.html.

4) 서구의 대조 공동체

교회는 그 삶의 말과 행위를 통해 비인간적 우상 숭배에 얽매인 공동체에 복음을 전하라고 부르심을 받았다. 서구교회는 오직 대조 공동체로서만 이 사명을 감당해 낼 수 있다.

그렇다면 21세기에 대조 공동체는 어떤 모습으로 보여야 할까?

다음 리스트는 내가 교회가 그래야만 한다고 믿는 바를 적어 놓은 것이다. 한편으로는, 교회가 도전해야 하고 교회의 삶을 통해 성취해야 하는 우리 문화의 가장 긴급한 영적 흐름이 있다. 그래서 이 리스트는 대단히 상황적이다. 이것은 현대 서구라는 특정한 상황 안에서, 서구 문화의 종교적 흐름과는 대조적으로 그리고 그러한 흐름의 성취로서, 복음에 신실한 교회가 매력적인 대안 공동체로서 어떻게 보여야 하는지에 대한 것이다.

우리가 대적해야 하는 우리 문화의 종교적 흐름은 무엇인가?

이러한 영적 흐름이 이 시대의 종교적 굶주림에 대해 드러내는 것은 무엇인가?

우리의 삶을 통해 종교적 굶주림에 시달리는 이 시대에 좋은 소식을 전달해야 한다.

오늘날 대조 공동체가 강조해야 할 분야들은 무엇인가?

이에 대한 실례로, 나는 서구 문화에서 대조 공동체가 갖춰야 할 18가지 특성에 대해 간단하게 정리할 것이다.

① 자기 자신에게만 관심을 기울이는 세상에서 자신을 내어 주는 사랑하기
② 지식과 정보 기술이 급증하고 있는 세상에서 지혜 드러내기
③ 경제적 불의가 판치는 세상에서 정의 드러내기
④ 환경론적 파괴가 자행되고 있는 세상에서 창조적 돌봄 실천하기
⑤ 교만하고 자만심에 빠져 있으며 자기중심적 행위에 절어 있는 세상에서 겸손하기
⑥ 즉각적인 만족을 추구하는 세상에서 인내하기
⑦ 폭력과 비극에 과도하게 노출되어 폭력과 비극에 둔감해진 세상에서 연민 갖기
⑧ 무조건적이고 쾌락주의적 향락 추구에 지배되는 세상에서 기뻐하기
⑨ 권리를 주장하는 세상에서 감사하기
⑩ 성애에 젖어 있는 세상에서 자제하기

⑪ 불확실성의 세상에서 (겸손과 용기로) 진리 고수하기
⑫ 세속 세상에서도 순간순간 하나님의 존전 앞에서 생활하기
⑬ 소비를 추구하는 세상에서 자애심 갖기
⑭ 과도한 세상에서 (충분함의) 단순성 유지하기
⑮ 경쟁, 폭력, 원한, 복수의 세상에서 용서하기
⑯ 자아도취의 세상에서 찬양하기
⑰ 절망과 소비적 만족감에 젖어 있는 세상에서 소망 갖기
⑱ 파괴적 언어가 난무하는 세상에서 유익한 대화하기

심화를 위한 독서 자료

Bosch, David. *Believing in the Future: Toward a Missiology of Western Culture.* Valley Forge, PA: Trinity Press International, 1995.

Newbigin, Lesslie. *The Other Side of 1984: Questions for the Churches.* Geneva: World Council of Churches, 1983.

_____. *Foolishness to the Greeks: The Gospel and Western Culture.* Grand Rapids: Eerdmans, 1986.

_____. *The Gospel in a Pluralist Society.* Grand Rapids: Eerdmans, 1989. (『다원주의 사회에서의 복음』 IVP 역간)

Shenk, Wilbert. *Write the Vision: The Church Renewed.* Valley Forge, PA: Trinity Press International, 1995.

토론을 위한 질문

1. '서구 문화에 대한 선교학'이란 아이디어에 대해 어떻게 생각하는가? 이것이야말로 현대 선교가 직면하고 있는 가장 긴급한 일이라는 뉴비긴의 의견에 어떻게 동의하는지, 아니면 어떻게 동의하지 않는지에 대해 설명해 보라.
2. 독자는 서구교회가 사실상 '진일보한 혼합주의의 일례'라고 믿는가? 왜 그렇게 생각하는가? 왜 그렇게 생각하지 않는가?

3. 본 장의 주제에 대해 신학을 학문적으로 공부하지 않은 평균적인 기독교인들에게 어떻게 설명할 수 있을까?

에세이를 위한 주제

1. 서구 문화에 대해 선교학이 갖는 신학적, 교회론적, 또는 문화적 과업을 간단하게 요약해 보라.
그리고 오늘날 서구에서 신실한 교회를 형성하기 위해 이것이 갖는 중요성을 설명해 보라.
2. 오늘날 복음의 본질에 대한 많은 논의가 있다.
본 장에서 복음을 설명한 방식에 대해 평가해 보라.
복음에 대한 우리의 견해가 선교에 대한 우리의 이해와 실천에 어떤 영향을 끼치는가?
3. 문화의 종교적 성격을 이해하는 것이 왜 그렇게 중요한가?
오늘날 이것에 방해되는 것은 무엇인가?

제9장

세계 종교와의 선교적 대면

불과 약 반세기 전에, 핸드릭 크래이머는 교회가 기독교가 아닌 세계 종교와 선교사적인 조우를 하는 방향으로 가고 있다고 예견했다. 그는 이렇게 말했다.

> 현재까지 다른 세계 종교와 기독교 교회는, 말하자면 그냥 지나다가 우연히 만났을 뿐이다. 탁월한 개인들의 노력에도 불구하고 타종교들과 개방적이고 공정한 실질적 만남은 절대 발생하지 않았다. 기독교 교회와 전체로서 세계 종교와의 위대한 만남은 … 여전히 우리를 기다리고 있다.[1]

이제 그 시기가 다가왔다. 그리고 그러한 조우를 촉발하는 요인들은 향후 더욱 강화될 것이다. 이것이야말로 오늘날 기독교 교회가 직면하고 있는 긴급한 이슈 중 하나이다.

1. 긴급한 이슈

세계 종교와의 선교사적 조우에 대한 이슈를 긴급한 쟁점이 되게 하는 최소한 네 가지 요인이 있다.

---

1 Hendirik Kraemer, *Religion and the Christian Faith* (Philadelphia: Westminster, 1956), p. 20. (『기독교 선교와 타종교』, CLC 역간)

1) 다원성의 팽창

세계화에 대한 경제적 그리고 기술적 진행은 20세기 후반 동안 폭발적으로 확장되었고, 작금에 이르러서는 전 세계를 하나로 통합했다. 이것이 초래한 한 가지 결과가 전 지구를 가로지르는 엄청난 규모의 인구 대이동이었다. 이러한 전 세계적 상호 의존성과 대량 이민이 의미하는 것은, 세계 종교를 추종하는 사람들이 서로 아주 가까운 곳에서 서로 이웃하며 살아가게 되었다는 점이다. 종교 다원성은 이제 전 세계적 현상이 되었다.

과거에는 서구교회가 다른 세계 종교로 인해 초래될 수 있는 종교 간 경쟁을 무시할 수 있었다. 왜냐하면 세계 종교는 지리적으로 상당한 거리를 둔 먼 지역에 존재하고 있었기 때문이다. 오늘날 교회는 다양한 세계 종교를 추종하는 사람들과 근접한 거리에서 존재하고 있으며, 따라서 지속적인 상호 작용이 증가하고 있다. 이들 세계 종교가 갖는 활력이 서구에 있는 교회에 더욱 분명하게 보이기 시작했다.

이뿐만 아니라 세계 종교는 숫자 면에서와 그들 종교가 가진 선교사적 열정 면에서도 전 세계적으로 새롭게 부상하고 있다.

교회는 과거처럼 타종교들을 무시하거나 깔볼 수 있는 여유를 가질 수 있는 입장이 되지 못하게 되었다.

2) 남반구: 종교 다원성의 바다 한가운데 존재하는 소수 기독교

남반구(the global south)에 존재하는 교회는 지난 20세기 동안 성장했고 이제는 전 세계 기독교 교회에서 수적 다수를 구성하기에 이르렀다. 그러나 예를 들어 아시아 교회 성도의 비율은 대륙 전체 인구 대비 9% 미만 정도를 구성하고 있을 뿐이다. 아시아에는 기독교보다 규모가 큰 세계 종교, 예컨대 이슬람, 힌두교, 불교가 창궐하고 있다.

따라서 남반구에서 부상하고 있는 교회는 강력하고 고대로부터 존재해 온 다양한 종교 전통 한복판에 존재하고 있다. 그리고 교회가 처한 상황은 종교 다원주의 상황에서 신앙의 신실성의 유지하는 것과 관련된 긴급한 문제를 제기하고 있다. 이들 종교와의 신실한 조우는 단순히 학문적인 활동에 그치는 것이 아니다. 이것은 사느냐 죽느냐의 문제다.

더욱이 비서구 세계에는 종교에 대한 다른 이해가 존재한다. 계몽주의 이후 시대의 서구에서 종교는 예배, 기도, 거룩한 서책, 윤리적 시스템, 하나님과 내세에 대한 신념과 같은 부분에 관심을 두는 삶의 한 부분으로 간주하고 있다. 그 자체로, 종교는 사적이고 개인적인 영역에 속하는 것이 된다.

그러나 "근대 서구 문화가 종교적 사안들과 세속적 사안 간에 그어 놓은 날카로운 선이야말로 서구 문화가 갖는 가장 중요한 특성 중 하나이다. 그리고 이러한 특성은 서구 문화와 접촉하지 않았던 대다수 사람에게는 전혀 이해할 수 없는 부분이다."[2]

다른 문화권에서 종교는 모든 인간의 삶에 기운을 불어넣어 주고 방향을 지시해 주고 통합해 주는 인생에 대한 포괄적인 비전이다. 사실상 성경적 관점과 더 유사한, 종교에 대한 이런 이해는 종교 다원주의와 신실한 기독교적 증거에 대한 이슈를 상당히 복잡하게 만든다. 우리의 종교적 다름은 우리가 함께 공유하는 공적 삶에 영향을 끼친다.

> A.D. 312년 이후 단 한 번도 그런 적이 없었던 기독교 교회가 비기독교 종교들의 실재와 활력에 도전받고 있다. 왜냐하면 오늘날 세상사의 모든 영역에서 점차 점증하고 있는 상호 의존성이 우리를 억누르고 있기 때문이다. 한 세기 전만 하더라도, 우리는 그들 종교의 실재를 무시할 수 있었다. 그들 종교는 지배적인 역사의 궤적에서 중요하지 않는 것으로 보였고, 서구 세계에는 이런 의식이 아주 명백하게 새겨져 있었다. 오늘날 그들 종교를 무시하는 일은 더 이상 불가능해졌다. 그리고 선한 것이든 악한 것이든, 그들 종교의 발전은 세상의 다른 곳에서 살아가는 모든 사람에게 영향을 줄 것이다. 이 점과 관련하여 일부 작은 사인이 이미 가시적으로 드러나고 있다.
>
> Hendrik Kraemer, *Religion and the Christian Faith*, p. 23.

3) 종교 다원주의라는 이데올로기

이 문제가 긴급한 세 번째 이유는 종교 다원성(religious plurality)이라는 실재가 종교 다원주의(religious pluralism)라는 이데올로기가 되었기 때문이다. 이제는 종교 다원성을 하나의 당연한 상황으로 수용하고 어떤 특정 종교 전통에 대한 진리 주장이 해체되고 있는 것이 일반적이다.

---

2   Lesslie Newbigin, *The Gospel in a Pluralist Society* (Grand Rapids: Eerdmans, 1989), p. 172.

몇 가지 역동성이 이와 같은 종교 다원주의 상황을 강화해 왔다.[3]

첫째, 서구 문화에서 종교가 삶의 사적인 영역으로 축소되어 왔다. 서구에 만연한 상대주의적 정신은 종교를 세상에 대한 진리 주장을 할 수 있는 삶에 대한 포괄적 비전이 아닌 개인의 취향 또는 개별적 선호의 문제로 축소해 버렸다.

둘째, 이러한 상대주의를 악화시키는 역동성으로, 소위 기독교 서구와 세상의 다른 지역 간 존재했던 고질적인 관계의 역사에서 비롯되었다. 과거 서구를 지배했던 제국주의적 기질과 문화적 교만에 대한 반성이 서구인들 사이에서 죄책감과 당혹스러움에 대한 민감한 마음을 품게 했다. 진리에 대한 어떤 식의 주장도 서구가 저질렀던 과거의 잘못을 즉각적으로 떠올리게 한다.

4) 세계적 위기들과 세상의 유약한 상호 의존성

선교사적 조우를 이슈화시키는 네 번째 요인은 오늘날 우리가 처해 있는 상황 속에서 새롭게 조성된 요소로 간주될 수 있는 것이다. 종교적인 긴장은 우리가 살아가는 이 행성의 미래를 위협하는 환경적, 정치적, 경제적, 군사적 위기를 고조시켜 왔다. 참으로 전 세계를 가로질러 발생하고 있는 분쟁선과 분쟁 지역을 보면, 그 경계가 다른 종교 신념을 소유하고 있는 사람들 사이의 경계와 명확하게 일치함을 알 수 있다.

이런 분쟁 상황 속에서 상대주의적 인내야말로 전 세계의 미래를 보장하는 평화와 협력을 위한 유일한 소망으로 인식되고 있다. 진리에 대한 어떤 식의 주장도 우리가 살아가는 유약하고 상호 의존적 행성을 위험에 빠뜨리는 긴장을 조성하는 것으로 보일 뿐이다.

오늘날 종교 다원주의는 교회의 선교가 마주하고 있는 중대한 도전 중 하나이다. 그러나 교회가 다원주의적 상황 속에서 선교 사역을 수행한 것은 이번이 처음인 것은 아니다. 사실 교회는 많은 주와 많은 신이 존재하던 환경 속에서 탄생했다(고전 8:5을 보라). 그리고 교회는 역사를 통해 이러한 도전에 지속으로 직면한 적이 많았다.[4] 그러나 여기에서 간단하게 설명하고 있는 요인들의 특이한 조합이 종교 다원주의에 대한 이슈를 더욱 긴급하게 하고 있다. 캘빈 솅크는 이 점에 대

---

[3] 종교 다원주의에 대한 탁월한 분석으로는, Harold Netland, *Encountering Religious Pluralism: The Challenge to Christian Faith and Mission* (Downers Grove, IL: InterVarsity Press, 2001)을 보라.
[4] Robert Wilken, *Remembering the Christian Past* (Grand Rapids: Eerdmans, 1995), chapter 2.

해 다음과 같이 언급했다.

> 종교 다원성은 기독교 교회와 신학에 한 가지 문제를 제기한다. 이 질문은 새로운 질문이 아니다. 그러나 최근 이 질문이 새로운 중요성과 긴급성을 요구하고 있다. 기독교 신앙과 타종교 신앙들에 대한 이슈만큼 도전이 되는 이슈는 없다.[5]

2. 종교 다원주의 상황 한가운데서 취해야 할 적절한 태도—선교적 조우

이 맥락에서 오늘날 교회가 마주하고 있는 긴급한 질문은 다음과 같은 것들이다.

"종교 다원성이라는 상황 속에서 복음에 신실하다는 것이 의미하는 바는 무엇인가?"

"다양한 종교적 헌신의 바다 한가운데서 교회가 취해야 하는 적절한 자세는 무엇인가?"

세계의 다양한 종교를 향해 기독교 교회가 취해야 할 신실한 입장은 그들 종교와 선교적 조우가 될 것이다. 나는 이전 장에서 선교적 조우에 대해 언급했다. 그러나 여기에서 나는 이 주제를 다룰 때 중요한 몇 가지 언급을 더 할 것이다.

'선교적 조우'는 삶에 대한 다른 길들을 형성하는 궁극적이고 포괄적인 종교적 헌신 간의 조우이다.

'조우'라는 단어는 궁극적이고 모든 것을 포괄하는 주장들에 대한 불굴의 헌신을 주장하며 여하한의 종교적 비전을 또 다른 더욱 궁극적이고 포괄적인 종교적 비전으로 끌어들이는 것을 배제하는 것이다.

'선교적'이라는 단어는 초대적이고 호소적인 접근 방식을 주장하며 폭력적이며 강제적인 만남을 배제하는 것이다. 타종교와 선교적 조우는 두 가지 기초에 의존하는데, 하나는 복음의 포괄적인 범위와 다른 하나는 삶에 대한 포괄적인 비전과 방식으로서 종교를 이해하는 것이다.

---

[5] Calvin Shenk, *Who Do You Say That I Am? Christians Encounter Other Religions* (Scottdale, PA: Herald Press, 1977), p. 32.

1) 복음의 포괄적인 범위와 종교의 포괄적인 범위

복음은 예수 그리스도의 삶과 죽음 그리고 부활을 통해 하나님이 드러내시고 성취하신 모든 세상과 민족에 대한 구원의 메시지다. 복음이 주장하는 것은 보편타당성에 대한 것이다. 복음은 모든 사람에게, 모든 시간과 장소에서 참되다. 복음의 주장은 또한 포괄적 권위 가운데 하나이다. 복음은 모든 생명을 위해 참된 것이다. 문제는, 서구 문화에서 종교는 초월적인 것과 연관된 실천과 신념들로 축소되거나 하나님과 더불어 맺는 불멸하는 영혼의 사적인 관계로 축소되었다는 점이다. 종교—사적이고, 개인화되었고, 영적이고, 미래의 문제로 국한된—는 삶의 대부분과는 유리되어 있다.

종교에 대한 이러한 관점이 서구 문화에 만연한데, 이는 사실-가치를 양분하는 서구의 공적 교리가 초래한 결과이다(그림 4를 보라). 서구적 신앙의 핵심에는 과학적 이성을 진리에 대한 최종 결정권자로 보는 헌신이 자리하고 있다. 모든 진리 주장은 과학적 이성이라는 최후의 심판자 앞에 서야만 한다. 과학적 이성에 의해 타당성을 인정받은 진리 주장들만이 진리로 인정받을 수 있고, 우리가 아는 공적 사실들로 인정받을 수 있다. 그런 식으로 입증되지 않은 진리 주장들은 그저 주장들에 불과하다. 이런 것들은 우리가 믿는 사적인 가치들에 불과하다.

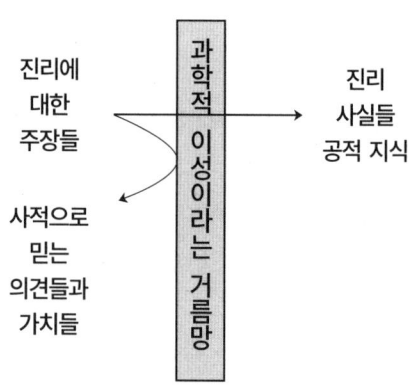

그림 4. 사실-가치의 이분화

종교를 모든 것을 포괄하는 삶에 대한 비전으로 인지하고 있다. 종교는 삶의 총체적 방식의 방향을 제시하고 의미를 부여하는 궁극적인 신념 체계이다. 우리는 이 점에 관해 비서구 지역에 존재하는 기독교 교회로부터 그리고 타문화권 선교지에서 오랫동안 있다 보니 서구에 대한 새로운 시각을 갖게 된 선교사들로부터 수도 없는 증거를 청해 들을 수 있다.

아프리카 신학자인 코피 아사레 오포쿠(Kifi Asare Opoku)는 서구 밖의 많은 기독교인이 무엇을 믿고 있는지 표현했다.

> 아프리카 문화에서, 종교와 문화는 분리 불가하게 묶여 있다. 종교는 아프리카인에게 부여하는 근본적인 의미를 종교가 총체적인 아프리카 문화 속에서 아프리카인을 만진다는 사실로부터 끌어낸다. 종교는 삶의 모든 측면을 만지기 때문에, 아프리카인들의 삶에서 종교 이외 다른 근원에 빠질 수 있는 삶의 빈자리는 존재하지 않는다. 삶이 종교이고 종교가 삶이다. 그리고 종교는 삶이 갖는 특정 영역으로 제한되지 않고 모든 삶 가운데 편만하다.⁶

바빙크는 다음과 같이 많은 선교사를 대변했다.

> [문화의] 모든 요소는 그 문화에 속한 전체 사람들이 갖는 종교적 신앙과 은밀한 연줄을 맺고 있다. 황무지(a no man's land)라고 불리는 곳에서는 아무것도 발견되지 않을 것이다. 문화에서 종교는 가시적이고, 일상 삶에서 벌어지는 헤아릴 수 없는 다양한 관계를 실제화하는 것은 종교이다.⁷

> 소위 말하는 '아시아 혁명'(이렇게 말하는 사람은 '아프리카 혁명'에 대해서도 말해야 한다)은 종교 분야에 많은 영향을 끼쳤다. 그리고 신생 교회들과 기독교 선교 단체들은 전대미문의 미래에 봉착하게 되었다. 세계 종교가 그 종교가 발생한 지역에서 재등장하고 있는 것은 기독교 교회의 입장에 어떤 결과들—예견할 수 없는 것만이 아니다—을 초래하게 될 것이다. 이러한 종교들은 가면 갈수록 더욱 공격적인 종류의 선교 정신을 피력하고 있으며, 기독교 개종자들을 그들 혹은 그들의 조상이 기독교인이 되기 위해 이미 떠났던 옛 종교들(힌두교 또는 불교)로 회귀시키려는 운동을 시작하고 있다.
>
> Hendrik Kraemer, *Religion and the Christian Faith*, p. 28.

---

6 Kofi Osare Opoku, "The Relevance of African Culture to Christianity," *Mid-Stream* 13, nos. 3-4 (1974): 156.
7 J. H. Bavink, *The Impact of Christianity on the Non-Christian World* (Grand Rapids: Eerdmans, 1949), p. 57.

만일 우리가 세계 종교와 선교적 조우에 대해 적절하게 말해야 한다면, 우리는 먼저 우리가 말하는 바 '종교'가 의미하는 것이 무엇인지부터 분명하게 할 필요가 있다. 만일 우리가 서구에서 지배적인 종교에 대한 특정한 이해—역사적으로 보나 비서구 세계의 시각으로 볼 때 이상하고 비정상적인 것으로 보이는—로 시작한다면, 대화의 시작부터 대화의 내용을 왜곡하는 것이 될 것이다. 종교는 다음과 같은 특징들로 구성되어 있다.

① 이원론에 반대하여, 종교는 포괄적이다. 종교적 헌신은 삶의 모든 부분을 형성한다.
② 개인주의에 반대하여, 종교는 사회적, 문화적 현상이다. 종교적 헌신은 집단적으로 추종되는 것이고 인간 사회와 문화의 모든 것을 형성한다.
③ 세속주의에 반대하여, 종교는 영적 능력에 대한 문제다. 우리의 인생 모두는 영적 전투에 사로잡혀 있다.

선교적 조우는 종교에 대한 이와 같은 견해를 신중하게 받아들이는 입장을 취한다. 이것은 서로 맞물려 있는 네 가지 실제의 결과로 부상한다.

① 종교는 세상을 이해하고 세상에서 살아가는 것에 대한 포괄적 방식이다.
② 우리가 동일한 문화 안에서 삶을 공유하고자 할 때, 인간의 삶에 대한 종교적 비전에는 다원성이 존재한다.
③ 모든 종교적 비전은 진리를 주장한다.
④ 이들 종교를 추종하는 사람들은 그들이 가지고 있는 포괄적 헌신에 따라 살아가길 원한다. 따라서 신실함은 서로 분쟁을 벌이고 있는 종교적 헌신 간의 선교적 조우 속에 잠재되어 있다.

그러나 인류의 역사 안에서, 종교는 거의 항상 사회적 현상으로 나타난 것이다. 사람은 집단적으로 행동한다. 특히 삶의 가장 심층적인 실재라 생각하는 것에 반응할 때 그렇게 행동한다. 반응을 보일 때, 인간은 개별적인 존재가 아니라 일정 집단의 일원으로 존재한다고 의식한다. 그러므로 비록 종교 안에 엄격하게 개인적인 요소가 존재하는 것이 사실일지라도, 세계 종교는 과거부터 현재에 이르기까지 가장 강력한 사회적 세력들이며, 따라서 그 영향력이 과소평가되어서는 안 된다.

J. H. Bavink, *The Church Between Temple and Mosque*, pp. 19-20.

'조우'라는 단어는 삶의 모든 영역에서 이러한 종교적 비전 간에 충돌이 있으리라는 것을 의미한다. '선교적'이라는 단어는 이러한 충돌이 비강제적이고, 비폭력적이며, 온화하리라는 것을 의미한다. 이것은 회심을 향한 비타협적인 요구가 될 것이다. 그러나 이 요구는 삶을 통해 복음을 제시할 것이며, 매력적이고 신뢰할 만한 대안으로, 청유적이며 호소력 있는 말과 행동으로 제시될 것이다.

선교적 조우에 대한 기독교적 언급이 이슬람과는 대조적일 것이라는 것은 명백하다.

이슬람 역시도 종교를 사적인 현상으로 보는 것을 거부한다.

예를 들면, 쿠르쉬드 아흐마드(Khurshid Ahmad)는 다음과 같이 주장했다.

> 이슬람은 일반적으로 말하는 왜곡된 의미로서의 종교가 아니다. 이런 종교는 종교의 영역을 사람의 사적 영역으로 한정한다. 그러나 이슬람은 인간 존재의 모든 영역을 돌보는 완전한 삶의 방식이다. 이슬람은 삶의 모든 행보―개인적인 행보와 사회적인 행보, 물질적인 행보와 도덕적 행보, 경제적인 행보와 정치적인 행보, 법적인 행보와 문화적인 행보, 국가적인 행보와 국제적인 행보―에 대한 인도를 제공한다. 쿠란은 어떠한 의구심도 없이 인간을 이슬람이라는 우리 안으로 들어가게 하며, 인생의 모든 영역에서 신의 인도를 따르게 인도한다.[8]

그러나 뒤따르는 조우는 강제적이다. 무슬림 지도자 중 한 사람에 따르면, 20세기에 이슬람은 이슬람의 모든 경쟁자를 무력으로 대체하는 방식을 추구할 것이다. "이슬람은 세상에 존재하는 모든 독재적이고 악한 시스템을 일소시키고 이슬람의 프로그램을 강제하는 성향을 띤 포괄적인 시스템이다. [이슬람은] 세상의 사회적 질서를 변화하고 혁명화시키는 방식을 모색하고 세상의 사회적 질서를 이슬람의 개념과 이상에 따라 재형성시키려는 혁명적 개념이며 이데올로기다."[9] 따라서 이슬람과 기독교 사이에는 차이가 존재한다. 레슬리 뉴비긴은 다음과 같이 썼다.

> 기독교 복음이 갖는 독특함은, 복음에 대한 증인으로 부르심을 받은 사람들이 진실하고 동시에 기독교 복음을 강요하기 위해 강제력을 사용하는 것을 금지하는 공적

---

8 Khurshid Ahmad, *Islam: Its Meaning and Message* (London: Islamic Foundation, 1975), p. 37.
9 John L. Esposito, *Unholy War: Terror in the Name of Islam* (Oxford University Press, 2003), p. 37.

확증에 대해 헌신되어 있다는 것이다. 그러므로 기독교 복음의 증인들은 부인에 대해 인내할 것을 요청받는다. 여기에서 인내가 의미하는 바는, 진리는 알 수 없고 모든 것은 동일하게 옳은 것이기 때문에 모든 신념에 대해 인내해야 한다는 의미가 아니다. 기독교인이 실행할 것을 요청받는 인내는 복음이 참되다는 그 또는 그녀의 신념에도 불구하고 참아야 한다는 그런 식의 인내가 아니다. 정확히 말하자면 바로 그 신념 때문에 참아야 한다는 것이다. 이것이 이슬람과 기독교 간에 존재하는 매우 중요한 차이점 중 하나이다.[10]

> 역사는 기독교를 통해 놀랄 만한 가치를 성취했다. 역사는 하나님이 세상의 구원을 위한 당신의 위대한 구원 계획을 실제화하시는 뼈대이다. 역사적 사실들은 대단히 중요하다. 왜냐하면 세상과 관계하시는 하나님의 계획에서 차지하는 자리가 있기 때문이다. 역사를 통해 하나님은 속죄와 구속이라는 당신의 놀라우신 행위를 실현하셨다. 이것이야말로 아시아와 세상의 다른 많은 선교지에서 살아가는 많은 사람에게 충격을 주는 것이다. 그들이 갖고 있던 종교들은 신화적이고, 모호하며 흐릿하기 때문이다. 그들이 복음을 들었을 때, 무엇보다도 복음이 갖는 역사적 실재성이라는 사실 때문에 놀란다.
>
> J. H. Bavink, *The Impact of Christianity on the Non-Christian World*, pp. 159-60.

2) 선교적 조우를 회피하는 두 가지 대중적 입장

오늘날 서구에서 세계 종교에 대해 연구하는 가장 흔한 두 가지 방식은, 이데올로기적 다원주의와 비교 종교학 연구 분야이다. 사실상 두 가지 분야 모두 그 시작부터 서구의 종교적 관점이라는 맥락 안에서 기독교 신앙을 설정하기 때문에, 선교적 조우를 회피할 수밖에 없다.

첫째, 오늘날 세계 종교에 관한 교과서 중 다수는 비교 종교학 입장에서 기록된 것이다. 이것은 오늘날 대다수 대학과 신학교에서 세계 종교에 대한 과목을 가르치는 가장 일반화된 방식이기도 하다.

---

10 Lesslie Newbigin, "A Light to the Nations: Theology in Politics," in *Faith and Power: Christianity and Islam in "Secular" Britain*, by Lesslie Newbigin, Lamin O. Sanneh and Jenny Taylor (London: SPCK, 1998), pp. 148-49.

이러한 접근 방식의 시조는 프리드리히 막스 뮐러(Friedrich Max Müller)인데, 그는 비교 종교학을 "모든 종교 또는 인류에게 가장 중요한 종교들에 대한 공정하고, 진실로 과학적인 비교에 기초한 종교학(science of religion)"[11]이라고 정의했다. 선교사의 열정으로, 뮐러는 과학 공동체에 "과학의 이름으로 이 새로운 영역을 손아귀에 넣으라"고 요청했다.[12]

이런 접근 방식이 가정하는 것은, 연구자가 객관적이고 중립적으로 모든 종교적 선택에 접근할 수 있는 과학적인 중립적 관점이 존재한다는 것이다. 선교적 조우는 처음부터 제거되었는데, 하나의 궁극적인 종교적 헌신이라는 진리를 가정하고 그것을 과학적 중립성이라는 언어로 위장했기 때문이다.

둘째, 선교적 조우를 처음부터 불가능하게 하는 다원주의의 입장이다. 이 접근 방식은 모든 종교가 동일하게 참되다는 견해를 지주한다. 비록 종교들은 서로 다르지만, 모든 종교는 동일한 신에게로 인도하는 똑같이 참된 길들이다. 그리스도는 다른 종교들이 갖는 계시들과 더불어 하나님에 대한 부분적이고 불완전한 계시로 간주한다. 종교 다원주의자들은 중립적 위치를 가정하는데, 이 관점에서 동일하게 참된 세계 종교에 대해 개관한다.

두 입장 모든 선교적 조우를 회피한다. 하나는 그들 자신의 종교적 위치가 갖는 진리를 가정함으로써, 또 하나는 다른 종교들이 갖는 포괄적인 주장을 신중하게 취급하지 않고, 대신 그 모든 종교적 주장을 자신들이 가진 생각에 조각조각 맞춤으로써 선교적 조우를 회피한다.

그러나 중립적 입장이란 것은 존재하지 않는다. 두 입장은 다른 가능한 입장들과 더불어 존재할 뿐이다. 두 입장 모두 진리를 주장하고 세상에 대한 비전을 제시한다. 다른 경쟁적인 진리 주장에 대항하기보다 자신들의 입장이 갖는 진리를 가정하는 것은 그럴듯해 보인다. 어떤 종교가 되었든, 다른 경쟁 종교들 사이에서 중립적인 체할 수 없다. 광범위하게 수용되는 것은 서구 문화의 과학적 인본주의가 상정하는 가정들뿐인데, 이를 통해 과학적 인본주의에 내포된 교만과 교조주의를 교묘하게 감추어 인지하지 못하게 한다.

사실 시작부터 세계 종교에 관한 토론을 왜곡시키는 것은, 종교들은 서구 세속주의에 따라 주변화된 궁극적 헌신이라는 가정이다. 이 점에 대해 뉴비긴은 "오

---

[11] Fridrich Max Müller, *Introduction to the Science of Religion* (London: Longmans Green, 1882), p. 26.
[12] Ibid., pp. 26-27.

늘날 '종교들'이라고 불리는 것들은 서로 공통되는 것이 거의 없다. 다만 지배적인 '공적 교리'—근대 과학이라는 도구로 통제할 수 없는 것이라면 어떤 실재라도 부정하는 교리—에 동의하지 않는 것만 예외적으로 공통되는 것일 뿐이다"[13]라고 말했다.

3) 하나의 추가적인 종교적 비전으로서 서구 인본주의 이야기

그렇다면 내가 지난 장에서 주장했던 내용, 즉 서구 문화의 핵심에는 종교가 있다는 주장을 명백히 밝히는 것이 중요할 것이다. J. H. 바빙크는 서구 문화의 놀랄 만한 측면 중 하나가 전통적인 종교들과의 연대를 더욱 느슨하게 하고 있다는 것, 즉 '세속화'라고 불리는 과정이 진행되고 있다는 것임을 관찰했다. 그는 또한 "우리가 한 가지 잊고 있는 것은 서구 문화 또한 종교 현상이라는 것이다. 이제 우리도 서구의 근대문명이 인간과 세상에서의 인간의 자리 그리고 신을 향한 인간의 책무에 대한 일련의 상정에 기반을 두고 있다는 사실 그리고 이러한 사실은 명백한 세계관을 암시한다는 것을 솔직하게 인정할 때가 되었다"고 말한다. 우리가 서구 문화의 뿌리와 세계관에 대해 기꺼이 탐구하고자 하면 할수록 "근대 문화 역시 종교적 현상"임을 더욱 확인하게 될 것이다.[14]

무슬림 학자인 지아우딘 사르달(Ziauddin Sardar) 또한 세속주의가 종교적이며 그것이 미치는 영역이 포괄적이라고 주장했다. 그는 이원론 성향을 점증시키고 있는 서구 기독교에 대해 비난하고, 그렇게 함으로써 서구 기독교가 세속주의에 편입되고 있다고 비난했다. 이런 주장에 근거하여, 그는 서구 기독교가 "세속주의의 하녀가 되었다고 주장했다. 서구 기독교가 항상 세속주의적 의지를 선택하는 것으로 드러난다고 주장했다." 그러면서도 그는 성경적 기독교는 이원론적이지 않으며 "세속주의에 대한 반명제"로 작용해야 한다고 정확히 주장했다.[15]

다원주의자들과 자신들이 중립적이지 않음을 인지하고 있는 상황에서 연구를 진행하는 비교 종교 연구 주창자들 모두에게 방해가 되는 것은, 그들 모두가 근대 문화가 갖는 종교적 성격에 대해 무지하다는 것이다.

---

13 Lesslie Newbigin, "A Question to Ask; A Story to Tell," *Reform*, November 1990, p. 11.
14 J. H. Bavink, *The Church Between Temple and Mosque: A Study of the Relationship Between the Christian Faith and Other Religions* (Grand Rapid: Eerdmans, 1981), pp. 22-23.
15 Ziauddin Sardar, "The Ethical Connection: Christian-Muslim Relations in the Postmodern Age," *Islam and Christian-Muslim Relations* 2, no. 1. (1991): 59.

이러한 맹목성 때문에, 다수의 종교가 공존하는 서구에서 어떻게 연구하고 살아가야 하는지에 대한 적절한 관점을 얻지 못하고 있다.

기독교 성도로서 우리는 복음의 진리로부터 우리의 입장을 끌어내고 바로 그 관점에서 모든 종교를 만나게 된다.

복음의 진리 됨을 거부하는 사람들은 동일한 방식을 취할 것이다. 그들이 자기 뜻을 취하는 그 진리가 다를 뿐이다. 따라서 조우는 불가피하다.

3. 다원주의에 대한 도전

우리는 다원주의에 관해 탐구해 왔다. 그러나 다원주의라는 입장이 오늘날 우리가 살아가는 세상에서 정통이 되었기 때문에 그리고 그리스도를 고백하는 사람들 사이에서도 광범위하게 실재하고 있으므로, 다원주의적 가정들에 관한 우리의 연구를 좀 더 심화시키는 것이 중요하다.

사실상, 다원주의는 모든 기독교적 입장과 다른 태도를 보인다. 왜냐하면 다원주의는 복음과 그리스도 안에 계시한 하나님의 계시 유일성을 부정하기 때문이다. 참으로, "다원주의가 종교에 대한 기독교 신학을 위한 타당한 선택으로 간주할 수 있는지 여부는 의문의 여지가 대단히 높다."[16]

1) '기독교' 다원주의가 광범위한 대중성을 얻고 있는 이유들

스스로의 정체성을 기독교인이라 고백하는 사람들 사이에 기독교 신앙과 전혀 동떨어져 있는 입장이 그렇게 광범위하게 퍼져 있는 것이 가능한 일일까?

그렇게 된 데에는 최소한 세 가지 이유가 존재한다.

첫째, 다원주의자들은 후기 계몽주의 서구에 만연한 상대주의적 공기를 매우 깊이 흡입한 사람들이다. 그리고 절대적 진리에 대한 두려움이 수 세기 동안 진행되었던 제국주의와 이에 연루되었던 교회에 대한 기독교적 죄책에 따라 악화했다는 점도 눈여겨보아야 할 점이다. 슬프게도 과거 복음의 진리에 대한 기독교적 입

---

16 Christopher J. H. Wright, "Theology of Religions," in *Evangelical Dictionary of World Missions*, ed A. Scott Moreau (Grand Rapids: Baker Books, 2000), p. 953. (『선교학 사전』)

장이 교만하고 강압적인 제국주의와 보조를 맞추던 시기가 있었다. 현재 다원주의자들은 그와 같았던 과거의 입장과 현재 자신들이 취하고 있는 상태 사이에 거리를 줄이는 것을 부담스러워하고 있다.

둘째, 타종교 전통에 속한 추종자들과 근거리에서 이웃으로 살아가는 현실 속에서, 다른 기독교인들 속에서조차 발견할 수 없는 일련의 경건과 도덕적 정직성이 타종교 신자들의 삶을 통해 제시되는 것을 볼 수 있게 되었다. 확실히, 경건한 타종교인이 보여 주는 삶의 풍요로움은 오류투성이인 종교 전통이 맺을 수 있는 열매일 리 없다고 간주했던 것들이다.

> 그리스도의 최종성을 확증하는 것이 기독교와 다른 종교들 사이의 관계를 설명해야 하는 의무로부터 우리를 자유롭게 하지는 않는다. 슬프게도, 복음주의 세계는 이처럼 중요한 이슈에 대해 거의 침묵을 유지하고 있는 것 같다.
>
> Harvie Conn, "Do Other Religion Save?" p. 207.

그러나 오늘날 가장 설득력 있는 것은 세 번째 이유이다.

셋째, '기독교' 다원주의자들은 생태학적 파괴와 핵무기로 인한 위협을 마주하고 있는 인류가 하나로 연합해야 할 긴급한 필요성을 느끼고 있다. 그들은 어떤 식으로든 하나의 종교에 대한 배타적 진리 주장이 종교 간 다툼의 원인이 되어 끊임없이 위험에 노출되는 연약한 연합과 평화가 위험에 빠지게 될 것이라는 더 광범위하게 퍼져 있는 두려움을 품고 있다. 따라서 정의 또는 평화를 세상에 존재하는 모든 종교가 공히 기여할 수 있는 핵심적 요소로 대체하는 것을 더욱 겸손한 태도로 인식한다.

2) 다원주의에 대한 비평

다원주의적 입장을 기독교적 선택의 한 가지로 인정하는 데는 심각한 문제들이 있다.

첫째, 가장 중요한 것은, 다원주의적 입장을 취하게 되면 기독교 신앙을 서구 세계를 지배하고 있는 인본주의 이야기에 맞추는 결과를 초래하지, 그 반대의 현상이 발생하지 않는다는 것이다. 복음이 후기 계몽주의 서구의 이야기에 부합되도록 재단될 때, 가장 좋은 경우라고 해 봐야 기독교 신앙을 심각하게 타협하게 될 것이란 것이고, 최악은 기독교 신앙 자체를 포기하는 데 이를 것이란 것이다.

둘째, 다원주의의 교만이다. 이 말을 처음 접할 때는 다소 놀라운 감이 없지 않다. 왜냐하면 교만이라는 말은 다원주의자들이 복음을 진리로 고수하는 사람들을 비난할 때 사용하는 정확한 표현이기 때문이다. 그리고 표면적으로 볼 때, 다원주의가 겸손과 인내를 드러내는 것으로 보기 때문이다. 그러나 자세히 살펴보면, 다원주의자들 또한 모든 종교를 규합하는 그 중심에서 배타적 주장을 고수한다.

다원주의자들 또한 자신들의 주장이 궁극적으로 참되다는 처지를 고수하고, 이러한 자신들의 주장에 비춰 다른 모든 입장을 상대화시킨다. 자신들만이 세계 모든 종교 전통을 맹목적으로 집단화하는 데 필요한 진짜 핵심을 고수하고 있다고 말하는 다원주의의 주장이야말로 최상의 교만이다.

이러한 태도는 시각 장애인과 코끼리 이야기에서도 확인될 수 있다. 시각 장애인들이 각기 코끼리의 신체 일부를 만져 보고 나서 그 동물이 어떻게 생겼는지 알고 있다고 주장한다. 한 사람은 코를 만져 보고 코끼리가 뱀처럼 생겼다고 말했다. 다른 사람은 꼬리를 만져 보고 코끼리가 줄처럼 생겼다고 말했고, 다른 사람은 상아를 만져 보고 코끼리가 창처럼 생겼다고 말했다. 각기 부위를 만져 본 시각 장애인들은 코끼리의 외모에 대해 각기 다른 주장을 이어간다. 이 이야기는 "그들은 큰 소리로 오랜 시간 동안 논쟁을 이어 갔다. 그들 각각의 주장은 부분적으로 옳았으나, 그들 모두는 결과적으로 틀린 주장을 한 것"으로 종결된다.

그러나 주의해서 살펴보라. 이 이야기가 성립되려면 그 전체 장면을 실제로 목격한 누군가가 있어야 한다. 이 이야기는 왕과 그 신하들이 말한 것이다. 즉, 시각 장애인들이 전체가 아니라 일부만 더듬거리고 있었음을 볼 수 있었던 사람들이 한 이야기다. 다원주의자들은 자신들을 마치 이 장면을 볼 수 있는 사람으로 상정하고, 각 종교는 궁극적 실재의 일부만 보는 시각 장애인이라 상정한다.

그러나 무엇을 근거로, 다른 종교들이 보는 것이 단지 부분적인 것에 불과하다고 주장하는 것일까?

도대체 그 자체는 한 가지 논의에 불과한 어떤 신념에 기초하고 있기에, 다원주의자는 실제 존재하는 것에 대한 총체적 진리를 볼 수 있다고 주장하는 것일까?

사실상 다원주의자들은 이미 실존하는 다른 주장들에 한 가지 주장을 더 제공하는 것에 불과하다. 다른 주장들이 앞 못 보는 이들이 코끼리 만지듯 하는 주장을 펼치고 있음에 반해, 자신들은 명백한 실재를 보고 있다고 가정하는 것 자체가 교만이다. 다원주의의 상대주의적 관용 정신이 우리가 살아가는 서구 세계의 지배적 가정들과 조화를 이루고 있다는 한 가지 사실만으로도, 그들이 품고 있는 교만을 교묘히 감추고 있는 것에 지나지 않음을 알 수 있다.

셋째, 다원주의가 비인격적이고 추상적인 아이디어들을 모든 종교를 묶어놓는 핵심으로 대체했다는 것이다. 존 힉(John Hick)과 같은 다원주의자들은 하나님에 대해 말한다.

그러나 그들이 말하는 하나님은 어떤 하나님인가?

그들이 말하는 하나님은 모든 종교가 그들이 가진 내용물을 쏟아부어 넣을 수 있는 비인격적 아이디어에 불과하다. 폴 니터(Paul Knitter)와 같은 일부 다원주의자들은 구원에 대해서 말한다.

그러나 그들이 말하는 구원은 무엇인가?

마찬가지로 그들이 말하는 구원은 상호 상반되는 관점들을 인내하는 추상적 개념이 되어 버린다. 다른 이들은 정의 또는 평화와 같은 언급에 주목한다. 그러나 이러한 개념들은 특정한 종교 전통에서 그 의미가 유래한 것이 아니라, 공허하고 모호한 언급에 머물러 있을 뿐이다. 이외에도, 그러한 추상적 개념들이 진실로 예수 그리스도의 인성과 사역보다 깊이 분화된 세계를 충족시키고 하나로 묶을 수 있을지 여부에 대한 의문이 발생할 수 있다.

4. 종교 신학에 대한 짧은 요약

교회와 세계 종교의 위대한 조우(the great meeting)가 우리 눈앞에 펼쳐져 있다. 만일 교회가 선교적 조우를 위해 준비돼야 한다면, 복음의 진리에 대한 고백적 태도를 보이는 건전한 종교 신학(A Theology of Religions)이 필요하다. 제럴드 앤더슨은 다음과 같은 말로 상황에 대해 정확히 주장했다.

> 어떤 다른 이슈도 종교 신학보다 더 중요하거나, 더 어렵거나, 더 논쟁적이거나, 또는 이제 펼쳐질 날들을 위해 더 결정적이지 않다. 이것이야말로 1990년대와 21세기를 진입하는 이 시기에 선교와 관련된 유일한(the) 신학적 이슈이다.[17]

앤더슨은 건강한 종교 신학에 방해가 되는 두 가지 요인들을 지적했다.

---

[17] Gerald H. Anderson, "Theology of Religions and Missiolology," in *The Good News of the Kingdom: Mission Theology for the Third Millennium*, ed. Charles van Engen, Dean S. Gilliland and Paul Pierson (Maryknoll, NY: Orbis Books, 1983), p. 200.

첫째, 신학적 무시이다. 신학은 기독교 내부 관계에 더 관심이 있었고, 타종교와의 관계 같은 뜨거운 이슈는 다루지 않았다. 티모시 테넨트는 말했다.

> 서구의 신학생들이 극히 일부의 유명한, 그러나 지금은 사망한 독일 신학자들의 저작을 배우는 데 헤아릴 수 없이 많은 시간을 쏟아부으러라는 것은 정말이지 깜짝 놀랄 일이다. 이 열성적인 신학자들이 전 세계에 기여한 것은 지극히 적을 뿐이다. 반면, 이들은 오늘날 기독교 복음에 가해지는 가장 심각한 도전 중 하나를 대표하는, 살아 숨 쉬는 10억 명 이상의 무슬림에 대해서는 완전히 무시했다.[18]

이런 부류의 신학적 무시가 교회와 교회 지도자들이 점차 점증하는 다원주의적 상황을 다루는 데 제대로 준비되지 못하게 했다.

둘째, 현재 지배적인 다원주의는 보편타당한 진리에 관한 주장을 거부한다는 점에서 허무주의와 구분하기가 대단히 어렵다. 문제는 이런 다원주의가 기독교의 신학적 숙고를 감염시키고 있다는 점이다. 오늘날 그리스도와 복음의 진리가 갖는 유일성에 관한 주장을 포기하고 종교 간 동등성을 수용하는 '급진적 상대주의가 만연'하다.

확실히 앤더슨이 옳다. 만일 교회가 종교 다원주의와 만날 준비를 하고자 한다면, 건강하고 성경적인 종교 신학이 필요하다. 여기에서는 종교 신학이 어떤 것이어야 하는지 요약만을 제공할 것이다.

1) 복음의 공적 진리로 시작하기

다원주의라는 위험한 환경 가운데서, 교회는 구원이 오직 그리스도 한 분 안에서만 발견되는 것임을 겸손하게—그러나 용감하게—고백해야 한다.

칼 브라튼(Karl Braaten)은 다음과 같이 올바르게 지적했다.

> 다른 어떤 이름이 아닌, 오직 예수 그리스도의 이름으로만 주어지는 구원에 대한 약속이 있느냐 없느냐에 대한 질문은, 현대 기독교가 직면하고 있는 죽느냐 사느

---

18 Timothy C. Tennent, *Invitation to World Missions: A Trinitarian Missiology for the Twenty-first Century* (Grand Rapids: Kregel, 2010), p. 192.

냐의 쟁점(a life-and-death issue)이 되고 있다. 교회 내에서 이 이슈는 복음에 대한 충성도를 시험하는 테스트가 될 것인데, 이는 그 어떤 때보다 긴급한 신학 선언(status confessionis)의 문제이다.[19]

종교 신학의 출발점은 복음의 공적 진리가 되어야 할 것이다. 복음의 진리에 대해 말하는 것은 예수 그리스도의 인성과 그분의 삶과 죽으심, 부활하심, 승천이라는 사건을 통해서, 하나님이 우주적 역사의 목표를 드러내시고 성취하셨음을 말한다는 것이다. 모든 공동체와 사람이 어떤 식으로든 자신들이 바로 그 최종적 운명에 포함되어 있음을 알게 될 것이기에, 그리스도를 통해 드러난 하나님의 계시는 모든 민족과 나라, 문화 들에 참이다.

그러므로 아마도 예수와 그분의 사역이 갖는 유일성을 묘사하는 최고의 단어는 '최종성'(finality)일 것이다. 성경적인 관점에서 모든 역사는 어떤 식으로든 하나이고, 그 역사의 한가운데 예수 그리스도의 성육신이 역사에 의미를 부여한다. 예수 안에서, 특히 그분의 죽으심과 부활하심 안에서, 피조 세계를 향하신 하나님과 그분의 의지 충만하고 최종적인 계시가 드러나고 성취되었다. 예수 그리스도 안에서 드러난 하나님의 계시는 그 계시의 역사적 최종성이라는 관점에 비춰 고려돼야 할 것이다.

예수께서는 오랜 성경 이야기의 중심에 서 계시며, 성경 이야기의 목표가 무엇인지 가리키시고 세상이 시작된 때를 돌아보신다. 성경 이야기는 한 분 참되신 하나님을 드러내는데, 하나님은 세상을 창조하시고, 모든 피조 세계와 모든 나라의 구원을 위해 이스라엘 안에서 당신의 구원 사역을 시작하시고 예수 그리스도의 사역 안에서 그 정점을 이루신 분이다. 이것이 바로 이 상황 안에서 우리는 성경의 증언을 듣는다.

> 다른 이로써는 구원을 받을 수 없나니 천하 사람 중에 구원을 받을 만한 다른 이름을 우리에게 주신 일이 없음이라 하였더라(행 4:12).

> 하나님은 한 분이시요 또 하나님과 사람 사이에 중보자도 한 분이시니 곧 사람이신 그리스도 예수라(딤전 2:5).

---

[19] Carl E. Braaten, *No Other Gospel! Christianity among the World's Religions* (Minneapolis: Fortress, 1992), p. 89.

예수께서 이르시되 내가 곧 길이요 진리요 생명이니 나로 말미암지 않고는 아버지께로 올 자가 없느니라(요 14:6).

예수께서 말씀하실 때 우리가 그분의 증거하심을 들을 수 있는 맥락이다. 이들 성경 구절은 성경의 맥락에서 잘라 내서 개인 구원에 대한 현대 논쟁의 근거를 위해 사용하는 근거 본문들(proof texts)이 아니다. 이들 성구가 그런 토론을 위한 적용점을 갖고 있다는 데는 의심의 여지가 없다. 그러나 이들 성구는 세상을 위한 참된 이야기라 주장하는 우주적 이야기의 한가운데서 예수의 사역이 갖는 최종성에 대해 증거하는 말씀들이다.

예수의 최종성을 고백하는 두 개의 대략적으로 정의된 입장들, 즉 배타주의(exclusivism)와 포괄주의(inclusivism)가 있다. 배타주의는 역사 내내 존재해 왔으며 기독교 교회의 전통적 접근 방식이 되어 왔다. 이 관점이 본 장을 형성하는 관점이다.

'배타적인'이란 단어의 사용이 쉽게 오해되곤 한다.[20] 여기에서 의미하는 '배타적인'이란 단어가 갖는 의미는 '배타적 클럽'이라는 말을 생각할 때 떠오르는 우월성이라는 오만한 느낌이 아니다. 오히려 이것은 기독교 신앙이 예수 그리스도에 대해 고백하는 독특하고 특별한 진리 주장임을 표현하려는 것이다.

기독교 신앙은 세상을 향하신 하나님과 하나님의 목적에 대한 충만한 계시이신 예수께 독점권(exclusivity)를 부여한다. 예수와 경쟁하는 다른 구원은 존재하지 않는다. 기독교 신앙은 세상의 구원을 위한 유일한 길 되신 예수께 독점권을 부여한다. 구원에 이를 다른 길은 존재하지 않는다.

진리와 구원은 오직 예수 그리스도 안에서만 발견된다는 확증은 다른 맥락에서 해석될 수 있다. 개인의 구원이 위에서 인용한 본문들의 암묵적인 배경이 되는 경우가 종종 있다. 그럴 경우, 이들 성구는 그 성구들이 존재하는 성경의 구속사적 맥락에서 분리되어 궁극적으로 구원을 경험할 사람이 누구인지에 대한 질문에 답할 때 사용하는 증빙 자료가 된다. 이보다 좋은 시작점은 성경이 온 피조 세계를 위한 하나님의 구속 사역을 밝혀 주는 이야기라는 사실을 인식하는 것이다.

---

20 티모시 테넌트(*Invitation to World Missions*, p. 221)는 우리의 명명 방식에 대해 좀 더 신중하게 주목해 볼 것과, 이 두 가지 입장을 더 정확하게 설명하는 새로운 용어들을 받아들일 것을 강력하면서도 올바르게 권고한다. 테넌트는 배타주의보다 더 나은 명칭으로 "계시적 특별주의"(revelatory particularism)를 제안한다. "계시적"이란 단어는 계시의 중요성을 강조하고, "특별주의"라는 단어는 예수 그리스도의 특별성과 수위성을 강조한다.

그러므로 적절한 질문은 "누가 구원받을 것인가?"라기보다 "하나님이 모든 인간과 피조 세계의 포괄적인 구원을 어떻게 성취하실 것인가?"가 되어야 할 것이다. 그렇게 되면 이 질문은 구원은 오직 그리스도 한 분 안에서만 발견된다는 고백의 내러티브 배경을 형성하게 될 것이다. 성경은 무엇보다 우선하여 개인들이 자신들의 자리를 발견하는 우주적 역사이다.

복음을 들어 본 적이 없는 사람들의 운명에 대한 질문이 오늘날 주목을 받고 있다. 어떤 이들은 복음에 대한 분명한 신앙이 구원을 위한 필요조건이라는 견해를 유지하고 있다. 다른 사람들은 복음을 들어 보지 못한 사람들에 대해 어느 정도 불가지론적 입장을 유지하며 이 질문을 최후 심판 때까지 답변을 확증하지 않는 개방적인 질문으로 남겨 놓으려 한다.[21] 호소(appeal)는 하나님의 언약 백성의 일원이 아니었으나 구약성경에 등장하는 성도들—예를 들면, 멜기세덱, 욥 그리고 에녹—에 대한 것이다.

테넌트는 종교 신학에서 타협이 불가한 세 가지, 즉 예수 그리스도의 유일성, 예수 그리스도의 죽으심과 부활하심 그리고 회개와 신앙에 대한 분명한 반응의 필요성에 대해 말했다.[22] 질문은 이 세 가지 중 마지막에 해당하는 회개와 신앙에 대한 분명한 반응이 정말로 타협할 수 없느냐의 여부다.

여기서 구원을 위한 그리스도의 사역 목적론적 기초(the ontological basis)와 그리스도의 사역에 대한 신앙의 인식론적 필요성(the epistemological necessity) 간의 중요한 차이점과 만나게 된다.[23] 양자 간에는 구원은 예수의 삶, 죽음 그리고 부활(목적론적 기초)을 통해 성취되는 것이라는 동의점이 존재한다. 그러나 신앙이 그 구원을 경험할 것(인식론적 기초)을 요구하는지는 동의하지 않는다.

그리스도 안에서 목적론적 기초를 확증하지만, 인식론적 필요성에 대해서는 그렇지 않게 생각하는 사람들 사이에는 다양한 접근 방법이 존재한다. 어떤 사람은 단순하게 성경이 명확하게 가르친다고 믿는 것을 넘어서는 것을 거부하고, 복음의 선포가 아닌 다른 방식으로 그리스도께 반응함으로 구원받을 수 있는 일부 사람들이 있을 것이라는 조심스러운 소망이 있다. 다른 사람들은 신앙에 대한 응답

---

[21] 이 이슈에 대한 간단한 요약은, Christopher J. H. Wright, *Salvation Belongs to Our God: Celebrating the Bible's Central Story* (Downers Grove IL: InterVarsity Press, 2007), pp. 157-71.
[22] Tennent, *Invitation to World Missions*, p. 219; idem, *Christianity at the Religious Roundtable: Evangelicalism in Conversation with Hinduism, Buddhism, and Islam* (Grand Rapids: Baker Academic, 2002), p. 17.
[23] "목적론적 기초"는 누군가 알고 있는지 여부와 상관없이 그리스도께서 구원을 성취하셨다는 사실을 언급한다. "인식론적 필요성"은 그리스도를 아는 것과 그분의 사역에 대해 신앙으로 명확하게 반응하는 것에 대한 요구를 언급한다.

과 상관없이 구원받을 수 있는 사람들이 조금이 아니라 많을 것이라는 낙관주의에 더 신뢰하고 있다.

포괄주의는 그리스도의 중심성에 대한 확고한 헌신이란 점에서 배타주의와 같은 생각을 공유하는 사람들이 수용하는 관점이긴 하지만, 동시에 이들은 신앙에 대해 주체적으로 반응하지 않는 사람들의 구원을 기꺼이 인정하려는 경향이 강하다. 포괄주의적 입장을 강(strong, 또는 고[hard])포괄주의적 입장과 약(weak, 또는 고[soft])포괄주의적 입장으로 구별하는 것이 도움이 될 것이다.[24] 이 두 입장 간의 차이에는 구원이 다른 종교의 추종자들에게로 흘러들어 가느냐 마느냐 여부에 대한 견해 차이가 포함된다.

강포괄주의는 세계 종교를 하나님의 구원 계시가 흘러가는 통로로 긍정적으로 본다. 약포괄주의는 비기독교 종교를 구원의 수단으로 보는 견해는 부정하지만, 하나님의 구원 은혜가 갖추는 광범위한 도달 능력을 인지한다.

강포괄주의는 "구원을 위해 세상 모든 종교 안에서 일하시는 하나님의 은혜 작동과 구원을 위한 최종의 길이 되시는 그리스도 안에 드러난 하나님의 은혜의 유일성" 모두를 보수하려고 시도한다.[25] 그리스도께서는 실존하시며 다양한 종교를 구원의 통로로 채용하시며 그들 종교 안에서 일하시고 계신다. 하나님의 구원하시는 능력은 그리스도에게서 오는 것이지만 그리스도가 나사렛 예수라는 역사적 인물에게 국한되지는 않는다. 이 구원의 능력은 세계 종교를 통해서도 흐른다.

> 포괄주의자들은 모든 사람을 위한 구원의 생수의 근원은 같지만, 다양한 통로를 통해 사람들에게 도달한다고는 견해를 유지하고 있다.[26]

구원은 십자가에 못 박혀 죽으시고 부활하신, 복음서가 증거하는 그리고 교회가 알고 있는 그 나사렛 예수 그리스도를 만난 사람들에 의해서가 아니라, 다른 종교들을 통해서도 전달되는 보편적이고 구원하는 계시를 통해 그리스도를 만난

---

24 또한 '부정적인' 포괄주의와 '긍정적인' 포괄주의라는 용어들도 있다. D. A. Carson, *The Gagging of God: Christianity Confronts Pluralism* (Grand Rapids: Zondervan, 1996), pp. 279-80을 보라. 또한 Stanley Grenz, "Toward an Evangelical Theology of Religions," *Journal of Ecumenical Studies* 31. nos. 1-2 (1994): 53; R. Douglas Deivett, "Misgiving and Openness: A Dialog on Inclusivism between R. Douglas Deivett and Clark Pinnock; Some Misgivings about Evangelical Inclusivism," *Southern Baptist Journal of Theology* 2, no. 2 (1998): 27을 보라.
25 Shenk, *Who Do You Say That I Am?*, p. 43.
26 John Sanders, *No Other Name: An Investigation into the Destiny of the Unevangelized* (Grand Rapids: Eerdmans, 1992), p. 226.

사람들에 의해 알려지는 것이다. 계시는 성령의 사역, 또는 로고스 기독론(요 1:9; 엡 1:10; 골 1:15-20)에 기초한 우주적 그리스도의 사역, 또는 전통적으로 일반 계시로 알려진 그리스도의 사역을 통해 다양한 방식으로 설명되는 것이다.

이 입장은 다양한 질문을 야기한다.

첫 번째 질문군(群)은 계시와 관계 있다.

- 창조 계시 또는 일반 계시와 복음 안에 감추어져 있는 구속 계시 간에 혼돈이 있는가?
- 계시와 구원은 상호 구별 없이 상호 융합되는 개념인가?
- 역사적 예수가 중심인 복음과 유리된 계시가 구원을 가져온다는 성경적 증거는 있는가?

두 번째 질문군은 기독론과 관계 있다.

- 나사렛 예수의 역사적 특수성은 에베소서와 골로새서(엡 1:10-23; 골 1:15-20)에 등장하는 우주적 그리스도와 분리된 것인가?
- 하비 콘이 "만일 나사렛 예수의 특수성이 사라져 버린다면 그리고 그리스도가 보편적 절대성으로만 남게 된다면…"[27]이라는 가정을 상정했을 때, 이 가정은 옳은 것인가?

세 번째 질문군은 현재의 입장에서 작동하는 죄에 대한 관점과 관련 있다.

- 이 입장이 죄의 급진적 권세에 관한 성경적 가르침을 신중하게 취급하고 있는가?(예. 롬 1:18-32)

비록 우상 숭배, 진노, 심판 같은 언어가 우리의 귀에 가혹하게 들린다 하더라도, 이들 언어는 성경에 등장하는 용어들이다.

---

27 Harvie M. Conn, "Do Other Religions Save?" in *Trough No Fault of Their Own? The Fate of Those Who Have Never Heared*, ed. William V. Crockett and James G. Siountos (Grand Rapids: Baker Books, 1991), p. 200.

2) 복음 이상의 계시

복음의 진리에 대한 확증이 복음 바깥에 존재하는 계시의 실재를 부정하지 않는다. 그보다 진리는 예수 안에서 가장 풍성하게 드러났으며, 그것이 진리에 대한 다른 모든 주장의 진위를 결정하는 기준이 된다.

참으로 성경 자체가 하나님이 성경의 범주를 넘어서 당신을 계시하셨음을 명백히 밝히고 있다. 바울은 하나님이 증거를 남기지 않지 않으셨다고 선포했다. 하나님은 비, 작물, 음식과 즐거움을 공급하심으로 당신의 친절을 드러내신다(행 14:17).

바울은 로마서를 통해 말한다.

> 이는 하나님을 알 만한 것이 그들 속에 보임이라. 하나님이 이를 그들에게 보이셨느니라. 창세로부터 그의 보이지 아니하는 것들 곧 그의 영원하신 능력과 신성이 그가 만드신 만물에 분명히 보여 알려졌나니, 그러므로 그들이 핑계하지 못할지니라(롬 1:19-20).

더 나아가서 바울은 이렇게 확증하고 있다.

> 율법 없는 이방인이 본성으로 율법의 일을 행할 때 이 사람은 율법이 없어도 자기가 자기에게 율법이 되나니, 이런 이들은 그 양심이 증거가 되어 그 생각들이 서로 혹은 고발하며 혹은 변명하여 그 마음에 새긴 율법의 행위를 나타내느니라(롬 2:14-15).

따라서 그리스도와 성경 이상의 계시는 존재한다. 여전히 남아 있는 질문은 그 계시를 어떻게 이해하고 접근하느냐에 대한 것이다.

성경의 어느 곳에서도 이와 같은 계시가 구원을 가져온다고 말하고 있지 않다. 사실, 로마서의 첫 번째 장에서 반대의 사실을 분명히 하고 있다. 창조에 드러난 하나님의 계시에 대한 확증은 죄, 어두움, 우상 숭배, 죄책, 진노와 심판이라는 맥락에서 확인된다. 인류는 진리를 억누르고 하나님에 대한 지식을 우상 숭배와 바꿔치기했다(롬 1:18, 23, 25). 창조를 통해 드러난 계시가 그리스도를 통해 드러난 하나님의 자비하심과 혼돈될 수 없다.

그러나 이 말이 창조 계시가 죄를 성립시키는 부정적인 역할만 했다고 주장하는 것은 아니다. 사실 인류는 하나님의 계시를 억누르거나 제거할 수 없다. 이것은 인류를 종교적인 성향을 갖게 한다. 비록 그 자체가 구원을 가져오는 것은 아니지만, 창조 계시의 일부는 긍정적 영향을 끼친다. 일련의 수사적 질문을 통해, 요하네스 버르카일(Johannes Verkuyl)은 창조에 드러난 하나님의 계시가 갖는 유익한 능력에 대해 아름답게 표현했다.

> 세계의 위대한 종교들이 인류의 삶 가운데 일련의 규칙성과 질서를 공급해 온 인간 공동체의 다양한 형식을 조성했다는 사실 안에 실재하는 하나님의 관대하심에 대한 증거를 누가 놓칠 수 있단 말인가?
> 세상의 위대한 종교들이 갖는 종교 시스템이 만들어 낸 다양한 인간적인 사회관계 속에 있는 하나님의 긍휼을 인식하는 데 누가 실패할 수 있단 말인가?
> 이들 종교를 통해 영감을 받아 보다 정교하게 된 인간의 사상과 아이디어의 발전 속에서 하나님의 자비가 작동하고 있음을 누가 감히 부정할 수 있단 말인가?
> 비록 하나님의 율법에 대해서는 무지하지만, 세상의 민족들이 율법에 부합하는 일들을 수용하고 실행하고 있다는 것이 하나님의 은혜에 대한 증거임을 누가 보지 못한단 말인가?[28]

비록 창조를 통해 드러난 계시가 구원을 가져오는 것은 아니지만, 인류가 만들어 낸 다양한 종교를 통해서라 할지라도, 창조 계시는 인간 사회에 유익한 영향을 끼친다. 어떤 사람들은 이를 일컬어 '일반 은총'이라 부른다.

---

[28] Johaness Verkuyl, "The Biblical Notion of the Kingdom: Test of Validity for Theology of Religion," in van Engen, Gilliland and Pierson, *Good News of the Kingdom*, p. 75.

3) 종교 의식과 경험적 종교들

창조를 통해 나타난 하나님의 계시가 인류에게서 종교적 의식을 산출했다.

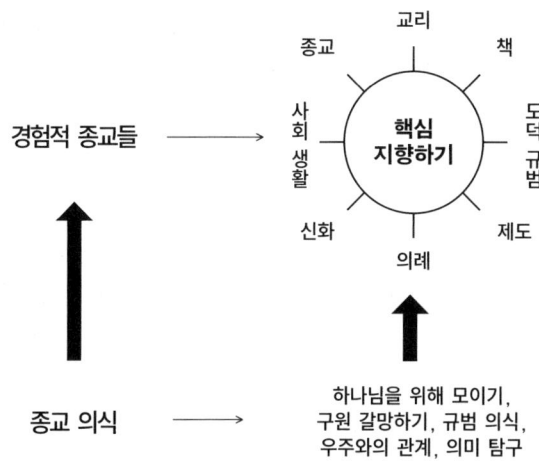

그림 5. 종교 의식과 경험적 종교들

종교적 의식이 역사적 종교들을 발생시키는 원인이 되었다. 여기에서 나는 보편적인 종교 의식과 특정한 경험적 종교들을 구별하려 한다.[29] 그림 5는 이후에 따라올 다른 여러 가지뿐만 아니라, 이 구별에 관해 설명한 것이다.

종교 의식은 모든 인간의 구성 요소다. 왜냐하면 인간은 그 본질이 하나님의 형상을 따라 만들어진 종교적 피조물이고, 하나님의 계시에 답변하도록 지으심을 받았기 때문이다. 인간은 하나님의 계시로부터 피할 수 없고 인간은 본능적으로 계시에 응답해야 한다.

> 인간은 '종교적 심성을 절대 교정할 수 없는' 존재이다. 왜냐하면 인간이 하나님과 맺고 있는 관계가 인간 존재 그 자체의 본질에 속해 있기 때문이다. 인간은 오직 하나님 앞에 있는 인간일 뿐이다.[30]

---

[29] Bavink, *Church Between Temple and Mosque*, pp. 25-34; Hendrik Kraemer, *The Christian Message in a Non-Christian World* (London: Edinburgh House Press, 1938), p. 112.

[30] Johannes Blauw, "The Biblical View of Man in His Religion," in *The Theology of the Christian Mission*, ed Gerald H. Anderson (London: SCM Press, 1961), p. 32.

이것이 존 칼빈이 '신성 의식'(sensus divinitatis, 하나님의 존재에 대한 기본적 인식)이라고 언급한 것으로, 이것이 곧 '종교의 씨앗'(semen religionis)이다. 하나님의 계시를 지향하는 기본적인 종교 의식이 존재한다. 이것이 바로 종교의 씨앗인 것이다.[31]

그러나 하나님의 계시에 대한 응답은 죄로 인해 항상 어느 정도 왜곡되어 있다. 이것이 우상 공장(a factory of idols)으로서의 인간에 대한 칼빈의 상응하는 언급이다.[32] 사실상, "어머니의 모태로부터, 우리들 한 사람 한 사람은 우상을 주조하는 데 놀라울 정도로 능숙하다." 이러한 우상 숭배의 근원은 "인간이 하나님에 대해 배은망덕하고 그분의 영광을 다른 인간이나 물건으로 전이시킨다는 사실 속에 잠복하고 있다"(참조. 롬 1:21-23, 25).[33]

종교적 피조물로서 인간은 하나님의 계시에 응답하는 존재이다. 그러나 죄로 물든 피조물로서 인간의 응답은 항상 우상 숭배적이어서 진리를 왜곡시킨다. 진리는 인지 가능하고 실재하지만 동시에 그 형상이 일그러졌다는 사실이 갖는 캐리커처이다.

진리의 왜곡에는 두 가지 측면이 있다.

첫째, 인류는 진리를 불의하게 억압하거나 짓누른다. 진리를 완벽하게 거머쥘 수 없기 때문에, 인간은 그것을 우상 숭배적 형식으로 표현한다.

둘째, 그들은 하나님의 진리를 우상을 위한 것과 교환한다. 에밀 브루너(Emil Brunner)는 이것을 '치명적 교환', 즉 하나님에 대한 참된 지식을 우상 숭배적인 것으로 대체하는 교환이라 불렀다.[34]

브루너는 하나님의 계시가 인간의 죄로 인해 어떻게 오염되었는지 설명하기 위해 충격적인 은유를 사용한다.

> 죄에 물든 인류는 죄의 앙금이 하나님에 대한 지식이라는 포도주를 우상 숭배라는 신 포도주로 바꾸는 그릇이다.[35]

---

31 John Calvin, *Institutes of the Christian Religion* 1.3.1 (trans. Ford Lewis Battles, ed. John T. McNeill [Philadelphia: Westminster, 1960], pp. 43-44).
32 Calvin, *Institutes of the Christian Religion* 1.11.8 (p. 118).
33 John Calvin, *The Acts of the Apostles* 14-28, vol. 7, trans. John W, Fraser (Grand Rapids: Eerdmans, 1995), p. 301.
34 Emil Brunner, *The Letter to the Romans*, trans. H. A. Kennedy (London: Lutterworth, 1959), p. 19.
35 Emil Brunner, *Reasons and Revelation: The Christian Doctrine of Faith and Knowledge*, trans, Olive Wyon (Philadelphia: Westminster, 1946), p. 65.

하나님의 진리는 달콤한 포도주와 같다. 그러나 이 진리가 죄로 물든 인간에 부어질 때, 달콤한 와인은 우상 숭배라는 신 포도주로 변환된다. 칼빈은 "하나님에 대한 혼돈된 지식"에 대해 말했는데, 이 혼돈된 지식은 창조 때 드러난 하나님 영광의 불꽃을 억누르는 것으로부터 파생한 것이다. 계속해서 칼빈은 말한다.

> 그러나 그 씨앗은 남아 있고, 그 씨앗은 결코 뿌리 뽑히지 않는다. 따라서 여전히 신성 일부가 남아 있다. 그러나 이 씨앗은 너무도 오염되었기 때문에 그 자체로는 최악의 열매만을 산출할 수 있을 뿐이다.[36]

따라서 하나님의 형상으로 지어진 인간이라면 누구나 갖고 있는 종교 의식은 하나님의 계시가 갖는 각인된 진리를 간직하고 있다. 그러나 그 진리는 죄의 어두움으로 인해 우상 숭배라는 신 포도주로 변환되었다.

바빙크는 종교 의식의 본질을 자석의 극점을 이용하여 통찰력 있는 설명을 제공해 주었다. 가장 심오한 종교적 열망은 인간의 삶을 형성한다. 종교적 피조물인 인간은 하나님을 더듬어 찾고, 구원을 열망하고, 우주 안에서 자신들의 위치를 찾으려 하고, 도덕적 기준 또는 규범을 감지하려 하고, 의미를 추구한다.[37]

역사적 세계 종교는 그 종교들이 갖는 신념, 실천 행위 그리고 이러한 기초적인 종교적 맥박이 뛸 수 있는 제도를 통해 구체적인 표현을 제공한다. 죄는 항상 이들 종교가 제시하는 답변을 오염시키고 왜곡시킨다. 그러므로 이런 오염과 왜곡이 모든 세계 종교 속에서 발견될 수 있는데, 신, 구원과 진리를 향한 이들 종교의 지향성과 이 각각에 대한 왜곡된 이해 속에서 발견될 수 있다.

> 대부분 종교는 인간 존재—일부 경우에는 우주—가 일종의 바람직하지 않은 곤경에 직면해 있다는 전제하고 있다. 더 나아가서, 이들 종교는 이러한 곤경과 대조하여 궁극적인 선과 바람직한 상태가 달성될 수 있다는 것—어떤 특정한 한 개인의 노력으로든 아니면 하나 혹은 그 이상의 고차원적인 존재들 혹은 힘들의 자애로운 도움을 통해서—을 전제하고 있다. 이러한 공통된 구조를 기정사실로 전제한다면, 다양한 종교 전통을 초래할 수 있는 세 가지 질문이 자연스럽게 부상하게 된다.

---

36 Calvin, *Institutes of the Christian Religion* 1.4.4 (pp. 50-51).
37 Bavink, *Church Between Temple and Mosque*, pp. 32-33. 바빙크는 이러한 자석의 극점을 "나와 우주", "나와 규범", "나와 내 존재의 수수께끼", "나와 구원", "나와 최상의 능력"이라는 관점을 통해 표현했다.

> 종교적 궁극의 본질은 무엇인가?
> 인간이 처한 곤경의 본질은 무엇인가?
> 구원(각성 또는 해방)의 본질은 무엇인가?
> 이 세 가지 질문은 명백하게 상호 연관된 질문이다. 왜냐하면 인간이 처한 곤경과 종교적 궁극성에 대한 누군가의 관점은 구원과 그 구원이 어떻게 하면 성취될 수 있는지에 대한 신념을 형성하는 근본적 암시가 될 것이기 때문이다.
>
> Harold Netland, *Encountering Religious Pluralism*, pp. 182-183.

세계의 다양한 경험적 종교를 부상하게 한 것은, 종교 의식으로 표현되는 모든 인류가 본능적으로 갖는 근본적인 종교적 본성(fundamentally religious nature)이다.

경험적 종교들은 하나님의 계시에 대해 특정 공동체들이 집단적으로 제시한 역사적 응답들이다. 우리는 인간이 조성한 모든 문화 가운데 존재하고 있는 경험적 종교 현상에 관해 설명할 수 있는 대략적 등식을 제공할 수 있을 것이다.

하나님의 계시 + 왜곡된 반응 + 다양한 역사적 환경들 = 특정 종교

각각의 종교는 다양한 역사적 환경이라는 상황 속에서 발생했다. 이슬람교는 모하메드가 그가 살던 시대에 존재하던 왜곡된 종교에 응답함으로써 발생했다. 퇴폐하고 미신적인 다신주의(polytheism)가 그에게 엄격한 일신론을 불러일으키게 했으며, 불의와 갈등 그리고 살인으로 점철된 도덕적으로 부패한 사회는 이슬람이 갖춘 엄격한 도덕주의와 율법주의에 응답할 준비가 되어 있었다.

불교는 미신적이고 현재와 무관한 힌두교라는 종교적 현실 한복판에서, 일시적 세상(transient world)으로부터의 구원을 제공할 깨달음(각성, enlightenment)을 추구한 결과 발생했다. 후대 모든 불교 전통을 형성하게 되는 이 질문에 대답하는 사성제(四聖諦, the four noble truth)를 표현하도록 이끈 것은 고통에 대한 부처의 특별한 경험이었다.

모든 경험적 종교는 구체적인 역사적 환경이라는 상황적 맥락에서 발생했으며, 이 종교적 경험이 이후 지속해서 종교 전통을 형성해 나갔다. 그러나 이러한 여정들 이면에는 신을 찾고, 구원에 목말라하며, 의미를 찾기 위해 배고파하며, 규범성을 갈망하는 종교 의식을 가진 사람들이 존재하고 있었다. 특별한 역사적 환경은 그 환경이 부여하는 우상 숭배적 반응을 형성한다.

여기까지 나는 창조 계시에 대한 인간의 반응에 대해서만 언급해 왔다. 창조 계시 이상의 것이 일부 종교를 형성하는 것은 가능하다. 모하메드의 경우, 일부 기독교 또는 유대교 형식에 영향을 받았던 것으로 보인다. 그러므로 이 경우라면, 성경에 기록돼 있는 하나님의 구속적 계시가 이슬람을 형성하는 데 역할을 했을 것이다.

바빙크는 대단히 흥미로우면서도 상당히 논쟁적인 제안을 제공했다. 그 제안은, 하나님이 당신 자신을 세계 종교의 다양한 설립자에게 특별한 방식으로 드러내셨다는 것이다.

> 보리(菩提, bodhi)의 밤에, 부처가 세상과 삶에 관한 그의 위대하고, 새로운 통찰을 얻었을 때, 신이 그를 만지고 계셨고 그와 더불어 고뇌하고 있었다. 바로 그 순간, 신은 그 자신을 드러내셨다. 부처는 이 계시에 응답했고, 이날에 대한 그의 답변이 신의 손과 인간을 억누르고 있는 것의 결과를 드러냈다. 쿠란의 아흔 일곱 번째 수라(sura)를 말하는 '능력의 밤'(the night of power)에, "천사들이 내려오고" 쿠란이 알라의 보좌로부터 내려온 그 밤에, 신이 모하메드를 다루시고 그를 만지셨다. 그날 밤 신께서 그와 더불어 씨름하셨고, 선지자가 응답하는 동안 신의 손은 여전히 보였다. 그러나 이것은 또한 인간을 억누르고 있는 것의 결과이기도 했다. 종교 역사의 위대한 순간들은 신이 인간과 더불어 씨름하는 순간들이었다.[38]

4) 핵심 지향하기와 종교의 다양한 구성 요소

우리가 다양한 역사적인 세계 종교를 고려할 때, 경험적 종교들의 다양한 현상과 각 종교가 지향하는 핵심 간에 한 발짝 더 나아간 구별을 할 수 있다. 각 종교는 많은 구성 요소를 갖고 있다. 예컨대 각 종교는 교리, 종교 서적과 신화, 도덕적 규범과 의례, 종교적 숭배와 예배 행위, 사회 구조와 제도, 기타 등등의 구성 요소를 갖고 있다. 세계 종교에 관한 비교 연구가 이러한 구성 요소를 따로따로 연구하는 것으로 시작하는 경우가 종종 있다.

이 종교가 믿는 것은 무엇인가?
그 종교의 신화와 종교 서적들은 어떤가?
어떤 의례와 예배 행위가 이 종교를 정의하는가?

---

[38] Bavink, *Church Between Temple and Mosque*. p. 125.

그리고 그와 같은 질문들이 지속할 수 있다.

그러나 이런 방식의 진행으로는 각 종교에 편만하고 종교 내부를 결속시키는 정신을 결코 이해할 수 없다. 이러한 요소들은 종교 전체의 생혈(life-blood)로부터 추출된 것들이다.

사실상 각 종교는 활력으로 고동치고 핵심을 지향하는 총체적 통합체이다. 이와 같은 핵심적인 종교적 활력이 해당 종교의 모든 측면에서 고동치며, 이 측면들을 유기적 통합체로 함께 묶어 준다. 핵심을 지향하는 것이야말로 종교에 활력을 불어넣고 종교가 가진 모든 구성 요소에 특정한 형상과 의미를 부여해 주는 종교적 동기에 방향을 잡아 주는 것이다. 이것은 마치 종교적 생혈을 몸의 각 부분으로 보내 주는 심장과도 같다.

핵심을 지향하는 것은 종교마다 독특하고, 각 종교가 신을 더듬어 찾고자 하고, 구원을 추구하며, 도덕적 규칙성으로 인해 분투하는 등 특정한 방식으로부터 유래한 것이다. 예를 들면, 힌두교에서 핵심을 지향하는 것은 끝이 없고 의미 없이 무한히 반복되는 존재의 순환에서 탈출하는 법을 탐구하는 것이다. 불교에서 지향하는 핵심은 일시적 존재로부터 구원받는 것을 추구하는 것이다. 이슬람교가 지향하는 핵심은 유일한 초월적 존재인 신을 선포하고 신과 그의 선지자에 의해 지배되는 공동체를 발견하는 것이다.

이처럼 특정한 경험적 종교의 핵심은 해당 종교의 다양한 구성 요소가 지향해야 할 방향을 지시하며 그 요소들을 통합시킨다. <그림 5>는 다시 한번 이들 독특한 구별요소를 하나로 모아 종교 신학에 대해 도식적으로 요약해 준다.

5. 선교적 접근 방식과 전복적 성취

종교 신학을 만들어 내는 방식이 결과적으로 선교적 접근 방식을 형성하게 될 것이다. 만일 하나님이 당신 자신을 세상 모든 민족에게 드러내시는 분이라면, 갈망하고 열망하는 마음에 귀를 기울일 필요가 있다. 만일 하나님의 계시가 억눌려지고 우상과 교환된 것이라면, 이러한 열망의 표현은 비판받을 필요가 있다. 따라서 선교사적 접근 방법은 종교에 대한 내부적 접근 방식인 호의적인 방법과 외부적 접근 방식인 비평적 방법 양자를 포함해야 할 것이다.

1) 호의적인, 내부적 접근 방식

D. T. 나일스(D. T. Niles)가 "당신이 한 종교에 의해 미혹에 빠지지 전까지 진실로 그 종교를 이해하지 못한다"라고 언급한 적이 있다.

당신이 풍부한 상상력을 가지고 특정 종교 안으로 들어가서 그 종교의 흡인력을 이해하고, 그 종교가 세상을 보는 방식을 제대로 평가하고 그리고 그 종교가 갖는 매력을 느끼기 전까지, 당신은 그 종교를 이해할 수 없다고 나일스는 믿었다.

명백히, 만일 우리가 다른 종교 전통들에서 유래한 이웃들을 사랑하고자 한다면, 우리는 호의적인 태도로 그들의 세계로 들어갈 필요가 있다. 해당 종교의 핵심에 존재하는 근본적인 종교적 열망, 필요, 염원과 욕망을 "느끼는 것"이 필수적이다.

바빙크가 언급한 종교 의식의 다섯 가지 요소가 이 부분에서 도움이 될 것이다. 예를 들면, 이슬람 내에서 우리는 거룩하고, 초월적이며, 공의로운 신을 향한 부르짖음을 듣는다.

우리는 우상 숭배, 비도덕성, 불의로부터의 구원에 대한 갈망을 듣는다. 우리는 우리의 전체 삶을 지배하는 변함없는 도덕적 질서에 대한 열망을 듣는다. 그리고 우리는 죽음(the grave)을 넘어서는 문제와 관련된 무엇인가를 우리의 삶에 부여해 줄 것을 바라는 바람을 본다.

그리고 불교 안에서 우리는 고통스러운 세상으로부터의 해방될 것을 부르짖는 갈망을 듣는다. 그리고 힌두교 안에서 우리는 오래갈 것을 발견하고자 하는 간절함을 듣는다.

> 선교적 메시지의 전체적 특징은 선교사가 힘겹게 다루어야 할 비기독교 종교를 향한 선교사의 태도에 의해 결정된다. 만일 우리가 인간 본성이 지닌 타고난 선함과 능력에 기초한 견해를 밝힌다면, 우리는 인간 이성과 인간 마음의 분투라는 근간들에 기초하여 우리의 사역을 세워 나갈 것이다. 그러나 성경이 우리가 그렇게 하는 것을 금하고 있다. 성경은 '그들의 어리석은 마음은 어두워'졌다고 말씀하고 있다. 우리가 전달할 메시지의 근거로 삼을 수 있는 유일한 기초는 하나님이 우리가 그들을 만나기 전부터 이들 이방인에 관심을 기울이고 계셨다는 것에 대한 분명한 확신이다. 하나님은 우리가 그들에게 가기 전부터 그들에 대해 깊이 알고 계셨다.
>
> J. H. Bavink, *The Impact of Christianity on the Non-Christian World*, p. 109.

호의적이고 내부적인 선교적 접근 방식은 또한 우리가 종교의 방향을 지향하고, 활력을 주고, 고동치게 만드는 해당 종교의 핵심(core)에 관심을 가진다는 것을 의미한다.

우리는 무슬림으로부터 공의롭고 똑바른 존재로 살아가는 공동체에 대한 열망을 듣는다. 그들이 그런 공동체에 대해 열망하는 까닭은 그들이 신실한 방식으로 삶에 질서를 부여하신 참된 신을 발견했기 때문이다. 만일 우리가 이것을 듣지 않는다면, 무슬림을 이해할 수 없다.

우리는 힌두교도로부터 이생이라는 제한적 세상은 의미가 없다는 말을 듣는다. 모든 것은 의미가 없으며 공허하다. 왜냐하면 그 모든 것이 영원하지 못하기 때문이다.

어떻게 하면 이러한 의미 없고 제한적 실재로부터 도피할 수 있을까?

우리가 추구할 만할 만큼 영원히 지속하는 어떤 것이 있을까?

다시 한번, 만일 이렇게 강력한 그들의 관심을 감지하지 못한다면, 우리는 힌두교도를 이해할 수 없다.

우리는 소비주의에 따라 형성된 세속적인 사람으로부터, "비록 내가 노력하고, 노력하고 또 노력했어도, 나는 만족할 수 없다"라는 말을 듣는다.

만일 우리가 세속적 이웃들을 이해하고자 한다면, 도달하기 힘든 만족, 즐거움 그리고 만족에 대한 추구는 끊임없이 생산되는 상품과 경험의 물결 속에서 불만족으로 종결될 수밖에 없는 현실 속에서 부르짖고 있는 그들의 목소리를 들을 수 있어야 한다.

마지막으로, 우리는 마음으로부터 울려 나오는 울부짖음 가운데서 우리가 듣는 선함(the good)을 확증할 수 있어야 할 필요가 있다. 여기에서 밝힌 종류의 탐구와 열망은 우리가 확증하고 싶어 하는 것이다.

우리는 공의롭고 사랑으로 함께하는 공동체에 질서를 부여하신 거룩하시고 초월적인 하나님을 섬기고 싶어 한다.

우리는 또한 역사의 쓰레기 더미 아래 파묻혀 버리지 않고 마침내 영원히 지속할 수 있을 어떤 것을 위해 우리의 삶을 드리길 원한다.

우리는 또한 오늘날 인간의 삶을 파괴하고 있는 비도덕성, 불의 그리고 우리가 살아가는 세상의 우상으로부터 구원받기를 갈망하고 있다.

우리는 또한 우리의 삶을 가치 있게 살아가고 싶어 하고, 우리의 삶을 완결할 방법을 찾고 싶어 하며, 세상의 악으로부터 해방될 방법을 모색하고 싶어 한다.

이 모든 것이 우리에게서 연민과 동정 어린 확증을 끌어낸다.

하나님의 일반 은총은 인간 삶을 파괴하는 죄의 권세를 대적한다. 따라서 우리는 그리스도를 주로 고백하지 않으며 자신들만의 경험 종교 안에서 살아가는 사람들 속에서 선하고, 옳으며, 공의롭고, 아름다우며, 참된 것을 많이 볼 수 있다. 바로 이 점이 접촉점(다음 단락에서 내가 언급하게 될 어떤 것)이 될 뿐만 아니라 더 정의롭고 더 공정한 사회를 향해 함께 협력해 나갈 수 있는 기초를 형성한다.

2) 비평적인 외부적 접근 방식

동시에, 우리는 복음의 빛을 복음 밖에 존재하는 모든 종교에 비춰 주어야 한다. 억압과 진리의 교체는 항상 발생하는 것이기 때문에, 동정 어린 확증만이 유일한 행동 과정이 될 수 없다. 죄에서 유래한 진리에 대한 근본적인 왜곡이 항상 있을 것이다. 복음의 빛은 종교적 열망에 대해서는 확증하지만, 이들 열망이 취하는 형식에 대해서는 도전하고 비평한다.

알라는 아브라함, 이삭, 야곱 그리고 우리 주 예수 그리스도의 조상들의 하나님이 아니다. 알라에게는 벌거벗겨진 위엄이 존재한다. 이 위엄은 하나님의 초월과 전능성을 강조하지만, 예수 안에서 드러난 야훼가 뒤틀어 버린 방식으로 드러난다. 복종('이슬람'이라는 단어가 유래한)이 전제가 된 반응은 구약성경 신명기가 요구하는 완전한 언약적 반응과는 필적할 수 없다. 창조질서 또는 지혜에 대한 기독교의 언급은 샤리아법의 그것과 다르다. 샤리아법은 선한 창조에 기초하고 있지 않다. 무슬림 공동체와 그 공동체의 선교는 교회와 교회의 선교와는 극적으로 다르다.

그리고 쿠란은 성경과는 매우 다른 종류의 책이다. 더욱이 비평적이고 외부적 접근 방식은 영적 전투가 모든 인간의 삶에서 발생하고 있음을 인식하게 할 것이다. 그리고 이 영적 전투에는 근본적으로 우리의 종교적 확신도 포함된다. 바울은 고린도에 있는 이교 종교들 안에서 움직이는 악마적 활동을 인식했다.

앤서니 티슬턴(Anthony Thiselton)은 고린도전서 10:18-22에 대한 언급에서 다음과 같이 주장했다.

> (바울이) 세상, 특히 이방 종교와 문화가 지배하는 세상은, 하나님뿐만 아니라 하나님 백성과 맺어 가는 관계를 맺어 가는 과정에서 악한 세력의 핵심을 섬기는 세력을 구체화한다는 사실을 인지하고 있었다. 이 세력은 현재 무너져 가는 과정에 있지만, 집단적, 구조적, 또는 제도적 영향력을 통해 더욱 강력하게 작동하는 사악한

세력이 가하는 강력한 영향력과 충격력을 여전히 유지하고 있다. 이렇게 작동하는 영향력과 충격력은 어떤 개별적 인간이 만들어 내는 어떤 악보다 더 강력하다. 악한 시스템은 권세가 있다.[39]

인류의 종교적 삶을 통해 작동하고 있는 악마적 능력은 초대교회 교부들의 저작에서 이미 표현되고 있던 주제이다. 더욱이 우리는 복음에 가장 저항적인 것이 고등 종교들(the highest religions)의 추종자임을 목도하고 있다.

3) 전복적 성취

만일 지금까지 논의한 종교에 대한 요약이 타당성을 갖는다면, 선교적 접근 방식은 종교의 각 측면에 대해 확증하기도 하고 도전하기도 할 것이다.

우리가 이 두 가지 강조, 즉 종교에 대한 확증과 도전을 하나로 통합할 수 있을까?

크레이머는 그가 '전복적 성취'(subversive fulfillment) 또는 '반박적 성취'(contradictive fulfillment)라 부른 생산적인 선택을 제공한다. 바빙크는 이와 유사한 접근 방식을 '포제시오'(possessio)라 부른다.[40]

우리는 예루살렘선교협의회(the Jerusalem Missionary Council, 1928)가 발표한 성명서를 통해 이 부분에 대한 예시를 볼 수 있다.

> 우리는 이슬람에서 명확하게 발견되는 하나님의 전능성과 예배를 통해 이후에도 지속되는 경건에 대한 감각, 불교의 핵심에 자리하고 있는 세상의 고통에 대한 깊은 동정과 그로부터 벗어나기 위한 비이기적 방식에 대한 탐구, 힌두교에서 탁월하게 드러나는 영적으로 인식하는 궁극적 실재와의 접촉을 위한 열망, 유교에서 고취하고 있는 우주의 도덕적 질서에 대한 신념과 이에서 파생되는 도덕적 행위에 대한 강조를, 하나의 진리(the one Truth)의 일부로 인식한다.[41]

---

[39] Anthony Thiselton, *1 Corinthians: A Shorter Exegetical and Pastoral Commentary* (Grand Rapids: Eerdmans, 2006), p. 160. (『고린도전서』, SFC 역간)

[40] Hendrik Kraemer, "Continuity and Discontinuity," in *The Madras Series*, vol. 1, *The Authority of the Faith* (New York: International Missionary Council, 1939), p. 4; J. H. Bavink, *An Introduction to the Science of Missions*, trans. David Hugh Freeman (Philadelphia: Presbyterian & Reformed, 1960), pp. 178-79.

[41] W. H. T. Gairdner, with W. A, Eddy, *The Christian Life and Message in Relation to Non-Christian Systems*, vol. 1, *Christianity and Islam* (London: Oxford University Press, 1928), p. 491.

제럴드 앤더슨은 그의 저서들을 통해 "예수 그리스도와 다른 신앙의 사람들(the people of other faiths)을 통해 드러난 하나님의 구속적 활동의 관계에 관한 두 가지 주요 전통이 있다"는 주장을 지속적으로 지적했다. 두 전통 모두 그 근거를 성경에 두고 있다.

첫 번째 전통은 광범위하고 포괄적인 전통으로서, 예수 그리스도를 통해 드러난 하나님의 활동과 모든 민족 가운데서 움직이고 있는 그분의 활동 간의 연속성을 강조한다.

두 번째 전통은 협소하고 특정하며 배타적인 전통인데, 이 전통은 그리스도를 통해 드러난 하나님의 유일 계시와 비기독교 종교 경험 간의 급진적 단절을 강조한다.[42]

만일 우리가 각 전통이 예루살렘선교사협의회 성명서를 어떻게 해석하는 지를 보고자 한다면, 그 내용은 다음과 같을 것이다.

	기독교와의 연속성	기독교와의 불연속성
이슬람	하나님의 전능성과 하나님에 대한 경건한 예배	알라는 야훼가 아니며, 알라와 야훼를 예배하는 것 또한 다르다.
불교	고통에 대한 동정적 긍휼과 고통에서 도피하는 것에 대한 비이기적 탐구	긍휼과 구원 모두 불교의 개념들과 전혀 다르게 이해되고 있다.
힌두교	궁극적이고 영적 실재와의 접촉에 대한 열망	브라만은 비인격적 존재이다. 성경적 하나님은 인격적인 분이시다.
유교	인간의 도덕적 행위를 요구하는 보편적 도덕 질서	도덕 질서는 비인격적 구조이거나 사회 구조이다. 성경의 도덕 질서는 하나님이 피조 세계와 인간의 삶 방향을 지시하시는 방식이다.

표 9.1

예루살렘선교사협의회 성명서는 각 종교가 예수 그리스도 안에서 드러난 '하나의 진리'와 연속성을 가지는 참된 통찰을 소유하고 있다고 인식한다. 이슬람은 하나님의 전능성에 대한 근본적인 감각을 소유하고 있고, 불교는 세상의 고통에 대한 민감한 동정심을 품고 있으며, 힌두교는 창조 이전부터 존재하는 영적 실재에

---

[42] Anderson, "Theology of Religions and Missiology," p. 205.

대해 강력한 열망을 하고 있고, 유교는 도덕적 행위를 유발하는 세상의 도덕 질서에 대해 핵심적 인지를 하고 있다.

우리는 정확히 여기에서 종교 의식이 세계 종교 안에서 표현되고 있음을 본다. 이슬람은 신을 간절히 추구하고, 불교와 힌두교는 구원을 탐색하고, 유교는 도덕적 규범성을 추구한다. 예루살렘 성명서는 이러한 점들이 복음이 증거하는 '하나의 진리'의 부분임을 정확하게 지적하고 있다. 기독교 신앙과 이들 세계 종교 간에는 연속성이 존재한다. 복음은 이들 각 종교가 가진 통찰력을 성취한다.

그러나 예루살렘 성명서는 불충분하다. 하나님의 초월성에 대한 이슬람의 통찰, 구원에 대한 불교와 힌두교의 이해 그리고 도덕 질서에 대한 유교의 이해는 하나님, 구원 그리고 도덕 질서에 대한 성경적 표현과 쉽게 맞아 들어가지 않는다. 하나님, 구원 그리고 도덕성에 대한 이러한 표현들은 단지 불완전할 뿐만 아니라 온전하게 하고 완성하는 데 필요한 어떤 것이 있다. 이들 개념은 하나님의 계시라는 포도주를 변환시킨 '우상의 신 포도주'이다.

따라서 복음이 그리스도를 모든 종교적 갈망에 대한 참된 답변으로 제시할 때, 복음은 이 개념에 도전하고 이를 전복시킨다. 하나님은 단지 초월적 신성이 아니시다. 하나님은 예수 그리스도를 중심으로 한 삼위일체 하나님으로 당신을 드러내셨다. 구원은 세상의 고통 또는 물리적 세상으로부터 도피하는 것이 아니다.

구원은 세상을 새롭게 하여 세상에 고통을 가져온 원인인 죄(일시성이 아니라)를 제거하는 것이다. 도덕적 규범성은 피조 세계로 지어 도입하는 비인격적 구조나 사회 구조가 아니다. 도덕적 규범성은 창조주 하나님이 당신의 말씀을 통해 피조 세계와 인간이 삶에 끊임없이 부여하시는 질서다.

복음은 종교적 갈망을 성취하고 뒤틀린 종교적 갈망의 표현들을 전복시킨다. 복음은 참된 종교적 통찰을 '소유하고 있다.' 참된 종교적 통찰에 대해 탐색함으로써, 우상 숭배적인 종교적 틀로부터 해방될 수 있고 예수 그리스도 안에서 성취를 맛볼 수 있다.

이것이 우리가 요한복음에서 발견하는 것이다. 요한은 헬라인과 유대인의 종교적 갈망을 보았다. 그는 다른 종교의 구조로부터 로고스 개념을 추출해, 예수 그리스도를 헬라인과 유대인이 탐구하는 있을 것에 답을 제공해 주시는 로고스로 제시했다. 이것을 바울이 헬라의 신비 종교들과 이교적 황제 숭배로부터 유래한 용어들을 채용한 것에서 볼 수 있다.

딘 플레밍이 말했듯이, 바울은 "헬라의 사상계로부터 형식을 떼어 내어 그 형식에다 새로운 기독교적 의미를 주입했다." 플레밍은 '변화'(롬 12:2; 고후 3:18), '신비'(롬 16:25-26; 고전 2:7; 엡 1:9; 3:3, 5; 골 1:26-27) 그리고 '전제'

(빌 2:17)와 같은 용어를 이방 종교 행위로부터 추출한 단어의 예로 지적했다.[43] 바울은 이러한 단어를 통해 구체화한 종교적 열망을 포착했고 이 모든 종교적 열망의 성취자로 그리스도를 가리켰다. 바울이 당시의 종교적 세계와 조우할 때 지속해서 실천한 것은, 그리스도 안에서 드러난 계시를 당시의 신비 종교들이 찾고 있는 것에 대한 응답으로 표현하기 위해 그들 신비 종교의 용어를 자유롭게 사용했다는 것이다. 크래이머는 이렇게 말했다.

> 바울은 신비 종교들의 용어와 아이디어를 사용하는 것을 피하지 않았다. 그러나 사용하되 그리스도를 믿음으로 옛것은 사라지고 새로운 도덕적 종교적 존재가 되는 것임을 명백히 표현하는 방식으로 사용했다. 또한, 죄의 노예 상태로부터 해방되고 새로운 존재로 다시 태어나서 예수 그리스도 안에서 하나님을 향해 사는 것임을 표현하는 방식으로 사용했다.[44]

이 점에 관하여 N. T. 라이트는 다음과 같이 말했다.

> 바울이 이방 종교 또는 문화에서 아이디어나 실천 행위를 취했을 때, 그 아이디어나 실천 행위가 기독교 신앙에 도입되기 전에 잘 그리고 진정으로 세례받았는지 확인했다.[45]

우리가 두 가지(연속성과 불연속성) 모두에 관해 설명하게 하는 것이 바로 창조 계시와 인간의 죄에 대한 성경의 설명이다. 연속성은 이방 종교 또는 문화를 극복하고 선한 영향을 끼치는 하나님의 계시적 사역의 결과로 초래되는 것이다. 불연속은 인간이 진리를 억압하고 진리를 우상 숭배적인 거짓으로 교체한 결과로 초래되는 것이다. 크래이머는 이들 두 가지를 하나로 통합시킨다.

율법과 선지자들 그리고 예수 그리스도 안에서 자기 자신을 드러내신 하나님이 다스리시는 영역 바깥에 존재하는 종교들과 도덕적이고 문화적인 인간의 삶에는, 하나님의 영원하신 권능과 신성에 대한 다소간의 긍정적인 응답이 분명히 존

---

43 Dean Flemming, *Contextualization in the New Testament: Patterns for Theology and Mission* (Downers Grove, IL: InterVarsity Press, 2005), p. 145. 플레밍의 책은 교회가 선교를 추구할 때 신약성경 전체를 통해 전복적 성취가 어떻게 작동했는지 보여 주는 놀라운 주석서이다.
44 Kraemer, *Christian Message*, pp. 311-12.
45 N. T. Wright, *What Saint Paul Really Said: Was Paul of Tarus the Real Founder of Christianity?* (Grand Rapids: Eerdmans, 1997), p. 81.

재한다. 또한, 하나님의 영원하신 권능과 신성에 대한 다소간의 부정적인 응답이 분명히 존재하기도 한다.

계시 바깥에 존재하는 세상이라고 해서 완전한 배교와 반역의 세상인 것만은 아니다. 그 세상은 또한 인간(humanum) 존재가 완전히 절멸되지도 파괴되지도 않은 세상이기도 하다. 그 세상에서 인간은 하나님을 깊게 갈망하고 앙망하며 찾고 있다.[46]

하나님을 갈망하여 찾는 것은 모든 인간에게 존재하는 근본적이고 보편적인 종교 의식을 구성한다. 이러한 종교 의식은 죄로 인해 완전히 지워진 것은 아니다.

6. 종교 다원주의적 상황 속에서 교회의 선교

종교적으로 다원주의적인 세상 한복판에서 세계 종교의 추종자들을 대상으로 하는 교회의 선교는 무엇일까?

여기 본 장의 마지막 부분에서, 나는 교회 선교의 한 가지 측면에 집중하도록 할 것이다. 즉 복음을 어떻게 전달할지에(communicate) 집중할 것이다. 구체적으로, 나는 두 가지 중요한 측면—접촉점과 대화—에 대해 다룰 것이다.

복음은 세계 종교의 창고에 쌓아 둔 교리라는 보물에 한 꺼풀 더 보탬이 되는 종교적 가르침이 아니다. 또한, 복음은 타종교의 불완전한 가르침을 완전케 하고 성취하는 종교적 가르침도 아니다. 복음은 역사적 사건—예수 그리스도의 삶, 죽음, 부활—에 대한 선언이다. 하나님이 세상의 구원을 위해 이들 역사적 사건을 통해 역사하셨다.

역사적 사건은 오직 믿음으로의 초대를 통해서만 들릴 수 있다. 역사적 사건으로서의 복음의 본질은, 그 사건을 믿는 사람들이 믿음으로의 초대를 통해 그 사건에 대해 널리 알릴 것을 요구한다. 따라서 복음 전도—이야기하기—는 종교 다원주의의 한가운데 존재하는 기독교 교회에 본질적 사역을 감당할 것을 요구한다.

---

[46] Kraemer, *Religion and the Christian Faith*, p. 311.

1) 접촉점

복음을 선포하라는 우리의 선교사적 부르심에 대한 신실함은, 우리에게 타종교의 추종자들과 접촉할 수 있는 접촉점에 주목할 것을 요구한다. 접촉점은 다른 종교 전통에 속한 사람들이 서로 진실한 대화를 나누는 것이 가능할 수 있는 공통의 자리를 의미한다. 이것은 기독교인이 다른 종교를 추정하는 사람과 접촉하고 그 사람의 참된 필요를 만져 주는 복된 소식을 전달하기 위해 사용할 수 있는 공통점이다.

복음을 전달하는 데 첫 번째 접촉점은 우리의 태도와 성향이다. 우리의 접근 방식 때문에 복음이 매력적으로 보일 수도 있으나, 반대로 매력적이지 않게 보일 수도 있다. 논쟁적 태도를 보이거나 격렬한 대립을 취하는 것은 우리의 대화 상대자에게 소원한 마음을 갖게 할 수 있다. 우리는 그리스도처럼 복음을 전달하는 데 중요한 특성—사랑, 철저한 겸손, 개방성, 공감, 친절, 온유, 인내, 사람에 대한 지치지 않고 진실한 관심, 예컨대 사람들의 필요, 꿈, 생활 형편 등에 관한 관심—으로 구성된 긴 리스트를 작성할 수 있다.

우리의 복음 전달은 사람들이 이해할 만한 방식으로 복음을 제시할 필요가 있다. 그리고 사람들이 복음을 들을 필요가 있는 곳에 복된 소식을 제공할 필요가 있다. 우리는 그들이 가려워하는 곳을 긁어 주어야 한다. 복음에 대해 증거하는 것은 한편으로는 상관성 있게, 다른 한편으로는 도전적인 방식으로 이루어지는 것을 의미할 것이다.

사람들의 마음을 만지는 동시에 회개를 촉구하는 방식으로 복음을 제시할 수 있는 접촉점은 무엇일까?

다시 한번, 우리는 세계 종교 안에서 그리고 우리 이웃들의 개별적인 마음 안에서 구체화한 종교적 필요와 갈망에 민감하게 관심을 기울일 필요가 있다. 복음은 그와 같은 깊은 갈망에 답변하면서 동시에 그들이 이해할 수 있는 방식으로 도전하기도 한다. "말씀에 대한 실질적이고 깊은 감각을 갖춘 참된 접촉점은 오직 반명제에 의해서만 발견될 수 있다. 모든 것을 드러내시는 그리스도의 빛 안에서 이것이 의미하는 바는, 모든 종교 생활을 지배하는 근본적인 오인(misdirection)과 이러한 오인으로 인해 고동치는 하나님에 대한 간절한 추구가 그리스도 안에서 뜻밖의 거룩한 해결책을 발견한다는 것이다."[47]

---

[47] Kraemer, *Christian Message*, p. 139.

> 종교는 본질에서 하나의 교감(communion)이다. 이 교감을 통해 사람은 신의 계시에 응답하고 반응한다. 이와 같은 정의는 거룩한 계시, 즉 신의 관점에서 자신을 드러내는 행위가 있음을 암시한다. 이것은 또한, 부정적이든 또는 긍정적이든, 신의 이러한 자기 계시에 대한 인간의 반응이 있음을 암시한다. 종교는 신에 대한 근본적이고 신실한 추구가 될 수 있다. 종교는 또한 신으로부터 피하고자 하는 것이 될 수도 있다. 즉 신에 대한 사랑과 순종적 섬김을 회피하려는 의도에서 신의 존전에서 도피하고 싶은 열망이 될 수도 있다. 종교의 근간에는 관계, 즉 조우가 존재한다.
>
> J. H. Bavink, *The Church Between Temple and Mosque*, p. 19.

그러나 다시 한번, 이 반명제적 전개 방식은 부정적이고 논쟁적인 태도를 보이는 방식이 아니라 인간의 종교가 가진 본질을 다루는 긍정적인 방식이다. 이것은 복음에 대한 신실함이며 적대적인 태도와 성향을 수반하는 것이 아니다.

그러나 사람들이 매일같이 대면하는 것이 복음 증거에 생산적인 지점을 제공하는 소위 종교적 갈망만 있는 것이 아니라 인간들이 보편적으로 공유하는 문제도 있다는 점을 결코 잊어서는 안 된다. 우리가 이웃에게 접근할 때, 먼저 그들과 다른 종교를 따르는 타종교인으로서가 아닌 같은 세상 안에서 함께 살아가면서 동일한 비극과 좌절, 고통, 슬픔, 미혹에 직면하는 동료 인간으로 접근한다.

복음은 인간의 삶만큼이나 넓은 범주를 회복하는 데 관심을 두고 있으므로, 복음 전달은 일상에서 발생하는 따분함을 포함한 삶의 다양한 영역과 문제와 관련되어 있어야 한다. 우리는 우리가 나누는 대화가 궁극적인 종교적 이슈라는 고무적 차원에 대한 것이어야 한다고 생각하는 때도 있다. 그러나 복음이 가장 상관성을 갖는 것은 일반적이고 하찮은 일상의 사소한 일들 가운데 있다.

2) 대화

종교 간 관계와 관련하여 '대화'라는 단어가 일반적으로 사용되고 있다. 과거에는 좀 더 자유주의적 진영에서나 이해되었던 방식이 복음주의자들 사이에서도 큰 관심사로 떠오르고 있기도 하다. 테넌트는 다음과 같이 정확한 지적했다.

너무도 오랫동안 종교 간 대화가 진행됐고, 이제 종교 간 대화는 그리스도의 성육신과 부활과 같은 독특한 기독교 교리를 저버리면서까지 다른 세계 종교를 수용하려고 공개적으로 노력하는 다원주의자들의 의제와 동일한 것으로 여겨지고 있다.[48]

대화에 대한 두려움은 상대주의적 기초가 모든 것의 기반에 있다는 우려에 기초하고 있다. 복음의 모든 진리가 양보될 것이고, 결과적으로 복음이 수많은 것 중 하나의 종교적 관점으로 여겨지게 될 것이다. 또 다른 우려는 대화가 혼합주의를 야기할 것이라는 점이다. 즉 종교 전통들이 서로 타협적 통합과정을 거쳐 혼합되리라는 것이다. 이러한 위험은 대화가 진리 또는 구원의 방식을 발견하는 방식으로 이해될 때 잠복해 있는 것으로 보인다. 그리고 마지막으로, 일부 복음주의자들은 대화가 복음에 대한 증거나 복음 전도를 대체한다고 인식하고 있다.

참으로 이러한 우려 중 많은 내용이 종교 간 대화에 참여하는 일부 기독교 전통에서 실제로 벌어지고 있다. 그러나 위에서 언급한 것과는 매우 다른 세계관에 기초한 다른 종류의 대화를 할 수 있다. 참으로, "에큐메니컬 신앙 간 대화가 계시, 그리스도 그리고 인간에 대한 기독교 일부(sub-Christian)의 견해에 기초해 진행되는 경우가 너무도 자주 있었다."[49]

근대 과학적 세계관의 기초 위에서, 대화는 우리가 이전에 도달해 보지 못한 진리를 향해 움직이게 하는 변증법적 운동으로 이해되었다. 이 관점은 인간의 합리성을 엄청나게 신뢰하고, 대화는 자율적 이성이 진리에 더 근접해 갈 수 있도록 하는 수단으로 본다. 진리 주장에 대해 회의적인 시각을 보이곤 하는 포스트모더니즘의 반발에 기초하여, 대화는 서로가 소유하고 있는 이야기를 나누는 문제가 되었다. 이 경우 누구의 이야기도 다른 이야기보다 더 진리에 가깝지 않다. 다른 이들과 더불어 나눌 때, 상호 풍요라는 목표가 우리의 종교 전통들을 풍요롭게 해 준다. 만일 근대적 대화가 합리주의적이었다면, 포스트모던적 대화는 상대주의적이다. 이들 중 어떤 방식의 대화도 복음에 부합하지 않는다.

그러나 우리는 대화를 거절한 채 손을 놓고 있지 않을 필요가 있다. 성경 이야기 내에서 대화를 이해하는 것이 가능하다.[50] 사실상, 그러한 이해를 추구해야 할

---

48 Tennet, *Christianity at the Religious Roundtable*, pp. 239-40.
49 David Hesselgrave, "Interreligious Dialogue-Biblical and Contemporary *Perspectives*," in *Theology and Mission: Papers and Response Prepared for the Consultation on Theology and Mission, Trinity Evangelical School, School of World Mission and Evangelism, March 22-25, 1976*, ed. David Hesselgrave (Grand Rapids: Baker Books, 1978), p. 229.
50 이것이 어떻게 작동할 것인가에 대한 복음주의 전통 내 존재하는 모델 혹은 실례에 대해서는 Ten-

좋은 이유가 있다. 다원주의적 환경 안에서 우리는 다른 신앙을 따르는 이웃과 더불어 살아간다. 이 사실이 지속적인 대화를 요청한다. 더욱이 과거에는 서구가 가지고 있던 우월 의식으로 인해, 대화에 장애가 되는 대립적 독백(confrontational monologue)이라는 태도를 보였다.

우리의 태도가 겸손과 인내(vulnerability)가 되어야 함은 본질적인 부분이고, 상대방의 말에 귀를 기울이는 자세는 과거 서구인이 가지고 있던 인식을 치유하는 데 중요할 것이다. 대화가 우리가 살아가는 세상에서 친숙한 접근 방식으로 인식되고 있다. 따라서 상황화된 복음 증거는 우리가 채용하고자 하는 방법들이 널리 공유되는 것임을 요구한다. 더욱이 우리가 살아가는 세계 공동체에 대한 위협이 대단히 실질적으로 존재하고 있다.

우리가 진정한 인간의 연합은 오로지 예수 그리스도 안에서만 발견될 수 있음을 확신하면서도, 일반 은총에 기초한 근접한 정의와 평화를 추구하는 면도 있어야 한다. 그러한 노력들은 틀림없이 다른 신앙을 가진 사람 간에 상호 대화를 요구할 것이다. 그리고 마지막으로, 우리는 배워야 할 것이 아주 많다. 우리는 우리 자신의 신앙에 대해 배워서 우리가 갖고 있던 오해를 말끔히 제거할 수 있게 되기도 할 것이다. 그리고 우리 동료 시민에 대한 희화화를 제거하기도 할 것이다.[51]

그러나 결국 대화는 다른 이들을 향한 우리의 사랑의 표현이다. 존 스토트는 다음과 같이 썼다.

> 대화는 참된 기독교적 사랑의 징표이다. 왜냐하면 대화는 우리의 마음에서 선입견과 다른 사람들에 대해 우리가 시시덕거리며 즐겼던 희화화를 제거하는 우리의 확고한 의지를 보여 주는 것이기 때문이다. 그리고 대화 상대방이 복음에 귀를 기울이지 못하게 하고 그리스도를 보지 못하게 하는 것이 무엇인지 파악하기 위해, 그들의 귀를 통해 듣고 그들의 눈을 통해 보고자 하는 우리의 노력을 보여 주는 것이기 때문이다. 또한, 그들이 가진 의심과 두려움 그리고 심적 장애를 안타까워하는 우리의 마음을 보여 주는 것이기 때문이다.[52]

---

nent, *Christianity at the Religious Roundtable*을 보라.
51 Ibid., p. 241.
52 John Stott, *Christian Mission in the Modern World* (Downes Grove, IL: InterVarsity Press, 1975), p. 81. (『현대 기독교 선교』, 성광문화사 역간)

이런 이유에서 그리고 다른 여러 이유로 대화는 포기되어서는 안 된다. "복음주의자들을 위한 질문은, '우리가 대화에 참여해야 할 것인가?'가 아니라, '어떤 종류의 대화에 우리가 참여해야 할 것인가?'가 되어야 한다."[53]

참된 기독교적 대화는 삼위일체라는 기반 위에 세워져야 할 것이다. 우리는 창조와 역사를 통해 일하시는 성부 하나님의 사역에 기초해서 대화를 나눈다. 이는 더불어 살아가는 세상에서 우리가 다른 신앙을 가진 이웃들과 함께 동일한 창조세계와 동일한 우려를 공유한다는 것을 의미한다. 이것이 대화를 위한 기반을 제공해 줄 것이다.

우리가 피조 세계를 개발하고 돌보는 공동의 문화적 소명과 사회적 소명을 공유하고 있다는 것은 특히 명백한 사실이다. 문화와 사회를 세워 나가는 것에 대한 공동 업무는, 함께 살아가기 위해 평화와 공적 정의를 찾는 방식을 모색하는 다양한 종교 전통 간의 끊임없는 대화를 의미해야 할 것이다. 이것은 종교적 차이를 무시하자는 것이 아니다.

오히려 정확히 그 반대를 의미한다. 우리에게 필요한 것은 헌신된 또는 원칙에 입각한 다원주의, 즉 다양한 종교적 헌신과 그 헌신들이 공적 영역을 어떻게 형성하는지 신중하게 취급하는 다원주의 또는 원칙에 입각한 다원주의이다. 이런 다원주의 구조 안에서 우리는 복음 증거와 대화를 동시에 추진해 나갈 수 있다.

우리는 또한 예수 그리스도의 증인으로서 대화를 나눈다. 우리는 다른 신앙 공동체와의 대화에 참여한다. 우리가 대화를 나누게 되는 공동체는 무슬림이든, 힌두교도이든, 또는 다양한 종류의 인본주의자이든 문제가 되지 않는다. 우리의 근본적인 정체성은 예수의 증인이다. 우리는 그 정체성을 경시해서는 안 된다.

사실, 우리의 "대화는 만일 대화 당사자들인 우리가 우리 자신을 있는 그대로 내어 주기만 한다면 더욱 풍성해질 것이다. 기독교인이라면, 그러한 내어 줌은 복음 증거를 포함해야 한다."[54] 우리의 헌신을 유보하거나 우리를 형성하는 신앙적 헌신을 숨기거나 상대화하는 것은 허용될 수 없는 일이다. "기독교인으로서 우리는 어느 정도 위험 부담을 지고 종교 간 대화에 기꺼이 응해야 한다. 그러나 우리가 타종교와의 조우를 위해 적용하는 방법들이 예수 그리스도에 대한 우리의 헌신을 위험에 빠뜨리게 할 수는 없다."[55]

---

53 Hesselgrave, "Interreligious Dialogue," p. 235.
54 Willem A. Visser 't Hooft, *No Other Name: The Choice Between Syncretism and Christian Universalism* (Philadelphia: Westminster, 1963), p. 118.
55 Conn, "Do Other Religions Save?" p. 205.

공적 영역에는 중립이란 존재하지 않는다. 오직 신앙만이 설 뿐이다. 우리는 우리의 신앙을 벗어 버리고 다른 신앙으로 갈아입지 않을 것이다.

그리고 다른 신앙 공동체에 속한 진실한 신앙인이라면, 우리가 우리의 신앙을 가장하거나 위장하는 것을 바라지 않는다. 많은 경우 당혹스럽고 짜증이 난 무슬림은(특히 그리고 때에 따라서는 힌두교도와 불교도도), 기독교인들이 다원주의자들의 시각은 기독교 신앙과 양립할 수 없다는 이유에서 자신들의 기독교적 헌신을 그렇게 빨리 유보하고 내려놓는 것을 보며 의아하게 생각한다.

존 힉에 의해 만들어진 구별은 그리스도의 증인으로서 우리의 정체성을 위험에 빠뜨리고 복음에 대한 우리의 헌신을 내려놓는 다원주의적 시도의 일례를 제공한다. 그는 고백적 대화(confessional dialogue)와 진리를 추구하는 대화(truth-seeking dialogue)를 구별한다. 고백적 대화는 자신의 신앙이 갖는 진리에 대한 헌신을 기초로 한 대화이다. 힉은 이런 식의 대화를 거부했다.

힉에게 이런 종류의 대화는 "회심 아니면 차이의 경화(hardening)"로 끝나고 마는 것이다.[56] 힉은 이러한 대화 대신 진리를 추구하는 대화로의 이동을 요구한다. 이 대화를 통해서 다른 신앙을 가진 사람들이 초월적 존재에 대한 이해를 서로를 풍성하게 하는 대화에 참여한다.

그러나 이와 같은 대조는 틀린 것이다. 왜냐하면 사람의 '고백'과 '진리 추구'는 분리될 수 없기 때문이다. 신앙에 대한 고백은 예외 없이 진리를 추구하기 위한 출발점이 된다. 힉은 이 점에 대해 인식한 것처럼 보이지 않는다.

게다가 힉은 자신의 신앙적 헌신을 진리로 대체하고 있다. 그는 자신의 관점이 사람들이 자신의 경험을 이해하는 많은 방식 중 하나에 불과하다는 것을 인식하지 못하는 것 같다. 이것은 다른 사람들에 기초해서 삶을 바라보는 종교적 관점에 불과하다.

사실상 힉은 자신의 고백적 입장을 전혀 제거하지 않았다. 오히려 그는 자신의 입장을 가정하고 부과했다. "그들이 지주하고 있는 관점 외에 모두에게 가용한 관점은 없다. 세상에 존재하는 모든 신앙에 대한 '주관적' 신앙-헌신을 대체할 수 있는 '객관적' 관점을 갖추고 있음을 주장할 플랫폼은 없다. 모든 사람은 다른 모든 이들과 똑같이 자기 자신의 경기장 위에 서 있어야 한다. 그리고 거기에서 진리에 대한 자신들의 비전에 기초해 삶을 살아가는 사람들과 더불어 궁극적 헌신

---

[56] John Hick, "Christian Theology and Inter-Religious Dialogue," *World Faiths* 103 (August 1977): 7.

에 대한 실질적 조우에 참여한다."[57]

대화에 대한 자신의 관점 때문에, 사실상 힉은 기독교 신앙의 대표자로서 대화의 테이블로 나간다는 자신의 주장을 포기하고 있다. 이와 같은 접근 방식에 대해 알리스터 맥그라스가 주목해 보았듯이, "이것은 다른 세계 종교 신앙들과 관계를 맺고 있는 기독교가 아니다. 이것은 자신을 계시하신 하나님이 아닌 서구 자유주의의 전제와 안건에 기초를 두고 있는, 기독교라는 살아 있는 신앙에 대한 패러디 혹은 희화화보다 그저 약간 더 나은 것일 뿐이다."[58]

마지막으로, 대화는 성령의 역사에 기초해서 할 것이다. 죄로 물든 세상, 의 그리고 심판(요 16:7-11)에 대해 확신시키는 것이 성령의 사역이다. 회심은 우리의 일이 아니라 성령의 사역이다. 대화의 와중에서 일어나는 그리스도에 대한 우리의 증거가 우리 이웃들을 회심으로 이끌 수도 있을 것이다. 그러나 성령께서 우리를 복음으로 더 충만하게 회심케 하는 경우가 발생할 수도 있다(행 10장 참조).

7. 결론

본 장에서 제기한 이슈들은 좀 더 긴박한 이슈들이 될 것이다. 선교 주창가인 맥스 워렌(Max Warren)은 반세기도 전에 다음과 같이 말했다.

> 불가지론적 과학의 영향은 다른 신앙에 속한 사람들이 기독교 신학에 도전하는 것과 비교되는 어린아이의 장난으로 드러나게 될 것이다.[59]

우리는 지난 4세기 동안 참혹한 방식으로 신학에 끼친 불신앙적 과학의 영향을 살펴보았다. 만일 워렌의 발언이 진리에 조금이라도 더 가까운 것이라면, 예측 가능한 미래에 선교에 참여하는 교회를 위해 가장 중요한 이슈 중 하나로 남게 될 것이다.

---

[57] Lesslie Newbigin, *The Open Secret: An Introduction to the Theology of Mission* (Grand Rapids: Eerdmans, 1995), p. 168. (『오픈 시크릿』, 복있는사람 역간).
[58] Alister McGrath, "The Christian Church's Response to Pluralism," *Journal of the Evangelical Theological Society* 35, no. 4 (1992): 489.
[59] Wilfred Cantwell Smith, *The Faith of Other Men* (New York: Harper & Row, 1962), pp. 120-21.

심화를 위한 독서 자료들

Bavinck, J. H. *The Church Between Temple and Mosque: A Study of the Relationship Between the Christian Faith and Other Religions*. Reprint. Grand Rapids: Eerdmans, 1981.

Bolt, John, ed. *The J. H. Bavinck Reader*. Grand Rapids: Eerdmans, 2013.

Kraemer, Hendrik. *Religion and the Christian Faith*. Philadelphia: Westminster, 1956. (『기독교 선교와 타종교』, CLC 역간)

Netland, Harold. *Encountering Religious Pluralism: The Challenge to Christian Faith and Mission*. Downers Grove, IL: IVP Academic, 2001.

Shenk, Calvin E. *Who Do You Say That I Am? Christians Encounter Other Religions*. Scottsdale, PA: Herald Press, 1997.

토론을 위한 질문

1. 캘빈 솅크는 오늘날 기독교 교회에 타종교와의 관계보다 더 긴급한 도전은 없다고 제안했다.
   이 말에 독자가 찬성하는 이유 혹은 반대하는 이유에 관해 설명해 보라.
2. 다원주의적 환경 속에서 교회가 느끼는 특별한 압력에는 어떤 것들이 있겠는가?
   이러한 압력에 관해 설명하는 이야기들을 말해 보라.
3. 독자 주변에 있는 기독교인 형제 또는 자매보다 더 경건하고 바르게 보이는 무슬림 또는 힌두교도 이웃에 관해 설명해 보라.

에세이를 위한 주제

1. 본 장은 적절한 선교적 조우에 대한 태도를 보이고 시작하는 것이 본질적이라는 제안으로 시작했다.
   선교적 조우란 무엇인가?
   이 주제에 접근하는 다른 일반적인 방식들과 비교하고 평가해 보라.
2. 다원주의는 서구인들이 취하는 주요 관점이다.
   복음의 관점에서 다원주의에 대해 비평적 분석을 해 보라.
3. 제럴드 앤더슨은 종교 신학이 우리 시대의 가장 중요한 신학적 이슈라고 믿는다.
   본 장에서 제공한 종교 신학에 대해 요약하고 평가해 보라.

제10장

도시 선교:
새로운 개척지

하비 콘은 만일 "21세기라는 세계에 도달하고자 한다면, 우리는 그 시대의 도시에 도달해야 한다"라고 예견했다.[1] 마찬가지로, 제임스 셰어(James Scherer)은 "21세기 선교는 대도시에 거주하는 영혼들을 위한 전투에서 승리하거나 패배하는 것이 될 것이다"라고 예견했다.[2] 로저 그린웨이(Roger Greenway)와 티모시 몬스마(Timothy Monsma)는 도시를 '새로운 개척지'라고 부르며 교회에 도시 선교의 중요성을 인식할 것을 촉구했다.

> 기독교 선교 사역의 도시화는 긴급하고 심각한 필요이다. 도시가 국가의 운명을 결정하고 있고, 개인의 일상사에 대한 도시의 영향은 계산할 수 없을 정도이다. 도시가 수적으로, 규모 면에서, 영향력 면에서 성장함에 따라, 세계 복음화에 대한 책무가 도시에 지워지고 있다. 도시에 집중하는 것은 마찬가지로, 향후 가까운 미래에 선교를 공부하는 학생들은 만일 미래 세계를 위한 사역을 준비하고자 한다면, 도시와 관련된 이슈와 씨름할 필요가 있다.[3]

강도가 강한 진술이다. 이 진술들이 옳다면 도시야말로 참으로 선교의 새로운 개척지라고 제시할 이유가 많이 있다. 본 장은 이러한 긴급한 요청들에 대해 응답하고, 도시 선교에 대한 중요한 이슈에 간단하게나마 주목해 보도록 할 것이다.

1　Harvie Conn, "Urban Mission," in *Toward the 21st Century in Christian Mission*, ed. James M. Philips and Robert T. Coote (Grand Rapids: Eerdmans, 1993), p. 334.

2　James Scherer, *Gospel, Church, and Kingdom: Comparative Studies in World Mission Theology* (Minneapolis: Augsburg, 1987), p. 47.

3　Roger S. Greenway and Timothy M. Monsma, *Cities: Missions' New Frontier* (Grand Rapids: Baker Books, 1989), p. xi.

1. 우리 도시의 미래—그리고 현재

얼바나학생선교컨퍼런스(Urbana Student Mission Conference)에서 오래전에 제작한 비디오인 <하나님이 도시를 세우고 계신다>(God is Building a City)는, 뜻밖에도 "여러분이 좋아하든 말든 여러분에게 도시의 미래가 달려 있습니다"라는 말과 함께 도시 선교에 관한 프레젠테이션으로 마친다. 참으로 하루 18만 명의 사람이 도시로 이동하고 있는데, 매년으로 하면 6천 5백만 명이 도시로 이동하고 있다.

참으로 우리가 좋아하는지 아닌지와 상관없이 도시의 미래—그리고 그 미래는 빠른 속도로 우리 앞에 실현되고 있다—가 우리에게 달려 있다.

우리가 살아가는 도시를 어떻게 특징지을 수 있을까?

통계들은 정의가 제각각이기 때문에 도저히 신뢰할 수가 없다. 그러나 일부 도시에 관한 통계는 큰 그림의 일부 측면을 밝히는 데 도움이 될 수 있다. 도시의 현재 상황에 대한 통계들을 관찰했을 때, 세 가지 내용이 부상하는 것을 볼 수 있다.

첫째, 숫자와 규모 면에서 도시가 경이롭게 성장하고 있다.
둘째, 남반구 도시의 성장이다.
셋째, 이들 도시의 사회경제적 필요가 엄청나다.

1) 경이적인 성장

도시들의 놀라운 성장은 1800년 이후 지속하고 있는 기하급수적인 성장을 살펴보는 것으로 추적해 볼 수 있다. 근대 선교 운동이 시작된 19세기 초반, 전체 인구 대비 겨우 3%만이 도시에 거주하고 있었다. 백 년 후인 1900년, 도시 거주 인구 비율은 14%까지 치솟았다. 1980년까지 도시 거주 인구 비율은 40%까지 치솟았고, 21세기로 진입해 들어가는 시점에 이르러서는 전 세계 인구의 50%가 도시에 거주하고 있다.

2050년까지는 그 비율이 80%까지 치솟을 것으로 예상하고, 2100년까지는 전 세계 인구의 90%가 도시에 거주하고 있을 것으로 예상한다. 현재의 성장 추세로 볼 때, 도시 인구는 20년 이내에 두 배로 성장할 것이다.

1950년, 100만 명 이상의 도시는 69개에 불과했다. 이는 당시의 관점으로 볼 때 이미 놀랄 만한 현상이었다. 그러나 2012년까지 인구 100만 명 이상 거주하는 도시의 수는 486개로 성장했다. 20세기 중반 이후 50년 동안 새로운 도시 현상이 등장했는데, 우리는 이를 거대 도시(megacity)라 부른다. 거대 도시는 천만 명 이상의 인구가 거주하고 있는 도시를 일컫는데, 2012년까지 전 세계에는 이미 27개의 거대 도시가 존재하고 있었고, 10개의 도시가 거대 도시에 근접하고 있었다.

사회학자인 J. 존 팰런(J. John Palen)은 이 현상에 대해 "기본적으로 농촌에서 심각하게 도시화한 세계로의 급속한 전환과 생활 방식으로서의 도시성(urbanism)의 발달은, 인구 폭발 현상으로 알려진 것보다 훨씬 극적이고 놀라운 현상이다"[4]라고 설명했다.

> 이 행성에서 벌어지고 있는 대도시들의 놀라운 성장은 육대주에 존재하는 예수 그리스도의 교회에 대한 엄청난 도전을 대변한다. 만일 우리가 이 세계에서 진행되고 있는 **도시화**(urbanization)와 **도시성**(urbanism)의 충격에 대해 고려해 본다면, 도시 성장이 그 어느 때보다 더 중요한 이슈임을 볼 수 있을 것이다. **도시화**는 규모, 인구 집약도, 이질성의 장소로 판단되는 도시의 발전을 의미한다. **도시성**이라고 할 때 **과정**으로서의 도시의 발전을 의미한다. 즉 도시적 가치, 상품 그리고 생활 방식을 매체들로 연결된 세상으로, 심지어는 농촌 지역과 소규모 지방도시(small-town places)에까지 불어 넣는 **도시의 확대 기능**(magnifier function)을 의미한다. 안됐지만 독자들의 미래는, 독자들이 싫어하든 좋아하든 도시적이 될 것이다.
>
> Ray Bakke, *A Theology as Big as the City*, p. 12.

2) 남반구의 도시 성장

19세기와 20세기 초반에 발생했던 최초의 도시 혁명은 서구 세계의 국가들에서 발생했다. 그러나 서구에서의 도시 성장은 안정되었다. 그리고 20세기 중반부터 지금까지, 도시의 성장은 남반구의 빈곤 국가들에서 발생하고 있다. 1950년 전 세계에서 가장 큰 도시 10개 중 여섯 개가 북반구에 있었다. 2012년에는 이들 도시 중 겨우 하나인 뉴욕만이 가장 큰 10개 도시 안에 남아 있을 뿐이었고, 나머지는 모두 남반구에 속해 있었다.

1950년 뉴욕은 전 세계에서 가장 큰 도시였다. 그러나 2012년에는 세계 8위에 불과했다. 오늘날 미국의 73개 도시가 50만 명 이상을 유지하고 있고, 서부 유럽에 62개 도시가 50만 명 이상을 유지하고 있다.

---

[4] J. John Palen, *The Urban World* (New York: McGraw-Hill, 2008), p. 5.

반면 중국에는 같은 규모의 도시가 145개가 있고, 인도에는 93개가 있으며, 아시아 다른 국가들을 합산하면 동일 규모의 도시가 168개가 존재한다.

이와 유사하게 라틴 아메리카도 20세기를 지나면서 빠른 속도로 도시화했다. 현재 전체 인구의 75% 이상이 도시에 거주하고 있으며, 50만 명 이상의 도시가 114개에 이른다. 비록 도시화의 진척이 다른 지역보다는 조금 늦기는 했으나, 아프리카는 현재 전 세계에서 가장 빠르게 도시화가 진행되고 있는 지역이다.

아프리카에만 인구 50만 명 이상의 도시가 91개 존재하며, 아프리카에서의 도시 성장은 앞으로도 급속도로 진행될 것이다.

1950년 전 세계에서 거대 도시는 오직 북반구(뉴욕과 런던)에만 존재했다. 그러나 오늘날에는 27개 거대 도시 중 21개가 남반구에 자리하고 있다. 그리고 이러한 비율은 약화하지 않을 것이다.

UN에 따르면, 다음 25년간 인구 증가의 대다수는 남반구 도시에서 발생할 것으로 예측된다. 도시 인구는 38년 안에 두 배로 늘어날 것이지만, 남반구의 더 빈곤한 국가들의 경우, 인구가 두 배로 늘어나는 데 30년이 걸릴 것이다. 그리고 모든 인구 증가 중 93%는 남반구에서 발생할 것이다. 전체 인구 증가 중 80%는 아시아와 아프리카에서 발생할 것이다.

3) 엄청난 사회경제적 필요

20세기 초반에는 가난한 사람의 대다수가 농촌 지역에서 살고 있었다. 오늘날 가난한 사람들이 가장 많이 발견되는 곳은 도시이다.

남반구에 위치한 많은 국가에 속한 전체 도시에서, 충격적인 수의 사람들이 슬럼의 불결한 환경 속에서 살아간다. 10억 명 이상의 사람들이 절대 빈곤 속에서 살아가는데, 그들 중 75%가 도시 슬럼가의 환경 속에서 식수, 위생 시설 혹은 공공 서비스도 없는 상태로 살아간다. 세상에서 가장 부유한 30개 국가의 경우, 전체 인구의 대략 2%만이 슬럼가에서 살아간다.

이와 대조적으로 세계에서 가장 가난한 국가들의 도시 인구 중 80%가 슬럼가에서 산다. 예를 들어 에티오피아의 아디스아바바(Addis Ababa) 인구의 90% 이상인 2천 5백만 명가량이 슬럼가에서 살고 있다. 멕시코시티의 경우 1천 5백만 명 이상이, 인도의 캘커타의 경우에는 1천 4백만 명 이상이 비참한 슬럼가에서 살아간다. 최악의 통계는 사하라 남부 지역에 대한 통계에서 발견되는데, 도시 인구의 72%가 슬럼가에서 비참한 삶을 이어 가고 있다.

반면 남아시아에서 이와 같은 환경에서 살아가는 인구 비율은 대략 60%가량으로 추산된다. 이들 지역에 대한 미래 계획은 그리 전망이 밝아 보이지 않는다. 이처럼 가난한 사람들의 수치는 제3세계 국가 전체에 걸쳐 급속하게 증가할 것으로 예상한다. 겉보기에는 사하라 남부 지역이 가장 심각한 수준으로 올라갈 것이라 예상되는데, 이들 지역의 슬럼가에서 살아가는 사람들의 수는 2억 5천만 명에서 4억 명가량으로 추산되고 있다.

2. 선교에서 도시가 갖는 중요성

도시에 대한 일부 통계들에 대한 짧은 고찰은 교회의 선교 면에서 도시가 지닌 중요성에 대한 시각을 열어 주는 출발점이 된다. 도시 선교의 몇 가지 전략적 중요성을 밝힐 수 있다.

1) 단순한 숫자

매우 단순하게 말하자면, 도시는 사람들이 사는 곳이다. 도시의 급속한 성장만으로도 교회가 도시에 주목할 것이 요구된다. 우리는 현재 도시 혁명 또는 도시 폭발의 한가운데 살아간다.

팰런은 오늘날 "도시에서 살아가는 사람의 수가 100년 전 전 세계 인구보다 더 많다"[5]는 사실에 주목했다. 뉴욕에서 목회하고 있는 티모시 켈러(Timothy Keller)는 이 점과 관련해 "도시에서, 전 세계 어디에서보다 한 제곱마일당 '하나님의 형상'을 더 많이 발견할 수 있습니다"[6]라고 말했다.

세계 인구는 폭발적으로 계속 늘어나고 있다. 그러나 본 장에서 중요하게 생각하는 것은 이 인구 증가의 대다수는 도시에서 발생하고 있을 뿐만 아니라 앞으로도 도시에서, 그것도 남반구의 도시에서 발생하리라는 것을 인식하는 것이다.

2001년 UN이 언론에 배포한 자료는 다음과 같은 진술을 담고 있다.

---

5   Ibid.
6   Timoty Keller, "Why God Loves Cities," 세계선교에 관한 로잔대회에서 연설, Cape Town, October 17-24, 2010 (www.spu.edu/depth/uc/response/new/2011-spring/features/god-loves-cities.asp).

실제로 향후 30년 동안 세계 차원에서 기대할 수 있는 모든 인구 증가는 도시 지역에 집중될 것이다. (더욱이) 2000년에서 2030년 사이에 있을 것으로 예상되는 거의 모든 인구 증가는 저발전 지역의 도시 지역으로 흡수될 것이다. 그 시기에 저발전 지역 도시 인구는 20억 명으로 증가할 것이다. 이는 동 기간 전 세계 인구 증가분으로 추정하는 22억 명에 거의 준하는 수치이다.[7]

따라서 만일 교회가 세계의 사람들에게 접근하고자 한다면, 그들이 살고 있는 도시 안에서 접근해야 한다.

2) 문화 권력과 영향력

도시는 문화 권력과 영향력의 중심지다. 사회학자 마누엘 카스텔스(Manuel Castells)는 "인간의 운명이 도시 지역, 특히 주요 도시에서 펼쳐지고 있다"고 관찰했다.[8] 전 세계의 강력한 문화 기관들이 도시에 몰려 있으므로, 도시는 도시를 제외한 나라의 모든 지역에 어마어마한 영향력을 행사하고 있다. 그리고 도시들이 서로 네트워크로 연결되었을 때, 그 영향력은 전 세계에 미친다.

우리는 도시에 정치 권력과 정부, 고등 교육 기관들, 사업과 금융 기관들, 여가와 유희를 즐길 수 있는 장소들, 예술 공동체들 그리고 각종 매체의 센터 등이 집중되어 있음을 발견할 수 있다. 도시 선교의 전략적 중요성은 우리가 도시에 네 가지 종류의 사람들—다음 세대, 복음을 접하지 못한 사람들(the unreached), 빈민들, 문화 형성자들—이 살아가고 있음을 발견할 때 분명히 드러난다.

마지막 그룹에 속한 사람들에 대해 켈러는 "영화를 제작하고, 책을 저술하고, 사업상의 거래를 하는 사람들이 여기에 있다. 세상의 문화에 가장 큰 영향력을 행사하는 사람들이 여기 도시에 있다"[9]라고 말한다. 따라서 주요 도시의 도심 지역은 전 세계에 엄청난 영향력을 행사하는 "중추 신경들"과도 같다.[10] 도시가 움직일 때 문화의 나머지 부분도 움직인다고 보는 것이 명백한 사실이다.

---

7 "Future World Population Growth to Be Concentrated in Urban Areas of World," United Nations press release POP/815, March 21, 2002 (www.un.org/News/Press/docs/pop815.doc. htm).
8 Manuel Castells and Jordi Borja, *Local and Global: Management of Cities in the Information Age* (London: Earthscan, 1997), p. 3.
9 Keller, "Why God Loves Cities."
10 Timothy Keller, "Our New Global Culture: Ministry in Urban Centers," p. 1 (www.copgny.org/files/Movement%20Day/Ministry_In_Urban_Centers.pdf).

그러나 그 이상이다. 도시들이 자신들이 속한 문화와 국가만을 강력하게 형성하고 있는 것이 아니다. 우리가 살아가는 전 세계 영향력 있는 도시들이 움직일 때, 전 세계도 함께 움직여 간다. 세계화가 국민 국가를 약화하고 있다는 정도에 대한 논쟁이 지속하고 있다. 분명한 것은, 의사소통, 여행과 정보 기술의 향상이 현대 세계의 표면을 변화시켰다는 사실이다. 컴퓨터의 사용은 한 번 버튼을 누르는 것만으로 수백만 달러를 한 장소에서 다른 장소로 이체하는 일이 가능해졌다.

국민 국가는 이제 그들 국가의 경제적 복지를 만들어 내거나 깨뜨리는 현금의 흐름을 통제할 수 없다. 더욱이 새로운 형식의 의사소통 기술과 세계 인터넷망의 접근으로 인해, 국민 국가 정부들은 정보를 통제하거나 시민들의 사고방식을 형성할 수 없게 되었다. 그러므로 비록 국민 국가의 몰락에 대한 예견이 시기상조라 하더라도, 급속하고 광범위하게 확산한 기술혁명 때문에 국가 권력의 상당 정도를 상실한 것은 명백한 사실이다. 국민 국가의 권력이 상실되고 있다는 것은 도시의 권력이 강해지고 있음을 의미한다.

이는 국민 국가들이 모인 국제 사회가 다양한 방식으로 연결되고 네트워크화 된 도시들의 세계적 망이 되어 가고 있음을 의미한다. 이들 도시, 특히 세계적 도시들은 이제 전 세계의 모든 사람에게 영향을 끼치는 세계적 사건들에 엄청난 영향력을 행사하고 있다. 기독교 교회는 그러한 권력과 영향력의 장소들로부터 등을 돌릴 수 없다.

3) 세계 선교적 조우의 초점

도시가 갖는 문화적 영향력에 대한 적절한 이해하기 위해, 우리는 권력—사업, 금융, 학문, 매체, 정치—을 휘두르는 기관들이라는 단순한 경계를 넘어서서 도시 인구뿐 아니라 이런 문화적 기관들을 형성하는 종교적 핵심을 더욱 심층적으로 파고들어 가야 한다. 과거에, 우리는 도시에 대한 분석을 세속 사회학과 인류학에 의존했다. 문제는 이들 세속 사회학과 인류학이 도시를 형성하는 근본적인 종교적 신념들에 대해 인지하지 못하고 있었다는 점이다.

우리는 도시를 삶에 대한 공동의 방식과 패턴으로 이해할 필요가 있다. 여기에서 종교는 "다른 방식으로 가시화된다."[11] 종교적 헌신들이 도시의 풍경을 창조하고 형성한다. 종교적 헌신들은 도시의 삶을 통합하고 하나로 만든다. 종교적 헌신들이 도시에서 작동하는 제도적 힘들에 방향을 지시한다.

우리는 은유적으로 도시를 우리가 살아가는 세상의 모습을 형성하는 주요 "종교적" 지질 구조판(tectonic plates) 바로 위에 위치한 지리적 공간이라고 설명한다. 이 지질 구조판이 이동할 때, 도시도 이에 영향을 받고 그 구조를 변경하게 된다. 두 개의 종교적 지질 구조판이 도시 아래 존재한다는 것은, 세계 종교가 다원주의적으로 공존하고 있다는 것과 이면의 소비주의와 정확히 맞물려 있는 경제적 근대성과 세계화가 존재함을 의미한다.

도시는 다원주의적 경향뿐만 아니라 세계 종교와—서구 인본주의라는 우상뿐만 아니라—의 선교적 대면이 먼저 발생하는 장소다.

세계 종교가 종교 정체성으로 규정되는 상대적으로 고립된 나라들 내에서만 존재하고 있었던 적이 있었다. 그러나 오늘날 모든 종류의 종교를 발견할 수 있는 장소는 도시이다. 이것이 교회가 도시에 집중해야 하는 중요한 이유 중 하나이다. 콘은 다음과 같이 말했다.

> 도시는 세계의 무대가 되었다. 도시는 과거에는 종교의 발생 장소 또는 종족 단위로 고립되어 있던 세계 종교 간 대화가 점차 증가하고 있는 장소다.[12]

만일 교회가 예수 그리스도의 복음이라는 진리를 고수한 상태에서 다양한 종교가 모여 앉은 원탁에서 주요 대화 상대자가 되어야 한다면, 교회는 도시를 포기할 수 없다.

이 시대에 세계에서 가장 강력한 세계 종교와의 선교적 조우가 발생하는 장소는 아마도 도시일 것이다. 앞 장에서 나는 서구 문화에 대한 선교학이 먼저 필요하다는 점을 주장했다. 왜냐하면 우리가 사는 이 시대에는 서구의 신념들이 최소한 세계의 도시화한 중심지에서 공유되고 있기 때문이다. 서구 문화에서 시작된 도시 혁명 그 자체는 산업 혁명 때문에 촉발되고 강화되었다.

---

11 Harvie M. Conn, "Contextual Theology of Mission for the City," *The Good News of the Kingdom: Mission Theology for the Third Millennium*, ed. Charles van Engen, Dean S. Gilliland and Paul Pierson (Maryknoll, NY: Orbis Books, 1993), p. 98.
12 Ibid., p. 97.

남반구에서 발생한 도시 폭발의 다수는 세계화의 역동성으로 인해 발생했다. 산업 혁명은 서구 문화를 형성한 종교 이야기의 일부다. 그리고 세계화가 이러한 종교적 이야기를 전 세계로, 특히 중심 도시들로 지속해서 확산시켰다. 이러한 계몽주의 이후 문화와의 선교적 조우는 도시 기독교 생활이 만나게 되는 실제이다.

> 선교는 더 이상 대양들을 건너고, 정글이나 사막을 가로지르는 것에 대한 것이 아니라, 세계 도시들 내에 있는 거리를 가로질러 건너가는 것에 대한 것이다. 이제로부터는, 거의 모든 사역이 남반구에서 북반구로 그리고 동구에서 서구로 그리고 무엇보다 농촌에서 도시로 움직이는 인류 역사상 가장 큰 대규모 이동이 발생시킨 도시 다원주의 한가운데서 발생하는 타문화적 사역이 될 것이다.
>
> Ray Bakke, *A Theology as Big as the City*, p. 13.

우리는 "이 시점에 우리가 봉착하고 있는 위험이 다른 신들에 대한 근본적 충성"이라는 것을 인지할 필요가 있다.[13]

어떤 신들이 우리가 살아가는 도시의 삶의 패턴들을 형성할 것인가?

만일 교회가 우리 시대의 가장 강력한 세계 종교와의 선교적 조우를 마주하고자 한다면, 그것이 발생하는 곳은 다른 어느 곳이 아닌 도시가 될 것이라는 사실만큼은 틀림없을 것이다.

4) 빈곤과 사회경제적 필요

우리는 짧게나마 점증하고 있는 도시 빈곤 관련 통계들에 대해 주목했다. 세계의 도시 중심에서 굶주림, 질병, 실업 그리고 폭력이 난무하고 있으며, 그 정도도 심화하고 있다. 그린웨이와 몬스마는 다음과 같이 주장했다.

> 도시 빈민은 기독교 선교가 이전에 결코 조우해 본 적이 없는 가장 규모가 큰 미개척 분야를 형성한다.[14]

---

13 Brian Walsh, *Subversive Christianity: Imaging God in a Dangerous Time* (Bristol: Regius, 1992), p. 15.
14 Greenway and Monsma, *Cities*, p. 45.

많은 사람이 복음이 제시되는 것을 들어 본 적도, 봐 본 적도 없다. 그들은 대다수 교회가 도달할 수 있는 지경 밖에 존재한다. 그리고 그들 중에서 교회를 접촉하고자 하는 사람도 거의 없다. 그들이 겪고 있는 가난의 원인은 거의 이해되고 있지 않다.

그린웨이와 몬스마는 남반구 세계에서 나타나는 도시 빈곤의 10가지 원인에 대한 리스트를 작성했다. 거기에는 다음이 포함되어 있다.

취업 기회의 부족, 특히 기술과 자본이 부족한 사람들에게서 나타나는 취업 기회의 부족, 가용 가능하고 괜찮은 거주 시설의 희소성, 수백만 명에 이르는 거리의 고아들, 지원 시스템이 없이 도시 집중 현상을 보이는 노인들, 가족 구조의 붕괴, 정부 권력의 부패와 가난한 사람들에 대한 냉담한 무관심, 부적절한 기반 시설과 공공 업무, 빈민들로부터 멀리 떨어져 있는 곳으로의 재배치와 그들의 필요에 대한 책무 감당 거부라는 측면에서 교회의 실패, 남반구 세계의 많은 교회 사이에서 나타나고 있는 자기 지위 확대에 대한 사고방식 등이다.

이 리스트는 교회가 도시 빈민이라는 대규모의 미접근 집단에 대해 민감하게 반응하고자 할 때, 다양한 필요를 파악하는 데 많은 도움이 될 것이다.

그런데도 이 명단에서는 UN이 남반구 도시 빈곤의 가장 우선적 원인으로 보는 것, 즉 전 세계적 차원과 국제적 차원의 불의한 경제 구조들에 대해서는 언급하지 않고 있다. 서구의 신자유주의 경제 정책들은 세계 시장에서 수용하고 있는 실천 행위들이자 국제적인 기준이 되었다. 이에 더하여, 비록 국제적 차원에서 이루어지는 신자유주의 경제 시스템의 이행이 좋은 결과를 가져오는 것도 사실이지만, 이 시스템이 이행되는 경기장은 공정하지 않다.[15]

제3세계 국가들은 세계 시장에서 엄청난 불리한 지경에 처해 있다. 그리고 이에 대한 대가를 치르는 사람들은 먼저 도시의 슬럼가에서 연명해 가고 있는 가난한 사람들이다. N. T. 라이트는 "세계의 엄청난 경제적 불균형"을 "우리 세대 안에서 우리가 직면하는 주요 과업"이며 "우리 시대의 가장 우선되는 도덕적 문제"라고 말했다. 예언자적 분노로, 라이트는 다음 내용을 강한 어조로 고발했다.

---

[15] 나는 이 문제를, "Probing the Historical and Religious Roots of Economic Globalization," in The *Gospel and Globalization: Exploring the Religious Roots of a Globalize World*, ed. Michael W. Goheen and Erin G. Glanville (Vancouver: Regent, 2009), pp. 69-90에서 언급한 바 있다. 나는 더 가난한 나라들이 시장에 대한 동등한 참여로부터 배제되는 다섯 가지 다른 방식들을 밝혔다. 그 다섯 가지 방식은, 자본으로부터의 배제, 통화로부터의 배제, 결정 권력으로부터 배제, 시장으로부터의 배제, 희소한 것들로부터의 배제 등이다(pp. 83-85).

현재 세계 부채 시스템은 정말이지 비도덕적인 스캔들이다. 이는 현란하게 번들거리는 서구 자본주의의 더럽고 작은 비밀—또는 더 정확한 표현으로, 더럽고 엄청난 비밀—이다. 어떤 대가를 치루더라도, 우리는 이 상황을 바꾸어야 한다. 그렇지 않으면 우리는 훗날의 역사에 의해, 두 세기 전 노예 제도를 지지했던 이들과 동일 선상에서 그리고 70년 전 나치를 지지했던 사람들과 동일 선상에서 비난을 받게 될 것이다. 이것은 매우 심각하다.[16]

만일 라이트의 지적이 정확한 사실에 근접한 것이라면, 그가 지적한 상황은 선교를 수행하는 교회(church in mission)에게 중요한 기회, 심지어는 가장 중요한 기회로 작용할 것이다.

교회는 전 세계 도시 한가운데서, 특히 도시 빈민들 사이에서 복음을 증거할 수 있는 방법을 찾아야 한다.

5) 점증하는 기독교인들의 부재

이전 문장들을 통해, 우리는 교회가 가난한 사람들과 동떨어진 지역으로 재배치되고 있다는 사실에 주목했다. 1900년, 도시 인구의 70%가 기독교인이었다. 이 비율은 서서히 하락했는데, 오늘날 그 비율은 대략 40% 정도이다.[17] 이렇게 하락한 이유가 전 세계 도시들에 거주하는 가난한 사람들의 비율 때문이라는 데는 의심의 여지가 없다. 왜냐하면 도시 빈민 중에서 기독교인의 비율이 낮기 때문이다. 그러나 이것이 이야기의 자초지종인 것은 아니다. 도시, 특히 서구의 도시로부터 탈출하는 기독교인들이 있기 때문이다. 이러한 기독교인들의 도시 이탈은 도시 근교에서 좀 더 평안한 생활 방식을 유지하고자 하는 욕구의 결과로 나타난 현상이다.

도시를 조소하는 부정적인 고정관념과 용어들이 기독교 진영들에서 풍성하게 나타나고 있다.

---

16 N. T. Wright, *Surprised by Hope: Rethinking Heaven, the Resurrection, and the Mission of the Church* (New York: HarperCollins, 2008), pp. 216-17.

17 David G. Barrett, *World-Class Cities and World Evangelization* (Birmingham, AL: New Hpe, 1986), p. 16에 제시된 도표에서 바렡은 이와 같은 퇴락을 추적하고 있다. Gordon Conwell Theological Seminary 의 The Center for the Study of Global Christianity에서 출간한 "Status of Global Mission, 2012, in the Context of AD 1800-2025," 2012년 판에서는 이 비율을 41.2%로 보고하고 있다. (www.gordonconwell.edu/resources/documents/StatusOfGlobalMission.pdf).

도시는 범죄가 들끓고, 분주하고, 두렵고, 마약이 판치는 곳이다. 과도하게 인구가 집중된 곳이기도 하고, 소망이 없는 장소다.[18]

콘은 도시에 대한 서구교회의 부정적인 고정관념들과 신화들이 "도시에 그리스도를 전하고자 하는 기독교인들의 노력을 무력하게 하고 도시 교회의 개척에 걸림돌이 되고 있다. [그리고] 이러한 부정적인 고정관념들과 신화들이 누룩과 소금의 역할을 해야 할 기독교인들이 안전을 명목으로 도시를 떠나 도시 근교로 나가게 하고 있다"고 믿는다.[19]

콘은 도시로부터 탈출하는 기독교인들에 대한 책임이 있다고 자신이 믿는 몇 가지 고정관념들을 명명하고 우려를 불식시키는 과정을 진행하고 있다. 콘이 선정한 고정관념들은 다음과 같다.

① 농촌/도시 신화(여기는 도시잖아요? 도대체 뭘 기대하시는 거죠?)
② 비인간화에 대한 오해(나는 도시에 있습니다. 한 사람의 인격이 아니라 그저 숫자에 불과하지요)
③ 개인화의 일반화(나는 도시가 두렵습니다)
④ 세속화에 대한 신화(어떤 신앙이든 도시에서는 살아남지 못합니다)
⑤ 권력에 대한 오해(시와 싸울 수 없습니다)
⑥ 계층의 일반화(도시에 사는 사람은 가난한 사람들에 불과합니다)

콘은 "일반화에 담긴 진리의 알곡들"에 대해 인식하고 있다. 그러나 도시 선교에 방해가 되는 "바람에 날려 와 쌓인 눈을 삽으로 퍼내길" 원한다.[20] 그러나, 비록 이처럼 도시에 대한 신화들 안에 진리의 낱알 이상의 것들이 존재한다 하더라도, 교회는 복음이 있어야 하는 곳이라면 그곳이 어려운 장소라 할지라도 부르심을 받았음을 기억해야 한다. 정확하게 도시는, "세상에서 가장 큰 상처와 세상에서 가장 큰 기회가 충돌하는 곳이다."[21]

---

18 Chuck GeGroat and Rachael Butler, "A Church for the City: Present Realities and Future Challenges," *Perspectives* 27. no. 2 (2012) (www.rca.org/Page.aspx?pid=8184) 보라.
19 Harvie Conn, *A Clarified Vision for Urban Mission: Dispelling the Urban Stereotypes* (Grand Rapids: Zondervan, 1987), p. 9.
20 Ibis.
21 DeGroat and Butler, "Church for the City."

> 성경은 사회를 구성하는 구조들과 개인들에 완전한 관심을 가지고 참여하시는 하나님에 대해 명확하게 설명하고 있다. 도시 내에서 이루어지는 사회적 사역과 개인 사역을 대립하게 함으로써 사역에 생채기를 남기는 교회 내부의 분리, 즉 20세기 초반에 있었던 근본주의-현대주의 논쟁이 남긴 비극적 유산이 급속한 도시화가 진행되고 있는 세상 안에서 여전히 기독교 사역을 주변화시키고 있다. 교회는 동일한 일관성을 가지고 도시의 가장 힘 있는 사람들에게 올라가는 방법과 도시에서 가장 힘이 없는 사람들에게 내려가는 방법에 대해 배워야 한다.
>
> Ray Bakke, *A Theology as Big as the City*, p. 14.

3. 도시 선교를 위한 의제

콘은 몇 가지 이슈를 강조하는 데 도움이 되는 도시 선교를 위한 행동-숙고 의제를 제시했다. 이들 중 세 가지가 특별히 중요한데, 총체적 선교, 공적 영역에 대한 교회의 소명 그리고 도시 교회 개척이 그것들이다.[22] 이들 세 가지는 도시 교회를 위한 켈러의 "사역 개척지"에서도 동일하게 발견될 수 있는 것들이다.

켈러는 이 세 가지를, 말과 행위를 통해 총체적인 방식으로 도시, 특히 도시의 가난한 사람들을 섬길 것, 사회에서 신앙과 일을 통합하는 문화적 지도자들을 선출할 것, 같은 비전을 품은 새로운 교회들 증대시키는 일을 일상화할 것 등으로 제시했다.

그러나 켈러는 여기에 똑같이 중요한 두 가지를 더했는데, 비기독교인들을 환영하고 그들에게 호감을 주고 관여하는 것과 특성을 변화시키고 깊이 있는 공동체와 소그룹들을 통해 반동문화적인(countercultural) 공동체를 세우는 것이다.[23] 이들 다섯 가지 의제들은 신실한 도시 교회를 위한 의제 중에서 가장 우선적인 것이어야 한다.

---

22 Conn, "Urban Mission," pp. 332-34. 네 번째는 남반구 교회들로부터 부상하고 있는 새로운 선교사 집단이다. 나는 마지막 장에서 이 부분에 대해 논하도록 할 것이다.
23 Keller, "New Global Culture," p. 13.

1) 세속적인 이웃에 참여하기

문화가 점차 세속화되고 있는 서구 세계에서, 세속적인 사람들을 환영하고 참여하는 방법을 배우는 것은 본질적인 일이다. 이 방법에는 몇 가지 일이 포함될 것이다. 여기에는 회의주의자들을 어떻게 환영할 것인지 배우는 것과 그들이 가진 강렬하고 지적이고 종교적인 질문들에 대해 그들을 존중하는 겸손한 태도를 유지하면서 동시에 지적인 변증을 제시하는 것이 포함될 것이다. 예를 들면, 켈러는 앞으로도 지속해서 다루어야 하는 것들에 대한 명단을 제시한다. 이것들은 복음을 믿는 것에 장애가 되는 것들로서, 기독교 신앙에 반대하는 널리 퍼져 있는 견해들이다.[24]

① **타종교들**. "누구도 하나님에 대한 자신의 견해가 모든 다른 사람들의 견해 보다 우월하다고 주장할 수 없다. 모든 종교는 동일하게 타당한 것이다."
② **악과 고통**. "선하시고 전능하신 신은 이처럼 악하고 고통스러운 것을 허용하지 않을 것이다. 그러므로 이러한 것을 허용하고 있는 하나님은 존재하지 않거나 신뢰할 수 없는 존재이다."
③ **윤리적 구속**. "우리는 우리 자신을 위해 어떻게 살 것인가를 결정할 자유가 있어야 한다. 그 누구도 우리에게 살아가는 방식을 강요할 수 없다. 이것이 오직 참된 진정한 삶이다."
④ **기독교인들의 전력**. "만일 기독교가 참된 종교라면, 역사를 통해 교회의 지원 아래 그렇게 많은 억압이 있을 수 있단 말인가?"
⑤ **분노한 하나님**. "기독교는 심지어는 용서할 때조차 피를 희생 제물로 요구하는 비난적이고 심판적인 신을 중심으로 세워진 종교이다."
⑥ **과학에 대한 이슈**. "진화를 믿는 사람으로서, 나는 생명의 기원에 대한 성경의 비과학적인(prescientific) 설명을 수용할 수 없다."
⑦ **신뢰할 수 없는 성경**. "성경은 역사적으로나 과학적으로나 신뢰할 수 없다. 그리고 성경의 가르침 중 많은 부분은 사회적으로 억압적이다."[25]

---

24 Timothy Keller, *The Reason for God: Belief in an Age of Skepticism* (New York: Riverhead Books, 2008)을 보라.
25 Keller, "New Global Culture," p. 14.

방어적이고, 독선적이며, 논쟁적인 반응이 비기독교인의 외면을 불러일으키리라는 것은 명확하다. 대단히 사려 깊은 답변을 주길 마다하지 않으면서, 동시에 겸손과 존중을 갖춘 태도를 보여 주는 것으로 불신앙을 불식시키는 오랜 여정을 시작할 수 있다.

아시아의 큰 도시 도심에서 열렸던 강연회가 기억난다. 그 모임에 그 도시의 공립대학교 교수 한 명이 참석하고 있었는데, 질문 시간에 그는 기독교 역사에 드러나는 폭력적 기록이 갖는 문제들에 대해 이의를 제기했다.

그 질문에 대한 나의 답변은 일종의 회개와 고통이었다. 이 회개와 고통은 성도의 한 명으로서 복음에 따라 살지 못하는 것에 대해 너무도 자주 느끼는 것이었다. 훗날 나는 그 교수가 강연 바로 다음 주에 세례를 받았다는 소식을 들었다. 그에게 확신을 주었던 것은 내 답변의 내용보다는 답변하던 내 목소리의 톤이었다.

또한, 믿지 않는 우리의 이웃들을 환영하고 그들에게 관여한다는 것은, 기독교 배경을 갖지 않고서도 이해가 가능한 언어를 통해 설교와 의식을 진행하는 방식을 배우는 것을 의미한다. 이는 또한 역사와 전통을 허울로만 남겨 놓거나, 지나치게 단순화시키거나, 심지어는 포기하지 않는 방식이어야 함을 의미하기도 한다.

이 점에 관하여, 척 드그로트(Chuck DeGroat)와 래이첼 버틀러(Rachael Butler)는 자신들이 현재 출석하고 있는 샌프란시스코 소재 시티교회(City Church)에 관해 언급한 것이 있다.

> 도시 교회에서, 당신은 역사적 전례를 유지하면서도 분명하게 이해 가능한 예배와 설교를 발견하게 될 것이다. 이 예배와 설교를 통해서 지적으로 그리고 영적으로 중요한 질문들이 겸손하게 제시된다. 진리를 추구하는 사람들과 회의론자들은 자신들이 교회 안에 있음을 안다. 그러나 자신들이 환영받고 있으며 존중받고 있음을 느낄 수 있다. 그들이 제기하는 질문들은 무시되지 않는다. 사실, 설교 몇 편을 다운로드 받아 보라. 그러면 시티교회가 회의론자들이 올 것을 기대하고 있음을 주목해 보게 될 것이다. 왜냐하면 교회의 테이블이 그들을 위해 차려지기 때문이다. 교회의 구성원들과 정기적으로 예배에 참석하는 참석자들은 그들 주변에 있는 회의론자 친구들을 편하게 교회로 초대한다. 왜냐하면 어떤 식으로든 예배가 "허울만 남아 있거나" 진리를 추구하는 사람들에게 맞춰져 있기 때문이 아니라, 정확히 말하자면 회의론자들이 교회의 역사적 형식을 따라 드려지는 기독교 예배를 조우하면서도 환대적이고 편안한 방식으로 그들에게 설명되기 때문이다. 그들의 관심을 끌기 위해 고안된 어떤 술책들

도 작동하지 않는다. 특히 그들이 위기와 어려움에 처해 있을 때는 더욱이 그렇다.[26]

세속적인 이웃들에 관여하는 것 또한 복음을 그들의 전체 삶에 대한 복된 소식으로서 상관성 있게 전달하는 것을 의미하는 것일 것이다. 타계 지향적인 복음은 정의, 환경, 평화에 대해 정확한 관심을 갖는 세대들의 주목을 받지 못할 뿐만 아니라, 이들 열정적인 전문가들이 한 주간의 시간 대부분을 사용하는 장소들에 대해 기독교 신앙이 무엇을 말하는지 이해하고 싶어 하는 사람들의 주목을 받지 못한다.

N. T. 라이트는 오늘날 서구에서 살아가는 사람들이 갖는 종교적 갈망은 네 가지 이슈들―정의를 위한 열망, 영성에 관한 탐구, 관계에 대한 굶주림, 아름다움에 대한 갈망―을 중심으로 돌아가고 있다고 보았다.[27]

이러한 이슈들에 대해 복음은 무엇을 말하고 있을까?

우리는 조금 전에 도시의 비기독교인 친구들을 환영하고 관여하는 교회로서 샌프란시스코 소재 시티교회를 주목해 보았다. 도시 사역에 대한 중요한 이슈들에 대한 질문을 받았을 때, 담임목사인 프레드 하렐(Fred Harrell)은 다음의 리스트를 제공해 주었다. 아주 흥미로운 것은 비신자 공동체와 그들을 하나님의 백성 공동체 내로 환영해 들이는 방식을 발견하는 방식에 대해 도시교회가 갖는 민감성이었다.

샌프란시스코와 같이 고도로 세속화된 도시에서 선교적 회중을 형성한다는 것이 갖는 중요한 이슈들은 무엇일까?

① 믿지 않는 것이 무엇과 같은 것인지를 기억하려고 노력하는 공동체 만들기. 모든 모임과 예배에 믿음에 확신을 가진 사람들, 확신을 갖지 못하고 있는 사람들 그리고 양자 사이 어느 지점에 있는 사람들이 모두 함께하기를 기대하는 문화 만들기
② 모든 사람으로 북적이고 모든 사람이 이해할 만한 것에 대한 헌신을 전달하는 완전한(full-fledged) 복음 전달하기
③ 상처 입은 사람들을 정상화하고 겸손과 권위의 문화 만들어 내기
④ 우리가 후기 기독교왕국 시대를 살아가고 있음을 인지하고 기억하기

---

26 DeGroat and Butler, "Church for the City."
27 N. T. Wright, *Simply Christian: Why Christianity Makes Sense* (New York: HarperCollins, 2006), pp. 3-51.

⑤ 단지 자신들이 가진 기독교 하부 문화를 재창조할 것이라는 기대에서 당신을 선출한 기독교인들의 바람에 자신의 비전을 들어맞게 하기를 용인하지 않을 강건한 리더가 되어야 함을 인지하기[28]

하렐 목사의 리스트는 분명히 중요한 질문들을 제기하고 있다. 나는 레슬리 뉴비긴이 구별된 기독교 용어(distinctive Christian vocabulary)와 비신자들을 사회화시킬 수 있는 복음에 기초한 교회의 실천 행위들에 대해 주장하는 것을 들은 기억이 있다. 그러나 이러한 것들이 반드시 양립 불가능한 것은 아니다. 여기에서 작동하는 가장 중요한 단어는 하렐도 제대로 파악했듯이 "환대"이다.

어떻게 하면 기독교 공동체가 우리 주변에 있는 비기독교인 친구들과 이웃들에게 환영하는 마음이 담긴 환대를 제공할 수 있을까?

2) 공동체를 통해 반동문화적(countercultural) 정체성 세우기

교회는 도래하는 하나님 나라의 시사(preview) 혹은 맛보기로 부르심을 받았다.
"반동문화적"이라는 단어가 사용되었을 때, 이것이 문화에 대해 큰 소리로 반대를 외치는 그런 의미만을 포함하고 있는 것이 아님을 명확히 하는 것이 중요하다. 이 단어가 갖는 의미는 문화에 대해 단지 반대를 외치고 대립하는 것만이 아니다. 반동문화적 혹은 대안 공동체로 존재하는 데는 두 가지 측면이 있다.

첫째, 도시 상황을 조성하는 우상 숭배에 반대하는 입장에 서는 것이다.
둘째, 창조적 흐름을 성취하는 삶을 살아 내는 것이다.

다른 말로 하자면, 도시 생활은 인간이 하나님의 선한 선물을 왜곡시키는 결과로 부상되는 사망의 흐름뿐만 아니라 창조의 선한 창의적 측면을 포용하는 것에서 흘러나오는 삶의 흐름을 드러내 보이기도 한다.

반동문화적 공동체는 도시의 모든 선한 측면을 찾고, 기뻐하고, 포용한다. 동시에 반동문화적 공동체는 모든 우상 숭배를 찾고, 슬퍼하고, 거부한다.

문제는 도시 생활의 모든 측면이 창조적으로 선한 것과 우상 숭배적인 것이 서로 뒤엉켜 있을 것이라는 점이다. 예를 들어, 성 혁명(the sexual revolution)은 인간의

---

[28] 개인적으로 보낸 전자메일에 대한 답변 2012.7.2.

성생활이 내포하는 선한 측면을 부각시킨 것은 사실이지만, 동시에 성생활과 연결된 일생 동안 지속되어야 할 헌신과 자기희생적인 관계를 저버리게 한 것도 사실이다.

어떻게 하면 교회가 하나님의 선물로서 성생활의 가치에 대해 확정하면서 동시에 그 가치를 왜곡시키는 것에 대해서는 저항하는 방식으로 인간의 성생활이 갖는 선함을 기릴 수 있을까?

매력적인 반동문화적 공동체는 동의를 표하는 방식―하나님이 창조하실 때 허락하셨고 도시 생활에서 발견되고 즐기는 모든 것들에 대한 완전한 확신―에 대해 배울 것이다. 매력적인 반동문화적 공동체는 또한 반대―우상 숭배적인 방식으로 인간의 존엄성을 비하하거나 품위를 손상시키는 모든 것에 대한 동일하게 확고한 거부―를 표하는 방식에 대해서도 배울 것이다.

여기 그런 공동체는 어떠해야 할 것인가에 관해 숙고하게 하는 몇 가지 질문이 있다.

① 어떻게 하면 우리가 젊은 전문가들(young professionals)과 함께 일하는 것에 대한 헌신을 축하하고 구현하면서도, 그에 수반되곤 하는 경제주의적 또는 소비주의적 정신들과 일중독에 대해 도전을 가할 수 있을까?
② 어떻게 하면 우리가 살아가는 도시의 다문화주의와 민족 다양성을 기뻐하고 구현해 내면서, 동시에 그 자체가 억압적인 이데올로기적 세력이 되는 것을 허용하지 않을 수 있을까?
③ 어떻게 하면 우리가 하나님이 창조하신 선한 피조 세계를 통해 얻게 된 물건들과 경험들을 기쁘게 소비하면서, 동시에 도시생활을 지배하는 소비주의에 반대할 수 있을까?
④ 어떻게 하면 우리가 정의와 평화에 대해 도시의 많은 사람이 품고 있는 관심을 기리고 실재로 그러한 사람들의 노력에 동참하면서, 동시에 인본주의적 방식이 아니라 복음에 부합하는 방식으로 이러한 이슈에 참여할 수 있을까?
⑤ 어떻게 하면 우리가 살아가는 도시가 간절히 원하는 연합과 화해를 추구하면서, 동시에 그러한 목표를 성취하기 위해 제시된 상대주의적이고 다원주의적 핵심을 거부할 수 있을까?
⑥ 어떻게 하면 우리가 현대 과학이 우리에게 제공한 자유를 기뻐하고 구체화하면서, 동시에 이 자유가 수반하는 불안감(rootlessness)은 거부할 수 있을까?

켈러는 도시 가운데서 실재가 되어야만 하는 반동문화적 정체성의 다섯 가지 분야를 다음과 같이 지적했다.

① 성생활(우리 문화에서 준동하고 있는 성에 대한 우상 숭배를 향해 지나치게 고상한 척 하지도 않으면서, 동시에 그에 적응하지도 않는)
② 돈(철저하게 너그러운 생활 양식을 고양시키는)
③ 권력(권력의 분산과 계층 간 그리고 인종 간 관계를 세워 나가는 데 헌신하는)
④ 연합(결정적인 신학적 세부 사항보다 복음의 핵심 내용에 주목함으로써, 그리스도 안에서 형제와 자매 된 사람들과의 연합을 표현하는 방법을 발견하는 것을 통한)[29]
⑤ 공동체(확대 가족의 지원이 부족한 도시화된 환경 안에서 필요한 소그룹들과 공동체 생활을 활성화함을 통해)

3) 총체적 선교 실천하기

본 장에서 제시하는 통계를 간단히 분석함으로써 두 가지 명확한 사실을 발견할 수 있다. 하나는 예수 그리스도를 모르는 많은 사람이 도시 안에서 산다는 사실이고, 다른 하나는 도시에 엄청난 빈곤과 사회적 필요가 존재한다는 사실이다. 총체적 선교에 대한 질문은 단순히 신학적 이슈 이상의 것이다. 이 질문은 인간의 필요하다는 구체적이고 생생한 문제다.

그렇다면 도시 교회는 재정과 인적 자원의 초점을 어디에 두어야 할까?

> 교회의 초점을 협소하게 개인 전도에 두고, 개인 전도를 통해 변화된 사람들이 도시를 변화시킬 것을 기대하는 데 머물러 있어야 할까?
> 도시 안에서 복음 전도와 사회적 책임의 관계는 무엇이어야 할까?
> 도시의 엄청난 필요가 복음 전도와 사회적 책임 간 관계의 기저를 형성한다.[30]

---

29 연합을 주도하는 것과 도시를 위한 에큐메니컬 생활에 대한 좋은 실례가 트루시티(True City: Churches Together for the Good of the City) 프로그램이다. (www.truecity.ca)
30 Conn, "Urban Mission," p. 332. Ronald J. Sider. Philip N. Olson and Heidi Rolland Unruh, *Churches That Make a Difference: Reaching Your Community with Good News and Good Work* (Grand Rapids: Baker Boooks, 2002). 또한 보라.

> 이들 도시의 빈민들이 차지하는 규모는 세계에서 세 번째로 크고, 복음에 대해 가장 반응이 좋고, 매 십 년마다 두 배로 성장하는, 아직까지 복음이 미치지 않은 사람군(people's bloc)을 형성하고 있다. 이들 도시 빈민들이 외치고 있는 부르짖음이 우리로 하여금 한 가지 사역—가난한 사람들 사이에서 하나님 나라 운동을 시작할 남성과 여성들을 발견하는 것—에 모든 노력을 쏟아부을 것을 요청하고 있다. 그러나 그러한 일꾼들을 양성하려면, 그들을 양성할 수 있는 구조들이 필요하다. 그들에게 그와 같은 하나님 나라 운동의 패턴을 이해시킬 수 있는 신학 교육이 필요하다. 그리고 가난한 사람들 사이에 존재하는 삶의 요구들이 무엇인지에 대한 실증이 필요하다.
>
> Viv Grigg, *Cry of the Urban Poor*, p. 2.

아마도 남반구에 산재해 있는 도시들보다 이런 질문이 더 긴급한 곳은 아무 데도 없을 것이다. 인구의 75% 이상이 가난한 환경 속에서 살아가는 현실 속에서, '라틴 아메리카 복음주의신학협회'(the Evangelical Latin American Theological Fraternity)는 교회의 사회적 소명을 놓고 분투하고 있다.

복음주의적 명령—선포, 제자 훈련, 예배, 섬김을 포함하는 총체적 선교에 대한 소명이 있다—을 축소시키지 않으면서, 라틴아메리카복음주의신학협회는 도시 교회에 적어도 다음의 일곱 가지 요소를 포함하는 다면적 방식을 통해 사회적 책무를 감당할 것을 촉구하고 있다.

① 교회가 도시의 복잡한 실재에 반응할 수 있도록 도시의 사회 구조와 경제 구조를 성경에 비춰서 더 심층적으로 이해할 수 있도록 준비시킬 것
② 개인주의에 도전하는 풍성한 순례자적 교회론을 형성함으로써 도시라는 실제적 환경 속으로 사회적으로 그리고 문화적으로 성육신해 들어갈 것
③ 각종 사회, 경제, 정치적 프로그램을 통해 약자들과 억압받는 사람들을 위한 구체적인 행동을 취할 것
④ 비기독교인들 앞에서 연합된 모습을 보여 주고 교회들이 도시 선교를 수행할 수 있도록 교회 간 상호적 강화를 가능하게 하는 에큐메니컬한 협력을 추진할 것
⑤ 권력 중심부에 민감하게 도전하는 교회의 예언자적 역할을 수행할 것
⑥ 인간의 비극에 대해 공감하고 민감하게 반응하는 연민 공동체(community of compassion)로서의 교회를 회복할 것

⑦ 다양한 직업들과 거래를 통해 긍정적인 영향력을 행사할 수 있는 모든 성도의 "보편적 제자장직"을 회복할 것[31]

이들 일곱 가지 접근 방식은 신실한 마음으로 교회의 사회적 소명을 지고자 하는 헌신된 교회들이 신중하게 공부할 가치가 있는 것들이다.

4) 공적 영역에서 소명을 감당할 수 있도록 성도들 훈련하기

구조적인 차원에서 교회가 정의를 추구할 수 있는 가장 우선적인 방식은, 교회의 제도적 사역을 통해서가 아니라 개별 성도들이 공적 영역에서 자신들에게 주어진 과업을 감당함을 통해서다. 콘은 다음과 같이 말한다.

> 성도들이 교회의 제도적 구조 밖에서 만인 제사장으로서의 자신들의 책임을 감당함으로써 빈곤과 노숙, 실업과 도시 슬럼에 대한 이슈들에 새로운 방식으로 참여할 수 있을까?
> 기독교인들이 제도로서의 교회를 통해서가 아닌 다른 방식으로 전 세계 도시의 필요에 부응하는 일에 참여할 수 있을까?
> CEBs(기본적인 교회의 명령을 의미하는 스페인어 comunidades eclesiales de base의 첫 단어로 구성)는 가능성을 제시한다.[32]

참고로 CEBs은 우리가 앞 장에서 언급했던 라틴 아메리카 교회 공동체를 기반으로 하고 있다. 이들 공동체는 작은 교회 공동체들이지만, 그 구성원들이 공적 영역에서 정의를 추구할 수 있도록 준비시키고 훈련하는 데 가장 우선순위를 두는 공동체들이다. 이들 공동체는 끝도 없이 지속하고 있는 도시 빈곤의 한가운데 자리하고 있다.

이것 또한 도시 선교의 중요한 측면 중 하나이다. 왜냐하면 너무도 많은 사람이 일자리를 찾아 도시로 몰려들고 있기 때문이다. 이것이 그들이 처한 최우선적 상황이다. 그들은 자신들의 삶을 살아갈 때 무엇보다 직업에 의존한다. 켈러는 다음과 같이 관찰한다.

---

[31] "Seeking the Peace of the City: the Valle de Bravo Affirmation," *Urban Mission* 7, no. 1 (1989): 22-24.
[32] Conn, "Urban Mission," pp. 333-34.

도심 사람들은 사적인 삶을 그리 많이 살아갈 수 없으므로 그들을 대상으로 하는 제자 훈련은 그들의 신앙과 일을 통합하는 것을 포함해야 한다. 제자 훈련은 자신의 직업을 통해 어떻게 하면 구별된 기독교인이 될 수 있는지 보여 주어야만 한다. 여기에는 특정한 미혹들과 윤리적 진퇴양난을 어떻게 다룰 것인가, 어떻게 하면 뚜렷한 기독교 세계관을 가지고 일을 할 수 있을까, 산업 분야에 있는 다른 기독교인들이 자신들의 일을 탁월하게 할 수 있도록 어떻게 도울 것인가 등이 포함된다.[33]

교회의 선교에 관하여, 도시의 시장 안에서 자신들의 소명을 인지하도록 사람들을 양육하는 데는 우리가 앞 장에서 주목했던 두 가지 중요한 이유가 있다.

첫째, 도시의 시장은 말과 행위를 통해 복음에 대한 증거가 발생할 수 있는 가장 우선적인 장소다.

둘째, 하나님 나라의 공의와 사랑의 대리인들로서, 공적 광장에서 발생하는 성도의 일은 하나님의 일반 은총의 도구가 될 수 있다.

헤르만 바빙크는 하나님은 당신의 일반 은총을 사용하셔서 "죄의 파괴적 힘을 강력하게 대적하신다"라고 언급했다. 오로지 개인들의 삶 안에서만 하나님의 은혜가 작동하는 것은 아니다. 그에 더하여 언급했다.

> 자연과 사회의 풍성한 생명 전체가 하나님의 일반 은총에 감사하기 위해 존재한다. 가족과 친족의 사랑, 사회 생활과 정치 생활, 예술과 과학은 그 자체로 하나님의 거룩한 신적 기쁨의 대상들이다. 그 모두가 하나님이 창조 때 부여하셨고, 죄의 실재에도 불구하고 여전히 보존하시고 유지하시는 원질서(the original order)를 구성한다.[34]

성도들이 한 주 내내 일하는 다양한 직종과 전문직에서 복음에 대한 신실함을 유지하는 것이야말로, 하나님이 단순히 사람들을 당신에게 이끄시기 위함만이 아니라 인류의 삶을 위한 창조 질서를 고수하시고 총체적인 불의와 소회로부터 인간의 삶을 보존하시기 위해 당신의 능력과 은혜를 사용하시는 방식일 것이다.

---

33 Keller, "New Global Culture," p. 5.
34 Herman Bavink, "Common Grace," trans. Raymond C. Van Leeuwen, *Calvin Theological Journal* 24. no. 1 (1989): 60.

슬프게도, 선교의 이러한 측면을 신중하게 취급하는 교회를 발견하기가 쉽지 않다. 따라서 이 측면에서 대한 과제를 가지고 씨름하는 도시 사역자들을 볼 수 있기를 장려하고 있다. 샌프란시스코 소재 뉴비긴연구소(the Newbigin House of Studies)의 연구 프로그램은(fellow program), 다양한 문화 영역에서 일하는 일단의 젊은 전문가들을 대상으로 그들이 속한 다양한 직업들을 통해 복음을 살아 내는 방식에 대해 훈련하고 있다.[35]

피닉스 소재 서지선교훈련학교(the Surge School of Missional Training Center)는 어떻게 하면 복음으로 하여금 직업을 포함한 삶의 전체 영역을 형성할 수 있게 할 것인가에 대해 고민하는 지도자들을 훈련하기 위해 일단의 교회들을 모았다.[36]

뉴욕에서는, 리디머장로교회가 신행센터(a Center for Faith and Work)를 건립하고 도시 기독교인들이 시장에서 그 혹은 그녀의 소명을 형성할 수 있도록 돕는 다양한 일하고 있다.[37] 리디머장로교회는 세 가지 차원, 즉 신학적 차원(사람들이 자신들의 소명에 대해 기독교적으로 사고할 수 있도록 돕는 신학 교육), 멘토링 사역(다양한 방식들을 통해 자신들의 소명을 완수할 수 있도록 사람들을 돕는 교육자와 멘토를 제공), 공동체 차원(회중 안에서 이 모든 일을 지원하는 방식들을 발견하기)에서 이 사역을 섬기고 있다.[38]

5) 도시 교회 개척[39]

콘은 "세계 도시들에 교회를 개척하는 날의 여명은 아직 밝아오지 않았다"고 말했다.

> 세계 도시에 거주하고 있으나 여전히 눈에 띄지 않고 아직 복음을 접하지 못한 사람들—도시 빈민들, 산업 노동자들, 정부 공무원들, 도시에 자리를 잡기 시작한 새로운 인종 집단이나 부족 집단들—이 이제는 발견되어야 한다. 만일 우리가 21세기 세계와 접촉하고자 한다면, 우리는 21세기 도시들과 접촉해야 한다. 그리고 이 접촉이 새로운 교회 개척 캠페인을 요구할 것이다.[40]

---

35 www.newbiginhouse.org/Story를 보라.
36 missionaltraining.org/services/laity를 보라.
37 www.faithandwork.org/를 보라. Matthew Kaemingk, "Herman Bavink, Lesslie Newbigin, and Reformed Mission in the Global Workplace," *The Bavink Review* 3 (2012): 103-5.또한 보라.
38 Keller, "New Global Culture," p. 16.
39 도시교회 개척에 관한 풍성한 자료에 대해서는, Harvie M. Conn, ed., *Planting and Growing Urban Churches: From Dream to Reality* (Grand Rapids: Baker Books, 1997)을 보라.
40 Conn, "Urban Mission," p. 334.

분명히 이것은 사도행전이 보여 주는 패턴으로, 안디옥에서 시작해 지속적으로 확산하고 있는 데서 명확히 확인할 수 있다. 바울은 도시 지역에 교회들을 개척했고, 이 교회들은 그들이 삶의 뿌리를 내리고 있는 도시 환경 속에서 말과 행동을 포괄하는 삶을 통해 복음의 증인으로 부르심을 받았다. 이 패턴이 특히 제3세계 도시의 슬럼가에서 발생하고 있다.

비브 그리그(Viv Grigg)는 아시아의 특정 거대 도시에 대해 설명하면서 그 도시의 슬럼가에서 살아가는 가난한 사람들이 "빈민 운동(poor people's movement)이나 그들 지역에 있는 교회들에 대해 전혀 모르고 있었다. 그 누구도 그들에게 예수를 선포하지 않았다. 그들 가운데서 살아가며 그들에게 예수를 말과 행동을 통해, 자비의 행동과 능력의 행위를 통해 보여 주는 경건한 사람(holy man)이 한 명도 없었다"고 말했다. 이 도시만 그런 것이 아니다. 그리그는 "슬픈 뉴스는 여덟 개 도시에 대한 정밀한 연구 조사 후 나는 겨우 두 개의 초기 단계 운동만을 발견했을 뿐이라는 사실이다. 결론적으로, 역사상 가장 거대한 선교의 등장이 역사상 가장 큰 이주, 즉 제3세계의 시골 농촌의 농부들이 거대 도시들로 유동하는 움직임을 놓치고 있다는 것이다"[41]라고 말했다. 그는 교회의 선교에 존재하는 이와 같은 격차를 메우기 위해 도시리더십재단(Urban Leadership Foundation)을 세웠다.[42]

> 비브 그리그는 제3세계 도시에 무단으로 거주하고 있는 도시 빈민을 위한 세 가지 중요한 영적 운동에 대한 이름을 지었다.
>
> ① 가난한 사람들 사이에 존재하는 교회들이 벌이는 운동들이 미소경제와 지역 정치 환경을 변화시킬 수 있을 것이다.
> ② 총체적 제자 훈련을 실천하며 가난한 사람들에 대한 친밀한 지식을 가지고 있는 중산층 전문인들이 도시 계획 차원에서 도시의 시행과 통치에 영향을 미칠 수 있을 것이다.
> ③ 국제적 차원에서 활동하는 엘리트 기독교인들은 국제적 채무관계, 불의한 무역 그리고 증가하고 있는 신뢰할 수 없는 다국적 기업들에 의한 독점과 같은 거시경제 시스템을 변화시킬 수 있다.
>
> Viv Grigg, *Cry of the Urban Poor*, p. 257.

---

41 Viv Grigg, "Sorry! The Frontier Moved," in Conn, *Urban Churches*, pp. 150-51.
42 www.urbanleaders.org/home/을 보라.

그러나 도시 교회 개척은, 북반구에서든 남반구에서든 가리지 않고, 오직 개척된 교회가 진실로 선교적 회중일 경우라야 하나님의 선교에 쓸모가 있게 될 것이다. 만일 그들의 문화가 가지고 있는 우상에 의해 길들여진 내향적인 교회를 개척한다면, 복음 전도를 향한 우리의 노력은 마치 불타고 있는 창고로 거둬들인 밀을 옮기는 것과 다름없을 것이다. 필요한 것은 선교적 의식을 가진 교회들이다.

이들 교회는 도시 한가운데서 선교적 정체성을 살아 낼 교회들이다. 교회들은 비기독교인들을 환영하고 그들에 관여하는, 함께하는 그들의 삶을 통해 대안 공동체를 양육하는, 총체적 선교에 참여하는, 공적 생활의 여러 다양한 영역들에서 자신들의 소명을 감당해 낼 성도들을 훈련하는 선교적 회중으로서 개척되어야 한다. 필요한 것은 단순히 더 많은 교회가 아니다. 필요한 것은, 자신의 실존과 행위와 말을 통해 복음을 선포하신 예수 그리스도께 뿌리내리고 있는 신실한 선교적 공동체들이다.

4. 도시를 위한 선교 신학

만일 교회가 이 의제를 수행하고자 한다면, 도시에 대한 교회의 소명에 대비할 수 있게 교회를 준비시킬 도시를 위한 선교 신학이 개발되어야 한다. 다양한 지면을 통해 콘은 도시 선교 신학이 어떠해야 할 것인가에 대해 조언했다. 그는 도시 안에 있는 선교 신학과 도시를 위한 선교 신학을 구별했다.

첫째, 도시 안에 있는 선교 신학은 단순히 도시를 선교가 작동하고 있는 별로 중요성이 없는 환경 또는 장소로 본다. 이런 경우, 선교 신학은 도시와는 고립된 채 진행된다. 이 경우 도시는 사실상 신학화의 주변부에 머물러 있을 뿐이다.

둘째(두 번째 시나리오—콘이 이렇게 불렀다), 도시를 선교 신학을 개발하는 데 근본적인 요소 중 하나, 즉 도시 선교학의 새로운 하부 분야로 조성하기에 충분할 정도로 중요한 범주로 확정한다.[43] 이 경우, 도시 선교 신학은 신학과 도시 연구 그리고 상황화를 통합시켜야 한다는 도전에 직면한다.

---

43 Harvie M. Conn, *God So Loves the City: Seeking a Theology for Urban Mission*, ed. Charles van Engen and Jude Tiersma (Monrovia, CA: MARC, 1994), pp. vii-viii.의 서문.

이러한 도시 신학의 세 가지 갈래에 관해 설명하는 또 다른 방식은 다음에 대해서 말하는 것이다.

① 복음에 대한 숙고
② 도시 상황에 대한 숙고
③ 상황화에 대한 숙고

이 세 가지는 서로 고립되어 있거나 서로에게서 독립적이라기보다, 전체 사역을 조망할 때 각각의 분야가 특정한 초점에 관심을 기울인다는 것을 시사한다.

1) 복음에 대한 숙고의 필요

너무도 자주 우리는 그리스도를 위해 어떻게 도시에 접근해야 할지 지나치게 실용적인 전략을 짜고, 이에 근거해서 선교학을 세우는 경우가 있다. 우리는 복음화, 교회 갱신 그리고 교회 확장을 토론했다. 이러한 것들이 중요하지 않은 것은 아니다.

그러나 우리에게 필요한 것은 도시 선교에 임하고 있는 교회를 동반하는 더 심오한 신학적 숙고이다. 즉 "도시를 위한 신학적 비전은 또한 도시에 대한 신학적 비전도 되어야 한다."[44] 진실한 교회가 되기 위해, 교회는 다양한 신학적 문제들과 씨름해야 한다. 그 문제 중 많은 것들이 교회가 수행하는 총체적인 선교(the whole mission)와 공통된 것들이다.

이런 공통된 것들에는, 복음의 본질, 교회의 본질, 선교의 본질, 상황화에 대한 이슈들, 종교 다원주의와 만나기 위한 준비에 필요한 종교 신학, 변증학과 도시 대중이 제기하는 긴급한 질문들에 대한 응답들, 선교적 교회론과 선교적 교회가 취해야 하는 형식들(개별 회중으로서뿐만 아니라 에큐메니컬 하게 하나의 교회로 모이는 것까지), 복음 전도와 정의와 자비에 대한 이슈 간의 관계, 성례와 예배, 기타의 문제들이 포함된다.

비록 아주 분명한 것은 아니긴 하지만, 다른 이슈들도 동일하게 중요하다. 예를 들면, 정사들과 권세들에 대한 성경의 가르침은 중요하다. 만일 바울이 "정사들과 권세들"(롬 8:38; 엡 3:10; 6:12; 골 2:5)에 대해 말했을 때, 이것이 어떤 식으로든

---

[44] Conn, "Contextual Theology of Mission," p. 101.

인간의 문화적 제도들을 형성하는 영적인 실재들과 세력들에 대해 언급하고 있는 것이라면, 이는 도시 신학이 주의를 기울여야 하는 본질적인 이슈가 될 것이다.

다른 예를 들자면, 우리는 많은 면에서 죄의 권세, 영역 그리고 무게감을 축소해 왔다. 그러나 성경은 너무도 자주 죄를 우상 숭배―단순히 개별적 우상뿐만 아니라, 전체 문화를 조성하는 집단적 우상들까지―라는 관점에서 이해하고 있다(참조. 롬 1:21-23, 25).

어떤 우상이 도시의 문화를 형성하고 있는가?

이들 우상이 어떤 방식으로 도시 생활의 제도들과 패턴들을 통해 가시적으로 드러나는가?

복음에 대한 숙고는 협소한 "신학적" 주제들을 넘어서는 것이어야 하고 전통적으로 세계관 연구와 관련된 질문들에 관해 질문해야 한다. 복음과 그리스도의 구원 본질이 바로 이것을 요구하고 있다. 헤르만 바빙크는 이처럼 중요한 문제에 대해 다음과 같이 언급했다.

> 그리스도는 인간의 종교-윤리적 생활을 회복시키시고 나머지 삶의 모든 영역은 마치 죄에 의해 오염되지 않았기 때문에 회복이 필요하지 않은 것처럼 건드리지 않고 남겨 두시기 위해서 오신 것이 아니다. 그렇지 않다. 하나님 아버지의 사랑, 아들의 은혜 그리고 성령의 인도하심은 죄가 영향을 끼치는 모든 범위에 이르기까지 확장한다. 그러므로 그리스도는 가정과 사회 그리고 미술과 과학에 대한 메시지 또한 갖고 계신다.[45]

그리고 우리는 여기에 음악과 문학, 매체와 오락, 레저와 일, 기술과 성, 돈과 금융, 사업과 정치, 환경과 스포츠, 사회사업과 우정, 다른 것들을 더할 수 있다. 복음의 상관성을 이해하길 원하고 하나님 나라의 복음으로 도전받을 필요가 있는 도시 인구를 위해, 이는 중요한 과제가 될 것이다.

그러나 우리의 신학적 숙고는 현재의 이슈들에 빛을 비추기 위해 성경을 가지고 씨름하는 문제에 더하여, 교회가 성경에 대해 신실하기 위해 어떤 분투를 벌여 왔는지 배우기 위해 역사 전체에서 교회가 선교를 행한 방식을 연구하는 것 또한 포함시킬 것이다.

---

[45] Herman Bavink, "Common Grace," trans. Raymond C. Van Leeuwen, *Calvin Theological Journal* 24. no. 1 (1989); 61-62.

예를 들면, 우리는 로마 제국의 도시적 환경 안에서 탄생한 초대교회에 대해 생각한다. 초대 도시 기독교인들이 시대적 필요에 부응하고, 환대를 베풀고, 공동체의 새로운 가능성들을 기뻐하는 것으로 제국의 문화에 저항하는 삶을 살았던 곳이 바로 로마 제국의 도시 환경 속이었다. 그들은 로마 시민의 삶에 대한 모방이며 한 부분을 형성하면서도, 그에 대한 직접적인 도전이 되었던 대안적 모임들(에클레시아)과 가정들(오이코스)을 만들었다.⁴⁶

훨씬 후대에 이르러, 우리는 산업 도시들 한 가운데 거룩한 삶에 헌신하는 공동체들을 형성하고 가난한 자들과 동일시하는 교회를 세운 존 웨슬리와 감리교운동에 대한 연구에도 주목한다.⁴⁷ 물론 이외에도 많은 다른 사람들도 언급될 수 있다. 그러나 현대의 도시 신학은 과거 교회가 겪었던 분투를 무시해서는 안 된다.

2) 도시 연구의 필요성

우리는 복음에 의해 깊이 형성된 도시에 대한 연구가 필요할 것이다. 도시 상황에 대한 연구 조사는 필수적인데, 이것은 도시 선교에 관한 저술에서 빈번하게 다루는 주제다. 도시의 역사, 도시를 형성한 최초의 비전, 도시의 특징적인 생활 패턴들, 인구 분포 그리고 도시 안에 존재하는 다양한 문화 기관들 그리고 그 외 많은 것들에 대해 이해하기 위해서는 많은 사회 과학적 공헌들을 활용하는 기독교적 분석을 요구할 것이다.

그러나 사회 과학은 오늘날 대학에서 가장 세속적인 분야일 것이라는 점이 경계해야 할 부분이다. 교회를 준비시키기 위해 사용하는 사회 과학 분야의 활용해야 하지만, 이 활용으로 인해 현대의 사회학적 그리고 인류학적 학문 분야가 갖는 세속적 편견에 사로잡혀서는 안 된다.

대신, 도시에 대한 신실한 기독교적 연구는 종교의 범주를 근본적이고 통합시키며 방향을 제시하는 힘으로서 신중하게 다룰 것이다. 콘은 도시 선교에 관한 연구가 도시 인구에 대한 미시적 차원에 근거하고 있다는 점에 주목했다. 따라서 이제 변화가 필요한데, 그 변화를 통해 우리는 "도시 생활에 대한 이슈뿐 아니라,

---

46 A. Davey, "Urban Mission," in *Dictionary of Mission Theology: Evangelical Foundations*, ed. John Corrie (Downers Grove, IL: InterVarsity Press, 2007), p. 419. Wayne A. Meeks, *The First Urban Christians: The Social World of the Apostle Paul* (New Haven: Yale University Press, 1983)또한 보라.

47 Theodore W. Jennings Jr., *Good News to the Poor: John Westley's Evangelical Economics* (Nashville: Abingdon, 199). 흥미롭게도, 이 책은 멕시코시티라는 상황적 맥락에서 신학을 가르치고 교회 지도자들을 준비시키는 사역의 결과로 만들어진 것이다.

생활 방식으로서 도시에 대한 이슈 그리고 '종교'와 도시 생활 간의 적절한 연결에 대한 이슈에도 관심을 기울일 것이다."[48]

역사는 우리가 수행하는 연구의 중요한 부분이 될 것이다. 역사에 관한 연구가 현대 도시 선교를 위해 어떤 면에서 중요한 지를 설명하는 네 개의 실례를 제시할 수 있다.

첫째, 역사 분석을 통해 우리는 산업 혁명기 동안 유럽과 미국에서 어떻게 도시가 형성되었는지 볼 수 있을 것이다. 이것을 통해 우리는 도시의 구조를 형성했던 문화적 세계관 이야기(cultural worldview story)를 볼 수 있게 될 것이고, 그렇게 함으로써, 왜 그리 많은 기독교인이 도시 환경을 포기하게 되었는지뿐만 아니라 도시가 직면하고 있는 어려움들에 대해서도 인식할 수 있을 것이다.

> 서구의 부유한 국가들에서, 도시는 산업화라는 시대의 격동기에서 생존했다. 그리고 이제 그 어느 때보다 더 부유하고, 더 건강하고, 더 매혹적인 곳이 되었다. 세계의 빈곤한 지역들에서, 도시들이 엄청나게 팽창하고 있다. 왜냐하면 도시 밀도가 빈곤에서 번영으로 이르는 가장 명확한 길을 제공하기 때문이다. 거리가 얼마나 떨어져 있느냐의 여부를 무색하게 만든(the death of distance) 기술적 혁신에도 불구하고 세상은 편편한 것이 아님이 드러났다. 세상은 포장되었다. 도시가 승리했다. 그러나 우리 중 많은 이들이 경험을 통해 알고 있듯이, 도시의 도로들이 지옥을 향해 포장되어 있는 경우가 있다. 도시가 이겼을 수 있다. 그러나 그 도시에서 살아가는 시민들이 패배하는 경우가 너무 자주 있다. … 왜냐하면 모든 5번가에는 뭄바이의 슬럼이 존재하기 때문이다. 모든 소르본대학(Sorbonne)에는 금속 탐지기가 장착된 D.C. 고등학교가 존재하기 때문이다."
>
> Edward Glaeser, *Triumph of the City*, pp. 1-2.

둘째, 역사 분석을 통해 우리는 또한 남반구에서 발생하고 있는 도시들의 성장과 북반구와 서구의 도시 성장 간에 존재하는 차이점들에 대해 알게 될 것이다. 남반구에서의 도시 성장은 훨씬 빠른 속도로 발생하고 있다. 이러한 빠른 성장으로 인해, 제3세계 도시들은 성장을 완전히 이해하고 빠르게 증가하는 도시 인구

---
[48] Harvie M. Conn, "Introduction to Part 1," in Conn, *Urban Churches*, p. 34.

를 위해 필요한 기반 시설들을 만들 시간이 부족했다. 남반구에서의 도시 성장은 비교적 최근에 발생하고 있고, 그런 까닭에 세계화의 진행과정과 그 안에 잠재하는 종교적 신념들에 의해 더 큰 영향을 받았다.

이런 사실들에 대한 이해를 통해 우리는 남반구 도시들에 대한 통찰력을 가질 수 있다. 예를 들면, 우리는 제3세계 국가들에서 살아가는 수많은 사람에게 도시가 희망의 상징이 되는 이유가 무엇인지를 이해할 수 있다. 이에 더하여, 역사 분석을 통해 남반구의 도시들이 겪는 끔찍한 빈곤에 대한 통찰을 가질 수 있다.

셋째, 특정 도시들에 대한 역사 분석을 통해, 우리는 그 도시들이 형성된 다양한 방식들에 대해 이해할 수 있다. 모든 도시가 동일한 방식과 과정을 거쳐 형성된 것이 아니다. 다른 요인들과 역동성이 각 도시들이 처한 독특한 역사적 상황 속에서 다양한 도시들을 형성해 왔다. 다양한 종류의 도시들을 이해하는 것이 중요하다.

1982년, 한 도시학자는 일곱 개 다른 종류의 도시들을 구별했다. 예를 들면 여기에는 이웃 도시(neighborhood city), 국제 도시, 유선 도시(wired city), 지역 도시(regional city), 레저 도시 등이 포함된다.[49] 물론 그때 이후로 많은 것들이 변했다는 데는 의심의 여지가 없다. 그러나 다양한 역사적 배경으로 인해 형성된 다양한 종류의 도시들이 있다는 사실만큼은 변함이 없다. 이와 같은 종류의 역사 분석은 특정 도시의 인구 분포를 올바르게 이해하는 데뿐만 아니라 그 도시의 필요들과 역동성들을 이해하는 데 본질적이다.

넷째, 역사 분석은 우리로 하여금 오늘날 발생하고 있는 도시의 변화들을 볼 수 있게 한다.

미국 도시들의 재활성화가 발생하고 있다. "사람들은 서로의 지근거리에서 살아가는 것이 주는 유익, 높은 연료비를 충당하는 대신에 걷거나 자전거를 타는 것이 주는 유익, 생기 있는 사람들이 모인 집단이 동일한 비전을 가지고 함께 하는 것으로부터 오는 에너지를 경험하는 것이 주는 유익 등에 대해 재고하기 시작했다. 다른 많은 일 중에서 세계적 이슈들에 대한 일련의 계몽된 감각과 가난한 사람들과 환경적 우려에 대한 헌신은 도시를 재생하려는 다양한 새로운 도시적 풍조들을 생겨나게 했다. 일부 도시의 엄청난 회복(revival)은 많은 면에서 각기 서로의 에너지와 창의력 그리고 활력을 활용하는(feed off) 독특한 개인들이 모인 '뭉치

---

49 Arthur Shostak, "Seven Scenarios of Urban Change," in *Cities in the 21st Century*, ed. Gary Gappert and Richard V. Knight (Beverly Hills, CA: Sage Publication, 1982), pp. 69-93. David Barrett, *World-Class Cities and World Evangelization* (Birmingham, AL: New Hop, 1986), pp. 19-20에서 재인용.

는 힘'(clustering force)과 관련이 있다."⁵⁰

그다음 변화는 "세계 경제 활동의 절반, 과학 활동의 3분의 2 그리고 전 세계 발명의 75%를 산출하는"⁵¹ 거대 지역들(megaregions) 또는 지역 도시들을 향한 것이다. 닐 피어스(Neal Peirce)는 이처럼 "거대한 대도시 지역들—도시들도, 주들도, 심지어는 국민 국가들도 아닌—이 세계에서 가장 영향력 있는 주체들(players)로 등장하기 시작했다"고 말한다.⁵²

이들 거대한 지역 도시들(regional cities)에는 해당 도시들의 심장과 중추 신경을 형성하는 도심지(urban center)가 있다. 거기에는 전문가들, 주요 산업과 금융 센터들, 주요 문화 기관들이 모두 모여 있다. 도심의 거주자들은 전문인들뿐만 아니라 사업, 금융, 학문, 예술 분야를 선도하는 리더들로 구성되어 있다. 그러나 도심에는 새롭게 이주해 온 가족들, 학생들, 게이 공동체와 같이 다른 생활 스타일을 지닌 사람들도 살아간다.⁵³

역사적 연구 자료뿐만 아니라 다른 사회 과학—복음에 의해 형성된—을 사용하는 방식의 분석은 교회들로 하여금 교회가 처해 있는 도시 상황을 이해하고, 올바른 질문을 제기하고, 도시를 위한 도시가 되기 위한 바른 접근 방법을 모색할 수 있게 할 것이다.

3) 상황화의 필요성

상황화는 두 가지 지평의 융합에 대해 씨름하는 분야이다. 도시 선교에 대해 말할 때, 우리는 규범적인 성경의 지평과 현대 도시라는 지평이라는 두 가지 지평에 대해 고려한다. 상황화는 성경 이야기의 맥락에 비추어서 도시 세계를 설정하는데, 성경 이야기가 도시 세계에 대해 확정하기도 하면서 비판하기도 한다는 방식을 견지한다. 물론 상황화는 성경 본문과 도시 상황 모두에 대한 심도 깊은 이해를 요구한다.

두 가지—복음과 문화—를 연결시키려 시도하는 상황화는 추상적이다. 사실, 상황화는 도시라는 문화적 상황 안에서 복음을 살아 내는 성육신한 공동체인 교

---

50 DeGroat and Bulter, "Church for the City."
51 Ibid.
52 Neal Peirce, "The 'Citistates' Are on the Rise, and the Competition Is Fierce," *The Philadelphia Inquirer*, July 26, 1993, p. A11. Harvie M. Conn, *The American City and the Evangelical Church* (Grand Rapids: Baker Books, 1994), p. 182에서 재인용.
53 Keller, "New Global Culture," p. 1.

회가 두 조류가 만나는 도시 안에서 이미 실천하고 있는 것이다.

도시 회중은 복음으로 도시를 확정하기도 하고 도전하기도 하는 그야말로 복음이 생생하게 살아 있는 현장이다.

도시를 위한 교회가 되고자 하는 열망은 다음에 따르는 질문들을 촉발할 것이다.

> 우리가 자리 잡은 곳은 어디인가?
> 이 지역에서 살아가는 남성들과 여성들이 정말로 갈망하는 것은 무엇인가?
> 우리가 지역에서 사역을 해 나가는 데 이것이 주는 의미는 무엇인가?
> 어떤 변화가 발생할 필요가 있는가?[54]

이러한 질문들은 교회의 선교가 갖는 일부 측면에 도움이 되는 질문들이다. 예를 들면, 남성들과 여성들이 정말로 갈망하는 것이 무엇인지를 이해하는 것은 복음 전도 또는 지역 회중 내 개인들을 대상으로 하는 사역 방식을 구상하는 데 중요할 것이다.

환대적인 환경을 만드는 지역 회중의 사역을 조성하려면 어떤 변화가 필요할까?

복음을 도시민들의 종교적 갈망과 열망을 어떤 방식으로 연결할 것인가?

도시 선교에 관한 켈러의 "선언문" 또한 상황화를 위해 도움이 되는 통찰을 제공한다. 그러나 이 선언문은 우선적으로 복음 전도와 개인들에 대한 회중 사역에 대한 통찰을 제공한다.

켈러는 다양한 종류의 도시민들이 서구 문화를 형성하는 모던 형식과 포스트모던 형식의 인본주의를 어떻게 적용했는지 유용하게 보여 주고 있고, 또한 도시민 사역에 대한 다양한 시사점도 보여 주고 있다. 특히 통찰력 있는 부분에서, 켈러는 세계적 도시에서 살아가는 사람들이 갖는 특징—전문성에 대한 의지가 강하고, 성적으로 자유롭고(sexually engaged), 소비 지향적이고, 지리적으로나 사회적으로 정처가 없고, 실용적으로 사고하고, 본질적으로 회의적이며, 인종적으로 다양하고, 시민 정신을 갖춘—에 대해 토론한다. 그리고 나서 이러한 특징을 가진 사람들에 대한 사역에 관해 토론한다.[55]

---

54 DeGroat and Butler, "Church for the City."
55 Keller, "New Global Culture," pp. 1-7.

그러나 우리는 선교가 복음 전도와 지역 회중에 대한 사역의 범주를 넘어선다는 것을 인지할 필요가 있다. 이것은 선교의 두 가지 측면이 갖는 것만큼이나 중요한 것이다.

본 장의 다른 부분에서 다루었던 다른 내용에 비추어 볼 때, 최소한 세 가지를 더 언급할 수 있다. 즉 반동문화적 공동체가 되는 것, 문화의 공적인 삶 속에서 우리의 소명을 실천하는 것 그리고 총체적 사역을 감행하는 것이다. 이들 각각은 다른 유형의 질문들을 야기할 것이다. 복음은 다양한 시점에 도시 상황과 연결될 것이다. 예를 들면, 만일 교회가 반동문화적(countercultural) 공동체가 되어야 한다면, 도시를 형성하는 거대종교적(macroreligious) 신념들에 대해 깊이 있게 숙고하고 도시를 휘두르는 우상들의 정체를 분명하게 밝힐 필요가 있을 것이다.

물론 상황화는 문화에 대해 항상 동의와 거부를 동시에 드러내기 때문에, 도시 생활에 활기를 불어넣는 측면에 대해서는 긍정적일 것임을 의미한다. 상황화는 하나님의 백성이 도시에서의 생명의 흐름을 구현하고 죽음의 흐름을 중단시킨다. 그렇게 함으로써 도시 일부가 되는 매력적인 대안적 공동체를 제시한다.

만일 하나님의 백성이 문화 가운데서 자신들의 소명을 실천하고자 한다면, 우리는 문화의 세계관이 우리가 살아가는 경제적, 정치적, 문화적, 기술적 세계를 어떻게 형성하고 있는지에 대해 질문할 필요가 있을 것이다.

창조의 결과로 확정될 수 있고, 그 결과 우리가 품고 기뻐해야 할 것은 무엇일까?

교회가 대항할 필요가 있는 것은 무엇인가?

이것은 겨우 표면만 건드릴 뿐이다. 사실 상황화는 일종의 변함없는 사고방식과 생활 방식이다. 이것은 특정한 문화적 환경 속에서 어떻게 복음을 살아 낼 것인지 지속해서 분투하는 것이다. 만일 교회가 신실하다면, 복음과 복음이 끼치는 영향들, 교회가 위치한 도시 상황 그리고 도시 상황에서 어떻게 복음을 살아 낼 것인가 깊이 숙고해야만 한다.

3) 신학 교육

도시를 위한 선교 신학에 더하여, 우리는 도시에서 사역을 수행하는 지도자들과 목회자들을 훈련하는 신학 교육이 필요하다. 점증하는 도시의 중요성과 더불어서, 도시 교회 지도자들에 대한 훈련과 개발에 대한 새로운 필요가 요구되고 있다. 그러나 전통적 신학교 중에 도시 상황에서의 선교를 강조하는 신학교는 거의

드물다. 도시 사역은 21세기 교회 선교의 미래이다.[56]

더욱이 도시 사역에 대한 요구들과 도시 사역이 갖는 복잡성은, 교육이 신학적인 것 이상이 되어야 한 것을 요구하고 있다. 복음에 뿌리를 내린 광범위한 교양교육(liberal arts education)이 도시 교회 지도자들에게 신실한 사역을 위한 도구들을 제공해 줄 것이다.

5. 신실한 선교적 회중의 요소들

도시에서 복음에 대한 가장 강력한 증인은 복음을 도시 생활이라는 상황에 성육신하는 회중이 될 것이다.

이것은 그러한 교회가 어떻게 보일 것인가에 관한 신학적 숙고일 뿐만이 아니라 도시 한가운데서 신실하게 현존하고 있는 교회들에 관한 경험적 연구를 발생시켰다. 물론 신학적 숙고와 경험적 연구가 서로 분리된 두 개가 될 필요는 없다.

사실, 그럴 수 없다!

콘은 행동-숙고 의제(action-reflection agenda)에 대해 말한 적이 있다. 즉, 우리가 우리의 증거에 대해 복음에 비춰 숙고할 필요가 있는 것은, 교회가 도시 한가운데서 하나님의 선교를 삶으로 살아 내는 것에 대한 실질적(active) 헌신이라는 맥락이 있기 때문이다.

도시 안에서 자신들의 선교적 소명을 실천하고 있는 특정한 회중은 어떤 모습으로 비칠까?

나는 두 개의 도시 회중에 관한 연구에 의존해서 이들 교회 내에서 발견되는 요소들이 무엇인지 간단하게 주목해 볼 것이다.

1) 세 개 대륙에 존재하는 여섯 개의 회중 들여다보기[57]

그린웨이와 몬스마는 세 개의 대륙에 존재하는 여섯 개의 교회들을 살펴보았다. 이 교회들 중 두 개는 아시아에 있고, 두 개는 라틴 아메리카에 있으며, 다른 두 개는 아프리카에 있다. 그린웨이와 몬스마의 분석에 주의를 기울이고 이들 교

---

56 Mark Gornick, "Urban Mission," in *The Routledge Encyclopedia of Missions and Missionaries*, ed. Jonathan J. Bonk (New York: Routledge, 2007, 2010), p. 415.
57 Greenway and Monsma, *Cities*, pp. 156-68.

회에 관한 이야기들을 읽어 봄으로써, 우리는 이들 교회가 "훌륭한 모델들"이 되도록 하는 특성들의 리스트를 다음과 같이 추출할 수 있다.

① 복음에 대한 헌신
② 문화와 도시의 역동성을 이해하고자 하는 노력
③ 기도
④ 가난한 사람들과의 동질화와 그들에 관한 관심
⑤ 교제, 소그룹, 셀 그룹에 대한 높은 우선순위
⑥ 선한 리더들 양성에 대한 강한 강조
⑦ 상황화
⑧ "평신도"의 참여에 대한 높은 요구
⑨ 새 신자를 위한 강력한 제자 훈련 프로그램들
⑩ 복음 전도와 선교를 위한 전 교회의 동원

2) 28개 회중에 관한 연구

교회의 좀 더 주류 교단에 가까운(the more mainline wing) 닐 하퍼(Nile Harper)는 도시 안에서 변혁적인 사역에 참여하고 있는 도시 회중에 관한 이야기들에 대해 말하기 시작했다. 그는 회중 생활과 사회적 책임이 서로 상호 의존적이라고 믿는 교회들을 찾아보았다. 교회들의 교인 규모는 135명에서부터 1만 5천 명에 이르기까지 다양했다. 하퍼의 책은 15개 미국 도시에 있는 28개 교회에 대해 기록하고 있다.

도시 교회들 내에 존재하는 활력 징후(vital signs)에 대한 리스트를 작성하고 난 후, 그는 각 교회에 관해 이야기하고 "우리가 배울 수 있는 것은 무엇인가?"라는 제목의 단락으로 결론을 맺는다. 거기에는 우리가 곱씹어 볼 수 있는 풍성한 생각들이 있는데, 신실한 도시 교회를 위한 단 하나의 패턴은 존재하지 않는다.

하퍼는 마지막 장에서 자신이 다루었던 내용을 정리하고 있다. 그중 두 개(two sets)의 결론이 고려해 볼 가치가 있다.

첫째, 목회자들이 교회 재활(revitalization)에 방해가 되는 것으로 파악한 장애물들로 이루어져 있다. 이들 장애물에는 더욱 포괄적인 태도에 대한 저항, 새로운 예배 패턴들에 대한 저항, 생존에 대한 우려, 비전의 부족, 이미 낡아빠진 전통들에 대한 집착 그리고 외부 봉사(outreach) 활동들을 위해 교회의 양육 활동을 소홀히 하는 것 등이 포함된다.[58]

둘째, 목회자들이 교회 재생을 위해 가장 중요한 것으로 꼽은 긍정적인 요인에 대한 상세한 열거를 포함한다. 이 요인은 내부적 요인과 외부적 요인으로 나누어진다.

내부적 요인은 회중을 양육하는 것과 영적 생활을 강화하는 이슈들을 다룬다. 긍정적인 것으로 분류된 내부 요인은 예배의 중심성, 강력한 기독교 교육, 공동체 건설, 사역에 대한 총체적 접근 그리고 강력한 목회 리더십을 포함한다.

외부적 요인은 공동체 안에서 행하는 교회의 선교에 대한 이슈들을 다룬다. 긍정적인 것으로 분류되는 외부 요인에는 토착 리더십, 다양한 종류의 협력관계의 형성, 공동체 문화의 개발 그리고 공동체 개발을 위해 사람들에게 권한 위임하기 등이 포함되어 있다.[59]

6. 결론

요나서는 하나님이 선지자에게 수사적 질문을 제기하시는 것으로 마친다.

> 하물며 이 큰 성읍 니느웨에는 좌우를 분변하지 못하는 자가 십이만여 명이요 가축도 많이 있나니 내가 어찌 아끼지 아니하겠느냐(욘 4:11).

하나님은 당신의 선교를 위해 요나를 부르셨다. 그러나 하나님이 역사하시는 선교의 출발점은 "은혜로우시며 자비로우시며 노하기를 더디 하시며 인애가 크시사 뜻을 돌이켜 재앙을 내리지 아니하시는" 하나님의 사랑을 나누는 것으로부터 시작된다. 요나가 자신의 내향성과 무관심에 머물러 있었기 때문에, 그는 이스라엘에 대한 생각에 머물러 있을 따름이었다.

---

[58] Nile Harper, *Urban Churches, Vital Signs: Beyond Charity toward justice* (Grand Rapids: Eerdmans, 1999), p. 305.
[59] Ibid., pp. 306-7.

요나서 전체 이야기에는 열방을 위해 선택을 받았으나 정작 열방에 관심이 부족했던 이스라엘에 대한 통렬한 비난이 담겨 있다.[60] 하나님은 요나가 큰 성 니느웨—오늘날의 기준으로 볼 때는 작은 도시이지만, 그 당시 기준으로는 컸던—를 향한 당신의 사랑을 전해 주길 원하셨다. 본질에서, 요나서의 마지막 구절은 하나님의 백성을 향한 것이다.

만일 너희가 하나님이 사랑하시는 것을 사랑한다면 도시를 사랑하게 될 것이다.[61]

심화를 위한 독서 자료

Bakke, Ray. *A Theology as Big as the City*. Downers Grove, IL: InterVarsity Press, 1997.

Conn, Harvie M., and Manuel Ortiz. *Urban Minisry: The Kingdom, the City, and the People of God*. Downers Grove, IL: InterVarsity Press, 2001(『도시목회와 선교』 CLC 刊).

Greenway, Roger S., and Timothy M. Monsma. *Cities: Mission's New Frontier*. Grand Rapids: Baker, 1989.

Grigg, Viv. *Cry of the Urban Poor: Reaching the Slums of Today's Megacities*. Monrovia, CA: MARC, 1992.

Sider, Ronald J., Philip N. Olson and Heidi Rolland Unruh. *Churches That Make a Difference: Reaching Your Community with Good News and Good Works*. Grand Rapids: Baker, 2002.

---

60 John H. Stek, "The Message of the Book of Jonah," *Calvin Theological Journal* 4. no. 1 (1969): 23-50. Stephen B. Chapman and Lacey C. Warner, "Jonah and the Imitation of God: Rethinking Evangelism and the Old Testament," Journal of Theological Interpretation 21 (2008): 43-69.

61 Keller, "Why God Loves Cities."

토론을 위한 질문

1. 제임스 쉬어(Jemes Scherer)는 "21세기 선교는 대도시들에서 살아가는 영혼들을 위한 전투에서 이길 것이냐 질 것이냐에 대한 것"이라고 믿는다. 이 생각이 갖는 의미가 무엇인지에 대해 토론하고, 어떤 점에서 동의하는지 혹은 동의하지 않는지 토론하라.
2. 도시에 있는 신실한 선교적 회중의 갖는 요소들에 대해 추려 보라. 이러한 요소들이 드러나는 독자 자신의 경험이 담긴 이야기들을 말해 보라. 독자가 리스트에 더하고 싶은 것이 있는가?
   있다면, 어떤 것인가?
3. 켈러가 작성한 리스트에 있는 기독교 신앙에 대하여 광범위하게 퍼져 있는 반대 중에서 독자가 만나거나 관찰한 적이 있는 것은 무엇인가?

에세이를 위한 주제

1. 오늘날 교회의 선교를 위해 도시가 갖는 전략적 중요성을 토론해 보라.
2. 현대 도시 선교에 대한 의제 한 가지를 규명하고 설명해 보라고 한다면 어떻게 할 것인가?
3. 하비 콘은 총체적 선교와 공적 영역에서 자신들의 사역을 감당할 수 있도록 성도들을 훈련하는 것은, 도시의 선교적 교회가 반드시 갖추고 있어야 할 내용이라고 주장했다.
   독자는 동의하는가?
   이 점을 토론해 보라.

제11장

선교 사역들:
복음이 없는 곳에 복음에 대해 증거하기

19세기와 20세기 초반에, 속된 말로 선교는 서구 문화로부터 복음을 가지고 세계의 다른 지역으로 가는 것이라는 면으로만 인식되었다. 20세기를 지나는 동안, 비서구 지역 교회들이 성장하기 시작했고, 선교에 대한 보다 광범위한 이해가 발전하기 시작했다. 20세기 중반에 이르러, 위대한 선교 지도자 중 한 명이었던 맥스 워렌(Max Warren)은 다음과 같이 말했다.

> 우리가 알고 있는 의미로의 선교 사역들(missions)의 시대가 이미 종결되고 있음을 목도할 준비가 되어 있어야 한다.[1]

"선교(mission)의 의미"는 빠르게 확장되었고, 이제는 복음을 전하기 위해 교회가 하는 총체적 사역을 포괄하는, 복음을 전하기 위해 교회가 하는 모든 것을 포용하는 용어가 되었다. 복음을 들고 아직 복음을 들어 보지 못한 다른 장소들 또는 사람들에게 가는 타문화 사역이 간과되는 위험에 처했다.

1961년 레슬리 뉴비긴은 당시로서는 가장 큰 규모를 자랑했던 선교학 저널인 「국제선교논평」(the International Review of Missions)의 편집장이 되었다. 당연히, 당시 부상하고 있던 선교의 개념에 부합하기 위해 저널 제목에 있는 "missions"에서 "s"를 제거하려는 움직임이 있었다.

---

1 Max Warren, "Christian Mission and the Cross," in *Missions Under the Cross: Addresses Delivered at the Enlarged Meeting of the Committee of the International Missionary Council at Willingen, in Germany, 1952, with Statements Issued by the Meeting*, ed. Norman Goodall (London: Edinburgh House Press, 1953), p. 40.

뉴비긴은 "s"를 유지하려고 최선의 노력을 했다. 그는 복음을 복음에 대해 전혀 들어 본 적이 없는 다른 지역으로 가져가 전달하는 선교사적 사역(missionary task)이 쇠퇴하고 있다고 믿고 있었다. 그가 선교에 대한 좀 더 광범위한 이해에 반대하는 입장은 아니었다. 사실, 그는 그런 이해가 성경적 이해에 부합되는 것이라 믿고 있었다.

따라서 뉴비긴의 입장은 선교에 대한 포괄적 이해를 거부하는 것이 아니었다. 그보다 그의 관심은 교회의 총체적인 선교 안에 포함되는 선교사적 초점(the missionary focus)을 강조하는 데 맞춰져 있었다. 그가 한 통의 편지를 위해 싸웠던 수위를 보면 그가 이 이슈를 얼마나 중요하게 생각하고 있었는지 알 수 있다.

한 통의 편지 때문에 싸웠다고 하면 어떤 사람들은 비웃을 수도 있을 것이다. 그런데도 우리는 역사가인 에드워드 기본(Edwqrd Gibbon)이 초대교회가 단순한 이중모음 하나 때문에 싸우고 있었다고 비웃었던 사실에 대해 잘 알고 있다.

기본이 비웃었던 것은, 예수가 성부 하나님과 호모우시오스(*homoousios*)라는 견해를 고수하고 있던 사람들과 호모이우시오스(*homoiousios*)라는 용어의 사용을 고수했던 사람들 간에 존재했던 다툼에 관한 것이다. 그런데도 오직 한 통의 편지만이 복음의 진리를 유지하고 있었다. 예수는 성부 하나님과 유사하거나 상당히 많이 닮은 분이 아니셨다(*homoiousios*). 그분은 성부 하나님과 동일한 본질을 공유하시는 하나님 자신이셨다(*homoousios*).

선교 사역(missions)에서 "s"를 유지하는 것이 그 정도까지 심각한 문제는 아니다. 그러나 교회의 총체적 선교를 말하면서 "s"를 유지하는 것은 매우 중요하다. 한 통의 편지를 가지고 선교사적 초점을 유지하는 것이 최상인지, 아니면 다른 언어를 발견하는 것이 최상인지를 논의하는 것은 분명히 토론의 가치가 있다. 어떤 용어를 사용할 것이냐는 중요한 문제다. 본 장이 다루는 주제의 목적을 위해, 나는 뉴비긴의 용어를 유지할 것이고 선교 사역이 교회의 총체적 선교의 본질적 측면이라는 점에 대해 토론할 것이다.[2]

---

[2] 만일 타문화권 선교 사역에 부르심을 받아 준비하고 있는 사람이라면, 선교 사역(missions) 연구와 관련하여 실천적인 이슈들에 대해 다룰 필요가 있다. 나는 이들 주제에 대해서는 다루지 않을 것이다. 감사하게도, 이 점에 대한 두 권의 좋은 책이 있다. Gailyn Van Rheenen, *Missions: Biblical Foundations and Contemporary Strategies* (Grand Rapids: Zondervan, 1996), chapters 3-8; A. Scott Moreau, Gary R. Corvin and Gary B. McGee, *Introducing World Missions: A Biblical, Historical, and Practical Survey* (Grand Rapids: Baker Academic, 2004), parts 3-5. (『21세기 현대 선교학 총론』, 크리스챤 역간)

1. 선교(mission), 선교 사역들(missions), 타문화적 협력

1) 구별하기

선교는 온 세상에서 총체적 복음을 증거하는 교회의 총체적 사역이다. 선교는 하나님의 백성의 온 삶—모이고 흩어지고, 공적으로나 사적으로, 개인적으로나 공동으로, 범위와 의도—을 포괄한다. "선교"는 많은 사람이 사용하고 있는 "증거"라는 용어와 동의어로서, 광범위하게 사용하고 있는 용어이다.

선교 사역은 교회가 수행하는 광범위한 선교의 한 가지 측면이다. 따라서 선교 사역에는 협소하고 특별한 초점이 있다. 그 초점은 복음이 전달되지 않은 혹은 전달되었더라도 미약한 지역들, 사람들 사이에서 복음을 증거하는 것에 맞추어져 있다. 이것은 교회의 선교가 갖는 한 가지 측면이기는 하지만, 교회의 선교가 갖는 본질적 측면 중 하나이고 선교에서 배제될 수 없는 필수 불가결한 요소다.

교회의 선교사적 소명은 땅끝, 즉 선교의 궁극적 지경까지 이르러 복음을 전하는 것이다. 그러므로 만일 복음을 증거하는 증인 공동체가 없거나, 설사 있다고 하더라도 연약한 곳이 있다면, 그곳에서 선교의 책무를 지게 될 공동체가 세워질 때까지, 교회는 삶, 즉 말과 행위를 통해 복음을 증거할 수 있어야 한다. 선교 사역은 교회의 사역이며, 이 사역은 복음에 대한 참된 증거 공동체로서 교회가 형성되었을 때 종결된다.

선교 사역은 일반적으로 타문화권에 대한 사역이 될 것이다. 그러나 선교 사역이 반드시 타문화권에 한정된 사역이라고 정의되지는 않는다. 물론 선교 사역이 자신이 속한 나라 바깥에서 발생하는 경우가 있을 것이다. 그러나 항상 그런 것은 아니다. 예를 들면, 중국과 인도에는 서로 언어와 종족을 달리하는 많은 사람이 살아간다. 그런데도 중국인들과 인도인들은 인위적으로 형성된 국가의 경계를 근거로 함께 뭉치기도 한다.

이들 국가에 존재하는 종족 중 많은 종족 가운데 교회가 세워지지 않았다. 그래서 교회가 없는 종족들은 복음을 볼 수도 들을 수도 없다. 따라서 인도에서의 선교 사역은, 남인도에서 복음에 대한 증인이 없는 북인도 사람들에게 복음을 전달할 누군가를 파송하는 일이 될 수 있다.

오늘날 선교 사역에 대한 정의는 복음을 들고 문화적 또는 국가적 경계를 넘어 타문화권으로 가는 것만을 의미하지 않는다. 선교 사역에 대한 정의는 복음에 대한 증인이 없거나 약한 곳에서 복음 증거자를 세우는 일을 의미한다.

선교 사역의 본질을 좀 더 새롭게 주목해 보기 위해, 우리는 선교가 타문화적 협력(cross-cultural partnership)을 의미하지 않는다는 것에 주목할 수 있다. 타문화적 협력은 타문화권에 있는 교회들이 다양한 방식으로 선교 사역에 참여하기 위해 다른 문화권에 있는 교회로 사람들을 보낼 때 발생한다. 예를 들면, 만일 내가 아프리카 지도자들을 훈련하기 위해 신학교에서 교수직을 감당하기 위해 케냐로 갔다고 한다면, 나는 선교 사역에 참여하는 것이 아니라 타문화적 협력에 참여한 것이 된다.

교수로서 내가 하는 일은 복음 증거자가 없는 곳에서 복음에 대한 증거자를 세우고 있는 것이 아니기 때문이다. 나는 케냐의 교회를 지원하기 위해 타문화적 경계를 넘고 있는 것일 뿐이다. 다른 한편으로, 만일 내가 소말리아 출신 난민들 혹은 동북부의 무슬림 부족들—이들 두 그룹 안에는 극소수의 기독교인들만이 존재하고 있을 따름이다—과 함께 살기 위해 케냐로 갔다고 한다면, 그것은 선교 사역이다.

따라서 우리는 타문화권에 갔느냐 아니냐가 아니라 복음을 증거하는 사람이 부재하거나 거의 존재하지 않는 사람들 혹은 장소에 현존하면서 복음에 대해 증거하는 것에 초점을 맞추는 것으로 선교 사역에 대한 정의를 내린다.

이렇게 정의하는 것은 타문화권 협력이 갖는 가치를 감소시키고자 하는 의도에서 하는 것이 아니다. 타문화적 협력은 몇 가지 좋은 이유에서 참으로 중요하다. 그런데도 타문화적 협력은 어디까지나 협력과 관련된 표현이다.

첫째, 모든 교회는 함께 공유하는 선교적 소명을 감당하기 위해 세계교회에 제공할 수 있는 각기 다른 은사들과 자원들을 소유하고 있다. 아프리카에 있는 교회들이 가진 은사들과 필요는 아시아나 북미에 있는 교회들이 가진 것들과 다르다.

둘째, 타문화적 조우가 발생할 때마다 상호 강화와 비판도 발생할 수 있다. 문화 바깥에 서 있을 때 우리는 해당 문화 내부에서 살아가는 내부인들이 볼 수 없는 것을 볼 수 있다.

셋째, 타문화권 협력은 교회가 문화적 그리고 국가적 경계를 초월하는 사람들의 모임임을 강력한 방식으로 제시하는 잠재력이 있다. 기독교는 국가적, 종족적, 또는 대륙적 경계에 한정되지 않는다. 기독교는 세상의 모든 민족과 열방들로부터 모인 새로운 인류이다. 따라서 선교 사역은 타문화권 협력이 아니다. 둘 다가 본질에서 타문화적일 수는 있지만, 선교 사역은 교회가 감당하는 세계 선교에서 독특한 과업을 차지한다.

2) 이런 구별들의 중요성

어떤 사람들에게는 이런 주장이 그저 골치 아프게 따지고 있는 것처럼 보일 수도 있다. 그러나 이런 구별을 해야 한다는 주장에는 최소한 두 가지 중요성이 있다.

첫째, 이러한 구별을 해야 하는 정확한 이유는, 우리가 여전히 식민주의 시대의 사고방식을 유지해 왔고, 따라서 선교를 "해외"에서만 발생하는 것으로 보아 왔기 때문이다.

결과적으로, 사람이 되었든 자금이 되었든, 우리가 가지고 있는 선교 사역을 위한 자원은 타문화적 협력에 흡수되었고, 복음에 대해 전혀 들어 본 적이 없는 사람들에게 복음을 전달해 주는 사역이 무시되고 있다. 예를 들면, 선교적 교회에 대한 점증하고 있는 관심이 광범위한 서적들에서 다루어지고 있다. 이것은 좋은 일이다. 그러나 이제 막 싹이 트고 있는 선교적 교회 운동에서는 복음이 알려지지 않은 지역으로 복음을 들고 가는 일에 대해서는 별다른 언급이 없다. 선교(mission)가 선교 사역(missions)을 집어삼킨 양상이다.

우리가 보유하고 있는 선교 사역을 위한 자원은 먼저 타문화적 협력을 위해 사용되고 있다. 브라이언트 마이어스(Bryant Myers)는 우리가 보유하고 있는 선교를 위한 자원들이 불균형하게 배분되고 있는 현상을 "하나의 부정적 사건"(a scandal)이라 말한다.[3] 우리가 보유하고 있는 선교를 위한 자원 중 겨우 1%를 약간 웃도는 정도와 인력 자원 중 대략 10%만이 복음화되지 않은 지역들(unevangelized areas)에서 복음을 증거하는 사역을 세워 나가는 목적을 위해 실질적으로 사용되고 있을 뿐이다.

우리가 가진 자원 중 대부분은 전 세계에서 이미 잘 안착한 교회들을 세워 나가기 위해 사용되고 있다. 그리고 때로는 이러한 교회들이 선교 사역을 위해 선교사를 파송하는 교회(the sending church)보다 더 강력하기도 하다. 조금 전에 설명했던 비율을 사용해 말하자면, 전 세계교회의 자원 중 90% 이상이 케냐의 북부 지역에서 사역하는 교회 개척자들이나 복음 전도자들을 위해서가 아니라 나이로비에서 사역하는 신학교 교수들을 위한 지원 자금으로 사용되고 있다.

---

3 Bryant Myers, *The New Context of World Mission* (Monrovia, CA: Mission Advanced Research and Communication Center, 1996), pp. 48-55.

그리고 전체 인구 대비 케냐의 기독교인 인구 비율은 캐나다의 기독교인 인구 비율보다 높다. 다시 한번 밝히거니와, 타문화적 협력 사역이나 교회 간 지원 사역이 중요하지 않다는 것이 아니다. 이러한 사역들은 여전히 선교의 정당한 부분이고 에큐메니컬 교회 됨의 의미 있는 표현이기도 하다.

다만 내가 지적하는 문제의 핵심은 이러한 자원의 배분이 너무나도 불균형하게 이루어지고 있다는 사실에 대한 것이다. 선교 사역들이 간과됐다. 물론 이런 결과가 의도적인 것은 아니지만, 선교에 대한 과거의 가정들로 인해 초래된 혼란 때문에 야기된 것임은 분명한 사실이다. 그리고 선교와 관련된 애매한 용어들도 이런 문제를 지속하게 하는 데 기여하고 있다.

둘째, 구별이 중요한 이유는, 선교 사역이 교회의 선교에서 중요한 지리적 지평(geographical horizon)으로 남아 있다는 것이다. 지리적 지평이라는 우주적 지평을 잃는 것은 교회의 선교에 부정적인 영향을 미칠 것이다. 비록 이웃으로부터 선교가 시작되기는 하지만, 선교는 바로 옆에 있는 이웃을 대상으로 하는 것으로 제한될 수 없다. 선교는 땅끝과 모든 민족의 구원을 바라보는 것이다. 이러한 선교의 우주적 비전이 교회의 선교가 갖는 궁극적 지평이 될 것이다.

따라서 선교 사역은 단순히 교회가 갖는 총체적 선교의 다른 측면들과 병행하는 또 다른 측면이 아니다. 그보다 선교 사역은 관점과 방향을 제공하는 전체 선교사적 사역의 궁극적인 구속적-역사적 지평이다. 선교 사역의 지평은 교회의 모든 삶이 선교적이라는 것을 확실히 한다.

선교 사역이 없는 선교는 제한적이고(emaciated) 교구적인 개념에 불과하다.

"교회의 선교는 땅끝까지 관심을 갖는다. 그 차원을 잃어버린다면, 선교 사업의 핵심이 빠진 것이나 마찬가지가 된다."[4]

---

[4] Lesslie Newbigin, *One Body, One Gospel, One World: The Christian Mission Today* (London: International Missionary Council, 1958), p. 27.

2. 우리의 유산: 축소와 반응

1) 근대 선교 사역의 유산

근대 선교 운동이 남긴 유산과 그에 대한 오늘날의 반응에 대해 간단하게 살펴봄으로써, 우리는 과거를 재평가하고 향후 어떻게 방향을 잡아 나갈 것인가를 파악하는 데 훨씬 좋은 입장을 갖게 될 것이다. 19세기와 20세기 선교 운동은 어떤 사람들에 의해서는 혹독한 비판을 받았지만, 다른 사람들에 의해서는 당당하게 변호되었다.

그러나 아직까지 복음을 들어 보지 못한 곳으로 복음을 들고 나가는 사역에 충실했다는 것(당당히 변호되어 마땅한)과 선교사들의 사업을 형성했던 문화적 틀(혹독한 비판을 받아 마땅한)은 명백히 구별되어야 한다.

근대 시기 중에 진행된 선교 사역에 대한 공개적 비난의 많은 부분은 사실로서 인정되어야 한다. 그러나 근대 선교 사역에는 우리가 감사해야 할 부분도 많이 있음도 사실이다. 많은 것들이 성취되었다. 현재 교회는 세계 곳곳에 현존하고 있다. 그리고 지난 세기들에 진행되었던 타문화 선교사 사업이 세계 곳곳에서 감당해 낸 역할이 분명히 있다. 그리고 그 일을 위해 너무도 많은 사람이 신실하게 희생을 감수했다. 그러나 우리가 사는 세상은 그 당시의 세상과는 다르다. 따라서 우리는 새로운 상황 안에서 선교에 대해 숙고할 필요가 있다.

> 선교 사역을 위해 과거에 수행했던 행위들이 미래의 선교 사역을 위한 모델로 지속할 수는 없다. 그렇다면 우리가 처한 딜레마는 다음과 같이 표현될 수 있다. 우리의 선교 구조와 태도는 특정한 역사적 그리고 문화적 상황에 의해 형성되었다. 그러나 선교 사역은 그때와는 완전히 다른 상황 안에서 실현되어야 한다.
>
> James F. Engel and William A. Dyrness, *Changing the Mind of Missions*, p. 47.

19세기와 20세기 초반까지만 하더라도, 교회 대다수는 서구에 있었다. 그러므로 교회가 복음을 들고 교회가 존재하지 않았던 혹은 굳건한 복음 증거를 제공하기에 너무 작거나 연약한 지역으로 가는 것은 옳은 일이었다. 이런 이유로, 타문화권으로 가고자 하는 충동이 있어야만 했다. 사실상, 서구교회에 있어, 복음을 들고 세계의 다른 곳으로 가고자 하는 것에 관심을 기울이지 않는 것은 교회의 사역이 갖는 본질적인 부분을 무시하는 것에 불과했다.

그러나 그 사역이 실행되었던 방식에 대해서는 타당한 비판이 제기되어야 한다. 근대 선교 사업에 대한 비판은 두 가지 면에서 대두된다.

첫째, 선교 사업은 계몽주의 세계관에 대해서 무비판적이었고, 선교 사역을 형성한 식민주의적 틀에 대해서도 무비판적이었다. 우리는 지난 장에서 이처럼 훼손된 선교 방식에 대해 살펴보았다. 이처럼 훼손된 선교 방식은 비서구 문화들이 열등하다는 가정과 더불어 전 세계를 지배하는 문명으로서의 서구 문화가 갖는 우월성을 신뢰했다. 또한, 복음과 복음이 덧입은 서구적 형식을 구별하는 것에 대한 인식이 거의 없었고, 따라서 서구를 형성하는 강력한 우상 숭배적 이야기에 대한 비판을 거의 제기하지 않았다. 그리고 가장 실망스러운 것은, 선교 사역이 서구의 정치적 의지와 문화적 아이디어들 그리고 상업적 이익을 나머지 비서구 세계에 부과하는 것을 허용한 서구적 식민주의 그리고 서구적 제국주의와 융합되었다는 사실이다.

제임스 엥겔(James Engel)과 윌리엄 더니스는 우리가 선교 사역을 수행함에서 잘못된 부분이 어디였는지 파악하고자 했다. 두 사람은 후기 계몽주의 근대성이 근대 선교 운동에 영향을 준 방식에 대해 분석하고, "추수를 수행함에서 잘못된 것은 무엇이었는가?"라는 질문을 제기했다. 그들은 "근대성이 기독교 안으로 침투해 들어온 것"에 대해 말했다.[5]

근대성의 핵심을 관통하는 것은 신성한 것과 세속적인 것, 사적인 것과 공적인 것에 대한 문화적으로 근본적인 이분화였다. 교회가 이러한 비성경적인 이분법에 사로잡혔을 때, 삶 대부분 영역에서 복음이 배제되게 된다. 이러한 경향은 세 가지 부분에서 선교에 영향을 끼쳤다.

① 선교 대위임령에서 빠진 것이 두 가지가 있다. 하나는 사회적 행동의 누락이고, 다른 하나는 복음 전도에 도움이 되는 철저하고 총체적인 제자 훈련의 누락이다.
② 도구적 이성(instrumental reason), 기술, 특화된 기관들을 통한 진보에 대한 낙관적이고 세속적인 신뢰는 조직적 탁월, 고도로 중앙 집권화된 구조들, 전략들과 방법들에 대한 열중으로 가득한 관리 선교학(managerial missiology)으로

---

[5] James F. Engel and William A. Dyrness, *Changing the Mind of Missions: Where Have We Gone Wrong?* (Downers Grove, IL: InterVarsity Press, 2000), pp. 55-81.

귀결되었다.

③ 서구 산업주의에 대한 무비판적 포용으로 선교 사역은 개인들에게만 집중하게 되었고, 선교의 과제는 개인들에게 접근하여 그들을 복음화하는 것이 되었다. 이 과정에서 하나님이 선택하신 선구의 도구인 교회가 대체되었다.

다른 많은 사람도 우리가 잘못되기 시작한 지점이 어딘가에 대한 나름의 의견들을 제시했다. 그리고 이들이 제기한 비판에는 우리가 배워야 할 많은 것들이 있다. 물론 서구교회가 한 일들이 정당한 것이었는지에 대해 의문을 제기할 필요 또한 있다. 그리고 그 점에 관해서 우리는 명확히 해야 한다. 복음을 들고 비서구 국가들로 가는 것은 성경적인 충동이었다.

"무엇"은 사역 그 자체로부터 유래하는 방식과 방법을 의미하는 "어떻게"와 구별되어야 한다. 우리는 어떻게, 즉 방식과 방법에 대해서는 비판적일 수 있다. 그러나 이전에 복음이 존재하지 않았던 곳에서 복음에 대한 증인을 세우는 사역은 과거에도 그렇고 지금도 근본적으로 성경적임을 유지해야 한다.

둘째, 선교가 선교 사역으로 축소되었다는 비판이다. 근대 선교 사업은 교회의 선교를 교회의 선교가 갖는 총체적 선교의 한 측면, 즉 복음을 들고 복음이 증거되지 않은 세상의 다른 지역으로 가는 것으로 축소되었다. 선교를 그 한 부분을 차지하는 선교 사역으로 축소하는 결과를 초래한 일부 이유는, 자신이 속한 문화에 대해 비판적 자세를 견지하지 않은 교회 때문이었다. 우리는 이런 환원주의적 견해에 대해 비판적인 태도를 보여야 한다.

선교는 우리의 삶만큼이나 광범위하다. 그러나 다시 한번, 선교 사역은 아직까지 복음을 들어 보지 못한 다수 비서구 세계 상황에서는 교회가 취해야 할 적절한 반응이다.

선교 사역이 세계교회가 존재하는 오늘날과 같은 세상에서는 새로운 방법을 찾아야 한다는 것은 분명하다. 그러나 아직까지 복음에 대한 증인이 없는 사람들과 장소에 복음을 들고 찾아가는 선교 사역은 교회의 선교에 통합적인 부분으로 남아 있다.

2) 근대 선교 유산에 대한 20세기 교회의 반응

대략적으로 말하자면, 개신교 교회 내에는 근대 선교 운동에 대한 두 가지 현대적 응답이 존재한다. 일반적으로, 에큐메니컬 전통은 근대 선교 사역이 근대성과 식민주의에 의해 오염된 방식을 민감하고 고통스럽게 인식해 오고 있다. 이러한 성향 때문에, 에큐메니컬 전통은 근대 선교 사역에 대해 당혹감을 느껴왔고 복음이 아직 알려지지 않은 지역으로 복음을 가지고 가는 사역으로서의 선교 사역으로부터 분리되기를 원하게 되었다. 물론 다른 요인도 작용했다. 그러나 일반적으로 진술하자면, 에큐메니컬 전통은 더 근대 선교식 선교 사역에 참여하지 않는다고 말할 수 있다.

에큐메니컬 전통과는 다르게, 복음주의 전통에 있는 사람들을 근대 선교 운동 방식의 선교 사역에 대한 활력 있는 헌신을 지속했는데, 때에 따라서는 다양한 사업들도 병행했다. 복음주의 전통에서는 계몽주의 근대성에서 유래한 가정들을 무비판적으로 수용하면서도, 식민주의 시대 유산에 대해 지속적인 채무의식을 느끼는 예도 있었다. 따라서 만일 계몽주의 근대성이 에큐메니컬 전통에서는 그 빛을 잃어 가고 있었던 반면, 복음주의 전통에서는 오히려 더욱 확고하게 자리를 잡아 왔다. 그러나 이러한 일반적인 경향이 변화하고 있다. 그런데도 갈 길이 여전히 멀다.

근대 선교 운동에 대한 이들 두 가지 반응을 보면서, 우리도 유사한 문제에 직면하고 있음을 본다. 복음이 절대 전달되지 않은 지역에 복음을 들고 가는 근본적으로 성경적인 사역과 지난 두 세기 동안 있었던 서구식 실천 행위 사이에 신중한 구별이 이루어지지 않았기 때문이다. 과거식의 선교 사역을 거부하는 사람들은 오직 후기 계몽주의 문화의 우상들에 의해 오염된 부분만을 볼 수 있을 따름이다. 현 상태를 유지하고 있는 사람들은 복음을 증거하는 사람이 없는 곳에 복음에 대한 증인을 세우는 것이 성경적이라는 사실만을 볼 수 있을 따름이다.

물론 여기에서 필요한 일은 타당한 사역이 무엇인지에 대해 인지하는 것이다. 그리고 과거로부터 얻은 교훈에 근거하여 복음에 대한 어떤 신실함이 오늘날에도 타당하게 보이는지도 질문할 필요가 있다.

> 선교 운동은 이제 노년기에 접어들었다(in its old age). … 근대 선교 운동을 양산한 조건들이 변화되었으며, 그 조건들은 역사의 주인(the Lord of history) 되신 분에 의해 변화되었다. 그리고 선교 운동 그 자체로 인해 교회가 몰라볼 정도로 변화되었다. 이러한 변화를 한 시대의 종말을 보여 주는 것이라 언급하는 것은 오해의 여지가 있다. 왜냐하면 한 시대의 종말이라는 말은 일종의 역사적 최종성(historic finality)을 암시하기 때문이다. 사실상 현재에도 지속하고 있는 연속성들이 훨씬 더 중요하다. 선교 운동이 선언한 프로그램으로서 세계 복음화에 대한 과업은 아직 끝나지 않았다. 교회가 갖는 본질에서 선교적인 성격과 기독교인들이 갖는 본질에서 선교적인 소명이 우리가 시작하는 지점이다. 변화되고 있는 것은 사역 자체가 아니라, 사역의 수단과 방식이다.
>
> Andrew F. Walls, *The Missionary Movement in Christian History*, p. 261.

3. 성경으로 돌아가기

오늘날 선교 사역에 대한 신선한 접근 방법은 성경으로 돌아가는 것으로 시작해야 한다. 우리가 다루고 있는 주제와 상관성을 갖는 성경의 가르침은 네 가지 요소들로 짤막하게 정리할 수 있다.

첫째, 아주 단순하게 복음은 참된 것이며 따라서 보편적 중요성이 있다. 따라서 복음은 만민을 위한 메시지다.

둘째, 태초로부터 하나님의 선교는 우주적 지평을 갖고 있다.

이러한 사실은 어떻게 모든 나라가 태초로부터 하나님의 선교에 자리하고 있었는지 성경을 살펴보며 추적해 볼 수 있다. 이는 성경 전체에 반복적으로 등장하는 한 구절, 즉 "땅끝까지 이르러"(행 1:8; 참조. 시 67:7; 사 49:6; 52:10)를 통해 볼 수 있다. 땅끝은 항상 우주적이었고 하나님의 구속 사역의 궁극적 지평이었다. 결과적으로 땅끝은 하나님의 선교적 움직임이 지향하는 목표이다. 하나님의 목적의 움직임은 항상 특정한 곳에서 출발하여 보편적인 곳을 향해 움직여 갔다. 하나님은 항상 모두를 구원하시기 위해 일부를 선택하셨다. 유대인들뿐만 아니라 이방인들을 향한 선교에 착수한 초대 기독교인들은 하나님이 아브라함, 이스라엘, 다윗과 시온을 선택하셨을 때 정확히 세우신 우주적 목적을 향해 움직여 갔다.[6]

---

6 Richard Bauckham, *Bible and Mission: Christian Witness in a Postmodern World* (Grand Rapids: Baker

셋째, 우리는 안디옥교회(행 11:19-26; 13:1-3)로 시작되는 사도행전에서 발견되는 패턴을 신중하게 취급해야 한다. 여기에서 우리는 선교를 위한 신약성경의 핵심적 패턴을 발견한다. 안디옥교회의 등장 이후 사도행전에서 펼쳐지는 장들을 통해, 우리는 성령께서 열방을 향해 당신의 선교를 펼쳐 가시는 방식을 들여다 볼 수 있다. 사도행전 13:1-3에 진술되어 있는 이야기는 "해외 선교 사역을 위한 최초의 계획된 노력으로" 묘사되고 있다.[7]

그리고 비록 교회가 의도적으로 유대적 환경을 넘어 이방인들에게 나아가는 이 사건이 구속 역사에서 독특하고 다시 반복되지 않을 최초의 순간이기는 하지만, 그런데도 안디옥교회는 "이상적인 공동체상"으로 묘사되고 있다.[8] 다른 말로 하자면, 사도행전의 저자는 바로 이 지점에서 발생하는 선교를 앞으로 도래할 모든 시대의 교회들을 위한 패러다임으로 보기를 원하고 있다는 것이다.[9]

윌버트 솅크는 안디옥교회에 있던 선교에 대한 두 가지 다른 방식을 정확하게 관찰했다.

> **유기적 방식**(organic mode, 행 11:19-26). 선교의 유기적 방식을 채택할 때, 교회는 "하나님의 통치에 관한 주장에 근거하여 그들의 문화가 가진 지배적인 타당성 구조(plausibility structure)에 도전한다. … 지금과 앞으로 도래할 미래에도 지속할 하나님의 통치에 대한 증거는 제자들의 공동체적 삶의 핵심에 자리하고 있었다. 그리고 교회는 유기적으로 성장했다." 이것이 바로 내가 선교라고 명명한 것이다.
>
> **파송 방식**(sending mode, 행 13:1-3). 이 방식에서는 "특정 개인들이 순회 사역을 위해 따로 구별되어 세워졌고, 그들을 통해 로마 세계의 주요 도시들과 지역들에 신앙을 확산시켰다."[10]

Academic, 2003), p. 47. (『성경과 선교』, 새물결플러스 역간)

[7] Ben Witheringgon III, *The Acts of the Apostles: A Socio-Rhetorical Commentary* (Grand Rapids: Eerdmans, 1998), p. 390.

[8] Richard P. Thompson, *Keeping the Church in Its Place: The Church as Narrative Character in Acts* (New York: T & T Clark, 2006), p. 153.

[9] 바울의 선교에 대한 좀 더 상세한 분석은, Eckhard Schnabel, *Early Christian Mission*, vol. 2, *Paul and the Early Church* (Downers Grove, IL: InterVarsity Press, 2004), pp. 923-1485을 보라. 그는 후에 역사적 경험들을 규범적인 것으로 쉽사리 포용하는 것에 대해 조심해야 한다는 점에 주목한다. 그는 우리를 자극할 만한 토론을 제공하는데(pp. 1569-88), 토론을 위해 "묘사된 것과 (아마도) 규범적인 것을 해석학적으로 구분하는" 방식에 대해 다수의 현대 선교학자들을 끌어들인다(p. 1570).

[10] Wilbert Shenk, *Write the Vision: The Church Renewed* (Valley Forge, PA: Trinity Press International, 1995), pp. 92-93.

롤랜드 알렌(1869-1947)은 당시 서구의 선교사적 활동에 대해 비판적이었다. 그는 바울의 선교 방법들을 분석하고 당시의 선교 활동과 비교했다. 바울은 최대로 잡아도 한 지역에서 몇 년밖에 머물러 있지 않았고 선교를 지속할 교회를 남겨 두고 그 지역을 떠났다.[11] 알렌은 또한 사도행전에 등장하는 초대교회가 왜 그렇게 빠르게 성장했는지 물었다.

알렌은 이러한 성장을 "자발적 교회 확장"(the spontaneous expansion of the church)이라 불렀다. 그는 교회가 각 지역에서 먼저 두 가지를 통해 복음에 대해 증거했다고 결론 내렸다. 이 두 가지는 자발적인 복음 전도와 사람들이 "무의식적으로 나누고 싶은 삶에 대한 비밀을 발견하게" 이끄는 "기독교 교회의 저항 불가능한 매력"이었다.[12]

그러나 그는 복음 전도와 교회의 삶에 더하여 세 번째를 더했는데, 그것은 "새로운 교회들을 추가하는 것으로 발생한 교회의 확장"이었다.[13] 사도행전은 교회가 존재하지 않는 지역들에 새로운 교회들을 개척하는 패턴을 보여 준다. 말씀과 그에 따르는 삶으로 살아가는 교회들이 복음에 대해 증거했다.

> 만일 선교 사역을 적용하려 한다면,
>
> ① 하나님의 주도에 대해 민감하고,
> ② 전 세계 다양한 문화들을 통해 굴절된 그리스도의 통치에 대한 비전에 의해 동기가 부여되고,
> ③ 영향력 있는 다수의 중심지들에서 상호 공유하는 것으로 특징지어지고,
> ④ 동업과 협업에 헌신된 것이어야 한다.
>
> 이러한 일이 사역들 가운데서 발생하기 위해, 하향식 조직 **변화**(transformation)나 상향식 조직 **변화**가 필요한 것은 아니다.
>
> James F. Engel and William A. Dyrness, *Changing the Mind*, p. 147.

넷째, 본 장의 나머지 부분을 위한 기반을 설정하는 것으로, 선교 사역은 지역 회중의 우선적 과제라는 것이다. 유기적 방식으로 행하는 선교는 파송 방식으로

---

11 Roland Allen, *Missionary Methods: St. Paul's or Ours?* (Grand Rapids: Eerdmans, 1962)
12 Roland Allen, *The Spontaneous Expansion of the Church* (Grand Rapids: Eerdmans, 1962), p. 7.
13 Ibid.

행하는 선교로 나아간다. 성령의 유도하에 바울과 바나바를 로마 제국 전역으로 파송하는 데 주도적인 역할을 한 것이 안디옥교회다.

그러나 이렇게 시작한 안디옥교회의 사역은 하나의 지역 회중의 프로젝트로 머물지 않고 협력을 위한 길을 개방했다. 선교사적 여정을 계속해 나감에 따라, 다른 교회들도 바울의 사역을 재정적으로 그리고 기도로 지원하는 데 참여하게 된 것을 볼 수 있다. 선교 사역은 모든 회중의 과업이고, 총체적 복음을 전 세계에 전하는 것은 모든 교회가 함께해야 하는 과업이다.

4. 세계의 필요

사도 바울 시대에는 필요가 있는 곳이 어디인지는 분명했다. 예루살렘과 이스라엘 지경을 넘어서는 곳이라면 어느 곳이라도 필요가 있는 곳이었다. 그리고 19세기와 20세기에는 선교 사역에 대한 필요는 서구 국가들의 지경을 넘어선 곳이었다.

그러나 오늘날은 어떠한가?

교회가 지구상 모든 나라에서 발견되고 있는 오늘날에는 세계의 필요를 어떻게 밝힐 수 있을까?

간혹 학생들이 나에게 서구 선교사가 여전히 필요한 곳이 있는지에 대해 질문을 해 오는 경우가 있다. 그에 대한 나의 답변은 큰 소리로 그렇다고 말하는 것이었다. 왜냐하면 여전히 복음을 증거할 공동체가 없는 종족들과 장소들이 많이 존재하기 때문이다.

이러한 장소와 사람을 어떻게 확인할 수 있을까?

1) 미전도(unreached) 종족들

지난 3, 40여 년 동안 선교 사역 주창자들이 선교사들이 필요한 지역을 확인하는 데 사용한 방법들 중 하나는 미전도 종족 그룹이라는 명칭으로 구분하는 것이었다. 하비 콘은 1984년에 이렇게 말했다.

> 지난 10년 동안 특히 복음주의 진영들 내에서 아직 끝나지 않은 과업에 대해 신선한 방식으로 기억을 환기해 주는 개념, 즉 미전도 종족이란 개념이 등장했다. 하나

의 기술적 범주로서, 이 개념은 구원의 길 되신 그리스도를 모르는 전 세계 인구 중 3분의 2에 해당하는 사람들에 대한 접근 계획을 위한 전략적 필요에서 나온 것이다. 최소한 10억 명의 사람들이 지역 교회들 때문에 복음화될 수 있다. 그러나 여전히 선교사들에 의해서만 접근이 가능할 수 있는 20억 명의 다른 사람들이 존재한다. '미전도 종족'에 대한 강조는 선교 과업에 대한 한 가지 접근 방법이다.[14]

이 개념은 랄프 윈터(Ralph Winter)가 로잔 회의(1974)에서 "미전도 종족들"이라는 용어를 사용했을 때 그리고 1979년부터 1987년까지 미전도 종족들이라는 제목이 붙은 MARC 시리즈를 통해 대중화되었을 때 견인력을 얻었다.[15] 그때 이후, 랄프 윈터를 넘어서, 두 사람의 중요한 인물들, 즉 『세계기독교사전』(*World Christian Encyclopedia*)[16]의 편집자인 데이비드 바렡(David Barrett)과 수년 동안 『세계 기도 정보』(*Operation World*)[17]를 편집하고 발행했던 패트릭 존스톤(Patrick Johnstone)이 미전도 종족들에 관한 토론에 참여했다. 이 논의에 참여한 다른 많은 사람이 있다. 여러 가지 우여곡절이 있었음과 새로운 용어들과 다양한 정의들의 등장을 관찰할 수 있지만, 미전도 종족들에 대한 아이디어는 복음주의 진영 내에서 여전히 존속되고 있다.[18]

그때 이후로 다양한 정의들이 표명되기는 했으나, 모든 정의는 어떤 식으로든 두 가지 질문에 대한 답을 확인하기 위해 노력하고 있다.

"종족 집단이 무엇인가?"

"그 종족이 미전도 상태라는 것이 의미하는 것은 무엇인가?"

---

[14] Harvie Conn, *Reaching the Unreached: The Old-New Challenge*, ed. Harvie M. Conn (Phillipsburg, NJ: Presbyterian & Reformed, 1984), p. vii. 서문.

[15] Samuel Wilson, "Peoples, People Groups," in *Evangelical Dictionary of World Missions,* ed. A. Scott Moreau (Grand Rapids: Baker Books, 2000), p. 745. (『선교학 사전』) 랄프 윈터는 1983년 두 개의 논문을 통해 이 개념이 확립된 과정에 대한 자신의 분석을 제공하기도 했다. 두 논문은 다음과 같다. "Unreached Peoples: The Developmentof the Concept" 그리고 "Unreached Peoples: What Are They and Where Are They?" in Conn, *Reaching the Unreached*, pp. 17-60.

[16] David B. Barrett, George T. Kurian and Todd M. Johnson, *World Christian Encyclopedia: A Comparative Survey of Churches and Religions in the Modern World* (2nd ed.; 2 vols. Oxford:Oxford University Press, 2001).

[17] 『세계 기도 정보』는 이제 7번째 개정판을 발행했고(Colorado Springs, CO: Biblica Publishing, 2010), 현재는 제이슨 맨드레이크(Jason Mandryk)가 편집을 맡고 있다. 여섯 번째 개정판(2001년, 2005년에 최신 정보가 업데이트되고 수정되었다)은 맨드레이크와 패트릭 존스톤이 공동으로 편집을 맡았다. 이전 다섯 권의 개정판들에 대해서는 패트릭 존스톤이 편집 작업을 진행했다.

[18] Joshua Project, "What Is a People Group?" (http://joshuaproject.net/resources/articles/what_is_a_people_group).

첫 번째 질문에 대해, 로잔전략위원회(the Lausanne Strategy Working Group)가 1982년부터 사용하고 있는 초기 정의는 다음과 같다.

> 서로가 공동의 친밀감을 가지고 있다고 인식하고 있는 사람들로서, 복음화의 관점에서 볼 때, 복음을 이해하거나 수용해 나가는 과정에서 여하함의 장애물과 맞닥뜨리지 않고 복음이 확산하는 것이 가능한 가장 큰 종족 그룹이다.

이 정의가 종족 그룹을 구성하는 것을 규정하는 과정의 출발점이었다. 오늘날에는 네 개의 다른 모델이 제시되고 있다.

① "언어적" 구분으로, 종족 그룹은 하나의 언어 또는 특정한 방언을 매개로 하나로 묶여 있는 그룹이다.
② "민족-언어적"(ethno-linguistic) 구분으로, 종족 그룹은 언어와 일정한 민족성을 매개로 하나로 묶여 있는 그룹이다.
③ "민족적"(ethnic) 구분으로, 언어와 민족성뿐만 아니라 종교, 카스트, 문화와 같은 다른 요인들에 의해 하나로 묶여 있는 그룹닙다.
④ "유니맥스"(unimax) 구분으로, "하나의 토착교회 개척 운동이 접근 가능한 최대 규모의 연합된 사람들의 집단"으로 정의되는 그룹이다.

여기에서 '연합된'이란 "복음의 확산을 막을 정도로 복음을 이해하거나 수용하는 데 심각한 장애 요소가 되는 것이 없다는 사실을 언급하는 말이다."[19] 네 구분 중 마지막 그룹에는 교육, 정치, 이데올로기, 역사적 적대감, 풍습과 행동과 같은 다양한 요소들이 더해진다.[20] 분명히, 이들 각각의 정의는 다른 수치를 산출할 것이고, 분석을 위한 다양한 장점을 제공할 것이다. 그러나 각각의 정의는 완수되어야 할 선교 사역이 무엇인지를 확인하려는 목적을 위해 사람들을 하나로 묶는 것이 무엇인지에 대해 질문하고 있다.

---

[19] Ralph D. Winter and Bruce A. Koch, "Finishing the Task: The Unreached Peoples Challenge," *International Journal of Frontier Missions* 16, no. 2 (1999): 70 (www.ijfm.org /PDFs_IJFM/16_2_PDFs/02%20Winter_Koch10.pdf).
[20] Joshua Project, "How Many People Groups Are There?" (www.joshuaproject.net/assets/ media/assets/articles/how-many-people-groups-are-there.pdf).

두 번째 질문은 아직까지 복음을 들어 보지 못한 사람들에게 미전도 종족이 의미하는 것이 무엇이냐에 대한 것이다. 이에 대해서는 다양한 관련 정의들이 수립되었는데, 이는 특정 그룹 내 복음을 알지 못하는 사람들에게 접근할 수 있을 정도의 충분한 자원을 갖춘 토착교회가 존재하느냐 여부와는 상관없는 것이다. 정의의 이와 같은 측면은 새롭게 개선된 로잔 언약의 정의에서 분명하게 드러난다.

1982년 3월에는 미전도 종족 그룹은 "해당 그룹에 속한 사람들을 복음화시킬 수 있는 기독교인들로 구성된 토착 공동체가 존재하지 않는 종족 그룹"으로 정의되었다. 훗날 "시킬 수 있는"이란 말이 수정되었고, "외부의(타문화적) 도움 없이 해당 그룹에 속한 사람들을 복음화시킬 수 있는 적절한 수와 자원을 소유한 토착 기독교 공동체가 존재하지 않는 종족 그룹"으로 수정되었다.[21] 이 정의에 따르면, 선교 사역은 자기 종족을 복음화시킬 수 있는 적절한 수의 기독교인들과 자원을 소유한 토착교회를 설립할 때라야 비로소 끝나게 된다.

이러한 정의들의 갖는 핵심적 요소는 상황화에 대한 언급이다. 단지 이들 종족 그룹들 내에 교회가 존재하는 것만으로 충분하지 않다. 이런 교회들은 자신들을 둘러싸고 있는 이웃들을 친숙한 방식으로 복음화시킬 정도로 충분히 토착적이어야 한다. 토착교회에 대한 강조는 교회 구성원들이 자신들이 속한 종족 그룹에 대해 충분히 편한 마음을 가져야 하고, 결과적으로 그들의 삶과 말 그리고 행위가 복음을 효과적으로 상황화시켜 자신들이 속한 종족 그룹이 이를 이해할 수 있게 해야 한다는 점에 관심을 기울인다.

그렇다면 "아직도 끝나지 않은 과업"(unfinished task)은 무엇인가?

2004년 로잔 특별 보고서는 13,330의 민족-언어 종족 그룹들 가운데서 최소한의 복음화를 이룬 그룹을 4천 3백 개(32%)로 파악했다. 2만 7천 개 유니맥스 종족들 가운데서 1만 3천 개(48%) 종족을 아직 복음을 들어 보지 못한 미전도 종족으로 분류했다.[22]

이 글을 쓰고 있는 현재, 그리스도를 따르는 최소한의 인원이 있는 종족 그룹들을 파악하고자 하는 여호수아 프로젝트가 제시한 수치를 따르자면, 세계에는 16,804개의 종족 그룹들이 존재하며, 이들 종족 그룹 중에서 미전도 종족과 최소 정도에만 복음이 전달된 종족 집단의 수는 7,289개로, 전 세계 인구 중 40.7%를

---

21 Winter, "Unreached Peoples: The Development of a Concept," p. 37.
22 Todd M. Johnson, Peter F. Crossing and Bobby Jangsun Ryu, "Looking Forward: An Overview of World *Evangelization*, 2005-2025; A Special Report for the Lausanne 2004 Forum on World Evangelization Center for the Study of Global Christianity, Gordon-Conwell Theological Seminary," p. 11 (www.gordonconwell.edu/resources/documents/Lausanneinsert.pdf).

차지한다.²³ 이들 숫자는 미전도 종족과 최소 정도에만 복음이 전달된 종족 집단의 대략 5% 미만만이 기독교인이고, 복음주의에 속한 기독교인의 비율은 2% 미만이라는 가정에 기초하여 계산된 것이다.

현대 도시 세계에서 이와 같은 개념이 갖는 유용성에 관한 관심들이 있다. 사무엘 윌슨(Samuel Wilson)은 다음과 같이 말했다.

> 오늘날까지 남아 있는 정의 대다수는 비도시인들, 전통적인 종족들에게 더 유용한 것이다.²⁴

그러나 하비 콘과 마누엘 오르티즈는 이 개념이 도시 선교를 위해 더 유용할 수 있다는 태도를 보이는 것 같다. 그들이 토론 중에 "종족 그룹들의 성격"에 대해 다음과 같이 언급한 적이 있다.

> 이것은 도시 생활이 내포하는 중첩적인 다원주의를 다룰 수 있는 전략들을 세워 나가는 데 필요한 접근 방식이다.²⁵

하비 콘과 마누엘 오르티즈는 종족 그룹을 민족성(ethnicity)으로 한정함으로써 이질성(heterogeneity)과 도시 생활의 복잡성을 놓치는 정의에 대해 비판적이 태도를 보였다. 그들은 "상주, 계층, 카스트, 경력, 국적, 레저, 여행, 다양한 클럽들, 다양한 단체들, 산업화, 그 외의 것들"을 포함하길 원한다.²⁶

콘과 오르티즈는 사람들을 하나로 묶고 그들의 자기 이해를 형성하는 공의 친밀성을 이해할 것을 강조한다. 이렇게 함으로써 효과적으로 상황화를 진행할 수 있다고 믿기 때문이다. 그들은 이 개념이 어떻게 교회를 분리하는 데 사용될 수 있는지, 또는 성경이 아닌 사회 과학들에 기초한 전략을 모색하는 데 사용될 수 있는지는 비판을 제기하지 않는다.

---

23 Joshua Project (www.joshuaproject.net).
24 Wilson, "Peoples," p. 745.
25 Harvie M. Conn and Manuel Ortiz, *Urban Ministry: The Kingdom, the City, and the People of God* (Downers Grove, IL: InterVarsity Press, 2001), p. 315..
26 Harley Schreck and David Barrett, "Two Ways of Understanding Peoples and Their *Evangelization*," in *Unreached Peoples: Clarifying the Task*, ed. Harley Schreck and David Barrett (Monrovia, CA: MARC, 1987), pp. 16-17, Conn and Ortiz, *Urban Ministry*, p. 316에서 재인용.

그러나 두 사람은 복음이 문화를 확정하는 동시에 비판적일 수 있다는 점을 분명히 하면서, 특정 문화 안에서 복음이 마치 집에 있는 듯 편하게 이해되기도 하면서 동시에 불편한 입장을 견지하는 것으로 이해하는 상황화의 관점에 대해 논의를 진행한다. 따라서 특정한 종족 그룹을 향해 상황화된 증거는 인종과 계층에 대해 배타적인 방식으로 단언할 수 없다.

미전도 종족에 관한 토론은 오랫동안 진행되었고 그 양상 또한 복잡하다. 미전도 종족에 관한 토론에는 긍정적인 부분이 많기도 하지만 신중하게 봐야 할 부분도 많다. 그러나 미전도 종족에 대한 논의는 교회가 선교 사역의 과업이 아직 끝나지 않았음을 인지하는 데 도움이 되는 도구로 볼만한 가치가 있다. 콘은 다음과 같이 믿는다.

> '종족 그룹들'이란 용어와 '미전도 종족 그룹들'이란 용어는…. 여전히 지속할 필요가 있는 일에 관해 대강의 계획을 세우려는 기능적 시도(functional attempt)이다. … 정의를 내리고자 하는 수고스러운 노력의 가치는 복음을 알지 못하는 사람들에게 접근하는 것에 관한 관심을 고무시키는 교육적인(pedagogical) 도구로 작용한다.[27]

아마도 콘의 관점이 최선일 것이다. 종족 그룹들에 대한 정의를 내리는 것은 우리가 아직 완수해야 할 일이 있다는 것을 인식하는 데 도움이 되는, 틀릴 수도 있는 기능적인 도구일 뿐이다. 우리는 이러한 시도가 선교 사역을 관리 가능한 사업으로 간주하는 것이 아님을 알 필요가 있다.

정보에 대한 고속의 처리 능력과 점차 정교해지는 통계는 후기 계몽주의적 근대성이 갖는 기술적 사고방식에 근거한 접근 방식, 즉 효율성과 성장이 성공적인 선교를 위한 궁극적인 기준으로 보는 접근 방식으로 인도할 수 있다.[28]

그러나 선교 사역에 대한 더 광범위한 이해의 부분으로 활용되는 하나의 도구로서, 종족 그룹들에 대한 개념은 복음에 대해 들어 보지 못한 종족들이 여전히 있음을 강조하고, 필요한 은사를 소유한 사람들을 그러한 장소와 종족들에게 보내는 것이 여전히 필요하다는 것을 강조하는 데 도움이 될 것이다

---

27 James W. Reapsome, "Definitions and Identities: Samples from the Ongoing Discussion," in Conn, *Reaching the Unreached*, pp. 64-65에서 인용.
28 Jacques Ellul, *The Technological Society, trans. John Wilkinson* (New York: Knopf, 1964); Engel and Dyrness, *Changing the Mind of Missions*, p. 113.

2) 세 가지 주요 집단

나는 1980년대 콘이 미전도 종족 그룹들에 관해 강의하던 선교학 과목을 기억한다. 상당히 복잡한 토론 후, 그는 자신의 손을 들고 크게 웃으면서 말했다.

> 나는 여전히 끝나지 않은 선교 사역이란 과업을 분석하는 데 가장 도움이 되는 것은 세 개의 집단들, 즉 7억 명의 무슬림들, 5억 명의 힌두교인들, 10억 명의 중국인들이라고 생각합니다.

물론, 그 이후 이 숫자들은 계속해서 상승했고, 이제는 16억 명의 무슬림들, 10억 명에 가까운 힌두교인들, 13억 명의 중국인들이 되었다. 어쨌거나, 이 세 개의 집단은 선교 사역이 여전히 필요함을 분명히 지적해 준다.

그러나 질문은 이것이 너무 둔탁한 도구냐의 여부에 대한 것이 아니다. 폴 해태웨이(Paul Hattaway)는 700페이지가 넘는 분량의 『오퍼레이션 차이나: 중국의 모든 종족에 대한 개관』(Operation China: Introducing All the Peoples of China)란 제목의 두꺼운 책을 발간했다.

이 책의 관심은 중국에는 450개의 소수 종족을 포함한 10억 명 이상의 사람들이 존재한다는 사실을 강조하는 것이다. 비록 450개 소수 종족은 중국 전체 인구의 6.7%에 불과하지만, 이들 소수 종족이 중국 전체 영토의 62.5%의 넓은 지역에 거주하고 있다. 인도의 상황도 이와 유사하게 복잡하다. 싱(K. S. Singh)의 기념비적인 작업은 인도에 461개의 부족 공동체가 있음을 소개하고 있다.[29]

라젠드란(K. Radendran)은 100만 명 이상의 인구와 지리적으로나 정치적으로 전략적 지위를 확보한 거의 150개에 달하는 규모가 큰 종족들이 있다는 사실에 주목했다.[30] 무슬림의 사정도 동일하게 복잡한데, 무슬림은 많은 나라에 흩어져 거주하고 있다. 그러나 세 개의 주요 집단에 주목함으로써 이 세상에 많은 종족이 존재하고 있으며, 그중에는 복음에 대해 듣고 볼 필요가 있는 종족들이 있다는 것을 기억하는 것이 중요하다.

---

29 K. S. Singh, *People of India: The Scheduled Tribes* (Oxford: Oxford University Press, 1994).
30 K. Rajendran, "Understanding Unreached Peoples," *India Missions* (July-September 2005): 8-17.

3) 10/40 창

세계의 필요를 밝히기 위해 개발된 대중적으로 알려진 또 다른 도구는 "10/40 창"이다. 1989년 7월 마닐라에서 열린 제2차 로잔대회 전체 회의에서, 루이스 부시(Luis Bush)는 대다수 미전도 종족들이 "서부 아프리카를 가로질러 아시아에 이르는, 적도에서 북쪽으로 10도에서 40도 사이에 걸쳐 살고 있다"라고 진술했다.[31] 부시는 몇 가지 이유에서 세계에서 이 지역에 대한 선교 사역에 초점을 맞출 것을 교회에 요청했다. 여기에서 나는 다섯 가지 이유에 대한 리스트를 언급하도록 하겠다.

첫째, 그 지역이 사람들이 있는 곳이기 때문이다. 세계 인구의 3분의 2, 즉 45억 명 이상의 인구가 이 창 지역 내에서 살아간다.

둘째, 세계에서 가장 복음화가 진행되지 않은 사람들과 국가들이 자리하고 있는 지역이기 때문이다. 세계에서 가장 복음화가 진행되지 않은 55개 국가의 30억 명 사람들 가운데 97%가 이 창 안에서 살아간다. 여호수아 프로젝트는 다음과 같이 덧붙인다.

> 평가하건대, 28억 5천만 명의 사람들이 대략 5,823개 미전도 종족들에서 살아가는데. 이들은 10/40 창 안에서 살아간다. 10/40 창은 또한 100만 명 이상의 가장 큰 규모의 미전도 종족들을 포함하고 있다. 이에 더하여, 10/40 창에는 세계에서 가장 복음화가 안 된 거대 도시들, 즉 최소한 인구 100만 명 이상의 거대 도시들의 압도적 다수가 존재한다. 가장 복음화가 이루어지지 않은 가장 규모가 큰 50개의 거대 도시 모두가 10/40 창 안에 존재하고 있다![32]

셋째, 10/40 창은 세계에서 가장 규모가 큰 주요 종교 집단의 다수 인구가 거주하는 지역이다. 8억 명 이상의 무슬림, 7억 명 이상의 힌두교인, 2억 명 이상의 불교도가 10/40 창 지역에 거주하고 있다.

넷째, 이 지역은 세계에서 가장 가난한 사람들의 다수가 모여 사는 지역이다 가난한 사람 중에서도 가장 가난한 사람들로 분류되는 사람 중 80%가 이 창 지역에

---

[31] Luis Bush, *Getting to the Core of the Core: The 10/40 Window* (San Jose, CA: Partners International, 1990), p. 1.
[32] Joshua Project, "What Is the 10/40 Window?" (www.joshuaproject.net/resources/articles/10-40-window.php).

거주하고 있다. 삶의 질이 가장 낮은 50개 국가가 이 지역 안에 있다.

다섯째, 선교사 중 매우 낮은 비율만이 이 지역에서 사역하고 있다. 통계마다 다르기는 하지만, 10/40 창 지역에서 사역하고 있는 선교사들의 비율이 10% 이하라는 것은 분명한 사실이며, 그중에서도 더 낮은 비율의 선교사들만이 가난한 사람들을 대상으로 사역하고 있다.

미전도 종족 그룹들에 대해 지적했던 것과 같은 지적을 10/40 창에 대해서도 지적해야 한다. 10/40 창은 세계의 필요를 밝히기 시작하는 데 도움이 되는 도구이다. 그 이상도 아니고 그 이하도 아니다. 이 창은 이제까지 간과됐던 세계 지역들에 대해 강조하고 교회를 청해 이 지역에 대한 교회의 선교사적 과업에 대해 고려하도록 한다.

4) 아시아

이 세상에서 선교 사역이 여전히 필요하다는 것을 가리키는 또 다른 방식은 그저 단순히 아시아 대륙을 살펴보는 것이다. 제이슨 맨드라이크(Jason Mandryk)는 다음과 같은 통계를 가지고 아시아에서의 아직 끝나지 않은 과업을 강조한다. 47억 명에 달하는 전 세계 비기독교인 중 81%가 아시아에 거주하고 있다.

세계의 가장 규모가 큰 비기독교 종교가 아시아에 뿌리를 내리고 있다. 11억 명의 무슬림이 있고, 9억 5천만 명의 힌두교인이 있으며, 9억 2천만 명의 불교도뿐만 아니라 공식적으로 종교를 가지고 있지 않은 6억 8천만 명이 아시아에 거주하고 있다. 전체 인구 중에서 기독교인들의 비율이 10% 미만인 32개 국가가 아시아에 있으며, 그중에 12개 국가의 기독교인 비율은 2% 미만이다. 세상에는 1만 6천 개 이상의 종족-언어(ethno-linguistic) 종족들이 존재하는데, 그중에서 7천 개 이상이 미전도 종족에 속한다. 이들 미전도 종족들 가운데 대략 75%(5천 개 이상)가 아시아에서 발견된다.[33]

아시아의 슬럼가는 특히 흥미로운 기회를 보여 준다. 비브 그리그는 아시아에 거주하고 있는 사람들에 주의를 기울일 것을 요청한다. 그는 우리가 발견할 수 있는 가장 빠르게 성장하는 문화 집단이자 복음에 대해 가장 반응적인 사람들 그리고 가

---

33 Jason Mandryk, *Operation World: The Definitive Prayer Guide to Every Nation* (7th ed.; Colorado Springs, CO: Biblica Publishing, 2010), p. 69.

장 큰 사회적 필요가 있는 사람들이 아시아의 슬럼가에 있다고 주장한다. 게다가 놀랍게도 기독교 선교 사역이 가장 관심을 적게 기울이는 대상이 바로 이들이다.

> 세계 복음 전도의 대상, 즉 세상에서 복음이 가장 전달되지 않는 지역이 아시아에 남겨져 있다. 우리는 아시아에서 하나님의 사랑이 상대적으로 도달하지 못한 도시의 슬럼가들을 발견하게 된다. 아시아에서는 한국을 제외하고는 어느 곳에서도 슬럼가에 있는 교회가 전체 교회 중 4%를 넘는 곳이 없다. 각각의 도시에, 겨우 약간의 슬럼가 교회가 있을 뿐이다. 가난한 사람들의 교회 운동이 벌어지고 있는 도시는 아무 데도 없다.[34]

지금까지 소개한 짧은 요약은 선교 사역의 시대가 아직 끝나지 않았음을 확인해 주는 데 의미를 둔 것이다. 가장 먼저 이것은 하나님의 선교이다. 그러나 그분은 당신의 언약 협력자와 친구로 우리를 부르시고 모든 열방 또는 종족 그룹들을 향한 당신의 선교 사역에 그리고 땅끝까지 이르러 복음을 전하는 당신의 선교 사역에 우리를 참여시키신다.

5. 새로운 선교 사역 계획에 장애가 되는 문제들

세계의 필요를 고려할 때, 새로운 선교 사역 계획에 장애가 되는 것들은 무엇일까?

1) 열정의 부족

백 년도 더 전에 앤드루 머레이(Andrew Murray)는 1900년에 뉴욕에서 열린 에큐메니컬선교사대회(the Ecumenical Missionary Conference, 여기에서 에큐메니컬이란 지금 이해하고 있는 의미에서의 에큐메니컬 진영과는 구별해서 이해해야 한다. 당시는 에큐메니컬 진영과 복음주의 진영이 구분되기 이전이기 때문에, 좀 더 포괄적인 의미에서 연합의 성격을 띤 용어로 이해하는 것이 정당하다—역주)의 결과로 나온 보고서에 대한 반응으로 깊은 감동을 주는 책을 한 권 썼다.

---

34 Viv Grigg, "Squatters: The Most Responsive Unreached Bloc," *Urban Mission* 6, no. 5 (1989): 45-46.

앤드루 머레이는 선교 사역을 위한 자원이 격감하고 있다는 것과 선교사적 과업을 수행하고자 하는 의지의 부족에 관해 숙고했다. 그는 이러한 "선교사적 문제"의 근원이 무엇인지를 모색하고자 했다. 그는 목회자들이 "그들이 섬기고 있는 회중이 존재하는 가장 큰 목표는 모든 피조물이 그리스도를 알게 하는 데 있음을 믿어야 할" 필요성을 지적했다. 왜냐하면 모든 하나님의 백성은 "하나님 나라에 대한 소식과 그 나라의 확장을 알고(read) 그에 관심을 기울여야 하기 때문이다."[35] 왜냐하면 모든 신학교는 "신학교 과정을 거쳐 가는 모든 사람 안에 선교사적 열정에 불을 붙여서 그들로 하여금 그리스도의 사역자들이 될 수 있게 해야 하기 때문이다."[36]

그러나 이 모든 이에 대한 염려를 표명했다.

> (왜냐하면) 이 모든 필요 이면에 더 깊은 필요가 존재하기 때문이다. 그것은 영적인 삶에 대한 위대한 부흥과 우리 주 예수께 대한 진실한 헌신, 그분을 섬기는 것에 대한 정화의 필요이다. 이러한 부흥의 영이 시작된 교회 안에서 기독교인들 다수가 선교 사역에 관해 급진적 변화를 경험할 수 있기 때문이다.[37]

앤드루 머레이는 선교 사역을 마비시키는 영적 문제의 근원에 대해 좀 더 상세히 분석했는데, 그 내용은 교회의 낮은 영적 상태, 그리스도에 대한 미지근한 사랑, 허약하기 짝이 없는 세속적 심성 그리고 열정적 기도의 부족 등이다.

> 선교사적 문제는 개인적인 것이다. 깊은 영적 생활을 추구하라. 그러하면 선교적 성별이 따를 것이다.[38]

이와 같은 분석은 그리스도의 교회가 항상 해 왔던 것과 동일한 분석이지 않은가?

교회는 이기심과 안주하고 싶은 마음에서 유래된 현 상태에 대한 만족이라는 문제로 인해 항상 분투하고 있지 않은가?

---

35 Andrew Murray, *Key to the Missionary Problem*, contemporized by Leona F. Choy (Fort Washington, PA: Christian Literature Crusade, 1979), p. 25.
36 Ibid., p. 13.
37 Ibid., pp. 25-26.
38 Ibid., p. 86.

그러나 이유는 각 세대마다 그리고 교회가 속한 다양한 환경으로 인해 달라진다. 에큐메니컬 전통(여기에서 말하는 에큐메니컬은 복음주의 진영과 에큐메니컬 진영이 분열된 이후의 에큐메니컬 진영을 의미한다—역주)에서는 상대주의가 복음의 진리에 대한 확신을 약화했다. 그리고 이것이 선교사적 열정을 마비시켰다.

복음주의 전통은 위안, 자본주의와의 타협 그리고 우리 시대의 소비주의 정신에 부합하는 것에서 유래한 자기만족에 빠져 있다.

어떤 선교 지도자는 지난 수십 년간 "자기중심적 생활 방식"이 "선교사적 문제들," 선교 사역에 대한 헌신이 하락하게 된 최우선적 이유라고 지적했다.[39]

머레이의 처방은 바른 것이다. 그는 기도, 즉 무관심이라는 죄의 고백과 선교 사업을 위한 기도, 영적 회복과 첫사랑으로의 회귀를 위한 기도를 요구했다. 그는 선교사적 과업에 대한 교육을 위해, 선교에 관해 교회를 이끄는 것에 대한 책무를 지는 목회자들과 지도자들을 위한, 목회자들을 선교사적 열정으로 훈련하는 책무를 지는 신학교 교수들을 위해 그리고 그리스도와 다른 사람들을 위한 우리의 사랑에 불을 붙이시는 성령의 사역을 위해 좀 더 희생적으로 헌신할 것을 요구했다.

2) 선교를 위한 자원들의 부적절한 분배

우리가 사용 가능한 자원의 90% 이상을 타문화권 협력을 위해 사용하고 있다. 그리고 이들 자원 중 매우 적은 양만이, 아마도 1.2% 정도만이 전 세계에서 가장 복음화율이 낮은 지역에서 살아가는 11억 명에게 복음을 전하는 데 사용되고 있을 뿐이다.

> 오늘날 전 세계 기독교인들의 절반이 그리고 복음주의 전통에 속한 기독교인 중의 70%가 전통적인 '선교지'에서 살아간다. 그러나 우리는 선교를 위한 모집과 훈련 그리고 자금 모집의 90%를 서양 선교사들을 동일한 지역에 중첩적으로 파송하는 데 투자하고 있다.[40]

---

39 Jim Raymo, "Reflections on the Missionary Malaise," *Evangelical Missions Quarterly* 33, no. 4 (1997): 443.
40 Chuck Bennett, "The Problem with Success," *Evangelical Missions Quarterly* 32, no. 1 (1996): 21.

토드 존슨은 "대규모의 불균형"에 대해 말한다.

> 전체 기독교 복음 전도의 90% 이상이 다른 기독교인들을 대상으로 하고 있으며, 비기독교인들에게 접근하는 데 사용되지 않고 있다. 실질적으로 행해지고 있는 기독교 복음 전도 활동을 상세히 들여다보면 이러한 대규모의 불균형이 무엇을 의미하는지 드러날 것이다.[41]

2000년 얼바나(Urbana)에서 방영한 영상은 다음과 같은 통계를 제공한다. 즉, 기독교인들은 12조 3천억 달러를 벌어들인다. 그중에서 1.7%에 해당하는 금액을 기독교 사역을 위해 제공한다. 그 1.7% 중에서 5.4%를 해외 선교를 위해 제공한다. 그 5.4% 중에서 단 1%만이 복음을 들어야 할 필요가 있는 사람들을 위한 사역에 사용된다. 마이어스는 이렇게 말했다.

> 하나님의 세계에서 가장 복음화가 되지 않은 지역에서 기독교인들이 벌어들이는 수입의 5.6%가 해외 선교 사역을 위해 사용된다. 이 중 겨우 0.36%만이 세계에서 복음화 비율이 가장 떨어지는 지역에서 살아가는 12억 명의 사람들에게 복음을 전하는 데 사용되고 있다.[42]

이보다 앞서 그는 다음과 같이 말했다.

> 해외 선교사들의 90% 이상, 선교를 위한 자금의 87% 그리고 전임 기독교 사역자의 94%가 국민의 60% 혹은 그 이상이 자신의 정체성을 기독교인이라 밝히는 나라들을 지향하고 있다.[43]

만일 이러한 수치들이 모두 정확한 것이라면, 이것이야말로 새로운 선교 계획에 장애가 되는 문제 중 하나임이 분명하다.

---

41 Todd Johnson, "World Christian Trends, Update 2007," *Lausanne World Pulse* (August 2007) (www.lausanneworldpulse.com/766?pg=all).
42 Bryant L. Myers, *Exploring World Mission: Context and Challenge* (Monrovia, CA: World Vision International, 2003), p. 76.
43 Bryant L. Myers, *The Changing Shape of World Mission* (Monrovia, CA: MARC, 1993), p. 19.

첫째, 복음을 위한 우리의 공여가 너무도 적은 것이 밝혀졌다. 스탠 거스리(Stan Guthrie)는 복음주의자들이, 십일조에 대해 말하고 있음에도 불구하고 자신들이 벌어들이는 수입 중 겨우 2.6%만을 각종 사역을 위해 사용하고 있다고 주장한다.[44]

둘째, 우리의 개인적인 관심의 영역을 넘어서는 곳에 대한 우리의 공여도 이와 마찬가지로 인색하기 짝이 없다.

셋째, 궁극적으로 타문화 사역을 위해 사용되는 적은 양의 자금마저 복음 전도 사역이 가장 필요한 곳으로 흘러들어 가고 있지 않다. 거스리에 따르면, "미전도 종족들에 대한 현재의 강조를 보면, 기독교 가정의 평균 수입의 겨우 0.01%만이 소위 10/40 창이라고 불리는 곳을 위해 사용되고 있을 뿐이다."[45]

3) 식민주의 유산

19세기와 20세기 초, 근대 선교 사역을 위한 교회의 과업은 식민주의가 건설한 경로들을 따라 진행된 비서구 세계에 대한 서구의 지배 시기 중에 실행되었다. 식민주의는 선교를 위한 서구 선교사들의 사고방식, 실천들, 조직들을 위한 틀을 제공해 주었다. 서구인과 비서구인을 망라한 많은 저자가 오늘날 우리가 선교를 위해 실천하는 다양한 실천 행위들에 여전히 도사리고 있는 식민주의의 잔재를 볼 수 있게 도와주고 있다. 나는 타문화적 선교 사역을 무너뜨리는 문제들에 대해 주목했었다. 여기에서는 두 가지 추가적 내용에 대해서만 짧게 언급하도록 하겠다.

첫째, 식민주의는 20세기 중반 즈음에 해체되었지만 경제 문제에 관한 끈질긴 이슈들이 계속해서 다양한 문제를 야기하고 있다. 서구 세계는 여전히 재정적인 힘을 거머쥐고 있는데, 그 힘을 어떻게 사용할 것인가는 분명하지 않다. 자금을 제공하는 측은 그 돈이 어떻게 사용되는지에 대해서 책무를 져야 한다. 그런데 이러한 공여-수급 관계가 쉽사리 건전하지 않은 의존 관계로 귀결되곤 한다. 결국, 파이프 오르간 설치를 위해 대가를 지급하는 사람이 오르간의 선율을 요구하기 마련이다.

어떻게 하면 서구의 교회가 자신들에게 부여된 부(富)라는 선물을 더 가난한 교회의 힘을 빼앗지 않으면서 책임감 있게 사용할 수 있을까?

---

[44] Stan Guthrie, *Missions in the Third Millennium: 21 Key Trends for the 21st Century* (Milton Keynes: Paternoster, 2000), pp. 21-22.
[45] Ibid., p. 23.

서구가 이전에 경험했던 식민주의는 식민주의가 산출한 사고방식과 구조들 때문에 이 질문에 대해 답변하는 것을 어렵게 만든다.
　둘째, 선교 조직들이 국내외 교회들과 맺는 관계에 대한 것이다. 나는 이 문제에 대해 다음 부분에서 다루도록 할 것이다. 그러나 비서구교회들과의 관계에서 서구 선교사 단체들이 갖는 문제점이 있다. "협력 관계"(partnership)란 단어가 한동안 회자했는데, 이 단어는 이상적인 관계에 대해 정확하게 지적하고 있다. 성경은 선교는 교회가 함께해야 할 과업임을 우리에게 가르치고 있다. 그리고 우리는 세계의 다양한 지역에 있는 교회들이 각기 제공할 수 있는 다양한 은사들을 소유하고 있음을 인지하고 있다.
　그러나 교단 선교 사역이라는 서구 식민 시대의 유산과 선교 단체들과 교회 간의 일방적인 관계로 인해, 한쪽에서는 재정적, 영적, 전략적 온정주의를 지속하게 했고, 다른 쪽에서는 유아적 의존을 지속하게 했다. 다자간에 맺어지는 성숙한 협력 관계가 필요하다. 그러나 많은 잠재적인 문제들이 남아 있다. 그런데도 진정한 협력 관계와 독립이 있기를 원한다면, 자원과 책임 그리고 힘을 공유하는 것에 대한 어려운 질문들에 직면해야 한다.

6. 선교 사역의 구조들 – 누가 그 일을 할 것인가?

　이와 같은 새로운 선교 계획에 대해 누가 책임을 져야 할 것인가?
　과거에는 황제들과 교황들, 또는 수도사들이 그 책임을 감당했다. 지난 수백 년 동안 서구의 교단 선교회들 또는 독립적인 선교회들이 선교 계획을 이끌어 왔다. 오늘날 우리는 두 가지 면에서 중요한 변화를 보고 있다.

　첫째, 지역 회중이 깨어나 선교 사역이 자신들의 성경적 책무임을 보고 있다. 이런 분위기가 과거 선교 사역을 위해 만들어진 조직적인 구조들과의 사이에 긴장 관계를 형성하고 있다.
　둘째, 제3세계의 선교 능력이 극적으로 신장하고 있다.

　두 경우 모두 협력 관계에 대한 질문들이 중요한데, 이는 21세기 교회가 감당해야 할 선교 관련 사업의 미래를 위해 중요한 질문들이다.

1) 지역 교회들과 선교 단체들

수 세기 동안 선교 과업을 수행한 것은 교단 선교회와 독립 선교 단체들이었다. 지난 세기 동안 교회의 선교사적 본질이 회복되었다. 성경 이야기에서 교회는 하나님의 선교를 수행할 최우선적 유기체였다. 이 점이 우리에게 서구의 역사를 어떻게 다룰 것이냐에 대한 문제를 남겨둔다.

선교 사역에 대한 책무를 누가 질것인가?

지역 회중인가 아니면 선교 단체들인가?

만일 양자 모두가 어떤 식으로든 역할을 해야 한다면, 열매를 맺는 진정한 선교 사역을 위해 둘은 어떻게 협력 관계를 세워갈 것인가?

엥겔과 더니스는 이 문제를 가지고 고심했다. 그들은 선교는 지역 회중의 책임이라는 성경적 근거로부터 시작했다.

> 신학의 핵심적 실재는 교회가 선교 사역의 유일한 중심지라는 것이다. 왜냐하면 교회는 그 본질부터 선교사적이기 때문이다. 이것은 교회 그 자체가 하나님이 세상으로 파송하신 선교사적 실재라는 것을 의미한다. 교회는 자금과 선교사들을 보내는 제도적 원천 이상의 것일 뿐만 아니라, 실천에 옮길 프로그램을 개발하는 기관 이상의 것이기도 하다.[46]

> 과거의 선교 운동은 특유의 조직 형식, 즉 자원 사회(the voluntary society)라는 모델에 근거한 선교 단체를 발전시켰다. 이러한 선교 단체가 발전되자, 이들 선교 단체는 일련의 목표들, 즉 해외에서 기독교를 선포하고 섬기는 목적을 달성하기 위해 사람들을 준비시키고 파송하는 일 그리고 '고국'(home)의 이익을 지원하기 위한 목적을 달성하는 데 매우 효율적인 수단이 되었다. 선교사 운동의 본래 기관들은 일방적인 사역, 즉 파송하고 공여하는 일을 위해 고안되었다. 아마도 이제는 '수단을 사용하는' 기독교인들의 의무가 비록 완전하지는 못하다 할지라도 과거에 비교해 쌍방적인 방식, 즉 교제와 공유 그리고 받는 일에 더 적합할 것이다.
>
> Andrew F. Walls, *The Missionary Movement in Chrisian History*, p. 260

---

[46] Engel and Dyrness, *Changing the Mind of Missions*, p. 74; p. 122 또한 보라.

문제는 교회의 선교적 본질은 서구나 비서구에서도 선교 단체들이 갖는 핵심적 역할 때문에 감소해 왔다는 데 있다. 선교 단체들이 해 왔던 역할은 중요하다. 그들은 고립되어 있고 제대로 자격을 갖추고 있지 못한 교회들이 타문화권 선교 사역에 참여할 수 있게 했다. 그런데도 선교 단체들은 교회의 선교사적 관심을 약화했다. 엥겔과 더니스는 지역 회중이 전 세계적 선교사적 과업을 실행하는 데 대한 새로운 헌신을 요구하고 있다.

뉴비긴은 이들의 관심을 이렇게 공유한다. 세상에 있는 참된 하나님의 회중은 어디에 있든지 간에 땅끝까지 이르러 복음을 전하라는 하나님의 선교에 참여해야 한다.[47] 그러므로 "비록 작고 연약하다 할지라도, 모든 교회는 복음을 들고 땅끝까지 가는 과업에 일부라도 참여해야 한다. 모든 교회는 해외 선교 사역에 참여해야 한다. 이것은 복음이 갖는 총체성(integrity)의 일부다. 만일 우리가 오로지 우리 이웃들 사이에서만 증인이 되려고 모색한다면, 모든 인류의 주인 되시는 그리스도를 적절하게 고백하지 않는 것이다. 우리는 동시에 땅끝까지 이르러 그리스도를 고백할 방법을 모색해야 한다."[48] 따라서 "자신의 이웃을 향한 선교사적 과업에 참여하는 것뿐만 아니라 전 세계를 대상으로 하는 선교 과업에 어떤 식으로든 참여하는 것은 전 세계 모든 곳에 존재하는 교회의 의무이자 특권이다. 그리고 모든 기독교인은 중보기도가 되었든, 지식의 확산이 되었든, 공여되었든, 아니면 실제로 삶을 투자하는 섬김이 되었든, 자신의 몫을 감당하는 것을 의무이자 특권으로 여겨야 한다."[49]

선교가 우선적으로 교단 소속 선교 단체들이나 독립적인 선교 사역 조직들의 책임이라고 보는 깊이 각인된 사고 패턴을 극복하려면 오랜 동안의 인내와 그것을 극복하려는 노력이 필요하다. 그러나 지역 회중 내에 선교 사역에 대한 사고방식을 조성하려는 노력도 중요하다.

톰 텔폴드(Tom Telford)는 선교 사역에 대한 사고방식을 갖춘 다수의 교회들에 대해 조사하고[50] 그러한 교회들을 가능하게 한 것이 무엇인지에 대해 분석했다. 그는 "지역 회중 안에 실재하는 매우 탁월한 선교 사역을 위한 프로그램의 아홉

---

47 Lesslie Newbigin, "Report on the Division of World Mission and Evangelism to the Central Committee," *Ecumenical Review* 15 (1962): 89.
48 Lesslie Newbigin, *A Word in Season: Perspectives on Christian World Missions* (Grand Rapids: Eerdmans, 1994), p. 13.
49 Lesslie Newbigin, *One Body, One Gospel, One World: The Christian Mission Today* (London: International Missionary Council, 1958), p. 31.
50 Tom Telford, *Today's All-Star Missions Churches: Strategies to Get Your Church into the Game* (Grand Rapids: Baker, 2001).

가지 범주"를 제시했다. 아홉 가지 범주는 다음과 같다.

① 외향적 집중과 전략
② 교회 예산 중 최소 30%를 선교 사역에 할당
③ 선교사 후보생들에 대한 지속적인 훈련 프로그램
④ 교회가 갖추고 있는 모든 프로그램에 통합된 선교 사역에 대한 교육
⑤ 교회 구성원을 선교사로 파송
⑥ 잃어버린 영혼들에 대한 관심과 그들을 위한 기도
⑦ 비전과 외부 봉사활동(outreach)을 통해 회중을 인도하는 목회자
⑧ 선교하는 다른 교회들을 돕는 관심
⑨ 교회 공동체 내에 갖춘 강력한 복음 전도 프로그램[51]

선교 사역과 관련해 지역 회중 가운데서 일어나고 있는 르네상스가 회중과 선교 단체들 간에 점증하는 긴장 관계를 형성하고 있다.

다수의 지역 교회들은 현존하는 선교 단체들에 대해 비판적인 시각을 갖고 있다. 이러한 비판은 성경적 그리고 신학적 관심으로부터 시작되는데, 교회는 하나님의 선교를 위해 존재하는 가장 우선적인 조직이기 때문에 선교사를 파송하는 가장 우선적인 파송 집단이 되어야 한다는 생각이 그것이다.

그러나 선교 단체들에 대한 교회의 비판은 선교에 관해 선교 단체들이 가진 경화되고, 전통적이며, 융통성이라고는 없는 닫힌 사고와 선교 단체들이 사용하는 고비용으로까지 확산했다. 회중은 지역 교회들이 훨씬 더 부드러운 융통성을 가지고 더 낮은 비용으로 상관성 있는 사역을 할 수 있다고 믿는다. 물론 문제는 대다수의 교회는 지난 수십 년간 선교 단체들이 축적해 온 전문적인 지식과 규모 또는 경험을 갖추고 있지 못하다는 데 있다.

성공으로 가는 길은, 지역 회중이 선교 사역을 위한 가장 우선적인 동력임을 인정하면서, 동시에 선교 단체들이 갖추고 있는 경험과 전문성을 활용하여 지역 교회들이 선교 사역을 감당할 수 있게 준비시킬 수 있도록 양자가 협력하는 방법을 모색하는 것이다. 선교 단체들의 역할은 자신들이 가준 전문성과 행정 구조들을 통해 회중이 선교사적 과업을 수행할 수 있게 준비시키는 식으로 교회와 협력

---

51 Tom Telford with Lois Shaw, *Missions in the 21st Century: Getting Your Church into the Game* (Wheaton, IL: Harold Shaw Publishers, 1998), pp. 158-60.

해 나가는 것이다. 이러한 일이 발생하기 위해서, 이러한 선교 조직들의 르네상스와 제도적 변혁이 일어나야 한다.[52]

2) 제3세계 선교 사역의 성장

1991년 래리 패이트(Larry Pate)는 변화하고 있는 세계 선교의 균형에 대한 글을 썼다. 그는 비서구 세계에서(two-thirds-world, 3분의 2 세계라고 번역한다. 과거에는 이 용어를 대신해 제3세계라는 용어가 사용되었으나, 이 용어가 갖는 비하적 뉘앙스 때문에 점차 3분의 2 세계라는 용어로 대체되었고, 최근에는 다수 세계[the majority world]라는 용어를 사용하고 있다. 이 책에서 저자는 이 세 가지 용어를 혼용하여 사용하고 있음에 유의할 필요가 있다—역주) 발생하고 있는 선교 사역의 극적인 성장에 대해 분석했다. 그가 분석할 당시, 서구 세계에서 파송한 선교사의 수가 8만 8천여 명에 이르고 있었고, 비서구 세계에서 파송한 선교사의 수는 겨우 8천여 명에 이르고 있었다.

패이트는 13.3%의 예상 성장률을 기초해서 2,000년이 되면 비서구 세계 파송 선교사의 수는 16만 4천 명에 이르게 될 것이라 예상했는데, 이는 전 세계 개신교 선교사 총수 대비 55%에 해당하는 것이고, 131,720명으로 예상되는 서구 세계 파송 선교사의 수를 앞지르는 것이다.[53]

> 과거 선교 운동의 기초가 되었던 '~에서 ~로' 식의 지리적 경계를 넘는 것을 전제로 한 아이디어는 2세기와 3세기 로마 제국 내 기독교인들이 가지고 있던 개념과 많은 점에서 유사한 개념으로 대체되어야 한다. 그것은 다양한 집단들과 다양한 차원들 속에 병행적으로 존재하면서, 각자 자신이 속한 집단 내부로 뚫고 들어갈 뿐만 아니라 그 집단의 경계를 넘어 뚫고 들어가는 방식을 모색하는 것이다. 이것은 운동과 교류 그리고 사업—이러한 것들은 콘스탄티누스식의 로마 제국 이전에 존재하던 기독교인들을 특징짓는 것이다—을 막지 않는다. 그러나 이것은 더 이상 존재하지 않는 기독교왕국의 존재로부터 유래한 개념들, 이미지들, 태도들 그리고 방법들을 변경시킨다.
>
> Andrew F. Walls, *The Missionary Movement in Christian History*, pp. 258-59.

---

52 Engel and Dyrness, *Changing Mind of Missions*, pp. 143-72.
53 Larry Pate, "The Changing Balance in Global Mission," *International Bulletin of Missionary Research* 15, no. 2 (1991): 56, 58-61; Lawrence E. Keyes and Larry D. Pate, "Two-Thirds World Missions: The Next 100 Years," *Missiology* 21, no. 2 (1993): 187-206; Larry D. Pate *From Every People: A Handbook of Two-Thirds World Mission Agencies* (Monrovia, CA: MARC, 1989). 또한 보라.

마이클 재파리안(Michael Jaffarian)은 이에 동의하지 않는다. 그는 이렇게 말한다.

> 지금으로부터 몇 년 후에는 서구 선교사들보다 비서구 세계의 가난한 지역 출신(Four-Fifths-World) 선교사들이 더 많아질 것이라는 생각이 많은 선교 보고서들과 출판물을 통해 나타나고 있다. 불행하게도, 사실이 아니다.[54]

그는 패이트가 범한 두 가지 오류를 지적한다.

첫째, 패이트는 초기의 성장이 계속될 것이라고 가정하고 있다.
둘째, 비서구 선교사의 경우 국내 선교사까지 통계에 포함시켰다.

그러나 여기서 중요한 것은 선교 사역에 대한 정의이다. 중국과 인도는 수많은 선교사가 자국 내에서 활동한다. 원한다면 그들을 "국내"라고 불러도 좋다.

그러나 국가의 국경들은 인위적인 것이다. 이 두 국가 내에는 서로 다른 언어를 말하고 다른 종족 그룹들(이 종족 중에는 토착교회가 없는 종족들도 많다)로 구성된 대단히 많은 수의 사람들이 존재한다. 이들 선교사는, 비록 그들이 도달하고자 하는 곳이 자국의 영토 안에 있다 하더라도, 복음에 대한 증인이 없어 토착교회가 존재하지 않는 사람들과 장소들로 가고 있다. 이러한 상황은 서구에서는 발생하고 있지 않은 일이다.

선교사의 분포에 관한 정확한 통계를 얻는 것은 쉬운 일이 아니다. 아프리카와 아시아 파송 선교사들의 수는 계속해서 성장하고 있다. 『세계 기도 정보』에 따르면, 선교사를 가장 많이 파송한 다섯 개 국가 중에서 네 개 국가가 제3세계(중국, 인도, 대한민국, 나이지리아)에 속해 있다. 서구 세계의 경우, 오직 미국만이 상위 5개 국가 안에 들어갈 뿐이다. 제3세계 국가 중 세 개 국가들이 2,000명 이상의 선교사들을 파송하고 있다.[55]

선교사를 동원하고 상호 네트워크를 맺고 있는 범아프리카 단체 MANI(Movement for Africa National In Initiative)는 비전 5015―향후 15년 동안 5만 명의 나이지리아인 선교사 파송―운동을 전개하고 있다.[56] 교회 개척을 위해 중국으로부터

---

54 Michael Jaffarian, "Are There More Non-Western Missionaries Than Western Missionaries?" *International Bulletin for Missionary Research* 28, no. 3 (2004): 131.
55 Mandryk, *Operation World*, p. 951.
56 Ibid., p. 33.

아시아와 중동 지역들로 파송된 복음 전도자의 수는 10만 명에 이르고 있는데, 이렇다면 중국은 전 세계에서 선교사를 가장 많이 파송한 국가가 된다.[57]

대한민국은 2만 명 이상의 선교사들을 파송했으며, 많은 수의 사람들이 선교 사역을 위해 신학교에서 훈련받고 있다. 서구에서 선교사들의 수가 줄어들고 있다는 것과 비서구 세계 여러 곳에서 선교사들의 수가 증가하고 있다는 사실은, 선교 사역의 미래는 아프리카와 아시아 기독교인들에게 달려 있음을 보여 준다. 사무엘 에스코바는 라틴 아메리카의 선교사 수가 1982년에 겨우 1천 명을 상회하던 것이 오늘날에는 1만 명에 가까울 정도로 성장했음을 알려주었다.[58] 이러한 사실은 서구 출신의 선교사 집단과 비서구 세계 선교사 집단이 세계를 위해 협의와 협동 사역을 증진시킬 것을 요구한다.[59]

이 논란이 말하고 있는 전체를 받아들일 것인지 아니면 모든 통계를 수용할 것인지 여부에도 불구하고 비서구 출신 선교사들의 수가 서구 출신 선교사들의 수를 훨씬 상회하는 기하급수적 수준으로 증가하고 있다는 것은 명백한 사실이다.

심지어 재퍼리안(Jaffarian)도 자신이 설정한(실재로는 바렡과 존슨이 제시한 것) 기준을 사용해서 통계를 제공했는데, 이마저도 1990년에서 2000년 사이에 비선교사 출신 선교사들의 증가하는 수가 서구 선교사들의 거의 두 배에 달했음을 보여 준다.[60]

3) 협력 관계

협력 관계는 비서구 세계교회들이 성장하기 시작한 이래 반세기 이상의 시간 동안 선교사 그룹 내에서 토론되어 왔던 중요한 목표 중 하나였다. 그러나 협력 관계에 대한 이슈가 선교학에서 대중적인 주제로 등장한 것은 지난 수십 년 동안에 불과했다. 문제는 다양한 선교 단체들 간, 다양한 교회들 간, 선교 단체들과 교회 간 그리고 서구 선교 단체들과 비서구 선교 단체 간의 협력 관계를 어떻게 구축할 것인가 하는 것이다. 만일 선교가 육대주 안에서, 육대주로부터 그리고 육

---

57 Ibid., p. 68, 951. 분명히, 문제는 중국에 선교사들에 대한 통계가 있을 수 없다는 것이다. 맨드레이크는, "몇 가지 신뢰할 수 있는 출처들에 따르면, 중국의 선교사 숫자(자신들이 속해 있는 교회에서 파송받거나 스스로 가는 사람들)는, 비록 다수가 중국 내부에서 활동하고 있기는 하지만, 미국 선교사의 숫자도 넘어선다고 한다"고 기록하고 있다(p.7).
58 Samuel Escobar, "Christianity in Latin America: Changing Churches in a Changing Culture," in *Introducing World Christianity*, ed. Charles E. Farhadian (Malden, MA: Wiley-Blackwell, 2012), p. 180.
59 Enoch Wan and Michael Pocock, eds., *Missions from the Majority World: Progress, Challenges, and Case Studies* (Pasadena, CA: William Carey Library, 2009)을 보라.
60 Jaffarian, "More Non-Western Missionaries?" p. 132.

대주으로 향하는 것이라면, 협력 관계는 필연적이다.

협력 관계를 위한 추진력은 신학적 그리고 "실천적" 고려 때문에 추동되었다. 신학적으로, 교회의 본질과 교회에 필수적인 것으로서 연합의 중요성 그리고 교회가 여러 지체를 가지긴 한 몸이라는 인식이 협력 관계를 추동한다. 실천적인 측면에서 말하자면, 협력 관계는 더 효율적이고 비용면에서도 더 경제적이다. 일부 사역은 에큐메니컬한 협력 관계 안에서 추진되는 공동 작업이 없다면 효과적으로 진행될 수 없는 것들이다.

문제가 되는 다수는 과거 서구 식민주의의 잔해들이다. 서구교회들의 선교 위원회들에 대한 신생 교회들의 재정적 의존은 한 쪽에서는 온정주의로 표현되고 다른 한쪽에서는 유아적 의존의 지속으로 표현되는 일방향적인 관계의 형성으로 귀결된다. 목표는 의존도 아니고 독립도 아닌, 상호 의존 관계의 형성이다. 이러한 상호 의존 관계는 많은 교회와 "파라처치"(parachurch) 조직 간에 성숙한 다자 관계가 형성될 때라야 비로소 발생하게 될 것이다.

서구의 부에 대한 청지기 정신과 가능하고 책임 있는 방식으로 씨름하는 것 또한 지속해서 다루어야 할 이슈이다. 그러나 현존하는 다양한 문제들에도 불구하고 협력 관계 분야들에 대한 분투와 숙고는 지속해야 한다.

참으로, 많은 긴장과 어려움에도 불구하고 이런 종류의 협력 관계는 "싸울 만한 가치가 있고 성취하기 위해 많은 양의 비용을 들일 만한 가치가 있는 목표이다. 왜냐하면 그렇게 하는 것이 훨씬 더 효과적이기 때문이다. 상호 의존적인 협력 관계의 형성은 세상이 '기독교인들이 얼마나 서로를 사랑하고 있는지'를 볼 수 있게 한다. 그리고 하나님도 그런 관계의 형성을 보시며 미소 지으시기 때문이다."[61] 참으로 하나님 나라의 표지로서 교회의 본질은 협력 관계가 수반하는 곤란한 이슈들에도 불구하고 협력 관계를 지속적으로 실천하게 한다.

---

[61] Moreau, Corwin and McGee, *Introducing World Missions*, p. 282. (『21세기 현대 선교학 총론』, 크리스챤 역간)

7. 오늘을 위한 새로운 계획들

전부는 아니라 할지라도 선교사적 과업을 실행하는 데 사용되었던 과거의 패턴들과 방식들 중 많은 것들은 더 이상 쓸모가 없다. 경력 선교사는 선교 사역 수행을 위해 여전히 중요하다. 그러나 선교 사역의 미래를 위해 중요할 것으로 사료되는 새로운 계획들이 부상하고 있다.

1) 현지 선교사들에 대한 지원

비서구교회의 성장과 성숙으로 인해 서구 선교 조직들과 비서구교회들 간의 지속적인 관계에 대해 많은 질문들이 제기되고 있다. 서구 선교사들이 택할 수 있는 네 가지 가능한 선택지가 있다.

첫째, 선교지에서 떠나 가능한 한 현지 사역자들을 재정적으로 지원하는 것
둘째, 현지 지도자들의 리더십 아래서 사역을 계속하는 것
셋째, 자율적으로 사역하되, 토착교회들 곁에서 보조적으로 사역하는 것
넷째, 협력 관계를 구축하여 함께 사역하는 것

이 네 가지가 반드시 서로 배타적일 필요는 없다. 가장 잘 알려진 두 가지 주요 전략은 현지 사역자들을 지원하는 방식으로 협력하며 떠나는 것과 협력 관계를 맺는 것이다.

> 오늘날 전 세계 선교 사역에서 지배적으로 사용하는 실천 방식에 대한 우리의 기본적 우려는 크게 두 가지 범주로 나뉜다. 하나는 역사적 범주이고, 다른 하나는 성경적 범주이다. 선교 사역에 대한 서구의 신학과 실천은 근대성에 사로잡혀 있었다. 서구의 선교 사역이 근대성의 포로였다는 것만큼 중요한 비중을 차지하는 것은, 서구 선교 사역이 피조 세계를 위한 하나님의 목적에 대한 성경적 사고의 넓이와 깊이를 포착하는 데 실패했다는 것이다. 이러한 역사적이고 신학적인 우려는 세 번째 천년이 동터 오는 시점에 드러난 실재, 즉 구원의 메시지를 전 세계―심지어는 거꾸로 서구 국가들을 향해―에 열정적으로 전달하고 있는 신생 교회 성도들이라는 강력한 몸을 하나님이 일으켜 세우셨다는 실제로 인해 악화했다.
>
> James F. Engel and William A. Dyrness, *Changing the Mind of Missions*, pp. 174-76.

현지 사역자들을 지원하는 방향으로의 움직임은 제2차 세계 대전 후에 채택되었다. 서구의 교회들은 토착 선교사들과 사역자들을 지원하기 위해 자금을 보냈다. '토착 사역 지원을 위한 연합'(the Coalition on the Support of Indigenous Ministries)이 토착교회 개척, 복음 전도, 구제와 개발, 지도자 훈련과 신학 교육을 지원하기 위해 등장했다.[62]

'아시아를 위한 복음'(Gospel for Asia)은 주로 10/40 창 지역에 속해 있는 1만 1천 명이 넘는 현지 선교사들 지원하고 있다.[63] 이 기관의 설립자이며 회장인 K. P. 요하난(K. P. Johannan)은 그의 저서 『세계 선교 사역의 혁명』(Revolution in World Missions)을 통해 현지 사역자들을 지원할 것을 주장했는데, 이 책은 150만 권 이상을 발행했다.

현지 선교사들은 여러 가지 장점을 갖고 있다. 선교사 지원을 위한 비용이 낮다. 예를 들면, 아시아를 위한 복음이 지원하는 현지 선교사를 위해서는 연 7천 2백 달러에서 1만 4천 달러가 필요하다. 반면에 서구 선교사를 위해서는 연 7만 5천 달러가 필요하다. 현지 선교사들은 서구식 가방이 필요하지 않으며, 경우에 따라 복음 전도 면에서 훨씬 효과적이고, 자신들이 접근하는 종족들의 문화와 언어를 알고 있다.

그러나 현지 선교사들이 갖는 불리한 점들 또한 있다. 가난한 나라들에서 돈은 어리석은 지도자들의 부패와 탐욕을 불러일으키고 질투로 인한 분열을 야기한다. 돈을 보내는 것은 또한 비서구 선교사들이 서구로부터 오는 돈에 건강하지 못한 의존을 야기시킨다.

로버트슨 맥퀄큰(Robertson McQuilken)은 다음과 같이 말했다.

> 영적으로 힘을 북돋아 주고 대위임령을 완수하기 위해 재정적인 자원을 감행하는 것은 우리가 풀지 못하는 가장 큰 문제인데, 이는 공여자와 수혜자 모두에게 그러하다.[64]

---

62 www.cosim.info를 보라.
63 www.gfa.org/about/the-missionaries를 보라.
64 Robertson McQuilkin, "Stop Sending Money! Breaking the Cycle of Missions Dependency," Christianity Today 43, no. 3 (March 1, 1999): 59.

2) 자비량(tentmaking)

테수노 야마모리(Tetsunao Yamamori)는 말한다.

> 향후 다가오는 수십 년 동안 우리는 많은 종류의 선교사와 기독교 사역자가 필요할 것이다. 우리 앞에는 엄청난 과제가 놓여 있다. 만일 우리가 대위임령을 완수하기 위한 우리의 노력에 뭔가 다른 것을 만들어 내기를 원한다면, 우리는 기꺼이 새로운 일들을 시도해야 할 필요가 있다. 나는 하나님 나라를 위한 사업(kingdom business)이 21세기를 위해 선택할 수 있는 전략이 될 것이라 믿는다.[65]

이 용어는 일반적으로 "자비량"과 같은 노력들에 부여되는 용어이다. 이 용어는 자신이 가지고 있던 텐트 만드는 기술 혹은 전문성을 사용해 자비량 선교를 감행했던 바울 사도로부터 유래된 용어이다(행 18:2-3). 루스 시멘즈(Ruth Siemens)는 새로운 천년 기에는 "바울 유형의 자비량 사역자(tentmakers)들이 지난 역사 어느 때보다 훨씬 더 많이 필요하게 될 것"이라고 믿는다.[66] 아마도 오래지 않아 "가장 많은 비율의 기독교 사역자들이 이와 같은 방식을 통해 나가게 될 것이다."[67]

자비량 사역자가 오늘날 왜 그렇게 매력적인 선택이 되는 것일까?[68]

첫째, 자비량 사역자들은 복음에 대한 저항이 강한 나라들에 들어갈 수 있는 때도 있기 때문이다. 자신의 비자에 "선교사"란 직함이 찍혀 있는 선교사는 아마도 입국이 거부될 것이다. 반면 엔지니어라든지 사업가 혹은 건강 관리사라는 직업을 가진 기독교인이라면 훨씬 더 입국이 허가될 가능성이 크다.

둘째, 자비량 사역자들은 지원을 받기 위해 노력할 필요가 없다. 왜냐하면 그들이 종사하는 생업을 통해 얻는 수익으로 모든 비용을 충당할 수 있기 때문이다. 이렇게 함을 통해 비용이 있어야 하는 다른 선교사들을 위해 사용해도 빠듯한 펀드를 절약할 수 있기 때문이다. 이런 접근 방식을 비판하는 사람들이 있다. 그러

---

65 Tetsunao Yamamori, preface to *On Kingdom Business: Transforming Missions through Entrepreneurial Strategies*, ed. Tetsunao Yamamori and Kenneth Eldred (Wheaton, IL: Crossway Books, 2003), p. 10.
66 Ruth E. Siemens, "The Vital Role of Tentmaking in Paul's Mission Strategy," *International Journal of Frontier Missions* 14, no. 3 (1997): 121.
67 Carol Davis, quoted in Guthrie, *Missions in the Third Millennium*, p. 140.
68 자비량 사역이 주는 아홉 가지 유익에 대한 리스트는, Ruth E. Siemens, "The Vital Role of Tentmaking," p. 121을 보라.

나 자비량 사역은 모자란 자원을 활용하는 선한 청지기로 보인다.

셋째, 자비량 사역자들은 매일, 자연스럽게 비기독교인들과 접촉한다. 사실, 만일 복음 전도는 유기적인 방식으로 수행할 때 최고의 결과를 낸다. 그렇다면 자비량 사역은 자연스러운 방식으로 연결을 터 나갈 최상의 방식을 제공한다.

전문직에 종사하는 많은 사람은 자신들의 일이 이런 종류의 선교 사역에 해당한다고 생각한다. 그러나 확실한 것은 교육, 건강 관리, 농업, 과학, 엔지니어링, 기술, 건축, 도시 계획, 사업과 금융, 컴퓨터 사이언스 등과 같은 전문 직업은 기독교인의 현존을 가능하게 할 뿐만 아니라 사역 대상 국가에 혜택이 되기는 직업들이기도 하다.

자비량 사역의 정당성과 효과에 대한 다양한 우려들이 제기되고 있다. 예를 들면, 한 가지 중요한 질문에는 자비량 사역자의 주요 과업이 무엇인가에 관한 내용이 포함되어 있다.

이 사람은 복음 전도자인가 아니면 엔지니어인가?

교회 개척자인가 아니면 교육자인가?

이 질문에 대해 쉽게 답변할 수 있는 것은 아니다. 답변은 상황과 사람에 따라 다양할 수 있을 것이다. 자신을 전문 직업이라는 망토를 걸치고 있는 복음 전도자 혹은 교회 개척자로 보는 사람들에게 위험성이 야기된다. 이들은 자신의 전문 직업을 자신이 가장 우선시하는 사역을 가능하게 하는 일종의 망토로 생각하는 경향이 있다. 이러한 태도는 해당 국가로 은밀히 들어가기 위해 사용하는 정직하지 않은 방식으로 보일 수 있다. 그리고 분명한 것은, 어떤 직업에 전업으로 종사 할 경우, 교회 개척에 헌신할 수 있는 에너지가 거의 남아 있지 않을 것이라는 점이다.

이 때문에, 게리 긴터(Gary Ginter)는 자비량 사역자라는 말 대신 "왕국 전문가"(kingdom professionals) 또는 "왕국 사업가"(kingdom entrepreneur)라는 사용하고 싶어 한다. 왕국 전문가는 실제로 사업가, 엔지니어, 교사, 또는 그 밖에 다른 전문직에 종사하는 사람이다. 그것이 그들의 소명이다. 그들은 그들이 부르심을 받은 국가에 자신들의 직업을 통해 유익을 주기 위해 존재한다. 그러나 그들은 전문가로서 그리고 삶과 말을 통해 복음에 대해 증거하는 증인으로서의 현존을 세워 나간다. 사실 이것은 모든 기독교인의 실재가 되어야 하는 모습이다.

그러나 그렇다면 그들에게 복음 전도와 교회 개척을 할 수 있는 에너지와 시간 그리고 전문성이 있는가?

그렇지 않다면 그들의 일이란 것이 말과 행위 그리고 삶을 통해 복음에 대해 전혀 들어 본 적이 없는 사람들에게 복음을 증거하는 것뿐인가?

랄프 에크하르트(Ralph Echhardt)는 말한다.

> 자비량 사역자들은 일반적으로 교회를 짓거나 사역을 위해 다른 성도들을 준비시키는 일을 하지 않는다. 대체적인 구도에 비춰 볼 때, 그러한 일이 필연적으로 그들의 과업인 것은 아니다. 그들의 책무는 말과 행위를 통해 이전에 복음 메시지를 들어 보지 못한 사람들에게 복음을 증거하는 것이다.[69]

자신들의 전문직을 잘 수행하고 그들이 받은 은사를 가지고 자신들이 현존하는 나라에 혜택을 제공하는 것은 그들의 과업이 갖는 본질이다. 자비량 사역자는 "자신의 전문직에서 더 잘 만들고(수행하고), 더 잘 팔아야(좋은 결과를 내놓아야) 한다."[70] 이원론적 범주들을 거부하고 창조와 소명에 대한 선한 교리를 포용하는 선교에 대한 이해를 고수하는 사람들은 자비량 사역에 대해 다른 사람들처럼 짜증스러움을 느끼지 않을 것이다. 소명을 결정하는 것이 갖는 중요한 이슈가 있다.

소명을 결정한다는 것은 전문인이 되어야 하는지 아니면 교회 개척자가 되어야 하는지 결정하는 것일까?

그러나 왕국 전문인이 되기로 선택한 사람이라면 누구나 하나님의 부르심을 따를 것이고, 기독교인으로서 신실한 전문인이 되는 것만으로 자신의 직업을 통해 수용국(the receiving country)에게 복이 되고 자신의 삶을 통해, 즉 말과 행위를 통해 여전히 복음에 대한 증거가 부족한 곳에서 복음에 대해 신실하게 증거하는 두 가지 일을 모두 수행할 수 있다.

3) 단기 "선교 사역"

단기 선교 사역은 제2차 세계 대전 이후 오엠국제선교회(Operation Mobilization) 그리고 예수전도단(Youth with a Mission)과 더불어 시작되었는데, 지난 20-30년 동안 극적으로 증가하는 추세를 보였다. '선교 진보를 위한 연구소'(Mission Advanced Research Center)에 따르면, 1979년에는 2만 2천 명이 단기 선교 사역에 참여했는

---

69 Guthrie, *Missions in the Third Millennium*, p. 142에서 재인용.
70 Ibid., p. 143.

데, 1989년에는 12만 명으로 증가했고, 1995년에는 25만 명으로 그리고 1998년에는 45만 명으로 증가했다.

단기 선교 사역이 갖는 이점들과 문제점들에 대한 열정적인 논쟁이 있었다.[71] 그러나 이점들과 문제점들에 대해 요약을 하기 전에, 우리가 대면해야 하는 중요한 질문이 있다.

"단기 선교 사역은 진실로 선교 사역이라 할 수 있을까?"

이 질문은 그냥 하찮거나 사소한 것을 문제 삼으려는 의도로 제기하는 질문이 아니다!

본 장의 앞부분에서 나는 해외에서 하는 모든 것을 "선교 사역"이라 부를 때 발생하는 문제들에 대해 언급했었다. 사실, 대다수의 단기 사역은 결코 선교 사역이 아니다. 대다수의 경우를 보면, 타문화적 협력이거나 봉사 프로젝트들(serve-projects)인 경우가 많다(이것 때문에 내가 단기 선교 사역을 "선교 사역"이라 부르는 데 의문을 제기했다). 이러한 일들이 갖는 중요성과 의의를 깎아내리려는 것이 아니다. 다시 한번 타문화 협력은 교회의 선교가 갖는 중요한 일부라는 것을 강조한다.

그런데도 선교 사역의 과업 내용을 복음이 증거된 적이 없거나 증거되었더라도 약한 곳에 삶을 통해 말과 행동으로 복음 증거를 확립하는 것이라고 강조하는 것은 중요하다.

단기 사역이 주는 이득에 대해 상세히 설명하는 방대한 문서들을 읽다 보면, 다음과 같은 요소들이 등장하는 것을 볼 수 있다. 사역자는 개인적으로 그 혹은 그녀가 갖고 있던 자문화중심주의와 세계교회의 존재 그리고 타문화적 실천에 대해 더 많은 이해를 갖게 됨을 통해 유익을 얻게 된다.

단기 선교 사역을 통해 선교 사역이나 타문화적 협력에 대한 일생의 헌신에 불을 붙이는 계기가 될 수도 있다. 그렇게 됨을 통해 선교 사역이나 타문화적 협력에 대한 비전을 갖게 되고 지속적인 기도로 이어질 수 있다. 단기 선교 참가자들이 계획한 과제들을 수행하기 위해 실천한 봉사와 재능 기부, 자원의 동원을 통해 이들이 가는 지역과 장소에 참된 유익을 줄 수도 있을 것이다. 만일 단기 선교 참가자들의 계획이 장기적 목표들에 부합된다면, 단기 선교 참가자들은 장기 선교 사역자들, 타문화 사역자들, 현지 교회를 격려하거나 도움을 제공할 수 있다.

---

[71] 단기 선교 사역의 이점들과 문제점들에 대해 읽을 만한 두 개의 좋은 자료는 다음과 같다. www.mislinks.org/practicing/short-term-missions and www.soe.org/explore/resources/short-term-mission-resources.

문제점도 이점만큼이나 분명하게 드러난다. 시간이 너무 짧아서 현지의 언어, 문화, 역동성, 필요, 그 외의 것들에 대한 효과적인 지식을 습득할 수가 없다. 따라서 장기적으로 예상하지 못했던 결과들을 초래할 수 있다. 단기 선교 사역은 예수께서 본을 보이신 성육신적 선교 모델보다는 미봉적인 해결이라는 과업 지향적인 서구식 문화 패턴에 부합된다. 단기 선교 사역은 비용이 매우 많이 드는 사역으로 장기적으로 진행되는 선교 사역을 위해 사용될 수 있는 돈을 낭비하는 경향이 있다.

단기 선교 사역은 선교사들이나 현지 교회의 자원들을 약화할 수 있다. 왜냐하면 현지어를 구사하는 능력의 부재와 현지 문화에 대한 이해 부족을 메꾸기 위해 선교사들과 지역 교회에 도움을 요청할 수밖에 없기 때문이다. 단기 선교 사역은 또한 희생과 같은 방향에 대해 장기적으로 순종하는 것을 회피하면서 쉽고 즉각적인 만족을 추구하는 새로운 세대의 문화를 반영하는 것이기도 하다. 만일 단기 선교 사역에 참여하는 참가자들이 문화적으로 무감각하다면 실질적으로 선교 사역에 상처를 입힐 수도 있다. 왜냐하면 단기 선교 프로젝트가 현지 교회나 선교 사역을 간과하는 경우가 발생하기 때문이다.

그러나 단기 선교 여행 자체가 이미 일반적으로 실현되고 있는 기독교 사역의 일부이기 때문에 이 방식을 하나님의 선교를 가장 부합하는 신실한 방식으로 사용할 필요가 있다고 말해도 무방할 듯하다. 2003년 단기선교지도자협의회(the Fellowship of Short-Term Mission Leaders)는 "단기 선교를 위한 미국 심사표준"(U.S Standard of Excellence in Short-Term Mission)이라는 제하로 몇 가지 탁월한 기준들을 세웠다.[72] 좀 더 구체화하고 잘만 사용된다면, 이 기준들은 단기 사역 프로젝트에 참여하는 교회들을 위해 엄청난 유익들을 제공할 수 있을 것이다. 단기 선교 지도자 협의회가 제시한 일곱 가지 기본은 다음과 같다.

① 하나님 중심: 탁월한 단기 선교는 무엇보다 먼저 하나님의 영광과 그분의 나라를 구한다.
② 협력 관계의 강화: 탁월한 단기 선교는 파송하는 동역자와 수용하는 동역자 간에 건강하고, 독립적이며, 지속적인 협력 관계를 세워 나간다.

---

[72] Stands of Excellence in Short-Term Missions, "The 7 Standards" (www.soe.org/explore/the-7-standards).

③ 상호 계획: 탁월한 단기 선교는 구체적인 개별 아웃리치를 계획할 때 모든 참여자의 유익을 위해 서로 합력하여 계획을 세운다.
④ 포괄적인 관리: 탁월한 단기 선교는 신뢰할 만한 구성과 모든 참여자의 유익을 위한 포괄적인 관리를 통해 사역의 일관성을 보여 준다.
⑤ 자격을 갖춘 리더십: 탁월한 단기 선교는 모든 참여자를 위해 능력 있는 리더십을 가려내고 훈련하고 세운다.
⑥ 적절한 훈련: 탁월한 단기 선교는 상호 계획을 통해 마련된 아웃리치를 위해 모든 참여자를 준비시키고 훈련한다.
⑦ 철저한 후속 조치: 탁월한 단기 선교는 모든 참여자를 위한 사후 사역 보고와 적절한 후속 조치를 확실히 한다.

회의적인 사람은 다음과 같이 물어 올 것이다.
"단기 사역 프로젝트를 위해 이러한 기준을 마련하는 것은 가능하다. 그러나 그 기준에 일치하는 프로젝트를 세우는 것은 비현실적이거나 심지어는 불가능하지 않은가?"
사실 이것은 타당한 질문이다. 그러나 만일 단기 사역 여행들과 프로젝트들이 오랜 시간에 걸쳐 장기적으로 진행된다면, 이러한 이상들을 목표로 하는 것이 중요할 것이다.

8. 결론

선교 사역은 끝나지 않았다. 어떤 시대는 지나갔다. 그리고 우리는 과거에 이룬 일에 대해 하나님께 감사할 수 있고 2세기 동안 진행된 노력의 열매에 대해 복음이 제시하는 범주를 가지고 비판적으로 평가할 수 있다. 우리는 여전히 교회가 없는 지역들이 어디이고 족속들이 누구인지는 밝힐 필요가 있다.
이를 통해 그들에게 접근하여 우리 앞에 놓인 과업을 실행에 옮길 새로운 방식들을 착실하게 모색하는 일을 지속할 필요가 있다. 그러나 이 모든 일을 해 나감에 있어, 우리는 이것이 하나님의 선교이며, 우리는 단지 땅끝까지 이르러 그분의 구원에 대해 증거하기 위해 우리의 보잘것없는 은사들을 그분의 영광을 위해 제공할 뿐이다.

심화를 위한 독서 자료들

Engel, James F. and William A. Dyrness. *Changing the Mind of Missions: Where Have We Gone Wrong?* Downers Grove, IL: InterVarsity Press, 2000.

Guthrie, Stan. *Missions in the Third Millennium: 21 Key Trends for the 21st Century*. Milton Keynes, UK: Paternoster, 2000.

Moreau, A. Scott, Gary R. Corwin and Gary B. McGee. *Introducing World Missions: A Biblical, Historical, and Practical Survey*. Grand Rapids: Baker, 2004. (『21세기 현대 선교학 총론』, 크리스챤 역간)

Steffen, Tom, and Lois McKinney Douglas. *Encountering Missionary Life and Work: Preparing for Intercultural Ministry*. Grand Rapids: Baker, 2008.

Van Rheenen, Gailyn. *Missions: Biblical Foundations and Contemporary Strategies*. Grand Rapids: Zondervan, 1996.

토론을 위한 질문

1. 독자는 독자가 속한 교회에서 타문화권 선교 사역을 위해 책정된 재정이 어떻게 사용되고 있는지 알고 있는가?
   어떤 비율로 그 재정이 선교 사역과 타문화권 협력에 참여하는 사람들에게 보내지고 있는가?
   그 통계가 독자를 놀라게 하지는 않는가?
2. 단기 선교 사역의 가치와 위험성에 관해 토론하고 그 경중을 따져 보라.
3. 오늘날 선교 사역에 대한 새로운 계획들의 조짐이 좋다고 보이는가?
   그 이유는 무엇인가?

에세이를 위한 주제

1. 선교와 선교 사역 그리고 선교 사역과 타문화 협력을 구별하는 것의 중요성에 관해 토론해 보라.
2. 타문화권 선교 사역에 대한 유산이 오늘날 선교를 올바르게 이해하는 데 어떻게 장애가 되는지에 관해 토론해 보라.
3. 현대 선교 단체들에 관한 이슈를 역사적으로 그리고 신학적으로 평가해 보라.
    미래를 위해 나아갈 길은 무엇인가?